该书承蒙"黄河文明传承与现代文明建设河南省协同创新中心""2017年河南省高等学校哲学社会科学创新团队·中国近现代史（2017-CXTD-02）""河南大学中国古代史研究中心"资助

清代

藩属体系研究

QINGDAI FANSHU TIXI YANJIU

柳岳武 著

人民出版社

目　录

目　录

序　言

　　本书研究对象为清代藩属体系,它由藩部、属国两套截然不同的体系构成。这两大体系均经历了一个确立、演变至解体的过程。针对这两大体系,国内外学者进行了大量研究,并就一些基本问题达成了一致性认识。例如,国外学者费正清、曼考尔、滨下武志等均试图用"朝贡"体系去概括藩部与属国两个问题,不仅注意到"儒教"对以中国为中心的朝贡体系的形成发挥过重大作用,而且指出周边国家与中国进行朝贡往来的主要动机在于争取贸易机会。与此同时,国内有些学者也试图用"朝贡"体系去解读中国中央政权与藩部、属国间的关系。如何新华认为朝贡制度经历了夏商周的天下盟主阶段和帝制时代的中外阶段。李云泉在其《朝贡制度史论》一书中考察了朝贡制度的起源时期——先秦,并对朝贡制度的确立、发展作了一些重要探索。石元蒙在其博士学位论文《明清朝贡制度的两种实践》中对明清朝贡制度的具体实践也进行了一些探索性研究。

　　针对清廷与藩部、属国之间的具体关系,国内外学者也予以相当关注。国内以张存武的《清韩宗藩贸易》、张永江的《清代藩部研究——以政治变迁为中心》、张世明的《清代宗藩关系的历史法学多维透视分析》、刘为的《清代中朝宗藩关系下的通使往来》、陈双燕的《从宗藩体制向近代外交的转型——奕䜣北京和谈新论》为代表,国外以韩国学者高秉希的《晚清中朝定期航线的开设背景及其影响》、金在善的《甲午战争以前中朝宗藩关系和中朝日对朝鲜藩属问题的争议》、以色列学者尤锐的《历史的进步与退步:以"大一统"观念为例》、日本学者真荣平房昭的《鸦片战争前后的东业国际关系和琉球》为代表。

　　以上学者的研究成果有力地推进了清代藩属体系相关问题的研究,并给后来研究者提供了重要的研究基础和借鉴。但限于种种因素,该领域仍存在被忽视或未曾涉及的重要内容,这些欠缺主要体现如下:首先,国内外一些学者受清代中央政权对藩部、属国均施行羁縻政策的影响,笼统地用"朝贡"体系去涵盖藩部与属国两大内容,这容易混淆两者间的区别。如国外一些学者就常常将清廷与其内部某些民族(如西藏、蒙古等)的关系误认为清廷同外部属国之间的关系,从而给今天的民族分裂分子提供借口,并给维护中国国家统一带来不良影响。其次,用"朝贡"体系概括各时期中国中央政权与藩部、属国的关系也不完全准确。一方面,中国中央政权与藩部、属国的关系并非是一成不变的;另一方面,中国中央政权与藩部、属国的关系并非千篇一律、毫无差异。例如,如果说只有进贡和互市,而无中方册封行为的中外关系可以称之为"朝贡"关系,那么对于有请封、册封行为的中外关系也用"朝贡"关系去概括则明显不当。再次,学界对清代藩属体系所包括的王朝藩部和外部属国在内的整体结构,及以清廷为中心的多层次藩属体系,缺乏系统研究。最后,研究者对整个清代藩属体系的确立、发展、变化,及其对近代中国内部多民族关系的形成和外部平等外交关系建立的影响,尚缺乏全局性、综合性分析。

本书内容主要包括以下方面:(1)清初藩属体系的确立。清廷通过政治(如和亲)、经济(如赏赐)、司法(制定律例)、宗教(扶持黄教)等政策同蒙古、西藏等相继建立藩属关系,完成藩部体系构建;又通过册封、互市、朝贡等政策与周边国家建立宗属关系,完成属国体系的构建。与前代相比,清代藩属体系有其特色,在建立之初就有着明确的自我认识与定位,承认沙俄、西洋等国的存在,并通过自身的不断调整去适应不同时期的需要。(2)康乾盛世下藩属体系的发展和特色。在17世纪中叶至18世纪末叶,面对西方列强的入侵,一方面,清廷逐渐改变传统的羁縻政策,不仅及时完成对各藩部的统一工作,而且强化了中央政权对蒙古、西藏、回部等边疆地区的治理;另一方面,对外即属国政策上,清廷仍沿袭传统做法,维持自身天下一统的上国角色,借以巩固其内部统治。(3)嘉、道、咸、同时期藩属体系的重创与清廷的被动应变。鸦片战争后的中西冲突不仅冲击了中国传统的藩部体系,也给中国周边国家带来冲击。在此情形下,清代的朝贡体系彻底瓦解,清廷的外部属国逐渐丧失。清廷为维护其属国体系也曾作出应变,想在有限空间内(东亚宗属之间)利用近代的外交策略去维护其残存的属国体系。但这是一个传统体制、思想与近代体制、思想相互重叠的重要时期,传统体制与思想意识的制约使其一时无法找到有效的应对方式,仍在传统的轨迹上滑行。随着属国体系的逐渐瓦解,越来越多的属国开始脱离出这一体系。内部藩部亦受到各国渗透与染指,极度衰弱、内外交困的清廷应接不暇,无法解决这一时期的藩部危机,导致传统藩部地区的国土大量丧失。(4)光、宣时期强化宗属之尝试与加强藩部治理之努力。此阶段,清廷一方面为应对外来危机、维护属国体系,做出积极应变。在有限空间内(东亚宗属之间）利用近代的外交策略试图强化同越南、朝鲜、缅甸、廓尔喀等宗属关系。另一方面为应对各藩部危机，又开始探索、实践一些新的政策和举措，逐渐将蒙古、西藏、回疆等地区转变为中央政权下的地方行政区域（如设立行省），去维护国家领土和主权。此等努力虽在一定程度上增强了清廷同各属国之间的联系，强化了中央政权对藩部事务的管理，但也遭到它们反对。各属国同清廷的背离日益明显，针对藩部实行的各项新政也因政治腐败、管理不善遭到抵制，进一步恶化了清廷同各藩部关系。（5）光、宣时期传统藩属体系的终结与转型。光绪初年至甲午战争前，清廷属国体系即将崩溃，日并琉球、法吞越南、日踞朝鲜均为例证。甲午战争后，中国传统的属国体系已完全瓦解，虽然清廷还同英方围绕缅甸、廓尔喀等国身份进行交涉，但属国体系名存实亡，同这些国家的宗属关系也日渐终结。中国面临的更重要的问题是传统藩部体系转型问题。其间沙俄仍从三北地区对中国各蒙古进行侵吞，英、法亦从西南对中国西藏和川滇边进行渗透。在危机应对上，清末中国发生了“巨变”。甲午战败，清廷逐渐从天下一统的身份中走出，承认中国不过是世界各国中的一员，而且是比较弱小的国家。它开始接受近代西方的外交规则、承认独立主权国家原则。为此，清廷开始探索和实践一些新的政策和举措，通过外交谈判、内部新政等政策逐渐将蒙古、西藏、回疆等地区转变为中央政权下的地方行政区域（如移民实边、设立行省、改土归流等）。但清末清廷统治的崩溃、新政中存在的问题、外部势力的干扰，亦导致某些边疆领土的丧失（如外蒙）。

本书的学术意义在于剖析清代藩属体系的形成、演变及解体过程，澄清清代藩部、属国两体系之间的本质区别，总结清廷治理藩部、属国政策的不同，阐释清廷如何通过运作藩部、属国两套体系去强化其对内统一、对外“一统”的功能。

第一章　清初藩属体系的构建

中国古代藩属体制①是一项历史悠久的政治制度,对它进行研究不仅有利于加深理解中国古代社会内部的宗法关系,而且有利于洞悉中国历史上的内外关系。客观而言,中国藩属体制的演变经历了一个由内到外的演变过程,因此对藩属体制进行研究时,也就不得不顺承这一由内向外的演变脉络。只有这样,才能对中国古代藩属体制的形成、发展、演变做出符合历史逻辑的阐释。

首先,按照藩属体制中"宗"的不同释义,人们可以看出中国古代藩属体制是由古代宗法关系由内向外不断衍生的结果。《辞源》中对"宗"的解释共九种②,其中暗含宗法社会关系的有三种:其一:祖庙。《传》称:"神宗,文祖之宗庙。"其二:祖先。《左传》称:"若不获命,而使嗣宗职。"其三:宗族。而在这九种解释中,暗含着宗法社会关系由内向外演变的有两种:其一:归向、朝见。《书·禹贡》称:"江汉朝宗于海。"《周礼·春官·大宗伯》称:"春见曰朝,夏见曰宗。"其二:尊崇。《书·洛诰》称:"惇宗将礼,称秩元祀。""宗"字的意义演变,暗示着人类社会组织在氏族内部的宗法关系的作用下,经历了一个从氏族、部落到国家的由内向外的发展演变过程。

其次,"藩"字的意义演变也体现出中国古代宗法社会所形成的藩属关系由内

---

① 对中国古代"内外"关系进行研究的学者很多,他们根据各自观点对这一"内外"关系提出了不同的诠释理论。有坚持"朝贡"理论的,如费正清、曼考尔、何伟亚等。也有坚持"中心——外围"理论的,如滨下武志、弗兰茨等。还有坚持"华夷秩序"理论的,如刘杰、何芳川、陈文寿等。但在本人看来,无论是"朝贡"理论,还是"中心——外围"理论、"华夷秩序"理论,它们都没有很好地诠释古代中国这一"内外"关系是如何发生、演变的诸问题。"朝贡"理论无疑过于强调外部因素,而忽视了中国自身的内部因素。因此,它很难解释清古代中国人为什么要建立起如此的"内外"体制。其他理论也只是强调了某一方面,不免存在以偏概全的缺陷。笔者坚持藩属体制理论,它将从内外两方面,按照历史发展的逻辑规则去说明古代中国这一"内外"关系是如何发生、发展、演变等一系列问题,并诠释它又如何被迫退出历史舞台这一更为重要的历史问题。

② 商务印书馆编辑部编:《辞源》,商务印书馆 1988 年,第 440 页。

向外的演变扩大过程。《辞海》中"藩"字有三种解释。第一：篱笆。《易·大壮》："羝羊触藩。"宋辛弃疾的《窃愤录》中有："行至一古庙，无藩篱之蔽，惟有石像数身。"①第二：屏障、掩护。《左传·哀公十二年》："吴人藩卫侯之舍。"《荀子·荣辱》："以相藩饰。"第三：封建王朝分封的地方。《后汉书·明帝纪》："东平王苍罢归藩。"②即从"藩"字现存的几种意思看，人们可以看出它也经历了从沿边、篱笆向封建王朝的分封地的转变过程，以及最终转化为屏障、掩护等意思。

再者，"宗藩"两字连用则将中国古代社会中的宗法社会由内向外的演变过程更加充分地勾勒出来。《史记·太史公自序》称："（高祖）乃封弟交为楚王，爱都彭城，以疆淮泗，为汉宗藩。"《宋书·五行志》也称："后中原大乱，宗藩多绝。"③而陆游的《送王龟龄著作赴会稽大宗函》又称："宗藩虽旧识，莫遣得亲疏。"④即"宗藩"两字的连用暗示着古代宗法社会内部的变化，它开始由单纯的协调部落内部、方国内部成员之间的血缘关系扩大到制约方国外部的地缘关系。换句话说，宗法社会将宗法关系从单纯的血缘关系扩大到血缘、地缘相混同的关系。同时它的制约机制也经历了一个对血缘、血亲等部落、方国内部的制约向对外制约的扩大过程。

一、中国古代藩属体制的产生及主要演变

（一）中国古代藩属体制产生的诸因素

1. 宗法社会的诱导

藩属体制是由中国古代氏族、部落内部的宗法体制由内向外演变而成的，因此，藩属体制得以产生的直接诱因应该是中国古代的宗法社会。中国远古社会，无论是氏族组织、部落联盟还是方国体系，为了团结本体系成员，加强对本团体的组织、管理，以增强同自然和其他团体的竞争能力，都必须形成一个有秩序、有组织的整体。在此基础上，以血缘、血亲等天然成分为纽带的血缘关系很容易发展出氏族、部落内部的宗法体制。按照血缘关系上的远近亲疏来形成本集团内部的组织秩序，则是天然的自定法则，因此宗法社会的出现也是社会组织暗合自然法则的结

---

① 商务印书馆编辑部编：《辞源》，商务印书馆1988年，第1292页。
② 夏征农主编：《辞海》，上海辞书出版社1989年，第700页。
③ 转引夏征农主编：《辞海》，上海辞书出版社1989年，第442页。
④ 陆游：《送王龟龄著作赴会稽大宗函》，《陆放翁全集》，中国书店1986年。

果。因为在远古社会,人类除了按血缘关系来排列社会关系外,没有其他更为合适的代替模式。

由于远古人类是按照自然法则来规范其社会内部的秩序,那么按照血缘关系的自然法则制定出一套秩序来协调社会内部的关系就很自然了。但是,值得注意的一点是:血缘的远近亲疏、辈分高低、经验多少固然是宗法社会得以形成的前提,但却不足以给宗法社会的稳定提供足够的基础。因此当以血缘关系为纽带的宗法社会发展到一定程度尤其是发展到奴隶制国家阶段后,随着氏族、部落向国家的转变,对更多的关系进行规范,迫使人们除了对血缘的仰慕外,还需要用一个更高的信仰来强化社会秩序。于是,所谓的"天"与"天子"也就应运而生,成为国家这一更大集团强化社会秩序的必要信念。商朝的统治者将自己作为天的代言人,就很鲜明地证明了此旨趣。纣王将亡时,仍称自己为"我生不由命在天乎"①。中国的远古统治者们正是利用天与神的权威性象征,"将人间的法律、规则也视为'天'的产物"②,从而进一步推进了宗法社会、奴隶制国家的秩序建设。

在"天"与"天子"这一最高的权威下,宗法社会通过排列自己的顺序来构建社会秩序。其中对内秩序,就是通过大小宗的排序来进行的。陈梦家对商朝宗法制度中的大、中、小三宗的排序分析,具体地证明了宗法社会内部秩序的形成。他称:"立于宗庙的先王的神主,称之为'示'。'示'有大小之别:'大示'是直系先王,'小示'是包括旁系先王的。大示从上甲开始,称为'元示'。卜辞'自上甲六示'指上甲至示癸六个先王,'自上甲廿示',指上甲至武乙二十个直系先王;小示也称若干示……'示'所在之处,后世称为宗庙。卜辞有不同的名称,如宗、升、家、室、亚等等,如'文武丁宗'是文武丁的宗室。凡大示所集合之处名'大宗',小示所集合之处名'小宗'。大宗从上甲起,小宗从大乙起,大小宗以外,还有'中宗'。"③从以上材料可以看出,古代人类社会内部的大小宗顺序的确立是巩固奴隶制国家内部宗法体制的基础。只有内部有一个良好的秩序,该秩序才能向外发展,否则无法形成一个由内向外的扩大秩序。

当宗法社会内部秩序通过大小宗的排序而得到巩固,并构筑出一个"天"与"天子"的顶级权威后,该内部关系开始向外发展,渐渐形成一个由内服、外服,内宗主国、外藩属国所组成的藩属体制。

---

① 司马迁:《史记·殷本纪》,岳麓书社1988年。
② 张晋藩总主编,蒲坚主编:《中国法制通史》第一卷,法律出版社1999年。
③ 陈梦家:《殷墟卜辞综述》,中华书局1988年,第643页。

《尚书·酒诰》充分体现出远古人类拟将商朝的行政区域扩大到"内宗主国、外藩属国"的思想旨趣。书中商朝的行政区域被规定为内服、外服两类。其内服指"商王朝直接统治的地区,即以河南为中心及河北、山东、山西交界处"。外服指"臣属商朝的一些小国或部落"①。其内服的规定固然是出于加强商王朝自身统治之需要,而外服的规定则具有特殊的意义。《尚书·酒诰》曾称:"越在外服,侯、甸、男、卫邦伯。"从中可知,侯、甸、男、卫都为外服。以上这种内外划分表明:藩属体制的出现已经成为古代宗法体制由内向外发展的一种必然结果。这一结果的出现是宗法制社会发展、壮大的必然。其中宗法体制是诱因,它使原本用于协调宗法社会内部关系的宗法体制开始被移植、扩大到用于处理藩属体制中的内外关系。

2. 经济因素

中国是一个农业大国,即使在夏、商、周时期,中国的农业文明也较周边的地区发达。因此就古代而言,导致中国在东亚地位突出的根本原因并不在中国的思想文化对周边地区具有巨大的影响力,而在于中国本身经济的发达。正如阿明所言,中国的富裕型纳贡生产方式所积累下来的剩余物品是吸引周边民族、邻邦加强同中国交往的重要原因。② 因此对属国或外国而言,无论是北方的游牧社会,还是南方的农耕社会,它们都在一定程度上对中国的剩余物品的交换产生兴趣。北方游牧民族需要交换中国的农产品,东南亚虽为农耕型国家,但却未形成如同中国般强大的国家,它们也需要同中国交换物品,以弥补自身的不足。所以费正清也称:"很明显,动机在于贸易,以至于整个体制,自外国看来,明显是为商务提供了灵活的通道。"③持这一观点的不仅仅是费正清,泰勒·丹涅也称:"这种从属关系就实际情形而论,是经济性胜过政治性的。中国是任何经济上匮乏的国家可以予取予求的一个源泉,借以补充其资源的不足。"④

就一部分与中国有着地缘关系且与中国有着利益关系的国家而言,其承认宗属关系,接受中国的宗主国地位,当然是出于追求经济利益、满足物品交流这一目的。仅举朝鲜为例,就能很好地说明这一点。几乎自中、朝建立起交往关系始,朝鲜方就在追求经济利益、满足物品交流的刺激下,一直同中国保持交往。不仅如

---

① 张晋藩总主编,蒲坚主编:《中国法制通史》第一卷,法律出版社1999年,第140页。

② [埃及]萨米尔·阿明:《不平等的发展——论外国资本主义的社会形态》,商务印书馆1990年,第9页。

③ John King Fairbank, *Trade and Diplomacy on the China Coast The opening of the Treaty Ports, 1842-1854*, Stanford University Press, 1953, P.32.

④ [美]泰勒·丹涅特:《美国人在东亚》,商务印书馆1959年,第365页。

此,中国传统藩属体制对邻邦那"厚往薄来"的经济政策又在无形中进一步对各邻邦产生吸引。在有利可图的情况下,朝鲜等邻邦多愿意接受这一宗属关系,并积极同宗主国中国进行交往。例如清代,正是由于朝鲜方人员旅程的费用都是由清廷承担的,所以朝鲜人才会不失时机地抓住每一次机会,想方设法地增多来华人数。同时,由于清廷允许他们在京师从事免税贸易,他们遂可以借此为国王和他的官员们接连不断地挣得大笔的财富。① 更为重要的是:朝鲜的人参贸易是由宫廷独断的。因此国王可以从每年的人参贸易中抽取到25000美元的税务。② 而就与中国无地缘关系且无直接利害关系的国家而言,其接受朝贡体制或认可中国的藩属体制,同样也是出于追求经济利益的目的。③ 如清代日本策动琉球积极发展中琉宗属关系,其中就包含有这方面的因素。④

然而就中国自身而言,它将经济因素看成是达到政治目的的途径,即通过"厚往薄来"的手段达到怀柔远人、四夷来王的化外目的。

综上所述,就中国古代藩属体制的形成而言,经济上的"厚往薄来"是构建藩属关系的重要特征。"天子"在经济上对藩属的所予,而藩部、属国对"天子"又有所求。通过这种予、求的双向行为来达到双方的满足,从而为中国为中心的藩属关系的形成提供了重要的条件。因此,从经济上看,东亚的相似但却不对称、南北互补的经济形态为中国建构自己的藩属体系提供了前提,而中国农耕社会发展到一定阶段,农耕型国家扩大到一定程度后,对社会稳定和周边和平秩序的追求,使得藩属体系得以产生。更为重要的是:中国自身自给自足的经济形态以及农业社会生产所积累下来的剩余财富,为中国藩属体系的建构提供了坚实的经济基础。尤其是在明清时代,具有较强的经济实力时,才有可能承担起维持藩属关系的巨大花费。⑤

3. 政治因素

远古人类为满足生存发展之需,需要建立起有效的组织把大众团结起来,确立

---

① Willan Woodville Rockhill, *China's Intercourse With Korea From The Xvth Century To 1895* , London: Luzac & Co.Publishers To The University Of Chicago, 1905, P.27.

② Willan Woodville Rockhill, *China's Intercourse With Korea From The XVth Century To 1895* , London: Luzac & Co.Publishers To The University Of Chicago, 1905, P.47。

③ [日]滨下武志著,朱荫贵、欧阳菲译:《近代中国的国际契机——朝贡贸易体系与近代亚洲经济圈》,中国社会科学出版社1999年,第37页。

④ 柳岳武:《康乾盛世下中国、日本、琉球三国关系研究》,《人文杂志》,2007年,第3期。

⑤ 柳岳武:《康乾年间中琉宗藩贸易研究》,《南京社会科学》,2006年,第5期。

一定的秩序,以为自身的发展创造条件。因此,对秩序的追求是建立社会组织的重要目标。只有形成了一个有序的、人人遵守的秩序,才能有效地组织古代人类,求得生存。所以中国古代社会的"知识、政治和社会三个方面最终都回归到秩序之建设"。① 而中国传统儒家就想借此建立起"一种旨在维持社会和国家之秩序、等级的伦理、生活规范,而对诡辩家(墨家)和法家在知识和社会上的无政府状况做出了强烈反应"。② 这种对秩序的追求渐渐发展成为政治上的制度需求,统治阶层需要借此巩固中国日益扩大的统治范围,巩固农耕社会所保存下的社会财富。当人类的活动范围从氏族、部落、方国等小范围扩大到较大的国家、外族、藩属范围后,依靠原有的氏族内部的惯例是不够的。在此基础上,发展一套不同于旧有规则的新规则,以维护中国周边地区的稳定是很必要的。这一切都要求进一步巩固和完善秩序,并将原来用于调整小范围内的以血缘关系为主体的宗法秩序,扩大到调整大范围内的国家与部落之间的关系,即内外秩序。

就中国方面而言,以下政治因素促进了藩属体制的发生与形成:第一,"天子"对权威的追求。正如费正清所言:"宫廷的动机不难看出,中国的统治者声称用上天的法令去统治所有的人类,如果人类之中的某一部分不承认他的统治,他如何能期望中国自身子民去承认他呢? 朝贡在中国的政治统治上有一种权威的价值,而权威是所有统治者的重要工具。"③正是如此,所以中国历代统治者为了巩固这一权威需要加强自身权威。并且,对这一权威的巩固与加强又能增强"天子"的神圣性,并促使中国本土形成统一。因此,有学者称:"与中世纪欧洲的神圣罗马帝国相反,在中国的封建时代中,帝国的最高掌权者也是最高的祭司。作为最高的祭司,皇帝是使地域大小不同、武力强弱不一、统一程度有别的许多国家在文化上融合的一个基本因素。"④

第二,"天子"对周边秩序、安全的追求。无论是中国古代的分封制,还是构建藩属体制,其目的都是为了形成对自身政权进行保护的藩篱。因此对中国统治者而言,其建设藩属体制的重要现实作用就是形成同周边的稳定秩序。而且随着中国自身有效统治范围的扩大,中国统治者越来越发现维护中国周边秩序不可能仅

---

① [英]费尔南·布罗代尔:《文明史纲》,广西师范大学出版社 2003 年,第 182 页。
② [英]费尔南·布罗代尔:《文明史纲》,广西师范大学出版社 2003 年,第 184 页。
③ John King Fairbank, *Trade and Diplomacy on the China Coast The opening of the Treaty Ports*, *1842-1854*, Stanford University Press, 1953.P.30.
④ 《文明的历史脚步》,引自《韦伯文集》,三联书店上海分店 1988 年,第 70 页。

靠本国的法律和武力。管理周边地区尤其需要用"统治者和他的官员们的个人行为"①去引导，即"德化"的力量去运作。正是因为中国构建藩属体制的政治意义在于形成对宗主国的保护层，所以历代"天子"对自身藩属之基本要求都在于"奉法循礼，保境睦邻，庶拥享太平之福"。中国古代统治者正是通过构建藩属体制，利用藩属关系下的朝贡贸易来达到协调中央政权同周边地区以及中国同邻邦的关系。因此，藩属体制中的朝贡贸易在很大程度上也成为一种驾驭藩属关系的工具，而且成为调整边部关系的缓震器。即，"在本质上，朝贡体制是作为边界机制来操作的，它将蛮夷对中国的社会的入侵转变成为对儒家中国人的理解，因此如同缓震器一般，减小了蛮夷的压力"。②

第三，宣扬天子"德化"，维护天子身份的要求。曼考尔认为：从社会哲学上讲，朝贡制度是文明社会结构超越皇帝之直接权力的扩展，"五种儒教关系（五伦——君臣、父子、夫妻、兄弟、朋友）——常常为特殊的朝贡关系提供词汇。而且，皇帝经常使用这些用于表达他与他臣民关系的术语，去描述他同朝贡国之间的关系。他对他们显示仁慈，鼓励他们，并抚育他们"。③ 对中国古代的统治者而言，"宏宣德化"的意义一方面在于巩固自身的统治地位，并向自己实际统治下的臣民表达自己的"天子"身份；另一方面，对周边、外域施行德化既是怀柔周边部落、邻邦的一种手段，又是对外域君主施行感化的一种方式。

对于邻邦而言，愿意同"天子"建立宗属关系，在政治上也有他们自身的需要。正如茅海建在分析清代藩属体系之所以建立时所称："清王朝的强盛，使周边地区的各国君主出于种种动机，纷纷臣属于中国，向清王朝纳贡，受清王朝册封。"④因此，从政治上讲，中国在古代能够同周边国家建立宗属关系还与这些周边国家自身政治上的追求有关。就周边国家而言，其同意甚至配合而不反对同中国建立宗属关系起码有以下几点原因：

其一，自身国家的安全因素。中国自古代以来就是亚洲较大的农业大国，夏、商、周奴隶制国家形成后，中国国家规模与实力进一步增强。春秋战国到秦汉的统

---

① John K.Fairbank, *Chinese Thought & Institutions* , Edited The University Of Chicago Press, 1957. P.12.

② Mark Mancall, *China at the center:300 Years Of Foreign Policy*, New York, Free Press, London: Collier Macmillan, c1984, P.16.

③ Mark Mancall, *China at the center:300 Years Of Foreign Policy*, New York, Free Press, London: Collier Macmillan, 1984, P.13.

④ 茅海建：《天朝的崩溃：鸦片战争再研究》，生活·读书·新知三联书店 1995 年，第 6 页。

一又使中国的实力相对于周边邻邦而言得到了很大的发展。因此可以这么说,无论中国北方的游牧民族还是南方的邻邦,到了汉代中后期都已经没有足够的实力与中国相抗衡了,即使是北方强大的匈奴在西汉时也开始部分归属中国。在此等情况下,中国周边无论是藩部还是小的国家都纷纷认识到同中国搞好关系的重要性。因此,"它们对中国的称臣主要是出于对大国的敬畏和文化上的传统习惯,以便获得安全的保证和合法的延续性"。① 而且对于周边国家而言,中国对它们身份的承认,则具有同如教皇或神权对它们加以承认的功能,并为它们的国家安全添加了神圣的色彩。在某些情况下,还可以得到实际的帮助。② 因此在宗主国对属国要求不致过严,以及藩部、属国感觉"天子"所提供的藩属地位不致无法忍受时,周边的藩部、属国对这一藩属关系加以承认,并接受自己的附属身份。

其二,自身统治的安全因素。对于中国周边的藩部、邻邦而言,愿意接受这一藩属关系也是维护自身安全、寻求庇护的一种手段。即当这些小的部落或邻邦所受到的威胁不是来自中国内部而是来自该部落内部,或者周边地区时,在这种情况下,借助同中央政权建立藩属关系来达到自存的目的。如明代初年,琉球国内三王分立,中山王在明朝使臣的颁诏下积极响应,此后三国纷纷加入明朝的藩属体系就是一个典型的例证。另外,如乾隆时期的巴达克山、阿富汗、博罗尔、乾竺特等相继进贡清廷,又是一个明显的例证:乾隆二十七年,回部的霍集占被清朝军队打败后,就假道巴达克山辖地前往阿富汗的"默克祖国",结果却被巴达克山所杀。而阿富汗的国王爱哈默特沙和温都斯坦遂借此向巴达克山兴师问罪。面对如此情形,巴达克山不得不向清廷寻求庇护,归附清廷。而阿富汗因巴达克山归附清廷,也派使臣来到中国,并向清廷进贡。③ 这一效应无疑对这一时期中亚的其他小国起到震动作用,随后博罗尔的行为证明了此点。乾隆二十九年,博罗尔因事与巴达克山发生冲突,但又因巴达克山曾经内附清廷、为清廷的属国,因此特向清廷进贡求援。清廷特派人传谕,让两部言和,"博罗尔遂遣使入朝,贡剑斧及玉柄匕首"。④ 同时,因为博罗尔的归顺,又引发了地处博罗尔东边的乾竺特也"亦(一)同内附,岁贡金一两五钱"。⑤ 从以上巴达克山、阿富汗、博罗尔、乾竺特等相继进贡清廷事例可以

---

① 葛剑雄:《统一与分裂:中国历史的启示》,生活·读书·新知三联书店 1994 年,第 86 页。

② John King Fairbank, *Trade and Diplomacy on the China Coast The opening of the Treaty Ports, 1842—1854*, Stanford University Press, 1953, P.30.

③ 王之春:《清朝柔远记》(赵春晨点校),中华书局 1989 年,第 113 页。

④ 王之春:《清朝柔远记》(赵春晨点校),中华书局 1989 年,第 114—115 页。

⑤ 王之春:《清朝柔远记》(赵春晨点校),中华书局 1989 年,第 115 页。

看出:在东亚、中亚古代丛林的国家之间,各小国为了维护自身的统治地位,同大国结成藩属关系是东亚内的一种较为普遍的现象。①

4. 思想文化因素

中国古代的思想文化是藩属体制产生的催化剂,它对藩属体制的产生、形成具有较大的影响,这主要体现在以下几点:其一,"德治"观念的推动作用。对于藩属体制的形成而言,"德治"文化更为重要。"在东亚,皇帝位于国际关系的顶峰或中心,它不是通过法律而是通过权威式的美德"②来实现的。因此美德不仅是中国古代统治者加强对自身臣民进行统治的重要手段,同时也是加强对周边部落、邻邦影响的重要媒介。对于中国自身的臣民而言,统治者倒不一定都用"德化"的方式来影响他们,统治者完全可以用自身政权力量来加强对他们的统治与管理,可以用法律、暴力等手段来迫使他们服从。而对于中国周边的地区而言,当中国统治者的统治实力无法跨越这一空间距离时,中央政权对周边的"藩属"已不再产生直接的作用。但是中央政权又要协调同周边的关系、达到一个较为安宁的环境。这一客观要求不得不迫使中国古代统治者采用非直接的统治手段来达到这一目的。因此,"德治"无疑成为各朝各代统治者开展同周边地区关系的最佳选择,他们通过"德化"的宣传方式和"德化"的怀柔政策来协调中国古代的内外关系。

其二,"天下一统"观念的"扩大"作用。中国古代社会里,不仅统治政权是单极的,整个统治结构也是单极的。而且在单极思想体系的引导下,中国人对世界的认识也是单极的。它的最顶层是天,天下为天子,天子之下是中国,中国周围是藩属。所以整个东亚古代的秩序是一个强调"一"的秩序,其中"一统天下"就是这种秩序的终极追求。因此,公元前179年,汉文帝即位称帝后写信给"南越王"就强调了这一单极思想和单极秩序的重要性。他称:"虽然,王之号为帝,两帝并立,亡一乘之使以通其道,是争也。争而不让,仁者不为也。愿与王分弃前患,终今以来,通使如故。"③南越王接到汉文帝的书信后,决定服从汉朝的统治,成为汉朝的藩属。他之所以服从汉文帝的统治,成为汉朝的藩属,也是出于对"一"的单极秩序的认可。他在对他的臣民所作的论述中充分体现了这一思想。他称:"吾闻两雄

① [日]滨下武志著,朱荫贵、欧阳菲译:《近代中国的国际契机朝页贸易体系与近代亚洲经济圈》,中国社会科学出版社1999年,第38页。

② Mark Mancall,*China at the center:300 Years Of Foreign Policy*,New York,Free Press;London:Collier Macmillan,1984,P.34.

③ Mark Mancall,*China at the center:300 Years Of Foreign Policy*,New York,Free Press;London:Collier Macmillan,1984,P.24.

不俱立,两贤不并世。汉皇帝贤天子,自今以来,去帝制黄屋左纛。"①

在这种"无外"思想的指引下,中国必将遇到如何处理同他周边地区和日渐被发现的其他地域的国家与人民的关系问题。就农耕国家而言,当它发展到一定程度后,它并无实力对自己周边地区施行直接的政治、军事统治。因此,采取文化上的影响成为中国古代的必然手段。

其三,"华夷之辨"思想对藩属体制建设的巨大推动作用。"华夷之辨"是推动藩属体制建设的重要手段。一般人认为中国古代的"华夷之辨"重要强调的是"华夷"之间的距离、差距,其主要目的是为了将华夷相分别、相隔离。② 其实不然。无论是古代先圣的"华夷之辨",还是古代君王的"华夷之辨",都不如此简单。即从中国历史的长时段上看,无论从儒家的华夷之辨的演化标准看,还是从历代帝王的"华夷之辨"的最终目标看,其最终目的都是为了达到"化外"的目的,即完成"一统"。这一最高目的起码来源于两种因素:其一是中国古代思想中的"一统观念",其二是中国农耕社会所渴望的安全需要。对于前者,帝王天子为了体现其"真正"拥有天下,他们认为对"华夏"之外的"夷狄"实施"德化",是其分内之事。但"德化"的实行并不是一帆风顺的,也非水到渠成的。因此,通过强调华夷之辨的差别来吸引异族,未尝不是一种有效的手段。对于古代中国的统治者而言,则在于如何通过"华夷之辨"来跨越农耕社会所无法跨越的地理、空间距离和不同的社会生产形态,并实现周边的稳定。而要突破这一经济、地理的局限,"华夷之辨"所充当的角色绝对不是单纯的保守式的防卫,更多情况下,却具有一种文化的吸引和同化功能。③

而从现实意义上讲,"华夷之辨"更是调整边部关系,推动藩属体制建设的重要推动力。"华夷之辨"在于表明"华夏"族生活方式的优越、思想文化的发达、礼仪的高尚。这些宣传方式无形之中对边部的少数民族或邻近国家产生吸引力。中华的衣饰文化、物美人丰,给他们的吸引力是同中华接近,以从中交换到满足他们

① Mark Mancall, *China at the center*:*300 Years Of Foreign Policy*, New York, Free Press; London: Collier Macmillan, 1984, P.25.

② 李云泉:《夏夷文野之分与华夏中心意识》,《山东师范大学学报(人文社会科学版)》,2002年,第3期,第93页。

③ 正如费正清所称:"夷的角色是由一个巨大的、连续的地理事实产生的,而它作为一个政治体限制了中国人的帝国——即精耕的农业可以在东亚,和被长城所标志的南部土壤和雨林边境内广泛地从事,但是却不能跨越北方。"John King Fairbank, *Trade and Diplomacy on the China Coast The opening of the Treasty Ports*, *1842-1854*, Stanford University Press, 1953, P.23.

自身所需的物品,引进"华夏"的先进生产方式等。所以"华夷之辨"对于边部或邻邦而言,在实际上具有较强的现实吸引力。

　　5. 地理环境因素

　　藩属体制之所以在古代中国实现,还与地理环境因素有关。这一体制无疑是由一个中心以及周围的藩部、属国组成。这个中心从政治意义上讲,当然是权力中心;从经济意义上讲,当然是生产中心;从文化意义上讲,则是文明发达之中心。那么从地理意义上讲,中国地理位置是否也同样地为藩属体制这种中心外围式体系结构提供了便利? 它同样值得重视。

　　拉铁摩尔、布罗代尔等人分别从地理所导致的生态的、经济的、文化的中心角度来分析中国中心地位的形成。他们的观点为藩属体制地理中心的形成作出了较为合理的解释。拉铁摩尔认为,中国黄河流域原有的生态环境为"中国"中心的形成提供了前提。① 拉铁摩尔从自然生态的角度说明了"中国"地理中心(中原中心)的形成,但他未能说明亚洲内部中国地理中心是何以形成的,即中国如何同亚洲内部其他国家形成藩属关系,并成为这种关系中的地理中心。对亚洲内部中国中心的形成解说得令人比较满意的是布罗代尔的一段话,他是在对亚洲内部货币交流批判时说明此点的。他称:"中国周围的国家仍处于童年时代。在日本,大米长期充当货币;南洋群岛和印度支那使用的货币是从中国进口的铜铁或仿造的'制钱',还有铜'锣'……这一切可以解释中国本身的落后,也可以说明为什么它的货币体系具有某种稳固性,因为这一体系对于周围世界而言处于'统治'地位。中国货币史满可以懒洋洋地发展而不必担心任何危险;它只稍比邻国领先就足够了。"②虽然布罗代尔是在批判东亚货币落后的立场上做出如上言论的,但是他的批判却揭示了一个现实:自远古以来,东亚地区内,中国的经济相对于其他各国而言形成了一个中心。而这一经济中心是以地理中心为前提的,没有地理中心为其经济创造条件,这一经济中心也难以形成。

　　因此,无论是从单纯的地理中心,还是从地理中心所导致的经济中心、文化中心而言,都表明了地理因素对中国古代藩属体制产生的巨大影响。正是有此中心,才产生了与此相对应的外围。"中国"这一名称之由来,就表明了古代中国人在地

---

　　①　[美]拉铁摩尔(E.Lattimore)著,陈芳芝、林幼琪译:《中国简明史》,商务印书馆 1962 年,第 18 页。

　　②　[法]费尔南·布罗代尔著,顾良、施康强译:《15 至 18 世纪的物质文明、经济和资本主义》,生活·读书·新知三联书店 1992 年,第 535 页。

理上对自我中心地位的定位,它对推动中国古代藩属体制的构建产生了重要的影响,古代东亚世界内的其他各国都围绕在中国这一"中心"的周围开展经济、政治、文化交流。

(二)中国古代藩属体制的主要演变

中国历史上最早记载藩属体制内外划分,是《史记》关于唐、尧时代的记载。《史记》称:唐、尧时代,南蛮,北狄,东夷,西戎,天下咸服;尧死后,舜继位,"蛮夷率服",氐、羌、息、慎等族,各以其职来贡,"方五千里,至于荒服"。① 其后是夏代《禹贡》的记载,书称:除夏王的"王畿"以外,天子统治的地方还有"五百里甸服:百里赋纳烟,二百里纳铚,三百里纳秸服,四百里粟,五百里米。五百里侯服:百里采,二百里男邦,三百里诸侯,五百里绥服:三百里揆文教,二百里奋武工。五百里要服;三百里夷,二百里蔡。五百里荒服:三百里蛮,二百里流"。② 不过对于远古时期,如此规范的内外划分,国内外学者大多表示怀疑。汤恩比就对此进行了批判,他称:"由于中国学者正确地观察到晚后的统一政权是对秦汉统一的刻意重复,他们因此设想这一定是某个较早的统一政权的复兴,他们因而把自己的这种统一的阶段系列再向上推,经过周、商和夏代,重现由假定的原初圣贤们建立的理想政体。"③国内学者对夏代"五服制"的说法也提出了质疑。葛剑雄称:"如果说九州制因为是以名山大川为主要界限,所以还能使人相信为实际行政区域的话,五服制这样的四四方方二千五百里的划分就难以自圆其说了。"因此他的结论是:"九州制是对未来的设想,五服制却是对过去的理想化。因为在西周和以前虽然采用过类似的分等级统治体制,却并没有把每一等级固定为五百里。"④尽管国内外许多学者对夏代是否存在分封的五服制表示怀疑,但仍有人相信在夏商周时期"后世藩臣与天子的权利与义务的一些根本原则的雏形可能已经绽现"。⑤ 更有甚者,还有人认为:"中国中心观念,其形势创始于共主时代,其理论可以《尚书·禹贡》为代表。"⑥笔者同样不赞同在周代之前就存在如此严密的藩属体制的观点,但是其

---

① 司马迁:《史记·五帝本纪》,岳麓书社 1988 年。
② 张馨编:《尚书·禹贡》,中国文史出版社 2003 年。
③ [英]汤恩比:《历史研究》,台北远流出版社 1987 年,第 37 页。
④ 葛剑雄:《统一与分裂——中国历史的启示》,生活·读书·新知三联书店 1994 年,第 12—13 页。
⑤ 张世明:《清代宗藩关系的历史法学多维透视分析》,《清史研究》,2004 年,第 1 期,第 22 页。
⑥ 王尔敏:《十九世纪中国国际观念之转变》,《中国近代现代史论集》,第十编,台湾商务印书馆 1985 年,第 26 页。

思想雏形的出现则是可能的。

周代以血缘为主的分封制应该是中国最早出现的较正式的藩属体制。周朝封国的出现,可谓是宗法社会向藩属社会转变的例证。周初时的分封制可分为三类:其一为"古圣后裔",如封神龙氏之后于焦,黄帝之后为祝。其二为同姓亲属,如封周公旦长子于鲁,封召公奭于燕。其三为异姓功臣,如封尚父于齐。周初的分封制表明:随着奴隶制国家的扩大,以及同"中国"周边"蛮夷"部落联系的加强,有必要将原来用于处理部落或原始方国内的宗法关系放大为处理奴隶制国家内部以及同它的周边的方国、邻邦之间的关系。如《荀子·儒效篇》称:周初"立七十一国,姬姓独居五十三人"。该材料表明了两点:其一,周的分封,并非全都是按照宗法社会的血缘关系来实行的,七十一国中虽有五十三人为姬姓,仍有十八人为他姓;其二,七十一国的分封本身就表明社会组织由血缘部落、方国体系向地缘的"宗藩体制"之转变。而且,更为重要的是:周朝分封的结果是对被封人授民、授疆土,让他们去管理、控制更为广阔的地区,这样做的实质是奴隶制国家统治范围的自我扩大,这一点可以从《大盂鼎》得到很好的证明。《大盂鼎》称:"王曰:盂……授民授疆土……锡女邦司四伯,人鬲千又五十夫。"①铭文恰好表明,在奴隶制国家管理范围扩大后,限于"中国"实力的有限性而不得不将宗法制的管理方式扩大到藩属关系的管理方式,也就是通过建立封国等子属国的形式来达到对更广阔的地域的控制。

不仅如此,周朝的分封制还规定了藩属对宗主的义务。如《国语·周语》称:"甸服者祭,侯服者祀,宾服者享,要服者贡,荒服者王。"②即甸服与侯服的主要义务是祭、祀,宾服则为享,要服、荒服分别为进贡和"来王"。可见此五服中的要、荒两服与汉代以来的藩属国的身份很相似。

春秋战国是一个大动荡、大分裂时期,也是一个由分裂向国家重组和统一时期。然而在如此动乱时期,在思想意识上,中国古代的思想家却大大发扬了与藩属体制相关的宗藩思想。"大一统"思想、"华夷之辨"思想、"德治"思想就是其中的典型。春秋战国时期是所谓的"礼崩乐坏"时期,但是无论是儒家、墨家还是法家,他们都坚持"天下"观念。因此《诗经》中的"普天之下,莫非王土;率土之滨,莫非王臣"③,其实质是对"天下一统"之渴望。而据李扬帆统计研究:"《孟子》中约86

① 转引自张晋藩总主编,蒲坚主编:《中国法制通史》第一卷,法律出版社1999年。
② 韦昭注:《国语》,中华书局1985年,《周语》。
③ 《铜版四书五经》,国学整理社1936年,《诗经·小雅·北山》。

处用'天下'一词多表示'王所(应该的或实际的)统治范围',并无实际的地理范畴"。① 但是孟子等却始终宣扬"天下"观念,可见这一时期思想家对"一统"的希望之强烈。正是因为"孔子为代表的新兴思想家(才)开始(了)怀疑多国制的合法性和有效性,开始宣传'礼乐征伐自天子出',此后'大一统','定于一'的观念越来越普遍,并最终成为中国传统政治思想的'一贯'"。②

秦代是中国封建藩属体制发展的重要时期。有学者称:"秦始皇统一中国,建立了空前规模的秦帝国……设使秦祚绵长,在此基础上确实可能出现若干对外关系的生长点。然而,不旋踵间,二世而亡,秦帝国仅仅为日后的'华夷'秩序建立了一个前提框架"。③ 然而就历史事实而言,秦之统一的重要意义不在于此,而在于在自身实力的有限范围内设置郡县,从而使内部与藩部(边部)的相对性显示出来。因为夏商周的分封制下的藩属与封国是很难区别的,而秦将自身实力控制下的区域划分为郡县,实行直接内治。而对于周边实力不及之地,则采取怀柔的手段。这一行为有力地推动了藩属体制的发展。

因此,秦朝的统一,不仅对"华夷"秩序产生重大的影响,而且对中国古代藩属体制也产生重要影响。在秦统治时期,"秦朝对归附的较大少数民族、部落称之为邦属,实行与郡县制相异的管辖形式,政府汇总设'典属邦'掌蛮夷降者,在法律上颁布属邦律"。④ 因此,自秦以后,中国的"天下"观念才得以真正地实现于政治之中。正如钱穆所称:"这个理想,中国人自谓在秦代的统一六国而实现完成了。所以《中庸》上说'今天下车同轨,书同文,行同伦'。""舟车所至,人力所通,天下所覆,地之所载,日月所照,霜露所坠,凡有血气者,莫不尊亲。"⑤

而西汉的统一与统治范围的空前扩大则为藩属体制的构建提供了重要的条件。此时不仅南方的南越、东方的朝鲜成为了它的藩属,而且楼兰、滇、君长、白马等也成为西汉统治下的藩属。因此李大龙认为:"在先秦时期就已经形成的藩属观念的指导下,刘邦在建立西汉王朝之后即开始构筑宗藩体系。"⑥他还认为,在西

---

① 李扬帆:《走出晚清:涉外人物及中国的世界观念之研究》,北京大学出版2005年,第352页。

② [以色列]尤锐:《历史的进步与退步:以大一统观念为例》,《史学集刊》,2006年,第1期,第7页。

③ 何芳川:《华夷秩序论》,《北京大学学报》,1998年,第6期,第31页。

④ 张世明:《清代宗藩关系的历史法学多维透视分析》,《清史研究》,2004年,第1期,第23页。

⑤ 钱穆:《中国文化史导论》,商务印书馆1994年修订,第37—38页。

⑥ 李大龙:《不同藩属体系的重组与王朝疆域的形成——以西汉时期为中心》,《中国边疆史地研究》,2006年,第3期,第16页。

汉时期,中华大地上不仅存在以汉政权为中心的藩属体系,而且还存在着互为敌体的藩属体系,即北方匈奴为中心的藩属体系与汉政权为中心的体系间形成了对立。① 与此理论相对应,何芳川教授认为,中国汉代鉴于北方匈奴势力的强大,在构建"华夷"秩序时,主要是向东、西、南方向发展。②

对于汉代而言,其藩属体制构筑的重要意义不在于其藩属体系之扩大,而在于将周秦以来的内治地区与藩属地区进一步加以区分。自秦以来的郡县制度在汉初得到了进一步的发展,汉初虽设有"郡国"制、"属国"制,但是其"郡国""属国"都只是国家行政区划内的一种,是直接受中央统治的。因为文景之治和汉武帝时期的"削藩""推恩令""左官律"等政策或法律的实施,实已大大强化了国家对"郡国""属国"的治理。而且汉初的"属国"与后来藩属体制中常称的"属国"是不同的,它是汉政权治理下的一级行政区划。因此颜师古对"郡国""属国"进行考注时就称:"凡言属国者,存其国号而属汉朝,故曰属国。"③正是如此,所以有学者认为,"汉初的封国建藩在本质上主要是战国以来领主制与官僚制混合物的食封制度,封君已由'授民授疆土'的领主变为既无土地所有权又不能臣其吏民的'衣食租税'者。"④这表明,汉代时期,所谓的"郡国"制是对汉朝中央政权治理下内部行政地区的一种划分,其总体的趋势是对日益扩大的国家范围进行着有效的行政治理,使中国的国家范围在汉代进一步扩大与定型。"郡国"或"属国"制,又使汉代国内治理与对边部的治理进一步厘清,只有在分清内外的情况下,才有真正的藩属体系的出现。就汉代具体情况而言,其真实的藩属体制也确实出现了。南方的南越,东方的朝鲜,北方的乌桓、乌孙、楼兰等。另外纳入这一体系的还有日本、都元国、邑卢没国、谌离国、夫甘都卢国、黄支国等。

隋唐时期是中国藩属体制发展的又一顶峰时期。隋唐的强盛,不仅将南越地区的许多小国纳入自己的藩属体系,而且也先后将西域地区的"三十余国"⑤纳入到该体系之内。除了所谓的"宾国"丁唐贞观年间来朝外,还有所谓的勃律国的来朝。而且东方的日本也于608年遣使来隋,并与中国建立了藩属关系。另外,在隋炀帝、唐太宗征高丽后,朝鲜半岛上的新罗王朝也与中国建立了藩属关系,成为中

---

① 李大龙:《不同藩属体系的重组与王朝疆域的形成——以西汉时期为中心》,《中国边疆史地研究》,2006年,第3期,第17页。

② 何芳川:《华夷秩序论》,《北京大学学报》,1998年,第6期,第31页。

③ 班固撰,颜师古注:《汉书·武帝本纪》,中华书局1962年。

④ 张世明:《清代宗藩关系的历史法学多维透视分析》,《清史研究》,2004年,第1期,第23页。

⑤ 何芳川:《华夷秩序论》,《北京大学学报》,1998年,第6期,第32页。

国藩属体系中的重要成员。再者,甚至有学者认为,隋唐时期连印度也成了中国的属国而进入过"华夷"秩序圈。[①]

就客观实际而言,中国政权相对强盛时倒不一定能体现出藩属体制的作用,因为强盛时期的中国可能通过自身的政治、经济、军事力量将周边小国置于自身的直接行政管理之下。如秦在南方设乐浪、真腊等郡,唐在东方设安东都护府,在南方设安南都护府都是实证。相反,当中国的实力相对削弱,对周边地区、小国无法实行直接的行政、军事控制,但又求于周边地区的稳定时,对他们采取怀柔、羁縻政策的藩属体制倒显得更为重要。宋代就是该种情形下的一个例证。宋代,北方有契丹、女真、蒙古等部的侵扰;南方的越南地区也于 968 年建成了"大瞿越南国";东方的高丽王朝也从唐代安东都护府下脱离出来成立了高丽国,日本也于 894 年停派遣唐使而称自己为"天下"。在这种情况下,无论是北宋还是南宋,都无实力将它们纳入直接的管理。因此,采取藩属体制来处理同这些邻邦的关系可能更适合。在此等意义上讲,相对弱小的中原王朝却可能是使藩属体制得以充分发展的重要时期。

当然,当中原王朝相对削弱时,能够同边部、邻邦建立、发展藩属关系还有其他方面的因素。首先是这些地区或小国自主后,基于中国中心的经济文化的吸引作用,它们继续保持着同中国中心的交往关系。正如西嶋定生所称:"五代之后,成立了宋朝……这个王朝与邻近诸国的关系和唐朝相比较,有着显著的不同,中国王朝已经不是主宰'东亚世界'册封体制的宗主国……但是从另一个方面来看,宋朝依然是'东亚世界'的中心,是这个世界的支配者,只不过这种支配不是在政治方面,而是在经济与文化方面。"[②]即当这些地区从中国强大王朝的统治下独立后,它们与中国政权的矛盾相对缓和,这更能调动其与中国进行交往的积极性。同时,中国由政治控制转变为经济文化交流与影响方面也更有利于这种关系的建立。

宋代的具体事例也证明了上述观点。968 年,越南人丁部领统一了越南,建立了"大瞿越南国",从此结束了将近十一个世纪的"北属"时代。975 年,宋朝封丁部领为"安南都护检校太师交趾郡王"。1174 年,宋朝又不得不封李天佐为"安南国王"。自 1173 至 1251 年间,越南先后向宋进贡达五十多次。[③]

918 年,朝鲜人王建推翻了泰封国,建立高丽,统一了朝鲜半岛。公元 962 年,

---

① 何芳川:《华夷秩序论》,《北京大学学报》,1998 年,第 6 期,第 33 页。
② 《日本学者研究中国史论著选译》第二册,中华书局 1972 年,第 101 页。
③ [日]山本达郎主编:《越南中国关系史》,东京山川出版社,1975 年。

高丽遣使赴北宋。963 年,北宋正式对高丽进行册封,完成了高丽与北宋之间的宗属关系建设。整个宋朝时期,宋朝赴高丽的使臣为二十九人次,高丽赴宋朝方面的使臣为七十一人次。①

　　明清时期是中国藩属体制的成熟时期,也是最终定型时期。《明会典》和《清会典》不仅规定了管理藩部属国的机构、官员以及各司的具体职务,而且对藩部、属国进行了分类。并且通过朝贡、册封、禁例、市易等具体条款的规定来规范宗主国与藩部、属国的关系。更为重要的是,明清两代还将土司与属国加以具体的划分。其土司专指在中国范围内,由中国政权进行管理的部分,其政策与内地的区分在于采用怀柔的方式;而属国则是相对于中国之外的国家。如据《明史》记载:"洪武初年,西南夷来归者,即用原官授之。其土官衔号曰宣慰司、曰宣抚司、曰招讨司、曰安抚司、曰长官司,以劳绩之多寡,分尊卑之等差,而府、州、县之名亦往往有之。"②而"外国列传"中,明代有朝鲜、安南、日本、琉球、吕宋……文郎马神、占城、真腊、暹罗、爪哇、三佛齐等包括西洋国在内的七十一国。另外还有既不属于土司,又不属于外国的、类似清代"藩部"但却又十分松散的西域地区的五十九部。这些外国、部落都是明代统治下的藩属,因此明代的藩属要比此前的任何朝代更为众多,其类之划分也更为细密,而且对藩属的各类行政、礼仪之规定也更具体。

　　就清代的藩属体制而言,其与明代相同之处在于继承了历代帝王的天下观,所以满洲贵族在建立政权之后,就开始着手自身的藩属体制建设。早在关外时期努尔哈赤就以"天命"来统一部众发展势力。随后他又以"得天命"与东北地区的蒙古结成同盟,而且又以明朝的"失天命"迫使朝鲜同自己建立联系。

　　入关以后,当明政权被农民起义推翻后,清朝更有理由以天命所归的姿态来建立自身的藩属体制。它先后对朝鲜两次用兵,而强迫与朝鲜结成"兄弟之国""父子之国"。它又通过诏谕的手段鼓动明朝旧有属国如琉球、缅甸、安南、暹罗、苏禄、南掌等同自己建立宗属关系。而对于中国周边的众藩部,清朝也进行了一系列构建宗藩关系的努力。早在关外时期,它同东北的蒙古部,尤其是内蒙古各部建立了宗藩关系。入关后,清朝又通过几次对西北的用兵,尤其是针对准噶尔、青海、西藏的用兵,经过康乾盛世三代的努力,终将西北地区纳入到自己的藩属体系之内。

　　因此,就清代而言,其在构建藩属体系上既对明朝进行了继承,又有自己新的

①　杨昭全:《中朝关系简史》,辽宁民族出版社 1992 年,第 121 页。
②　张廷玉:《明史》,中华书局 1974 年,第 5345 页。

发展。曼考尔在自己的著作中对清代藩属体制不同于明代之处进行了强调。他称："清代存在两个朝贡体制,礼部和理藩院。虽然它们使用相同的礼仪程序,但在地理职责上它们并不重叠。这表明满洲政权对东亚世界的设想不同于明朝。在明朝,'世界'被分为两个截然不同的部分:中国与非中国。在一个保守的儒教中国,为回应元朝蒙古人的蛮夷统治,明朝高举起华夷大防的旗帜,而不顾'世界'某些特殊部分的本质。而清朝却生活在一个尤为特殊的复杂环境中。满洲人是来自这样的一种经济:它是狩猎、渔业、畜牧业的混合体,根本不同于中国本土的农耕经济。因此满洲人清楚地认识到在它所统治的中国内,他们与汉人之间的明显不同……"①

实际上,在构建自身的藩属体制上,清代与明代也有明显的不同。这些不同主要体现在以下几点:第一,清朝将藩部与属国分开,实行完全不同的治理措施。明代土司、属国基本上都是由礼部这一中央机构来管理,而清代在藩部与属国上分别设置了两套机构,以理藩院处理藩部事务(主要是蒙古、西藏、青海、回部),以礼部处理属国事务,同时兼西洋互市国朝贡事务;第二,清代对藩部政策上也与明代截然不同。清代对藩部的政策与明代最不同之处在于:将这些近似乎"化外"之地的藩部日益收归为清政权的有效治理之下,即开始由"藩治"变为"内治"了;第三,对藩部属国行政治理不同。与明代相比,清代较早就对藩部实行着不同于属国的政治、军事、经济、司法等各方面的制度化的管理。其中驻防将军、驻防大臣、军府制度就是典型的代表。

清代的藩属体制结构与明代有着较大的差别,它主要体现在体系结构里的两个方面。其一,清代土司、藩部已经成为中国本土治理下的必要部分,土司、藩部虽然仍接受清廷的封号,按期朝贡,但它们的权限已经受到清中央政权的较为有效的控制。无论在经济、政治、军事还是宗教文化上,土司藩部的权利都大大削弱,它们无论如何都算不上中国之外的政权。相反,它们被完全纳入中央政权的严格控制之下,成为中国内部的一部分。其二,互市国是处于属国之外的另一层,它们已经以敌体的身份出现在藩属体制之外。正是从此意义上讲,清代的"天下"体制结构大致可以做如下划分:第一层为中国,第二层为中国的土司、藩部,第三层为属国(如朝鲜、越南、缅甸、琉球、苏禄、暹罗、南掌等),第四层为朝贡国(如西洋等国),

---

① Mark Mancall,*China at the center:300 Years Of Foreign Policy*,New York,Free Press;London:Collier Macmillan,c1984,PP.17-18.

第五层为互市国,第六层为非互市国、未发生联系的其他国家。

　　清代是一个特殊的朝代,它是中国历史上疆域最广,人口最多,藩属体制最系统、最典型的朝代,但是它却非汉人建立的政权,故其藩属体制建立具有特殊性。一方面,东北地区早已形成的多民族的同盟习惯①容易使明朝中国旧有的内藩多把它看成同它们身份、色彩相同的族类,因而较容易与它结成同盟,共建"天下";另一方面,明代中国旧有的大多属国却对它多采取蔑视的态度,认为满洲入主中国,一统"天下"是以胡乱夏,是"胡虏",所以在初期多持抵制的姿态。诸多因素决定着清代藩属体制的确立不可能像明政权那样,一纸诏书就可以水到渠成;这一切都是由满洲非汉人的"非正统"的特殊因素决定的,它决定了清代的藩属体制建设与明代有着不同特色。而就清代的藩属体制具体内容和做法而言,它也有着与明代以及以前任何封建时代所不同的地方。清代的统治者作为少数民族入主中原,在针对"天下"和"中国"的治理方略上与此前汉人政权有很大的不同。此前的汉人政权所强调的"天下一统"在清代只是作为一种维护权威的表达方式。清代,尤其是康乾盛世时期,统治阶层的主要用心是放在中国的统一而非一统上。更为重要的是,在面对中西的直面遭遇时,康乾盛世时期的藩属体制也显示出与历代的不同。面对这一困局,清廷做出了自我调整,即从清初开始,清廷就在藩属体制上做出调整:选择"统一",放任"一统";对内改变传统,对外不逾传统。这一政策突出地体现在康乾盛世时期的内外政策上。清廷在中前期务实的民族政策,对东南沿海和西北边陲的一系列军事行为,极力淡化国内的华夷身份,以及在寻求国内所有民族的正统身份认同上都做出了巨大的努力。这一努力虽将"夷"之所指转向外人,具有自大的消极性,但对强化中国的统一、推进中国在世界日益一体化下尽快完成统一,和中华民族的认同上具有重大的历史意义。与此相反,清代的藩属体系的另一特点却是以放任一统为代价,来完成中国的统一进程。即在东方还主要以农业经济为基础的封建时代,在东方国家还主要以骑射为主,以马匹、帆船为运输动力的时代,清朝所能做到只能是将有限的精力放在有限的事业上。有清一代,无论是中前期还是中后期,清廷对属国的放任姿态是非常明显的。清廷即使在属国方面做出了一些努力、花费了一些精力,但其出发点仍是出于对内的巩固和统一。所有以上这些,都可称之为清代与古代传统封建王朝藩属体制的不同之处。

――――――――――――

　　① ［美］拉铁摩尔(E.Lattimore)著,陈芳芝、林幼琪译:《中国简明史》,商务印书馆1962年,第19页。

二、清初藩属体系的构建

后金政权夺取"天下"的对象是中国,但是后金政权的"天下"不可能仅仅限制在中国本土范围。中国传统的"天下",如明朝的"天下",是由中国、藩属、化外三部分组成的。清朝继承了明朝的"天下",为增强其统治的合法性和政权的权威性,它也得遵循传统做法、构建藩属体系。但是清朝是由一个关外的少数民族部落发展而成的非汉人政权,它的非正统因素也就决定着其藩属体系的构建不可能与汉人政权相同。换句话说,这一非汉族政权将决定其藩属体系形成有着不同于以往政权的历史特殊性。如将清代藩属体系的建构与明代进行比较,两者之间明显存在着两点不同:其一,清代藩属体系的形成过程与女真政权的发展壮大相衔接;其二,清朝政权作为非汉人政权,其非正统身份决定了它在构建藩属体系时不可能像汉人政权那样水到渠成;相反却必须采取非常的甚至武力的措施去完成自身藩属体系的建设。

清代藩属体系的确立大体上可以划分为两个阶段:第一阶段是关外的形成过程,第二阶段则是入关后的补充过程。关外藩属体系的形成过程和入关后的补充过程在某一点上是相同的,即在这两个过程中,藩属体系的形成又是由两部分组成,其一是藩部体系的形成,其二则是属国体系的形成。为了较为明确地阐明清代藩属体制的确立过程,本文分关外、关内两个时期进行简单的勾勒,以便进一步分析康乾盛世下清廷的藩部、属国政策,以及清廷同代表性的藩部、属国关系。

(一)关外时期藩属体系的构建

首先,内藩关系的确立。关外时期后金政权的内藩主要是指东北蒙古各部,其中也包括西北蒙古、西藏以及女真周围的其他小部落。后金政权初期对蒙古等部落的收服更多是基于现实政权发展壮大之需要,而非出于建立藩部的帝王荣耀。因为女真部落的努尔哈赤在扩张自身势力时就已经明白了一点,即他所面临的最大抵抗与威胁并非来自女真部落的内部,而是来自人数更多且更具实力的蒙古各部。为了完成上述任务,女真人不得不同蒙古各部发生更多的、更为全面的联系。而为了实现这一目标,后金政权只能通过"恩威"并用的两手政策去同东北地区的内蒙古各部建立关系,并最终联合它们成功地挫败那些不愿臣服的部落。几乎与此同时,后金政权遂将它们纳入到自己的藩属体系之内,成为清廷藩属体系内的重要藩部。其中最好的例证是 1606 年蒙古五部的"来朝",以及进努尔哈赤"神圣皇帝"称号。① 自此内喀尔喀、科尔沁等蒙古各部都归顺了女真。

其次,同朝鲜宗属关系的确立。内蒙古各部的归顺固然为后金政权的壮大提供了前提条件,但是紧邻女真部落的朝鲜,在努尔哈赤看来却是自己最大的敌人和潜在威胁。因为它不仅时刻帮助明廷监督女真部落的动静,甚至还主动要求女真各部臣服于朝鲜王朝。更为重要的是,它时不时联合明政权出兵镇压女真部落的所谓"暴动"。为了发展自己,后金政权必须战胜朝鲜,并让其归顺自己。而后金政权是通过两次战争去完成这一"功绩"的:通过第一次战争,后金政权同朝鲜结为兄弟国关系;经过第二次战争,后金政权变朝鲜为属国,真正完成了清廷与朝鲜的宗属关系建设。

入关前后金政权就开始了同朝鲜建立宗属关系的努力。早在丁卯战争中,后金政权就迫使朝鲜同自己结成兄弟之盟。但随着满族军事的强大和后金政权的发展,清初统治者对朝鲜政策不得不发生变化。形势发展要求后金政权构建出比满洲国更大的、更具影响的国家实体,其中它与朝鲜的兄弟关系也就不得不随之发生改变。清初统治阶层最初企图用和平的方式去改变清廷与朝鲜的关系,但却遭到了朝鲜的拒绝。其原因是:向来以华夏自居的朝鲜宫廷不愿接受后金政权的这一招安。相反它却积极配合明廷竭力剿杀后金政权。于是清初政权最终决定通过战争的方式来解决这一问题。天聪元年十一月,清太宗在传谕诸将士时,就指责朝鲜败盟、"纳我逃人,献之明国"等不是,决定派兵征服朝鲜。② 清初统治者虽然将出师原因归结为朝鲜的联明抗清,但是更为直接的原因则是要彻底地消除朝鲜与明廷旧有的宗属关系,建立起以自己为主轴的宗属秩序。于是丁丙战争以朝鲜战败而结束,清朝军队在江华岛俘获了朝鲜国王、大臣等的家属后,迫使朝鲜国王不得不在南汉山城外与清廷签订父子之盟。清廷最终通过军事征服方式,迫使朝鲜接受其属国地位。

(二)入关后清廷对藩属体系的必要补充

1644 年,清朝代替明朝成为华夏共主后,又进一步进行着自己的藩属体制建

① 齐木德道尔吉,巴根那编:《清朝太祖太宗世祖朝实录蒙古史史料抄》,内蒙古大学出版社 2001 年,第 24 页。
② 《清太宗实录》卷 32,崇德元年十一月己巳条,中华书局 1985 年。

设。其原因是关外时期清朝的藩属体制虽已建立,却不完整,许多前明的藩部、属国并没有臣服清廷。与前明政权相比,清廷仅靠关外时期所建立的藩属关系,根本无法表明自己已经取得了"天下"。因此入关以后清廷对藩属体制的继续完善则是对清朝藩属体制的进一步补充,这一补充同样体现在对内对外两个方面。

其对内主要是针对西北地区的蒙古各部、西南地区的西藏各部,以及天山南北的回部等。通过顺治、康熙、雍正、乾隆四代的努力,这些地区先后归顺了清朝,成为清朝的重要藩部。不仅如此,在此基础上清廷还渐渐改传统的羁縻政策为直接有力的治理政策,并渐渐将这些藩部变成了中央政权统治下不可分割的行政区域。具体而言,康熙二十五年前后,准噶尔部与漠北喀尔喀蒙古之间所发生的一系列战争为清廷同外蒙古各部建立宗藩关系提供了前提。在这场旷日持久的战争中,喀尔喀四部败北,并最终于康熙二十七年投诚了清廷。喀尔喀四部的归顺固然为清廷同外蒙古各部建立宗藩关系铺平了道路,但是准噶尔部噶尔丹却成为了清廷的劲敌。好在不久后(康熙三十六年),噶尔丹病亡,准噶尔部的势力暂时消退。但是不久后,准噶尔部策妄阿喇布坦政权实力又得到迅速发展,尤其是自康熙三十七年至康熙五十四年间,其势力发展得更快,遂又成为威胁清廷统治的又一势力。这一准噶尔蒙古势力的存在使得整个雍正王朝的清廷同准噶尔部关系(即中央与藩部关系,后同)皆处于势均力敌的状况,清廷既无法征服准噶尔部,准噶尔部也不能深入内地骚扰清廷。尽管如此,但雍正朝在构建清代宗藩体制上也有自己的功绩,即通过雍正朝的努力,清廷成功地加强了对外喀尔喀四部的整治,并趁机加强了对西藏、青海、回部的治理。而几乎与此同时,雍正朝又乘机通过改土归流等政策控制着部分土司的世袭权力,其结果是中央对地方土司的治理能力也得到了进一步加强。雍正朝的这些努力虽未能最终达到收服准噶尔部的目的,但它却为乾隆朝乾隆帝的"十大武功"的形成提供了必要的积累和前提。正是在此基础上,乾隆朝才能通过初期的休养生息政策积极地积累力量,并为它进一步统一蒙古各部提供了重要基础。乾隆二十二年,清廷最终平定了以阿睦尔撒纳为首的准噶尔部叛乱,也最终达到了将准噶尔部收为清廷藩部的梦想。因此,可以这么说,阿睦尔撒纳的死亡不仅结束了清廷同准噶尔台吉间的矛盾和冲突,也结束了自康熙以来准噶尔部对西北边陲的骚扰。自此天山南北悉归版图。更为重要的是,这一战争也结束了近一百余年来中国西北边陲蒙古与蒙古各部间、蒙古与回部间、蒙古与西藏间的冲突;在清王朝大一统的治理环境下,这些边部部落均成为了清廷的重要藩部,这不仅使清廷最终完成了内藩的收复工作,而且也完成了宗藩体制的内部建设。

对外体制的构建则主要体现为同明朝旧有属国建立宗属关系。明太祖在建国之初对属国采取"来而不拒,去而不追"之道,为了防止后世子孙倚中国富强,轻言扩张,明廷特将朝鲜、日本、安南等十五国列为不征之国。清初清廷在建立藩属关系上,采取比明朝政权更为主动而积极的做法。与明太祖的"惟尔四夷君长酋帅等遐迩未闻,故兹诏示,想宜知悉"的用心明显不同,清廷是主动地要求安南、琉球、吕宋等国"顺天循理,可将故明所给封诰、印敕,遣使赍送来京,朕亦照旧封锡"。①

在这一诏谕下,琉球于康熙二年同清廷正式建立了宗属关系,安南黎氏王朝则于康熙五年同清廷建立了正式宗属关系,接受清廷的册封,缅甸于乾隆十五年七月间同清廷初步建立宗属关系,暹罗最迟至康熙三年已经同清廷建立了宗属关系,苏禄则于雍正七年九月同清廷建立了正式的宗属关系。这些周边国家虽出自不同的目的,但却先后同清廷建立了宗属关系,并成为清廷的属国。随着这些宗属关系的确立,清廷同属国的宗属关系也基本形成,其"天下一统"的地位在法理上遂有了相应的依据。

1. 清初清廷同各藩部关系

地处中、朝之间的女真族,因早被华风,深受中、朝儒家文化的熏陶而日益汉化。女真首领努尔哈赤及时地利用明末明势衰微、朝鲜实力削弱、日本对朝鲜发动侵略战争的有利时机进一步壮大了自己。努尔哈赤统一女真后,开始向周边地区扩张,以求恢复金朝的昔日辉煌。而在女真人向周边扩张的同时,地处东北的不仅有建州女真等其他的女真部落,还有属于漠南蒙古的广大蒙古部落。因此努尔哈赤在扩张时,所面临的最大抵抗与威胁并不是来自女真族的内部,而是人数更多且更具实力的蒙古各部。

(1)清初清廷与蒙古各部关系

建州女真的统治者为了改变自身自明初以来所受明与朝鲜的双重羁縻状况,更重要的是统一东北、扩大女真人的统治范围而奋斗。为了完成上述任务,女真领袖努尔哈赤不得不同广大的蒙古各部发生更为全面的联系,此前诸多有利条件为女真与蒙古建立并强化相互联系提供了基础。这些条件主要有以下几点:

---

① 《清世祖实录》,卷32,顺治四年六月丁丑条,中华书局1985年。

首先,中国历史上不同民族间的冲突、融合为此后各民族之间的交往提供了前提。无论是春秋战国时期的南蛮北夷,还是五代十国时期的辽、宋、夏、金、元,各民族间的相互碰撞、融合的大趋势都从来没有停过。这种联系与往来无论是以和平的贸易往来、和亲、通婚以及藩属关系方式,还是直接的武力冲突,各民族间对彼此的了解都予以加深。这使他们对异己民族并不陌生,对于其他民族的风俗、信仰、爱好、生活方式也基本了解。了解异己民族为各民族间的交往提供了重要条件。到了明代后期,这一各民族间的融合也照样存在着,它为清初女真部落同蒙古各部落之间的融合提供了必要的前提和基础。

其次,中国江河纵横的内陆型地理环境也有利于各民族间的交往与融合,这一点恰恰为女真与蒙古双方的融合提供了重要的地理条件。中国虽然地缘广阔,但却江河纵横。除了东南海上诸岛外,其他各地基本上都有江河网络相连。更为重要的是,长江和黄河等水系虽然纵横于中国内陆,但这些水系与海上大洋相比并非不可逾越;相反这些水系却为水系上下游以及两岸的交往提供了便利。因此,从总体上说,中国内陆型国家这一现状虽使得各民族多在陆上活动,但这并没有影响到他们之间的交往。更为重要的是:对于中国少数民族而言,中国江河纵横的内陆型地理环境并没有对他们之间的交往产生多大的影响。因为他们的游牧式生活方式恰恰为他们在陆地上的活动提供了最快的交通工具——马匹。这些少数民族不仅同汉族之间交往频繁而密切,而且各少数民族之间的交往因基于现实需要可能比与汉族的交往更为密切。因此,从严格意义上讲,在中国并不存在无任何往来的民族,他们总是在彼此的活动往来中加深了对对方的认识。就这一点而言,女真与东北的蒙古各部也一样,他们间的交往应该比其他地区、其他民族的交往更加密切。如女真的"西南北三面"都"襟带蒙古各部之地",①因此它与蒙古早就有了久远的联系。另如明代,蒙古的兀良啊部之女就嫁给女真的李满住为妻,而其他各部与女真间的婚姻关系以及其他方面的交往也不断发生。

再次,明代,特别是明成祖之后的治理少数民族政策也为女真人与东北蒙古各部间联系的加强提供了便利。明廷对各少数民族一方面根据"散则易制,得并为一,则势专难图"的传统经验,尽量维持蒙古分裂局面;另一方面,却又采用封官授爵,开放贡市或军事征发,限制贸易的办法加以控制。② 无论是对各少数民族的

---

① 福格:《听雨丛谈》,卷1,文海出版社1966年。
② 《准噶尔史略》编写组编:《准噶尔史略》,人民出版社1985年,第42页。

"众建",还是对各民族的"贡市""贸易"限制,都为各少数民族间联系的加强提供了便利。正是由于明朝的"众建",使得各蒙古势力分散、部落繁多,这为女真部同他们进行交往提供了便利。贡市时各方都趁此机会进行物品交易,"贸易限制"时,各部落间又进行着双边或多边交易,以满足各自的需要。因此明代的"众建政策"一旦失去了对各部落的控制,则各部间的交往尤其是兼并就越来越严重了。就此点而言,明末清初的历史现实是最好的证明。

正是由于中国历史地理环境为各民族间频繁交往提供了条件,所以明末清初女真对东北蒙古的交往,以及后来女真政权对内蒙古各部的统治都有其历史发展根据。金、元、明时期,东北蒙古人与海西诸部的女真人就长期处于杂居共处的状态之中,许多蒙古人逐渐被女真族融合,变成了女真族的成员。① 同时,肯定也有一些女真人流入蒙古的族内成为蒙古人的。总之,明末清初的女真人与蒙古人之间本身就存在一种杂处状态。

建州女真的发展壮大首先要解决的是海西女真的叶赫部,因此,建州女真在努尔哈赤的领导下,于万历二十一年(1593)与叶赫为首的"女真"以及叶赫的同盟者扈伦四部、蒙古科尔沁等九部联军爆发战争。建州女真在这次战争中获胜,"斩级四千,获马三千匹,铠胄千副"。不仅如此,他们还擒获乌喇贝勒布占泰,又以"生人之名,胜于杀人,与人之名,胜于取人"而"解其缚,赐猞猁裘,豢养之"。② 基于此等政策,他们又将被其俘获的科尔沁首领翁果岱、莽古思等加以厚赐,并将他们放回。

女真政权的这一做法,无疑对各蒙古产生影响,各蒙古对女真产生了好感。更为重要的是:通过此次战争,女真的实力已经初露,各部都感觉到有必要"亲善"女真人。丙申年(1596)十二月,乌喇国布占泰将妹嫁给太祖弟黍儿哈奇贝勒为妻。丁酉年(1597),叶赫部贝勒布扬古以妹许太祖金台吉以女妻太祖次子代善,并同叶赫、哈达、乌喇、辉发四部"刑白马祀天",相继为誓,结成军事同盟。要求"即盟以后,若弃婚姻,背盟好,其如此土,如此骨,如此血,永坠厥命。"③此后女真与蒙古各部的联系进一步加强。万历三十二年(1604),女真的努尔哈赤征服了海西女真

---

① 卢明辉:《清代蒙古史》,天津古籍出版社1990年,第4页。

② 齐木德道尔吉,巴根那编:《清朝太祖太宗世祖朝实录蒙古史史料抄》,内蒙古大学出版社2001年,第11页。

③ 齐木德道尔吉,巴根那编:《清朝太祖太宗世祖朝实录蒙古史史料抄》,内蒙古大学出版社2001年,第15页。

的叶赫,自此原来团结在叶赫周围的蒙古各部纷纷归附了建州女真。万历三十三年(1605),蒙古内的喀尔喀把岳忒部归顺了女真,献马二十匹。① 万历三十四年(1606),蒙古五部又"来朝",并进努尔哈赤"神圣皇帝"称号。② 自此内喀尔喀、科尔沁等蒙古各部都归顺于女真。这一归顺为女真的发展壮大提供了重要的条件,它不仅解决了女真人所担心的蒙古各部对其潜在的威胁,而且与蒙古各部结成了军事、政治同盟,这一同盟成为了女真人对外推行扩张的重要军事力量。而且这一时期,女真人与蒙古各部间的政治联姻也大大地巩固了女真与蒙古的联盟关系,这一点可以从表1中得到很好的证明。

表1 入关前女真与蒙古各部间的主要联姻(1588—1617)

时　　间	蒙古、女真所嫁女	所嫁各部人物
1588	叶赫国(女)	女真太祖
1588	哈达国(女)	女真太祖
1596	乌喇国(妹)	女真贝勒舒尔哈奇(太祖弟)
1597	叶赫国(妹)	女真太祖
1598	女真贝勒舒尔哈奇女	乌喇国布占泰
1599	女真太祖女	哈达国孟革卜卤
1601	女真太祖女	哈达国吴尔古代
1603	女真贝勒舒尔哈奇女	乌喇国布占泰
1603	乌喇国(女)	女真太祖
1608	女真太祖女	乌喇国布占泰
1612	蒙古科尔沁明安女	女真太祖
1613	蒙古国扎鲁特钟嫩女	女真代善
1613	蒙古国扎鲁特部内齐汗妹	女真莽古尔泰
1613	蒙古科尔沁莽古思女	皇太极
1613	蒙古扎抡卫春农贝勒女	女真古英巴图鲁
1613	蒙古扎鲁特贝勒额尔济格女	女真台吉德格类
1613	蒙古扎抡卫儿吉格贝勒女	女真德格垒台吉
1615	蒙古科尔沁贝勒孔果尔女	女真太祖

① 齐木德道尔吉,巴根那编:《清朝太祖太宗世祖朝实录蒙古史史料抄》,内蒙古大学出版社2001年,第24页。
② 齐木德道尔吉,巴根那编:《清朝太祖太宗世祖朝实录蒙古史史料抄》,内蒙古大学出版社2001年,第24页。

续表

时　间	蒙古、女真所嫁女	所嫁各部人物
1617	太祖弟女	喀尔喀把岳忒部落台吉

注:资料来自《满文老档》,其记载各部间通婚的次数肯定要少于实际的情况,并且也只限于各部的领主之间的通婚,因此有所遗憾;但是从这一记载中能很鲜明地了解到女真政权在关外与蒙古各部的交往情况,它对了解早期清政权的蒙古政策很有帮助,所以录用上述表格资料。

另外,此时期女真与蒙古方面在文化交流上也得到了进一步的发展。特别是努尔哈赤,以蒙古文为基础,创造了女真满文。他认为如将"蒙古文合我国语,联缀成句,即可因文见义矣",①于是遂"将蒙古字编为国语,创立满文,颁行国中"。②

天命元年(1616),努尔哈赤在四大贝勒及八旗贝勒的拥戴下,称"抚育列国英明皇帝",建元天命,开始建立国家雏形。随后他就开始了讨伐蒙古林丹汗以及征服明朝的活动。而其中征伐蒙古林丹汗则为他进一步统一漠南蒙古、征服辽东提供了重要的条件。

天命四年(1619),蒙古察哈尔林丹汗致书努尔哈赤称:"四十万蒙古之主巴图鲁青吉思汗谕致问水滨三万诸申之主恭敬英明汗……我闻午年至未年,尔骚扰明国,比未年夏,我亲至广宁,降伏其城,收取贡赋。今尔出兵广宁城,我将钳制于尔……若不听我此言,则我二人之是非,天将鉴之!"③后金因势力不足,且又面临与明朝作战的威胁,所以暂时忍受了林丹汗的"自大",与之相约,互不与明相好(即双方想达成共同对付明朝的同盟)。为了这一目的,努尔哈赤一直派人与林丹汗通好;特别是皇太极即位后,更是大量厚赠林丹汗,以期使林丹汗归顺自己。但是满洲政权的这些做法并没有收到多大效果,林丹汗部仍然采取与满洲不合作政策。皇太极政权非常清楚:要想统一东北地区的蒙古各部,如不能战胜并消灭林丹汗是不可能的。因此皇太极遂决定主动地寻找机会,解决这一绊脚石。皇太极于天命九年(1624)同蒙古的科尔沁部再次盟约,进一步结成了攻守同盟,以防止科尔沁部在满洲与林丹汗战争中倒向林丹汗一方。这次盟约主要誓词如下:"今后满洲若惑于察哈尔诈谋……不预闻科尔沁,先与之合,天地降之(罚/罪),殃及其

① 福格:《听雨丛谈》,卷1,文海出版社1966年。
② 齐木德道尔吉,巴根那编:《清朝太祖太宗世祖朝实录蒙古史史料抄》,内蒙古大学出版社2001年,第17页。
③ 中国第一历史档案馆,中国社会科学院历史研究所译:《满文老档》,中华书局1990年,第121页。

身,如此血,如此骨,如此土,俾坠厥命。若科尔沁惑于察哈尔诈谋(馈赠/美物)……不预闻满洲,先与之合,降罪亦如之。果践盟,则天地保之,永其年……"①满洲政权在与科尔沁达成同盟后,遂于天聪二年(1628)以"遣往喀喇沁使臣为察哈尔多罗特部落两次截杀"为由,皇太极率军亲征林丹汗,"尽获其妻子,杀其古鲁台吉,俘获万一千二百人"。② 天聪六年(1632)四月,后金与蒙古诸部再次联合讨伐林丹汗,林丹汗部败奔库黑德勒酥地方,最终西迁大同边外。③ 而满洲军队也因"马疲粮竭"驻扎归化城。后林丹汗逃至青海草原,于天聪八年(1634)病死于青海大草滩。天聪九年(1635)二月,皇太极再次派多尔衮、豪格等率兵征服了林丹汗的儿子额尔克孔果尔额哲,结果察哈尔的一千五百户全都归附了后金政权,并且获得了元朝蒙古汗的传国玉玺。从此漠南蒙古各部都归顺了后金政权,其针对内蒙古的宗藩体制的建构基本完成。

天聪十年(1636)二月,八旗贝勒和蒙古四十旗贝勒共上皇太极尊号,改国号为"清",从此清政权正式形成。其中正是通过征服漠南蒙古、联合蒙古各部,女真人才取得了如此的辉煌成就,并使其宗藩体制构建逐渐完善。

此后清廷的政策是:一方面巩固同蒙古各部既成的同盟关系,进一步吸收更多的蒙古部落加入这一同盟;另一方面又利用蒙古人的力量同明朝展开争夺,并最终取代明朝。

从皇太极到顺治的清廷统治的特点主要体现为进一步将蒙古同盟的范围扩大到漠北的喀尔喀蒙古、漠西的和硕特蒙古之中。清廷一方面利用已经形成的同盟关系向喀尔喀蒙古、厄鲁特蒙古各部传递友好信息,另一方面又采取积极扶持黄教政策来加强同蒙古地区的联系。清初清廷对黄教积极扶持的目的正是如此。早在努尔哈赤时,后金政权就在东北建三世诸佛和玉皇庙,共建七大庙。④ 随后后金政权又大量招引蒙古各部的喇嘛前来归附,并加以厚待。皇太极统治期间,他虽曾多

---

① 齐木德道尔吉,巴根那编:《清朝太祖太宗世祖朝实录蒙古史史料抄》,内蒙古大学出版社2001年,第79页。

② 齐木德道尔吉,巴根那编:《清朝太祖太宗世祖朝实录蒙古史史料抄》,内蒙古大学出版社2001年,第126页。

③ [日]和田清著:《明代蒙古史论集》,商务印书馆1984年。而日本的荻原淳平认为是针对蒙古内部情况而采取了主动积极的西进措施,《明代蒙古史研究》1980年,第326页。而达力扎布在《明清蒙古史论稿》中也认为是出于迫不得已而西迁的。达力扎布著:《明清蒙古史论稿》,民族出版社2003年,第232页。

④ 中国第一历史档案馆,中国社会科学院历史研究所译:《满文老档》,中华书局1990年,第29页。

次降谕诸贝勒大臣等,要求"国中不得私立寺庙,其私为喇嘛僧及一切巫星士左道具禁之",①但其主要用心是针对女真人的,因为女真人信仰喇嘛教会影响后金的战斗力。而对蒙古各部,皇太极的政策并非如此;他对喇嘛教的政策不仅不"持否定态度"②,相反却大力扶持。其目的是:根据现实需要,迫切需要喇嘛教为他与蒙古各部间架起一座交通的桥梁,并通过利用、控制黄教来达到控制蒙古各部。因此崇德三年(1638)八月,皇太极于盛京建造了"莲花净土实胜塔",并用满、蒙、汉、藏文铭刻石碑,以此来宣扬自己爱好佛法之姿态。③ 此后的皇太极与顺治帝,一方面加紧了对中原用兵,攻打明朝;另一方面也对漠北、漠西、西藏等地方采取尊崇黄教的做法,以达到加紧同各蒙古间联系的目的。

通过以上诸措施,清初清廷在加强漠南蒙古的统治上已经取得了许多成效,同时也加强了对归顺各蒙古的管理。早在天聪八年,后金政权就制订了外藩法令,法令规定:"凡夺人妇配他人者,罚驼五十,其纳妇者,罚七九之数与原夫;凡奸诱人妇逃者,男、妇俱论死,其家产尽给原夫。如部长不察治,亦罚驼五、马五十。至盔甲无号带,马匹无印牌,及灰缨、纛、纛幅不如制者,俱治罪。"④

通过这些措施,在康熙执政之前,清廷已经同漠南各蒙古建立了积极稳定的联系,只是这一联系对于漠北、漠西、青海等部落而言还比较脆弱,即这一时期清廷同漠北、漠西、青海等部落的联系还比较薄弱。简言之,通过清初几十年的努力,清廷已经成功地将漠南蒙古纳入了自己的藩属体系,但漠北、漠西、青海等部落则只能留待此后的时段加以完成。而这一更为艰巨的任务却留给了康雍乾三代君主,清廷正是通过康乾盛世三代人的共同努力才最终实现了漠北、漠西、青海等部落的归顺,并将它们纳为清廷的藩部。因此,一直到乾隆二十二年为止,清廷才算真正地统一了国内的蒙古部落,它的藩部构建也才真正完成。关于此点,苏联的伊·亚·兹拉特金的所谓的"到十七世纪六十年代末,所有喀尔喀领主已经跟清政府有了完全稳定的关系""喀尔喀王公们逐渐失去了自己的政治上的独立性"的说法,无论在时间上,还是在具体的内容上都是站不住脚的。⑤

清廷收服内蒙古各部对清政权的发展、对它今后宗藩体制的建设均起着不可

① 蒋良骐撰,林树惠、傅贵九校点:《东华录》,天聪五年闰十一月条,中华书局1980年。
② 卢明辉:《清代蒙古史》,天津古籍出版社1990年,第83页。
③ 《清太祖实录》,卷84,崇德三年八月条,中华书局1985年。
④ 包文汉整理:《清朝藩部要略稿本》,黑龙江教育出版社1997年,第11页。
⑤ [苏联]伊·亚·兹拉特金著,马曼丽译:《准噶尔汗国史》,商务印书馆1980年,第225页。

替代的作用。关于此点,日本人稻叶君山在《清朝通史》中做了强调。他称:"爱新觉罗氏在太宗之时,其政策在亲密长城以北之诸部,吸引长城以南之汉人。历代均奉其遗策,太宗之母,出于叶赫,蒙古种族之血统,已与女真相混。太宗更娶内蒙古之科尔沁,生顺治帝。其攻取北京之际,科尔沁外戚出重兵,使新朝廷安然经营南方,故清廷之怀柔蒙古,决非为消极的利益可知也。"①正是通过积极的蒙古政策,清廷在康熙朝之前就为它的满蒙和好关系打开了一个较好的局面。

(2)清初清廷的西藏及黄教政策

明末清初,西藏的黄教对中国三北地区影响日益增大。其间既有蒙古等游牧民族对该宗教的虔诚与信仰因素,又有黄教僧侣政权利用有利时机扩大自身影响的需要;同时还有各游牧部落力图通过对黄教的扶持来扩大自身影响的考虑。正是在这些相互影响、相互利用中,后金政权在东北日益壮大,它同其他游牧部落一样,对西藏以及黄教予以密切关注,同时主动采取行动加强自身与西藏及黄教的联系,并利用黄教在"三北"地区的巨大影响来为自己统一中国,成为新的华夏共主服务。

首先,明末清初黄教在中国"三北"地区的巨大影响。

印度佛教于公元7世纪中叶,即松赞干布时期就已传入吐蕃,②几经发展,日益壮大。而黄教作为西藏地区佛教的分支自明中叶就已存在于西藏地区,它的创始人宗喀巴于1417年因厌于旧的喇嘛教即红教专习秘咒、流为邪幻③而自创了新教黄教,即藏内的格鲁派。④ 其后黄教在中国西北蒙古、西藏地区影响日盛,众多蒙古人都皈依在它的门下,成为黄教的信徒。到了明末清初之际,夸张一点说,绝大多数蒙古人都是黄教徒。更为重要的是,黄教领袖达赖喇嘛、班禅额尔德尼成了蒙古部众的精神领袖。他们的一举一动深深地影响着众蒙古部落,而且在很大程度上决定了蒙古领主政治权力的稳定与否。因为在蒙古人眼中,只有经黄教领袖认可的蒙古领主——大台吉才是部落内的"合法"首领。正是由于黄教领袖对一般的蒙古部众产生直接的影响力、对蒙古部落首领政权产生重大的影响,所以黄教才在明末清初的蒙古人中、在中国的西北地区深入人心。也正是由于黄教在蒙古部众中具有极大的影响力,从而引发了蒙古各领主对黄教的控制。

---

① [日]稻叶君山著,但焘译:《清朝全史》,上四,中华书局1985年,第111—112页。
② 尕藏加:《西藏宗教》,五洲传播出版社2002年,第22页。
③ 王之春:《清朝柔远记》(赵春晨点校),中华书局1989年,第9页。
④ [日]稻叶君山著,但焘译:《清朝全史》,中华书局1985年,第14页。

　　自 16 世纪之初开始,西藏地方政权经历了一个由政治多元化向一体化的转变过程。其建立于 16 世纪 60 年代的藏巴汗政权在西藏噶玛噶举派的支持下对另一新派——格鲁派(即黄教)施加高压政策,从而形成了以藏巴汗、噶玛噶举派为一方,格鲁派为另一方的两大对立阵营,这为蒙古势力于 17 世纪初介入青、藏的僧俗政权提供了条件。藏巴汗联合青海的喀尔喀却图汗对格鲁派采取包围政策。喀尔喀蒙古的却图汗于 1632 年进占了青海,切断了格鲁派与其支持者土伯特之间的联系,并派其子阿尔斯兰率军入西藏,企图消灭西藏的格鲁派及其支持者,使整个青藏高原受制于蒙古却图汗之下。格鲁派为解决生存危机,特向天山南路和硕特蒙古的顾实汗求援。顾实汗在准噶尔巴图尔浑台吉的建议下,于 1636 年联合土伯特部攻杀却图汗、生擒藏巴汗,形成了由蒙藏联合执政性质的第巴政权,开始了顾实汗控制青藏高原时期。①

　　明末清初之际,不仅蒙古人对黄教高度重视,就是远离西藏的北方沙俄也因漠西北地区的蒙古人信仰黄教而对黄教加以重视。1634—1635 年,俄国的图哈切夫斯基出使阿勒坦汗处时,不仅注意到这点,而且亲身体会了黄教对蒙古人的影响。他于 1634 年来到蒙古后,于 12 月 10 见到了西藏方面唐古特人台墨尔根扎兰派来的阿勒达尔等人。俄使称:"台墨尔根扎兰是阿勒坦汗、汗的兄弟们以及蒙古所有诺颜和塔本的'灵父',按照蒙古的习俗,他不受任何汗、诺颜或塔本的管辖的。"②当阿勒坦汗扣留了俄使的礼物,而拒绝向沙俄使节宣誓时,俄使因此向西藏来的喇嘛阿勒达尔告状。12 月 25 日,喇嘛等来到了阿勒坦汗处,并且对俄使称:"只要我在世,我就会命令阿勒坦汗宣誓。"此后,当阿勒坦汗一回来,"他(台墨)就责备他(阿勒坦汗)不应留难使节,拖延宣誓"。阿勒坦汗使(人)说:"我的老师和灵父,我是在等您来呢,我此刻马上就下令当你的面进行宣誓。"③因此,《俄国·蒙古·中国》一书的作者得出如下结论:"对于这位喇嘛的影响力和势力,我们已经不再表示惊讶,因为当时佛教在蒙古的复兴已达到如此完全的地步,他竟然派出自己的代表与阿勒坦汗的使臣同行,两位使臣均在图哈切夫斯基的陪同下,抵达莫斯科。"④可见

---

　　①　成崀文:《清初治藏政策及其特点》,《西北民族研究》,1997 年,第 1 期,第 69 页。
　　②　[英]约翰·弗雷德里克·巴德利著,吴持哲、吴有刚译:《俄国·蒙古·中国》,商务印书馆 1981 年,第 1087 页。
　　③　[英]约翰·弗雷德里克·巴德利著,吴持哲、吴有刚译:《俄国·蒙古·中国》,商务印书馆 1981 年,第 1088 页。
　　④　[英]约翰·弗雷德里克·巴德利著,吴持哲、吴有刚译:《俄国·蒙古·中国》,商务印书馆 1981 年,第 1096 页。

沙俄不仅清楚黄教势力的重要性,而且在向蒙古渗透的同时,开始向黄教进行渗透。如18世纪70年代,俄国间谍在拉达克的列城及拉合尔进行了诸多的秘密活动。①

其次,清初满族政权对黄教的认识与利用。

清初满洲政权清楚地认识到黄教在蒙古中所具有的重要影响,同时也意识到利用黄教作为传媒对自己控制蒙古部落的重要意义与长远利益。因此,清初统治者在入关之前,即努尔哈赤时期就对黄教采取亲善的政策,以赢得信仰黄教的蒙古人的好感来达到"满蒙和好"的目的。努尔哈赤在未建元的前一年即乙卯年四月就建三世诸佛和玉皇庙,共建七大庙。② 另外,努尔哈赤也通过利用佛教理论来加强对本部人员的控制与管理,即佛教理论对于清初满洲政权来说,是其施行统治、强化政权的一种工具。他在利用黄教方面不仅有对蒙古人加强控制的成分,同时也有对本部落部众加强管理的成分。同年十一月份,努尔哈赤就祭佛之僧发表言论称:"彼因信佛,不娶妻室,不食人间粮谷,择精食以为生。其能立志制胜者,何处有之?是乃福也!所谓福者夫乃信奉神佛,若修今世之身,求得福至……尔诸贝勒、大臣与其仅求一身之福,何如克成所委之事?友谊善言,训育属下众民,去其邪念,开导民心,同心向善;对上不背于汗,忠诚尽职。则尔等亦可扬名当今,传闻于后世,是乃功也!"③

正是因为清初统治者执行积极宣扬"佛教"的政策,才有蒙古人的源源来归。仅天命五年二月三十日,就有二十六户八十人携其妻子、畜产来归;闰二月九日,又有二十九户来归④。而到了天命七年正月二十七日,来投的蒙古人有具体记载的有四十九人⑤。而且清初执政者对蒙古喇嘛教教徒尽其可能,广为招引。如蒙古科尔沁的襄苏喇嘛,就因闻"英明汗教养之善,初曾来往二次",后在辽东长住,并且声称:"我虽身体不适,但仍抱病离故土而来,愿在英明汗处弃我骸骨。"该喇嘛临终时要求:"如蒙恩爱,待我死后,将我遗体交与在辽东之巴噶巴喇嘛,令其祭之。"⑥可见"英明汗"所招徕的喇嘛教徒不仅是一人,而是许多人。清初执政者正是通过喇嘛

① 周伟洲:《英国、俄国与中国西藏》,中国藏学出版社2000年,第145页。
② 中国第一历史档案馆,中国社会科学院历史研究所:《满文老档》,中华书局1990年,第29页。
③ 中国第一历史档案馆,中国社会科学院历史研究所:《满文老档》,中华书局1990年,第38页。
④ 中国第一历史档案馆,中国社会科学院历史研究所:《满文老档》,中华书局1990年,第161、163页。
⑤ 中国第一历史档案馆,中国社会科学院历史研究所:《满文老档》,中华书局1990年,第311页。
⑥ 中国第一历史档案馆,中国社会科学院历史研究所:《满文老档》,中华书局1990年,第365页。

教为媒介,吸引更多的蒙古人来归。该喇嘛死后,英明汗命人往祭,并遣图鲁什往接囊苏喇嘛属下在诸申科尔沁之六十三户,赐一汉人屯堡,埋葬喇嘛遗体。又赏给验射后之弓五十五张,赏甲五十副,马五十匹,驴二十头,及差役之奴仆男五十人,女五十人。由此可见努尔哈赤对黄教政策之一斑。

皇太极统治之初,清廷决定邀请达赖喇嘛。这一举动得到了信奉黄教的蒙古各部的支持。崇德二年,喀尔喀车臣汗、土谢图汗等来书,赞成邀请达赖喇嘛。书称:"闻圣主有拟迎聘达赖喇嘛之旨意,甚善也。喀尔喀七旗,厄鲁特四部亦欲前往迎聘。圣主若遣使前往,乞请路过我部,以期同往。卑等三汗会议一致,特遣使前往请安,并商迎聘达赖喇嘛事宜。"①此处,喀尔喀等三汗响应皇太极邀请达赖喇嘛一事并不等同是喀尔喀等三汗归顺满洲政权之标志,而是三汗与皇太极对西藏黄教的重视与支持上有了一致性,三汗与皇太极都认同西藏黄教的重要性。不过三汗更多的是基于一种信仰上的认识,而皇太极的满洲政权更多的是基于为现实政权服务的需要。因为通过对西藏黄教的扶持可以使满洲政权与蒙古各部之间不仅有共同点,更想通过扶持黄教等活动去与蒙古各部落间建立友好联系,发展同盟力量。因此,伊·亚·兹拉特金称:"这个王朝很快就明白了:与喇嘛的友谊和联盟,为确立与巩固满洲封建主在所有喇嘛教地区,首先是蒙古的统治地位开辟了可靠的道路。"②

在喀尔喀三汗的一致赞成下,皇太极于崇德二年十一月致书西藏地方世俗领主土伯特汗。书称:"自古历代皇帝创业,佛法未尝断绝,朕已遣车臣、顾实、绰尔济启程前往乌思藏,大呼图克图藏王可不必遣使前来。凡所欲言之事,俱由朕使车臣、顾实、绰尔济面商。"③从书中可知,此时对西藏僧俗政权具有极大影响力的顾实汗也参加了皇太极的"尊崇黄教"的政治活动。顾实汗于1637年"发动大军,兵临青海,如具力王热玛那置罗刹楞枷主于死地,却图四万余亦全歼无余"。④他攻杀却图汗、灭第悉藏巴政权后,成为了西藏僧俗政权的新首领,他一方面"承认达赖喇嘛是自己的喇嘛,也就是公开宣布自己是黄教的信徒。另外,他对格鲁派尤为崇信,对达赖、班禅喇嘛恭敬备至,将后藏地方赠与班禅喇嘛,把十三万户赠与达赖

①　中国藏学研究中心等:《元以来西藏地方与中央政府关系档案史料汇编》,中国藏学出版社1994年,第213页。

②　[苏联]伊·亚·兹拉特金著,马曼丽译:《准噶尔汗国史》,商务印书馆1980年,第225页。

③　中国藏学研究中心等:《元以来西藏地方与中央政府关系档案史料汇编》,中国藏学出版社1994年,第214—215页。

④　五世达赖喇嘛著,郭和卿译:《西藏王臣记》,民族出版社1983年,第127页。

喇嘛作为供养"。① 而他自己却坐镇拉萨,控制了青藏地区。② 他的支持对清廷与西藏黄教建立联系非常重要,同时也为清政权同西藏地方僧俗政权建立进一步的密切联系提供了重要保证。

同时,清满洲政权也在为达赖喇嘛的来访做准备。皇太极于崇德三年八月间,在盛京莲花净土建成实胜寺,并亲往行礼、赏赐。③ 随后皇太极于崇德四年十月间又遣察汗喇嘛致书图白忒汗称:"自古释氏经典,宜于流布,朕不欲其泯灭不传,故遣使延请高僧宣扬法教……倘即效遣前来,朕心嘉悦。"④并致书达赖喇嘛,也表达了同样的愿望。但是西藏达赖喇嘛对此却不热心。其原因可能是因为1642—1644年间西藏频繁发生灾害,许多人死于饥馑、大地震。⑤ 广大僧侣认为,无论从"拯救藏内生灵",还是顾忌达赖喇嘛出行易感染"天花病症"⑥都不应远赴盛京。正是出于这些考虑,直到崇德七年,达赖喇嘛也未亲临盛京,只是派使者伊拉古克三前往。清朝皇太极对使者的到来极其重视,亲带诸王、贝勒、大臣出怀远门迎接。"还至马馆前,上率众拜天,行三跪九叩头礼"。⑦ 皇太极时期,虽然对迎接达赖喇嘛进盛京一事非常热情、非常重视,但终皇太极一朝,西藏达赖喇嘛并没有东行。就此而言,满清皇太极政权不无遗憾。不过皇太极时期却与控制西藏僧俗政权的顾实汗建立了直接联系,并且对顾实汗产生了重要的影响。此点可以从崇德八年满洲政权致顾实汗的书信中得到证明。书称:"朕闻有违道悖法而行者,而已惩创之矣……今欲于图白忒部落敦礼高僧,故遣使与伊拉古克三胡土克图偕行,不分服色红黄,随处咨访,以宏佛教,以护国祚。尔其知之。"⑧此处,皇太极是以君主对属下的口气下达谕旨的。

再者,顺治时期西藏、黄教与清廷关系。

顺治执政后,清廷与西藏的联系进一步加强。顺治元年清廷下敕谕五世达赖喇嘛遣使进京。其后顾实汗第六子,即管理西藏藏务的达赖巴图鲁于顺治二年十

① 智贡巴·贡去乎丹巴绕布杰:《安多政教史》,甘肃人民出版社1982年,第33—34页。
② 《准噶尔史略》编写组:《准噶尔史略·关于卫拉特人的故事》,人民出版社1985年,第13页。
③ 中国藏学研究中心等:《国史馆藏内阁国史馆院满文档》,崇德三年八月十二日条,转引自《元以来西藏地方与中央政府关系档案史料汇编》,中国藏学出版社1994年。
④ 《清太宗实录》,卷49,中华书局1986年,第3—4页。
⑤ 《止贡法嗣》,木版藏文,第280页。
⑥ 《五世达赖喇嘛自传——云棠》(第1册),西藏人民出版社1989年,第296页。
⑦ 《清太宗实录》,卷63,中华书局1986年,第1—2页。
⑧ 《清太宗实录》,卷64,中华书局1986年,第19—23页。

二月遣使请安进京,顾实汗也于顺治三年八月派人请安进京。由此可见,西藏地方世俗政权与清廷联系在一步步地增强。

但是另一方面,西藏僧俗政权及达赖喇嘛等对顺治的邀请却不够热心,反应也不够热情。这可能与达赖喇嘛对顺治初年清廷内部政局不稳以及多尔衮专权的顾忌有关。据《清朝全史》称:"当时达赖对清廷多所顾虑,因以此地水土不宜,从人又欲辞归为言。"①因此,自顺治元年到顺治五年间,清廷一再遣使邀请达赖喇嘛都未成功。直到顺治六年,多尔衮死后削爵,顺治政权巩固后,来往于蒙古与西藏间的咱雅班智达为西藏"带来了新的信息"②,达赖才遣使告诉清廷,准备于壬辰年夏月进京朝见。③

此时值得注意的一个问题是,清廷向西藏以及对西藏颇具影响的相关各汗的赏赐力度加大了。如顺治八年,清廷得知达赖喇嘛准备于壬辰年进京后,在派人去迎接达赖喇嘛时就赏给他金鞍马两匹,镶金茶筒、银酒樽各一个,银五百两,缎十匹。④ 顺治八年,清廷降旨给班禅,要求其"敦请达赖喇嘛启程"。⑤ 在清廷多次邀请及蒙古喀尔喀的协作下,同时也在西藏顾实汗的一再配合下,达赖喇嘛一行才于顺治九年十二月来到北京。从此清廷与西藏僧俗政权的联系进一步加强,同时与西藏地区的联系也加强了。

清廷与西藏黄教领导兼蒙古各部的精神领袖的会见,进一步巩固了清廷在蒙古人、西藏土伯特人中的地位,扩大了影响。达赖喇嘛的进京表明了西藏黄教对清廷统治中国、成为新的"天下共主"这一地位的认可。虽然这一认可对汉人以及清廷的属国不产生直接的影响,但是这一认可在黄教信仰区域,特别是蒙古各部落内却产生了重大的影响。黄教对清廷天下共主的认可,为蒙古各部的来归铺平了道路。顺治十年三月,清廷对达赖喇嘛和顾实汗进行了册封,赐达赖喇嘛金册印,封达赖喇嘛为"西天大善自在佛领天下释教达赖喇嘛"。对达赖喇嘛的册封表明了清廷的一种政治姿态,即达赖喇嘛虽是黄教的领袖,是蒙古各部的信仰之神,但是他仍然是清廷的子民,仍要接受清廷的最高世俗统治权,仍要受清廷的统治。只是

---

① ［日］稻叶君山著,但焘译:《清朝全史》,中华书局 1985 年,第 65 页。

② 王辅仁等:《蒙藏民族关系史略》,中国社会科学出版社 1985 年,第 138 页。

③ 中国藏学研究中心等:《元以来西藏地方与中央政府关系档案史料汇编》,中国藏学出版社 1994 年,第 225 页。

④ 中国藏学研究中心等:《元以来西藏地方与中央政府关系档案史料汇编》,中国藏学出版社 1994 年,第 226 页。

⑤ 西藏自治区档案馆:《西藏历史档案荟萃》,文物出版社 1995 年,第 34 页。

清廷将黄教的最高治理权授予了达赖喇嘛,承认了他的宗教领袖地位与他对西藏黄教的独断地位。而清廷在册封顾实汗时,却是以中央政权对藩部的口吻来册封的。册封的用意在于使藩部归顺于国家,成为中央政权的藩屏。正是出于此意,清廷的册封诏书既体现了中央朝廷对藩部的最高统治权,又体现了中央政权对藩部的期待。诏书先称:"帝王经纶大业,务安劝庶邦,使德教加于四海。庶邦君长能度势审时,归诚向化。朝廷必加旌异,以示怀柔。"然后又说:"尔尚益矢忠诚,文宣声势,作朕屏辅,辑乃封圻。如此则带砺山河永膺嘉祉。"①这里清廷对顾实汗的册封更着重于对地方世俗政权的管理,要求地方藩部服从中央政权,为中央政权管理好藩部。

而后,西藏达赖喇嘛、青海顾实汗对清朝的册封都加以承认并积极响应。达赖喇嘛称:"窃蒙圣上赐金册、金印、尊贵之封号之鸿恩,实不胜欢忭。"并承诺:"嗣后宜当弘扬释教,逸安众生,礼治部众,善为调用以良策辅佐帝业。"②而顾实汗也称:"皇上胜过缔造万物之如意宝,布仁慈于四海之滨;扬善抑恶,以足众生之望。"③由此可见,无论是西藏地方的精神领袖——达赖喇嘛,还是青藏地方实力汗,都对清廷的册封予以承认与积极响应。其原因在于这一册封活动不仅是对清廷"天下共主"的承认,同时也推进了清廷统一中华;同时,这一册封也巩固了青藏地区世俗政权和僧侣政权在中国的影响与威望。总之,双方都从册封中获得了利益,双方对册封都感到满意。因此,石硕在《西藏文明东向发展史》中称:"双方几乎同时分别向对方派出了一个通好的使团,这说明当时双方在政治上彼此需要的愿望和要求几乎是相互的和同步的。"④

西藏僧侣政权与清廷建立联系之时,也是西藏僧侣政权从清廷那里获得贸易特权和巨大物质利益之时。无论是僧侣集团还是世俗政权,他们都不可能脱离物质基础而生活于精神的真空之中。因此,僧侣和地方藩部政权都对物质,特别是对同清廷的贸易非常重视。其同清廷建立密切联系、承认清廷对他们的册封,很大程度上是基于这一最高的物质利益。而册封后僧侣政权所获得的巨大物质利益的事

---

① 中国藏学研究中心等:《元以来西藏地方与中央政府关系档案史料汇编》,中国藏学出版社1994年,第235页。

② 中国藏学研究中心等:《国史馆藏内阁国史馆院满文档》,转引自《元以来西藏地方与中央政府关系档案史料汇编》,中国藏学出版社1994年,第236页。

③ 中国藏学研究中心等:《元以来西藏地方与中央政府关系档案史料汇编》,中国藏学出版社1994年,第237页。

④ 石硕:《西藏文明东向发展史》,四川人民出版社1994年,第311页。

实又从侧面证明了上述论断。这一物质利益包括两个方面:一方面为清廷的大量赏赐,另一方面为西藏僧侣世俗政权的朝贡贸易所得。顺治十一年九月,清廷回赏达赖喇嘛请安使节时赏物就非常多,其礼品有:镶金绿松珊瑚珠四十两,金茶筒一个,玉瓶两个,玉杯四个,镶金雕鞍一副,缎十匹。回赏班禅与达赖数同。十一年十月,清廷回赏达赖喇嘛贡方物银六百两,银鼎一,茶筒一个,金盆一,玲珑雕鞍一,虎皮五,海獭五,茶叶四篓。而赐顾实汗银二百三十八两,银茶筒一,金盆一,玲珑雕鞍一,缎十,茶叶二篓,虎皮二,海獭二。① 如果说清廷的这种回赏是对地方政权请安进贡之物的一种回赠和补偿,那么西藏僧俗政权的朝贡贸易和市易却是一种纯商贸赢利行为。

2. 清初清廷同各属国关系

(1)清初中朝宗属关系的确立与曲折发展

后金政权是通过两次战争同朝鲜建立宗属关系的。通过第一次战争,后金政权变朝鲜为兄弟之国;通过第二次战争,后金政权则变朝鲜为属国,真正完成了清朝与朝鲜的宗属关系建设。

对后金政权而言,发展与朝鲜的宗属关系意义重大。首先,这一新的华夷体制有利于减轻统一大业的巨大阻力。无论是中国国内汉人或少数民族,还是中国周边的附属国,对满族这一少数民族入主中原并统治中国都带有一种与生俱来的偏见。它们多认为那就是中国传统上的"以夷变夏",是背天理逆伦常的行为。因此这些接受儒家观点的人或部落,抑或是中国周边的国家,对清初满族的统一大业均构成了巨大的阻力。而要减少或消除这一阻力,满族政权除了直接的武力征服外,重建藩属体制,让中国国内的少数民族归附,让中国周边的国家成为自己体制的属国,对减轻其统一大业的阻力,意义非常重大。其次,它既有利于清初政权覆盖面的扩大,又有利于新政权的巩固。新的藩属体制的建设将更多国内的少数民族变成自己的藩部,或与自身结成联盟,这无疑减少了直接的军事冲突,并扩大了清初政权的覆盖面。再次,新的藩属体制建设是清入主中原、构建华夏体系的主要标志,也是清击败明政权和彻底扫除明政权的最有力的武器。最后,从自身政权的安全和军事策略上讲,争取像朝鲜这样的国家加入自己的藩属体制对于后金政权而言,尤为重要。朝鲜顺利地归顺,不仅解决了后金政权在东北的后顾之忧,而且是

---

① 中国藏学研究中心等:《国史馆藏内阁国史馆院满文档》,转引自《元以来西藏地方与中央政府关系档案史料汇编》,中国藏学出版社1994年,第244页。

后金政权向中国明朝原有的藩部和属国证明自身政权合法性的重要依据。

基于以上原因,后金政权在入关前就开始了同朝鲜建立宗属关系的努力。通过丁卯战争,满族统治阶层和朝鲜结成了兄弟之盟,而后金政权的"皇帝"则借此特别强调了自己天命所归的身份。① 这一强调的重心在于夺取明政权天命所归的位子,让后金政权拥有"天命"的合法性。

在努尔哈赤起事之初后金政权与朝鲜结为兄弟之盟,这一决策就当时而言是必要的:一方面,后金政权这一时期所要解决的首要问题是联合东北各少数民族结成强大军事同盟,以便对明进行更大规模的决战,并成功入主中原。另一方面,这一作为也在于进一步稳住后金政权的根据地,即东北地区。为了达到这一目的,后金政权对东北地区蒙古等少数民族的安抚固然是不可缺少,而争取朝鲜的支持或者至少是中立,则更具有重大的军事意义。

但随着满族军事的强大和后金政权的发展,清初统治者的朝鲜政策也发生了变化。形势发展要求后金政权构建出更大的、更具影响的国家实体,其中对朝鲜的兄弟关系也就不得不发生变化。

清廷的统治者本想用和平的方式改变清廷和朝鲜的关系,但是却遭到朝鲜的一再拒绝。清廷统治阶层因此认为只能通过战争的方式来解决这一问题。在出征朝鲜之前,清太祖特率诸贝勒贝子文武群臣祭天,并告征朝鲜理由:"臣知朝鲜败盟,情理难宥,欲及其未备,兴师致讨,谨告皇天后土,用张挞伐,师之曲直,为天地鉴之。"②而在其谕朝鲜国王谕旨中,要将朝鲜变成其属国的用意则表现得更为明显。③ 由以上材料可见,清初统治者虽然将出师原因归结为朝鲜的联明抗清,但更为直接的原因却是要彻底地消除朝鲜与明朝旧有的宗属关系。于是,丁丙战争以朝鲜战败而结束,朝鲜被迫接受了清廷的宗主国地位。随后,清廷又派出专使对朝鲜国王进行册封,册封诏书中特别强调了新的宗属关系的重要性,并要求朝鲜国王世世遵从。④

（2）清初中琉宗属关系的形成

明朝的灭亡,满族政权的建立,虽就封建统治的政体而言是异曲同工,但就中国传统的华夷秩序理论而言却发生了巨大的变化。以前的以夏变夷的统治秩序出

① 《清太宗实录》,卷3,天聪元年四月庚午条,中华书局1985年。
② 《清太宗实录》,卷32,崇德元年十一月己未条,中华书局1985年。
③ 《清太宗实录》,卷32,崇德元年十一月己巳条,中华书局1985年。
④ [韩]《仁祖大王实录》,仁祖十五年十一月甲申条,学习院东洋文化研究所昭和32年(1957)。

现了颠倒,即清初政权不再是以夏变夷,而是以"夷"治"夏"了。这一统治秩序的变化,令许多深受华夷大防思想影响的社会群体对清廷入主中原成为华夏共主的巨大变化深感不安。这种社会民众心理的紧张状况也影响到中华文化圈附近的其他国家,而对中国旧有属国的影响则尤大。因此,清初清廷虽主动地诏谕安南、暹罗、琉球等国来华使行人员同大清建立宗属关系,但各国反应冷淡。就拿琉球而言,它虽于顺治三年请求与大清建立宗属关系,但也是在与明进行接触并对南明政权失去信心后才作出这一决定的。

不过与朝鲜、安南等国相比,琉球在与清廷建立宗属关系时表现得较为积极和主动,这主要是琉球自身和日本萨摩藩双向影响的结果。琉球自明天启三年改为五年一贡后,又因明与满洲间的战争使其朝贡活动一再中断。而琉球作为一个国土资源相当贫乏且主要依靠海外贸易维持生计的国家,发展与中国的海外贸易相当重要。况且自万历三十七年以来,日本萨摩藩入侵琉球,琉球遭受到了萨摩藩在经济上的沉重盘剥。它要求琉球每年将全岛所丈量土地的八分之一的产量入贡给萨摩藩,并且要求琉球从国王王府赋税中另征收八千石粮食交给萨摩藩。[①] 这些盘剥使琉球自身的生存更为艰难,因此琉球在同南明残存政权接触后,觉得更快地同满洲政权建立宗属关系对缓解自己的生存危机更为有利。另外,琉球在清初积极恢复同清政权的宗属关系,还与日本萨摩藩渴求享受同清廷的朝贡贸易利益有关。日本德川家康统治时期,日本对外开展和平外交政策。它同朝鲜、安南、暹罗都有贸易关系,而且同明朝也实行私下的贸易交往。但是 17 世纪初,西欧殖民势力东来,特别是天主教的输入给日本以巨大的冲击。到了 1605 年,日本全国的天主教徒竟达到了七十五万人之多。将军幕府立即对外实行严格的封闭政策,于 1609 年 9 月,下令禁止西部诸藩拥有和建造五百石以上的大船,并且对各藩的出海行为加以严格的限制。日本萨摩藩本是依靠与琉球及各国的商品贩卖获取利润的,本国的这一"海禁"政策对萨摩藩自身利益的影响可想而知。万般无奈下,萨摩藩认为让琉球同清廷恢复贸易活动对自己有百利而无一害。正是在这一动机的刺激下,萨摩藩鼓动琉球同清廷恢复宗属关系。

顺治三年,福建平定,滞留在福建的琉球通事谢必振自江宁具投经略洪承略,转送进京。[②] 但是礼部却以"敕印未缴,不便遣封",拒绝了琉球使行人员的要求。

---

① 杨仲揆:《中国·琉球·钓鱼台》,友联研究所 1972 年,第 49 页。
② 张学礼:《使琉球记》,中华书局 1985 年,第 2 页。

清廷当时这么做的原因有以下几点:第一,清廷礼部遵循册封惯例,认为未缴纳敕印而册封属国与例不符;第二,清廷刚入主中原,且东南沿海的局势未定,残明政权尚存,这些都决定了清廷暂时没有能力派船出海,赴琉球国,对琉球国王实行册封。而直到康熙二年清廷才派出册封使册封琉球国王的这一事实也证明了这一原因的存在。至于清初政权是否考虑到琉球被日本萨摩藩所控制,坚决要求见到明敕印才册封新国王,以杜绝日本之擅冒,则不得而知;第三,清廷要求琉球归还明朝的敕印的更重要的用意是杜绝琉球与南明政权的藕断丝连,以最大限度削弱南明势力。

谢必振等人为了取回明朝的敕印,却漂流到日本,直到顺治六年,琉球国才派遣通事周国盛同谢必振一道“抵闽,赍表投诚”。琉球虽渴望与清廷恢复贸易关系,但是在华夷秩序上却有所歧视。琉球国王于该年咨文中称:“恭惟贵藩声名洋溢,远及段方……近者敝使归国,称述厚情,丙子岁遭劫流离,蒙恩怜念,无有啼饥而号寒者;后被贝勒王拘督赴京,又沐恩顾庇护,无有向隅而抱泣者。”①该咨文中称清廷为“贵藩”而不称国,很鲜明地显露出了琉球的“华夷”立场。而且该咨文内容与其是说对清廷的感戴,不如说是对清廷的抱怨。不过值得注意的一点是,清廷虽然在顺治三年拒绝了对琉球国王册封的请求,但却让谢必振等带去了“招抚敕及钦赏物件”。② 可见清廷在重建自身的宗属关系上还是非常积极的。顺治四年,清廷赐琉球贡使衣帽、缎布,仍各给敕谕,遣赴本国,诏谕国王。清廷在谕琉球国王的敕文中就称:“朕抚定中原,视天下为一家。念尔琉球,自古以来,世世臣事中国,遣使朝贡,业有往例。今故遣人敕谕尔国,若能顺天循理,可将故明所给封诰、印敕,遣使赍送来京,朕小照旧封锡。”③但是顺治六年都迪事梁廷、周国盛一伙进京表贡谢恩时并没有带来明朝的敕印,随后,顺治七年琉球派出王舅阿榜琨、正议大夫蔡锦奉表入贡时也没有带回明朝的敕印。因此顺治八年,世祖再一次让琉球来使赍敕琉球世子,缴回明朝旧印。直到顺治十年,琉球方面才派王舅马宗毅、正议大夫蔡祚隆等进方物,缴回了明朝的敕印。琉球方面之所以对前明敕印迟迟不肯缴回,一方面可能有华夷偏见,但更多的是琉球出于对清政权的可靠性的怀疑以及对残明政权可能东山再起的幻想。另外,琉球方不缴回明朝的敕印还与琉球和

① 杨亮功等主编:《琉球历代宝案选录》上,台湾开明书店1975年,第137页。

② 蔡温:《中山世谱》抄本,殷梦霞编:《国家图书馆藏琉球资料续编》下册,北京图书馆出版社2002年,第255页。

③ 《清世祖实录》,卷32,顺治四年五月至六月丁丑条,中华书局1985年。

南明保持联系有关,它想以此为它与残明的朝贡贸易提供必要方便。正是由于以上多种原因,琉球在清初对缴回敕印一事显得非常消极,从而延误了清朝琉球两国宗属关系的建立,而这刚好为琉球与日本的接触提供了更多的机会。因为在崇祯七年至顺治十年的十九年时间内,琉球先后四次派遣使节到日本江户去"觐见"德川将军。其间的 1634 年和 1653 年是为了祝贺将军的即位,属于礼节性的交往;而 1644 年、1649 年的"觐见"却另有原因。可见此期间琉球和日本的联系得到了增强。

而后的顺治十一年,清廷遂派张学礼等前往琉球册封尚质,一行人于顺治十二年三月才到达福建,准备造船。福建的藩司则称:"旧例,舵木用铁力,其木产于广西,由海道运;今游氛未靖。"使行人员因此而停留福建达四年之久。随后顺治帝又下旨以"海氛未靖,钦差官暂行掣回,俟平定之日,另行差遣"而停止了对琉球国王的册封活动。直到康熙元年,清廷才再次作出了派张学礼等出使琉球,册封琉球国王的决定。至此距琉球于顺治三年请封时已经过去了十五六年,距琉球缴回明朝敕印也有近十年了。前期的耽误主要原因在琉球,后期的耽误主要原因则在清廷。清廷自有其难言之隐,东南沿海的残明势力的存在,海上岛屿中反清复明的汉人势力都阻碍了清廷的对外交往,尤其是阻碍了清廷恢复海外的属国关系。但是,清廷自身对琉球等海外属国的忽视也是一大原因。

然而明末清初,尤其是清廷正式册封琉球国王之前的那段时间却是琉球与日本关系发展的热恋期。琉球国史书《中山世谱》就称:"我国土瘠产少,故与朝鲜、日本、暹罗、爪哇等国赏行通交之礼,互相往来,以备国用。万历年间,王受兵警出在萨州时,王言:吾事中朝,义当有终。日本深嘉其志,卒被纵回。自尔而后,朝鲜、日本、暹罗、爪哇等国互不通,本国孤立,国用复缺。幸有日本属度嘉喇商民至国贸易,往来不绝。本国亦得来度嘉喇以备国用,而国复安然。故国人称度嘉喇曰宝岛。"[1]

琉球于 1634 年闰七月,到江户庆祝德川家光将军继位,琉球国使节进献的礼物有:丝五百斤,いろぅど五十端,せんがうのたくい合七箱,银子三百枚,烧酒十壶。[2] 日本宽永二十年(1643),琉球尚贤王又派使臣到日本祝贺"若君"诞生。[3]

---

① 蔡温:《中山世谱》抄本,殷梦霞编:《国家图书馆藏琉球资料续编》下册,北京图书馆出版社 2002 年,抄本,第 235—236 页。

② 《琉球往来》抄本,转引自殷梦霞编:《国家图书馆藏琉球资料续编》下册,北京图书馆出版社 2002 年,第 628 页。

③ 《琉球往来》抄本,转引自殷梦霞编:《国家图书馆藏琉球资料续编》下册,北京图书馆出版社 2002 年,第 637—638 页。

而后，日本江户于宽永二十一年七月回书，感谢琉球国王的祝贺。① 其署名为对马、沣后等三守臣。1649 年(顺治六年)，琉球又派使者具志州到日本"觐见"江户将军，日方回书称："捧物如目录，被奉纳之仪，敬崇之深，志御感备。"日本还趁机回赠琉球国王白银五千两，屏风五双，其书署名为对马、沣后、松平三守。② 次年(1650)，琉球国王回礼时又称："去秋拜竭，贵国奏达寡人即位之祝仪，价使具志州王子……着于中山王先以报御幕下安闲无事，千喜万悦，多幸幸幸……至寡夫恭兼嘉寿之奉书，并赐屏风白银……拜领衣服、白银及仆人等亦降受白银，诚恐悦不可胜计者也。"③随后琉球国王回江户礼物为：畦芭蕉布五端，练芭蕉布五端，寿带香三箱。④ 这一时期琉球与日本江户之间书信往来不断，而且使节也不断往来，其主要活动围绕相互间的祝贺国君登极等事。但日本江户幕府对琉球的态度明显地发生了变化，由以前的不过问，转变为倾向于"亲善"。虽然每次琉球使节"觐见"将军都是萨摩藩从中斡旋的，且有江户不太热心的时候，但是每次琉球使节达到江户后，江户都给以热情的接待，并且对琉球国王的登极以重礼加以回赠。

1652 年(康熙十年)，琉球国王再次派人带书信到江户去祝贺家纲成为将军。书称："普天同庆，不遇之侯，谨乎差一价使申万万大来之祝。"⑤1653 年江户回书琉球国王则称："使者远来书翰披读，被贺我贵大君，永继前业，统治阖国。被奉祝之，其恳款之志，可以嘉焉。"这次日本又一次回赠琉球国王白银五千两，绵五百把。⑥ 1654 年，琉球国王又回书拜谢日本方面的回赠重礼，国王称"去秋拜竭御幕下，差使国头王子就大老令，登城奉拜。贵大君诚寡人之恐悦。何事如之哉？ 如之拜领惠物，俯仰无涯……"⑦

---

① 《琉球往来》抄本，转引自殷梦霞编：《国家图书馆藏琉球资料续编》下册，北京图书馆出版社2002 年，第 639 页。

② 《琉球往来》抄本，转引自殷梦霞编：《国家图书馆藏琉球资料续编》下册，北京图书馆出版社2002 年，第 685 页。

③ 《琉球往来》抄本，转引自殷梦霞编：《国家图书馆藏琉球资料续编》下册，北京图书馆出版社2002 年，第 690 页。

④ 《琉球往来》抄本，转引自殷梦霞编：《国家图书馆藏琉球资料续编》下册，北京图书馆出版社2002 年，第 695 页。

⑤ 《琉球往来》抄本，转引自殷梦霞编：《国家图书馆藏琉球资料续编》下册，北京图书馆出版社2002 年，第 719 页。

⑥ 《琉球往来》抄本，转引自殷梦霞编：《国家图书馆藏琉球资料续编》下册，北京图书馆出版社2002 年，第 723—724 页。

⑦ 《琉球往来》抄本，转引自殷梦霞编：《国家图书馆藏琉球资料续编》下册，北京图书馆出版社2002 年，第 743 页。

1634—1654年,琉球与日本的联系不断加强,特别是与江户的书信不断,这表明琉球在与明断绝往来并与清建立正式的宗属关系之前,对日本的依赖性增大了。这一时期双方的书信中虽然都以平等国相对待:相互祝贺,相互赠送礼物,相互称对方为"贵国",且琉球国王仍然以寡人自称,但是这一趋势对中琉关系的发展却不乐观,而琉球被日本控制的危险日益增加。因此,当清廷进入康乾盛世时期,与琉球的宗属关系不仅仅是一种简单地继承明朝的宗主国的权利与荣誉,同时也是一种尽量避免或减少日本对琉球控制的一种行为,而其后果如何,其努力是否能达到降低日本对琉球影响的作用,那则是另外一回事。

(3)清初清廷与安南宗属关系的确立与发展

有学者认为,与明政权相比,"清朝政治外交政策从一开始就没有什么声势",它不仅谈不上积极和主动,而且"只是顺其自然地继承前朝延续下来的与海外国家的关系"。[①] 而实际情况却不尽如此,清初政权出于客观现实的需要,对于原明属国实行了较为积极的政策。即与明太祖的"非有意于臣服之地"和"惟尔四夷君长酋帅等遐迩未闻,故兹诏示"的用心明显不同,清廷是主动地要求安南、琉球、吕宋等国"顺天循理",遣使来京,接受它的"封锡"。[②] 因为清初统治阶层深知,非汉人入主中原且要成为华夏共主,其阻力比汉族统治阶层要艰难得多,所受到的抵抗与阻力也要比汉人建立的政权要大得多。清初统治阶层非常明智地看出:在建立以满人为主导的清代藩属秩序上,清人没有明人所具有的优势,清人除了采取积极主动的姿态同中国旧有的属国建立宗属关系外,不可能如明朝那样坐享其成。正因为如此,清初政权在攻陷广州后,就将存留南方的诸国使节带回北京,并让这些使节带回清朝的诏谕,让安南等尽快与清朝建立起新的宗属关系。

虽然安南等对清廷谕旨并不热心,但清廷并不坐失时机,而是采取比明朝更为灵活的方式去建立它同周边国家的宗属关系。顺治初年,清政权刚刚定鼎中原,广西巡抚于时跃就向清廷上疏称:安南都统使莫敬跃向化投诚,请给印敕。按照明朝旧制,清廷本可封莫敬跃为安南都统使,但是顺治十八年清廷出于加速建立起自身宗属体制,同时也出于策动安南更具影响力的黎氏王朝加入清朝宗属体系之目的,而特赐莫敬跃为归化大将军。[③] 另外,清廷在争取黎氏王朝加入清朝宗属体系上

---

① 万明:《中国融入世界的步履——明与清前期海外政策比较研究》,社会科学出版社2000年,第314页。

② 《清世祖实录》,卷32,顺治四年六月丁丑条,中华书局1985年。

③ 《清圣祖实录》,卷2,顺治十八年五月乙亥条,中华书局1985年。

也表现得较为积极。虽然直到顺治十六年安南方才遣目吏玉川伯邓福绥撼忱纳款，①以及直到顺治十七年九月才第一次向清廷表贡方物，②但是在此之前，清廷早就已经做好了将安南黎氏王朝纳入其宗属体制的准备。因此，当顺治十八年礼部奏"安南国王黎维禔倾心向化，有协力讨贼之劳，应照例赏银一百两"时，清廷认为，对于安南这样的倾心向化者，以"故明卑视外国之礼议复，殊不合理"。于是清廷要求礼部另议，礼部复议的结果是："应赐银五百两，大蟒缎二匹，粧缎二匹，彩缎表里各十二。"③此等姿态表明，在安南黎氏王朝还未真正"归顺"清朝（因此前安南还没缴回前明敕印）之前，清廷就已经对它进行怀柔了。

不仅如此，清廷在安南黎氏王朝还未缴还明朝敕印之前，还对它进行了册封。顺治十八年，黎氏王朝协助清朝剿"贼"，赢得了清廷的好感。在安南国王黎维禔奉表投诚的前提下，清朝照琉球国例，颁敕一道，令来使赍奉回国。④ 其敕称："尔安南国王黎维禔僻处炎荒，保有厥众，乃能被服声教，特先遣使来归……尔受兹宠命。其益励忠亲，永作藩屏，恪修职贡，丕承无斁。"⑤

清初政权在发展与安南关系上，除了主动积极地建立宗属关系这一特点外，还因时制宜地采取相互制约策略去进一步推进双方关系的发展。清初时期，安南国内有三股相互竞争的力量：一为紧邻广西的安南高平地区的莫氏集团，二为南方的阮氏集团即清廷所称的广南国，三为处于安南北部受郑氏集团操纵的黎氏王朝。这三股力量在清初相互竞争。莫氏集团至明末清初之际已显削弱，南部的阮氏也相对软弱，那么其主要的势力就算黎氏王朝的郑氏最为强大。在郑梉当权期间（1623—1657），郑梉北攻高平莫氏集团，南面又与阮氏争夺广平地区。至西王郑柞掌权期间（1657—1682），所谓的黎氏王朝已经攻下莫氏集团，收复了高平之地。而西王郑柞因此也创下入黎氏王朝不拜、疏奏不具名之特权，并于御座左侧设坐椅。⑥ 由此观之，此时的黎氏王朝实已变成了郑氏的傀儡。对于安南内部的这些变化，清初政权都加以密切关注，并采取相机制宜策略，对他们加以笼络，并且让他们相互策动，以推动清朝与安南宗属关系之建立。如顺治十八年，在高平莫氏集团

① 《清世祖实录》，卷127，顺治十六年八月丙申，中华书局1985年。
② 《清朝文献通考》，卷296，"安南传"，商务印书馆1936年。
③ 《清圣祖实录》，卷2，顺治十八年四月甲申条，中华书局1985年。
④ 《清会典事例》，卷502，"礼部"，中华书局1991年。
⑤ 《清圣祖实录》，卷2，顺治十八年四月癸卯条，中华书局1985年。
⑥ ［越］陈重金著，戴可来译：《越南通史》，商务印书馆1992年，第190—191页。

莫敬跃死后,清廷就授予其子莫元清为安南国都统使。① 而就南方的阮氏而言,因中间有黎氏王朝相阻隔,且道路遥远,一时未能与清廷进行接触,直至康熙四十一年,才由海路"赍国书贡品于广东求封"。此时清朝已与安南的黎氏王朝建立起正式宗属关系了,且已承认黎氏王朝为安南的唯一正统。照常理,清廷自然不能再册封南面的阮氏王朝了。② 但是清朝却对南方的势力仍加以厚待,以便它们之间相互牵制,形成制衡。

尽管如此,享有安南正统身份的黎氏王朝与清朝的宗属关系几经周折后,至康熙五年才真正建立起来。为何如此? 除此上因素外,还与该年安南国世子黎维禧才将明朝敕、印缴回有关。至此,清廷才认为安南在法统上已与旧明完全脱离了关系,正是如此,康熙帝才遣使赍敕及铸给镀金驼钮银印,前往安南去册封黎维禧为安南国王。③ 但此时黎氏王朝的真实执政者应是郑氏集团,对于此点,忙于安定国内统治的清廷似不太清楚,以至于到了乾隆年间,清廷为维护所谓的黎氏法统而对安南兴师动众。

(4)清初中暹宗属关系的建立

清代属国体系构建既存在与明代不同之处,亦有相似地方。不同之处体现为:明代属国体系构建多依靠中央王朝经济、政治、文化、地缘关系的吸引,而清代却呈现出多途径、多选择特征。其中不乏军事手段,如清代同朝鲜、越南、缅甸等国宗属关系的构建均存在这方面因素。当然,清廷属国体系构建不可能单凭军事压力。如朝鲜、越南、缅甸等最终愿意接受清廷"上国"地位,却是受清廷治下中国经济、文化的吸引,此点又与明代相似。而且清代也有一些国家是在未受军事压力下主动同它建立宗属关系的。如暹罗、琉球、苏禄等,就属此类国家。

暹罗主要是为寻求贸易机会而同清廷建立宗属关系,因此,它并没有像朝鲜、日本乃至越南那样,对刚入关的清廷表示出强烈的华夷大防情绪。相反,却是主动寻求接触机会。当顺治四年清廷为尽快建构属国体系而诏谕"南海诸国"尽快"倾心向化,称臣贡献"后,④暹罗是较早作出响应的国家之一。如顺治九年十二月,暹罗就通过广东巡抚李栖凤向清廷上书,要求清廷"换给敕印勘合,以便入贡"。⑤

① 《清圣祖实录》,卷5,顺治十八年十一月己卯条,中华书局1985年。
② [越]张登桂纂修:《大南实录》,庆应义塾大学言语文化研究所1980年,《史料选编》,第460页。
③ 《清会典事例》,卷502,"礼部",中华书局1991年。
④ 《清世祖实录》,卷33,顺治四年七月甲子条,中华书局1987年。
⑤ 《清世祖实录》,卷70,顺治九年十二月戊午条,中华书局1987年。

至此，暹罗同清廷朝贡关系已算建立。虽然这一关系并未经过正式册封，但这既没有影响清廷对暹罗的承认，也没有影响暹罗与清廷之间的朝贡贸易。如顺治十六年，清廷就正式议准暹罗国探贡船压舱货物抽丈纳税问题，这表明暹罗已开始向清廷进贡。[①] 至康熙二年，暹罗又向清廷进贡，正贡船在海上漂风，只有一只来到虎门。清廷积极响应暹罗朝贡贸易活动，不仅设众官以护之，而且制订了具体规则。清人张维屏诗即可证明此点："太平盛世符虞唐，九夷八蛮群梯航。暹罗国远逾越裳，恪修贡职臣之常。国家怀柔法制良，设官卫送弥周详。导之向北如鸿翔，舳舻安稳旌旗扬，遵道遵路通天阍。"[②]正是在暹罗主动接触、清廷积极响应的情况下，至康熙初年，中暹宗属关系已进入正常发展阶段。清廷开始将暹罗纳入宗属体制之内，不仅制订专门规则规范暹罗进贡行为，而且对暹罗非常规性行为也作出限制。如康熙三年七月清廷正式确定了暹罗进京朝贡的规模："正贡船二只，令员役二十员来京，补贡船一只，令六人来京。准该国贸易一次。"[③]同时也是该年，暹罗不仅向清廷进贡，还向平南王进贡。对于这一非常规行为，清廷也做出了限制："礼部议，'暹罗国馈平南王礼物，经该藩奏明，应不准收受，并请以后外国毋得馈遗边藩督抚。'从之。"[④]至康熙四年，暹罗国以庆贺康熙帝亲政为名，又派三位专贡使臣带着金叶表文、方物、译书等来到清廷。他们的到来使康熙帝非常高兴。也是该年，清廷又对暹罗贡期作出了正式规定，要求此后三年一贡。[⑤] 随后康熙六年，清廷不仅对暹罗三年一贡的贡期进行了再度强调，而且对暹罗进贡使团人数、船舶数量、贡道等又做出了制度性规定，清廷要求"暹罗国贡期三年一次，贡道由广东，例于常贡外有加贡，无定额。"其朝贡"进贡船不许过三只，每只不许过百人，来京员役二十二名，其接贡、探贡船概不许放入。"[⑥]另外，清廷还确立了暹罗进贡贡物的种类，即"驯象、备象、龙涎香、幻嘎香、犀角、象牙、荳蔻、降香、腊黄、大枫子、土桂皮、乌木、苏木、荜拨、樟脑、儿茶、皮树、胶皮、硫黄、檀香、冰片、翠鸟皮、孔雀尾、阔红布、大荷兰毡、冰片油、蔷薇露"，共二十七种。除了向皇帝进贡这些贡物外，暹罗通常还备数量减半的贡品一份，向皇后进贡。当然暹罗也可随机加贡，加贡贡

① 梁廷枏：《粤海关志》，文海出版社 1968 年，第 1556 页。
② 张维屏：《张南山全集》（一），广东高等教育出版社 1994 年，第 167 页。
③ 梁廷枏：《粤海关志》，文海出版社 1968 年，第 1556 页。
④ 《清圣祖实录》，卷 12，康熙三年七月乙亥条，中华书局 1985 年。
⑤ 托津纂：《钦定大清会典》，卷 501，礼部四·礼部二一三·朝贡一·贡期，文海出版社 1990 年。
⑥ 梁廷枏：《粤海关志》，文海出版社 1968 年，第 1559 页。

物种类清廷不限。

基于中国传统"厚往薄来"礼仪和弥补属国进贡贡物之价值,康熙初年清廷对暹罗国王的赏赐也尤其注意,并通过制订专门章程确立下清廷赏赐暹罗国王、王妃以及进贡使团的数量。即每次赐国王锦八匹、织金缎八匹、织金丝八匹、织金罗八匹、纱十二匹、缎十八匹,共计八十匹。赏王妃各色丝缎二十八匹,贡使二十四匹,通事十三匹,从人各十一匹。[①] 按照"天朝定例",以暹罗每次进贡使臣四人、从人二十二人计算,清廷每次要赏赐暹罗各色绸缎四百三十五匹,价值不菲。

康熙初年,清廷对暹罗朝贡贸易的免税政策确立下来。根据清廷"厚往薄来""怀柔远人"的意旨和规定,只要暹罗每次进贡船不超过三只,每只不超过百人,清廷均准其免税。也正是在这一巨大利益吸引下,暹罗才主动接受清廷的"上国"地位,并在清初就与清廷结成这一表面上不平等但实际上却可获得很大好处的尊卑服从关系。[②]

在清廷"厚往薄来"政策的刺激下,免税朝贡贸易不仅刺激了朝鲜、琉球、越南等国,也刺激了暹罗和中国东南沿海的一般商人和市民。他们纷纷借朝贡机会进行海内外贸易,甚至还出现不按《会典》要求、随机"朝贡"的行为。针对此举,康熙初年也制订了规定,进行限制。如康熙六年清廷要求暹罗等属国均应按《会典》定制进行贸易,此后非贡期,不得贸易。[③] 由此可见,康熙初年清廷就已将暹罗的朝贡与贸易紧密结合起来,朝贡贸易乃进贡的附属品。只有在向清廷进行进贡的情况下,对方才有可能获得贸易机会,此点对于暹罗也照样适用。

清代中暹宗属关系虽在清初就已建立,但清廷真正册封暹罗国王却要晚得多。出现此种情况,一方面固然与暹罗方"不主动"请封密切相关。因为按照中国传统宗属体制,如属国不主动请封,清廷不会册封。另一方面也与清初清廷特殊的国内环境有关。清初至康熙初年,清廷虽已取得了统治地位,但对内统治并不稳固。汉人的反满情绪配合残明势力的抗清运动,均给清廷带来威胁。另外,周边国家如暹罗等,它虽不像朝鲜、安南(今天的越南)那样对清廷入关持顽固的华夷大防情绪,但清廷政局的不稳却让它暂时保持观望姿态。它们在向清廷朝贡的同时,甚至还同残明势力维持着类似的联系。直到康熙帝平定三藩之乱后,即当清廷的中国统

---

① 梁廷枏:《粤海关志》,文海出版社 1968 年,第 1548—1549 页。

② John K.Fairbank And S.Y.Teng, "On The Ch'ing Tributary System", *Harvard Journal of Asiatic Studies 6* ,no.2.(1941)P.199.

③ 《清圣祖实录》,卷 25,康熙七年三月丁卯条,中华书局 1985 年。

治大致稳固后,暹罗才正式向清廷请封。因此,康熙十二年,暹罗国王遣使至中方贡方物,请求册封,并"请给银印,以光属国"①。也是该年,清廷正式册封了暹罗国王,"给予敕书并驼纽镀金银印,贡使于午门外祗领,并行令该国王恭迎各如仪"。②其册封诰文称:"暹罗国王"受封后,应"益矢忠贞,广宣声教,膺兹荣宠,辑乃封圻。于戏,保民社而王,纂休声于旧服,守共球之职,懋嘉绩于侯封。尔其钦哉,无替朕命。"③至此,清廷同暹罗传统宗属关系的构建才算正式完成,而暹罗也正式成为清廷的属国。它并不因暹罗"不是儒教国家",或暹罗在清代有自己的"天下观"、有自己的属国体系而受到影响。④

在随后的康熙七年、九年、十一年间,暹罗均向清廷进贡。这表明暹罗所谓三年一贡,实际上只是例贡(或常贡),还有其他特殊进贡,如请求册封、庆祝中国皇帝寿辰等。据学者统计,整个清代,暹罗向清廷进贡四十九次,其间约有三十四次是在查克里王朝的新君于曼谷登基后(即指1782年郑昭执政后)进行的。⑤ 这一统计似不准确。据笔者统计,整个清代,暹罗向清廷进贡共五十一次。为更为直观,笔者将进贡时间和种类列举如下:

表2

进贡时间	1653	1664	1665	1668	1670	1672	1673	1684	1708	1720
种类	例贡	它贡	它贡	例贡	它贡	它贡	它贡	它贡	它贡	它贡
进贡时间	1722	1724	1736	1748	1749	1753	1757	1762	1766	1781
种类	例贡	它贡	它贡	它贡	它贡	例贡	它贡	例贡	它贡	它贡
进贡时间	1785	1786	1788	1789	1791	1793	1795	1796	1797	1799
种类	请封	例贡	入谢	例贡	它贡	它贡	例贡	贺寿	它贡	它贡
进贡时间	1800	1801	1802	1804	1809	1810	1812	1815	1819	1822
种类	进香	例贡	它贡	例贡	贺寿	例贡	它贡	补贡	例贡	例贡
进贡时间	1823	1827	1829	1830	1831	1834	1837	1843	1848	1851

① 《清圣祖实录》,卷41,康熙十二年二月乙巳条,中华书局1985年。

② 托津纂:《钦定大清会典》,卷502,礼部四·礼部二一三·朝贡一·敕封,文海出版社1990年。

③ 《清圣祖实录》,卷42,康熙十二年四月丁巳条,中华书局1985年。

④ Mark Mancall, *China at the center:300 Years Of Foreign Policy*, New York, Free Press, London: Collier Macmillan, c1984, P.27.

⑤ Mark Mancall, *China at the center:300 Years Of Foreign Policy*, New York, Free Press, London: Collier Macmillan, c1984, P.27.

进贡时间	1653	1664	1665	1668	1670	1672	1673	1684	1708	1720
种类	万寿	它贡	剿匪	万寿	例贡	例贡	例贡	它贡	它贡	它贡
进贡时间	1853									
种类	补贡									

　　上表数据显示,有清一代暹罗向清廷进贡五十一次,其中三年一次的例贡十六次,它贡三十五次。按《大清会典》规定,1667—1853 年的一百八十六年间,暹罗应向清廷进三年一次的例贡六十二次。但实际例贡只有十六次,为何如此之少,容后解释。

第二章　康乾盛世下藩属体系的
确立和演变

一、康乾盛世下清廷同蒙古、西藏等藩部关系

(一)康乾盛世下清廷与蒙古各部宗藩关系的确立及发展

1. 康熙朝清廷与蒙古各部关系

顺治时期,清廷对漠北、漠西、青海等处蒙古的影响是非常有限的,清廷的势力还无法触及到这些地区。青海各部经常骚扰内地,甘肃和川陕地区时常面临着蒙古人的侵夺。因此顺治年间,顺治帝曾亲下谕旨给青海顾实汗子车臣岱青以及达赖巴图鲁,要求他们加强对属众的管理,并主动提出划清双方辖界的要求。如其旨称:"分疆划界向有定例,迩来尔等率番众掠内地,抗官兵,守臣奏报二十余次,屡谕不悛。今特遣官赴甘肃、西宁等处勘状,或尔等亲至,或遣宰桑来质,诬妄之罪,各有攸归。番众等旧纳蒙古者,听尔辖;倘系前明所属,应仍归中国……"①此时清廷势力尚不及西宁,青海奏请设驿西宁东,以便贡使往来。清廷出于防范蒙古各部的目的,不允许这一请求,其主要原因是清廷此时还无实力控制这些地区,而且在更多的情况下仍以一个满洲部落的身份,而不是天下共主的身份号令各蒙古。因此在这道谕旨中,顺治帝承认青海蒙古部众同其他地区之间的传统界限。

康熙帝执政初年,青海各部蒙古以及漠北蒙古更有向清廷所控制的范围逼近的趋势。因此,在甘肃提督张勇"蒙古番众牧庄浪诸境,情形叵测,请增甘肃、西宁驻防兵"的奏请下,清廷特设"永固营,连筑八塞"。康熙五年,张勇又以青海诸部"乃迩来蜂屯祁连山,纵牧内地大草滩……官兵败之,尤不悛,声言纠众分入河州、

---

① 包文汉整理:《清朝藩部要略稿本》,黑龙江教育出版社1997年,第130页。

临洮……淳州诸地",请求清廷"自扁都口、西宁关至嘉峪关固筑边墙,以资守御"。① 此时清廷正将主要精力放在中国的东南部,同南明为代表的汉人势力展开厮杀,且又陷于收复台湾等重大的军事活动而无暇西顾。因此康熙初年清廷对西北各蒙古只能采取怀柔与防范的双重政策,并通过准许朝贡贸易和自由的边市等政策去达到让它们安分的目的。正是出于这一目的,所以才有朝鲜人所称的"西凉蒙古则清人多以金帛赂之"的局面出现。② 另一方面,清廷又对蒙古各部的扰边行为进行防范,尽量不让他们进入内地。至于他们的内部纷争与战争,清廷则以"天下共主"的身份加以劝解。

此时期能对西北各蒙古产生重大影响的应该是西藏的黄教势力,而不是清廷。因为在蒙古人眼中,活佛亲手摩顶时,"含笑则大蒙福佑,不笑则福佑不广,合眼则其人大惧,烧香忏悔,冤痛刻骨,自然罪过消减,再无不善。此活佛不消言谈教训,一伸手间,功果如此"。③ 伊·亚·兹拉特金在《准噶尔汗国史》中很好地解说了这一问题。他称:"卫拉特史料中所记载的大量史实,足以证明喇嘛教在准噶尔汗国所享有的特权和威望并不次于在东蒙古各王公和各汗国。"④此时的蒙古内部的争端以及边界的划定、各部落新的领袖的认定都得征求达赖喇嘛的认可与支持。只有在达赖喇嘛的认可与支持下,各部落领主才能取得在本领地内的合法地位,也才可能得到本领地内部众的支持;反之则不是被杀就是流放。这一点霍渥斯在他的《蒙古史》中也作了大量的说明。约·弗·巴德利在引述该书评价罗卜藏对喀尔喀蒙古所带来的灾难时称:"他谋杀旺舒克后的若干年中扎萨克图汗位虚悬。据霍渥斯记载,到了 1669 年(康熙八年),达赖喇嘛才立那位被谋杀的汗的兄弟,成衮为汗。"⑤正是因为蒙古各部信仰喇嘛教,同时也因清廷在康熙初年无力顾及西北各蒙古地区,才有以上的情况发生。因此,此阶段清廷更多的是利用达赖喇嘛的力量和其(达赖喇嘛)对蒙古的影响来影响蒙古各部。当康熙六年,青海诸台吉

---

① 包文汉整理:《清朝藩部要略稿本》,黑龙江教育出版社 1997 年,第 131 页。

② 朝鲜科学院、中国科学院编:《朝鲜显宗改修实录》,显宗十一年三月庚申条,科学出版社出版 1959 年。

③ 朴趾源著,朱瑞平校点:《热河日记》,上海书店出版社 1997 年,第 166 页。

④ [苏联]伊·亚·兹拉特金著,马曼丽译:《准噶尔汗国史》,商务印书馆 1980 年,第 227 页。

⑤ [英]约翰·弗雷德里克·巴德利著,吴持哲、吴有刚译:《俄国·蒙古·中国》,商务印书馆 1981 年,第 1237 页。而《清朝太祖太宗世祖朝实录蒙古史史料抄》中所记载的是直到康熙九年清廷才特旨以扎萨克图汗之子袭为扎萨克图汗,即清廷此时对喀尔喀蒙古扎萨克图汗的认定极有可能是对达赖喇嘛确认的人选的一种事后的追认,即此点表明,达赖喇嘛对蒙古的影响在此时比清廷要大得多。

将于八月入寇内地时,清廷遂通过达赖,让他传檄"厄鲁特诸台吉,毋扰内地",此后驻牧黄城儿大草滩的蒙古诸部才"悉徙去,并献驼马牛羊谢罪"。①

康熙十三年"三藩之乱"发生后,清廷进一步遭受到各方的压力,此时东南有三藩之乱,西南有吴三桂与达赖喇嘛"交通"活动,西北有沙俄哥萨克的渗透与扩张,还有噶尔丹为代表的蒙古势力的扩张与威胁。就连归顺较早的内蒙古,也发生了察哈尔林丹汗后代布尔尼的叛乱。再加上众多深受"华夷大防"传统思想影响的汉族士绅更在国中四处鼓动,结果引得台湾的郑氏集团、南明的残余势力以及三藩势力纷纷背叛清廷,并使清廷失去了东南的半壁河山。同时外部属国也乘此机会纷纷反清,此时的朝鲜正计划着"北伐"运动,以实现自己卧薪尝胆、光复祖业的计划。再加上安南又同吴三桂相交往。总而言之,此时清廷可谓陷于四面楚歌之中。

清廷为了很快地稳定局势,除了对三藩之乱加紧镇压外,对各藩部则采取怀柔政策,即使对有野心的藩部也没有像刚入关前后那样对他们施加压力,而是力求保持现状,争取时间。除此之外,清廷作出了两点工作以"安抚"蒙古各部。其一是及时镇压了察哈尔布尔尼的叛乱,并且在叛乱平定后"空其地,置牧厂",将它"隶内务府太仆寺,而移其部众游牧于宣化、大同边外……此八旗在蒙古四十九旗之外,官不得世袭,事不得自专",使之与"各扎萨克君国子民者不同"。② 其二,派人进入西藏,"问罪"达赖喇嘛与吴三桂相通之"罪",以此来稳住并制约达赖喇嘛,以达到对蒙古各部施加影响的目的。

到了康熙十八年,清廷在平定了三藩之乱后,才得以腾出手来解决蒙古各部的问题。当然,此期间蒙古各部未能反叛清廷还与蒙古内乱有关。首先是喀尔喀四部内,罗卜藏杀了旺舒克,而后是厄鲁特部内噶尔丹的异母兄杀了噶尔丹的亲兄弟僧格。各部落内部的斗争极大地消耗了蒙古的力量,此点为此时清廷最大的幸运。其次,就噶尔丹而言,他虽于康熙九年前后从西藏返回了厄鲁特,并于十一年向清廷上疏,要求按照其兄僧格之例,同清廷维持朝贡关系,③但此时他的实力还是相当有限的,当他的实力于康熙二十年前后壮大时,此时清廷的实力也从康熙前期的三藩之乱中恢复过来了。

---

① 包文汉整理:《清朝藩部要略稿本》,黑龙江教育出版社 1997 年,第 131 页。
② 魏源:《圣武记》,中华书局 1985 年,第 97 页。
③ 齐木德道尔吉、巴根那编:《清朝太祖太宗世祖朝实录蒙古史史料抄》,内蒙古大学出版社 2001 年,第 96 页。

康熙二十五年之前,清廷对漠北的喀尔喀、漠西的厄鲁特蒙古持一种"均衡"政策,即康熙帝既不想让噶尔丹为首的厄鲁特势力过于膨胀与强大,也不想让喀尔喀势力向外扩张。再加上清廷的实力还在恢复中,还没有发展到对漠北、漠西诸蒙古有效地施加直接控制的地步。因此清廷对厄鲁特与喀尔喀之间的纷争与战争多只持劝和而非直接干涉的态度。清廷认为,此阶段与其将有限的实力投入到厄鲁特与喀尔喀蒙古的内争之中,还不如从侧面对他们施加影响,以"劝和"的姿态介入其间,更为有效。至于清廷在当时是否有听任喀尔喀与厄鲁特互争、"坐收渔翁之利"的心理,则也不妨作为一种策略运用上的"权宜"。正是由于以上原因,所以在康熙二十五年之前,清廷对蒙古政策体现为以下特点:

第一,对外蒙的喀尔喀与厄鲁特部,康熙帝采取"中立"姿态,以"天下共主"的姿态对双方的冲突与矛盾加以劝解,并协同西藏的黄教势力劝和厄鲁特与喀尔喀。

第二,此时清廷对于已经归附的内蒙古各部则加强治理,使之同满洲、汉人相融合。这种融合表现为以下几个方面:首先,从忠孝的角度强调蒙古官员的"守制"。圣祖七年十月,清廷下令,"命内外八旗满洲蒙古、汉军武官,为其父母、祖父母以及继父母、继祖父母居丧三月。私居仍持服三年"。[①] 圣祖十二年,宗人府等衙门又议各旗满洲、蒙的父母、祖父母亡故后的"守制",要求凡王以下至奉恩将军及满洲、蒙古、汉军文武官以上,遇有父母丧事,不计闰,准守制二十七月。[②] 清廷将蒙古纳入到满洲、汉军之中共同遵守"孝制",这一行为本身就是对蒙古人的一种融合,让已经归顺的内蒙古各部在"华夏礼仪"的"伦理道德"中进一步"文明化",同时也进一步配合清廷的王化统治。其次,从忠、节的角度强调蒙古妇女的"节烈",以期达到融合蒙古并进一步巩固蒙古与满族政权的同盟关系。清廷早在康熙执政之前就开始从"节""烈"观方面,加强对已经归附的蒙古人的统治。康熙即位后,每年一次的旌表蒙古节妇、烈妇的表彰行为仍在进行,至康熙二十年蒙古所表彰的节、烈妇起码在四十人以上,[③]清廷通过对蒙古节妇、烈妇的表彰、建坊等方式,来达到融合蒙古各部的目的。再者,从教育的角度来推动满、蒙、汉文化的融

---

① 齐木德道尔吉、巴根那编:《清朝太祖太宗世祖朝实录蒙古史史料抄》,内蒙古大学出版社2001年,第59页。

② 齐木德道尔吉、巴根那编:《清朝太祖太宗世祖朝实录蒙古史史料抄》,内蒙古大学出版社2001年,第123页。

③ 其中康熙六年、康熙十四年,因实录中只记载了满洲、蒙古、汉军的总人数,而蒙古无具体的人数记载,因此这两年的没有包括在内,其有具体数字记载的为四十人。而且又因三藩之乱以及部分地区的叛乱也导致了某些年份记载的空缺,所以总人数要比四十人多。

合。早在康熙二年九月,清廷就恢复了八旗乡试,该年取中蒙古布颜等十七名。[1]
康熙六年又命令满洲、蒙古、汉军一律和汉人同场考试,其生童于乡试前一年八月
间考试。[2] 康熙八年七月,清廷定满洲、蒙古、汉军乡会试额数。顺天乡试,满洲、
蒙古共取中十名,会试共取中四名。[3] 康熙十一年,清廷又命选满洲、蒙古、汉军新
旧生员内,文行兼优者与汉生员一体入监肄业,以此来加强对蒙古人的教育。康熙
十二年十二月,清廷又让盛京的满洲、蒙古、汉军旗下子弟与民童一体应试。以上
代表性的措施表明清康熙朝对已归顺的蒙古各部实行较为积极的统治措施,从而
让他们早日融入中华文化圈之内,成为真正的"华夏人"。

第三,充分地利用内蒙古的力量来平定三藩之乱以及加强清廷的统一。康熙
十八年,清廷在平定三藩之乱后,谕理藩院时称:"蒙古兵随大兵征剿,虽未有奇功
显绩,然勤劳数年,宜加恩赉。今将至京师,其将领赐以鞍马,余众各给以羊,宜迎
至柏乡县。"[4]康熙帝虽称其"未有奇功显绩",但也不得不承认内蒙古各部"勤劳
数年",而实际情况却是蒙古人帮助了满洲政权平定了"三藩"。清廷于康熙十二
年十二月,刚一听到吴三桂于十一月间杀了云南巡抚朱国治造反后,马上就作出了
派八旗满洲、蒙古每佐领前锋各一名,护军各七名共计十名的决定。[5] 康熙十三
年,清廷又让科尔沁十旗以及敖汉、奈曼、克西克腾、归化城等旗共出兵万名,前往
岳州、荆州等地平叛。清廷正是利用蒙古与满洲兵为主力,辅以汉军,才最终击溃
了吴三桂为首的反清势力。

第四,加强对内外蒙古的怀柔与恩赏。在康熙二十年之前,清廷因忙于收复东
南的大片领土、平定三藩之乱和收复台湾,其主要精力不得不放在东南沿海一带,
对西北蒙古以及内蒙古各部只能采取安抚与怀柔政策。对内蒙古各部的安抚怀柔
与厚赐,其目的在于利用他们的力量来平定叛乱,统一东南;对西北各蒙古的怀柔,
其目的在于让他们暂时不发生重大的边部骚乱。

---

① 中国人民大学清史所编:《清史编年》,第二卷,康熙上,中国人民大学出版社1985年,第
23页。
② 中国人民大学清史所编:《清史编年》,第二卷,康熙上,中国人民大学出版社1985年,第82—
83页。
③ 齐木德道尔吉、巴根那编:《清朝太祖太宗世祖朝实录蒙古史史料抄》,内蒙古大学出版社
2001年,第68页。
④ 齐木德道尔吉、巴根那编:《清朝太祖太宗世祖朝实录蒙古史史料抄》,内蒙古大学出版社
2001年,第244页。
⑤ 齐木德道尔吉、巴根那编:《清朝太祖太宗世祖朝实录蒙古史史料抄》,内蒙古大学出版社
2001年,第128页。

最后,清廷还积极地发展内蒙古各部的生产。如康熙二十二年,清廷在谕科尔沁达尔汗亲王班第时就称:"人生以道理为重,人为情欲所牵,恣意妄为,以致丧身者,皆由不明道理故耳……尔等若遵法守分,有一二牲畜者,择水草善地畜牧;能耕田者,勤于耕种,则各得生理,天亦佑之。"①

到了康熙二十二年,康熙帝已经看出了外蒙古之间的矛盾和分歧以及外蒙古内部实力的巨大变化。如康熙二十二年七月,康熙帝就称:"今闻衮布喇卜坦娶喀尔喀土谢图汗之女为妻,两处互相犄角。噶尔丹博硕克图欲以兵向衮布喇卜坦、巴图尔济农,则恐喀尔喀土谢图汗蹑其后;欲以兵向喀尔喀,则恐衮布喇卜坦等蹑其后,盖断不能收取巴图尔济农者也!"②此时清廷因从三藩之乱中恢复过来,且收复了台湾,东南沿海一带已经基本平定,所以清廷已将其注意力转移到纷争不断且威胁日益严重的西北区域了。另外,清廷认识到准噶尔势力的强大可能对自己会形成潜在的威胁,且清廷此时已经洞察出厄鲁特内部的矛盾与分歧,以及喀尔喀与厄鲁特噶尔丹之间的冲突。所以清廷遂决定转变以前的角色,由以前的"劝和"者转变为"参与"者,并对西北外蒙各部间的冲突采取积极参与的政策。因此康熙二十二年,清廷就移文噶尔丹,要他尽快收服和罗理,如果他无力收服,清廷则收服之。然后清廷又因与噶尔丹在朝贡贸易上产生矛盾,从此对准噶尔人贸易作出了严格的限制。清廷要求准噶尔人此后每次贸易限于二百人,并要求有准噶尔的印文,才准许来到内地。而康熙二十三年,厄鲁特准噶尔的慜都台吉、额尔德尼和数齐因与噶尔丹不和,遂遣使到清廷请求进贡,并请求归顺清廷,清廷答应了他们的请求。康熙二十四年,清廷又正式收服了厄鲁特的和罗理以及罗卜藏衮布阿喇布坦,并让他们聚合一处,对他们实行"绝者复继,散者复聚"的政策,并赐牧阿拉善。③ 此等行动当然会引起噶尔丹的极大不满,因为收服顾实汗后人和罗理是他一向的用心,也是他实现其准噶尔汗国的重要组成部分。不仅如此,和罗理与喀尔喀土谢图汗部的相互联合,在噶尔丹看来则会对他构成巨大的威胁。因此,当清廷对噶尔丹实行严格的贸易限制并收服和罗理部落后,噶尔丹已急不可待地采取冒险的行动,抢先于清廷去征服喀尔喀部落。

而此时清廷正忙于与俄罗斯进行雅克萨战争,还没有能力来对付西北噶尔丹

---

① 章楗纂,褚家伟等校注:《康熙政要》,中共中央党校出版社1994年,第420页。

② 齐木德道尔吉、巴根那编:《清朝太祖太宗世祖朝实录蒙古史史料抄》,内蒙古大学出版社2001年,第330页。

③ 章楗纂,褚家伟等校注:《康熙政要》,中共中央党校出版社1994年,第422页。

部的扩张行为。因此,清廷遂决定用会盟的方式来解决双方的争议。康熙二十五年八月,在清廷的授意下,扎萨克图部与土谢图汗部进行了会盟,虽然清廷与达赖喇嘛都遣使参加会盟并对双方的矛盾进行调解,①但这只解决了表面问题(即喀尔喀内部土谢图汗部与扎萨克图汗部的矛盾和归还人口问题),而实质性的冲突(即厄鲁特噶尔丹对喀尔喀扩张问题)并没有得到解决。因此会盟刚一结束,噶尔丹就以会盟时土谢图汗部大喇嘛泽卜尊巴胡土克图与达赖喇嘛使者噶尔旦西勒图"抗礼"(这是对达赖喇嘛的不尊敬),以及土谢图汗杀其弟为口实②,决定对喀尔喀部发动进攻。康熙帝虽然于康熙二十五年再次传谕噶尔丹"息争修好",③但是噶尔丹并没有响应清廷的号召,而于康熙二十七年出兵往征喀尔喀。清廷一方面对噶尔丹加紧劝和,另一方面又阻止和罗理和罗卜藏阿拉布坦支援喀尔喀部的察辉多尔济的军队。结果是喀尔喀"三部数十万众瓦解,先后东奔",④归顺清廷。⑤当外喀尔喀部归附清廷后,噶尔丹遂上书清廷要求将土谢图汗和泽卜尊巴"或拒而不纳,或擒以付之".⑥康熙二十八年清廷回书噶尔丹时却明确地拒绝了这一要求。清廷表面上虽对土谢图汗行为加以谴责,但却一再向噶尔丹申明,自己收服喀尔喀部众是清廷抚育天下的任内职责。⑦

此时清廷已经同沙俄停止了雅克萨战争,双方开始议和,北面暂无后顾之忧;而喀尔喀的穷蹙来归,恰恰是清廷收复外喀尔喀蒙古的最好机会。所以此时清廷虽对喀尔喀此前的做法进行了道义上的谴责,以此来安慰噶尔丹,但是对噶尔丹的扩张要求却坚决地加以抵制。

康熙二十九年,噶尔丹在西藏第巴政权的支持下,向内地大举进攻,深入乌兰布通,京师上下震惊,米价高涨。清廷及时组织了一次对噶尔丹的反攻,其结果是

---

① 包文汉整理:《清朝藩部要略稿本》,黑龙江教育出版社 1997 年,第 46 页。
② 蒋良骐撰,林树惠、傅贵九校点:《东华录》,中华书局 1980 年,卷 43。
③ 章楷纂,褚家伟等校注:《康熙政要》,中共中央党校出版社 1994 年,第 423 页。
④ 王之春:《清朝柔远记》(赵春晨点校),中华书局 1989 年,第 39 页。
⑤ 包文汉整理:《清朝藩部要略稿本》,黑龙江教育出版社 1997 年,第 139 页。
⑥ 齐木德道尔吉、巴根那编:《清朝太祖太宗世祖朝实录蒙古史料抄》,内蒙古大学出版社 2001 年,第 443 页。
⑦ 如清廷回书噶尔丹就称:"喀尔喀土谢图汗,泽卜尊巴胡土克图等,自作弗靖,违旨兴戎。又先发兵杀扎萨克图汗及得克得黑尔根阿海,又杀弟多尔济扎卜,是自取灭亡耳。尔因彼先举,遂兴兵破喀尔喀,其过在喀尔喀,不在尔也!"但同时又强调:"朕矜其流离穷困,虽向非属国,而随属国之例,诚心贡职,且追念彼为元直苗裔,穷而来归,即以所属待之。朕统御天下,来归之人,若不收抚,谁抚之乎?"章楷纂,褚家伟等校注:《康熙政要》,中共中央党校出版社 1994 年,卷 43。

噶尔丹在清廷的这次反攻中,受到了致命的打击,逃回了漠西北。自此,噶尔丹势力日益削弱。

康熙二十九年清廷反攻噶尔丹军事行动的成功,虽没有达到彻底剿灭噶尔丹的最初目的,但却对此后的漠西北蒙古产生了重要的影响。自此不仅漠北的喀尔喀蒙古归顺清廷,西藏、青海各蒙古也纷纷先后归顺。而且准噶尔的噶尔丹势力也受到了巨大的削弱,从此再也没有能力深入内地。更为重要的是:这次对准噶尔的军事胜利,增加了清廷的威望和蒙古各部归顺清廷的动力;相反,噶尔丹势力却日益削弱。此后准噶尔内部斗争不断,策妄阿喇布坦趁机发展壮大,并最终取代了噶尔丹在伊犁的势力。

康熙三十五年,清廷对噶尔丹再次出征,并在昭莫多地方再次大败噶尔丹军队。此后噶尔丹众叛亲离,并于康熙三十六年病死于中俄边境。①

康熙二十七年,喀尔喀外蒙古各部的溃败来归,彻底改变了清廷在西北部的统治局面。自此清廷加强了对外喀尔喀蒙古的管理,并进一步巩固了清廷对蒙古各部的统治。

清康熙年间,尤其是外喀尔喀蒙古归顺后,清廷通过诸多途径对他们进行管理,其中加强司法与推行教养就是代表。当然清廷还通过传统的朝贡、年班、赏赐、册封、禁令、联姻等其他方式对他们加强管理。

康熙二十九年清廷击败噶尔丹后,清廷的蒙古政策有所调整,主要体现如下:

第一,继续扑灭噶尔丹的军事势力,在准噶尔内部扶持噶尔丹的异己势力策妄阿喇布坦。清廷此时对策妄阿喇布坦的扶持与其说是心甘情愿,不如说是对准噶尔内部进行众建而分其势的一种权宜。清廷虽于康熙二十九年击败了噶尔丹,但那是因为噶尔丹的军队深入了"内地"乌兰布通地方,远离了他的大本营伊犁而给清军提供了极大的便利与优势。而此时清廷对边远处伊犁仍然无力触及,因此当噶尔丹败窜后,清廷没有深入追剿。这一事实表明:清廷与噶尔丹都没有能力越过长距离的空间范围对对方施行彻底性的打击。由此可见,清廷无法跨越这一地理局限收复伊犁,故而只能采取扶持噶尔丹的仇敌策妄阿喇布坦来打击噶尔丹。正是在清廷与策妄阿喇布坦的双方配合下,清廷才有了昭莫多的军事胜利,才有了噶尔丹在众叛亲离中死于沙俄边境的事件发生。

---

① 乌云毕力格《康熙皇帝第二次亲征噶尔丹的满文文书及流传》考证的结果是"康熙帝尚未到达宁夏,噶尔丹在 4 月 4 日已病故",非实录所说的服毒而死。宝音德力根主编:《明清档案与蒙古史研究》,第一辑,内蒙古人民出版社 2000 年,第 69 页。

第二,对厄鲁特准噶尔蒙古保持警惕。清廷虽然将联系的对象转向策妄阿喇布坦,并且承认策妄阿喇布坦的"朝贡""贸易"的"合法性",但是清廷对准噶尔蒙古势力仍然持高度戒备。康熙三十六年后,清廷虽然与策妄阿喇布坦政权保持了近二十年的相对和好的状况,并且双方进行着朝贡贸易往来,但是日益壮大的"准噶尔汗国"越来越成为清廷的潜在威胁。因为准噶尔汗国于康熙后半期吞并了天山南路的大小诸回部,又于康熙五十六年派兵侵入西藏,这些行为都给清廷以巨大的震惊。就康熙末的清廷而言,康熙帝只是因为没有把握与稳重起见才没有发动对策妄阿喇布坦的战争。此时清廷的治理对象是离内地较近的蒙古地区,如青海、漠北地区以及回部的部分地区。清廷企图通过加强对这些地区的管理与控制,来达到削弱准噶尔势力并减轻边陲压力的目的。直到康熙五十六年准噶尔侵入西藏后,清廷才于康熙五十八年至五十九年间组织了军队,进行了驱准安藏活动。这一驱准安藏的意义在于将准噶尔势力永远地驱出了西藏,从此清廷对藏地的控制得到了进一步的加强,对黄教的管理也得到了加强。

第三,加强对黄教的控制,以达到有效地控制蒙古的目的。康熙帝本人虽对黄教并不爱好,认为"蒙古惑于喇嘛,磬其家资,此皆愚人偏信祸福之说,而不知其终无益也",进而要求"此风亟宜变易"。[1] 但这并不影响他对西藏及黄教的治理及关注。如 1709 年蒙古喀尔喀各部颁布的六法条例,开章就称:"向救苦难,集十万众佛于一身,优姿千端,散播教义种子于众生,口吐妙音,似佛般慈悲为怀之至圣达赖膜拜。"又称:"祝众生之冤——至圣喇嘛之生存坚似钻石,祝宗教传播。"[2]正是因为蒙古人"尤信喇嘛,惟其言是尊,遥见辄免冠叩首,喇嘛手摩其顶即喜悦欢舞",[3]所以康熙帝也不得不对黄教推行积极的扶植政策,以此来达到"兴黄教所以安蒙古"的目的。正因如此,康熙帝几乎自即位初年起就开始积极地利用黄教去影响众蒙古部落。三藩之乱时,吴三桂意欲与达赖喇嘛相通,康熙帝则专门派人进藏去存问达赖喇嘛,以便稳住黄教和蒙古,不至于发生动乱。三藩之乱后,清廷在处理喀尔喀与厄鲁特两蒙古的内部斗争时又积极地动用达赖喇嘛的影响来解决蒙古问题。清廷此时的做法既有策略层面的需要,更有现实的考虑。因为众蒙古人"惟信喇嘛",即信仰上的力量要比军事上的优势在许多情况下更具有影响力,所以当西藏的第巴政权与噶尔丹联手叛乱西北边陲时,以及噶尔丹政权覆灭、第巴隐

---

① 蒋良骐撰,林树惠、傅贵九校点:《东华录》,中华书局 1980 年,卷 10。
② [日]内田吟风等著:《北方民族史与蒙古史译文集》,云南人民出版社 2003 年,第 869 页。
③ 七十一著:《西域总志》,文海出版社 1966 年,第 68 页。

瞒五世达赖喇嘛去世事件暴露后,清廷都没有对西藏的黄教僧侣集团采取任何极端的做法,相反却是积极地说服西藏黄教势力配合清廷收服众蒙古。因此康熙后期清廷在对西藏达赖喇嘛册封一事上,采取了更为积极的参与与干涉做法。清廷先册封了第巴所立达赖喇嘛,后又将拉藏汗所选中的呼毕勒罕加以承认,并且对青海众蒙古所选中的呼毕勒罕也持不否认的姿态。

此时清廷更为主动的做法是积极干预。清廷探望了拉藏汗所立呼毕勒罕,并要求将青海众台吉所立呼毕勒罕送往内地,还派宫廷侍卫专门去"照顾"这些呼毕勒罕。与此同时,清廷抓紧时机积极地削弱众蒙古势力对西藏黄教的干涉。首先,清廷于康熙五十九年的驱准保藏就是将准噶尔蒙古势力驱出西藏,解除了对黄教产生最大影响的一支蒙古势力。从此准噶尔部进入西藏道路不再畅通,处处受到清廷的钳制。其次,清廷通过对七世达赖喇嘛的认可、册封与护送入藏,并在西藏内部设立众噶伦制度等措施,无形中又削弱了西藏内部的蒙古势力以及西藏周围的蒙古势力对达赖喇嘛为首的黄教的干扰。再次,清廷在喀尔喀部落中培养了另一支黄教势力——哲布尊丹巴呼图克图,让他成为喀尔喀部落的黄教领袖。清廷一方面利用西藏达赖喇嘛对众蒙古的影响力,另一方面又尽量避免喀尔喀蒙古再度卷入西藏的僧俗事务之中,即利用哲布尊丹巴呼图克图来切断喀尔喀蒙古与西藏黄教的联系。从此喀尔喀蒙古各部的黄教领袖是哲布尊丹巴呼图克图,其圣地为库伦。他同达赖喇嘛、班禅额尔德尼一样,享受着清廷同样的待遇,如遣使不列年班等。[1] 最后,对于内蒙古各地,清廷则在京师、归化城等地建立寺庙,培养大喇嘛,让他们对各地蒙古产生影响。如康熙三十年的多伦诺尔所建的汇宗寺,康熙三十七年所建的归化城小昭寺、席力图昭、大昭寺等,乌兰察布的广福寺等就是其中的重要代表。之所以这么做,昭梿在《啸亭杂录》中也解释得非常明白,他称:"国家宠幸黄僧,并非崇奉其教以祈福祥也。是以蒙古诸部敬信黄教已久,以障藩篱。"[2]清廷对黄教以及蒙古各部积极地施行"易其政不易其俗"的政策,正是出于历史现实的考虑。也正是西藏黄教具有如此的影响力,所以清廷才想方设法来瓦解或者分割黄教达赖喇嘛的势力,这是清廷对黄教实行众建而分其势的重要表现。

第四,对于青海、西藏等地方的厄鲁特蒙古,清廷此时的政策是积极地加以控制,并防止青海与西藏蒙古以及准噶尔的策妄阿喇布坦交通。清廷一方面对西藏

① 魏源:《圣武记》,中华书局1985年,第218页。
② 昭梿:《啸亭杂录》,卷10,中华书局1980年。

的拉藏汗进行防范,另一方面又积极扶持拉藏汗来抵制准噶尔对西藏可能存在的侵扰。这一既防范又支持的政策直到康熙五十五年准噶尔准备侵入西藏,以及其后拉藏汗被杀后才发生变化。因此可以这么说,康熙时期清廷对藏内的任何蒙古部落势力都存有防范心理,这一心理导致了清廷在藏内只设噶伦而不设藏王。对于青海蒙古各部,清廷在此阶段主要是策动他们防范准噶尔的侵扰,同时也防范青海蒙古与准噶尔相交通。因此清廷在册封达赖喇嘛与护送达赖喇嘛入藏过程中,积极地让青海蒙古势力加入这一活动,从而为驱准保藏提供帮助。

第五,到了康熙中、后期漠南的内蒙古各部已经同清廷结合得更为密切。清廷除了通过册封、赏赐、联姻等方式加强同内蒙古的联系外,还积极支持内蒙古人参加政权管理。理藩院的官员都是由满人与蒙古人充当的,清廷中央的其他各部也有众多的蒙古人参加。在经济上,清廷进一步帮助内蒙古人开发自己的农牧业,并且对蒙古的巴林①、喀尔喀、土伯特等进行教养与救济等。同时清廷进一步加大了对各蒙古盗窃案件的处理,加强对内蒙古的法治。如康熙三十七年,清廷就因为左都御史审理翁牛特贝勒等隐匿盗马犯一案所拟罪过轻而要求处罚该御史。康熙帝的指示是,"蒙古等应养者固当抚恤,应罪者亦必重罪",而要求将盗马犯人"正法"。② 康熙三十八年,理藩院又题,盗马犯图萨应拟正法时,康熙帝又一次指示:"图萨独先犯禁,绝不可恕。且此法非朕创之也,太宗文皇帝时,因蒙古等无房舍墙垣,法令若轻,则马难养,故尔定法以警匪类。嗣后有犯此者,杀无赦。"③清廷通过加强司法治理,发展蒙古游牧、农业经济以及教养蒙古等措施,来达到加强对内蒙古各部治理的目的。

总之,康熙朝清廷在继承清初治理蒙古政策的基础上进一步推进了对各地蒙古的治理政策,其中最值得借鉴的是清廷改变此前朝代以长城戍边的消极做法,而是以蒙古部落代替长城成为新的守边藩篱。如康熙帝就曾称:"本朝不设边墙,以蒙古部落为屏藩。"④而康熙帝在收服喀尔喀后又称:"昔秦始皇兴土石之工,修筑

---

① 齐木德道尔吉、巴根那编:《清朝太祖太宗世祖朝实录蒙古史史料抄》,内蒙古大学出版社2001年,第875页。

② 齐木德道尔吉、巴根那编:《清朝太祖太宗世祖朝实录蒙古史史料抄》,内蒙古大学出版社2001年,第865页。

③ 齐木德道尔吉、巴根那编:《清朝太祖太宗世祖朝实录蒙古史史料抄》,内蒙古大学出版社2001年,第872页。

④ 海忠等:《承德府志》,北京:全国图书馆文献缩微中心,2003年。

长城,我朝施恩于喀尔喀,使之防备朔方,较长城更为坚固。"①清廷的这一目标虽然相同,但对蒙古各部所用的措施却各不相同。对于内蒙古,清廷主要是通过进一步教化、发展农牧经济等措施来让漠南蒙古各部改善生活与生存环境,同时又通过其他传统的做法来加强同内蒙古各部的联系。清廷在内蒙古四十九旗的配合下进一步推进统一大业,同时也镇压国内的叛乱与农民起义。对于蒙古喀尔喀各部因遭厄鲁特噶尔丹的军事进攻而最终归顺清朝,清廷对他们施行了八旗建制,加强了政治与司法管理,并鼓励他们发展生产解决生计,从而使外蒙古各部也进一步融入清朝的统治秩序之中,清廷对他们的统治也得到了增强。此后外喀尔喀各部主动地承认了清廷的统治,服从清廷的统治秩序。如康熙六十一年,车臣汗部台吉就向清廷状诉扎萨克图汗朋素克"侵驼丁赏"和"勒买民妇",清廷特派散秩大臣巴咱尔查办,查实后以"夺俸年米,补赏驼丁,所卖妇归其夫"而结案。②该案表明清朝对蒙古各部司法审判权的加强,也表明了清廷对蒙古各部统治的加强。另外对于西藏、青海蒙古,清廷对他们则主要是施加怀柔政策。青海蒙古势力虽大,但他们离中央统治较近,因此清廷对它的影响也比较直接。西藏自拉藏汗被杀后,清廷在西藏内尽量限制蒙古各部势力介入,藏内旧有的顾实汗子孙的势力也受到了一定的制约。最后是准噶尔势力,它对清廷产生威胁最大。清廷虽然于康熙五十九年成功地实行了驱准保藏工作,但是康熙朝对于远在伊犁的准噶尔部势力仍不能实行积极的作为,所以清廷完成伊犁的统一任务只能交给康熙后的政权来完成。

2. 雍正朝清廷与蒙古各部关系

清廷虽然于康熙朝收复了外喀尔喀蒙古各部,瓦解了噶尔丹政权,暂时抵制了准噶尔的大蒙古汗国计划,也在西藏进行了驱准保藏工作,但是清廷对蒙古事务的处理仍然有两大棘手之处。其一是准噶尔部在策妄阿喇布坦的领导下日益强大,乃至于强人到与清廷实力不相上下的地步,并导致康熙末年、雍正初年的清廷对准噶尔部只能采取怀柔,双方进行了多次议和尝试。其二是青海的蒙古各部。因其"原属卫拉特之一部,每为伊犁准噶尔汗国之手足",③此时势力也日益强大,他们积极地参与西藏的黄教事务,在册封与护送达赖喇嘛一事中,很鲜明地展现了它们的姿态。并且青海扼清廷与伊犁、内地与西藏的交通要道,具有极重要的战略地

---

① 《清圣祖实录》,康熙三十年四月至五月壬辰条,卷151,中华书局1985年,第677页。
② 包文汉整理:《清朝藩部要略稿本》,黑龙江教育出版社1997年,第69页。
③ [日]稻叶君山著,但焘译:《清朝全史》,中华书局1985年,第117页。

位。而康熙末年清廷为了能顺利地进行驱准安藏而大力扶持青海蒙古势力,并鼓励它们进藏,如此作为在一定程度上又进一步刺激了青海蒙古领袖的野心,①以至于青海蒙古王公罗卜藏丹津自藏归来后遂"翼总长诸部,不从者加兵"。② 这样一来,青海蒙古对清廷的威胁也开始凸现出来。

但是就雍正朝而言,其对蒙古政策前期的着眼点却在于联合归顺的各蒙古部落共同平定青海的罗卜藏丹津的叛乱,并且力图治理叛乱后的青海各部和西藏的众噶伦内乱。因此雍正前期清廷对蒙古的总政策主要体现为以下几个方面:首先,清廷对构成潜在威胁的准噶尔策妄阿喇布坦蒙古部落仍采取议和措施,并施以怀柔政策;其次,对青海蒙古各部以及西藏内乱则采取坚决的平叛与乱后的积极治理政策;再者,对于内蒙古和已经归顺的由外蒙古喀尔喀部则采取积极的扶植政策,以利用这些归顺的外蒙古力量来为平定青海蒙古的叛乱以及防范准噶尔的威胁服务。

康熙六十一年至雍正元年,青海的罗卜藏丹津的叛乱已经如箭在弦了。罗卜藏丹津在驱逐异己力量,将亲王察汉丹津逐出内奔河州后,诱导青海的塔尔寺住持察罕诺们汗支持自己发动叛乱。该大喇嘛是西藏的分支,"为黄教之宗,番夷信向"。在他的支持下,"远近风靡,游牧番子喇嘛等二十余万同时骚动,犯西宁,掠牛羊,抗官兵"。③ 当清廷于雍正元年四月间派常寿驰赴青海"宣谕罗卜藏丹津"时,罗卜藏丹津已经发动叛乱了。于是已经归顺清廷的准噶尔投诚人"厄鲁特罗卜藏锡喇布,乌梁海人……至是携众叛逃"。④ 清廷此时遭受着巨大的威胁,青海的叛乱最有可能引发西藏与准噶尔的骚动。如果准噶尔与青海联手发动叛乱,则清廷的西北边陲将出现严重的危机。所以青海叛乱刚一爆发,清廷马上派川陕总督年羹尧为抚远大将军,四川提督岳钟琪为奋威将军出师讨伐罗卜藏丹津之叛。年羹尧等在事先防其内犯的前提下,决定扼其入藏,并防范它与准噶尔相通,断了青海入藏与通准噶尔之道路,然后对罗卜藏丹津发动进攻。其战争的结果是许多协同罗卜藏丹津叛乱的青海贝勒、贝子、公等纷纷归顺了清廷。清廷于雍正二年对负隅于柴达木的罗卜藏丹津发动又一次进攻,结果是罗卜藏丹津再一次败逃,逃归

---

① 有学者称:"青海的问题,本应在康熙时期全面解决,但没有做到,实则主观上还缺乏足够的认识,以至圣祖刚出世便发生变乱。"见李治亭:《清康乾盛世》,河南人民出版社1998年,第427页。

② 王之春撰,赵春晨点校:《清朝柔远记》,中华书局1989年,第57页。

③ 魏源:《圣武记》,中华书局1985年,第139—140页。

④ 包文汉整理:《清朝藩部要略稿本》,黑龙江教育出版社1997年,第69页。

了准噶尔部。①

清廷较快地平定了罗卜藏丹津的叛乱对清廷稳定各蒙古部落非常重要。罗卜藏丹津的失败使各蒙古部落认识到,任何叛乱清廷的行为既得不到真正的实惠,还将冒遭受严厉惩罚的风险。总之,清廷通过恩威并重的方式,使得蒙古各部紧密地团结在自己的周围。

罗卜藏丹津之乱平定后,清廷对青海蒙古的善后事务进行了处理,并制订了善后章程,以加强对青海蒙古的管理。年羹尧首先向清廷上了"善后事宜十三条",其重点有以下几点:1. 青海王、台吉等应论功罪,定赏罚;2. 游牧地令各分界,如内扎萨克例,百户置佐领一,不及百户者为半佐领,以扎萨克领之,设协理台吉及协领,副协领,参领各一,每参领设佐领骁骑校各一;3. 虽会盟,令奏告盟长,勿私推;4. 喀尔喀居青海者,勿复隶和硕特旗,令别设扎萨克。土尔扈特及准噶尔辉特如之;5. 西宁番部众,应从蒙古部内分离出来,另设土司千百户加以管理;6. 对各喇嘛寺庙加以管理,要求"喇嘛选老成者三百给印照,嗣后岁察二次,庙舍不得过二百,喇嘛多者三百,少者十余",并要求"不得私聚议事";7. 发直隶、山西、山东、河南、陕西五省遣犯,开发青海西宁土地。② 同时年羹尧还向清廷上奏了"禁约青海十二事",其中重要的要点有:1. 不准自称盟长;2. 喀尔喀、辉特图尔吉特部落不许青海占为属下;3. 编设佐领,不可抗违;4. 内外贸易,定地限时;5. 恪守分地,不许强占;6. 父没不许娶继母及强娶兄弟之妇。③ 清廷通过"善后事宜十三条"对青海各蒙古进行了行政上的编制,又通过众建的方式,削弱了青海蒙古的实力。同时清廷对喇嘛的规定,又钳制了青海蒙古各部与黄教的联系。而"禁约青海十二事"则从政治、经济、军事、文化、风俗等方面对青海蒙古加强管理,其统治的程度可谓更深一层。因为它所涉及的不仅仅是政治层面的削弱与限制,同时也是经济层面、风俗习惯上的改良与改造,以此来打破青海蒙古旧有的社会秩序,将其纳入到清廷统治的总秩序之中,让它同内蒙古,外喀尔喀一样,在更广泛更深入的层面上服从清廷的统治。

清廷除了采取以上措施外,还改西宁卫为府,设置青海办事大臣。因此清廷平定青海罗卜藏丹津之乱,可谓意义重大。如稻叶君山就称:"清廷分青海为二十九

---

① 王之春撰,赵春晨点校:《清朝柔远记》,中华书局 1989 年,第 57—58 页。

② 《清世宗实录》,中华书局 1985 年,雍正二年五月戊辰条,卷 20,第 330—334 页。

③ 《清世宗实录》,中华书局 1985 年,雍正二年五月戊辰条,卷 20,第 335—336 页。

区,其喀尔喀,土尔扈特,辉特部各自独立,不属青海……于是准噶尔乃不窥青海,支那本部与西藏之交通又得以复活。"①

清廷平定罗卜藏丹津之乱后,青海蒙古与清廷的联系更加密切,清廷全方位对青海各部加以统治,扶持其生产,解决其生计。如雍正三年,清廷就因年羹尧"抚众不善"而对他加以"饬责"。雍正帝称:"朕闻郡王额尔德尼……部众,穷困流离,资生窘乏;亲王察罕丹津所属,虽稍能存活,亦属贫穷。尔身为抚远大将军,理应酌量事势缓急,人口多寡,尽心筹划分理,乃仅发银万两为赈济用……岂万金所能给耶。"②清廷此时对青海蒙古政策不再是单纯的防范政策了,而是对其施行有效的统治时如何发展生产,养活其人民。

雍正三年后,清廷又处理了西藏内部众噶伦之乱,并在西藏内乱平定后制订了善后藏地章程。该章程的制订同样又是清廷对蒙古事务实行的进一步整顿。西藏乱后,清廷在藏内推行以颇罗鼐为首的噶伦制度,封颇罗鼐为贝子,并确立了以他为核心的新的统治秩序。同时清廷也进一步限制了藏内的蒙古势力对西藏僧俗事务的干涉。

雍正五年以后,清廷又将自己的政策核心转移到准噶尔蒙古。此时清廷已经平定了青海蒙古各部之乱、西藏内乱,壮大了颇罗鼐在藏地的军事势力,又将达赖喇嘛由藏内迁移到里塘惠远寺,并且作好了同准噶尔蒙古进行较量的准备。此后,清廷与准噶尔的噶尔丹策零进行了一系列的战争。在战争第一阶段,由于孤军深入西北边陲,粮饷接济受空间距离制约,陷入被动,而且战场上失利不少。如雍正九年,傅尔丹与准噶尔交战,被准噶尔大败于和通泊,此北路军四万人几乎全军覆灭。③ 直到雍正九年十一月,清廷才扭转了这一军事上被动的局面。该年十一月,喀尔喀亲王丹津多尔济和郡王额驸策凌在乌克阿尔达湖地方初创准噶尔蒙古后,大小策凌敦多卜才率军退走。④ 策凌额驸因此得到清廷赏银万两并晋升亲王待遇。雍正十年九月,喀尔喀的策凌额驸又再败准噶尔兵于额尔德尼昭,准噶尔兵被"斩杀万余","尸遍山谷,河流尽赤"。⑤ 此举给噶尔丹策零以沉重的打击,从此准噶尔对清廷和喀尔喀的进攻才算被压住了势头,策凌也因此得到了清廷"超勇"的

---

① [日]稻叶君山著,但焘译:《清朝全史》,上四,中华书局1985年,第70页。

② 包文汉整理:《清朝藩部要略稿本》,黑龙江教育出版社1997年,第179页。

③ 国立故宫博物院故宫文献编辑委员会编:《宫中档雍正朝奏折》,第一八辑,国立故宫博物院,1978—1980年。

④ 中国人民大学清史所编:《清史编年》,第四卷,中国人民大学出版社1985年,第503页。

⑤ 魏源:《圣武记》,卷三,中华书局1985年。

封号。从此清廷基本上就依靠喀尔喀策凌的力量对付准噶尔的入侵行为,清廷同准噶尔部之间又处于一种均衡的状况。有鉴于此,准噶尔的噶尔丹策零于雍正十二年间派人来到清廷,向清廷吐露愿意议和意向。① 而到了该年六月,清廷也传谕策凌额驸等到京,商量与准噶尔议和之事。这样,清廷同准噶尔部之间又恢复了雍正初年双方处于均衡的局面。

康熙晚期至雍正一朝,清廷同准噶尔部之间始终处于一种"均势"局面,准噶尔很难对清廷取得决定性的胜利,清廷也很难收服此时的准噶尔部落。清廷同准噶尔部虽各有尝试,试图打破这一均势,然而最终都未能成功。正是基于这一现实,清廷在雍正朝后期的蒙古政策是:一方面恢复与准噶尔的议和,另一方面又积极地扶持喀尔喀外蒙古势力以抵制准噶尔可能再次发动的侵扰行为。如雍正十年十一月,清廷就特意将喀尔喀策凌额驸大败准噶尔事传谕给青海蒙古王、贝勒等,以增强清廷在蒙古各部中的威望与信心,而这一行为也同时刺激了蒙古各部积极地仿效喀尔喀的策凌额驸,帮助清廷抵制准噶尔。清廷大大嘉奖策凌额驸,以其牧场马群曾被准噶尔兵骚扰为由,命于官马中赏给他马三千匹,牛一千头,羊五千只。因清廷对喀尔喀部采取恩威并重的方式,所以清廷将此次作战不力的喀尔喀亲王丹津多尔济降为郡王,并削去"巴图鲁"称号,撤回黄带子。② 清雍正朝除了以上利用喀尔喀部抵制准噶尔蒙古的作法外,还在安置、抚养内蒙古等蒙古各部方面作出了自己的努力,主要体现在以下方面:

第一,进一步推行蒙古教育。雍正元年十二月,清廷命令设立蒙古官学。每旗设助教一员,每佐领选一人入学,准其考笔帖式补用。雍正九年六月,清廷又定八旗蒙古考取翻译、秀才、举人、进士例,要求"八旗蒙古旗份内,能作蒙古文翻译者,照考试满文翻译例,三年内考取生员二次,举人、进士各一次"。到了雍正十年,壬子科翻译考试时,清廷取中蒙古翻译举人二名。③ 雍正朝之所以秉承康熙朝的做法——对蒙古各部推行考试教育,其目的一方面当然在于提高蒙古人的文化素质,以满足蒙古人进入清政权居官之需要;另一方面也在于通过对蒙古人推行教育,给以考试举人、进士的机会,用这种怀柔与恩赐方式去获得蒙古人对清廷的好感,即从恩威并重的方面来感化蒙古人。

第二,经济上厚赐蒙古,并对他们施行积极的扶助政策。如雍正元年七月,因

① 中国人民大学清史所编:《清史编年》,第四卷,中国人民大学出版社1985年,第597页。
② 中国人民大学清史所编:《清史编年》,第四卷,中国人民大学出版社1985年,第580页。
③ 《皇朝政典类纂》,卷201,文海出版社1969年。

内蒙古各部"岁歉乏食",清廷特从户部拨出银三万两,米二万石赈济科尔沁等蒙古贫民。随后清廷又以银五万两赈济喀喇沁部、翁牛特部,又以二万两银赈济扎鲁特部。① 雍正十一年八月,清廷又因科尔沁部有"缺粮无牲畜贫民六千六百",特拨米五千石赈济,同时还酌给银两,"以资养赡"。② 雍正十二年,因蒙古吴喇忒部"去冬大雪,人畜伤损",清廷又特"遣官赈济",查出灾民共一万五千三百八十口。清廷对他们赈济长达六个月,散米七千二百余石。这种经济上的扶持除了救济这一方面外,还通过加俸等方式表现出来。如雍正七年,清廷增加蒙古王公俸禄,对蒙古王公以下、扎萨克一等台吉以上的,都增加一倍俸禄。而对于普通的以前没有俸禄的一等台吉也赏给百金之食俸。③ 雍正十年,清廷又给予蒙古乾清门行走的一等台吉岁给俸银一百两,二等八十两,三等六十两,四等四十两的待遇。

第三,消除汉夷差别。雍正前的清廷历代统治者,一方面忌于自己出身为"夷"的忌讳,另一方面也出于加强各民族尤其是少数民族融合的目的,竭力禁止官员称已经归顺的各少数民族为夷,其中对蒙古各部尤为明显。雍正前的清朝皇帝曾多次降下谕旨,禁止官员奏折中称已经归顺的蒙古各部为夷。到了雍正朝,雍正帝也同样作出这方面的努力,他反对官员在自己的奏折中称蒙古为夷。但是到了雍正十一年,他对如何看待夷汉之别有了自己的新认识。他认为:"中外者,地所划之境也;上下者,天所定之分也。"而"夫满汉各色,犹各省之名有籍贯,并非中外之别也"。因而他认为与其有意地避讳删改著书上的称谓,倒不如照样地加以称呼,这样才不会显示出"夷汉""中外"之别。

清廷对已经归附的蒙古各部加以政治上、经济上、文化上的优赉,其目的当然在于安抚蒙古各部。因为雍正年间清廷还需要各蒙古来配合自己去抵制准噶尔部的侵扰,同时它也需要利用蒙古的战斗力来维护国内的安定。

第四,利用黄教,以安蒙古。雍正朝不仅继承了清初历代统治者利用黄教以安蒙古的政策,而且雍正帝本人还积极地介身于佛道之中。史家冯尔康在评价雍正帝时曾称:他"身为天子,是俗民的最高统治者"。"又自称深明'性宗之旨',能提契高僧,是佛家宗旨的权威解释人,成了精神教主;他对佛教内部事务的干涉,类似僧王……身兼俗王与僧王,使他的统治成为政治和神权的高度结合物"。④ 史原朋

---

① 中国人民大学清史所编:《清史编年》,第四卷,中国人民大学出版社 1985 年,第 24 页。
② 中国人民大学清史所编:《清史编年》,第四卷,中国人民大学出版社 1985 年,第 577 页。
③ 托津纂:《大清会典事例》,卷 748,文海出版社 1990 年,第 759—760 页。
④ 中仁主编:《雍正御批》,中国华侨出版社 1999 年,第 815 页。

也称:他"更有融法王兼人王之尊于一身的特胜风采"。① 雍正帝不仅自幼好佛,执政后还自号圆明居士,曾亲自开堂讲经传法,并于雍正十一年,亲自刊行禅宗语录集——《御制语录》。通过这些途径,雍正帝不仅广泛地与各佛派人士往来,而且加强了清廷对各佛教,特别是黄教的影响,为清廷通过黄教来统治蒙古提供了极大的便利。不仅如此,对于雍正帝本人而言,无论他是自认为"野僧",还是被后人认为是"法王",他都可以通过对佛教的自我阐释来达到对广大黄教信徒施加积极影响的目的。因此雍正一朝清廷在黄教的利用与改造上取得了巨大的成就,同时在通过黄教驾驭蒙古方面也取得了不错的成就。

第五,加紧治蒙,不避威猛。清雍正帝向来以严谨治国为其风格,因此在治理已经归顺的蒙古各部时,不仅对他们施以怀柔与恩赏,更为重要的是对他们施以威猛。如雍正六年,清廷因车臣汗车布登班珠尔"暗弱"而削爵。② 而雍正一朝内蒙古因罪而被削罢的王公有四人,因调兵不堪用而降级的王公有三人,因病罢的有一人。而外蒙古各部中因罪削罢的有九人,病罢的有八人,老罢的有九人,降级的有二人,因不称职、溺职、旷职、酗酒而削罢的有五人。雍正朝外蒙古被罢总人数为三十三人,而康熙朝总人数仅为二人。与康熙朝相比,雍正朝其统治核心明显地由内蒙古各部转向外蒙古各部了,因此雍正帝对外蒙古的统治,特别是在威猛上也日益加强了。具体情况可参阅表3:

表3　康熙、雍正两朝对内、外蒙古各部王公的削罢比较表

削罢类别	内蒙古(人数)		外蒙古(人数)	
	康熙朝	雍正朝	康熙朝	雍正朝
因罪削罢	8	4	0	9
病罢	1	1	1	8
老罢	0	0	0	9
降级	0	3	1	2
旷职削罢	1	0	0	5
总计	10	8	2	33

注:表中数据根据《清朝藩部要略稿本》统计而成

简言之,雍正朝前期的蒙古政策核心为安抚准噶尔与平定青海蒙古各部的叛

---

① 雍正著,史原朋主编:《御选语录》,上,中国社会科学出版社2004年,第1页。
② 包文汉整理:《清朝藩部要略稿本》,黑龙江教育出版社1997年,第73页。

乱,后期的战略重点则变为积极地扶持喀尔喀等蒙古各部打败准噶尔的军事进攻。由于雍正朝清廷与准噶尔部均处于势均力敌之势,因此双方都很难取得决定性的胜利,几度冲突后,双方又不得不议和。正是由于清廷与准噶尔处于势均力敌的均势状况,所以清廷此时只能加紧对已经归顺的各蒙古的统治与治理,尤其是对外喀尔喀蒙古的管理,并期望通过恩威并重的方式,让他们更加紧密地团结在清廷的周围,成为清廷抵制准噶尔的重要依托。

3. 乾隆朝清廷与各蒙古关系

(1)乾隆前期清廷与蒙古各部关系概况

乾隆即位之初,继承了雍正帝的做法,一方面主动地缓和同准噶尔的关系,另一方面又积极地扶持、依靠喀尔喀等已归顺的蒙古力量,利用他们来对付准噶尔。在扶持培养喀尔喀蒙古方面,乾隆帝比雍正帝做得更具体更细致。他刚一即位就积极地同喀尔喀王公建立良好关系,并手谕策凌额驸称:"皇考曾谕朕,所有军务,惟尔是赖……额驸在军营,则皇考在天之灵亦慰,俟准噶尔平定后,再叩谒梓宫不迟。"借雍正帝逝世之机,乾隆帝再度向外喀尔喀的策凌额驸重申了扑灭准噶尔的重要任务,并以刘备临终托孤诸葛亮的方式,表明了自己对策凌额驸的"依赖"。不仅如此,乾隆帝还要求策凌额驸,"此时如有要事,可密折奏闻。军情如何,蒙古军心如何,事定后何处可设驻防何处可安哨兵,熟思之"。① 由此可见乾隆帝对喀尔喀王公所寄托的希望之重。

乾隆初年,清廷积极地与准噶尔议和。清廷与准噶尔蒙古的危机也随着双方议和的成功而暂时消退了。同时清廷还通过允许准噶尔人赴藏熬茶、到京朝贡贸易以及肃州贸易等方式加以怀柔。

清廷又通过对喀尔喀部尤其是策凌额驸积极施加赏赐等措施去怀柔蒙古各部。如雍正十三年八月,清廷总理事务王大臣等就奏议,因官驼"皆系蒙古手内损伤",喀尔喀部应赔官驼八千六百余只。但不久后总理事务王大臣等在清廷的授意下却以怀柔的方式,对喀尔喀部所"核准倒毙之数,请免追赔"。不仅如此,清廷还将从前从郡王丹津多尔济处调取驼马五千八百余只"照官价加以折银,令锡保赔还"。清廷并没有因外喀尔喀蒙古应赔官驼而扣给丹津多尔济处驼马应付之费用,而扎萨克图汗本应赔偿的驼只三千三百余只,和阵亡驼只二千三百余只,清廷

---

① 《清高宗实录》,卷1,雍正十三年九月上条,中华书局1985年。

也以"该部落生计艰窘"加以豁免。① 另外,清廷乾隆帝还一再加大对喀尔喀王公的赏赐。如雍正十三年九月,乾隆帝就谕总理事务王大臣,以"额驸策凌,系国家效力出众之人"而决定加大对他的恩赏,决定"照内地亲王之例,赏缎四十二匹"。同时乾隆帝对喀尔喀部的另一副将军郡王丹津多尔济也照内地郡王之例,加以赏赐。② 乾隆三年,清廷又赏赐额驸策凌银一万两。四年七月,当策凌回赴军营时,乾隆帝又赏给他银一万两。③ 乾隆六年,清廷再次赏赐策凌额驸银三千两,同时赏给其子即喀尔喀世子成衮扎布银二千两;乘此机会清廷还对其他的蒙古各部王公进行赏赐,赏赐科尔沁亲王银二千两,科尔沁郡王额驸、喀喇沁贝勒、喀尔喀贝勒各赏银一千五百两。④ 清廷之所以频频地赏赐以策凌为首的各蒙古王公,其目的仍在恩赉,即通过恩赉的途径来让他们效忠清廷。因为清朝此时虽与准噶尔蒙古议和,且准噶尔也日益显示出恭顺的倾向,但清廷收复伊犁的任务仍未完成。

此后清廷一直与准噶尔保持和好状况,清廷同准噶尔之间无多大冲突。准噶尔势力自噶尔丹策零死后日益败落,清廷在内部继续推行它的对蒙古各部的恩赉政策。这主要体现如下:

第一,奖赏的继续进行。乾隆八年正月,清廷又一次对各蒙古王公进行颁赏。此次赏内、外蒙古各额驸亲王银三千两,诸额驸贝子银各两千两,世子成衮银一千两。⑤ 乾隆十三年正月,清廷又赏额驸策凌银三千两,车臣汗银八百两。⑥ 乾隆十五年策凌死时,清廷又赏给治丧银一万两,并以"王之功,宜得配享太庙",特将他"配享太庙",其目的当然是"且令众蒙古知朕崇奖贤劳,中外一体,俾共知感戴"。⑦

第二,加强对蒙古各部经济上的扶持与救济。清初政权自蒙古部落归顺以来,就以天子的名义对各蒙古部落施以救济,其表达方式主要体现为清廷君主对蒙古各部的恩赉,促使各蒙古对清廷的效忠,最终形成一种君主与臣民之间的"恩赉——回报"机制。除了上文的格外恩赏外,清廷还对各蒙古制订了一套较为固定的恩赉机制,其中对各蒙古部落实行救济就是一种。如自康熙二十年至六十一

---

① 《清高宗实录》,卷1,雍正十三年八月癸巳条,中华书局1985年。
② 《清高宗实录》,卷1,雍正十三年九月壬寅条,中华书局1985年。
③ 《清高宗实录》,卷87,乾隆四年二月戊戌条,中华书局1985年。
④ 《清高宗实录》,卷135,乾隆六年二月辛丑条,中华书局1985年。
⑤ 《清高宗实录》,卷183,乾隆八年正月壬申条,中华书局1985年。
⑥ 《清高宗实录》,卷307,乾隆十三年正月乙巳条,中华书局1985年。
⑦ 《清高宗实录》,卷359,乾隆十五年二月己丑条,中华书局1985年。

年,清廷赈济蒙古各部等达四十余次。雍正元年至十三年,清廷赈济内扎萨克也达十五次,赈济喀尔喀蒙古三次。乾隆元年至六年,清廷赈济内外扎萨克蒙古达十四次。① 其中乾隆元年清廷赈济巴林多罗郡王桑里达四旗,花费白银就达一万两。② 清廷正是通过这些赈济活动去体现自己的天子"养育"万民身份,同时也体现出清廷对蒙古各部的特殊恩赉,达到蒙古各部对清廷自愿恭顺和效忠的目的。

乾隆十三年后,准噶尔的内乱不断。准噶尔部台吉策妄多尔济那木札勒昏暴,不理政事,其姊乌阑巴雅尔代管诸务,不料又为策妄多尔济那木札勒所疑,被送往回地羁禁。③ 乾隆十五年,准噶尔台吉策妄多尔济那木札勒被部下所弑,新台吉喇嘛达尔扎又与准噶尔部另一头目达瓦齐产生冲突。到了乾隆十八年,准噶尔部内乱进一步扩大,达瓦齐在同阿睦尔撒纳、喇嘛达尔扎的战争中获胜,成为准噶尔部台吉;而阿睦尔撒纳等人又联手对付达瓦齐,于是准噶尔部实力就在不断的内战中日益削弱。到了乾隆十九年,鉴于准噶尔的势力进一步衰弱,清廷意识到收复伊犁以及准噶尔蒙古的时机来临,遂于乾隆二十年,配合阿睦尔撒纳等的蒙古军队对准噶尔的达瓦齐发动了进攻。在阿睦尔撒纳等准噶尔渠帅的指引下,清军兵不刃血地击败了达瓦齐的军队,得以进入伊犁。随后阿睦尔撒纳又依靠准噶尔的蒙古军队叛乱清廷,清廷再次派兵深入伊犁,最终消灭了伊犁的准噶尔"汗国"。

随后,乾隆三十五年,远在俄罗斯伏尔加河流域的土尔扈特部蒙古在其首领渥巴锡的领导下,率领三万三千户十六万九千余人开始离开伏尔加河,返回中国。④ 这样,清廷在收复伊犁后所有的蒙古部落都归顺了清朝,自此清廷才算真正地统一了内、外蒙古,实现了国家的统一。而伊犁的准噶尔"汗国"的灭亡,则为清廷消除了来自蒙古部落的最大威胁。自此,再也没有蒙古部落可以与清廷相抗衡,清廷对蒙古的统治也得到进一步加深与强化。而后,远在俄罗斯的土尔扈特部众的来归,更使乾隆帝欣喜不已。他之所以称自己为"十全老人",与其统治时期国家的空前统一密切相关。但乾隆帝却更多地将这一成功归结为自己的"帝王之术"。如他称:"始逆命而终来服,谓之归降;弗加征而自臣属,谓之归顺。若今之土尔扈特携全部,舍异域,投诚向化,跋涉万里而来,是归顺非归降也。"⑤乾隆帝正是通过分析

---

① 《清高宗实录》,卷147,乾隆六年七月丙戌条,中华书局1985年。
② 《清高宗实录》,卷32,乾隆元年十二月辛酉条,中华书局1985年。
③ 《清高宗实录》,卷355,乾隆十五年九月壬戌条,中华书局1985年。
④ 马大正等:《漂泊异域的民族——17至18世纪的土尔扈特蒙古》,中国社会科学出版社1991年,第69—181页。
⑤ 包文汉整理:《清朝藩部要略稿本》,黑龙江教育出版社1997年,第226页。

"归降"与"归顺"的区别来论证自己的"德化"的成功,即真正地实现了封建帝王所渴望的"威天下不以兵革之利",从而达到"四夷载道"的目的。

收复伊犁后,清廷真正地实现了清朝的统一,此后清廷遂将自己统治的核心放在国内的藩部而非国外的属国上,并较为务实地认识到清朝实际的统治范围。如乾隆帝在收复西域后就曾称:"西域既定,兴屯种于伊犁,薄赋税于回部。若哈萨克、若布鲁特,俾为外国而羁縻之;若安集延、若巴达克山益称远徼而概置之。知足不辱,知止不殆,朕意亦如是而已矣。岂其尽天所覆,至于海隅,必欲悉至悉臣,为我仆属哉?"①即清廷的天下一统观到了乾隆朝中期已经有了自己的实际范围,这一范围就是清廷自身的国内领土再加上清廷的属国。这一领域就是清廷天下一统观的实际统治范围,而对于其他的各国却不在清廷统治的实际视阈之内,清廷也不苛求他们对自己统治加以认可,也不苛求对他们施加积极的影响与有效的统治。

(2)乾隆中后期清廷的蒙古政策

自乾隆中后期起,清廷对蒙古各部政策主要体现为以下诸点:

第一,从政治、经济上加强对蒙古各部的统治。乾隆二十二年以后,中国国内的蒙古各部先后归顺,清廷完成了自己的统一大业。在此等情况下,清廷加强了对各蒙古的政治统治,其统治的特点主要体现为以下几点:首先,进一步采取众建的分旗建制方式以分各蒙古之势力。到了乾隆中后期,社会安定、经济发达,康乾盛世顶峰局面的来临,国内人口的大发展也引发了蒙古各旗内人口的增长。而各旗人口的增长不仅给各旗的管理带来不便,而且也与清廷传统的"众建"分旗建制以分其势的治理蒙古策略相违背。因此在此种情况下,清廷有必要对蒙古各部进一步实行众建。基于此等考虑,清廷遂将以前的蒙古四十九旗进一步增加到八十六旗。② 同时又对来归的土尔扈特部也加以众建,以分其势。如乾隆三十六年,清廷就不顾渥巴锡的不满,将来归的土尔扈特部分设四盟长,并将渥巴锡、策伯克多尔济、巴木巴尔、舍楞、默门图、恭格等人分别远隔,指地而居。随后,清廷又将这六人放为盟长,③以此来分土尔扈特之势。不仅如此,清廷又在土尔扈特部左、右两翼各设一副将军,以便加以管理。这一分旗建制的做法使得蒙古各盟各旗的权力进一步受到限制,这样更有利于清廷的集中管理。其次,采取恩威并重的治理策略对

---

① 包文汉整理:《清朝藩部要略稿本》,黑龙江教育出版社 1997 年,第 226 页。

② 张穆撰:《蒙古游牧记》,商务印书馆 1938 年,第 285 页。

③ 中国社会科学院民族研究所民族史研究室,中国第一历史档案馆满文部译编:《满文土尔扈特档案译编》,民族出版社 1988 年,第 173—176 页。

各蒙古各部加以统治。清廷对蒙古各部的恩赉主要体现为联姻、册封、经济上的厚赐,和生活上的扶持等方面。如清廷规定,外扎萨克给俸汗为二千五百两,缎四十匹;亲王为二千两,缎二十五匹;世子为一千五百两,缎二十匹……①内扎萨克则为固伦公主一千两,缎三十匹;和硕公主俸银二百两(后改为四百两)。② 此后清廷年年都按照此数目给俸。不仅如此,每当年班与朝集之时,清廷还会给各蒙古王公以巨额的赏赐。另外,清廷还力求改善蒙古各部的生活,扶持蒙古人的生计。当土尔扈特来归时,清廷就"口给以食,人授以衣,分地安居",于伊犁、巴哈台市得马牛羊十四万,又拨官茶二万余封,出屯米麦四万一千余石,布六万一千余匹,棉五万九千余斤,毡庐四万余具,加以安置。共计约用去银二十万两。③ 不仅如此,清廷还多次救济蒙古各部,送给他们大量的粮食与银两。另外,乾隆中后期清廷还在蒙古人中设立养济院,并将把总官房三十余间改为养济院,每年拨银二三百两、粟米百余石,"为澶粥寒衣之费",以此来收养蒙古贫民。乾隆二十五年,清廷又允许商民与蒙古人往来贸易,以活蒙古人经济。④ 同时清廷还通过册封、承袭爵位等方式来对蒙古各部施以恩赉。如乾隆四十六年,清廷就因天下太平,各蒙古极为安静,特让军机大臣会同理藩院将喀尔喀蒙古、青海蒙古、土尔扈特、和硕特各蒙古王公照内扎萨克之例,"准予世袭罔替"。⑤ 以乾隆帝为代表的历代清廷的统治者正是通过"结以亲谊,托诸心腹"等怀柔政策来让各蒙古归顺自己。所以昭梿在《啸亭杂录》中就称:"纯皇……尤善抚绥,凡其各王部长,皆令在御前行走,结以亲谊,托诸心腹,故皆悦服骏奔。"⑥

　　乾隆中后期清廷不仅继续对蒙古各部施以恩赉以达到怀柔众蒙古的目的,同时也继续通过"恩威并重"的政策对蒙古各部加以治理。如外蒙古的土谢图汗的车布登就是很好的一例,他于康熙四十五年袭扎萨克镇国公,雍正元年晋多罗贝勒,雍正十年晋郡王。雍正十一年又因罪降为贝勒,乾隆十九年降为贝子,乾隆二十年又复为贝勒。乾隆二十一年又因附叛青衮咱卜之罪而削罢,二十二年赐为公

---

① 纪昀等:《钦定四库全书》,"史部",620—625 册,"政书类",《钦定大清会典则例》,台湾商务印书馆 1986 年,第 762—763 页。
② 纪昀等:《钦定四库全书》,"史部",620—625 册,"政书类",《钦定大清会典则例》,台湾商务印书馆 1986 年,第 759—761 页。
③ 包文汉整理:《清朝藩部要略稿本》,黑龙江教育出版社 1997 年,第 228 页。
④ 《清会典事例》,"理藩院,三十二年,刑法",中华书局 1991 年,第 1164 页。
⑤ 中国人民大学清史所编:《清史编年》第六卷,乾隆朝下,中国人民大学出版社 1985 年,第 369 页。
⑥ 昭梿:《啸亭杂录》,中华书局 1980 年,第 18 页。

品级,三十年清廷仍袭其子为扎萨克辅国公爵。① 由此看来,清廷视各蒙古王公对清朝的忠顺与否,以及各自的功过而加以升迁或降级。这样的例子在蒙古各部中是非常多见的,如乾隆十八年十二月乾隆帝因喀尔喀左副将军成衮扎布等防边不力,让玛木特随意出入而下旨谴责。其谕旨称:"从前康熙年间,众喀尔喀等困于准噶尔噶尔丹,我圣祖因伊投降,殄灭噶尔丹,将伊等照旧安插,设兵驻防,保护周至。今玛木特带兵出入边卡,该将军大臣及众喀尔喀,并未擒击贼匪一名……乃故意逡巡,乃云玛木特畏惧退回,果谁欺乎?"而后清廷又革成衮扎布贝勒之名,仍给公爵,格勒克巴木丕勒罚俸三年。② 乾隆二十二年,清廷又以成衮扎布师久无功,将参赞大臣舒赫德革职,令为兵丁,效力赎罪,同时成衮扎布也受到了清廷的谴责。③ 乾隆中后期清廷不仅对蒙古部分王公施加"威猛"以便治理,而且对整个蒙古各部都加以严格的管理。如对部分蒙古王公有罪者则加以削罢,有病者加以病罢,不称职者也加以罢免,并且经常派出朝廷官员对各旗事务进行管理。如乾隆十八年,清廷就诏授土尔扈特罗卜藏达尔扎为扎萨克,领其众,但后以其"不更事"而由清廷派官代管。④ 乾隆二十一年,清廷又以喀尔喀车臣汗部嘛呢巴达喇"年幼不更事,今既然染疾",而派副都统济福管其众部,命其与"伊族郡王德木楚克,协同办理"。⑤ 乾隆二十八年,清廷又以内蒙古各部扎萨克与同知通判等地方官办事,"彼此袒护所属之人,办理公事不无掣肘",各派遣司官一员驻扎翁牛特旗乌兰哈达和土默特旗三座塔地方,以便管理蒙古与民人交涉事务。⑥ 乾隆二十八年,清廷又将土默特蒙古世袭的归化城都统缺裁去,而将其管理蒙古各部权利统归归化城绥远将军管辖,并且又在绥远与归化城设立副都统各一人,归将军管辖,以强化中央对蒙古事务的管理。到了乾隆三十一年,清廷又将绥远城副都统缺裁去,自此大小旗务都归将军管理。⑦

仅乾隆一朝,内蒙古各部罪削者十一人,溺职而削职者一人,旷职而削罢者一人,病罢者六人。共计十九人。外蒙古王公被罪削者十九人,病罢的二十四人,老罢三人,因罪降级三人,共计四十三人。与雍正朝相比,乾隆朝对各蒙古王公的治

① 包文汉整理:《清朝藩部要略稿本》,黑龙江教育出版社1997年,第383页。
② 《清高宗实录》,卷460,乾隆十八年十二月戊申条,中华书局1985年。
③ 中国人民大学清史所编:《清史编年》第五卷,中国人民大学出版社1985年,第601页。
④ 包文汉整理:《清朝藩部要略稿本》,黑龙江教育出版社1997年,第194页。
⑤ 包文汉整理:《清朝藩部要略稿本》,黑龙江教育出版社1997年,第104页。
⑥ 《清会典事例》,"理藩院,三十二年,刑法",中华书局1991年,第1101页。
⑦ 《清会典事例》,"理藩院,三十二年,刑法",中华书局1991年,第1102页。

理更为严格,而且不仅限于外蒙古。具体情况可参阅表4:

表4　乾隆与雍正朝清廷对内、外蒙古王公的削罢比较表

削罢类别	内蒙古(人数)		外蒙古(人数)	
	康熙朝	雍正朝	康熙朝	雍正朝
因罪削罢	11	4	19	9
病罢	6	1	8	8
老罢	0	0	9	9
降级	0	3	2	2
旷职削罢	2	0	5	5
总计	19	8	43	33

注:表中数据根据《清朝藩部要略稿本》统计而成

　　乾隆中后期清廷加强对蒙古各王公的管理,一方面强化了清廷对蒙古各部的统治,使各蒙古更加效忠于清廷;另一方面也是清廷出于强化各蒙古统治效率的需要。如乾隆朝,因病罢的蒙古王公为二十四人,因老罢的为三人。清廷罢免这些老病王公,让更有精力和才能的王公管理各旗事务,有利于蒙古各旗的生计。

　　第二,从司法上加强对各蒙古的治理。清廷在入关之前就针对蒙古各部制订了蒙古律令,这些律令中既有一般性的人命刑事判决之决定,又有具体执行的办法。到了康乾盛世时期,康熙、雍正、乾隆三代都在司法治理上加强了对各蒙古的治理,并且制订了针对蒙古各部的司法条文。它们既包括一般的"违禁采捕",也包括重大的"人命""失火""犯奸"等律例。根据这些律例,清廷制订了对蒙古的"罪罚牲畜"和"罚俸"制度,以及鼓励首告制度、收赎制度、自首制度、宣誓制度。乾隆朝在继承前朝法治蒙古基础上进一步加强了中央王权对蒙古的法治措施。如乾隆六年,清廷议准此后蒙古各部应拟绞监候之蒙古送"八沟理事同知""多伦诺尔理事同知""归化城理事同知"等处监禁,并实行该处同知会同各旗会审制度。乾隆八年又规定,如果蒙古地方案件无民人涉及的,则由该旗总管会同该处同知审理;如有民人涉及的则由该总管委官会同该处同知、通判审理。但是到了乾隆二十八年,清廷却停止了各扎萨克派员会审的做法,要求归化城同知、通判承办蒙古命盗等案,及蒙古民人交涉命盗事件,应由该厅等呈报绥远城将军就近会同土默特参领等官办理。由扎萨克派员会审之处永行停止。[①] 随后清廷又停止了外喀尔喀各

―――――――――

① 《清会典事例》,"理藩院,三十二年,刑法",中华书局1991年,第1286—1288页。

蒙古会审的权力。从此各蒙古审判权均归清廷。

除了在审判运作上加强了中央对各蒙古的司法权力外,清廷还从法律条文上加强对各蒙古的法治。如乾隆二十四年,清廷的刑部就议准加重蒙古偷盗牲畜之罪:凡偷十匹以上,首犯拟绞监侯,秋审时入于情实。① 乾隆三十九年十一月,清廷又命令修订旗人"问拟流徒律例",要求"嗣后除京城之满洲、蒙古、汉军及外省驻防食粮当差的旗人,如犯流徒等罪仍照旧鞭责发落外,其余住居庄屯旗人及各处庄头,并驻防之无差事者,其流徒罪名仍照民人一实遣"。② 这一规定使众多的蒙古、满洲人同汉人一样实行同一罪罚标准,改变了以前旗人与民人的"同罪异罚"的现象,从而真正实现了绝大多数的满洲、蒙古人与汉人的"平等"。自此清廷对蒙古各部施行着同内地汉人相同的司法治理,虽在某些方面还有照顾蒙古人的用心,但那也是从当前的实际需要考虑的。

第三,利用黄教统治蒙古。乾隆二十三年,定边左副将军成衮扎布上书清廷称:"新附乌梁海人,如山兽河鱼,止可听其行走,难尽束以法律。大凡有命无不贪生,若顺其性则不劳防范,而亦省兵饷。"③魏源称其言论为"大哉言乎? 尤百世御要荒者之鹄"。的确,清廷在治理蒙古等藩部时不仅仅依靠生硬的法律律例,而且还采取因俗而治的方法。而利用黄教的影响来加强对蒙古的治理就是其中的代表。乾隆朝对蒙古的黄教政策侧重于两点:其一是兴黄教以安蒙古,即利用黄教来驾驭蒙古势力。乾隆帝曾称:"蒙古之人尊信佛教,惟言是从,故欲为约束蒙古,则喇嘛之教,亦不轻弃。"又称:"然蒙古衰弱,中国之利也,以黄教柔训蒙古,中国之上计也。即为蒙古计,与其为匈奴、突厥之冯陵飘忽,九边枕锋镝,原野厌膏血,何如水草寝讹,休养生息。是则以慈悲销杀伐,以因果导犷狠,宗喀巴之功,中外华夷,实利赖之。"④正是因为清廷看出了黄教对安定蒙古的巨大作用,所以才有"皇帝遣六皇子及内阁学士,永厚厚币邀致。置之金屋,同坐御床。内务府供馈,一与皇帝等,贵臣阁老以下莫不趋走服事"的事情发生。⑤ 清廷利用黄教以安定蒙古的用心,连朝鲜的燕行使节也看得出来。朴趾原在《燕行录》中引志亭话称:"即今蒙

---

① 中国人民大学清史所编:《清史编年》,第五卷,乾隆朝上,中国人民大学出版社 1985 年,第649 页。

② 中国人民大学清史所编:《清史编年》,第六卷,乾隆朝下,中国人民大学出版社 1985 年,第217 页。

③ 魏源:《圣武记》,中华书局 1985 年,第 107—108 页。

④ 魏源:《圣武记》,卷 12,中华书局 1985 年。

⑤ 朝鲜科学院、中国科学院编:《正宗实录》,正宗四年十一月戊寅条,科学出版社出版 1959 年。

古四十八部方强,而最畏西番,西番诸国最畏活佛。活佛乃藏理大宝法王。"①因此朴趾原得出一个结论,即:"皇帝迎西番僧王为师,建黄金殿以居其王,天子何劳而为此非常僭侈之礼乎?名为待师,而其实一囚之金殿之中,以祈一日之无事,然则西番之尤强于蒙古可知也。"②朴的认识可谓对错参半,清廷重黄教在于安定蒙古,即利用它的影响力来影响蒙古。而所谓"西番强于蒙古",在这一时期主要是指"西番"的黄教对蒙古产生重要影响,并非实力上的强大。所以清廷才通过黄教来统治蒙古,积极地支持大喇嘛驻京也正是出于此点考虑。到了清末,驻京的呼图克图共有十二人,"历代章嘉君临北京的喇嘛教界,威震内外蒙古"。③ 另外,"满洲皇帝在草原上建立了无数的庙宇,千方百计地鼓励喇嘛教,作为驯服游牧部落凶猛野性的一种手段"。④ 其二是加强对黄教的管理,以进一步达到控制蒙古的目的。清廷在入关之前,就发现了黄教对众蒙古的巨大影响,所以在那时就开始制订出积极的黄教政策。清初的黄教政策主要是扶持黄教,以取得各蒙古对满清政权的认可。到了康熙朝以后,清廷更多的是对黄教加以治理以求为自身的统治服务,所以康熙朝才有对六世达赖喇嘛、五世班禅以及七世达赖喇嘛的册封与保护活动。到了乾隆朝,清廷对黄教的管理进一步加强。乾隆帝曾称:"我朝虽护黄教,正合于王朝所谓修其教,不易其俗;奇(齐)其政,不易其宜。而惑众乱法者,仍以王法治之,与内地齐明无异。"⑤正是出于此等目的,所以乾隆朝加强了对喇嘛教的管理。首先,清廷对蒙古各部大喇嘛均加以恩赏与控制,即无论是西藏的达赖喇嘛、班禅,还是喀尔喀的哲布尊丹巴呼图克图,清廷都要求他们经常到北京来朝见皇帝,以加强对他们的影响。如乾隆三十六年,土尔扈特部刚来归时,清廷就做出了将其大喇嘛楚鲁木达尔扎送来内地居住的决定。并且声称,如果不来,就"径自解送前来"。清廷之所以这么做,正是出于对蒙古的防范目的。为此,乾隆帝曾特降谕旨,他称:"前准噶尔人在伊犁闹事之时,皆是喇嘛等从中挑唆,厄鲁特人只是听其言而行矣。"⑥不仅如此,清廷还对蒙古部落的呼毕勒罕(转世灵童)实行监察与册封。如

① 朴趾源著,朱瑞平校点:《热河日记》,上海书店出版社1997年,第166页。
② 朴趾源著,朱瑞平校点:《热河日记》,上海书店出版社1997年,第165页。
③ [日]若松宽:《清代蒙古的历史与宗教》,黑龙江出版社1994年,第197页。
④ [丹麦]亨宁·哈士纶著:《蒙古的人和神》,新疆人民出版社1999年,第240页。
⑤ 《喇嘛说》原碑现存北京雍和宫,另见《清政府与喇嘛教》,西藏人民出版社1988年,第339—343页。
⑥ 中国社会科学院民族研究所民族史研究室,中国第一历史档案馆满文部译编:《满文土尔扈特档案译编》,民族出版社1988年,第67—68页。

乾隆三十年,喀尔喀的赛因诺颜部在册立哲布尊丹巴呼图克图的呼毕勒罕时与其他各部发生争执,赛因诺颜部称喀尔喀人所册立的呼毕勒罕不实,并因此推戴出另一小喇嘛为呼毕勒罕。清廷接受了章嘉活佛的建议,将赛因诺颜部小喇嘛护送到热河居住。① 与此同时,西藏也发生了达赖喇嘛的真假呼毕勒罕之争。清廷鉴于各蒙古和其他地方势力对黄教的干预,决定对所有的大喇嘛的呼毕勒罕选取方法实行改革,以便中央加强对黄教事务的管理。乾隆五十八年,清廷在完成第二次尼泊尔战争后,在藏内颁布“善后事宜二十九条”,决定此后藏内达赖喇嘛、班禅额尔德尼的呼毕勒罕的选取采取金本巴瓶执签的方式产生,并且采取差额产生法。② 与此同时,清廷对蒙古地方的黄教首领的呼毕勒罕的产生也加强了管理。喀尔喀的赛因诺颜部额尔德尼班第呼图克图圆寂后,土谢图汗车登多尔济协同商卓特巴那旺达什从中作弊,称其子生而有“一点微光”,请求达赖喇嘛指认。清廷查出真相后,革去车布登之汗职,并且要求此后蒙古地方选出呼毕勒罕时,需报理藩院,并且要在京城雍和宫内设置金本巴瓶,“将候选人年月、姓名缮写签上入于瓶内”,由理藩院堂官公同执签认定。这样一来,“从前王公子弟内私自作为呼毕勒罕之陋习永行停止”。③

通过以上对各蒙古地区大喇嘛的金奔巴瓶抽签认定呼毕勒罕的方法,清廷严格控制了蒙古大喇嘛呼毕勒罕的产生,并通过控制大喇嘛以求进一步控制蒙古,此后这一链索效应中的中间环节开始发挥不可替代的作用。

第四,禁称“夷”“虏”,加强融合。满洲人在入关之前,被中国传统的士大夫视为东夷,而朝鲜人视他们为胡虏,对他们从心理上加以贱视、敌视甚至采取不合作的态度。入关后,清统治阶层竭力地消除自身与汉人的文化差别,采用明朝的治国方略,实行中国传统的封建制度来治理国家。另外,由于清政权是由少数民族建立的政权,所以入关后,更倾向于竭力消除这种“夷夏”差别,尤其是“夷夏”观念,以便为清朝的“一统天下”服务。清廷要求其统治内的所有国民——无论是皇帝还是一般的臣民百姓——对已经归顺的各少数民族不得称之为夷,也不得视之为夷。就这一点而言,无论是康熙朝还是雍正朝都非常重视,而乾隆朝更是三令五申地加以强调。

---

① 土观·洛桑却吉尼玛:《章嘉国师若必多吉传》,中国藏学出版社2007年,第295页。
② 牙含章:《达赖喇嘛传》,生活·读书·新知三联书店资料室,1963年,第62—71页。
③ 中国社会科学院民族研究所历史室编:《廓尔喀纪略辑补》,卷52,中国社会科学院民族研究所历史室,1977年,第2—3页。

如乾隆七年五月,清廷大臣在上清廷的奏折中无意间称蒙古人为夷人,乾隆帝对该大臣进行了严厉指责,称此等言论"甚为错误,向来称准噶尔为夷人,至于内扎萨克,乃本朝之臣仆也,岂可以夷人称之。从前孙嘉淦曾经错误,朕严加训谕,今高斌此折……亦当改正"。① 乾隆十年,黄廷桂在上清廷奏折时,又无意间将归化城沿边的蒙古人称为夷人,乾隆帝对他也严加斥责,并要求"嗣后应改正"。② 乾隆十四年,清廷大臣马灵阿又在奏折中以"夷汉二字分别各色",乾隆帝因此特谕军机大臣称:"蒙古、汉人同属臣民,如有书写之处,应称蒙古、内地,不得以蒙汉字样,混行填写……且以百余年内属之蒙古而目之为夷,不但其名不顺,蒙古亦心有不甘,将准噶尔及金川番蛮等又将何以称之? 著再行传谕沿边各督抚知之,如有仍旧书写之处,朕必加以处分。"③不仅如此,清廷甚至连"蒙汉"相称也不允许。如乾隆十八年,清廷乾隆帝以钟童奏折中有"蒙汉相安,并无滋扰"之语,而加以斥责,称此言论"纰缪不合"。乾隆十九年,陕西巡抚陈宏谋在奏折中称鄂尔多斯蒙古为"边夷",乾隆帝也以"鄂尔多斯蒙古,乃属世仆,不应目之曰夷,此皆俗吏刀笔之谈","如云夷汉、蒙汉等语,甚属不经","朕恶观之",并命令此后"但称蒙古、汉人可"。④ 清廷刻意地制止汉人或朝臣称蒙古为夷,这一做法有利于促进蒙古与内地以及各民族间的融合。

(二)康乾盛世下清廷同西藏各部宗藩关系的确立及发展

1. 康熙朝清廷的西藏及黄教政策

随着近世⑤民族国家观念的兴起和民族国家的形成,具有几千年"大一统"传统思想的中国封建王朝至康乾盛世时也发生着变化。清廷在继承封建统治体制和观念的同时,也在潜意识的作用下加强了对中国的统一,康乾盛世下清廷的西藏及黄教政策就充分体现了此点。康熙、雍正、乾隆三代,清廷通过几次对藏用兵和体

---

① 《清高宗实录》,卷167,乾隆七年五月丙戌条,中华书局1985年。
② 《清高宗实录》,卷253,乾隆十年十一月丁亥条,中华书局1985年。
③ 《清高宗实录》,卷354,乾隆十四年十二月戊寅条,中华书局1985年。
④ 《清高宗实录》,卷477,乾隆十九年十一月甲辰条,中华书局1985年。
⑤ 本人认为"近世"应指西方文艺复兴、宗教革命以后的时间,它主要指资本主义萌芽以后的时段,其中尤指16世纪以后,在资本主义体制内近代民族国家日益形成这段时间。而"近代"按照中国传统历史时段划分,人们习惯指1840—1911年这段时间。本文使用"近世"这一时段划分方法,目的在于强调中国近代民族国家意识的萌芽并非自近代以后才开始的,它早在近世时间内就已发生某些变化。

制改革,最终使西藏由中国传统的藩部转变为受中央政权有效统治的地方行政区域。虽然其间清廷在某些政策的运作上还存在不足,但此举却极大地强化了中央对西藏等藩部的统一,并最终促使传统的"大一统"帝国向近代民族国家转型。

有人曾用"传统与变迁"去概括近代以来的中国社会,其实该术语也适合康乾盛世下的中国。① 在西力东渐下,清王朝在潜意识下对西藏、蒙古等藩部的政策实已发生渐变。这不仅体现在传统藩属体制的意识之变、制度之变等方面,而且还体现在它对西藏等藩部管理的具体运作方面。虽然这些变化还不能与传统体制相决裂,但它在一定程度上却促使了西藏等藩部从传统的羁縻部落身份向近代多民族统一国家下的地方行政区发生转变,并为近代意义上的中国国家之形成提供前提。

康熙二十九年之前,清廷的西藏及黄教政策主要是借达赖喇嘛之影响去调和西藏、蒙古各部同清廷的关系。早在康熙十六年左右,准噶尔噶尔丹就杀了青藏的鄂齐尔图汗,自称博硕克图汗。不久后他又趁吴三桂叛乱之机,对漠北的喀尔喀、青海地区进行扩张,从而导致了其对喀尔喀蒙古、青海等蒙古的染指。在此变局下,清廷深知借助蒙古信仰的精神领袖达赖喇嘛和黄教之影响,将对它的蒙古政策有利。因此康熙二十三年,当喀尔喀左右翼因噶尔丹的挑拨而发生内乱时,清廷特谕达赖喇嘛,要求他与清廷共同遣使前往蒙古各部,劝说他们和解。但是此时达赖喇嘛已去世,西藏权力实则控制在僧侣集团第巴手中。第巴集团一方面想利用五世达赖喇嘛逝世之机,积极辅助噶尔丹建立起一个信奉黄教的草原帝国;另一方面也想借噶尔丹之手去消灭蒙古草原另一异己的宗教力量,即噶尔喀部的格根喇嘛。因为后者自得到达赖喇嘛封号后,在蒙古草原上的影响越来越大。②

清廷本想利用达赖喇嘛在黄教信仰区域内的威望去促使喀尔喀蒙古各部间和解,并阻止噶尔丹对喀尔喀的扩张,但是第巴集团从切身利益出发却与清廷的期待背道而驰。第巴集团派往噶尔丹军营中的使节不仅没有劝说噶尔丹息兵议和,相反却为他传递福音和预言,并鼓吹南征大吉。正是在第巴集团的支持与鼓动下,噶尔丹于康熙二十八年进攻喀尔喀蒙古,结果众喀尔喀蒙古全部溃败,被迫投奔清廷。

不仅如此,西藏第巴集团在支持噶尔丹击败喀尔喀蒙古各部后并没有就此歇手,因为它要完成的目标只完成了一半。它虽支持噶尔丹建立起蒙古汗国,但它要

---

① 柳岳武:《清代中前期清廷的蒙古政策》,《西南大学学报(社会科学版)》,2007 年,第 2 期,第 52 页。

② 王之春撰,赵春晨点校:《清朝柔远记》,中华书局 1989 年,第 54 页。

彻底消灭喀尔喀部格根宗教势力的目标却没能达到。因为后者带着他的喀尔喀部众投奔了清廷,并在清廷的支持下,进一步提升了他在蒙古人中的宗教地位。正是如此,所以第巴集团对于噶尔丹准备南进、消灭土谢图汗为首的喀尔喀蒙古等行为,均采取全力支持的做法。

康熙二十九年,噶尔丹在第巴集团的鼓励与支持下于该年率大军深入距京师近七百里的乌兰布通地区,气焰极其嚣张。① 但是噶尔丹的军队却被早有准备的清军击溃,走上了衰亡之道。噶尔丹对清廷军事进攻的失败给西藏第巴集团以沉重打击,并且第巴集团从中看出厄鲁特准噶尔势力虽强,却无法与清廷强大的军事势力相抗衡。因此此后,西藏第巴集团开始转变对清廷的政策,它一方面率西海诸台吉和噶尔丹向康熙帝上尊号,主动寻求与清廷的妥协,以免清廷对自己施加惩处;另一方面他又为噶尔丹势力的苟存作出自己最后的努力。康熙三十四年,第巴集团为了缓和清廷对噶尔丹的军事压力,再次遣使清廷,请求清廷"勿革噶尔丹策旺喇卜滩汗号"。② 然而,此时清廷对西藏僧俗集团以及准噶尔部政策却发生了变化。因为喀尔喀四部来归后,清廷基本上控制住外蒙古局势。此后,清廷对西藏第巴集团的所作所为不再容忍,一方面扶持准噶尔的策妄阿喇布坦去抵制噶尔丹,另一方面又开始对西藏第巴集团施压。

当噶尔丹遭到多方围攻而日益削弱后,清廷也开始腾出手来去处理西藏的僧侣集团与噶尔丹"交通"一事。康熙三十五年,清廷命令各处查收达赖喇嘛"交通"噶尔丹的书信情报。③ 同年,清廷又从准噶尔投诚人处获得噶尔丹与西藏第巴集团相勾结的详细信息,并得悉五世达赖喇嘛早在九年前(其实是十六年前)就已逝世而第巴却隐而不报的确切信息。清廷就隐瞒达赖喇嘛逝世一事特地谕责第巴,④此后,第巴集团在西藏的权威面临着多方威胁,而且清廷对第巴政权的支持也在减弱。

而后,西藏又面临着一次重大的权力争夺和重新分配。⑤ 拉藏汗利用这一机会执杀了第巴桑结嘉错,这使西藏地方暂时又恢复了地方世俗集团干预藏务的局面。更为重要的是,拉藏汗虽执杀了第巴,但却开始遭受来自青海的同是顾实汗后

① 温达,张玉书等:《御制亲征平定朔漠方略》,康熙二十九年八月辛酉条,成文出版社1968年。
② 温达,张玉书等:《御制亲征平定朔漠方略》,康熙三十四年四月庚子条,成文出版社1968年。
③ 温达,张玉书等:《御制亲征平定朔漠方略》,康熙三十五年五月丁丑条,成文出版社1968年。
④ 温达,张玉书等:《御制亲征平定朔漠方略》,康熙三十五年八月甲午条,成文出版社1968年。
⑤ 冯智:《七世达赖的认定与对清初治藏的影响》,《青海社会科学》,1998年,第4期,第82页。

代的蒙古势力的攻伐。① 此等变局让清廷开始认识到西藏局势的复杂性,康熙帝认为清廷有必要对藏务实行直接的管理,使西藏日益由此前的"化外"之地,变为受中央政权有效控制下的行政区域。康熙四十五年清廷将第巴所立的仓央嘉措解送京师,②随后又于康熙四十八年以"青海众台吉等与拉藏不睦,西藏事务不便令拉藏独理"③为由,专门派遣侍郎赫寿赴藏管理藏务。此实为第一任驻藏大臣。该驻藏大臣的派遣虽还未具体地制度化且成为定例,但此举却鲜明地表明了具有几千年"大一统"传统思想的中国封建王朝至清康乾盛世下正在发生变化。清廷在继承封建统治体制和观念的同时,也在潜意识的作用下加强了对中国的统一。

康熙五十四年,青海的蒙古部落拒不接受拉藏汗和清廷所立的达赖喇嘛,而坚称"里塘地方新出胡必尔汗实系达赖喇嘛转世"④。康熙帝遂明智地放弃了此前所立六世达赖喇嘛,另册封了里塘喇嘛。而且,清廷此时还施行了一项较为明智的举措,那就是将青海众台吉所拥立的里塘呼毕勒罕护送至京。此举后虽因青海王公的抵制而未能完全成功,但清廷却将他护送到西宁的宗喀巴寺。同时清廷又于康熙五十二年及时地册封了五世班禅额尔德尼,从而正式确立了西藏地区及黄教两元制衡的权威体制,这为此后安藏工作提供了重要保证。

当然,康熙朝清廷在处理西藏问题上也存在某些不足。这主要表现在以下两点:

第一,对拉藏汗定位不清。⑤ 这是因为清廷一方面担心拉藏汗受到准噶尔策妄的攻击,另一方面又怀疑拉藏汗与策妄相勾结,共同背叛清廷。如康熙四十八年,赫寿在"拉藏汗态度及其与准噶尔交往情形折"中就称:"又闻拉藏于策妄阿尔布坦,每年彼此有往来。今年策妄阿尔布坦与哈克萨争斗,所以至今尚未有人到藏,拉藏旧年差去之人亦尚未回。"⑥而后清廷又于康熙五十六年七月二十日传谕赫寿,让他"做函劝拉藏汗勿助策妄阿拉布坦侵戴青和硕齐"。⑦ 由此可见,此时期

---

① 冯智:《七世达赖的认定与对清初治藏的影响》,《青海社会科学》,1998年,第4期,第82页。

② 《一史馆藏内阁起居注》,转引自中国藏学研究中心合编:《元以来西藏地方与中央政府关系档案史料汇编》,中国藏学出版社1994年,第307页。

③ 《清圣祖实录》,卷236,康熙四十八年正月己亥条,中华书局1985年。

④ 《清圣祖实录》,卷236,康熙五十四年四月辛未条,中华书局1985年。

⑤ [法]石泰安:《西藏的文明》,中国藏学出版社1999年,第98—99页。

⑥ 《一史馆藏宫中朱批奏折》,转引自中国藏学研究中心合编:《元以来西藏地方与中央政府关系档案史料汇编》,康熙四十八年十一月十一日条,中国藏学出版社1994年。

⑦ 《一史馆藏内阁起居注》,转引自中国藏学研究中心合编:《元以来西藏地方与中央政府关系档案史料汇编》,中国藏学出版社1994年,第315页。

拉藏汗对清廷的立场是顺是逆清廷是不清楚的。①

第二，驱准安藏时的失误。青海的蒙古部早就对西藏僧俗政权产生兴趣，在准噶尔部侵藏之前，因西藏有拉藏汗控制着西藏的僧俗政权，且西藏局势趋于平稳而使其无可乘之机。但即使如此，他们在六世达赖喇嘛的设立上也不放弃对西藏事务的干涉。因此，当准噶尔侵入西藏且拉藏汗被杀后，青海蒙古部认为恢复昔日顾实汗统一青藏的时机很快就要来临了。但此时，因为清廷对于青海蒙古部的认识实为不足，所以清廷为了尽快地达到驱准安藏目的，以及增大清廷对准噶尔作战胜利的把握，主动地将青海蒙古部势力引入西藏。如康熙五十七年，清廷的议政大臣会议就作出了"命色楞等与青海王等商酌派兵赴藏"的决定。② 尔后，清廷又主动要求青海王、台吉等派兵六千，满洲兵二百，绿营兵二百，土司兵一千人进军西藏。③ 此时期，清廷不惜以达赖喇嘛、班禅为青海蒙古祖先所设作为动员口号，来达到驱准保藏的目的。④

2. 雍正朝清廷的西藏及黄教政策

康熙朝清廷的西藏及黄教政策表明，清中央政权在时局的影响下开始转变其藩部政策。具体言之，就是对内（藩部）强化了统一，而非单纯的一统。而后雍正朝的西藏及黄教政策虽具有不同的历史特色，但却反映出清廷加强对西藏管理的相似历史趋势。因此，雍正帝一开始执政就进一步加强清廷对西藏的治理。

清廷在康熙末年驱准安藏过程中的不妥做法，终于在雍正初年暴露出弊病。如在清廷驱准安藏活动的诱发下，青海亲王罗卜藏丹津的扩张欲进一步膨胀。他于雍正元年借口戴青和硕齐、察罕丹津等欲霸占召地，而对后者兴兵讨伐。此后不久，又令众青海蒙古称呼他为"达赖混台吉"。⑤

雍正帝为防范罗卜藏丹津扰乱西藏，特令驻防察母道松潘镇的周瑛带兵进藏，先为固守，安定人心。⑥ 很快罗卜藏丹津之叛乱在雍正帝的军事打击下失败，而清

① ［瑞士］米歇尔·泰勒著，耿升译：《发现西藏》，中国藏学出版社 2005 年，第 51 页。
② 《清圣祖实录》，卷 277，康熙五十七年正月庚寅条，中华书局 1985 年。
③ 吴丰培编纂：《抚远大将军允禵奏稿》，全国图书馆文献缩微复制中心，1991 年；转引自中国藏学研究中心合编：《元以来西藏地方与中央政府关系档案史料汇编》，中国藏学出版社 1994 年，第 327—328 页。
④ 《清圣祖实录》，卷 285，康熙五十八年八月乙未条，中华书局 1985 年。
⑤ 《清世宗实录》，卷 10，雍正元年八月庚午条，中华书局 1985 年。
⑥ 《一史馆藏宫中朱批奏折》，转引自中国藏学研究中心合编：《元以来西藏地方与中央政府关系档案史料汇编》，中国藏学出版社 1994 年，雍正元年十月初六日条。

廷也从此次叛乱中清楚地认识到其西藏及黄教政策存在的缺陷。如年羹尧在平定叛乱后就清楚地认识到这一点,因此他在"善后事宜十三条"中提出了一系列针对西藏和黄教的政策,这主要有以下几点:

首先,减少达赖喇嘛对土地、人民的控制范围,而代之以经济上的"恩赐岁额"。年羹尧称:"夫巴塘以西与中甸等处所有番部,既令四川、云南收而抚之,不知者或疑有碍于达赖喇嘛,以为香火之地,是知洛笼宗以东巴尔喀木一路,皆为西海蒙古所有。"因此,他要求收回以东土地而代之以赐予经济上的恩赉,即"每岁赏给茶叶五千斤,班禅则半之……以明扶持黄教之意。"①其次,清除喇嘛、稽查奸徒以正黄教。如年羹尧在"善后十三条"中要求:"自今以后,定为寺院之制,寺屋不得过二百间,喇嘛多者止许三百人,少者不过数十人而已。仍请礼部给以度牒,填写姓名、年貌于上,每年令地方官稽查二次……如喇嘛遇有物故者,即追其度牒缴部。"②

罗卜藏丹津之乱平定后,清廷于雍正三年命令周瑛等自西藏撤军。撤军后如何加强西藏的管理,特别是如何在军事上加强管理、防范准噶尔部侵袭西藏,再度引起了清廷的重视。于是,雍正帝决定对西藏及黄教实行中央与地方的"僧俗共抚"政策。雍正三年三月,清廷就提出了让康济鼐驻扎西藏,总理藏务的主张,以分宗教集团独揽西藏事务之势。此举实则将藏内政务在藏内僧俗集团间进行了第一次的僧俗分治。随后,清廷又于雍正三年十一月正式委任康济鼐、阿尔布巴、隆布鼐、颇罗鼐、扎尔鼐等五人为噶伦,管理藏务。这样一来,清廷在藏内就正式形成了众噶伦制。众噶伦分管藏务,一方面是清廷出于对达赖集团僧俗权限的制约,另一方面也是出于避免藏地受蒙古势力的干扰,特别是蒙古王公等地方势力的干扰。但是雍正帝在设立西藏世俗政权管理时又有不足,即在设立众噶伦共管藏务时又设"康济鼐为总理",③这在无形中又人为地导致了此后的权力之争。

随后不久,西藏众噶伦间权力之争就凸现了出来。雍正四年十二月十二日,岳钟琪在禀报西藏情况时就称:"细看藏里办事诸人,察其情状,阿尔布巴等与康济鼐接见之时,虽极谦谨,貌似相和,然未免与隆巴奈等诸人相连一气,而康济鼐则孑

---

① 《清世宗实录》,卷20,雍正二年五月戊辰条,中华书局1985年。

② 中国藏学研究中心合编:《元以来西藏地方与中央政府关系档案史料汇编》,中国藏学出版社1994年,第352页。

③ 西藏馆藏:《谕达赖喇嘛赏赐土地及委任噶伦》,转引自中国藏学研究中心合编:《元以来西藏地方与中央政府关系档案史料汇编》,中国藏学出版社1994年,第366页。

然孤立者也。"①此时雍正帝也感觉到"西藏事只觉不甚妥协",于是再度派出宗室鄂齐为驻藏大臣。但清廷的这些做法不仅没有消除藏内的权力争夺,相反却刺激了藏内的矛盾,并进一步导致了雍正五年西藏众噶伦杀害康济鼐事件的发生。

康济鼐被杀事件发生后,清廷遂决定趁此机会对西藏及黄教管理进行进一步的改革,即清廷不仅继承了旧有的众噶伦与达赖集团的僧俗共治政策,而且还强化了驻藏大臣领导首席噶伦与制衡达赖喇嘛的权力。②

雍正时期,清廷为加强中央政权对西藏及黄教的管理确实作出了诸多努力,但其间也存在一些不足,如确立颇罗鼐的首席噶伦地位实则授予他藏王地位。而后清廷为征讨准噶尔的噶尔丹策零又将达赖喇嘛移居里塘,如此一来,颇罗鼐在藏内的权力进一步上升,他在一定程度上成为了真正的藏王。原因很简单:他的行为虽在一定程度上受到驻藏大臣的束缚,但却没有宗教权威的制衡。③ 但是,从大趋势上讲,此举并没有影响到雍正朝清廷不断强化中央政权对西藏等传统藩部的管理。只是受具体内外条件的制约(如沙俄对中国周边的染指,准噶尔势力的强大④,清廷内部统治危机的存在),清廷此时期还无能力对西藏地区采取更为有效的治理。

3. 乾隆朝清廷的西藏及黄教政策

乾隆即位之初,无论是清廷还是准噶尔部都无能力对对方采取行动,这一势力相对均衡的状态有利于双方暂时达成和解。在此背景下,清廷遂决定将达赖喇嘛送回藏内,以起到安抚藏民之目的。清廷让达赖喇嘛返藏还有一个目的,那就是对日益膨胀的藏王权力进行制约。但是此举却引发了藏内又一轮的僧俗势力对藏内权力的争夺,其中特别是藏王颇罗鼐。他在藏内的势力可谓根深蒂固,且拥有相对规模的唐古特军队,因此,他对达赖喇嘛返藏一事颇为不满。这一矛盾虽在达赖返藏之初还未爆发,但终究是一个隐患。另外,颇罗鼐对清廷积极扶植达赖喇嘛的做法也非常不满,因为此举确实伤害到了他的切身利益。

好在此时期乾隆帝仍在藏内执行扶持颇罗鼐政策,之所以如此,目的有三:其一,以此去消除颇罗鼐的顾虑,以免藏地发生内乱;其二,此时清廷在西藏地方还需

---

① [日]稻叶君山在《清朝全史》中认为雍正三年为清廷派大臣正式驻藏,而《圣武记》认为是雍正二年,而瑞士米歇尔·泰勒在他的《发现西藏》一书中认为是1720年(康熙五十九年),上四,第81页。

② 《清世宗实录》,卷71,雍正六年七月乙丑条,中华书局1985年。

③ [法]石泰安:《西藏的文明》,中国藏学出版社1999年,第78页。

④ [日]佐口透:《俄罗斯与亚细亚草原》,转引自准噶尔史略编写组编:《准噶尔史略》,人民出版社1985年,第123页。

要颇罗鼐那样的实力派,以联合他去抵制准噶尔对西藏潜在的威胁;其三,虽然颇罗鼐对清廷遣回达赖喇嘛行为非常不满,但是他表面上仍对清廷表示忠诚,因此清廷觉得有必要对他继续实行怀柔政策。出于以上三点考虑,乾隆帝在执政之初仍积极地扶持颇罗鼐。如乾隆四年十二月,清廷就以"颇罗鼐敬信黄教,振兴经典,练兵防卡,甚属勤勉"而封他为郡王。① 另如乾隆十一年,清廷又因颇罗鼐在西藏"一心奋勉",在颇罗鼐请求下册封了颇具野心的次子珠尔默特那木扎勒为世子,并将其长子由辅国公晋升为镇国公。② 至此,颇罗鼐一家在西藏可谓大权独揽。

但是乾隆帝对颇罗鼐一家尽其可能地封赏,并没能从根本上解决清廷同颇罗鼐、颇罗鼐与达赖喇嘛之间的矛盾。就颇罗鼐与达赖喇嘛之间的矛盾而言,他们之间的争夺并没有结束。在初期虽没有爆发,但是随着时间的延长,以及达赖喇嘛在藏内影响的日益扩大,这一矛盾必将爆发。乾隆十一年双方的冲突终于表面化。该年七月,颇罗鼐称抓到了达赖喇嘛手下人,并称他们作符诅咒他。达赖喇嘛得知此事后马上写信给颇罗鼐,称无其事,但颇罗鼐却坚持确有其事。结果官司打到驻藏大臣处,清廷无奈,只得将所谓的指使者——达赖喇嘛管家苍结抄家。即使如此,颇罗鼐对达赖喇嘛却"终未释然",以至于此后不肯再见达赖喇嘛。③

颇罗鼐与达赖喇嘛的权力之争至乾隆十二年颇罗鼐逝世才告一段落,但是清廷同颇罗鼐家族之间的矛盾却未因此而得到妥善解决。④ 应该说颇罗鼐在时对清廷还算"忠贞不贰",但是颇罗鼐的继承人珠尔默特那木扎勒在清廷看来却不那么忠顺。基于此,颇罗鼐死后,清廷决定对珠尔默特那木扎勒所享有的藏内权力进行限制。如乾隆十二年,清廷谕军机大臣旨称:"颇罗鼐在时,凡事俱由伊主张,不过商同傅清斟酌办理。今非颇罗鼐时可比,著传谕傅清,逐处留心访查,如有珠尔默特那木扎勒意见不到之处,即行指示。"⑤即此时清廷在处理西藏问题上与雍正朝发生了变化,它试图将西藏地方权力逐渐收归中央。

此后清廷的西藏及黄教政策可概括为以下三点:第一,联合西藏地方政权防范准噶尔的入侵;第二,防范珠尔默特那木扎勒在藏内的专权,并防御其与准噶尔勾

① 《清高宗实录》,卷106,乾隆四年十二月乙酉条,中华书局1985年。
② 祁韵士:《皇朝藩部要略》卷18,浙江书局光绪十年刻本(河南大学图书馆库藏)第4—5页。
③ 《一史馆藏宫中朱批奏折》,乾隆十一年十二月初九日条。转引自中国藏学研究中心合编:《元以来西藏地方与中央政府关系档案史料汇编》,中国藏学出版社1994年。
④ 清廷的主要目标是统一西北边陲,而颇罗鼐家族的强大与此目标明显违背。John K.Fairbank And S.Y.Teng,"On The Ch'ing Tributary System",*Harvard Journal of Asiatic Studies 6*,no.2,1941,P.158.
⑤ 《清高宗实录》,中华书局1985年,卷287,乾隆十四年十二月乙酉条。

结共同叛清。其三,进一步增强驻藏大臣的权力,并加强对准噶尔和西藏的监督。

尽管如此,不久后珠尔默特那木扎勒之乱,仍然爆发。清廷最终平定了这场叛乱。清廷平定西藏的珠尔默特那木扎勒事件后,加强了对西藏事务的管理。其具体措施主要体现为以下几点:

第一,极力削弱西藏内部的领主班第达的权势。在藏内,清廷不仅不再设立藏王,而且还竭力削弱藏内部的领主班第达的权势,他因帮助清廷平叛珠尔默特之乱,提升了自己的地位。如乾隆十五年十一月,清廷在谕军机大臣时就提出了对西藏的“众建”主张。乾隆帝称:“西藏经此番举动,正措置转关一大机会,若办理得当,则可保永远宁谧;如其稍有渗漏,则数十年后,又滋事端。朕前传谕班第,以西藏事必当众建而分其势。”因此,乾隆帝对傅青等曾许诺事后对班第达封王一事坚决反对。[①]

第二,设立四噶隆,在藏内实行“众建而分其势”做法。珠尔默特那木扎勒事件后,清廷出于“众建而分其势”的目的,不仅在藏内不再设立藏王,而且还要求设立四噶隆制。清廷所设立的四噶隆,其中包括地方旧有的噶隆三人,即班第达、策楞妄扎勒、色裕特塞布腾等。另外清廷还决定放入黄教喇嘛一人,以此来平衡西藏僧俗势力之间的权力,从而达到既制约地方台吉势力,又制约西藏宗教势力的双重目的。

第三,加强达赖喇嘛的权力,努力形成驻藏大臣和达赖喇嘛共管西藏的权力平衡机制。此时期清廷之所以在藏内施行达赖喇嘛与驻藏大臣权力共建的管理模式,其主要用心仍在于继承传统的“兴黄教以安蒙古”政策。[②] 因为到了乾隆朝,黄教的势力以及黄教对蒙古各部的影响不但没有减退,相反却大有加强之势。[③] 正是众多的蒙古人“敬藩僧,畏之如神明”,所以才有乾隆帝“欲令此僧镇压蒙古”,并“厚币邀致,置之金屋”之举。[④]

乾隆中后期,西方殖民主义对亚洲的侵略日益加重。这一后果不仅对临近西藏的中亚各国产生重要影响,而且对西藏地区也产生着重要影响。[⑤] 随着殖民势

---

① 《清高宗实录》,中华书局1985年,卷377,乾隆十五年十一月丙辰条。

② [意]毕达克著,沈卫荣译:《西藏的贵族和政府1728—1959》,中国藏学出版社1990年,第13页。

③ [日]稻叶君山著,但焘译:《清朝全史》,中华书局1985年,上四,第82页。

④ [韩]《正宗实录》,正宗四年十一月戊寅条,学习院东洋文化研究所昭和32年(1957)。

⑤ [印度]克列门·R.麦克罕编:《乔治·波格尔使团赴藏和托托玛斯·曼宁拉萨之行纪事》,新德里出版1971年,第4页。

力对中亚地区殖民扩张的增强,中亚内部各民族之间的生存压力也在增强。它们为寻找更大的生存空间,经常发生内部争斗。此举在很大程度上导致了乾隆末年廓尔喀人与西藏之间冲突的发生,人们习惯上称之为"中尼战争"。

第一次"中尼战争"发生在1788—1789年间(乾隆五十三至五十四年)。① 第一次中尼战争后,清廷对西藏政策进行了调整:第一,清廷加强了对藏地官僚机构的管理,并仿效管理新疆回部的做法对西藏地方官员进行任免。清廷要求:"嗣后当照补放回部伯克之例,专责驻藏大臣拣选藏地噶伦、戴本、第巴或优或劣,悉心察查。"②第二,清廷加强对驻藏大臣的管理。清廷要求此后"驻藏大臣内或有不肖者,每年达赖喇嘛、班禅额尔德尼遣使呈进丹书,顺便将驻藏大臣错谬之处据实陈奏,亦无不可。朕即重治其罪,决不宽恕"。③ 第三,清廷加强了对藏地军队的训练。由于"藏内地广人稠","平素虽有弁兵之名,而于如何操练,如何防守",却"未定条规",清廷遂决定嗣后于"藏内挑取兵丁一二千名",每年加强操演。④ 第四,清廷对藏地汉番"刑诉"作出规定。清廷要求:此后"凡有关涉汉、回、外番等事,均令郎仔辖呈报驻藏大臣,拣派干员,会同秉公审理,俾所断不致枉纵,而讼悉归平允"。而对于唐古特人的自相构讼,则仍照旧例由郎仔辖照例办理。⑤ 第五,加强对藏内贸易的管理。⑥

廓尔喀人于乾隆五十六年七月又发动了第二次中尼战争,占领了西藏的聂拉木、定日、济咙等地。第二次中尼战争后,清廷再一次制订了善后章程。此前乾隆帝出于限制地方实力派而建立了达赖喇嘛与驻藏大臣的权力平衡机制是一层式权力制约机制。该制约机制存在的缺陷是:当达赖喇嘛不问世务而驻藏大臣又马虎了事时,此时的藏内实权又回落到地方噶布伦即噶隆手中,从而导致了清廷想竭力

---

① 《一史馆藏军机处满文巴勒布档》,乾隆五十四年二月十七日条《谕鄂辉等事竣之后应订立章程》。转引自中国藏学研究中心合编:《元以来西藏地方与中央政府关系档案史料汇编》,中国藏学出版社1994年,第637—638页。

② 《一史馆藏军机处满文巴勒布档》,转引自中国藏学研究中心合编:《元以来西藏地方与中央政府关系档案史料汇编》,中国藏学出版社1994年,第638页。

③ 《一史馆藏军机处满文巴勒布档》,转引自中国藏学研究中心合编:《元以来西藏地方与中央政府关系档案史料汇编》,中国藏学出版社1994年,第638页。

④ 《一史馆藏军机处满文巴勒布档》,转引自中国藏学研究中心合编:《元以来西藏地方与中央政府关系档案史料汇编》,中国藏学出版社1994年,第638页。

⑤ 《一史馆藏军机处满文巴勒布档》,转引自中国藏学研究中心合编:《元以来西藏地方与中央政府关系档案史料汇编》,中国藏学出版社1994年,第648页。

⑥ 《一史馆藏军机处满文巴勒布档》,转引自中国藏学研究中心合编:《元以来西藏地方与中央政府关系档案史料汇编》,中国藏学出版社1994年,第648页。

避免噶隆滥权而又导致了噶隆集权的局面。因此,当第二次中尼战争后,清廷就出台了双层权力制约机制,即驻藏大臣对应达赖喇嘛、驻藏章京对应地方噶布伦的双层权力制约机制,清廷想以此来弥补以前藏务管理上的缺陷。

清廷除了在权力制约等大的方面对西藏加强统治外,还通过政治、经济、军事、司法、外交等多方面的改革,来加强对西藏的管理。它们主要体现在以下方面:

第一,政治上加强对西藏的管理。第二次中尼战争后,清廷从政治上加强对西藏管理主要体现在两个方面:首先,确立册立达赖喇嘛的"金本巴瓶"制度。乾隆五十七年九月,清廷决定此后对达赖喇嘛的册立采取金本巴瓶制度,其目的在于避免蒙古和唐古特人对后世达赖喇嘛册立的干扰;①其次,加强驻藏大臣的权力。第二次中尼战争后,清廷还竭力强化驻藏大臣的权力,以便加强中央对西藏的治理。福康安等在"奏拟卫藏善后章程六折"中就要求:"嗣后驻藏大臣,除上山瞻礼外,其督办藏内事务,应与达赖喇嘛、班禅额尔德尼平等。自噶布伦以下番目及管事喇嘛分系属员,事无大小,均应禀明驻藏大臣办理,以肃纪纲。"②

第二,经济上对藏管理的加强。首先,清廷加强了对西藏贸易的管理。早在18世纪时期,清廷就对西藏的贸易采取自由放任政策。该政策不仅导致西藏"不对外国人封闭",而且也导致了大规模的对外贸易控制在外商手中。那些外商中不仅有尼泊尔人、克什米尔人,还包括亚美尼亚人、莫斯科人等。③但是两次中尼战争后,清廷发现如此的自由贸易政策存在弊端:它不仅容易导致中外贸易时双方经常发生矛盾,而且还会导致内外冲突时常发生。因此乾隆五十七年十月二十三日,福康安就向清廷上奏了"周围国家商人在西藏贸易交往须立法稽查折"。福康安等要求:"嗣后应请查明贸易番回,造具名册,交驻藏大臣衙门存案。每年巴勒布止准贸易三次,克什米尔止准贸易一次。"④其次,加强对藏内钱制的改革。由于藏地本来缺铜,又与内地相距太远,因此藏内既不能在本地铸钱,又不能转运内地

---

① 《钦定廓尔喀纪略》,卷41,《谕军机大臣金本巴瓶已发往西藏》,"乾隆五十七年九月十日",缩微胶片,中国国家图书馆文献缩微中心。

② 《一史馆藏宫中朱批奏折》,乾隆五十七年十一月二十一日条,《福康安等奏拟卫藏善后章程六款折》。转引自中国藏学研究中心合编:《元以来西藏地方与中央政府关系档案史料汇编》,中国藏学出版社1994年,第789—791页。

③ [法]布尔努瓦著,耿昇译:《西藏的黄金和银币——历史、传说与演变》,中国藏学出版社1999年,第181页。

④ 中国藏学研究中心合编:《元以来西藏地方与中央政府关系档案史料汇编》,中国藏学出版社1994年,第778页。

钱加以使用。而在第二次中尼战争之前,藏地多用尼泊尔钱。该种劣质钱币曾充斥于西藏市场,并曾使尼泊尔国王"大发横财"。① 正是这种劣质的尼泊尔钱导致了藏尼双方在钱银兑换、租税标准上经常发生冲突,并导致了第二次中尼战争的爆发。战后清廷遂决定对藏内钱制进行改革:清廷利用银为原料,在藏内"照内地之例"铸造藏钱。通过此举,清廷想达到"庶货币流通,可期经久无弊"之目的。②

第三,军事上加强对西藏的管理和驻防。第二次中尼战争结束后,福康安于乾隆五十七年十一月初二日特向清廷上奏了"复酌定额设藏兵及训练事宜六条折"。其要点有五:1. 唐古特兵丁分设前、后藏地方,应酌定数目以肃兵制;2. 核定管兵番目等级;3. 唐古特兵及管兵番目应分别酌给口粮以资养赡;4. 应给予军器、军火认真操练,明示赏罚,以肃军纪;5. 严禁将备弁兵欺凌番兵,并役占番兵之弊。随后清廷在藏地又新设番兵三千名,以加强对藏地的防守。

第四,改革藏内司法制度。早在雍正十二年(1734)清廷就针对西藏颁布了"唐古特字律例"。③ 第一次中尼战争后,清廷又对藏内民、刑案件的审理作出了新的规定,要求此后这些案件应由郎仔辖呈明驻藏大臣后,再派人会同审理。第二次中尼战争后,福康安在奏"藏内善后条款除遵旨议复者外尚有应行办理章程十八条折"中又提出了严禁藏内"罪赎不公及私行抄没家产之弊"。福康安认为,在藏内存在严重的"噶布伦、郎仔辖、密本等剖断不公"现象,许多"噶布伦等每多怀夹私嫌,擅作威福,或竟将偶犯小过之番目人等""辄行抄没家产"。因此他要求此后将"罚赎多寡,按照向来旧例译写一本,交驻藏大臣衙门存案,以归划一"。④ 而后清廷又在"钦定二十九条"中对此上要点进行了强调。⑤ 通过此举,清廷不仅进一步强化了中央对西藏的最高审判权,而且还强化了中央对西藏民刑案件的最高判决权。

第五,收回西藏地方的对外交通权。在第二次中尼战争之前,清廷对西藏地

---

① [法]布尔努瓦著,耿昇译:《西藏的黄金和银币——历史、传说与演变》,中国藏学出版社1999年,第227页。

② 托津纂:《大清会典事例》,卷743,文海出版社1990年,第576—582页。

③ 西藏研究编辑部编:《西藏志·卫藏通志》,西藏人民出版社1982年,第506页。

④ 《一史馆藏宫中朱批奏折》,转引自中国藏学研究中心合编:《元以来西藏地方与中央政府关系档案史料汇编》,中国藏学出版社1994年,第800—801页。

⑤ 清廷《钦定二十九条》规定:"嗣后命案等除依照向例予以惩办外,应立案呈报驻藏大臣衙门备案。凡要案应事先报请驻藏大臣核拟办理。该没收财物一类,亦应报请驻藏大臣批准。不论公诉或民诉均须秉公办理。"《西藏馆藏钦定藏内善后章程二十九条》,转引自中国藏学研究中心合编:《元以来西藏地方与中央政府关系档案史料汇编》,中国藏学出版社1994年,第833页。

方,特别是对达赖喇嘛的对外交往权并无多少限制。如当廓尔喀、布鲁克巴、哲孟雄、宗木等外部人来藏布施,或讲论事务时,达赖喇嘛等就经常给他们发送书信。而第二次中尼战争后,清廷日益意识到限制西藏地方对外交往权的重要性。所以清廷要求此后"凡有文书往来,均应由驻藏大臣会同达赖喇嘛协商处理"。不仅如此,清廷还要求:"外番人员来藏,由边界营官查明人数,禀报驻藏大臣并由驻江孜、定日汉官验放后,方可前来拉萨。外藩致书驻藏大臣应由驻藏大臣给谕;致书达赖喇嘛等文书,须译呈驻藏大臣由驻藏大臣阅后,酌拟回文交来使带回。"①

二、康乾盛世下清廷同各属国关系

(一)康乾盛世下清廷同朝鲜的关系

1.康熙前期的中朝关系:双方的猜疑与不信任

康熙执政之初,清廷朝鲜宗属关系虽维持着表面上的和好往来,但是这一关系与皇太极、顺治时的清廷朝鲜关系仍很相似,即清廷与朝鲜双方都还处在一种相互猜疑与防范的过程之中。如康熙二十七年,朝鲜因国内"牛多疫死,民失耕种"而请求清廷暂停互市,而且朝鲜方此次进贡供品也与成例不同。有鉴于此,康熙帝遂称朝鲜人为"赋性狡诈",并担心"若遂如所请,此后未必不玩忽",因此而特命礼部商量对策。② 在此,康熙帝对朝鲜人的猜忌可见一斑。而朝鲜和清廷一样,对"清国"也不信任。如朝鲜方面使节回国时,特意向国王报告称:"(使者)乃招入于数步之内……(康熙)又微笑而即令出者,此必专为此言而有召见之举也,或不无日后之忧,其为阴谲叵测甚矣。"③清廷对朝鲜国王是否真心臣服很难确信,而朝鲜国对康熙帝能否有能力成为天下共主的皇帝,是否有能力来统治儒家文化程度远远高出满族的汉族天下亦无信心,并且对他能否统一天下大表怀疑。

最能体现朝鲜宫廷如此担心和作出具体反应的,则是孝宗朝的诸多行为。在孝宗之前,朝鲜方面用来应付清廷的一项政策就是对清廷的倭情报告,即朝鲜通过对清廷报告所谓倭情来使清廷相信朝鲜的倭情可畏,从而答应朝鲜完善自身的防

① 中国藏学研究中心合编:《元以来西藏地方与中央政府关系档案史料汇编》,中国藏学出版社1994年,第830—831页。
② 《清圣祖实录》,卷121,康熙二十四年五月甲寅条,中华书局1985年。
③ [韩]《显宗改修实录》,学习院东洋文化研究所昭和32年(1957),第3972页。

御体系建设。这一政策在仁祖朝得到运用,而且在新国王孝宗执政后发生了明显的变化。其主要表现为:在国内反清复明情绪高涨而清廷对朝鲜控制有所放松的情况下,朝鲜主动放弃了对清廷报告倭情政策,而是积极主动地加强自身的国家防御力量,从而进行着反清复明的全盘策划。

清廷对朝鲜也确存戒心,特别是吴三桂三藩之乱之时,它担心朝鲜会卷入这场战争之中,那么清廷所要面对的不仅是三藩之乱、台湾的郑氏集团、西北边陲的蒙古部落、东北边陲的朝鲜,而且日本也可能卷入这场战争。因此康熙帝从十三年到十六年间,对朝鲜的种种"不法"行为均无暇顾及,而且对朝鲜内部尹鑴等高唱的"北伐论"也不曾对朝鲜使节有片言提及。康熙帝于这一时期没有给朝鲜施加任何压力,并不是说清廷不知道朝鲜内部的情况,而是此时期清廷只能尽量地用一种柔性的手段来使朝鲜不走极端,以争取时间来平定三藩之乱。正是出于这一目的,康熙帝改变了顺治以前的严遣敕使问罪做法,而是尽量地在"安内"的前提下"怀柔"朝鲜,使之真正臣服清廷。

康熙十六年,三藩之乱基本平定,其后又收复了台湾,所以从此清廷在东南部的一统天下格局基本完成。这一格局的形成对朝鲜产生了重要的影响,从此朝鲜的"反清复明"失去了"基地"和"依靠",清廷、朝鲜关系开始进入真正的改善时期。

2. 清廷为改善中朝宗属关系所作的努力

康乾盛世时期,清廷为改善中朝宗属关系曾在多方面做出了努力,并期望以此感化朝鲜使朝鲜不再抵制清廷。而这一"怀柔远人"的政策体现在诸多方面:如册封、朝贡、救恤、剿乱、兴灭继绝、严守封疆、司法、敕使管理等,下面将通过经济、政治、文化等三个层面来阐述这一问题。

第　,经济上"厚往薄来"。

自康熙执政之后,清廷就开始在治理藩属问题上转变思路,不再动辄用过去高压的、武力的甚至威吓的方式来使属国臣服,而是改用一种更为柔和的、更易被属国接受的恩惠方式来化解双方的猜疑与戒心,以期建立一个更加融洽、更为和谐的宗属关系。正是出于这一最高目标,康熙帝在平定三藩后遂加快了对朝鲜等属国宗属关系的建设,其中经济上对朝鲜等属国的厚往薄来就是典型。

首先,体现为贡品日减的"薄来"政策。清代初期,清廷对朝鲜有过需索行为,主要是为了满足关外时期后金政权自身发展的需要;而到了康熙朝后,清廷基本上对朝鲜停止了官方需索行为。如康熙五年,康熙帝就专门派学士赍敕朝鲜国王减免清廷使臣礼物,并将顺治时期的"减礼条例"内容再次酌减。① 雍正帝即位后在减少贡物上进一步做出了努力,以推动中朝宗属关系向更深层发展。如雍正元年,雍正帝在谕礼部时就称:"朝鲜国自归顺我朝,恪共藩职。列圣以来,屡次施恩,减负贡物。今所贡或尚有可减者,著确议具奏。"②议奏的结果是:嗣后请酌减布八百匹,獭皮百张,青黍皮三百张,纸两千卷。③ 乾隆帝即位之初也仿照康熙、雍正两帝的做法,对朝鲜施以经济上的减贡,以符合宗属关系中的厚往薄来规则。乾隆帝刚一接管政务,就命令减朝鲜国馈送诏使仪物。④ 另外,对朝鲜方面进贡中的多余贡品,乾隆帝也同样坚决地加以扣除。如乾隆元年,朝鲜补进贡物时有多余的黄细苎等物,乾隆帝就要求将它们移作本年度的贡物。再者,乾隆帝又将朝鲜方面表贡世宗皇帝尊谥、孝敬宪皇后尊谥礼物都照例地停止接收,并将它们移作以后年贡。⑤

其次,体现为赐品日多的"厚往"政策方面。以上是康雍乾三代对待属国朝鲜"薄来"政策的体现,而"厚往"方面则主要体现在赏赐日益增多上。对朝鲜的赏赐在顺治年间就已形成先例⑥:顺治十八年,清廷颁诏天下,恩诏有外藩时,赏朝鲜国王各锻共五十匹。⑦ 康熙年间,清廷在赏赐朝鲜等属国方面也不曾犹豫,仍遵照顺治时期的旧例,加赏朝鲜国王和使臣。如康熙八年,朝鲜使臣自北京回朝鲜时《朝鲜实录》亦称:"使臣之自北京还,清国例送银缎于朝廷,称之赏赐,至是冬至使赍来银一千两。"⑧雍正帝刚一即位就命令加赏朝鲜等国,其在谕怡亲王时就称:"外藩人等来朝,给以食物,及其归国颁以赏赐,俱有定例。但该管官员未免忽略,遂使远人不沾实惠。朝鲜国守职恪顺,百年有余。今琉球来使,亦甚恭谨。伊等归国时,一切应赏之物,择其佳者给与,务使得沾实惠……朝鲜……安南等国……或应有行加赏之处,酌量定议奏闻。"⑨清乾隆帝即位,则开始了对朝鲜的特殊赏赐政

---

① 清廷要求此后正使银五百两,棉绸布二百匹,苎布六十匹,豹皮十张,水獭皮三十张,青黍皮十五张,鹿皮七张,大纸五十卷,小纸一百卷,花席二十,顺刀二把,小刀十把,被褥一副,靴袜各一双,马鞍、闲骆一匹,副使减银百两,其他相同。《清圣祖实录》,康熙五年条,中华书局1985年。

② 托津纂:《大清会典事例》,卷393,文海出版社1990年,第7797—7798页。

③ 《清世宗实录》,卷9,雍正元年七月辛卯条,中华书局1985年。

④ 《清高宗实录》,卷9,雍正十三年十月辛未条,中华书局1985年。

⑤ 《清高宗实录》,卷12,乾隆元年二月丁丑条;卷36,乾隆二年正月癸酉条,中华书局1985年。

⑥ 《清世祖实录》,顺治十年条,中华书局1985年。

⑦ 托津纂:《大清会典事例》,卷217,"朝贡",文海出版社1990年,第857页。

⑧ [韩]《显宗改修实录》,显宗十年三月甲辰条,学习院东洋文化研究所昭和32年(1957),第3958页。

⑨ 托津纂:《大清会典事例》,卷506,文海出版社1990年,第862页。

策。这种赏赐表现在量的日益增大、频度的日益增多、价值日益增大上。乾隆一朝是清朝、朝鲜宗属关系达到友善的巅峰时期。这种宗属关系在政治上体现为宗主国与属国相敬的天下一家关系,在日常的遣使交往、请安赏赐上却表现为一种亲谊或私下的礼尚往来关系。之所以有这一友善宗属关系的空前膨胀,固然与清初以来的清廷对朝鲜的正确宗属政策和友善关系的开展有关,还与乾隆朝的重赏朝鲜政策、对朝鲜优先的"厚往薄来"做法密不可分。①

第二,政治上"怀柔远人"。

首先,严格的敕使管理制度。清朝对朝鲜等属国政治上实行怀柔的例证很多,其中严格的敕使管理制度就是其中的一项。自康熙执政之初,清廷就开始注意加强对敕使的管理,这一管理经康雍乾三代渐渐成为了一种敕使管理制度。这一敕使管理行为相对于明代客使需索行为而言,无疑很好地体现出清廷对朝鲜等属国实施政治上怀柔远人之用心。

其次,迁让的边界政策。清朝与朝鲜的宗属关系最初虽是通过战争的方式建立起来的,但是自与朝鲜宗属关系的建立到清末中朝宗属关系的终结,清廷从未在领土上对朝鲜有过任何要求。不仅如此,清廷在中朝疆域问题上也向来都是尽量地迁让朝鲜,或应朝鲜方面要求、或主动地采取手段建立缓冲地段,避免双方在边界问题上产生分歧而影响清廷、朝鲜宗属关系的发展。这些边境政策同样是清廷对朝鲜等属国实行政治怀柔的重要体现。

第三,文化上"宏宣德化"。

清代统治者对外,尤其是对属国照样要宏宣"德化"。不宏宣"德化",则无法体现清朝帝王的"天下共主"身份。康乾盛世时期,清朝对朝鲜等属国的宏宣"德化"体现在政治、经济、司法、边境等多个方面。甚至可以说清廷同朝鲜等属国发生的一切交往,几乎都能找到统治者宏宣"德化"的话语表达。首先,康乾盛世下清廷对属国朝鲜"厚往薄来"的一系列活动,就是"宏宣德化"的重要体现。同样,康乾盛世下的清廷同朝鲜的厚往薄来的经济交往方式之出发点和最终归宿都是为了体现大清皇帝对属国的"宏宣德化",通过它来维持宗主国与属国之间的和谐关系。其次,清朝对出使朝鲜等的清朝敕使的管理也体现了清朝对朝鲜等属国"宏宣德化"的用心。清廷通过对出使敕使的管理达到其最初的用意,即让朝鲜心悦诚服地承认原是东北蛮胡的女真人也能成为中华共主,而且能成为更为文明的、更

---

① 托津纂:《大清会典事例》,卷507,文海出版社1990年,第864页。

懂礼仪的、更为儒化的中华共主。当清朝的一系列行为与中国传统的儒家理论相吻合，并做得比中国旧有的汉家天子更好、更优秀时，朝鲜原有的对清排斥情绪也就渐渐在这种重"大义"的礼仪交往中冰释了，朝鲜方原有的骄慢与偏见也就渐渐地被内心的臣服与感激所取代。这一"宏宣德化"的手段促使朝鲜方面对清朝的评价发生变化。如乾隆五年十月，朝鲜副使徐宝玉回国后就称："雍正有苛刻之名，而乾隆有行宽之政，以求言诏观之，以不论寡躬阙失，大臣是非，至于罪台谏，可谓贤君矣。"①

3. 朝鲜国内"北学"的兴起

随着中朝宗属关系的巩固与发展，特别是双方民众的互动以及双方共同利益的形成，中朝宗属关系在乾隆朝开始掀起一个浪潮。这一浪潮又因康乾盛世顶峰时刻的到来进一步推动了中朝宗属关系的发展，其主要体现是朝鲜"北学"的兴起。

"北学"的兴起主要是在乾隆朝，这固然与中朝宗属关系的良性发展以及友好因素的沉积有关，但也与乾隆朝清廷鼎盛局面的打开密不可分。乾隆朝是清康乾盛世的顶峰期，无论是国土领域、人口数量还是物质财富都达到了当时的最高记录。而蒙古、西藏等边陲统治的加强，更进一步强大了清廷的实力。此时清廷才真正以"天下共主"身份同各个藩部和属国发生着联系，并以一种"君临天下"的姿势同各国发生着交往。而在国内，清廷进一步加强了中央集权统治，完善了中央政权对各个藩部与土番的管理体制，并广兴屯田、开垦土地、发展农业生产，从而将一个农业型的自给自足的东方帝国推进到它最为辉煌的顶峰时期，向世界展示着它的"富有""强大"与"安全"。

对于朝鲜而言，清宗主国的全部汉化统治以及这种"汉化统治"所取得的"成就"对它产生了极大的震撼。现实告诉它，不只是汉人天子可以让中华帝国走向"强大""繁荣"，"夷狄天子""胡人"也可以用"汉化统治"来达到中华帝国的再度繁荣。学习"胡人"的统治经验对于朝鲜而言，同样重要。学习他们的做法则是朝鲜从华夏文化圈中所享受到的一种权利，同时也是一种"近水楼台"的优势。因此到了乾隆年间，朝鲜方面的"北学"活动已经开始脱离了原来对清廷的赞许、认可状况，主动地提出了具体的学习要求。

当然，乾隆时期朝鲜"北学"的兴起，还与朝鲜国王英宗、正宗等对清廷的友善

---

① ［韩］《英宗实录》，十六年七月丙午年，学习院东洋文化研究所昭和 32 年（1957）。

态度密不可分。英宗对待清廷完全是"待之以诚，施之以礼"的，如乾隆二十年，清廷敕使到朝鲜时，朝鲜国王英宗就不顾风雨亲幸南馆，慰问敕使。就在清廷上、副敕使因风雨太大而请求国王毋需临幸时，朝鲜国王却仍以"虽是期猎，不可以雨止，况待敕乎"而亲自"临幸"。① 而乾隆二十八年，清廷敕使再来时，清廷特地恳请朝鲜国王允许朝鲜方伴送使"乘轿"，但国王却不允许，且称："钦差皆骑马，傧臣何敢乘轿乎？"②

朝鲜正宗朝时，朝鲜国王同样继承了英宗时的作法，对清廷大表善意，而且在礼节、表文内容上也表示出极大的恭敬。正因为正宗朝的这些过于亲善的举动而引发了朝中的异议，有人称："闻表文之式，视前渐隆，赞扬之际，或以尧、舜、孔子之名空言加之，此岂先正所云'忍痛含冤，迫不得已'之意哉？"正宗听到此等批评后，批示曰："寂然之中，由此无隐之说，谓之差强人意可乎？ 上段诸条当留意，其次数件系不可洩……"③由此看来正宗心里对此大臣的异议是持否定态度的。正是因为英宗、正宗两朝朝鲜国王均对清廷持"亲善"政策，这才引发了朝鲜国内明目张胆的"北学"运动。

4. 乾隆朝中朝特殊宗属关系的形成

到了乾隆期，清廷与朝鲜特殊的宗属关系达到了顶峰，这种特殊的宗属关系主要体现在以下几点：

第一，清廷对朝鲜实行特殊的册封礼遇政策。乾隆二年，朝鲜国王李昑请封世子李愃，礼部以"年未及岁，与例不符，应否（准）其册封"。但是乾隆帝却以"该王既称迟暮之年，伊子李愃，知识渐长，舆情所在……著照所请"。④ 而乾隆二十八年，朝鲜国原封世子李愃身故，国王又请求清廷封李愃的儿子李算为世孙。礼部以李算年方十二，此与素来请封之例不符，又拒绝了这一请求。但乾隆帝又一次答应了朝鲜的请求，将李算封为世孙。⑤

第二，清廷对朝鲜使行人员的特殊接见礼遇。乾隆帝于四十三年巡幸盛京时接见了朝鲜国使节，而其对朝鲜使节的亲密态度则超过了清代的历代皇帝。乾隆帝可谓事无巨细地细心询问朝鲜使臣，以期促进中朝两国的宗属关系进一步发展。

① ［韩］《英宗实录》，学习院东洋文化研究所昭和 32 年（1957），第 4591 页。
② ［韩］《英宗实录》，英宗三十九年九月癸亥条，学习院东洋文化研究所昭和 32 年（1957）。
③ ［韩］《正宗实录》，正宗四年十月辛酉条，学习院东洋文化研究所昭和 32 年（1957）。
④ 《清高宗实录》，卷 56，乾隆二年十一月丁巳条，中华书局 1985 年。
⑤ 《清高宗实录》，卷 686，乾隆二十八年五月甲子条，中华书局 1985 年。

乾隆帝首先问朝鲜国王"平安乎?"然后又问"尔国向来之事,今果如何?"接着又问朝鲜使节"尔国今年年事如何?"接着又问朝鲜使节"年为几许?"最后又问使节"官职如何?"并且于应对之间"气色和好,连为含笑"。①

第三,朝鲜方面的努力。这种特殊宗属关系,还体现在朝鲜国王对清廷敕使的亲密接触上。乾隆四十九年,清廷特派敕使西明和阿肃到朝鲜赏赐朝鲜国王,朝鲜国王正宗与敕使进行了亲密的交谈。国王先问正敕使年岁几何,又问副敕使年岁几何,然后又问正敕、副敕官职。并且朝鲜国王还专门派人挽留清使多住几日,以表亲善。朝鲜宫廷在培养中朝特殊宗属关系上也不遗余力、挖空心思,其中代表性的活动是朝鲜方主动回访清廷使臣,馈赠财物。这种行为就两国宗属关系的合法性而言无疑是不正当的,但是中朝特殊宗属关系却是在这种相互造访、相互赠送的交往中得到进一步增强的。乾隆五十年,朝鲜方谢恩使朴明源与尹承烈来到清廷。他们在办完公事后,专程去造访了乾隆四十五年到朝鲜去的清使西明、阿肃等。他们首先让首译到西明家与西明约定于二月初二日在家里见面。见面时,朝鲜方使臣与西明等进行了相互的"谦让"与"赞扬"。朝鲜方面对西明归国的奏报非常满意,为表示感激,朝鲜来人向西明赠送了大量的金银财物,并向西明打听了乾隆帝的旨意。二月初五日,朝鲜使臣又造访清廷副敕使。朝鲜方面照样向副敕阿肃赠送若干币仪,副敕也大大方方地笑而受之。二月初六日,朝鲜方面又造访了副敕使阿肃。朝鲜方除了想从副敕口中打探皇帝的意图外,更为重要的是想通过结好正副敕使来进一步达到推动中朝关系友好发展,以及取悦皇帝的目的。

(二)康乾盛世下清廷与琉球的关系

1.康乾盛世下中琉宗属关系的巩固与发展

康乾盛世时期中、日、琉三国关系的发展状况对此后三国关系的发展产生着重要影响,而且在某种程度上说近代中国最终失去琉球的宗主权、日本最终吞并琉球只是康乾盛世下三国关系发展之结果。因此,要了解晚清日本为何最终能吞并琉球,中国为何最终失去了琉球宗主权以及琉球为何最终亡国,很有必要往前追溯康乾盛世时期三国关系的发展状况。

具体而言,清代中前期三国关系的发展状况显示出不同的发展路径。自清代初期以来,清廷就积极建立中琉宗属关系。至顺治时期,这一关系虽经历了诸多曲

---

① [韩]《正宗实录》,正宗二年八月癸丑条,学习院东洋文化研究所昭和32年(1957)。

折,终于建成。而到了康乾盛世时期,清廷进一步通过各方面的努力去完善这一基于友好基础上的传统关系。清廷通过对琉球经济上的"厚往薄来"、政治上的"怀柔远人"、文化上的"宏宣德化"等措施,使中琉宗属关系在康乾盛世时期达到了清代历史发展之顶峰。在清廷的努力下,琉球对中方的宗属关系也进行着积极的回应;它从政治上、文化上仿效清廷体制,从社会心理上接受清朝宗主国地位。但是,康乾盛世时期也是日本对琉球进行渗透、控制、扩大自身影响力的重要时期。受地理条件和中日琉球政策不同等多方面因素之影响,这一时期中方的琉球影响相对中国历史发展的纵向比较而言虽得到了增强,但是相对同时期日本对琉球影响之增强而言,却日显衰落。随着中日在琉球王国竞争之发展,随着中方传统琉球宗属政策之不变和日本对琉球控制和影响之增强,当东方步入近代世纪,当日本从封建社会步入近代资本主义社会后,它必将最终吞并琉球。基于以上内容,此节力求探索出康乾盛世时期中、日、琉球三国关系之发展状况,以及此发展对整个清代尤其是近代以后中、日、琉球关系之影响。

几乎自明万历十六年后,日本就开始对琉球施加"影响";而万历三十七年萨摩藩侵入琉球后,琉球从此成了日本萨摩藩的臣属,并受到萨摩藩的严格控制。中方则不同:明、清政权过渡时期同时却是中方对琉球影响的最低潮时期,日本趁此机会进一步增强了日本对琉球的影响。清初政权的确立虽为中琉传统关系的再度建立提供了条件,但是由于受诸多因素影响,致使中国琉球传统关系并未能迅速恢复。不仅如此,相对于日本对琉球影响日益增强的发展趋势而言,清初中国对琉球的影响却相对削弱。因此,当清廷统治步入康乾盛世时期,清廷能否借助盛世的机会挽回中方日益削弱的琉球影响、抵制日本的琉球扩张行为,将关系到整个清代以及近代时期中、日、琉球三国关系发展的最终走向。

康乾盛世时期清廷为迅速恢复中、琉传统关系的确采取了许多措施,做出了诸多努力。它主要包括以下几个方面:

第一,政治上及时"册封"。

康乾盛世时期,清廷要迅速恢复中方对琉球影响的最好办法就是对琉球国王的册封。因为根据封建宗属体制理念,清廷对琉球国王册封仪式的完成,表明琉球从此纳入了"中国"范围,琉球国王和子民从此成为中国皇帝的臣民。因此,康熙帝刚一即位就抓紧时机增强中国的琉球宗主权。康熙元年,清廷派张学礼等①出

---

① 王之春著,赵春晨点校:《清朝柔远记》,中华书局1989年,第67页。

使琉球,对琉球国王进行册封。至此,本应在顺治三年完成的册封琉球国王的行为在推迟了十六年之后,终于在康熙元年得以实行。此后,清廷于康熙七年在福建重建柔运驿,以便琉球国使臣居住。

康熙二十一年,清廷又派汪辑等出使琉球,册封琉球国王尚贞。康熙帝亲赐琉球国王御书"中山世土"匾额,以表对琉球的怀柔。康熙五十六年,琉球新君尚敬请册封,康熙五十七年六月清廷又派海宝、徐葆光等为册封使出使琉球,册封琉球国王尚敬。雍正朝,清廷无册封琉球行为。乾隆朝清廷成功地册封琉球国王也仅有一次。乾隆十六年,琉球国王尚敬卒,新国王尚穆于乾隆十九年才上书清廷请求册封。清廷于乾隆二十年五月派出全魁、周煌到琉球又一次册封琉球国王。乾隆五十九年,琉球国王尚穆卒,其后新国王尚温直到嘉庆三年八月才向清廷请求册封。清廷于嘉庆四年派出赵文凯、李鼎元等为册封使到琉球册封琉球国王尚温。清廷以上的五次册封事件中,除了第一起册封事件是因清廷原因而拖延外,其他几次册封被推迟的原因均来自琉球。虽然清廷第二次册封是按时进行了,但其他的三次册封与正常的册封相比,都推延了三四年,甚至十几年。如第三次册封,琉球国王尚贞死于康熙四十一年,但到了康熙五十六年琉球方面才向清廷"请封",相隔达十五年之久。

自康熙二十一年以后的几次册封推迟的原因,均来自琉球而非清廷。因此,就康乾盛世时期而言,清廷对琉球国王的册封还是相当积极的;一旦琉球向清廷提出册封请求,清廷立即派出册封使对琉球新王进行册封,从琉球方面提出请求"册封"到清廷派出册封使间隔一般不超过一年。而清廷之所以没有马上派使册封,其原因在于等待季风季节的到来,以便顺风出发。相反,琉球在请封方面却比清廷册封方面有着更长的间断。其间固然有多方面原因(如气候原因等),但其主要原因极大可能是日本萨摩藩的干涉。因此,就此等时间差距之比较而言,清廷在传统藩属体制所容许范围内处理琉球问题时,特别是巩固清廷在琉球的宗主权方面,做出了努力,尽量及时地册封琉球国王,以巩固中琉传统关系。

第二,经济上"厚往薄来"。

中国历代封建王朝在处理宗属关系时,都遵循"厚往薄来"政策,以此来怀柔远邦,达到"四夷归附"的目的。清廷遵循"古先哲王柔怀群僻,卒以厚往薄来为常经"的原则,并坚守"不贵异物,不宝远物"的传统做法①来发展邻邦关系。这一宗

---

① 潘相:《琉球入学闻见录》,文海出版社 1973 年,第 25 页。

属体制内传统的"厚往薄来"朝贡政策针对康乾盛世下的中琉宗属关系而言,主要体现在"薄来"与"厚往"两个方面。

首先,通过"薄来"方式,增强中方对琉球的影响力。按照《明会典》定例,琉球旧有贡物种类如下:金银罐、金银粉匣、金银酒海、泥金彩画屏风、泥金扇、泥银扇、画扇、蕉布、布、红花、胡椒、苏木、腰刀、大刀、枪、盔甲、鞍马、丝绵、螺盘等。① 不仅种类繁多,而且数量巨大。自康熙朝开始,清廷就对琉球实行积极的"薄来"政策,以此恢复传统的中琉关系。

康熙三年,清廷做出了"外国慕化,来贡方物,照其所进收受,不拘旧例"的规定。② 康熙四年,琉球方面因进贡贡物在梅花港口遭风漂失,进行"补贡"。有鉴于此,清廷决定免其补进。但是康熙五年,琉球国王仍然派人补进方物,并加贡红铜六百斤、黑漆、鱿鱼、螺十个。③ 康熙帝为了达到"怀柔远人"之目的,仍将琉球所补进的金银器皿等"著发回"。④ 随后康熙七年,清廷对琉球的"外贡"又一次加以削减,减去了外贡里的黑漆、龙画盘十个。康熙十九年清廷对琉球贡物又实行了一次规模较大的减免。康熙二十年,康熙帝又免去了琉球贡马的负担,至此所保留下的常贡物品只有:熟硫黄一万二千斤、海螺壳三千个、红铜三千斤。⑤ 但是康熙二十九年,清廷又将琉球常贡中的海螺壳三千个减免,至此,琉球的常贡物品仅剩下熟硫黄和红铜两样。⑥

雍正三年,琉球派人表谢方物,以谢雍正二年清帝御书"辑瑞琉阳"和赐物赡恤琉球官生等行为。雍正帝为表达怀柔琉球之意,命将其抵做雍正四年正贡。当雍正四年琉球再次表谢方物时,雍正帝又将之留做雍正六年正贡。当雍正六年琉球再贡方物时清廷将它留做八年正贡。依次类推,以后琉球方面的表谢方物,几乎都被清廷按照向后推迟两年的方式留做此后的正贡。

乾隆时期,清廷在传递"怀柔属国"的减贡运作方式上与康熙、雍正朝一样。乾隆二十二年,琉球国王尚穆进贡册封谢恩礼物。其礼物有金鹤、盔甲、金锦、腰

---

① 托津纂:《大清会典事例》,卷72,文海出版社1990年,礼部三十三,第3723页。
② 托津纂:《大清会典事例》,卷502,文海出版社1990年,礼部三十三,第820页。
③ 蔡温:《中山世谱》抄本,殷梦霞编:《国家图书馆藏琉球资料续编》下册,北京图书馆出版社2002年,第260—261页。
④ 托津纂:《大清会典事例》,卷503,文海出版社1990年,第820、828页。
⑤ 托津纂:《大清会典事例》,卷72,文海出版社1990年,礼部33,第3723页。
⑥ 蔡温:《中山世谱》抄本,殷梦霞编:《国家图书馆藏琉球资料续编》下册,北京图书馆出版社2002年,第272页。

刀、银饰腰刀、漆饰镀金枪、漆饰镀金哀刀、黑漆马鞍、金彩画围屏、扇、丝绵、练芭蕉布、纹芭蕉布、布、白银、锡、红铜等凡十六种。乾隆帝出于对传统宗属制度和宗属精神的坚守,同时也是对清朝传统"怀柔外邦"政策的继承,特下谕旨,将此次礼物"留做下次正贡"。①

其次,通过"厚往"的赏赐方式,增强中方的琉球影响。康乾盛世时期,清廷在增强中琉宗属关系时"厚往"的赏赐方式对恢复中方对琉球的影响也起到一定作用。"厚往"政策主要体现在朝贡活动中清廷日益增加对琉球的"赏赐"数量。具体而言,康乾盛世时期,中方通过"厚往"方式去增强中方对琉球的影响,主要体现在琉球的每一次朝贡活动中清廷对琉球贡使或国王日益增多的赏赐上。

第三,文化上"宏宣德化"。

康乾盛世时期清廷不仅通过经济上的"厚往薄来"和政治上的"册封"等活动去加强清朝同琉球的宗属关系,同时也通过文化上的交流去加强中琉之间的传统关系;其中发展琉球留华官学生教育和中琉民间文化交流就是代表,清廷企图以此来增强双方关系。

中国自明代洪武、永乐以来,闽南"三十六姓"移民壮举就曾为中国文化输入琉球作出了巨大贡献。正是有琉球久米村汉人后裔在琉球"能言教以汉语、能书教以汉文"②的积极宣传,才有琉球官方自明代以来以汉文作为官方文书书写文字的结果。

康乾盛世时期,清廷在文化输出方面秉承明朝做法,积极教授琉球方面派来的留学生,以期实现"国家声教覃敷,无远弗届"之目的。③

同时清廷企图让琉球留华官生通过"沾雨露之湛斯",来达到对清朝宗主国"望苍云而入贡"的目的。④ 就琉球方面而言,自明代至其被日本吞并为止,中华文化仍然是琉球官方文化中较具影响力的文化。正是因为中方文化对琉球具有较大吸引力,才促使琉球方多次主动向清廷派遣官生,入太学学习。同册封事件一样,清廷对琉球入学行为表现得非常积极。每次琉球方面提出入学要求时,清廷从无反对之表示。琉球的入学官生在康乾盛世时期仅有三次,而乾隆二十五年派出的

---

① 托津纂:《大清会典事例》,卷503,文海出版社1990年,第820、828页。
② 李鼎元:《使琉球记》,文海出版社1970年;黄景福《中山见闻辨异》,第241页;《清代琉球纪录集辑》诸家,台湾大通书局1984年,第179页。
③ 王士桢:《琉球入太学始末》,《清代琉球纪录集辑》诸家,台湾大通书局1984年,第17页。
④ 潘相:《琉球入学闻见录》,文海出版社1973年。

四人又因传染疾病导致三人卒于馆。因此从总体上讲,康乾盛世时期琉球官学生的教育影响与作用不及明朝。但是就当时情况而言,这一教育方式对于双方关系的巩固与发展还是起到了一定作用。前两次官学生中,梁成辑归国后历任通事,蔡文涛官至"紫金大夫",阮维新也官至"紫金大夫",郑谦任"存留都通事",梁允治任"外间亲云上"。他们在学习期间,"笃志向学",更有甚者,手抄四书五经,著《四本堂集》《服制辨义》。他们大多成为琉球国内的"学术之师"。琉球方面正是通过他们来教育更多的琉球官家弟子,学习中华文化。①

通过这些留清的琉球官学生,中华文明通过官方渠道传播到琉球,其影响虽不像清代时人所期望的"其国声名文物,必且月异而岁不同",②但对琉球社会还是具有较大的冲击力。

第四,运作上对出使琉球敕使的严格管理。

康乾盛世时期在建立和巩固属国的宗属关系的另一努力则体现在加强清廷出使琉球敕使的管理上。清康乾盛世时期派往琉球的册封使行次数虽仅四次,但从这四次敕使册封活动中仍能看出清廷在敕使管理上的努力。乾隆二十二年前的敕使册封琉球国王时,琉球方面例赠敕使宴金一百九十二两。但是每次清廷敕使都不曾接受该银两,而是琉球方面通过下一次朝贡贸易时再将它带到清廷。只有当清帝允许后,出使琉球的中方使臣才可接受此笔礼金。但到了乾隆二十二年,当琉球方面将宴金一百九十二两照例带到清廷时,乾隆帝却禁止敕使接受。乾隆帝称:"使臣奉命册封,自应仰体朕意,不欲滋扰外藩",并要求将所送宴金"仍令该国使臣带回"。③ 不仅如此,同时清廷还通过惩罚该次敕使随行人员在琉球的不法行为来达到加强中琉宗属关系之目的。该年,清廷敕使出使琉球时,使行人员中部分兵役发动"政变",他们胁迫使臣,要求琉球方加赏"恤银"。其结果是琉球方共花费银两达五万一千余两后,才将他们打发走。而且这些人在琉球还犯有嫖宿娼妓、"殴打、从凶"等不法行为,使得清廷宗主国之形象在琉球面前大为削弱。因此清廷决定对此事件加以严处。其结果是将其中的渠魁、翁元、黄登等判为斩立决,朱华、朱文彩、林赐、欧元德等拟为绞监,秋后处决;任贵、梁大有、林升、刘光国等发往黑龙江地方当差,郑孝本、苏四等各杖一百,枷号一个月。④ 同时,清廷赔补了琉

---

① 王士祯:《琉球入太学始末》,见《清代琉球纪录集辑》诸家,台湾大通书局 1984 年,第 17 页。
② 王士祯:《琉球入太学始末》,见《清代琉球纪录集辑》诸家,台湾大通书局 1984 年,第 19 页。
③ 周煌:《琉球国志略》,台湾大通书局 1984 年,第 215 页。
④ 徐艺圃主编:《清代中琉关系档案选编》,中华书局 1993 年,第 52 —54 页。

国王的全部花费。正是因为该起案件,使得此后到琉球的使行人员格外小心,并且对此后中国使行人员的琉球贸易也产生了极大的影响。但从另一个角度看,清廷正是想通过规范使行行为来达到巩固中琉宗属关系之目的。它虽没有日本萨摩藩对琉球进行直接控制有效,但在当时的时段内的确达到了加强中琉宗属关系的目的,给琉球树立了清朝宗主国的良好形象。

2. 琉球对清朝宗主国友善宗属关系之反馈

自中琉宗属关系建立之初,清廷就为巩固宗属关系做出了诸多努力。这对中琉宗属关系的巩固起到了一定作用。这一作用主要表现在琉球对清朝宗属关系的积极响应上。琉球对清朝宗主国宗属关系的积极响应主要表现在以下几个方面:

第一,政治制度上仿效中国体制。

康乾盛世时期,琉球对清朝宗主国宗属关系的积极响应体现在政治体制方面就是琉球对清廷政治制度进行仿效,其中最主要的是仿效清廷的官制和刑法。黄景福在《中山见闻辨异》中就记载了琉球方面仿效中方政治体制的做法。他称:"先王之制,凡属国止封其君,而其臣之爵秩不与闻焉。琉球爵秩,亦分为九品如中国例,《志略》较《徐录》所载为详。"[1]按黄景福的考证,琉球国官制也分为九品十八级:国相为正一品,法司官为从一品;紫金官、紫金大夫加法司衔为正二品,不加法司衔为从二品;耳目官为正三品,正议大夫加耳目官衔为从三品;吟味官、正议大夫为正四品,那霸官、中议大夫、长史为从四品;正殿当官、都通事为正五品,副都通事、加当官为从五品;正殿势头官为正六品,加势头官为从六品;里之子亲云上、副通事为正七品,筑邓之亲云上为从七品;正殿里之子为正八品,里之子座为从八品;正殿筑登之为正九品,筑登之座为从九品。[2]而琉球国官制上仿效中国的"物化"形式或称为"外化"形式主要体现在"八卷"设缨制度方面。据《中山世谱》"乾隆五十六年辛亥"条载:"主上特谕本国八卷从来无缨,有所不便,当循依中华之冠设缨可也,该司议复等因。饬行法司遵将议得,是有允协,理应凛遵等因,奏复奉旨,依议。是以来年元旦起上下一体设缨。奏定,主上八卷以黄丝组,王子、按司以青丝组,自法司以至诸士及八重、太平两山头目等人一是黑丝组,无系座敷。以下黑棉组,各从其宜也。"[3]从表面上看,琉球在官制和服制上仿效清朝的这一行为所

① 《清代琉球纪录集辑》诸家,台湾大通书局 1984 年,第 239 页。
② 《清代琉球纪录集辑》诸家,台湾大通书局 1984 年,第 239 页。
③ 蔡温:《中山世谱》抄本,转引自殷梦霞编:《国家图书馆藏琉球资料续编》下册,图书馆出版社 2002 年,第 359 页。

反映出的是琉球仿效清廷的物化行为;但从深层看,它是琉球接受清朝宗主国宗主权的体现,同时也进一步表明此时期在清廷强化中琉关系的努力下,琉球对清廷宗主权的认同。

第二,司法制度上仿效清廷体制。

在司法上,琉球也仿效清朝的做法,实行司法改革。根据《使琉球记》和《琉球国志》等史料记载,琉球古代司法具有以下特点:"不设官廨,无听讼之所","执法甚严,贵贱无私"。《琉球入学见闻录》也称:"执法甚严,即贵倨于法司、紫巾官,有犯亦抵法","长官之父子、兄弟犯,法官不丝毫曲庇"。[1]

其司法审判程序如下:"民有罪者,大夫闻之法司;法司察之重轻……"而刑罚分为两大类,重罪死刑三种:一凌迟,一斩首,一枪刺。轻刑分为五类:一流,一曝日,一夹,一枷,一笞。[2] 琉球这一严峻无私的司法制度虽能令民人"小心畏法若是"以及"道不拾遗,夜不闭户,甚有太古之风",[3]但是这些规定都是琉球国旧有的司法审判习惯的反映。这种习惯法以及由习惯法所产生的司法运作都是以旧例为依据,它们能否很好地适应与康乾盛世时期相对应的琉球国内的需要,则成问题。当琉球与清廷宗属关系日益增强,且了解、熟悉了清朝的法典与司法运作的情况后,琉球方面认识到了清朝司法以及刑律的可取性。

《中山世谱》"四十年条"载:"本年本国万机之政虽已完备,尚未有赏罚例律之定制,照依旧例处行,但其例内或有事同刑异,轻重不均,难以剖决,恐致舛误,所关匪轻,是乃国家之缺典也。"有鉴于此,琉球国王决定仿照"清廷陈法"在本国重新制订"法典"。于是乾隆四十年,琉球通过国相与法司的会议,决定设职编集《赏例科律》。其编纂方法虽为"参视中国诸书和本国旧例",但实际上中国陈法在其编定的《赏例科律》中却占有重要的影响。[4]

琉球按照中国陈法和自己的旧例而制订的《赏例科律》一事表明,琉球在国家体制上主动地靠近宗主国清朝。它一方面表明这一时期清廷为增强中琉宗属关所做的努力得到了琉球方面认可;另一方面,通过中琉方面的这种努力与反馈,又为中琉宗属关系的进一步发展和巩固提供了动力。

---

① 潘相:《琉球入学闻见录》,文海出版社1973年,第66—67页。
② 周煌:《琉球国志略》,台湾大通书局1984年,第224页。
③ 张学礼:《使琉球记》,中华书局1985年,第11—12页。
④ 蔡温:《中山世谱》抄本,转引自殷梦霞编:《国家图书馆藏琉球资料续编》下册,北京图书馆2002年,第344—346页。

第三,文化上吸收清廷宗主国文化。

琉球对清廷宗属关系的反馈还体现在文化教育上。琉球不仅在文化心理上向往清廷,而且在教育上也仿效宗主国清廷的做法,实行国内教育改革。其中尤其是闽人三十六姓之后裔,他们在琉球国内积极地对中华文化进行宣传与发展,这对推动琉球仿效中方文化体制产生了重要影响。康乾盛世时期内,琉球不仅在国内建有关帝庙、城隍庙,而且还建有文庙。康熙十三年,琉球人就在久米村泉崎桥之北建文庙,"大殿三间,中奉圣像"。康熙五十六年,琉球又建明伦堂。乾隆二十二年,册封使将直省郡邑庙祀的典制告之琉球人后,琉球国王又令其国大臣依次"崇祀如典礼"。且于祀前演礼省牲,祀时遣法司官祭文庙。① 虽然琉球方面在拜祭文庙时主要是久米村三十六姓人后裔以及朝廷官员,但文庙的建立也对琉球普通百姓产生一定的影响,琉球人正是通过对文庙的祭祀来表达对中华文明的尊崇。

总之,清康乾盛世时期,清廷为巩固琉球宗主权,在发展中琉宗属关系上作出了诸多努力;而琉球对这一基于友好基础之上的宗属关系之发展也作出了积极回应。但是中琉宗属关系中双方所作出的努力最终都未能突破日本对琉球的控制,也未能使琉球摆脱日本日益严密控制的魔掌。

3. 康乾盛世时期日本的琉球影响之增强

日本自明末清初以来,一直对琉球施加着越来越强的影响。日本充分利用明清换代之际,通过萨摩藩出兵占领琉球的方式进一步控制了琉球。就日本而言,这一时期其对琉球所施加的影响主要表现在以下几个方面:

第一,经济上控制琉球。

琉球作为岛国,自身资源非常有限,许多生活必需品必须同日本南部诸岛、特别是萨摩藩进行交易才能得到满足。日本萨摩藩则利用琉球对日本南部诸岛物资需求这一特点力求控制琉球。萨摩藩自明末侵入琉球以来,就将琉球的经济紧紧控制在自己手中。它不仅要琉球年年向萨摩藩交纳贡税(实则是一种年税),而且控制了琉球与清朝进行朝贡贸易的货币资金来源,即通过"元禄钱"和"拜借金"制度来控制琉球经济。这一点可从琉球国内的货币变革史得到证明。明琉球通用的是中华钱,但当明朝衰亡、日本萨摩藩控制琉球后,琉球国内开始使用日本钱。较早使用的日本钱可能是"元和"钱,因为李鼎元等出使琉球时,其随行人员寄尘在游"波上"时,就见到这种广为流通的钱币,其"铜片幅"上凿有"奉寄御币"四字,

---

① 潘相:《琉球入学闻见录》,文海出版社1973年,第63页。

背面则有"元和二年"字样。该人员因不知是否为"唐物",而请教李鼎元。李答称为日本钱。而后(1624—1643)琉球所使用的则是日本的"宽永钱",这种钱使用的时间较久,直到日本元禄十六年(1703年)琉球国内还在使用该钱。①

不仅日本货币在琉球国占有不可替代的经济地位,而且日本、琉球经济贸易交流在琉球的对外经济交流中也占有不可替代的地位。早在明末萨摩藩对琉球发动入侵战争后,琉球同日本南部诸岛屿的贸易因之更趋频繁。此时期琉球对日本南部诸岛的贸易依赖非常大,因此而将日本的南部岛屿称之为"宝岛",可见该岛屿对此时期琉球贸易交流的重要性。到了康乾盛世末期,这一贸易行为不仅没有减弱,反而有了增强趋势。赵文凯在《槎上存稿》中就称:"刀购自日本,琉人讳言与倭通,则曰'出宝岛',其实宝岛、恶石岛、土噶喇,皆倭属也。"②

日本正是利用入侵琉球后的影响,通过加强同琉球的经济贸易交流的渗透,进一步增强对琉球的影响。

第二,政治上进一步增强对琉球的影响。

康乾盛世时期,日本主要是通过萨摩藩策动琉球"上江户"等活动来加强日本对琉球的政治影响。琉球在萨摩藩的策动下自清初至1710年前先后七次"上江户"拜访将军。每次琉球"上江户"时,日本幕府都刻意"怀柔"琉球,对琉球国王和王子赠以重金,以此来体现将军幕府对琉球的怀柔,达到从政治上增强对琉球影响之目的。

随着琉球的一次次"上江户"和双方的书信连绵不断,双方官方政治联系也得到不断增强。康熙八年,萨摩藩在江户的命令下,对琉球国王尚贞进行了册封。与此相对应,琉球国王于次年派遣金武王子"上江户"向日本将军献方物,此等行为实则表示琉球开始由受萨摩藩的控制变为受江户幕府的控制。琉球的金武王子带领亲云上等大小官吏十七人和琉球的乐人多人等,于日本宽文十一年到达江户。

日方原始档案记载如下:

"越来亲方ハ武官ニテ,将军卜称ス琉球萨摩卜海路三百七十里,ソノ隔ッ若シ途中ニぅ,金武不虑ノ事,モアレバ越来假ノ使者トナッテ等城帮竭,セシソンタソナリ,宝荣茂以下六人皆十七、八、五、六计ノノ童子,ナリ,今度萨摩マデ(ま

① 李鼎元:《使琉球记》,文海出版社1970年;黄景福:《中山见闻辨异》,第241页;《清代琉球纪录集辑》诸家,台湾大通书局1984年,第206页。
② 赵文凯:《槎上存稿》,《清代琉球纪录集辑》诸家,台湾大通书局1984年,第109页。

で)来ルモノ(るもの)百人,ニアマレリ,江户へ来ルモノ七十余人卜云云。"①

此次江户照例厚赐了琉球的使者,琉球国王为了表达谢意,于当年六月致书江户。康熙二十年,日本将军大树死,琉球国王又于该年遣人"上江户"致祭。随后又于次年派名获王子庆祝日本新任将军登极,这两次,琉球方面又得到了江户的大量赠礼。1710 年,琉球再至江户时,江户则将历来琉球使节的右"御使者""附役"等名称改为正使、副使;而国王名称也由此前的"中山王馆前",改为"中山王阁下"。此举表明,江户开始将琉球从萨摩藩的独自控制下转变成受江户幕府的直接控制,日琉关系也开始由此前的朝贡身份,变为琉球与日本江户幕府的宗属关系。

第三,文化上加强对琉球的影响。

语言同化应该是日本成功控制琉球的重要因素。日本方面正是通过对琉球本土语言的同化,而获得日本在琉球影响日益增强之效果。康乾盛世时期,日本语言对琉球本土语言实行同化,这一同化的结果不仅使琉球本土语言日益被日本语言所取代,还导致了中方语言在琉球官方和民间均遭到削弱的后果。更为重要的是:与中国语言主要作为琉球统治阶层文书书写的语言不同,日本语言是被琉球社会更广泛的下层民众所接受、在日常生活中经常使用的一种语言。这一语言的同化作用,日益削弱了中方语言在琉球官方与民间的传统优势,从此以后,琉球语言日益日本化。到了康乾盛世末,日本语不仅在琉球下层民众中广泛地使用,并且在琉球官方文书中也大量使用。琉球同日本的文书已完全采用日文书写方式,一改过去的中文书写模式。

1.康乾盛世下清廷琉球影响之削弱

第一,康乾盛世下清廷琉球影响之削弱的主要体现。

与日本对琉球影响日益增强相比较,康乾盛世中后期清廷的琉球影响却日益削弱。这种削弱不仅体现在政治、经济往来上,而且也体现在文化的传播与琉球对中华文明的采用与认同程度上。以下两点足以证明上述论点:

首先,琉球国内三十六姓后代的衰落。闽人三十六姓中的十八姓于洪武初年就来到琉球定居,到了万历年间减为七姓。但永乐时又赐十八家,因此嘉靖年间,又一次出现了琉球的"闽人子孙知书者为大夫,任贡谢之司;习于海者为通事总

---

① 《琉球往来》抄本,转引自殷梦霞编:《国家图书馆藏琉球资料续编》下册,北京图书馆出版社 2002 年,第 780—781 页。

官,为指南之备,血属至一千余家"的鼎盛局面。①

这些闽人后裔在久米村建文庙、建书院,修学习音。但是这些后裔到了明代后期时,却遭到日本势力的挤压。日本利用明末控制琉球之机会加紧了对琉球的闽人后裔的压制、迫害。因此,当康熙五十八年徐葆光等出使琉球时,此时的三十六姓人子孙"皆不繁衍"了。②

这一衰落的背后所反映出的本质是整个康乾盛世时期中方对琉球的影响在日本的冲击下日益缩减。

其次,中方文字在琉球使用的削弱。到了康乾盛世后期,不仅琉球闽人三十六姓后裔日益减少,而且中方文字作为琉球官方和民间书写方式在琉球也日益被日文所取代。康熙初年张学礼出使琉球时,其在记琉球官家书室时还称:"架列《四书》《唐诗》《通鉴》等集,板翻高阔,旁注土语。本国之书亦广,但不知所载何典,所言何事耳。"③

此时琉球方面虽有本国书不知记载何事,但仍对中方书籍备加注重。但时至乾嘉时期,即当李鼎元一行于嘉庆四年出使琉球时,他们想在琉球寻找一个能和他们谈论中华学术的人都已不可得。琉球方面特意安排了一个自称对中文"文理皆通,能诗,善画"的人杨文凤陪同交谈,但是中方使节却发现谈话时双方根本无法沟通。由此可见,此时琉球对中方语言无论是口语表达还是书写表达上都已非昔日了。不仅是一般的琉球人对此陌生,闽人三十六姓后裔对此也同样陌生。其中原因只能是日本语言在琉球取代了中方汉语的传统地位。

第二,康乾盛世时期导致清廷琉球影响相对削弱的原因。

中琉双方在康乾盛世时期为发展中琉宗属关系都做出了各自的努力。但是由于当时诸多不利因素之存在,导致了中琉关系无力抵制此时期日本对琉球日益增强的控制,从而导致了康乾盛世时期清廷琉球影响的相对削弱。客观而言,这些不利因素主要有以下几点:

首先,中国传统宗属体制理论与运作方面的缺陷。就清朝而言,它是从封建统治者家天下的统治理念来发展中琉宗属关系的。正是从家天下的视角出发,它主观地排斥第三国介入这一关系,同时也没有将其他相关国家以及相关关系纳入这

---

① ［日］桥本德有则:《古琉球吟》,转引自殷梦霞编:《国家图书馆藏琉球资料续编》下册,北京图书馆出版社 2002 年,第 964 页。

② 徐葆光:《中山传信录》,转引自《清代琉球纪录集辑》诸家,台湾大通书局 1984 年,第 65 页。

③ 《中山记略》,转引自《清代琉球纪录集辑》诸家,台湾大通书局 1984 年,第 11 页。

一宗属关系之内,进行通盘考虑。正是因为这一家天下视阈的有限性,清朝的统治者们在审视中琉宗属关系时主观上忽视了其他国家特别是日本在琉球方面的地位与作用,而是理想化地将中琉宗属关系视为中琉双方的行为,而非中、日、琉三方甚至多方的行为。

而就具体的中琉宗属关系运作方式而言,该体系也照样具有自身无法克服的诸多缺陷。康乾盛世下清廷建立与发展中琉宗属关系的指导思想更多地放在"怀柔远人"方面,绝不会对之施加如同日本那样的直接影响。正是因为中国传统的宗属体制运作上偏重于"柔"的这一做法,所以在发展宗属关系时更多的是对属国施加"柔化"影响,用"柔化"手段来达到潜移默化作用。

其次,册封制度上的缺陷。此时期清廷册封制度、册封使节的缺陷也进一步阻碍了中琉关系的发展。清廷的册封使节到琉球国后,停留的时间动辄好几个月,应该有充分的时间了解、研究琉球的社会,也有充分的时间深入琉球下层民众之中,同他们广泛接触。但是清廷每次使节都只是将出使琉球看成是皇帝交给他们册封琉球国王的一项差事,无一人深入了解琉球社会,并发展中琉民间关系。其间固然有诸多因素制约,但清廷使节的无所作为肯定是其中的重要一点。因此他们在琉球时更多的是享受琉球国王所提供的优厚待遇:游山玩水找消遣,同琉球方负责接待的官员吟诗作对卖弄才华。而对琉球国发生的实质性的变化,即日本在琉球的势力和影响的增长无从注意。归国后,使节们照例写出使行笔记,但绝大多数人是照抄前人的作品而无多少新发现。因此姚文栋在译《琉球小志并补遗》一文中着重批判了清廷的册封制度,他称:"余览毕(指《琉球小志并补遗》),慨然叹曰:琉球素称稽古右文之邦,曩时策遣使至其国者,非翰詹、科道,则必门下中书,翩翩羽仪,不乏贤哲者;而记载所及,求如此之条分缕析以考其山川形状者,绝不可得。无他,驰虚声不求实事,虽多亦奚以为!"①

正是因为康乾盛世时期,清廷历次敕使多为"驰虚声不求实事"之辈,从而导致了中方在琉球认识上的误差。因此,当清末日本吞并琉球时,国人更多误认为它是日本"一时"的行动。

再次,日本的制约和影响。一方面,日本利用自明末以来对琉球日益严密的控制优势,对琉球与康乾盛世时期清廷的交往进行操纵,它尽量让此时期中琉的交往停留在惯例性的朝贡贸易等方面,通过朝贡贸易来为日本方面的贸易交流

---

① 姚文栋:《琉球小志并补遗》,转引自《清代琉球纪录续辑》,台湾大通书局1984年,第191页。

提供机会、赢得利益。而对于中琉之间的政治、文化交流,日本方面却在刻意地限制。因此,当琉球国王逝世后,日本方面并不希望琉球马上向清廷提出请封,而是刻意推延这一行为;直到有必要再次通过请求册封机会去进一步扩大琉球同中方的朝贡贸易时,日本才配合琉球,请求中方册封。同时,此时期日本控制了琉球朝贡贸易的资金来源,因而进一步操纵了琉球的朝贡贸易。因此,在很大程度上讲,康乾盛世时期琉球的朝贡贸易实则是琉球在日本的操纵下同中方之间所实行的一种经济贸易交往。正是日本对琉球方面的这种严密控制,导致了清代康乾盛世时期中琉关系并未能发展到理想境地。另一方面,康乾盛世时期日本对琉球影响的进一步增强在很大程度上也抵制了中方的琉球影响。中方虽在康乾盛世时期为加强中琉宗属关系做出了诸多努力,但是这些努力在日本控制了琉球的经济、政治、军事安全的情况下,很难发挥出理想作用。其结果只能是清廷无可奈何地默认日本对琉球的暗中控制,而按照传统和惯例同琉球开展宗属关系。

最后,地理环境制约因素。康乾盛世时期地理环境的制约也不利于中琉宗属关系的发展。相对于康乾盛世时期的中国而言,琉球仍是远在外洋国家,很难轻易地发生直接而频繁的交往。对于此时海洋运输仍不发达的中国而言,这一地理环境的制约同样给康乾盛世时期中琉宗属关系的发展带来了巨大的阻碍。正是受海洋的阻碍,中方宗主国除了册封琉球国王外,很少有人能够顺利到达琉球。而且,无论对于官方还是民间而言,此时期,中方都很少有人愿意冒着生命危险远涉重洋去同货物并不充分的琉球开展经济贸易交往。

(三)康乾盛世下清廷与安南的关系

1. 康熙朝的清朝安南宗属关系

康熙朝是清朝安南宗属关系的开创时期,因此其主要特征于清朝而言在于巩固这一开创局面。康熙帝正是出于巩固这一刚建立的宗属关系之目的,在许多方面作出了自己的努力。其主要表现在以下方面:

首先,政治上应安南黎氏王朝的请求对黎氏政权进行了正式册封。康熙五年,在安南缴还明朝敕印的前提下,康熙帝对安南国王黎维禧进行了第一次"赐封",随后清廷又于康熙六年三月十六日对国王进行了正式册封。① 康熙二十二年,安

---

① 台湾"中央研究院"历史语言研究所编:《明清史料》,"庚编第一条",维新书局1972年。

南王黎维禧卒,清廷再次应安南请求,遣使赍封安南世子黎维正为安南国王,并换给新铸驼钮金银印。① 康熙五十六年,安南国王黎维正卒,清廷又于康熙五十八年十二月派内阁典薄邓廷喆等册封黎维权为安南国王。②

其次,经济上对安南贡品的减少和赏赐的增多。康熙帝为培养清朝与安南的宗属关系以达到"修德来远"的目的,对于安南等属国的贡品主动采取了削减政策,即从经济上采用厚往薄来的方式去怀柔属国。这一厚往薄来政策主要体现在三个方面:其一,对安南进贡物品与例不符者,清廷多不加计较。如康熙三年正月,礼部奏"安南国所贡方物与《会典》不符,嗣后入贡,请令遵照《会典》。"康熙帝的批示是:"外国慕化入贡,所进之物,著即收纳,不必遵照会典。"③同样,康熙二十一年,礼部又奏安南贡品"所进金银器皿,与本内数目缺少不符"时,康熙帝的批示是:"外国贡物,其物本无足重,特以倾心向化,诚意嘉耳,金银器皿缺少,乃是细事。"④由此可见,康熙帝将属国的贡物只看成是属国臣服宗主国的一种象征,对于其物品之多寡,并无苛求。正是出于这一考虑,因此当康熙七年安南国王黎维禧疏请六年两贡并进时,虽然礼部仍要求遵照《会典》定例,三年一贡,但是康熙帝还是按照安南方的请求,同意了六年两贡并进的意见。⑤ 其二,对安南方面的贡物主动的加以削减。康熙二十二年,礼部应康熙帝旨意将安南例进的"白绢、降木香、中黑线香等物减去"。⑥ 康熙五十五年,康熙帝又降旨,减安南贡物,这次减去的有犀牛角、象牙。并且将金香炉、花瓶、银盆折作金银,"同其贡物均交广西藩库收储",以减轻安南方面的负担。⑦ 其三是加大对安南的赏赐,以真正地实现厚往薄来之目的。顺治十八年定安南国进贡时,清廷赐国王以及来使银缎等物是照琉球例赏给的,即赏赐安南国王各种缎纱共为三十匹,王妃各种缎纱二十匹,正使十九匹,副使十三匹,使者八匹,通事从人各有差。⑧ 康熙三年安南使臣进贡时,清廷赏给国王的礼物是按照会典之数给付的。而到了康熙二十四年,康熙帝就将赏例进行了修改,加安南国王各色缎二十匹,总数达到五十匹。到了康熙六十年,清廷又照荷

---

① 托津纂:《钦定大清会典》,卷2,"礼部三十三安南",文海出版社1990年,第3728页。
② 《越史通鉴纲目》,卷35,国立中央图书馆1969年。
③ 《清圣祖实录》,卷11,康熙三年正月戊寅条,中华书局1985年。
④ 《清圣祖实录》,卷106,康熙二十一年十一月辛亥条,中华书局1985年。
⑤ 《清圣祖实录》,卷30,康熙八年六月甲戌条,中华书局1985年。
⑥ 《清圣祖实录》,卷106,康熙二十一年十一月辛亥条,中华书局1985年。
⑦ 《清会典事例》,卷503,第822—823页,中华书局1991年。
⑧ 《清会典事例》,卷506,第857—858页,中华书局1991年。

兰之例,加赐安南国王各色缎十匹,这样总数就变为六十匹,并且陪臣每人也各加五匹,行人加四匹,从人加二匹。①

再次,顺应形势,放弃对高平莫氏集团的支持。康熙七年四月,高平莫氏集团莫元清因遭黎氏王朝攻打,逃入云南,向宗主国清朝求诉。康熙帝出于安抚莫氏集团之目的,而将莫元清安置于南宁。不久后安南郑氏集团就以黎氏王朝名义向清廷上疏,要求清廷协助它剿灭莫氏。但康熙帝以"莫氏作乱之人既皆丧亡",而"莫元清先经纳贡归诚,朕授为都统使之职,尔后又纳贡归诚,随封为王",因此要求黎氏王朝"著将高平地方人民具复还莫元清"。不仅如此,康熙帝还要求安南的黎氏王朝和莫氏集团之间应"各守土安生,以副朕绥乂生民之心,尽尔奉藩之义,庶永承宠眷之祉矣"。② 得到清廷如此意向后,安南黎氏王朝于康熙八年复疏清廷,答应将高平府的广源、上琅、下琅土地、人民还给莫元清,但其条件是"令莫元清归属本国"。康熙帝出于务实考虑,答应了安南方的这一要求。至此,高平莫氏集团实则被安南黎氏王朝所控制。清康熙帝之所以这么做,一方面是基于安南内部现实考虑,另一方面也是出于进一步改进清廷与安南黎氏王朝的宗属关系。但康熙十三年三藩之乱的爆发,无疑为黎氏王朝最终解决莫氏集团提供了难得的机会。黎氏王朝遂利用清廷无暇顾及之机,对莫元清等莫氏集团进行剿灭。当三藩之乱几近尾声时,安南黎氏王朝便于康熙十八年向清廷上疏,说明剿灭莫氏集团的原因。安南黎氏王朝疏称:"莫元清背恩从贼,与吴三桂相缔结",因此它主动替天朝"擒追逆党"。对于此等既成现实,康熙帝也只得接受。不仅如此,康熙帝还以"该国王不忘皇恩"而将逃入内地的莫元清、莫敬光兄弟并家眷一并发回安南。这样一来,安南的黎氏王朝最终在康熙帝的配合下统一了高平,安南国也因此而更加感激清廷帝恩。

康熙朝为清朝安南宗属关系发展提供了一个良好的开端,此后安南一直同清廷保持着较为稳定的宗属联系,其间虽因安南内乱而有中断进贡行为,但安南很快就将它们补进。另外,康熙朝也开创了清廷对安南内部既成事实加以承认的先例,这对其后的雍正、乾隆朝影响深远。它们在总体上继承了康熙朝作风,以务实的心态来解决宗主国与属国间的关系。再者,康熙朝的安南政策也为雍正、乾隆朝提供了参照,因此雍正、乾隆两朝在处理清廷同安南关系时,基本上是按照康熙朝的做

---

① 《清会典事例》,卷506,第860页,中华书局1991年。
② 《清圣祖实录》,卷25,康熙七年四月庚寅条,中华书局1985年。

法进行的。

2. 雍正朝清廷与安南关系

雍正朝清廷在处理安南关系时有所作为,也存在缺陷。这些作为既有对康熙朝政策的继承,又有本朝的创新。而其缺陷则主要体现为雍正帝囿于"王化天下"的传统理念,未能较好地区分基于国家层面上的中国"天下"与属国安南两者之间的差异,以至于既不利于清朝实现真正的国家统一,也不利于安南的独立。雍正朝清廷在发展安南宗属关系上所做的努力主要体现为以下三方面:

第一,雍正朝继承了康熙朝对待属国的"厚往"政策。雍正二年,安南国派遣使臣来庆祝雍正登极,雍正帝就此专门下谕,要求:"遣使远来,应加恩恤。其经过地方,供给食物,酌量增加,令其充足,以示朕嘉惠远人之意。"①另外雍正帝还出于"加惠远人"之意,又于该年十一月专门下谕给怡亲王允祥,让安南等国均"沾实惠"。该谕旨称:"嗣后除理藩院蒙古宾客外,暹罗、安南等国遣使来朝所给食物,归时所颁赏赐……或有应行加赏之处,酌量定议奏闻。"②而当雍正三年,安南国再次进贡时,雍正帝又特赏安南国王御书"日南世祚"四字,另外还赏《古文渊鉴》《佩文韵府渊鉴类函》各一部,内库缎二十匹,松花石砚、玉器、瓷器、法郎器等物。陪臣也各赏银一百两,内库缎六匹。③ 其次,雍正朝也继承了康熙朝的"薄来"政策。如雍正二年,清廷就专门传谕安南国王"庆贺登极,并谢恩恭进方物,均如常贡"。④

第二,在边界问题上对安南采取赐土、赐子民的做法。清代中国安南边境相沿数千里,而其中所谓的两国土民更是相互杂处。不仅如此,这些土民之间还经常走动。这给双方边部管理带来了很大麻烦。不仅如此,在如此长久的客民杂处中,双方原有的边境也因时间久远而丧失了边界作用。这一现状决定了清廷和安南之间终将面临如何重新确认边境问题。但是问题在于,不仅此时的清帝仍以"天下共主"信念处理它同安南之间的关系,而且安南方也仍以小天下的心理去处理它同外部的关系。因此,双方虽在分疆划界上可能采取较为务实的做法,并力求将边界问题弄清楚,但因受传统天下观之影响,双方反倒将这一本应彻底弄清的边界问题,进一步模糊化。就清廷而言,则体现为它从大国君主恩赉属国出发,主动地放弃原本属于自己的土地与子民,以体现其对属国怀柔;而就安南而言,它本已将边

---

① 《清世宗实录》,卷20,雍正二年五月辛亥条,中华书局1985年。
② 《清世宗实录》,卷26,雍正二年十一月己酉条,中华书局1985年。
③ 《清会典事例》,卷506,第861页,中华书局1991年。
④ 《清会典事例》,卷503,第823页,中华书局1991年。

界某块土地占为己有,但结果也在宗主国怀柔赐予的影子下,勉强地承认了这一赐予的事实。双方的这一行为几乎贯穿整个雍正朝。

如雍正三年,云南总督高其倬就向清廷提出了中国与安南边境需加以确认的建议。他根据《云南通志》,不仅发现清朝在云南开化府以南已经失去了土地一百二十里,而且还发现至康熙二十二年止,铅厂山下小溪内斜路村六寨"复入于交趾较明季又失去了四十里"。而雍正帝却认为,"柔远之道,分疆与睦邻论,则睦邻为美;畏威与怀德较,则怀德为上"。不仅如此,雍正帝还认为,"安南自我朝以来,累世恭顺,深属可嘉,方当奖励是务,宁与挣尺寸之地,况明季久失之区乎!"①出于此等考虑,雍正帝决定采取回避政策,他不愿因边境土地问题,而影响清廷与安南的宗属关系。但是与高其倬说法不同,安南方却提出了完全相反的说法。安南方称,很久以前,"渭川、水尾三州边地为清开化府土司侵占"者,就达一百二十里。② 针对双方的如此争议,雍正六年,雍正帝专门派云贵总督鄂尔泰进行复查,复查的结果是:"查得铅厂山下地方山川形势,中外截然。且志书可凭,粮册可据,塘汛旧基可查,居民服饰可验,实系内地。"不仅如此,鄂尔泰还认为"应于此立界,诚为仁至义尽"。但是雍正帝却以"朕统御寰区,凡兹臣服之邦,莫非吾土,何必较论此区区四十里之地?"而采取了低调处理。随后,雍正帝就以"王不必以从前侵占内地为嫌,中心疑惧,此乃前人之误,非王之过也"而对安南王进行安慰。不仅如此,当安南王上奏"谢罪"后,雍正帝又将云南督臣等所查出的那些实属中国内地的四十里土地赏赐给安南王。③ 更有甚者,雍正帝又传谕给鄂尔泰,旨称:"朕既加恩外藩,亦当俯从民便。此四十里内人民,若有愿迁内地者,可给赀安插滇省,毋使失所;其愿居外藩属安南管辖者,亦听其便。"④如此政策,充分地体现出在帝王天下思想的影响下,雍正帝真正地对属国实行赐土、赐子民政策。雍正帝对安南的赐土赐民政策照样是他"臣服之邦,莫非吾土"的帝王天下一统观的鲜明反应,因此就此点而论,他与康熙帝时期的安南政策并没有多大不同。⑤

第三,严格限制土司侵占安南土地,以及清廷边民骚扰安南边境。在边界问题上,雍正帝不仅对安南采取赐土赐子民政策,而且还对清朝土司侵占安南土地,以

① 《清世宗实录》,卷31,雍正三年四月己丑条,中华书局1985年。
② 《越史通鉴纲目》,卷36,保泰七年秋八月丙午条,国立"中央"图书馆1969年。
③ 《清世宗实录》,卷65,雍正六年正月己卯条,中华书局1985年。
④ 赵尔巽撰:《清史稿》,列传三一四,"属国二,安南",中华书局1977年,第14633页。
⑤ [日]稻叶君山著,但焘译:《清朝全史》,上四,中华书局1985年,第56页。

及清廷边民骚扰安南边境等行为施行严肃处罚政策,以此去确保安南与清朝宗属关系的良性发展,并借此向属国展示宗主国的仁慈与恩赉。如雍正九年七月,雍正帝降谕内阁时就称:"广西道通交趾,闻该地有无知愚民,抛弃家业,潜行交趾地方开矿;更有奸匪之徒,潜逃异域,以致追剿无踪者。"基于此,雍正帝要求广西巡抚、提、镇等,"于往来隘口及山僻可通之处,拨兵添汛……加紧巡查"。① 另如雍正十二年十二月,当清廷刑部奏,"广西南宁府属之迁隆峒修建营房,越占安南地界"而要求治罪时,雍正帝就要求将所占土地"渠那"还给安南。不仅如此,他还要求将土官分别治罪,"以副朕怀远人之至意"。②

雍正一朝在建立和推进清朝安南宗属关系上确有功劳。无论是雍正的厚往薄来的朝贡政策,还是他对安南的赐土、赐子民政策,以及他那严禁边界土目或边民对安南的骚扰政策,都获得了安南黎氏王朝的好感。而清廷同安南的宗属关系也是在这种相互谦让中得到了进一步升华。雍正帝的如此做法固然暂时缓和了中国和安南之间的边界争分,但其消极影响也是客观存在的。尤其是对近现代国家领土主权而言,影响更为明显。而且雍正的这种"天下一统"观也导致了清朝与安南之间,边界越来越模糊化。因为这一"天下一统"观会在客观上纵容更多的安南人与清人相互杂居、相互侵占,使得两国的边界变得越来越混乱,为其后两国边界的难以划定埋下了祸根。

3. 乾隆朝清廷与安南关系

乾隆朝是康乾盛世的重要时期,也是清廷宗属体制全面巩固的重要阶段。在盛世辉煌号召下,朝鲜③、琉球④等国先后同清廷结成了较为融洽的宗属关系,并在此基础上进一步推动了双方关系的发展。与此相反,此时期中越关系反倒经历了一个复杂过程。其原因固然是多方面的,但它与此时期清廷的安南政策密不可分。

(1)乾隆前期清廷的安南政策——羁縻勿绝

乾隆前期清廷对安南内乱采取不干涉政策。乾隆前期,安南内乱频仍。对于黎氏集团内乱,乾隆帝于统治之初采取避免介入政策。如交江王事件就较好地体现了此点。乾隆四年五月,云南总督庆复向清廷奏报了"安南国奸人自称都铜江王"一事。乾隆帝得知此事后就命令中方官员于边隘处严加防范。乾隆帝在指示

① 《清世宗实录》,卷108,雍正九年七月戊子条,中华书局1985年。
② 《清世宗实录》,卷150,雍正十二年十二月辛酉条,中华书局1985年。
③ [韩]《备边司腾录》,韩国国史馆编撰委员会影印,1982年影印本。
④ 柳岳武:《康乾年间中琉宗藩贸易研究》,《南京社会科学》,2006年,第5期。

中称:"彼若有求兵之请,则不可骤然发兵,只应速行奏闻,亦以请旨为辞告彼,而固守边界则得矣。"①随后,所谓的交江王因起义失败而逃至中方,要求投诚。对此,云贵总督庆复等以"投诉即难尽信,输情自有可矜"而加以安插。得知庆复如此做法后,乾隆帝大为不满。他认为如此行为将会伤害到清廷与安南既存的宗属关系,同时也不合此时清廷对安南的羁縻勿绝政策。因此乾隆帝称:"今天朝即容其投降,则安南自不能过问,为彼国王计,将何以办理? 设使安南国王以为纳彼国之叛,宽彼国之仇,竟行诘问,该督等又将何词以对? 且与从前行文之意,不自相矛盾耶? 此事办理之处,于情于礼(理),均属不合。"②为了明确自己对安南的不干涉立场,随后乾隆帝在谕军机大臣旨中再一次进行了强调。他称:"总之事关外藩,封疆大吏惟有严饬弁兵,稽查防范,以徐观其动静。即安南将来伊郑姓或假该国王名恳请援剿,在安南臣服天朝,虽义不可却,然彼中虚实,此事之顺逆,尚未确知,亦未便轻举。"③

得知自己决定与乾隆帝原意相违后,庆复等遂拟将安南"交贼矣长"等交给安南国自行发落。但是如此做法又遭到乾隆帝的反对,因为这将伤害到天朝体面和权威。④ 因此乾隆帝称,"安南之叛人,即中国之匪类,于彼于此,何容区分",庆复等"无庸复行解送该国,亦不必远行请领"。⑤ 此处不仅再度体现了清廷对安南的羁縻勿绝政策,更体现出清廷的宗主国立场。最终在清廷的安排下,矣长等被判发远离安南的广东、四川等地安插,其目的就在于避免他们再回安南作乱。

乾隆八年,安南内乱进一步恶化。在此环境下,开化镇总兵赛都等均认为清廷与其靡费"防边",不如"出师","请调集官兵,用彰天讨"。而乾隆帝却不赞同,他对安南仍坚持羁縻勿绝政策。

乾隆前期,清廷之所以对安南采取羁縻勿绝政策主要可归纳为以下几点原因:

首先,安南虽内乱频仍,但安南的所有叛乱都没有对清朝的边陲造成侵扰,即它既没有侵害到清朝边境,也没有损害到清廷利益。对此,乾隆帝在乾隆八年间已解释得很清楚。他称:"交夷小丑,仰视天威,莫不震迭,若敢于侵边,自应剪灭。"其次,安南国对清廷向来恭顺,"无逆命之端",而且又无"仰呼救援之请,忽焉越境

①《清高宗实录》,卷93,乾隆四年五月乙亥条,中华书局1985年。

②《清高宗实录》,卷97,乾隆四年七月庚午条,中华书局1985年。

③《清高宗实录》,中华书局1985年,卷100,乾隆四年九月己巳条。

④ John King Fairbank, *Trade and Diplomacy on the China Coast The opening of the Treaty Ports, 1842-1854*, Stanford University Press, 1953, P.30.

⑤《清高宗实录》,卷118,乾隆五年六月庚辰条,中华书局1985年。

挞伐,师出无名"。① 再者,安南国内郑氏集团虽相互攻略,废立频仍,但安南国在对清朝宗主国履行属国义务时却仍以黎氏王朝为旗帜,即黎氏的正统仍在,安南内乱还未发展到需清廷去施行"兴灭继绝"的地步。基于此上因素,乾隆帝在执政前期对安南内乱仍采取不介入政策。

其次,乾隆前期中越边界争议与清廷对安南的边界政策。乾隆朝和雍正朝一样,同样以"天下一统"的帝王观念为统治内核,因此在中越界务问题上,乾隆帝也采取羁縻做法去尽量避免因边界问题而影响中越宗属关系。

早在乾隆十六年,广西地方官就在广西沿边栽插筋竹,以标明清朝与安南界线。但此行为却遭到安南方反对,以至于安南方将筋竹"拔去竹根,移迁内地田界"。乾隆帝认为安南人拔去筋竹的主要原因可能是:"沿边兵民乘机越占夷地,以致夷众不服,或伊等地方官畏难苟安,不愿栽竹,诱过夷众,希图中止。"不仅如此,乾隆帝还进一步强调称:"安边乃封疆要务……若不于此时筹画尽善,将来殆累地方,殊多未便。"乾隆帝的此上做法均表明此时的清廷是想进一步查清中越边界的。因此,该事件刚发生后不久,乾隆帝就要求清廷地方官员进行严查。在乾隆帝的要求下,刚上任的广西总督陈大受积极响应。如他上奏称:"为今之计,种竹不宜中止,而界址不可不清。臣……一面将照界种竹缘由,明白知会夷官,并饬令沿边汉、土州、县依照原议,除高山峭壁,不能栽种外,期于照界栽种,不得丝毫侵越夷界,亦不可尺寸退让。"②

而至该年七月,乾隆帝对于确认中越边界问题,其政策却有所变化。他虽仍强调认清中越边界的重要性,但却开始怀疑中方地方官员的行为。如他在一道谕旨中称:"但既经舒辂奏明改种筋竹,若仅依旧界,亦无扰于交夷,何至夷人擅毁竹栅? 此必沿边兵民借事侵凌,俾生事端。"不仅如此,他还要求地方官"秉公查办","务使兵民勿越界侵占,交夷亦不致肆意妄为,永绝衅端,以安边圉。"③而至乾隆十六年十月,乾隆帝的态度转变得更为明显,如他在该年十月谕军机大臣时称:"定长因栽插筋竹一事……亲历关隘紧要地方查勘等语,此行殊可不必。安南素称恭顺,经今百有余年。内外界址本自画然,何必插棘编篱,多方纷扰? 栽竹一事本不应办。"④至此,乾隆帝已完全否定了栽种筋竹、分疆划界的必要性。

---

① 《清高宗实录》,卷196,乾隆八年七月丙戌条,中华书局1985年。
② 《清高宗实录》,卷393,乾隆十六年六月辛酉条,中华书局1985年。
③ 《清高宗实录》,卷394,乾隆十六年七月辛未条,中华书局1985年。
④ 《清高宗实录》,卷401,乾隆十六年十月辛酉条,中华书局1985年。

乾隆十六年末,两广总督苏昌等查明了凭祥地方官任土目等越界栽竹导致安南人拔竹毁栅的事情真相。清廷大学士在乾隆帝的授意下遂作出了"安南素称恭顺,沿边画界,相安已久,不借种竹以固藩篱,应即停止"的决定。① 清廷此举固然体现出乾隆帝对属国的怀柔,以及中国对属国的不侵犯政策,但也鲜明地暴露出乾隆帝在处理边界问题上的因噎废食做法。因为他并没有将清朝与安南边界问题彻底调查清楚,而是像雍正帝一样采取了回避做法。问题还不只此,越南方却坚称"清人占安南六州地"。②

(2)乾隆后期清廷的安南政策——冲突与战争

第一,边界问题。乾隆中前期中越边界问题的悬而未决,必将给乾隆中后期中越关系带来麻烦。如乾隆四十年后,清廷就发现中越边界问题并没有因清廷的羁縻政策而得到解决。乾隆四十七年,安南方就称,"有内地游民混越占认界址,改名内隶"。但乾隆帝却发现实际情况并非如此,因此乾隆帝在随后回复安南的谕旨中就称:"安南与临安边境接址,中外界址,本自井然,并无淆混。至临安边猛地方,自隶入版籍以来,迄今百数十载,历来年远,所辖寨名粮额,均有册籍可稽,无从混入尔国所管夷地。"不仅如此,乾隆帝还认为,安南方是"因该国土民藉词欠税,遂谓内地游民侵占土地,改名内隶,自应饰驳"。基于此,这次乾隆帝对安南方所要求的边界土地断然加以拒绝。③

当然,乾隆中后期清朝与安南的边界纠纷,除了与清朝始终采取消极做法有关外,还与安南国内叛乱头目投诚清廷有关系。如安南方就坚称投诚清廷的人不仅给清廷带来了子民,而且还带来了土地。例如乾隆五十七年四月,安南国王阮光平上表清廷时就称:"该国兴化镇目报称,嵩陵等七州,自从前黄公缵占据后,该处民人夤缘内附,内地沿边官员概行征缮。"而与此相对应,清廷地方官员却另有说法。如两广总督郭世勋就称:"伏思嵩陵等七州,既系黎氏疆土,黄公缵岂能执地内附。且内地、安南早以赌咒河为界,若沿边地方官越境征收,该处夷人又岂能历久相安无事。"因此他推定:"必系该国王传闻讹误,或听信该国兴化镇目惩恩之言,辄生翼幸,是以有此祈请。"他从而要求:"尺土一民具应按照定例遵守,难容牵缀旧案,妄有吁求。"④

---

① 《清高宗实录》,卷402,乾隆十六年十一月庚午条,中华书局1985年。
② 《越史通鉴纲目》,卷45,国立"中央"图书馆1969年。
③ 《清高宗实录》,卷1164,乾隆四十七年九月丁未条,中华书局1985年。
④ 《军机处录副奏折》,乾隆五十七年四月二十二日条。

第二，军事冲突。乾隆前期，清廷虽对安南尽量采取羁縻政策，但双方矛盾却一直存在，因此其危机也早已暗伏。其中尤其是边界争执，更使双方矛盾不断。不过需注意的是：乾隆后期，中越之间的边界争议虽在一定程度上影响到中越宗属关系的发展，但是清廷并非因此原因而同安南发生战争的。相反倒是安南内乱，以及清廷出于对安南黎氏王朝的兴灭继绝而同安南阮氏集团发生了冲突。人们从此中可以较好地窥视出清廷的帝王无外观念。

乾隆五十一年，黎氏王朝的真实执政者郑栋死后，其两子内争不断。其一子郑幹请广南阮氏灭了他的弟兄郑宗，从此安南遂由此前的郑氏专国变为阮氏专权了。① 随后阮岳又三分广南，居中部，且称皇帝专安南权。② 此变故导致了原黎氏王朝土崩瓦解，其子孙多被杀戮。

在此等变故下，安南国王嗣孙黎维祁于乾隆五十二年三月间就派人向清廷投咨，文中谈到郑氏专权、西山阮氏起事以及亡其国印等事。③ 当然，此次黎维祁所送咨文并没有请求清朝出兵讨伐国内叛乱的意思，而是请求清廷对他施行册封。如他本人在咨文中就强调了此点。他称："感祁父早亡，祁以世嫡权管国事，理合专员诣阙告哀，且以请命。"但乾隆五十三年，当黎维祁在与西山阮氏的战争中败北而"亡于民间"时，他却再次遣"其遗臣阮辉宿扈王族二百余人，自广西龙川附近入边"，请求清廷给予援助与收留。因此，清朝地方官员"孙士毅以闻"。④

更为重要的是，此时清廷对于安南国内情况并不清楚。因为康雍乾三代虽与安南保持着宗属关系，但清廷对安南国内情况并不太重视，而且对其国内郑氏专权以及黎氏傀儡地位也了解得不够。正是在这种无知的促使下，当乾隆五十二年清廷得知安南国王遗失印信后，乾隆帝就不禁引发了如下疑问："该国既有土豪侵扰，失去印信之事，其时国王黎维禟尚在，何以不咨请，直至此时始行咨报？况印信系该国王执掌，何以不在国王处所，转似郑栋经管，以致土豪侵掠，郑栋出奔被掳，竟将国印遗失。"⑤直到此时，乾隆帝才对安南国黎氏无权，郑氏专权产生了真正的怀疑。由此观之，乾隆帝不仅不明了自清朝与安南建立宗属关系以来安南国就操纵在郑氏集团手中这一事实；而且乾隆帝还一直认为，郑氏是在最近才篡夺了黎氏

① 魏源：《圣武记》，中华书局1985年，第275页。
② 印鸾章著：《清鉴纲目》，卷8，岳麓书社1987年，第381页。
③ 《军机处录副奏折》，乾隆五十二年三月初十日条。
④ 黄鸿寿编：《清史纪事本末》，卷32，北京图书馆出版社2003年，第240页。
⑤ 《清高宗实录》，卷1281，乾隆五十二年五月己丑条，中华书局1985年。

权力的。正是基于这一假设,所以乾隆帝才决定对安南黎氏王朝进行"兴灭继绝"。也正是因为如此,才引发了乾隆后期清朝与安南阮氏集团的战争。

　　出于"继绝存亡经史传,尺土寸疆非所利"①的宗属理念,乾隆帝于五十三年十一月命令清军三路进兵安南,以便前去对安南的黎氏王朝进行治乱扶危。这样一来,中越之间的战争就正式爆发。在战争初期,安南方采取诱敌深入方法,使清军取得了较为顺利的进展。至该年十一月清军就占领了安南王城。乾隆帝的原意是:如清军能占领安南替黎氏复国并能将阮惠生擒则为上策,如不能生擒阮惠,但收复安南王城让黎氏重新掌权后,清军马上退出则为中策。因此至乾隆帝五十三年十一月末时,乾隆帝发现阮惠"逃窜远匿,搜捕需时"后,就吩咐孙士毅撤回清军。② 但孙士毅却"贪俘阮为功,师不即班"。不仅如此,孙士毅还"轻敌,不设备",结果却被阮惠军队打了个措手不及,"提督许世亨,总兵张朝龙以下官兵夫役万余皆挤溺死焉。士毅走回镇南关,尽焚弃关外粮械火药数十万,士马还者不及一半"。③ 总之,在这次战役中,清廷投入了雇夫至十万余人,军队两万多人,④结果却一败涂地。

　　(3)乾隆晚期清廷的安南政策——宗属关系之重建

　　清廷在经历了乾隆五十三年末的军事失败后,就将原两广总督孙士毅撤换,改用刚刚镇压完台湾林爽文起义的福康安为两广总督,指挥安南战争。同时清廷对安南的政策也发生了变化,它不再坚持对黎氏的兴灭继绝和对阮氏的讨伐政策。其主要原因有三点:其一,清廷认为黎氏"怯懦无能","天讨黎氏",清朝只能"顺天而行";其二,清廷认为安南离中国太远,若兴兵讨伐,直抵广南,而"阮惠或竟通窜入海"穷不可追;其三,阮惠虽得罪天朝,但"旋即屡次乞降",且阮惠还应清廷要求,主动地送还清朝俘虏,要求向清廷"称臣纳贡"。正是基于以上三点,乾隆帝遂决定,在时机成熟下,可以接纳阮惠的阮氏王朝成为清朝宗属体系成员。

　　在清朝的默许下,乾隆五十四年,阮惠派人进贡乾隆帝,以表谢罪。乾隆帝对于安南阮氏集团的如此做法大体上也加以接受。乾隆帝称:"但念尔屡次遣人叩阙请罪……已往之事,不复深究矣。"不过乾隆帝又进一步提出要求,即阮氏集团

---

①　清廷略馆编撰:《安南纪略》,"卷首一",书目文献出版社 1986 年。
②　《清高宗实录》,卷 1317,乾隆五十三年十一月壬午条,中华书局 1985 年。
③　魏源:《圣武记》,中华书局 1985 年,第 278 页。
④　台湾"中央研究院"历史语言研究所编:《明清史料》,庚编第二本,《礼部"内存内阁抄出奉上谕一道"移会》,维新书局 1972 年。

在还未完全臣服天朝的情况下,还不能称之为天朝属国。因此乾隆帝要求,如安南果真输诚纳款,那就让阮惠于乾隆五十五年八月乾隆帝八旬万寿时亲自来朝。对清廷的如此要求,安南的新政权阮氏王朝也不得不加以应付。因此,乾隆五十五年,阮惠遂以其外甥范公治冒称自己,①在吴文楚、潘辉益等人的陪同下前往中国去祝贺乾隆帝的八旬万寿,以此去寻求清廷对阮惠王朝正统地位的承认,并达到与清朝建立宗属关系的目的。在安南的表文中,安南方对乾隆帝大加奉承,并许下"自臣及子孙世守南服,存天朝之藩屏"的承诺。而乾隆帝除了对新"安南国王"进行敕封外,还大大赏赐了安南来使一行。至此,清朝与安南阮氏王朝的宗属关系基本确立。

(4)乾隆末期清廷的安南政策——宗属关系之发展

乾隆末期,当中越宗属关系再度确立后,清廷在推动这一关系的发展上做出了自己的努力。清廷通过大量赏赐和允许朝贡贸易等措施去尽量改善安南同清朝的宗属关系。如乾隆五十五年安南国王的"亲自"来朝,乾隆帝就对此非常"感动"。乾隆帝在该年四月的敕谕中就称:"国王身受藩封,备膺宠命,以本年八月……以朕为师为父,深翼成全,鉴王悃忱,真如家人父子。"②不仅如此,乾隆帝对这个假冒的"安南国王"还进行了大肆的赏赐,其赏赐次数前后达二十四次之多。③

而乾隆五十六年十二月份,乾隆帝加赏安南国王的礼物也非常惊人。清廷例赏国王各色缎、丝、罗、锦等八十四外,还加赏了安南国王玉如意一、玉器二、瓷器四件、玻璃器四件、锦四端、大彩缎四匹、闪缎四匹、蟒缎四匹。④

乾隆五十八年,因安南国王阮光平丧,清廷专门于广西藩库内发银三千两,赐予安南。不仅如此,乾隆帝还御制诗一首,其诗称:"外邦例以遣陪臣,展觐从无至己身。纳款最嘉来玉阙,怀疑堪笑代金人。秋中尚忆见冠肃,膝下诚如父子亲。七字不能罢哀述,怜其忠悃出衷真。"⑤

乾隆末年乾隆帝将清朝与安南的宗属关系推向了清代宗属体制的顶峰。中越宗属关系正是在双方的频繁往来、清廷对安南的巨额赏赐中得到改善。不过此时期清朝安南宗属关系的辉煌已属落日余晖,随着乾隆帝国的结束、康乾盛世的终

---

① 张登桂纂修:《大南实录》,正编卷39,黎昭统二年冬十月戌申条,庆应义塾大学言语文化研究所1980年。

② 《清高宗实录》,卷1353,乾隆五十九年四月癸酉条,中华书局1985年。

③ 《清会典事例》,卷507,中华书局1991年,第870—872页。

④ 《军机处上谕档》,乾隆五十六年二十五日条。

⑤ 《清高宗实录》,卷1421,乾隆五十八年正月丙寅条,中华书局1985年。

结,中国逐渐步入封建王朝的衰落期。尤其是在西方列强的冲击下,无论是宗主国的清朝还是属国的安南都将遭受着另一个世界史无前例的冲击,这一冲击最终将导致中国古老的宗属体制走向全面瓦解,并代之以近代的国际关系。

(四)康乾盛世下清廷与暹罗的关系

康熙十二年后,中暹宗属关系进入重要交往阶段。在此阶段内,清廷不仅对暹罗继续施行"厚往薄来"政策,而且为满足国内粮食需要,还同暹罗开展稻米贸易。但至乾隆中期以前,这一宗属关系总体上仍显消极。直到清廷"联暹制缅"需要出现后,乾隆帝才改变这一局面,使中暹关系进入活跃时期。

整个康熙、雍正时期,中暹宗属关系的开展比较顺利,双方未发生大的冲突。这一方面应归因于暹罗的"恭顺"和"虔诚",另一方面也应归因于清廷对暹罗的恩赐,即"厚往薄来"的传统宗属政策。

清廷针对暹罗的"薄来"政策,主要体现为清廷没有严格按照《大清会典》要求暹罗进贡所有贡物。相反却尽可能减少贡物数量和种类,减轻暹罗负担。如康熙七年礼部向清帝报告暹罗所进贡物与"会典不符"时,康熙帝称:"暹罗小国,贡物有产自他国者,与《会典》难以相符。所少贡物,免其补进。以后但以伊国所有者进贡。"[1]又如康熙十一年,广东巡抚刘秉权又奏报称暹罗所进方物不仅与《会典》不符,且较此前"更少其一"时,康熙帝给礼部的指令仍是"免其察议",不予计较。[2] 再如康熙十二年,当礼部又奏暹罗所贡方物不仅"缺额",且又被"虫蛀",应令其下次补贡时,清廷的指示仍是不予追究。[3] 此际康熙帝或基于大国风范、天子仁德,或基于优化清廷同周边国家关系,没有刚愎自用地要求这些国家严格按照《大清会典》进贡贡物,而是以体恤小国和嘉奖恭顺的面目,去发展邻国关系。在康熙帝眼中,贡物只是一种象征,不在乎贵贱轻重。

雍正年间,清廷在"薄来"方面也做出了努力。如雍正七年,清廷就令减暹罗贡物,即"暹罗国王遣使远来贡献方物,具见悃诚。朕念该国远隔海洋,所进方物,赍送不易,欲酌量裁剪,以示恩恤远藩之意"。[4]

康雍时期,清廷也通过"厚往"政策,加强中暹宗属关系。如康熙二十四年,清

---

① 《清圣祖实录》,卷27,康熙七年十一月乙亥条,中华书局1985年。
② 《清圣祖实录》,卷38,康熙十一年三月戊申条,中华书局1985年。
③ 《清圣祖实录》,卷41,康熙十二年二月壬戌条,中华书局1985年。
④ 《清世宗实录》,卷83,雍正十七年七月己巳条,中华书局1985年。

廷内阁、礼部就遵照康熙帝命令,议论赏赐外国君主使臣一事。讨论结果是:此后暹罗国王另增加赏缎十六匹。① 至雍正朝,雍正帝也从"厚往"方面去巩固中暹宗属关系。如雍正二年,雍正帝令怡亲王允祥注意加强外藩来人赏赐,务使他们均"沾实惠",并让礼部讨论是否对它们进行加赏。随后,礼部议复的结果是"暹罗国恭进食物、果树,应加赏该国王及王妃缎、纱等如康熙六十一年例,其船长乃文口六等应照通事例,番稍偓吉等应照从人例"。②

总体衡量,康雍时间暹罗向清廷进贡次数和中暹宗属关系之交往并不理想。如康乾盛世一百三十四年时间内(康熙元年至乾隆六十年),暹罗共向清廷进贡二十六次,康熙朝才十次,雍正朝才一次。康熙年间暹罗向清廷进贡的时间分别是:康熙三年、四年、七年、九年、十一年、十二年、二十三年、四十七年、五十九年、六十一年。其中康熙三年至十二年间较多,达六次,十二年至二十三年才一次,二十三年至四十七年才一次,五十九年进贡一次,六十一年一次。这表明乾隆以前,暹罗对清廷的进贡具有随意性。当它认为有必要向清廷进贡时,它可以不遵照《会典》的时间规定,随时向清廷进贡。相反,从另一个角度看,清廷对暹罗也较淡然。一旦这一宗属关系建立,针对暹罗,清廷认为自己已取得了"上国"身份。暹罗是否按期进贡,清廷泰然处之,不严格要求。

至乾隆中前期,清廷同暹罗的交往仍在宗属体系内进行,并体现出与康熙雍正两朝相似的特点,即交往方式仍体现为暹罗对清廷的进贡以及在这一进贡前提下的朝贡贸易。如乾隆二十六年、三十年暹罗方面就曾遣使向清廷进贡。尤其是乾隆三十年,暹罗特遣使恭赍金叶表文贡物前往清廷,请求清廷"恩赐使臣等得见龙颜",其经清廷礼部润色的表文充斥了暹罗方对清廷的恭顺和恭维。③ 除此而外,清廷同暹罗之间的稻米贸易也在继续进行。但总体上,乾隆三十年以前,清廷同暹罗官方联系也不密切,相反贸易联系却更为凸显,这使中暹宗属关系显得更为冷淡。如乾隆三十年以前,清廷对暹罗国王的册封才一次。

这一相对冷淡的宗属关系至乾隆三十年后才有所改变,导致这一变化的主要原因是双方国家安全的需要。因为自乾隆三十年后,缅甸对中国和暹罗的威胁成为双方共同关注的对象。如乾隆三十二年清廷准备征讨缅甸时,就派人打听暹罗

---

① 《清圣祖实录》,卷123,康熙二十四年十二月辛卯条,中华书局1985年。
② 《清世宗实录》,卷26,雍正二年十一月乙巳条,中华书局1985年。
③ 中国第一历史档案馆藏:《宫中朱批奏折》,《奏为循例遣使恭赍金叶表文贡物请恩赐使臣人等得见龙颜事》,乾隆三十年五月,档号:04-01-30-0138-002。

与缅甸相互关系,并要求暹罗配合宗主国军事行动,不可纳缅甸逃人。① 乾隆帝只是一厢情愿,因为暹罗早已被缅甸所破,它不可能配合清廷征伐缅甸。② 不久后清廷才探知该国已被缅甸兼并,其国王及后裔也逃窜他处。③

暹罗诏氏王朝(即阿瑜陀耶王朝)灭亡(1767)后④,郑氏王朝崛起(即以中国侨民郑信为首建立的曼谷王朝)。郑信(即"清实录"中的甘恩敕)于1767年12月18日宣布为王,建立了新王朝,遂于1768年派陈美至广州,想同清廷恢复宗属关系。但乾隆帝基于对暹罗诏氏王朝(阿瑜陀耶王朝)"兴灭继绝"的传统理念,同时也出于对中国子民在外藩雄长一方的压制,拒绝了郑信的请求。不仅如此,清廷还致书郑信,谴责其自立为王行为。⑤ 郑信本欲请求册封,并联合清廷共同对付缅甸,但清廷却从名教大义出发,反对他擅自称王。清廷在坚守"愚忠"的同时,也放弃了与暹罗合作进攻缅甸的机会。这不仅导致清军在缅甸惨遭失败,而且耽误了中暹宗属关系的重建。至乾隆三十四年七月间,清廷从李侍尧的奏折中进一步了解到暹罗情况,即"暹罗诏氏子孙,式微已极,大势俱为甘恩敕所占,难复望其振作"。基于此,清廷对郑信的政策才稍有变化,开始采取不闻不问做法,即清廷不准备接受郑氏王朝的属国身份,也不指望联合郑氏暹罗进攻缅甸。⑥

至乾隆三十六年十月间,清廷对暹罗郑昭即丕雅新政策才有了真正转变,其中一个原因是清廷审讯丕雅新所献番民后,证明他们确实是缅甸人,丕雅新没有撒谎。而更为重要的一个因素是,清廷不得不尊重丕雅新在暹罗已取得的统治地位。而且清廷为征讨缅甸,还需继续寻找合作伙伴。⑦ 清廷这一转变对改善与暹罗曼谷王朝关系发挥了积极作用。乾隆三十七年八月,暹罗郑昭又派人送回广东省海丰县民陈俊卿等眷口,这些人本为私渡至缅甸之人,当暹罗方攻打缅甸时被擒,是以遣送,以表恭顺。随后乾隆四十年,郑昭又附商船送回了从缅甸方得到的清廷被俘士兵十九人。⑧ 至乾隆四十一年十二月,李侍尧又奏暹罗郑昭附带商船送回云

① 《清高宗实录》,卷787,乾隆三十二年六月己酉条,中华书局1985年。

② 《清高宗实录》,卷814,乾隆三十二年七月丁亥条,中华书局1985年。

③ 中国第一历史档案馆藏:《宫中朱批奏折》,"附片",《奏为奉旨查访外域番触彼此仇杀是暹罗或即缅甸所为兵到阿瓦即可知实情事》,乾隆三十四年,档号:04-01-16-0048-085。

④ 田禾、周方冶:《泰国》,社会科学文献出版社2005年,第93页。

⑤ 《清高宗实录》,卷817,乾隆三十三年八月甲戌条,中华书局1985年。

⑥ 《清高宗实录》,卷838,乾隆三十四年七月甲午条,中华书局1985年。

⑦ 《清高宗实录》,卷895,乾隆三十六年十月乙酉条,中华书局1985年。

⑧ 《清高宗实录》,卷990,乾隆四十年九月乙卯条,中华书局1985年。

南人杨朝品等三人,并请再赏买硫黄一百担。清廷为策应暹罗对付缅甸,并迫使缅甸早日对清廷恭顺,同意了这一要求。①

至乾隆四十二年,清廷的暹罗政策又有了新的变化,即在缅甸"近已悔罪乞降,并送回被俘人质,奉表纳贡"的情况下,清廷已不准备同暹罗合作进攻缅甸。同时,清廷也开始承认郑昭对暹罗的统治,接受其请封。② 但至乾隆四十三年,暹罗方并没有遣使请求册封,相反却要求宽缓贡期。对此乾隆帝让军机大臣代两广总督拟稿,对暹罗进行斥责和暗示,让其尽快朝贡③。虽然清廷做出了如此暗示,但在此后的几年内暹罗并没有向清廷进贡请封。直到乾隆四十六年,郑昭才正式派人向清廷进贡。这次进贡也只是一个巨大的商业船队,除了该国贡船十一只外,还有外洋船二只,其他的却是广东省的商船。④ 直到乾隆四十七年九月郑昭病亡后,其子郑华才遣使来华,正式请封。却又因这次请封是赍文禀报(而非具表恳求),与中国礼制不符,清廷加以拒绝,并要求暹罗方改换正式请封程序。⑤ 至乾隆四十九年,郑华才正式备具表文、驯象等物,遣使至清廷请封。乾隆五十一年十二月,清廷对郑华进行了正式册封。⑥ 虽然有学者认为,在暹罗,郑昭的权威是绝对的,个人被认为是神圣的,⑦但在未受册封之前,清廷仍不认可他是暹罗国王,只能称为"国长"。直到他接受了清廷的册封,才取得了"国王"称谓。

清乾隆朝对暹罗郑华的册封,客观上加强了两国宗属联系。自乾隆五十一年后,暹罗派往中国的朝贡使团频度明显增多。如自乾隆五十一年至道光十七年(1786-1837)近50年时间内,暹罗向清廷派出了26次使团,其年度频度差不多为两年一次,它已超过了《大清会典》规定的三年一次。

(五)康乾盛世下清廷与廓尔喀的关系

清廷同周边国家建立的宗属关系体现出不同特色,中朝、中琉、中暹等关系早在清初就已形成,而中尼、中越等关系却要晚后一些。在形成方式上亦有不同,中

---

① 《清高宗实录》,卷1022,乾隆四十一年十二月丁未条,中华书局1985年。
② 《清高宗实录》,卷1037,乾隆四十二年七月乙亥条,中华书局1985年。
③ 《清高宗实录》,卷1065,乾隆四十三年八月乙亥条,中华书局1985年。
④ 《清高宗实录》,卷1137,乾隆四十六年七月庚申条,中华书局1985年。
⑤ 《清高宗实录》,卷1164,乾隆四十七年九月辛丑条,中华书局1985年。
⑥ 《清高宗实录》,卷1273,乾隆五十一年十二月戊午条,中华书局1985年。
⑦ Mark Mancall, *China at the center*:*300 Years Of Foreign Policy*,New York,Free Press,London:Collier Macmillan,1984,P.27.

琉、中暹等关系是在继承明代宗属关系基础上自然形成的,而中尼、中越等却是双方发生冲突、磨合后才形成的。

《清实录》最早提到廓尔喀乃乾隆四年四月乙巳条,该条记载下驻藏大臣航奕禄奏报乾隆帝关于廓尔喀各部落相互吞并情况:"西藏西南三千里外,巴勒布部有三汗,一名库库木,一名颜布,一名叶楞。雍正十二年,曾遣使恭请圣安。近年三汗彼此交恶,数寻战攻。"①此条资料似乎表明,清廷最早同廓尔喀建立交往关系为雍正十二年,并非魏源等所谓的雍正九年。问题是,即使是雍正十二年来朝,对方也只是遣使恭请圣安,谈不上建立真正的宗属关系。但这一含混的交往却使清廷驻藏大臣等认为廓尔喀部早已归顺天朝。实际上此期间西藏与廓尔喀等周边各部的交往却比清廷同这些地方的来往复杂得多,这亦使驻藏大臣等更为警惕西藏周边各国间的关系变化,以免因边部骚乱影响西藏稳定。因此,当航奕禄得知巴勒布三部相互攻占信息后,就以天朝上国身份进行劝解,特"遣贝勒颇罗鼐宣谕皇上好生之德,中外一视",劝他们"各宜息兵和好,仰报国恩"。航奕禄认为这一宣谕发挥了很好作用,不久后三汗"欢欣听命,以三部落户口数目呈报,并各进方物"。② 在西藏早已与巴勒布各部产生交往关系基础上,驻藏大臣对廓尔喀各部进行调解,对促使清代中尼宗属关系建立发挥了积极作用。至乾隆五年,巴勒布部遂遣人至京进贡,乾隆帝特"御正大光明殿",让巴勒布部落人等伙同其他外藩人一道"至御座前",向清帝行觐见之礼。③ 但即使如此,此时清廷对巴勒布各部关系的影响仍非常有限,它的劝解客观上也未发挥多大作用,不久后就发生廓尔喀吞并巴勒布各部落事件,并形成了南亚次大陆上相对强大的廓尔喀王国,不仅先后吞并了周边二十三个小部落,而且又积极对周边地区进行扩张,"遂与后藏邻"。以后,在"人种"④"宗教"⑤"贸易"⑥等因素影响下,廓尔喀人同西藏地方日益产生更为复杂的关系,这为此后廓尔喀与西藏地方冲突的发生,以及清廷同廓尔喀王国宗属关系的建立提供了前提条件。

---

① 《清高宗实录》,卷91,乾隆四年四月乙巳条,中华书局1985年。
② 《清高宗实录》,卷91,乾隆四年四月乙巳条,中华书局1985年。
③ 《清高宗实录》,卷108,乾隆五年正月丁巳条,中华书局1985年。
④ [尼泊尔]达木拉.乌克雅布:《尼泊尔本土民族和中国少数民族——两者的相似之处》,《中国西藏文化加德满都论坛论文集》,中国藏学研究中心2007:35:36。
⑤ Min Bahadur Shakya,Princess Bhrikuti Devi,Book Faith India,Deihi,1997,P.33.
⑥ [法]布尔努瓦著,耿昇译:《西藏的黄金和银币——历史、传说与演变》,中国藏学出版社1999年,第195页。

廓尔喀王国的形成与其向周边地区锐意扩张举动,无疑为乾隆朝廓尔喀的两次侵藏提供了背景。而乾隆前期清廷治藏能力有限、沿袭传统藩属体制因俗而治政策亦给廓尔喀染指藏边提供了便利条件。此际清廷不仅将西藏定义为藩部,而且给西藏地方相当大的自治权力,以达怀柔藩部目的。为此驻藏大臣主要职责只在于维持当地安定和僧俗社会同清廷之间的和谐关系、保证后者服从中央王朝统治,而对西藏地方具体事务,并非事事过问。清廷本期望通过这一政策弥补中央政府直接管理边部能力的不足,但客观上却给廓尔喀两次侵藏提供了便利。

1. 第一次中尼战争与清廷廓尔喀联系的增强

魏源称,在第一次中尼战争之前,清廷与廓尔喀并无直接联系,即廓尔喀“自古不通中国,其与中国构兵,则自乾隆五十五年内犯西藏始”。[①] 言外之意,正是第一次中尼战争才将廓尔喀王国引入清廷视域,导致清廷开始关注西南各边部部落,并产生将它们纳入中央王朝藩属体系内的想法。在此意义上,战争在某种意义上成为促使清廷加强同外部联系的重要媒介,亦是它扩大对外认识的重要手段。

乾隆年间廓尔喀为何侵藏,乾隆帝认为是“盐税细务”和驻藏大臣的办理不善。[②] 但魏源在《圣武记》中却提供了另一种解释,即西藏僧侣领主之间不和:“初,后藏班禅喇嘛以四十六年来朝……中外施舍,海溢山积,及班禅卒于京师,资送归藏,其财皆为其兄仲巴呼图克图所有”,一无施舍,就连班禅的亲弟弟舍玛尔巴因信红教也未得到任何好处,为此“愤愬廓尔喀,以后藏之封殖,仲巴之专汰,煽其入寇”,终导致五十五年三月廓尔喀方遂藉商税增额、食盐糅土为词,兴兵闯边。[③] 以上这两种解释各有根据,但均不全面。此际廓尔喀之所以入侵西藏有着更为复杂的南亚次大陆国际背景。其要点有二.其一,廓尔喀王朝势力膨胀、积极对外扩张直接导致了中尼战争爆发。乾隆时期的廓尔喀由一个方国吞并巴勒布等其他诸部落统一尼泊尔全境,这一行为本身就表明它势力非常旺盛,而此时期清廷对西藏的怀柔政策刚好给廓尔喀人错误印象,认为趁此向西藏扩张,不会引起清廷重视。其二,英国等西方殖民帝国对南亚次大陆的渗透也导致各部落兼并加速。廓尔喀于乾隆时期吞并其他部落、统一尼泊尔,客观上亦受到英属印度刺激。为避免沦为英属殖民地,内部兼并加速。而西方火炮技术的输入,客观上又加速了这一过程,廓尔喀人正是利用这一技术去扩张领土,在吞并各部、统一尼泊尔后又向南

① 魏源:《圣武记》,中华书局1984年,第234页。
② 《清高宗实录》,卷1411,乾隆五十七年八月戊子条,中华书局1985年。
③ 魏源:《圣武记》,第234页。

扩展,但却遭到英方抵制。为此只能转向东北,对仍处于清廷怀柔下的西藏发起攻势,趁机扩大地盘。

清代中尼冲突早在乾隆五十五年即第一次中尼战争前就已发生,如乾隆五十三年七月,驻藏大臣庆麟等上呈清廷奏折就称:"巴勒布廓尔喀属下头目苏尔巴尔达布等,西向沮木郎部落掳掠,复东向我边入寇。"①面对这一变故,乾隆帝指示庆麟等预防,如后藏失守,可将年幼班禅带往前藏,暂行安置。同时又指示他们可斟酌形势、让川军进藏备剿。虽然双方已经发生冲突,但此际清廷对廓尔喀吞并巴勒布、统一尼泊尔全境等事并不知晓,为此仍称对方为巴勒布廓尔喀属。针对如何驱逐入侵的廓尔喀人,驻藏大臣与乾隆帝又进行了协商。驻藏大臣认为廓尔喀入侵者并非精锐之师,但从内地调兵,速度太慢,为此建议调喀喇乌苏三十九部落番兵助剿。乾隆帝肯定了驻藏大臣建议,并吩咐他向廓尔喀宣示"朝廷"威德,让对方自动退出所占地方。②

驻藏大臣等对廓尔喀的宣谕并未发挥多大作用,廓方没有退兵。为此,至该年九月,清廷又作出决定,调川兵入藏驱逐廓尔喀。但这一决策却遭到驻藏大臣、藏内僧俗一致反对,他们以无法筹办口粮为托词,拒不配合清廷武力驱逐廓尔喀人。为此,乾隆帝非常恼怒,特降谕旨进行谴责。③ 正是由于藏内僧俗和驻藏大臣等均消极对待武力驱逐廓尔喀人,最终影响了乾隆帝的廓尔喀政策。随后,驻藏大臣和西藏僧俗界又伙同清廷特使巴忠以"贿和"方式同廓尔喀达成退兵协定,"许以每年给银元宝三百个,合内地银九千六百两,令其退还聂木拉、宗喀、济咙三处地方",④终导致第一次中尼交涉清廷"未交一兵""靡饷百万"的荒谬结局发生。⑤

在以银贿和下,廓尔喀人于乾隆五十三年十月前"陆续退去"。乾隆帝似乎对廓尔喀人的如此退兵并不知情,以至于他在圣旨中仍称,廓尔喀人最终退兵是因为清廷大兵"云集,将巴勒布贼匪,悉行驱逐歼除"所致。⑥ 当然这也可能是乾隆帝自欺欺人的术语表达,因为如果乾隆帝果真认为廓尔喀人最终退兵是因为惧怕清廷大兵征剿,那也只能归之于三点:要么被自身自大情绪蒙蔽,要么偏信亲信侍卫巴忠之言所致,要么是一种自欺欺人说辞。因为在此之前乾隆帝所获信息实早已吐

---

① 《清高宗实录》,卷1309,乾隆五十三年七月丁亥条,中华书局1985年。
② 《清高宗实录》,卷1310,乾隆五十三年八月癸巳条,中华书局1985年。
③ 《清高宗实录》,卷1312,乾隆五十三年九月庚午条,中华书局1985年。
④ 《清高宗实录》,卷1391,乾隆五十六年十一月辛卯条,中华书局1985年。
⑤ 魏源:《圣武记》,第235页。
⑥ 《清高宗实录》,卷1319,乾隆五十三年十二月癸丑条,中华书局1985年。

露他应知道此次廓尔喀人最终退兵并非真心诚服天朝。如乾隆五十三年十二月癸丑条实录就称："廓尔喀头目,呈请愿进表纳款,庆麟等误听噶布伦等之言,以其呈词傲慢,驳回未奏,尤属乖谬。"① 此条史料实已透露出廓尔喀对清廷的傲慢情词,而乾隆帝也已经知晓。

但私下贿和② 和廓尔喀的退兵客观上却为清廷同廓尔喀宗属关系建立提供了前提。在乾隆帝看来,南亚次大陆小国廓尔喀臣服天朝乃理所当然。为此他甚至相信巴勒布商人所宣称的廓尔喀人早就想入贡天朝说法,只因驻藏大臣办理不善才延误了对方"归服"。③ 而廓尔喀在西藏地方答应贿和情况下,④ 其愿意与清廷建立直接交往关系且派使前往京师等行为,究竟是真心臣服天朝还是一种外交礼仪,各自解读不一。在乾隆帝眼中,廓尔喀人前来京师,实则表明了对方被纳入清廷属国体系。如《清实录》对廓尔喀首次派人至京朝贡一事记载如下:"壬申……廓尔喀使臣巴拉叭都尔喀哇斯、哈哩萨野等,于西华门外瞻觐,命随至瀛台赐食。"⑤ 同月甲戌,清帝又赐廓尔喀等国使臣宴,⑥ 庚辰日,又赐"廓尔喀使臣等茶果并赏赉有差"。⑦ 同月辛巳日,又召"廓尔喀使臣巴拉叭都尔喀哇斯、哈理撒野""至御座前,赐酒成礼"。⑧ 乾隆五十五年正月间清帝又赐廓尔喀来使三次,一次为丁亥日,一次为癸巳日,第三次为甲午日。共计清帝先后共接见赏赐廓尔喀来使七次,此等行为实则表明清廷对廓尔喀"归诚"信之无疑。不仅如此,又因担任此次通事的马廷相"伴送该国贡使来京,传译语言,尚为明晓",乾隆帝特赏其"千总顶戴",并让军机大臣传谕孙士毅,等马廷相回川后,即以实缺千总拔补,用示鼓励。⑨ 清帝如此赏赐行为也表明它非常重视这一刚刚形成的中尼宗属关系。

2. 第二次中尼战争与清廓宗属关系确立

这一刚刚建立的宗属关系非常脆弱。乾隆五十六年六月,因西藏地方未能按

---

① 《清高宗实录》,卷1319,乾隆五十三年十二月癸丑条,中华书局1985年。
② 台北故宫博物院编:《廓尔喀档》,第二册,2006年,第1174页。
③ 《清高宗实录》,卷1323,乾隆五十四年二月乙巳条,中华书局1985年。
④ 琳簃:《卫藏通志》,光绪21年,卷13下。
⑤ 《清高宗实录》,卷1345,乾隆五十四年十二月壬申条,中华书局1985年。
⑥ 《清高宗实录》,卷1345,乾隆五十四年十二月甲戌条,中华书局1985年。
⑦ 《清高宗实录》,卷1345,乾隆五十四年十二月庚辰条,中华书局1985年。
⑧ 《清高宗实录》,卷1345,乾隆五十四年十二月辛巳条,中华书局1985年。
⑨ 《清高宗实录》,卷1346,乾隆五十五年正月壬辰条,中华书局1985年。

贿和条件给付对方赔款,廓尔喀人又向西藏发起侵犯。驻藏办事大臣保泰、雅满泰等向清廷奏报了此事,但却隐瞒了此前贿和事实,只称对方因藏地"旧时债项未还",再次占据聂木拉,将噶伦布等掳去。接到这一奏报后,乾隆帝认为原驻藏大臣、西藏地方官员和廓尔喀等均有不是。① 尤其令乾隆帝不快的是,廓尔喀人刚刚归诚,并已纳入宗属体系,却又在边境寻衅。如何处理廓尔喀人再次滋事,乾隆帝所拟办法仍体现出"帝王君临天下"心态和过于理想作风。他一面令鄂辉前往办妥,一面令鄂辉、保泰等多写示帖,严行晓谕。② 其晓谕大意为,廓尔喀既已归顺天朝,自不能因西藏地方欠负发兵侵藏。如廓尔喀退兵,清廷自必为其追偿,倘不退去,天朝必"立即发兵剿灭"。此际,乾隆帝的主要方略仍是以和为上,但也做好了派兵征剿准备。为此他在圣旨中又强调称:"要之,兵固不可轻动,然遇必要用兵之事,亦不可吝惜钱粮,因小失大,即如康熙年间为西藏之事,两次发兵前往。"③但随后其亲信侍卫巴忠自杀事件发生却给他巨大震惊,使他认识到廓尔喀归诚问题非常复杂,即此前廓尔喀归诚清廷绝不是慑于天朝威严。但在心理上,乾隆帝仍希望通过怀柔方式使廓尔喀人自动退出西藏。④ 而此间军机大臣等消极对待廓尔喀入侵,也使乾隆帝对如何处理此事举棋不定。⑤ 此际他做出了两个决定:其一,让鄂辉、保泰等就此事如何解决"尽心熟筹,各抒己见";其二,传谕福康安等,让他们各抒己见,奏议如何处理。⑥ 但不久后,西藏方面却传来了清兵大败、西藏不保、班禅迁移消息,这让乾隆帝彻底改变了此前对廓尔喀施行的怀柔政策,决意主剿。乾隆帝做好了征讨廓尔喀准备,即"一俟来年雪化后,务须宣示兵威,深入剿杀,使之畏惧怗服,方为一劳永逸之计"。⑦

此际乾隆帝毅然决定征讨廓尔喀,还与藏内红教所体现出的过分亲善廓尔喀人有关。当廓尔喀人侵至后藏后时,萨迦庙中的红教喇嘛等竟向"贼匪投递哈达"。乾隆帝称此举"甚为可恨",他担心黄教的另一圣地扎什伦布"难保护无虞"。⑧

---

① 《清高宗实录》,卷1385,乾隆五十六年八月甲子条,中华书局1985年。
② 《清高宗实录》,卷1385,乾隆五十六年八月甲子条,中华书局1985年。
③ 《清高宗实录》,卷1385,乾隆五十六年八月甲子条,中华书局1985年。
④ 《清高宗实录》,卷1385,乾隆五十六年八月甲子条,中华书局1985年。
⑤ 《清高宗实录》,卷1386,乾隆五十六年九月丁丑条,中华书局1985年。
⑥ 《清高宗实录》,卷1386,乾隆五十六年九月戊寅条,中华书局1985年。
⑦ 《清高宗实录》,卷1378,乾隆五十六年九月甲午条,中华书局1985年。
⑧ 《清高宗实录》,卷1386,乾隆五十六年九月丁亥条,中华书局1985年。

　　至乾隆五十六年八月二十日，廓尔喀入侵者占据了后藏扎什伦布，驻藏大臣所带番兵和少量营兵明显失利。不仅如此，廓尔喀方又扬言三路入侵前藏，至此乾隆帝已经认识到单靠鄂辉、成德等拼凑的屯土番兵难以抵抗入侵。他本想让征讨台湾生番的奎林前往西藏驱逐廓尔喀人，但鉴于费时较多而作罢。随后又决定让"素娴军旅，声势较大"的福康安配合奎林共同征讨廓尔喀人。当乾隆帝做好了明年雪消进剿廓尔喀人准备后，针对藏内停留的廓尔喀商人，清廷也进行了清查、驱逐，以防奸细。为此清帝特降圣旨，命驻藏大臣负责处理此事。① 同时又鉴于西藏地方与廓尔喀贸易多用廓尔喀铸钱，既不利于清廷的西藏统治，又易发生矛盾，特命停用廓尔喀钱，改铸藏地新钱。②

　　至乾隆五十六年十月，乾隆帝才接到鄂辉、成德等人关于廓尔喀问题的回奏，他们迎合了此前乾隆帝、军机大臣等对廓尔喀人进行羁縻的想法，主张"将就了事"。但此时乾隆帝的廓尔喀政策已发生改变，即在廓尔喀已扰至扎什伦布的情况下，决意征讨入侵的廓尔喀人，这一征讨的更深刻动机有两个：其一，藏地不可弃："藏地乃皇祖皇考再三动用兵力略定之地，不惟不可因此小丑骚扰，遽行弃置，且藏地弃而不取，令达赖喇嘛、班禅额尔德尼及其徒众安插何地？"其二，安藏即安蒙古："达赖喇嘛、班禅额尔德尼居住前后藏，扶持黄教，振兴佛法，历年甚久。凡蒙古番子等，无不瞻仰藏地，朕如此办理者，原为维持黄教起见。"③

　　但是何时驱逐入侵的廓尔喀人，乾隆帝前后想法不一致，他原本打算等到明春（乾隆五十七年）雪消之后发起进攻，但至乾隆五十六年十一月间他的想法发生了改变，打算乘大雪封山之期进攻入侵廓尔喀人。其理由是："此时彼处大雪封山，归路阻绝，竟系天夺其魄，神灵不佑。故令其逗留边境，坐待歼诛。"为此，他对鄂辉、成德等错失良机，大为感叹。④ 为了加快剿灭被雪阻滞的廓尔喀人，他命鄂辉等迅速前进，又正式派遣福康安为征讨大将军，进藏驱逐入侵的廓尔喀人。⑤ 乾隆帝给了福康安四十天时间，要求他昼夜遄行抵藏，以解"朕忧"。福康安昼夜兼程，赶赴西藏，并告知清帝，等他"查明确情"后再"熟筹妥办"。⑥

---

　　① 《清高宗实录》，卷1387，乾隆五十六年九月丁酉条，中华书局1985年。

　　② 《清高宗实录》，卷1387，乾隆五十六年九月庚子条，中华书局1985年。

　　③ 《清高宗实录》，卷1388，乾隆五十六年十月乙酉条，中华书局1985年。

　　④ 《清高宗实录》，卷1390，乾隆五十六年十一月壬申条，中华书局1985年。

　　⑤ 《清高宗实录》，卷1390，乾隆五十六年十一月癸酉条，中华书局1985年。

　　⑥ 中国第一历史档案馆藏：《军机处录副奏折》，《奏为科尔喀贼匪滋扰奉旨入藏昼夜兼程已抵西藏并西藏贼匪情形事》，乾隆五十六年十一月初十日，档号：04-01-12-0234-063。

　　在福康安进藏之前,藏内兵额已增至七千余名,主要由鄂辉、成德所带汉屯、换班兵丁、添调屯练、索伦达呼尔兵组成。乾隆帝估计福康安进剿廓尔喀人需带兵五千深入,剩余两千余名在藏防守明显不够,为此他又让福康安可从达木蒙古兵中添调一两千名同往。同时,乾隆帝对如何征讨廓尔喀人这一重要问题,也向福康安授以机宜:必先痛剿,令其彻底诚服,才可言和。言和时一定要严立禁约,"示创惩,而遵体制"。即此可见,即使此际乾隆帝也没有"必剿其巢,灭其国"之心。① 至乾隆五十六年十一月间,鄂辉等向清廷奏报了驱逐廓尔喀商人一事:若将他们送京,各处番人无人管束,明显不便。更为重要的是,他们认为让少数巴勒布商人留在藏内对明春征讨廓尔喀有利,清廷可以利用他们作引线,假通信息。乾隆帝最终同意了鄂辉等的建议。②

　　至乾隆五十七年正月初二日,福康安抵达藏内,乾隆帝命军机大臣给福康安传谕,要其直捣廓尔喀巢穴。③ 乾隆帝为何改变了此前的廓尔喀政策,可能与其掌握的廓尔喀情报日渐增多有关。首先,他已了解到廓尔喀不过是南亚次大陆上的小国,"周围不过千里,所居阳布距边界仅七八日路程"。其次,附近部落又多与之有仇,如被其兼并的巴勒布部落就是例证。乾隆帝认为这些被兼并的部落"正深愤恨,今闻大兵进剿""可藉此报仇"。④ 基于此,乾隆帝决意不再驱逐巴勒布商人,相反却滋生了利用他们抵制廓尔喀人的念头。

　　至乾隆五十七年四月,藏内已有兵丁万余人,为充分保证征讨廓尔喀并直击阳布,乾隆帝允许福康安可再从四川调三千名;如仍不够,可再行添派三四千人。⑤ 同时又让福康安动员廓尔喀周边各部落配合清军进讨廓尔喀人,其中甚至包括英属殖民地披楞(即印度)。但各部反应均不积极。乾隆帝认为这主要是福康安传檄过早。在周边各部均不配合清廷征讨廓尔喀情况下,乾隆帝的廓尔喀政策又有转变。综合此前各情况,他认为征讨廓尔喀可能会出现三种结果,为此提出了三大对策。上策为"扫穴擒渠,将其土地给还各部落,永免藏驻兵防守"。如果上策难行,可选中策,即将济咙、宗喀一带据守贼匪进行剿灭,大振军威;或前抵贼境,与贼打几次胜仗后,贼匪心怀慑厌,望风落胆,差人前至军营投递禀

----

① 《清高宗实录》,卷1391,乾隆五十六年十一月乙未条,中华书局1985年。
② 《清高宗实录》,卷1392,乾隆五十六年十一月乙亥条,中华书局1985年。
③ 《清高宗实录》,卷1394,乾隆五十七年正月癸酉条,中华书局1985年。
④ 《清高宗实录》,卷1397,乾隆五十七年二月丁巳条,中华书局1985年。
⑤ 《清高宗实录》,卷1400,乾隆五十七年四月辛丑条,中华书局1985年。

帖,悔罪乞哀,可以"令其坚明约束","准其投诚"。下策乃万一征讨不利的退路,即"若实有万难进取之势,必不得已,不得不豫作退兵以完此局"。① 即此可见,乾隆帝虽力举进剿入侵廓尔喀人,但对此次战争的胜负情况也做好了各种心理准备。

至乾隆五十七年四月,福康安传檄各部落、配合清廷征讨廓尔喀一事仍无进展。在此情况下,乾隆帝对福康安的拟"绕道截其归路,径取贼巢之计"明确反对。② 此间应是清军与廓尔喀入侵者相持阶段,清廷遭遇的困局不仅是周边各部落的不配合,而且还有后方粮草供应上的困难,尤其是直取阳布,离藏距离遥远,粮运问题更为不易,需事先准备。为此,他下令让惠龄专门负责济咙以外的粮食供应,以便应对。

至乾隆五十七年五月后,清军开始取得局部胜利。首先清军于该年五月初七、初八日分别攻克了檫木、玛噶尔瞎尔甲山梁,又于初九日克服济咙。济咙乃藏属地方,其西南热索桥外即为廓尔喀境,相距不过八十里。福康安认为济咙为进兵正路,应在收复济咙后,直捣阳布,方无后顾之虞。③ 在此环境下,乾隆帝也赞同采取上策。④ 同时乾隆帝再度令福康安动员周边各部落进攻廓尔喀,并称在清军连连取得胜利情况下,这一动员必定会得到较好效果;如果它们认为自身兵力不足、难以协同进攻,也万不可接纳挫败的廓尔喀逃人。

至乾隆五十七年六月,清军又占领了东觉山梁、雅尔萨拉、博尔车拉等处,已攻入廓尔喀境。最深入处距廓尔喀都城阳布仅三百余里。廓尔喀方明显感受到清军压力,该月十五日遂将上年胁裹而去的兵丁王刚、第巴瑭迈、丹津班朱尔跟役多尔济诺尔布、第巴跟役果几四人送回,并附信福康安,期望言和。廓尔喀方书信强调了三点:第一,唐古忒与廓尔喀向来相好,只是最近有些不和;第二,不和主要原因是听信了沙玛尔巴挑唆;第三,廓尔喀与唐古忒一样,都是天朝属土,希望天朝对它施恩,停止进兵。为此来信就称"大皇帝是上天,我们时刻顶在头上,如今天朝发大兵来,我们也实在抵敌不住,总求大将军等奏明大皇帝,照施与唐古忒的恩典一

① 《清高宗实录》,卷1401,乾隆五十七年四月丙辰条,中华书局1985年。
② 《清高宗实录》,卷1402,乾隆五十七年闰四月乙亥条,中华书局1985年。
③ 中国第一历史档案馆藏:《宫中朱批奏折》,《福康安等奏克服济咙情形折》,乾隆五十七年五月十一日,转引自中国藏学研究中心等编:《元以来西藏地方与中央政府关系档案史料汇编》1994年,第三册,第732—734页。
④ 《清高宗实录》,卷1406,乾隆五十七年六月乙卯条,中华书局1985年。

样,施与廓尔喀"。① 除此之外,此际清廷还探听到两大信息,其一,此前扰乱西藏的红教头目沙玛尔巴已经病亡;其二,哲孟雄准备联合清军进攻廓尔喀,但却向清廷索要军费。针对后一要求,清廷断然拒绝。

在清军逐渐深入廓尔喀过程中,遭遇的困难和阻力也在增大。首先,越接近阳布,地理环境更为险峻,廓方防守更坚。其次,与对方兵力相比,进入廓尔喀的清军并不占优势。② 再者,进兵环境艰苦。当清军进至雍雅(鸦)时,"贼据噶勒拉山梁,道路崎岖,士卒履皆穿,跣足行石子上,多刺伤,又为蚂蝗嘬啮,两足肿烂。其地多阴雨,惟辰巳二时稍见日,界午则云雾四合,大雨如注,山巅气寒凛,夜则成冰雪"。③ 最后,越深入廓境,清军粮草供给越不易,其中宗喀、济咙一带粮饷也不充足,均影响藏外至廓境一线粮草的供应。更令乾隆帝担心的是,时令已至农历八月,不久后藏地将会变冷,"若非及早藏事撤兵,或为大雪所阻",结果更糟。为此,乾隆帝传谕福康安,要他"通盘筹划"。④

此际廓尔喀方政策也在变化,因清军不断进攻,且有大兵压境、直捣阳布危险。⑤ 为缓解这一局面,廓方曾于是年派人前往英属殖民地披楞(即印度),寻求帮助。⑥ 魏源在《圣武记》中对这一经过做了如下描述:"方是时,其国境南邻印度之地曰披楞者,久为英吉利属国,与廓尔喀积衅,福康安进兵时,曾檄近廓夷东南之哲孟雄、宗木、布鲁克,西面之巴作目朗,南面之甲噶尔,披楞等部同时进攻,许事平分裂其地。乃是,廓夷南告急于披楞,披楞佯以兵船赴援,实阴逼其边鄙,廓夷两支强大敌,汹惧无计,且恐我军闻而气奋也,再遣人诣军卑词乞哀。"⑦而实际上廓方早于清军未攻进尼泊尔之先(即1791年)就已与英人缔结商约,廓方本欲以给予英

_____

①　中国第一历史档案馆藏:《军机处录副奏折》,《福康安等奏报廓尔喀乞降及追查沙玛尔巴死因等折》,乾隆五十七年六月十八日,附二,转引自中国藏学研究中心等编:《元以来西藏地方与中央政府关系档案史料汇编》,第三册,中国藏学出版社1994年,第742页。

②　中国第一历史档案馆藏:《军机处录副奏折》,《福康安等奏报廓尔喀乞降及追查沙玛尔巴死因等折》,乾隆五十七年六月十八日,附二,转引自中国藏学研究中心等编:《元以来西藏地方与中央政府关系档案史料汇编》1994年,第三册,第742页。

③　赵尔撰:《清史稿》,卷529,中华书局1977年,第14708—14709页。

④　《清高宗实录》,中华书局1985年,卷1410,乾隆五十七年八月乙亥条。

⑤　Clements R.Markham, *Narratives of the mission of george Bogele to Tibet and of the Journey of Thomas Manning to Lhasa*, Manjusri Publishing House, New Delhi, 1971, PP.148-150.

⑥　S.Cammann, *Trade through the Himalayas*, *the early British Attempts to open Tibet*, GreenWood Press, 1951, p.126.

⑦　魏源:《圣武记》,中华书局1984年,第236页。

属印度公司"英属印度领地商人运货至尼泊尔销售或通过尼泊尔境内征收不高于2.5%的货物税的商约条款",换取对方军事援助,[①]但对方并未兑现这一请求。稍后当廓方遭清军进攻时,廓人又乞援于英,书达印度总督康瓦里,后者虽派出精通东洋语武职官员克拜特里率兵入廓,并于1792年到达尼泊尔首都落鸦科特,但并没有直接派兵协助廓方抵抗清军,直到中尼和议成立后,英军才从廓尔喀都城退出。其后英人又与尼泊尔签订了1792年3月1日商约。[②]

英方如此行为表面上既没有帮助廓方,也没有响应福康安号召,配合清军进攻廓尔喀,但它对廓尔喀的威胁以及通过渗透方式迫使廓尔喀与其立约,客观上却给廓尔喀人严重危机感。不仅如此,此前廓尔喀方的对外肆意扩张行为的负面影响也开始暴露出来。它为有效控制哲孟雄、巴勒布等部落,并防止它们伙同清廷倒戈反击,也分散了它的精力。为此有西方学者称,此时廓尔喀向西扩张领土,为巩固新占领地区的统治秩序,亦无能力坚持抗击清军,这才向清军求和进贡。[③]

充分权衡利弊后,廓尔喀方最终同意与清廷言和。乾隆五十七年六月二十五日,廓方将前一年胁裹而去的噶布伦丹津班朱尔等二十四人送回。同时前来的还有廓方言和队伍二十余名,除大头目噶布党普都尔帮哩、噶箕朗穆几尔帮哩、达萨尔乃尔兴外,另外还有此前进京觐见时曾蒙清廷赏赐的小头目巴拉巴都而哈瓦斯等。他们称,廓方这次犯藏主要是因为廓尔喀部长年幼无知、不谙天朝法度,误信沙玛尔巴谣言,恳求天朝允许投诚。乘此机会,福康安向廓尔喀方提出了几项言和条件:其一,廓方需撤退阳布与清军驻地之间的所有防军;其二,廓尔喀国王应亲至军营乞降;其三,廓方应送出沙玛尔巴尸骨及眷属徒弟;其四,廓方应归还扎什伦布被劫金银财物;其五,废除此前丹津班朱尔与廓尔喀方私订的合同。[④] 以上各条件,廓方当然不会轻易同意,以致"数日尚未禀复"。为迫使廓尔喀方尽快投诚,福康安等又向廓方发起进攻,先后攻克了噶勒拉、堆补木、帕朗古等处,已"深入贼境""七八百里"。在此境遇下,廓尔喀方才再度递禀乞降。禀文中除撤防与国王

① A.Lamb,*Britain and Chinese Central Asia*,*The Road to Lhasa*,1767-1905,London,1960,pp.25-26.

② Colonel Kirkpatrick,*An Account of the kingdom of Nepaul*,London,1811,pp.349-350.另参阅秋桐:"论尼泊尔",《申报》,"论说",宣统三年闰六月十七日第一张第一版,[113]680。

③ L.F.Stiller,*the Rise of the house of Gorkha*,Cathmandu,1975,P.212.

④ 中国第一历史档案馆藏:《军机处录副奏折》,《福康安等奏报廓尔喀遣大头人乞降送出丹津班朱尔等折》,乾隆五十七年六月二十八日,转引自中国藏学研究中心等编:《元以来西藏地方与中央政府关系档案史料汇编》1994年,第三册,第745—746页。

亲至军营乞降两项不同意外,基本接受了其他各项要求。更让乾隆帝感到欣喜的是,此次廓尔喀方禀文更为谦卑,"凡自称之处,俱改为小的"。福康安向乾隆帝呈报此事时,仍称要"整顿兵力,另图进取"。但乾隆帝认为言和时机已经成熟,可以答应对方归降。①

福康安在前线也做好了接受廓尔喀归诚准备。乾隆五十七年八月十三日,廓方派遣"贼目"苏必达依喇喀瓦特等人来营,呈送礼品,并禀称:"如蒙大皇帝施恩赦宥,从此永为天朝属下,阖部落部长头目以及番民人等,皆归王化,渥受天恩。"在廓尔喀承诺此后"永遵天朝王法,与唐古特和好,再不敢侵犯边界"情况下,福康安答应对方撤兵请求,定于该月二十一日班师。② 藉此可见,至此,福康安亦不准备攻占阳布、准备接受廓方投诚的做法与乾隆帝准备接受廓尔喀归降而不再倾其巢穴、收其土地的用心吻合。

但至乾隆五十七年九月,廓尔喀国王并没有亲至军营乞降。在所谓廓方准备派大头目进奉表贡情况下,乾隆帝下令不必等大头人到营即可撤兵,以促进廓尔喀归诚。③ 同月,清廷又正式下旨,定廓尔喀进贡周期五年一次,并废除了此前西藏地方同廓尔喀所订合同和济咙需向廓尔喀方贡鹰活动。清廷还归还了清军占领的廓尔喀领土,廓方归还了所占西藏土地,双方同意停止私下贸易,改为廓尔喀对清廷的朝贡贸易。同日,廓方准备向清廷进贡贡物,除方物外,有驯象五只。乾隆帝指示福康安,让廓尔喀头人加速进京,以便在岁末各国使节进贡朝拜之时感受上国威仪。同时乾隆帝对廓尔喀方拟派乐工一道进贡更感兴趣,他想让各国贡使于年节宴会之期,聆听异方之乐,更"足以备太常而昭武烈"。④

至此,第二次中尼战争经两年之久,最终结束。中方虽深入廓尔喀境,给对方以威慑,但却耗财耗力,⑤人员伤亡不少。结束后,廓尔喀方派往清廷的第一批贡使于乾隆五十七年十二月到达京师,正使噶箕第乌达特塔巴第等在西苑门外瞻觐

---

　　① 　中国第一历史档案馆藏:《军机处录副奏折》,《福康安等奏报接到拉特纳巴都尔来禀十分恭顺折》,乾隆五十七年七月初九日,转引自中国藏学研究中心等编:《元以来西藏地方与中央政府关系档案史料汇编》1994 年,第三册,第 753 页。

　　② 　中国第一历史档案馆藏:《宫中朱批奏折》,《福康安等奏酌定班师日期折》,乾隆五十七年八月十九日,转引自中国藏学研究中心等编:《元以来西藏地方与中央政府关系档案史料汇编》1994 年,第三册,第 759 页。

　　③ 　《清高宗实录》,卷 1412,乾隆五十七年九月己亥,中华书局 1985 年。

　　④ 　《清高宗实录》,卷 1414,乾隆五十七年十月丙子条,中华书局 1985 年。

　　⑤ 　中国第一历史档案馆藏:《军机处录副奏折》,《奏报芦商等情愿捐饷银五十万两以备赏赉进击廓尔喀凯旋官兵事》,档号:03-0637-081,乾隆五十七年二月初一日。

了乾隆帝。① 清帝对他们赏赐宴席一次,赏食两次。② 乾隆六十年为庆祝乾隆登基六十周年,廓尔喀方又派使臣噶箕迺尔兴等进京瞻觐③,清帝又赐宴,赏赉有差。④ 至此,廓尔喀已被清廷正式纳入属国体系,成为南亚次大陆上最为重要的属国。

---

① 《清高宗实录》,卷1419,乾隆五十七年十二月戊子条,中华书局1985年。
② 《清高宗实录》,卷1419,乾隆五十七年十二月戊子条;卷1420,乾隆五十八年正月壬寅条;卷1420,乾隆五十八年正月丁未条;卷1421,乾隆五十八年正月癸丑条,中华书局1985年。
③ 《清高宗实录》,卷1493,乾隆六十年十二月戊戌条,中华书局1985年。
④ 《清高宗实录》,卷1493,乾隆六十年十二月庚子条,中华书局1985年。

第三章 嘉道咸同时期传统藩属体系的
重创与清廷的被动应变

一、朝贡国体系的彻底崩溃

(一)西力东渐下"天朝"体制的巨大内损

1. 中国传统秩序与西方秩序之间的矛盾

在西力东渐之前,以中国为代表的东方体制是单极式的。奴隶制、封建制均是单极制的具体体现,而藩属体制则是这一单极式政治制度的突出代表。

东方的这一单极秩序,多限制西方的加入,西方如想加入到这一单极秩序之内,它也只能以属国身份或朝贡者身份加入。即在鸦片战争之前,东方统治者在绝大多数情况下,只承认一个"中国"中心,而西方的世界在他们眼中多被忽略不计。在鸦片战争爆发之前,东方以中国为代表的国家仍然坚守这一单极秩序。因此,"当清廷与西方初次公开接触时,清廷仍用传统的态度去对待西方,它完全不把西方看作西方,而是把西方看成亚洲内部的新夷狄"。① 另一方面,清廷对西方国家的如此蔑视,却让西方无法忍受。他们要求对所有的旧有封建等级制度加以破坏,并建立起一个在近代国际法基础上、以民族主权国家为主体的、所谓"平等"②的国际体系。这显然是对东方单极体制的严峻挑战。因此东西方之间的这一冲突不可避免。

正是因为清朝至 19 世纪时期还不认可西方的"平等体制",而西方偏偏要用

---

① John King Fairbank, *Trade and Diplomacy on the China Coast The opening of the Treaty Ports, 1842-1854*, Stanford University Press, 1953, P.7.

② Peter Duus, *The Abacus and the Sword The Japanese Penetration of Korea, 1895-1910*, University Of California Press, Berkeley.Los Angeles, London, 1995, P.12.

近代的西方体制取代东方的单极体制,所以它们之间必将引发冲突。这种冲突表面上看是西方对东方贸易扩张的结果,实则是两种体制冲突的结果。即清廷力图将西力东渐后的西方纳入到朝贡体系之内、要在藩属体制下才同西方开展贸易①;但西方各国却力图破除此种体制,力求以"平等"的身份同清廷开展交往。它们之间的冲突,就是以"以小事大"的宗属朝贡体制为代表的封建体制与以"自由、平等"为口号的资本主义殖民体制之间的冲突。

2. 西方对清朝本土的进攻与对东方传统体制的破坏

就清朝自身而非属国而言,第二次鸦片战争之前的时段内,西方列强对清廷属国的一系列渗透、侵占并没有对清廷独尊的体制造成致命的伤害。因为此时期西方列强虽然控制了清廷的诸多属国,但并没有完全吞并各属国,同时也没有完全断绝它们同清廷的宗属往来。具体而言,就第一次鸦片战争来说,西方殖民势力虽加强了对清廷属国的染指和侵占,但是它并没有导致宗主国与属国之间关系的完全涣散。相反,有学者认为:正是由于第一次鸦片战争前后西方对中国周边各国侵犯的加强,从而导致了这一时期各属国为寻求自身安全而加紧了与宗主国清廷的联系,从而导致了清廷同属国之间交往的频繁。② 这一情况表明:在一次鸦片战争与二次鸦片战争之间,西方对清廷属国而非清廷自身的冲击还够不上太大的危害,"天朝"独尊的法理基础并没有丧失,它仍通过清廷同西方各国以及属国之间的交往而得以维系。

但是对"天朝"独尊的法理基础的破坏却通过对清代中国本土的直接入侵而得以实现。这具体体现在两次鸦片战争时,西方殖民势力对清代中国本土的入侵。

首先需要强调的是第一次鸦片战争对清代藩属体制的影响。西方殖民势力对"天朝上国"体制的破坏是分阶段进行的。既然对"天朝上国"的属国一系列渗透、侵占还没有对"天朝"体制产生毁灭性的影响,那么对"天朝"本土发动直接的征服可望迫使清廷放弃对传统体制的坚守。

第一次鸦片战争以清廷的败北、西方的胜利而终结,战争的结果是英国迫使清廷签订了第一个不平等条约——"南京条约"。该条约的签订表明:它"不仅是一个伟大的历史事件,而且它的后果将对成千上亿的中国人产生日益上升的影

---

① John King Fairbank, *Trade and Diplomacy on the China Coast The Opening of the Treaty Ports, 1842-1854,* Stanford University Press,1953,P.5.

② 何新华:《1840—1860 年间清政府三种外交体系分析》,《安徽史学》,2003 年 5 期,第 23 页。

响……战争的结局是在中国的领域内破坏了清廷的法律,并强迫弱者为鸦片赔款"。① 与这一直观的结果相较,它的暗在的影响应该比前者更为严重。该条约就中西传统交往关系而言、对于清朝的藩属体制而言,均产生了重要影响。因此有学者称:理论上讲、在西方看来"南京条约是一座界标,使中外关系由'天朝'时代转入了条约时代"。② 而且,从西方的视角看、从法理上而非清廷单纯的自我意识上看,第一次鸦片战争对中西此后的交往确实产生了重要的影响。在西方看来,第一次鸦片战争及其结果是西方势力在"天朝"体制上打开了一个巨大的缺口。③

不过值得注意的一点是:第一次鸦片战争虽使清廷的传统优势在同西方的交往中已经丧失,并对"天朝"独尊的法理基础产生了不良的影响;但是第一次鸦片战争对整个"天朝"体制的破坏就清廷的感受而言并不算太严重。清廷虽然在一次鸦片战争中战败,且与英国签订了通商条约,但是清廷对于这一问题的性质却有不同的认识。时人多认为五口通商等措施充其量是"天朝"对西方"夷狄"的怀柔与恩赐,是在"天朝"的单极体制内对西方"新夷狄"的一种羁縻手段。④

因此,第一次鸦片战争的结果对于清朝自身和西方殖民势力而言都不令人满意。对于西方的英法等国而言,"他们是来自另一个世界的野心勃勃的海上强国……1842—1844年第一次条约的缔结只是他们入侵的开始"。而对于清廷而言,"其暂时对西方的怀柔也只是为了稳定亚洲局势"。⑤ 正是如此,清廷与西方各国之间的冲突仍不可避免。一方面西方要竭力破坏"天朝"的传统体制,让"天朝"屈从于西方的近代秩序;另一方面,清廷要竭力维护自己的体制,不让"天朝"传统体制遭受破坏,不让自身单极权威受损。这样,清廷与西方之间的冲突,对于以英法为代表的西方而言,只有采取进一步战争的方式来迫使清廷屈服。

与第一次鸦片战争相比较而言,第二次鸦片战争对清代藩属体制的瓦解具有

---

① Wells Williams, *The Middle Kingdom*, *A Survey Of The Geography*, *Government*, *Literature*, *Social Life*, *Arts*, *And History Of The Chinese Empire And Its Inhabitants*, New York: Charles Scribner's Sons, 1882, PP.463-464.

② 茅海建:《天朝的崩溃:鸦片战争再研究》,生活·读书·新知三联书店1995年,第497页。

③ [美]马士:《中华帝国对外关系史》,生活·读书·新知三联书店1957—1960年,第一卷,第348—350页。

④ Wells Williams, *The Middle Kingdom*, *A Survey Of The Geography*, *Government*, *Literature*, *Social Life*, *Arts*, *And History Of The Chinese Empire And Its Inhabitants*, New York: Charles Scribner's Sons, 1882, P.464.

⑤ John K. Fairbank and Meerle Goldman, *China: A new History*, The Belknap Press of Harvard university, 1998(enlarged edition), PP.200-201.

更大的冲击力。

1857年2月,一系列文件以"关于在中国所受侮辱的通信"(Correspondence Respecting Insults in China)为名被英方官员上呈给英国上议院,①结果是上议院以"亚罗号事件"为借口,向中国发动了第二次鸦片战争。战争因西方兵力的优越②而使清廷再次败北,此次清廷的失败所导致的结果与影响都比第一次鸦片战争要严重得多。对于清廷而言,如果说第一次鸦片战争只是部分地抵抗了,且在抵抗中对西方"蛮夷"较多地采用了怀柔的手段;那么第二次鸦片战争中,清廷则全力抵抗了。清廷用尽全力同西方一搏,结果却完全溃败。咸丰帝被迫逃往热河,英法联军占领北京,京畿失守、天子外逃、圆明园被焚,中方被迫签订了城下之盟,"天朝"的尊严和体面被打翻在地。假如说,第一次鸦片战争的结果即条约的签订还带有"天朝"对西方"夷狄"的怀柔的姿态,那么第二次鸦片战争后所订条约却体现出"天朝"对西方的完全屈服。同样,如果说第一次鸦片战争结束后,"天朝"在与西方的交涉中还带有某些主动,那么第二次战争的结束却是"天朝"完全处于被动地位。

对于中方而言,第二次鸦片战争的确破坏了"天朝"独尊的法理基础。这一破坏主要体现在以下方面。首先,"天朝"独尊地位已被西方摧毁。二十一年(1839—1860)战争"剧烈地改变了帝国与资本主义世界体系之间的关系。当战争开始时,虽然帝国已经处于外来压力之下,但传统的朝贡体制仍然存在;当战争结束时,朝贡体制不再在帝国与西方的交往关系中发挥作用"。③ 其次,"天朝"与西方关系已经发生了质的变化。二次鸦片战争之前,中方虽与英国签订了敌体意义上的条约,但是,西方国家仍被清廷看成是当然的朝贡国,仍是"天朝"藩属体制下的"臣服"者;但是二次鸦片战争后,西方迫使清廷所订诸条约却完全改变了这一"臣属"关系。因此咸丰八年(1858)战争和条约的签订,在西方看来起码完成了三件事:"其一,完成了废除清廷用来引导它同外国关系的传统体制的重要一步;其二,重新使帝国调整了它与扩张中的西方资本主义世界体系之间的关系,并为此创

---

① Wells Williams, *The Middle Kingdom A Survey Of The Geography*, *Government*, *Literature*, *Social Life*, *Arts*, *And History Of The Chinese Empire And Its Inhabitants*, New York: Charles Scribner's Sons, 1882, P.641.

② 针对当时中西武器装备优劣进行比较的论文、著作很多。如潘向明教授的《鸦片战争前的中西火炮技术比较》一文,就专门谈到此问题。《清史研究》,1993年第3期。

③ Mark, Mancall *China at the center*:*300 Years Of Foreign Policy*, New York, Free Press, London, Collier Macmillan, 1984, P.113.

造出新的体制;其三,它将帝国放置在次于西方的位置。"①

总之,以上诸点均表明二次鸦片战争使"天朝"独尊的法理基础遭到严重的破坏,相对于西方而言,"天朝"独尊基础已基本丧失。②

而鸦片战争后日本对"天朝"独尊地位的挑战也进一步冲击着清代的藩属体制。西方通过两次鸦片战争来对"天朝"独尊的法理基础实行挑战,并最终破除了"天朝"对西方的"独尊"地位,强迫"天朝"下降到同西方各国相同的等级梯次。但对于亚洲内部的等级秩序,西方各国虽有干涉,却没能对其进行彻底破坏。因此在二次鸦片战争结束后的十几年时间内(1860—1876),亚洲内部的等级秩序在一定范围内还照常存在着,"天朝"在亚洲的"天下"内还可处于"独尊"的位置。它在亚洲内部享受"独尊"的状况一直保持到日本的明治维新之前。

日本在明治维新之后所从事的侵台战争和吞并琉球事件可谓是与西方殖民主义从亚洲外部破坏"天朝"独尊法理基础相对应的又一活动。与从外部——西方——进行破坏之不同,日本是从亚洲内部对"天朝"独尊体制实行破坏。③ 日本于明治维新时期就要求改变它在亚洲的地位,它首先所要解决的是清廷对它平等地位的承认。所以,同治十年(1871)中日之间发生了所谓的体制之争。④ 当清廷拒绝日本所要求的平等身份之承认后,日本决定通过直接的行动来对清廷传统体制进行挑战。因此,日本遂借琉球漂流人被杀事件,向清廷发难,侵占台湾。⑤ 中方因准备不足、反应迟钝且对日本开战不感兴趣而使日本在台湾的侵略行为未遭到中方军事上的抵制。其结果是中日议和,中方向日本提供50万两白银作为日本开化台湾生番等费用。该事件对于日本而言,可谓大获全胜,对于"天朝"而言,可

---

① Mark Mancall, *China at the center:300 Years Of Foreign Policy*, New York, Free Press, London, Collier Macmillan,1984, P.118。

② 正如马士所称:"从一八二四年律劳卑勋爵的来华直到一八六〇年联军从北京撤退为止的各种事件,是西方国家所做各种努力的记录,这些努力,(最初是由英国单独作的,随后由美国和法国同英国合作)去从高傲的北京朝廷取得对于这种事实的承认,那就是西方列强并不是中国的藩属,而是应该享受平等待遇的自主国家……居于皇位的中国君主们,还从来没有接见过一个要求平等而被承认的任何国家的代表……"[美]马士:《中华帝国对外关系史》,生活·读书·新知三联书店1957—1960年,第一卷,第630页。

③ 即"当西方欧洲的民族国家疯狂地在全球实行领土扩张时,日本人准确地抓住这一历史时机而步西方之后尘去搞它的文明开化运动"。Peter Duus, *The Abacus and the Sword The Japanese Penetration of Korea,1895-1910*, University Of California Press, London,1995, PP.2-3.

④ 《李鸿章全集》,译署函稿,卷1,同治十年七月十五日,"论东使议约",海南出版社1997年。

⑤ [日]东亚同文会编胡锡年译:《对华回忆录》,商务印书馆1959年,第38页。

谓使其"独尊"基础再一次遭到破坏。① 不仅如此,对于"天朝"藩属体制而言,其破坏性在于:"大清轻易地放弃了琉球群岛,这个地方曾进贡有五个世纪之久——这是所有朝贡的属国一个个的相继地被割去的一个序幕。"②

3."天朝"独尊的法理基础之丧失

有学者认为早在两次鸦片战争之前,中国的体制就如同"纸扎的房子"已经摇摇欲坠了,③但就客观事实而言,在两次鸦片战争之前,清朝的体制虽面临着西方的挑战,但却依然稳固。

但是,自道光后,西方殖民势力以及在西方殖民势力引导下的日本势力,通过对清廷属国和中国本土的侵占,严重地破坏了"天朝"体制。

这一体制在经历了两次鸦片战争、日本的侵略台湾和吞并琉球事件后,已经遭到了致命的破坏。它不仅使"天朝"藩篱荡然无存,而且使"天朝"独尊的法理基础在西方面前、在东方的日本和其他国家面前也不复存在。具体而言,两次鸦片战争后,天朝独尊的法理基础之丧失主要体现在以下方面。

第一,中国同西方交往方式发生了变化。两次鸦片战争以及相关条约的签订改变了中方在中西交往之中的主动性,中方从此处于相对被动、屈从的地位。就此点而言,晚清权臣奕䜣的感受最为深刻。他曾称:"窃为夷情之强悍,萌于嘉庆年间,迨江宁换约,夷祸之烈极甚,至本年直入京城,要挟狂悖,夷祸之烈极矣……窃谓大沽未败以前,其时可剿而亦可抚;大沽既败而后,其时能抚而不能剿;至夷兵入城,战守无一足恃,则剿亦害,抚亦害,两者轻重论之,不得不权宜办理,以救目前之急。"④即清廷不得不开始对西洋实行"迁就",并服从西洋的规则。⑤ 不仅如此,战败的清廷不但对西方的"新蛮夷"无控制之力,而且反受西方"蛮夷"之控制,其中最典型的例子是第二次鸦片战争后英国人代替清廷拟旨事。⑥ 总而言之,"战争给西方设置了一个至今仍采用的同中国交往的方式,西方要求中国按照西方的规则

---

① Peter Duus,*The Abacus and the Sword*,*The Japanese Penetration of Korea*,*1895-1910*,University Of California Press,London,1995,P.45. 对于清朝自身是否因该次条约而放弃了对琉球的宗主权,学术界人士认识不一。对于清廷而言,主观上它并没有放弃琉球的宗主权,但是通过该事件,客观上实导致了清廷对琉球宗主权的丧失(自注)。

② [美]马士:《中华帝国对外关系史》,生活·读书·新知三联书店 1957—1960 年,第一卷,第301 页。

③ [美]泰勒·丹涅特:《美国人在东亚》,商务印书馆 1959 年,第 89 页。

④ 贾桢等编辑:《筹办夷务始末》(咸丰朝),第八册,中华书局 1979 年,第 2674—2675 页。

⑤ John K.Fairbank,*Chinese Thought & Institutions*,Edited The University Of Chicago Press,1957,P.206.

⑥ 王开玺:《第二次鸦片战争结束后中外交涉四题》,《历史教学》,2003 年第 7 期,第 69 页。

加入到世界秩序之中"。①

第二,"天朝"对西方的认识发生了变化。中方开始认识到西方"夷狄"不同于中国传统社会中的南蛮北狄,而是比这些传统的"夷狄"更厉害的洋人。这一变化可以从清朝的一系列术语表达的演变中体现出来。二次鸦片战争之前,清朝对西方人统称为"夷",其与西洋的一系列交往都以"筹办夷务"来概括;但是两次鸦片战争之后,清廷则开始将这一"夷"字换成"洋"字,此前的筹办"夷务"也变成了筹办"洋务"。"天朝上国"对西洋的这种认识上的转变,同样鲜明地体现在三十四年间(1840—1874)清廷大臣与皇帝的思维表达之中。早在道光二十四年(1844),耆英因认识到西洋"夷人"不可以威服之,而提出了对天主教可驰禁的建议,②同时又提出了"与其虚名而无实效,不若略小节而就大谋"的建议。③而对于西洋的英法"夷人",道光帝表面上虽仍以"天下共主"的姿态自居,但在实际的行动中也采取了不同于藩属的做法来对他们。而到了咸丰年间,清廷对于西洋"夷人"的认识更为分明了,咸丰帝在经历了第二次鸦片战争的巨大震惊后,虽仍有"天下"大论,但他更多强调的是中国皇帝"抚有中华"而非"抚有天下"。④

第三,西方对清廷认识的转变。两次鸦片战争后,西方开始将清人看成是不开化之人,将东方传统体制看成是陈腐的、不合理的制度。时人马士就认为近代中西交往上即使西方有着某些过错也是不值得反思的。他称:"我们只能接受现实,借经验而获益,如果从经验可以获得任何教训的话,那个教训就是忍耐和劝说都不曾在这个国家里把文明事业向前推进一步过。"⑤而当时来华的美国传教士卫三畏也认为,清代中国只能算得上"是个异教和半文明的国家"。⑥ 三十四年间(1840—

---

① John King Fairbank, *China: The People's Middle Kingdom and the U.S.A*, Cambridge, Mass: Belknap Press of Harvard university Press, 1967, P.10.

② 齐思和等整理:《筹办夷务始末》(道光朝),中华书局 1964 年,第 2877 页。有学者认为,此时期耆英等清朝大臣对于属国朝鲜等的政策体现出他们仍昧于时势的变化。实则不然,耆英不是没有认识到中国不再是宗主和世界中心,而是认识到中国与西方的差别,才提出了以上的建议。至于其术语上对朝鲜的表达则是当时历史条件下的必然。John King Fairbank, *Trade and Diplomacy on the China Coast The opening of the Treaty Ports, 1842–1854*, Stanford University Press, 1953, P.199.

③ 齐思和等整理:《筹办夷务始末》(道光朝),中华书局 1964 年,第 2892 页。

④ 贾桢等编辑:《筹办夷务始末》(咸丰朝),中华书局 1979 年,第七册,第 2272 页。

⑤ [美]马士:《中华帝国对外关系史》,生活·读书·新知三联书店 1957—1960 年,第一卷,第 485 页。

⑥ [美]卫斐列:《卫三畏生平及书信》,广西师范大学出版社 2004 年,第 257 页。

1874)中西双方冲突中清廷的失利,使得西方改变了对中国的看法。如果说 18 世纪时期,在西欧、在法国还流行着中国热,①那么晚清中国却被西方当成无能、腐败、落后的代名词。

第四,朝鲜等属国对宗主国清廷的离心。鸦片战争后,清廷对西方术语的改变表明中方中心地位的丧失。② 不仅如此,这一系列的转变对朝鲜等属国也产生着较为深远的影响,它导致了朝鲜等属国对宗主国中国开始离心。即中国同西方的二十一年战争(1839—1860)虽成功地使部分属国未受多大的影响,③但是二次鸦片战争后,朝鲜等属国对宗主国中国的离心倾向却日益鲜明。因为属国已经认识到清廷自身难保,更无能力去保护各属国,更何况东亚古代藩属体系的形成对于双方而言本身就带有较大的投机性。因此当宗主国中国与西方战争失败后,朝鲜、越南等属国就加强了自主倾向,④同时也萌发了疏远宗主国中国的意图。

第五,清廷同藩部关系发生剧变。更为重要的是,三十四年(1840—1874)内的巨变还导致了清廷同藩部关系发生剧变。对于藩部而言,它们要么因清廷统治的增强、近代民族国家观念的日益兴起而成为中国内的正规行政区域(如近代新疆、东北建省、内蒙古与西藏的改革),要么因清廷实力的衰弱而使部分藩部日益走向分离(如清末外蒙的独立)。

总之,从以上五个方面可以看出:三十四年间(1840—1874),中国与西方列强、日本的冲突以及中方的失败导致了"天朝"体制发生巨变。这一巨变进一步促使中西、中日交往方式的转变,同时也导致了"天朝"对西方认识的转变,以及朝鲜等属国对宗主国中国的离心倾向的加强。这些变化在客观上都对"天朝独尊"的体制基础产生破坏作用,在以上破坏因素的作用下,"天朝"独尊的法理基础不仅在西方和日本面前丧失,而且在清廷的大多数属国面前慢慢丧失。事后清廷对该体制的强化,只能说是在有限的属国范围内的一种补救。

(二)"平等"体制的确立、发展与影响

早在明代时期,就有一位中国的寓言家对西方对东方实施侵略做了寓言性的

---

① 柳岳武:《近世西方视角下的大清王朝》,《东南学术》,2006 年,第 6 期。
② 刘增合:《1840—1884 年晚清外交观念的演变》,《社会科学战线》,1998 年第 1 期,第 3 页。
③ Mark Mancall, *China at the center:300 Years Of Foreign Policy*, New York, Free Press, 1984, P.143.
④ Cater J.Eckert, Ki—baik Lee, *Korea Old And New, A History*, Published by the Korea Institute, Harvard University by Ilchokak, Seoul, Korea, 1990, P.595.

说明。他在《魔毯》(*The Magic Carpet*)一书中称:"红番船来到我们南方的一个港口……异邦人便乞求得到一块地毯所能覆盖的土地面积使用权,以便能来晾干他们的货物。这个请求得到了批准,于是他们便抓住地毯的四角,拼命往外拉,扩展出可以容纳一大批人的空间。后者剑拔弩张,占领了整个城市。"①英、法等西方国家对中国的渗透过程就生动地再现了以上的魔毯寓言,他们正是通过渐进的方式,通过一系列所谓的"平等条约",从清廷的手中掠夺到最大利益。这一结果不仅打破了东方以中国为核心的传统等级秩序,而且还最终瓦解了维系中国同东亚国家之间的宗属关系。

1. 条约体系的确立及影响

就 19 世纪此前时代而言,时人在理解"平等"概念时,与今天有着重大的差别。有些在今天看起来不平等的东西,就当时而言,却认为是相当正常的行为。正是如此,所以拿破仑曾就阿美士德访华时拒绝履行中方礼仪作出了如下批判。他称:"不管异国的习俗如何,只要该国政府的主要人物都遵守它,外国人入乡随俗就不算丢脸。在意大利,您吻教皇的骡子,但这并不视为卑躬屈膝。阿美士德好像中国最高官员一样,对皇帝施礼,一点也不会有损名誉。"②西方士人在理解"平等"时况且如此,那么对于东方"天朝"下的清人而言,情况更是如此。在条约体系确立之前,西方各国对清廷的指责最突出的地方就是清廷不给其他各国以平等对待,而自作威福地认为自己处于"天朝"的地位。不仅如此,更为重要的是:西方所批判清廷对待西方的不平等关系很快就被另一种不平等关系③即西方对待晚清中国的不平等关系所代替,在此时的中西条约中,西方恰恰没有给晚清中国以平等的待遇。

(1)第一次鸦片战争后条约体系的确立及其对传统藩属体系的影响

无论是在当时还是此后,中外不少人士多认为第一次鸦片战争后清廷仍成功地对西方实行了怀柔。其主要原因在于第一次鸦片战争后"天朝"与西方所订条约,从条文上的某些字语表达看,仍让人感觉到"天朝"已将西方的"蛮夷"成功地纳入到"体制"之内。④ 但是第一次鸦片战后所确立的条约体制,在当时的清廷看来也损坏到"天朝"的体制和尊严。正如耆英所称:"而既准贸易,即属码头,举凡

---

① 转引自[美]丁韪良:《花甲记忆:一位美国传教士眼中的晚清帝国》,广西师范大学出版社 2004 年,第 5 页。

② 转引自佩雷菲特:《停滞的帝国——两个世界的撞击》,三联书店 1995 年,第 590—591 页。

③ 李文海:《晚清历史的屈辱记录——〈中国近代不平等条约书系〉前言》,《清史研究》,1992 年第 2 期,第 96 页。

④ 王铁崖:《中外旧约章汇编》,生活·读书·新知三联书店 1957—1959 年,第 31、33 页。

设领事、立夷馆、住家眷,势不能遏其所请。其平行虽属末节,于天朝体制亦大有所损。惟既经曲事羁縻,亦复无暇顾惜。"①其对"天朝"体制伤害之处正在于"平行体制"的确立。因此,客观而言,第一次鸦片战争后中国与西方各国所签订的一系列条约却在腐蚀着"天朝"独尊的基础。其中重要之处在于:它开始了用不平等的条约体制代替"天朝"朝贡体制的第一步。它是如此的微妙,以至于《南京条约》缔结后,清廷许多时人并不把它看成是"天朝"的失败,而是对西方的"施予恩德"。②但是正是第一次"施恩",而使得西方之渴望不可收。西方认为既然已经叩开了"天朝"的大门,就没有理由再让它半掩着。

(2)第二次鸦片战争后条约体系的确立及其对传统藩属体系的影响

如果说第一次鸦片战争后,"天朝"在同西方缔结的条约中还具有一定的主动权,那么第二次鸦片战争后,清廷在同西方各国交涉时却陷入了被动的处境。至此,即使是语义表达下的"天朝""天下"也已经收缩到亚洲内部有限的几个属国之中,而且清廷将面临着西方各国对"天朝"体制的进一步挑战,这一切都是随着第二次鸦片战争后一系列条约的形成而发生的。

第二次鸦片战争后,清廷与西方各国所签订的条约不仅使中国与西方之间的关系处于另一种不平等的状况之下,而且使"天朝"的体制遭受到更大的破坏。正如额尔金在给英国政府的报告中所称:"这些自中国政府所取得的让步,其本身并无过分之处,但在中国政府的眼光看,它们等于是一场革命,使帝国放弃了其统治政策的最珍贵的原则。"③此次条约,以强调"平等"为特征,以强制服从为手段,迫使清廷屈辱地加以接受,它极大地破坏了"天朝"传统的独尊体制——藩属体制。

第二次鸦片战争后,清朝同西方所订条约具有如下特征:首先,条约术语表达上的"平等性"。如咸丰八年(1858)签订的中英《天津条约》第三款就称:"英国自主之邦与中国平等",④第七款又规定大英国"领事官、署领事官与道台同品;副领事官、署副领事官及翻译官与知府同品。视公务应需,衙署相见,会晤文移,均用平礼"。⑤ 同时,中法《天津条约》在条约术语上也强调了清廷与法国的"平等"关系。

---

① 齐思和等整理:《筹办夷务始末》(道光朝),第六册,中华书局1964年,第2305—2306页。

② [日]依田憙家:《近代日本与中国——日本的近代化与中国的比较》,上海远东出版社2004年,第362页。

③ F.O.(The British Foreign Office),Confidential Print,Vol.764,NO.338,Lord Elgin to Lord Malmesbury,July 12,1858.

④ 王铁崖:《中外旧约章汇编》,生活·读书·新知三联书店1957—1959年,第96页。

⑤ 王铁崖:《中外旧约章汇编》,生活·读书·新知三联书店1957—1959年,第97页。

如中法《天津条约》第四款规定："将来两国官员、办公人等因公往来,各随名位高下,准用平行之礼。"①咸丰十年(1860)中俄《北京续增条约》中也将俄国提升到与"天朝""平等"的地位。

通过对以上条约条文术语的分析,可以看出"平等""平行"术语的表达已成为二次鸦片战争后清朝与西方所订条约的共同特征。这一"平行"的条约术语之规定,破坏了中国传统上的独尊地位,并破坏了中华礼仪文化中的上下尊卑的礼治秩序。更为重要的是,与"天朝"的高下尊卑之划分更多出于礼仪性规定不同,条约内的"平等"之规定却不仅仅是一种礼仪的象征,更多的却是政治权利、国家"利权"相互制衡的规定;同时也是西方对非西方国家在平等的术语表达之下的一种强制性行为。

其次,条约体系实质上的不平等性和其对传统体制的破坏性。正如西方学者所称:"尽管新的条约体系是在平等的国家政权之间签订的,但是实际上都是不平等的,中国被置于一个违背它自身的意愿且处于弱势的位置,对西方商品的入侵以及随同而来的文化,它被迫打开了大门。"②而这种不平等性就条约的具体内容而言,主要体现在领事裁判权与最惠国待遇上。咸丰八年(1858)的中英《天津条约》对领事裁判权作了最为详细的规定。其具体条文体现在:第十五款、第十七款、第十八款、第二十款、第二十二款、第二十三款等条文中。③ 这些规定不仅使清廷对英国人在中国土地上违法犯罪行为无权加以治理,而且就中国人与英国人之间的

---

① 王铁崖:《中外旧约章汇编》,生活·读书·新知三联书店1957—1959年,第105页。

② John K.Fairbank and Meerle Goldman, *China:A new History*,The Belknap Press of Harvard University,1998(enlarged editon),P.201.

③ 第十五款:英国属民相涉案件,不论人、产,皆归英官查办。第十六款,英国民人有犯事者,皆由英国惩办。中国人欺凌扰害英民,皆由中国地方官自行惩办。两国交涉事件,彼此均须会同公平审断,以昭允当。第十七款:凡英国民人控告中国民人事件,应先赴领事官衙门投禀。领事官即当查明根由,先行劝息,使不成讼。中国民人有赴领事官告英国民人者,领事亦当一体劝息。间有不能劝息者,即由中国地方官与领事官会同审办,公平讯断。第十八款:英国民人,中国官宪自必时加保护,令其家身安全。如遭欺凌扰害,及有不法匪徒放火烧屋或抢掠者,地方官立即设法拨兵役弹压查追,并将焚抢匪徒,按例严办。第二十款:英国船只,有在中国沿海地方碰坏搁浅,或遭风收口,地方官查知,立即设法妥为照料,护送就近领事官查收,以昭睦谊。第二十一款:中国民人因犯法逃往香港或潜往英国船中者,中国官照会英国官,访查拿办,查明实系罪犯交出。通商各口岸尚有中国犯罪民人潜匿英国船中房屋,一经中国官员照会领事官,即行交出不得隐匿袒庇。第二十二款:中国人有欠英国债务不偿或潜行逃避者,中国官务须认真严拿追缴。英国人有欠中国人债不偿或潜行逃避者,英国官亦应一体办理。第二十三款:中国商民或到香港生理拖欠债务者,由香港官办里;为债主潜往中国地方,由领事官通知中国官,务须设法严拿,果系有力偿还者,务须尽数追缴,秉公办理。王铁崖:《中外旧约章汇编》,生活·读书·新知三联书店1957—1959年,第98—99页。

交涉案件而言,清廷也无权对英国人实行审讯与处罚。不仅如此,清朝独立的司法权也受到严重的伤害,会审制度、会审公廨等就是破坏"天朝"独立司法的最好例证。自此,英国等西方人可以在中国的国土上逍遥法外,而不用担心受到中国刑律的处罚,就是与西方人有着交涉的中国人也部分地受到会审公廨的制约。领事裁判权已经将西方与清廷的关系从过去的藩属体制下的礼仪表达上的"不平等"关系,变为现实上的不平等关系。

同样,最惠国待遇即"利益均沾"也是第二次鸦片战争后所订条约中最能体现出不平等性的地方。咸丰八年(1858)中英《天津条约》中最能体现出最惠国待遇的术语就是"一体""一律"等"一"方面的规定。如条约第四款有对大英国钦差及随员入内地往来的"一律保安照料"的字样,第七款中有"大英国君主酌看通商各口之要,设立领事官,与中国官员于相待诸国领事官最优者,英国亦一律无异"①等字样。咸丰八年(1858)中法《天津条约》中也充分地体现着这种"一律""一体"的最惠条款内容。②"通过最惠国条款,所有的外国强权都从中国榨取到他们所能榨取的利益。"③"天朝上国"不再是对异域主动施恩的"天朝",而是被外国列强所宰割的弱国。

因此,不平等性是第二次鸦片战争后条约体制的鲜明特点,它充分地体现出"天朝"体制被西方近代外交体制所取代时的屈辱、无奈与被动。随着两次鸦片战争后"天朝上国"地位的下降,"天朝"体制在西方列强面前不再适用;"天朝"的藩属体制、朝贡体制不仅不适用于西方各国,相反西方各国却要对"天朝"传统体制进行进一步的瓦解。④

最后,条约体制的强制性。马克思称:"一八四二年八月二十九日,亨利·波廷格尔爵士(璞鼎查)所订立的《中英条约》也和新近与中国订立的各条约一样,是在炮口的威吓之下订立的。"⑤同时,这一强制性也通过当时统治者的感受鲜明地体现出来。如咸丰帝曾称:"额尔金等肆意要求,罔知厌足,不惟婪索兵费,强增

---

① 王铁崖:《中外旧约章汇编》,生活·读书·新知三联书店 1957—1959 年,第 97 页。

② 王铁崖:《中外旧约章汇编》,生活·读书·新知三联书店 1957—1959 年,第 106 页。

③ Mark Mancall, *China at the center:300 Years Of Foreign Policy*, New York, Free Press, London, Collier Macmillan, 1984, P.204.

④ John K.Fairbank, *Chinese Thought & Institutions*, Edited The University Of Chicago Press, 1957, P.215.

⑤ 中国史学会主编:《鸦片战争》第一册,上海人民出版社、上海书店出版社 2000 年,第 12 页。

口岸,竟欲于来京换约之时,陈兵拥众,入我郊畿,所欲大出情理之外……"①以上中外双方面的言论充分地体现了第二次鸦片战争后条约体制的另一特点,即强制性。

两次鸦片战争以及条约体制的最终确立给清朝藩属体制以重大的冲击与破坏。鸦片战争后条约体制的确立为此后西方各国以及步西方殖民主义后尘的日本借用两次鸦片战争时所确立下来的范式去叩击清朝大门提供了现成的模式,从而导致了对"天朝"藩属体制的进一步破坏。

(3) 中日之间条约的签订及影响

就公正立场而言,同治十一年(1871)的《中日修好条规》是一个较为平等的条约,它承认了日本与中国的对等;但是对于中国传统的藩属体制而言,此条约却导致了藩属体制的进一步瓦解。其原因在于,通过此条约的签订,清廷承认了日本与中国的平等,从而改变了日本与中国在东亚世界内的传统位置。正是如此,所以有学者认为:"中日建立邦交,中国承认日本是对等国家,日本据此获得了对中国属邦朝鲜处于'上国地位',这对日本日后推行对朝鲜侵略措施极为有利。"②

问题是《中日修好条规》虽已使日本获得与中国处于平等的地位,但日本却以未能获得与西洋各国同样待遇而大表不满。该约刚一带回日本,日方新任国务卿副岛种臣就带头指责此条约为"不平等"条约,要求重新修订。③ 于是明治六年三月十二日副岛等乘坐军舰来中国,要求重修中日条约;并就台湾生番、琉球归属问题向清廷进行讹诈。日本此次改约因李鸿章等清廷大员的反对,以及日本军事准备不足而未获成功,但是此次行为却为它今后用武力解决琉球归属、台湾生番问题埋下了伏笔。

台湾事件以《北京专条》或称《北京协定》④而结束,条约条款前称:"照得各国人民有应保护不致侵害之处,应由各国自行设法保全,如在何国有事,应由何国自

---

① 贾桢等编辑:《筹办夷务始末》(咸丰朝),中华书局 1979 年,第七册,第 2271 页。

② 沈予:《日本大陆政策史》(1860—1945),社会科学文献出版社 2005 年,第 56—57。王芸生认为 1871 年中方与日本订立此约之目的在于"与日本订一个平等的条约",但又"缺乏这方面的知识",从而导致了以上的结果。实则不然,此时清廷用意倒不在于与日本寻求"平等",而是刻意地想将日本纳入到自身的"怀柔"范围之内,不至于他日跟随西方来共同对付中国。因此清廷这么做本意还在于维系东亚的传统秩序,但却又进一步陷入被动之中。王芸生编著:《六十年来中国与日本》第二卷,生活·读书·新知三联书店 1979—1982 年,第 29 页。

③ [日]东亚同文会编,胡锡年译:《对华回忆录》,商务印书馆 1959 年,第 32 页。

④ 陈帼培主编:《中外旧约章大全》,中国海关出版社 2004 年,第一分卷下册,第 988 页。

行查办,兹以台湾生番曾将日本国属民等妄为加害,日本国本意为该番是问,遂遣兵往彼,向该生番等诘责……"①《中日专条》的签订,诱导清廷承认了日本对琉球的宗主权,从而使清廷陷入了日本的阴谋之中。此条约对"天朝"藩属体制的破坏性在于:一方面,从理论上看,清廷被迫于条约中间接地承认了琉球人为"日本国属民",清朝虽未表明放弃琉球的宗主权,但却将琉球两属的事实公开于条约之中;另一方面,从现实操作上看,随着日本对琉球控制的加强以及清朝实力不足,日本增强了瓦解中朝传统关系的野心。

总之,嘉道咸同时期,中国同西方、日本等所形成的条约体制对清朝藩属体制产生了巨大的破坏。两次鸦片战争所订条约体系,最终使西方各国退出了"天朝"藩属体系,成为与之对立的平等实体。不仅如此,条约体制的形成,最终促使中外之间完成了由中方传统术语表达上的上下尊卑关系向近代殖民主义为特征的国际关系的转变。与中国传统藩属体制上的"不平等"相比,近代殖民主义下的国际体系是一种更具实质性、更会产生实际影响的不平等体制。而对于日本而言,第二次鸦片战争后,日本通过明治维新而步入资本主义社会,日本自此步西方殖民主义后尘,对东方实行殖民扩张政策。日本通过《中日修好条规》在东亚取得了同中国平等的位置,它将进一步破坏清廷的藩属体制。它要使清廷的"独尊"体制不仅在西方面前站不住脚,而且在日本面前也站不住脚。从此,"天朝"藩属体制原则上在东亚范围内普遍适用的状况将成为过去。此后日本将利用琉球的例子,利用与清廷平等地位的身份去进一步地"开化"清廷的另一属国——朝鲜。

2. 公使驻京的实现及影响

就今天人们的认识而言,公使驻京是国家之间相互平等与建立外交关系的主要体现和最起码要求。如用今天的外交标准来衡量晚清时期西方国家的公使驻京的话,表面上看,它并不带有不平等的含义。不仅如此,从表象上看,公使驻京还有利于双方的交流与沟通,有利于双方维护各自的利益;它与不平等条约中的领事裁判权、最惠国条款相比,并不对"天朝"产生直接的危害。既无直接危害,且有利于中外交往,有利于各自利益的维护,为何这一行为在晚清时期遭受着清廷长期的抵制,其答案不仅在于清廷力图抵制西方的"侵犯"行为,更为重要的是清廷出于维护中国传统的尊卑体制。但在一个半世纪之前,清人却不这么认为,在他们的眼中,如果有某一个外国的使团长期居住于另一国家的国都,要么是对方派来的质

---

① 陈帼培主编:《中外旧约章大全》,中国海关出版社 2004 年,第一分卷下册,第 988 页。

子,要么是对方派来的监国。

人们或许容易用现代的眼光将清廷当时的做法归结为一种保守,其实这种守旧在历史的长河里却具有其存在的某些合理性。如借用美国约翰·凯克斯的"保守主义"的心理分析来认识清人的这一做法,更有利于认清晚清时期清廷为何如此坚守传统体制、坚拒公使驻京。因为"与陌生的、实验性的东西相比较,他们喜欢并宁可要熟悉的东西……如果只赢了小利,而输了将会危及他们有十足的理由去珍视的东西,那他们为什么要去冒险呢?"①正是因为晚清统治者认为中国旧有的传统体制是保证"天朝"长盛不衰的根基,那么如冒险地接受西方的驻京行为,只会给体制带来不安或潜在的伤害,这是他们如何也不愿意的。

而英法等西方国家在近代是一步步地实现其在中国的殖民目标的。因此就公使驻京而言,也是一步步地向前推进而逐步实现的。在这一过程中,英法等国首先得以实现的是让本国商民获得在通商口岸的居留权和设立领事权。在中英第一次鸦片战争还未正式发生前,英国政府在草拟的"对华条约"草案中就规定了英国人在通商口岸的居留权和设立领事权。条约草案第一条要求:"自今以往,大不列颠、爱尔兰联合王国女王陛下与中国皇帝陛下以及两方臣民之间和平敦睦……中国皇帝陛下允准,不列颠男女臣民及其家庭或铺户所属之一切人等在广州、厦门、福州府、上海县与宁波(如有其他城镇应予提名者,则加入)自由居住,不受限制,不受虐待……为照管并保护不列颠臣民利益起见,不列颠君主得自由委派一名首席监督及多名监督,或一名总领事与多名领事,驻扎上款所开中国港口之任何港口。"②此草案中,英方不仅开列了通商口岸,而且要求英国人在这些口岸享有居留权和派驻领事权,这是英法等国要求公使驻京的前奏。如此目的实现了,公使驻京则只是时间问题。

道光二十二年(1842年)《南京条约》的签订终于使英、法等实现了上述目的,清廷被迫开放了广州、福州、厦门、宁波、上海等五处为通商口岸,英国、法国人等获得了在此五处的居留权和设立领事权。因此,随着条约体系的确立,通商口岸的增多以及西方人在通商口岸获得永久性居留权、驻使权等事实的成立,英国、法国等在华利益也日益增多,它们与"天朝"之间的联系也将进一步增强。正是如此,第一次鸦片战争后,英法等国追求公使驻京以及与清政府的直接交涉就成为他们所

① [美]约翰·凯克斯:《为保守主义辩护》,南京人民出版社2003年,第7页。
② 严中平辑译:《英国鸦片贩子策划鸦片战争的幕后活动》,《近代史资料》,1958年,第四期,第72—76页;《中国近代对外关系史资料选辑》,第74页。

追求的首要目标。

咸丰四年(1854年),英国外交大臣给英国驻华公使包令的"修约要求"中公开提出了公使驻京要求。英方的指示是:"争取英国国主得有一位代表长久而光明正大地驻节在北京朝廷;如果这一点争取不到,则规定女王陛下的代表和中国政府枢要间的习常公文往来,并充分保证公文的传递不受地方官阻截……在北京进行修约谈判或许会有许多的优点,因此你要为这个目的申请前往该首都……"①同时美国方面也以"叶钦差依然抱持他那种骄横刚愎的态度,甚至拒绝和巴驾会晤"为口实,特向美国驻华公使巴驾提出了1856年的修约指示,其要点之一就是"准许外交官员驻扎北京"。②

随着英美等国要求清廷采用西方外交体制以及清廷坚决维持传统体制之间矛盾的激化,以及西方各国要求进一步扩大在华利益而清廷坚决保护自己的最大利益③这一冲突的加剧,双方将发生进一步冲突亦不可避免。英、法、美等国决定再次借用武力方式来实现公使驻京目的。与第一次鸦片战争英法等国力求取得在华通商等经济利益不同,它们发动第二次鸦片战争之目的不仅在于进一步扩大经济利益,而且在于从中国获取政治上的特权,以巩固它们所获得的利益。正因如此,所以1856年(咸丰六年)8月,英使包令致英国外交大臣克勒拉德恩书信中就明确提出了英法准备同清廷开展谈判时所追求的主要目标,其中公使驻京列于第一位。包令称:"关于这一项目标的重要性,可说是毫无异议。"④随后,1857年(咸丰七年)4月间英方在给额尔金的"训令"中也特别强调了清廷应允许英国公使或者英国人入驻北京的重要性。⑤ 而1857年(咸丰七年)5月30日美国政府给其驻华公使(列卫廉)的"训令"也对英法方面的这一行为做了呼应。就公使驻京而言,美方训令认为其所需达到的目标是:"使中国政府承认其他强国具有向北京的朝廷派遣公使的权利,公使应由皇帝予以接见,并同帝国负责外交事务的当局保持接触。"⑥

① [美]马士:《中华帝国对外关系史》,生活·读书·新知三联书店1957—1960年,第一卷,第769页。
② [美]泰勒·丹涅特:《美国人在东亚》,商务印书馆1959年,第241页。
③ 清廷的最大利益在于维护以宗藩体制为代表的传统体制。
④ [美]马士:《中华帝国对外关系史》,生活·读书·新知三联书店1957—1960年,第一卷,第787—788页。
⑤ 姚贤镐:《中国近代对外贸易史资料》,第二册,中华书局1962年,第679页。
⑥ 姚贤镐:《中国近代对外贸易史资料》,第二册,中华书局1962年,第716页。

　　咸丰八年(1858年)，英、法等国使用武力胁迫的方式与清廷签订了《天津条约》，并用条约条文的形式规定了英法等国公使驻京要求。中英《天津条约》第二款规定："大清皇帝、大英君主意存睦好不绝，约定照各大邦和好常规，亦可任意交派秉权大员，分诣大清、大英两国京师。"①而中法《天津条约》第二款也规定："将来假如凡与中国有立章程之国，或派本国钦差公使等进京长住者，大法国亦能照办。"②英、法、美各国以利益均沾的方式，都取得了将来向清朝京师派遣公使的权利。不过在此值得注意的一点是：《天津条约》所规定公使驻京是没有确切时间的，只是泛称"将来"。

　　英法等国的《天津条约》条款经清廷钦差大臣桂良等商议后加以草订。就公使驻京一节如何与中国传统体制相磨合，或至少在理论理解上不发生直接冲突，桂良等向咸丰帝做了违心的解释。他称："夷人之欲驻京，一欲夸耀外国，一欲就近奏事，并非有深谋诡计于其间也。观其不敢害叶名琛，知有畏忌天朝之意。观其仍肯交还广东，即时退出海口，知无占据地方之心……且彼必欲挈眷，是仿古人为质者，防范倘严，拘束甚易。且以数十人深入重地，不难钤制……夷人最怕花钱，任其自备资斧。又畏风尘，驻之无益，必将自去。此驻京之可从权允准也。"③桂良等将西人驻京，携带家眷理解为质子，且认为驻京必不长久等无非是为了宽慰咸丰帝那颗一再受伤的心。但是咸丰帝对于英法等国派使驻京自有其体会，他认识到这是对"天朝"传统体制的重大伤害，且是命中要害的伤害。因此他在上谕中称："该夷条约，以派员驻京、内江通商，及内地游历、赔缴兵费始退还广东省四项，最为中国之害。桂良等能将此四项一概消弭，朕亦尚可曲从。若只挽回一、二件，其余不可行之事，仍然贻患无穷，断难允准……"④咸丰帝将公使驻京与内江通商、内地游历、赔缴兵费始退还广东省等看得同等重要，表明他认为公使驻京会导致比经济利益损失更大的危害。因为在咸丰帝看来公使驻京，要么是对方送来的质子，要么是对方派来的监国，而其在第二次鸦片战争清廷失败的境遇下理解公使驻京这一行为时，只能是对方派来的监国。如果咸丰帝同意了此条，在清人看来，不仅会给"天朝"体制产生重大的伤害，还会给"天朝"、给咸丰帝带来莫大的耻辱。正是出于这一考虑，所以《天津条约》草约刚一签订，即英法联军刚一退出天津后，咸丰帝

---

①　王铁崖：《中外旧约章汇编》，生活·读书·新知三联书店1957—1959年，第96页。
②　王铁崖：《中外旧约章汇编》，生活·读书·新知三联书店1957—1959年，第104页。
③　贾桢等编辑：《筹办夷务始末》(咸丰朝)，中华书局1979年，第三册，第982页。
④　贾桢等编辑：《筹办夷务始末》(咸丰朝)，中华书局1979年，第四册，第1167页。

就拒绝接受条约。他在咸丰九年(1859)十二月上谕中就称:"驻京一节,为患最巨,断难允行。"①

在咸丰帝拒不接受《天津条约》的情况下,英法联军为进京换约事又与清廷再起冲突,结果是英法联军用武力方式占领了北京,最终迫使清廷不得不签订城下之盟;而公使驻京问题,也因英法联军凭实力占领了北京而成为既成事实。因此《北京条约》在公使驻京问题上,只要求按照《天津条约》办理,其实质是驻京任务早已完成。而英国的额尔金、法国的葛罗、沙俄的伊格那替业福等可谓是第一任驻京公使。②

自马戛尔尼使华到第二次鸦片战争后《北京条约》的签订,公使驻京问题最终在西方的优势军事力量的胁迫下成为现实。同条约体制一样,并且作为条约体制的重要构成部分,公使驻京从具体的外交活动上对"天朝"传统藩属体制进行破坏,它破坏了"天朝"传统的信念,"强暴"了中国延续了几千年的华夷大防的思想意识,因此给清朝统治者以及统治阶层以巨大的失落与耻辱。条约体制使"天朝"体制受到冲击而不再适用于西方,公使驻京则使"天朝"传统的独尊地位受到进一步的打击。"天朝"自身无法用自己的理论来解释这一现象,而又不得不接受作为平等主体国家代表的公使出现在清廷的京城之内。公使驻京就中国外交近代化而言代表着历史的进步,但就"天朝"藩属体制而言,却迫使清朝藩属体制为代表的传统单极秩序在西洋各国面前逐渐崩溃,并且将因此而导致"天朝""独尊"地位进一步在亚洲内部日益丧失,威胁到清廷在亚洲内有限的宗属关系的继存。

3. 觐见问题的解决及影响

按照中国传统的儒家观念,世界是单极的。因此,传统儒家的世界观里只有一个上下高低的等级体系,而没有类似于近代的"平等"体系。正是因为如此,所以中国皇帝多被认为是九五至尊的真命天子,是高于一切的人间主宰,并非是任何人可以随便拜见的。中国历史上用一个专有的、象征着权力大小、位置高低的词语来形容中国诸侯或外国使臣拜见中国皇帝的行为,这就是"觐见"。所谓的"觐"字,按照《礼·郊特牲》的解释就是"诸侯北面而见天子曰觐",其觐礼则为"天子不下堂而见诸侯;下堂而见诸侯,天子之失礼也"。③ 觐礼因用礼仪、礼法的内容而使这

① 贾桢等编辑:《筹办夷务始末》(咸丰朝),中华书局1979年,第四册,第1333页。
② 张永汀在《试论晚清驻外使节制度的近代化》一文中认为第一任驻京公使分别为英国公使普鲁斯、法国公使蒲安臣、俄国公使巴留捷克、德国公使艾林波等。实则不然,当联军占领北京时,各国的首领实则为各国驻京公使,完成了驻京任务。而且蒲安臣应为美国公使,此处为误。《社会科学论坛》,2006年第8期,第148页。
③ 张文修编著:《礼记·郊特牲》,燕山出版社1995年。

一行为程序化与礼仪化。程序化就是要求这一求见天子的行为必须经过一系列的程序;礼仪化则要求外国使臣或中国臣民求见天子时则要通过一系列仪式来表达对天子的遵从。对于中国传统的觐礼而言,最典型的程序和礼仪就是"三跪九叩首"。

而对于觐礼问题而言,它一直是东西方交往过程中争执不休的一个问题。它不仅体现在近代东西交往中,而且也体现在此前的历史时期。对它的争执不仅涉及东西方传统不同、体制不同,而且还涉及东西方实力大小的实质性问题。晚清时期它的最终解决不仅冲击了"天朝天子"的至尊地位,而且也瓦解了象征"天朝"至尊地位的藩属体制。

东西方觐礼的最早争执不是自马戛尔尼访华时才开始的,在此前的中俄交往中早就有所体现。只是由于中俄争执的影响没有马戛尔尼访华时大,而且沙俄与中国的交涉最终归于(清廷)理藩院与(俄国)枢密院管理,因而没有使这一争执充分地暴露出来。早在马戛尔尼访华之前,俄方就派米洛万诺夫等来过北京。俄方使节拒绝对中国皇帝行觐礼之原因并非如马戛尔尼等要求用西方礼仪拜见皇帝,而是认为中国皇帝没有沙皇尊大。其结果是这一使团被遣回沙俄,其在北京进行贸易的请求也被拒绝。[1] 另外沙俄方面使节的觐礼之争影响不大的另一原因是:他们并非一直拒绝履行觐礼,即对于米洛万诺夫使团而言,他因没履行觐礼而被拒回,但此后使团却因履行了觐礼而得到在北京从事市易的机会。

乾隆朝马戛尔尼使团的觐礼之争是中西第一次正规的、影响较大的礼仪争执,而且也是西方第一次要求用西方的外交礼仪代替东方传统礼仪的争执。马戛尔尼拒不接受清廷觐礼表明了西方的官方立场,即对清廷"独尊"地位拒绝承认。这是西方对清朝传统体制的第一次正面的挑战,也是清朝体制面临威胁的第一次强烈的信号。乾隆帝坚守"天朝"体制阵营,力求使东西方各安其地、各守其土,因此而拒回了英方派来的第一个使团。

时隔二十五年后,英国又派出阿美士德使团再去叩击清朝大门,以求用西方"平等"的外交体制来重建中国同西方的交往方式。嘉庆帝因使团再次拒不履行中方的觐礼程序而将这次使团拒回。与乾隆帝强调东西风俗体制之异,而不强求西方苟同"天朝"体制以及各求相安做法之不同,嘉庆帝在致英国女王的信中直接谴责了英方使团的"无礼"行为。[2]

---

① 中国第一历史档案馆编:《清代中俄关系档案史料选编》,中华书局 1981 年,第 22—23 页。

② 梁廷枬:《粤海关志》,卷 23,贡舶三,文海出版社 1968 年,第 23—25 页。

但是随着西方各国在华利益的增多,各国对华政策不再苛求使用和平方式来达到他们的目的。两次鸦片战争后条约体制的形成就是西方用武力迫使清廷改变传统体制并采用西方外交体制的明证。随着条约体制的形成,象征"天朝"尊严和天子威仪的觐见礼仪也面临着西方的再次挑战。西方各国再次要求用近代国际关系新礼仪来代替清廷的三跪九叩首的传统礼仪。但是西方各国虽通过战争方式最终实现了公使驻京之目的,而觐见问题却并未随之解决。

第一次鸦片战争的结果是西方开始打通了同"天朝"地方大员之间的通道,自此,西方各国外交官员获得了与地方官员直接见面的权利。虽然这种权利在具体的操作中因人因地而异,但在各通商口岸,西方与"天朝"的通道基本上是畅通的。五口通商大臣的设立就是这一变化的最好体现。

不过第一次鸦片战争后,西方所获得同"天朝"的交通权利是有限的。首先其交通地点只限于五口;其次,其沟通的程序是有规定的,一般是由距离京师最远的广州口岸的地方大员负责处理英法等国的官方公文,通过广州口岸节节向京师传递;再者,京师是不允许各国直接投递公文的,朝中大臣无与西方使节直接见面的权力。其避免西方使节与"天朝"官员的见面,就是衬托"天朝"皇帝威严的一种象征,是觐礼对外延伸的一种表现。

但是西方各国如同不满足于在"天朝"已经取得的有限通商权利一样,同样不满足于已经取得的外交权利。对于"天朝"的如此反应,西方已不再忍受,一定要破除"天朝"体制,使它在形式上也不再适用于西方世界。英法联军发动的第二次鸦片战争,以及清廷在战争中的失败,最终使得西方各国以条约的形式来规范这一觐见问题。咸丰八年(1858)中英《天津条约》中对将来的觐礼做了明确规定。其与此前不同的是:这一觐见要求不仅是以条约条文的形式加以规定的,而且对将来觐见时应以何种礼仪为标准也作出了明文规定。中英《天津条约》第三款规定:"……英国自主之邦与中国平等,大英钦差大臣作为代国秉权大员,觐大清皇上时,遇有碍于国体之礼,是不可行。惟大英君主每有派员前往泰西各与国拜国主之礼,亦拜大清皇上,以昭画一肃敬……"①

因换约问题,英法等国与清廷再发冲突。咸丰十年(1860),英法联军攻占了北京,其中的一个主要因素就是咸丰帝坚决反对公使驻京并面递国书、觐见皇帝。占领北京后,英法联军终于获得向京城直递国书的机会,但是咸丰帝却逃往热河,

---

① 王铁崖:《中外旧约章汇编》,生活·读书·新知三联书店1957—1959年,第96页。

而逃过了英法等国公使觐见皇帝的一大"劫难"。英法等国只得同亲王奕䜣进行交涉，从而使觐礼之争虽未能最终解决，却向前迈进了一大步。英法等国公使虽未能"觐见"到"天朝"天子而可能心犹不足，但却见到了天子的钦差大臣及皇弟奕䜣。这可能是此时期西方在觐礼之争上所取得的最好成就。

咸丰十年(1860)《北京条约》对咸丰八年(1858)的中英、中法《天津条约》加以追认，因此从近代国际法意义上讲，外国公使将来觐见清朝皇帝的礼仪已经由具有国际法意义的条文加以规定；而且在觐见时的礼仪标准也做了规定，即采用了近代国际交往上的新标准。

但是咸丰帝一直没有回到北京，因此英法等国亲递国书也就没有投递的对象。有学者认为"一个国家的元首接见外国公使，并接受国书，在近现代国家外交中是极其正常的，同时也是一个国家的主权在外交活动中的体现"。① 不过近代时期的"天朝"却不这么认为。相反，他们却认为这样会破坏"天朝"的传统体制与"天朝"的尊严。这一投递国书以及觐礼问题，因咸丰帝的病逝，同治帝的年幼而一再拖延。直到同治九年(1868)，英法等国乘对第二次鸦片战争所订条约进行修约机会再度提出这一问题，并使之成为中外争执的激烈话题。

同治九年(1868)，英法等国借修约之机会，再次将觐见问题与修约问题同时提出，并要求"同时议定"。② 奕䜣等想以中外礼节不合，阻止英法等国公使觐见，但是英法等国公使不再让步。③ 中外之间就这一涉及清朝传统体制存继问题一直不能达到圆满的解决。"同治中兴"的到来虽打开了中外"和解"与"合作"的局面，但是在处理传统体制与近代外交体制的更替方面，却很难达成一致。

觐见问题一直拖延到同治十二年(1873)，该年是同治帝亲政之年，英法等外国公使以觐见祝贺为由，再度向清廷提出觐见皇帝问题。清廷就这一重大问题向京城内外大员征询建议，其中大体有两派主张。一派认为外国使臣觐见大清皇帝应行中方觐礼，以存"天朝"体制；另一派认为既然中外局势已经发生巨变，清廷应从实际出发，顺应时势而接受西方的觐见。前一派主要代表人物有翰林院编修吴大澂、浙江道监察御使边宝泉、礼部右侍郎徐桐、山东道监察御使吴鸿恩等。后一派主要以李鸿章、王家璧、曾国藩、左宗棠等为代表。前一派认为："瞻觐不行拜

① 王开玺：《第二次鸦片战争结束后中交涉四题》，《历史教学》，2003年第7期，第71页。
② 陈廷湘：《论奕䜣的外交思想》，《四川大学学报》，2003年第2期，第98页。
③ 宝鋆等修：《筹办夷务始末》(同治朝)，卷68，"英使阿礼国照会"，文海出版社1966年，第6316—6317页。

跪,中国从无此礼,和约以来,该夷虽非属国,然其使臣亦与我中国之臣等耳。以中国臣子之礼待之,不为不优。"①前一派虽然认识到"该夷非属国"这一变化,但却不愿舍弃"天朝"体制,力求让西方使节以"天朝"体制为标准,实行觐见。而后一派主张则与前一派不同,后一派认为:"孔子云,嘉善而矜不能,所以柔远人也,今远既不能行中国之礼,当在矜之柔之之列……圣贤持论,交邻国与驭臣下原是截然两义,朝廷礼法严肃,中国臣庶所不容丝毫僭越者,非必概责诸数万里外向来臣服之洋人。"②后一派认为,西洋各国与中国不同,从中所反映出的是他们开始朦胧地认识到"天朝上国"与作为民族实体的国家之间的细微区别。

但是,时至19世纪70年代,中国在经受着两次鸦片战争的打击后,已经没有能力去维持"天朝"体制。随后日本又步西方后尘,从亚洲内部去破坏清朝传统的藩属体制,这一行为最终导致了觐礼之争的解决。

明治六年(同治十二年/1873)五月,日本使臣副岛一行借对《中日修好条规》进行修改,以及祝贺同治帝大婚的机会力求通过日本来打破清朝觐礼上的旧做法,以此提高日本在西洋各国之中的声望。日本方面称日本大使是在"各国公使的拱手环视之际,开始从正面来打破中国的冥顽"。③ 而其具体办法是:日本使节争觐时以回国相威胁,且称将为台湾生番事件而出兵台湾相恐吓。清廷出于缓和中日关系之目的,更重要的是想将日本纳入清廷阵营,使日本起码不成为西方的帮凶,而在觐见礼仪上给了日本单独先予觐见的优待。因此,有人认为,晚清清廷出于亲善日本之目的,不仅给了日本"一次觐见",而且"为了特殊的理由并给予一种格外的地位"。④ 所谓这一格外的地位就是单独领先觐见,并"行三鞠躬礼"。⑤

这样一来,自中俄礼仪争执以来的中外体制之争,最终在日本使臣的带领下破坏了"天朝"传统的自我高大体制。

就清廷而言,觐礼之争以及最终的解决象征着"天朝"独尊的体制在西方与日本面前已经溃败与屈从。中国传统上的三跪九叩首的觐礼不仅用来烘托"天朝"

---

① 宝鋆等修:《筹办夷务始末》(同治朝),卷90,"浙江道监察御使边宝泉奏折",文海出版社1966年,第8311页。

② 宝鋆等修:《筹办夷务始末》(同治朝),卷90,"大学士直隶总督李鸿章奏折",文海出版社1966年,第8286页。

③ [日]东亚同文会编胡锡年译:《对华回忆录》,商务印书馆1959年,第34页。

④ [美]马士:《中华帝国对外关系史》,生活·读书·新知三联书店1957—1960年,第一卷,第294页。

⑤ [日]东亚同文会编,胡锡年译:《对华回忆录》,商务印书馆1959年,第35页。

威仪,而且是象征"天朝"独尊的重要标志,更是宗属关系运作中朝鲜、蒙古等属、藩臣服于"天朝"的重要标志。觐礼虽是一种礼仪形式,但其内部却蕴含着政治上大小尊卑、臣服屈从的内容。同治十二年(1873)西方与日本的使节以近代的外交礼节代替"天朝"传统的觐礼而觐见同治帝,明确地标志着西方与日本对"天朝"独尊体制的否认。觐礼最终以三鞠躬形式而取代,则表明日本与西方使节已经将"天朝"皇帝从独尊的位置扯落到同西方和日本各国君主的平等地位。这一点比条约体制中平等性的规定、公使驻京的平等性之象征,对清代藩属体制更具有直面的冲击力。"天朝"体制在西方和日本公使的觐见之中已经被击垮。同时,这一象征中西平等的接见行为进一步影响到清廷仍存的宗属关系,它严重地伤害到清廷对朝鲜等属国的尊严,伤害了清廷针对朝鲜等属国君臣的神圣地位。清朝皇帝传统的"天下共主"的法理基础既然在西方和日本面前已经丧失,那么如何再在朝鲜等属国面前保持"独尊"却成了清廷自身无法解决的一大难题;它使清廷在处理朝鲜等属国交涉时,尤其是朝鲜等属国与外国的交涉时陷入一种尴尬境地。

4. 近代外交模式的形成及影响

中国的近代化是一个缓慢而艰难的过程,中国近代外交体制最终形成也是一个缓慢而艰难的历程。不仅如此,中国外交体制的形成同中国近代化的历程一样,都被烙上了"被迫""无奈"的烙印,它是在西方殖民势力的入侵下才开始形成的。

笔者不敏,对中国近代外交体制的形成有着自己的看法。一般人认为条约体制的形成、公使驻京的实现、觐见问题的解决都是中国近代外交体制形成的重要内容。对此,笔者有着不同的认识与感受。所谓的"外交"应该是中国同外国主动展开的双向关系,起码得体现出中国自身的主动性。而条约体制的确立、公使驻京的实现都烙上了中国被战败、被强制而不得不接受的烙印。如这也算中国的近代外交,那么充其量只能是逼迫而屈辱的外交。其实质是,当时清人并不认可、不赞成这种交往。因此,从外交的必备元素——主动性上讲,这些外交行为,与其说是中国对外国的交往,不如说是西方各国与日本强迫清廷的外交。

那么中国在近代时期,何时才有算得上真正意义的外交呢? 笔者认为它是在中国有着对外交往的自我意识之后才开始的。

但是在研究中国的外交体制确立的过程时,又不得不对这一逼迫式外交加以研究,因为它既是中国自主外交的前奏,又是中国自主外交的诱因。正是在这种强制性外交活动中,才促发了晚清时人的自我外交意识的发生。

嘉道咸同时期,中国对外交往新模式的确立主要体现在以下几个方面:第一,总理各国事务衙门的设立与对外事务的开展;第二,中国向外派使的尝试;第三,中国运用国际法知识处理中外交涉中的问题。下面就围绕以上三个方面的内容对这一时期中国外交新模式的确立作一简要论述。

(1)总理各国事务衙门的设立及影响

在以儒家思想为统治内核的帝王时代、在中国皇帝自视为天子的天下世界里,敌体与平衡国家是难以存在的。正是如此,所以在总理各国事务衙门设立之前、在"天朝"体制内,在礼、吏、刑、工、户、兵六部中只有处理"天朝"同藩部、属国之间的机构(清代为理藩院和礼部),而没有专门处理对等敌国的外交机构。

但近代中国的历史却是一个力求保留传统体制而又最终被近代体制所取代的历史。就总理各国事务衙门而言,其最初成立的目的仍是为了"抚夷"。所以咸丰十年(1860),清廷在北京条约缔结之时,就"设抚夷局于嘉兴寺,奏准于内阁部院军机处各司员章京内,满汉各挑取八员,轮班入值。一切俱专照军机处办理"。①但是这一"抚夷局"却因时势的发展而越来越不适合实际需要。②

咸丰十年(1860)十二月三日,奕䜣等人奏设总理各国事务衙门时就称:"查各国事件向由外省督抚奏报,汇总于军机处。近年各路军报络绎,外国事务,头绪纷繁,驻京之后,若不悉心经理,专一其事,必致办理延缓,未能悉协机宜。请设总理衙门,以王大臣领之,军机大臣承书谕旨……俟军务肃清,外国事务较简,即行裁撤,仍归军机处办理,以符旧制。"③即奕䜣等奏设总理各国事务衙门的用心是用于处理各国公使驻京后中外日益繁多的交涉事务。但奕䜣等虽贵为亲王,也不可随便变更"天朝"体制,因此他在奏设总理各国事务衙门时,提出将来若"军务肃清,外国事务较简,即行裁撤,仍归军机处办理,以符旧制"的建议。

但从总理衙门最初命名,以及名称的更改等方面看,仍可以看出它诞生的艰难。总理衙门最初的命名为"总理各国通商事务衙门",并且是一个临时性的办事机构。之所以如此,完全是清廷出于避免该机构与传统藩属体制发生背离之考虑。因为就此前的清代体制而言,能同中方发生联系的国家原则上只有两类:一类是以中国属国的身份或者朝贡国身份向清廷表示臣服的国家;另一类是同清廷无宗属

---

① 邓之诚:《骨董琐记全编》,生活·读书·新知三联书店1955年,第507页。
② 张步先:《从总理衙门到外务部——兼论晚清外交近代化》,《山西师范大学学报》,1998年第3期,第68页。
③ 中国科学院近代史研究所史料编辑室编:《洋务运动》,上海人民出版社1961年,第一册,第6页。

关系的互市国。除此而外,清廷原则上不承认自己同外界有任何官方的交往。而两次鸦片战争后,西方各国已将"天朝"体制打翻在地,其用于处理中西关系的传统朝贡国体制也被西方所拒绝,西方成为了既不是清廷的属国也不是朝贡国的对等敌体。在此境遇下,如果清廷仍同这些西方国家发生官方联系,而又要避免伤害"天朝"传统体制,那么清廷只能将它们纳入互市、通商国之类。因此,奕䜣等在奏设总理各国事务衙门时,清廷就要求将其命名为"总理各国通商事务衙门",即其用意仍是想将这些国家纳入到"天朝"传统体制之内,并使之不致与"天朝"藩属体制发生太大的冲突。

但是随着形势的发展,奕䜣等却发现再也无法将中方同西方之间的交往活动限定在"通商"范围内。他们的理由有两点:其一,上海、天津等开放口岸已经设有大员专管通商等事,在京总理衙门不便遥制;其二,西方人虽惟利是图,但"外貌总以官体自居,不肯自认为通商,防我轻视"。① 正是出于以上两点考虑,奕䜣等于咸丰十年(1860)十二月末,又奏请在关防及行文中除去"通商"二字。

对于总理各国事务衙门在中国近代外交史上的意义,论者每有不同。② 无论是认为总理衙门还保留着清人的守旧、自大情绪,还是认为它是中国近代化之关键,总理衙门的设立表明它是不同于"天朝"传统体制的新式外交机构,即新的外交模式开始在"天朝"体制内确立。它虽还具有传统的成分,受到传统因素的制约,但它却用新的方式、新的程序来处理新的问题;它虽在外力的胁迫下,为应付外来的新问题而设立,但也有在新的形势下"中兴"的领导人对外界认识加强后而主动加强同外部联系的积极成分。中国的近代化本身就是一个由被动、被迫应变向主动寻求应变,由被迫屈从向主动因应、主动寻求相转化的过程。

(2)向外派使的尝试及影响

如同总理衙门的出现是中国近代对外交往新模式确立的重要标志,向外派使

① 贾桢等编辑:《筹办夷务始末》(咸丰朝),中华书局1979年,第八册,第2710页。
② 西方学者认为总理衙门的出现只是中国对传统体制加以保留的一种新瓶装旧酒的行为。而卓遵宏在《清季外交职权的嬗递(1839—1861)》一文中认为,总理衙门的设立"是在外力压迫中国开放门户下,兴起的一种缓和外情与维持传统的权宜措施,但也代表中外关系已迈进新的里程,中国对外务有深一层的认识,是一个进步的象征"。此论较为中肯。而《同治中兴》一书的作者对它的评价更高。该书作者认为,"尽管权限重迭和某些不合时宜的因素仍然存在,但是相对而言,这个体制是近代的和有效能的。和1860年前的清政府的任何一个部门相较,它都更加类似于共和政体下的外交部……它和军机处的密切联盟,非但没有削弱它自身的重要性,相反却反映出'中兴'是一种典型的努力,它在不根本动摇基本结构的情况下,使儒教的国家近代化"。[美]芮玛丽著,房德邻等译:《同治中兴——中国保守主义的最后抵抗1862—1874》,中国社会科学出版社2002年,第278—279页。

之尝试也是近代中国外交新模式确立的重要内容。

在近代以前,中国也有过向外国即主要是属国派使的经历。不过其意义与晚清时期清廷向西方各国派使有所不同。清代向属国派使多为"天朝"册封属国行为,因此其派使是一种体现"天朝"高高在上的行为。就这种象征着"天朝"与属国的尊卑屈从关系的派使行为而言,它具有极大的缺陷,它并没有为加强宗主国同属国之间的关系发挥出多大作用。不仅如此,宗属关系下"天朝"向属国的派使行为还存在着诸多毛病。

清代时期,西方较早向中国提出正式派使的是马戛尔尼使团,同样较早提出中国应向外国派使的也是西方国家。不过最早提出中国向西方派使要求的并非来自英国,而是来自沙俄。1686年(康熙二十五年)沙俄政府在给其特使费·阿·柯罗文的"训令"中就要求"博克达汗""应遣使觐见沙皇陛下,其所携赠礼,不宜来自城外,应系可汗帝国境内所产"。①

同样,在此后的时间内,较早提出中方可向西方派出近代使节的也是西方国家。1856年(咸丰六年)8月,英使包令在给英国外交大臣的信中提及派使驻京问题时就称:"中国公使常驻于巴黎、伦敦和华盛顿政府。对于这一点并不反对,但是我并不对这一项建议做多大的评价;也不认为这会是中国方面所希求的,至少就目前来说。"②

随着公使驻京的实现,以及总理衙门的设立,中外之间的交涉也日益增多,而外国公使驻京给清廷的影响也日益增强。但清廷出于传统体制考虑,以及受具体条件之制约,对于是否派人出使非属国的西方国家一直犹豫不决。传统体制的继存,以及传统思想的力量仍给"天朝"人以巨大的制约,谁也不敢贸然迈出第一步,对森严的体制加以改变。因此,可以这么说,即使近代外交体制因西方的强制要求而被清廷勉强接受,即使西方与清廷的关系已经由传统关系变成近代国际法意义下的外交关系,"天朝"传统体制仍然是影响着清廷行为的重要准则。它不仅仍是处理清朝与其属国之间关系的主要标准,而且还对清廷内部的行为产生影响。

正是如此,所以当条约体制确立、公使驻京实现、总理衙门设立后,最初直接提出中国应派使驻外建议的并非来自清廷内部,而是来自西方人士。1865年间,赫

① [法]葛斯顿·加恩:《早期中俄关系史》附录,商务印书馆1965年,第153—155页。
② [美]马士:《中华帝国对外关系史》,生活·读书·新知三联书店1957—1960年,第一卷,附录,第787—790页。

德在给总理衙门写的《局外旁观论》中就中国应派使驻外提出了强烈建议。他称"派委大臣驻扎外国,于中国有大益处。在京所住之大臣,若请办有理之事。中国自应办;若请办无理之事,中国若无驻其本国,难以不照办"。① 而同治五年(1866)正月,英国驻华参赞威妥玛又在其上呈清廷的《新议略论》②中再度要求清廷应向外国派遣驻使。③ 当赫德与威妥玛的建议被奕䜣等大臣上奏清廷后,清廷认为,某些建议虽不免有外人"挟制"中国之意,但"如中国遣使分驻各国","亦系应办之事"。④

西方人士是首倡中国向外派使之人,这有着他们所处的优势。对于晚清时人而言,无论是朝中大员还是一般士绅都不敢对传统体制有所逾越。因此对于派使一事,或许他们中有人已认识到其必要性,但体制的传统力量却使他们不敢这样声言。正是如此,奕䜣等在同治五年(1866)向清廷提出派人随赫德出洋考察时就称:"臣等久拟奏请派员前往各国,探其利弊,以期稍识端倪,藉资筹许,惟思中国特派使臣前赴各国,诸费周章,而礼节一层,尤难置议,是以迟迟未敢渎奏。"⑤而现在赫德等西方人士既然已正式向清廷提出了这一建议,那么奕䜣等朝中大员就可以借此机会正式向清廷上呈这一建议。上呈的结果是,清廷认为派使出洋确有必要,但是朝廷也不敢轻易允准,而是建议听取朝中、地方大臣的意见。

尽管如此,但是清廷向外派使行为却早于各方讨论之前就开始着手准备。同治五年(1866)正月,奕䜣等向清廷上奏,提出派使出洋的重要性。他称:"查各国提约以来,洋人往来中国,于各省一切情形,日臻熟悉,而外国情形,中国未能周知,于办理交涉事件,终虞隔膜。"⑥在此,奕䜣等想乘赫德请假回国的机会,派人一道出洋考察。清廷因此准派斌椿率同文馆学生一道出洋。此次出洋虽非清廷派使驻外,但却为此后的派使驻外打开了通道,正是通过这一传统体制上的缺口,清廷开始主动地向近代外交体制靠近。

同治六年(1867),总理衙门为即将到期的修约活动做准备,特就修约问题向

---

① 宝鋆等修:《筹办夷务始末》(同治朝),文海出版社 1966 年,卷 40,第 3783—3784 页。

② 威妥玛称:"即如派委代国大臣驻扎各国京都一节……中国既无大臣驻扎伊国,只由该大臣自向本国辩驳,何人在彼能代设辩,然则中国肯派人臣驻于外国……此中国全得其益可证。"宝鋆等修:《筹办夷务始末》(同治朝),文海出版社 1966 年,卷 40,第 3797 页。

③ 宝鋆等修:《筹办夷务始末》(同治朝),文海出版社 1966 年,卷 40,第 3802 页。

④ 《清穆宗实录》,卷 169,同治五年二月庚戌条,中华书局 1987 年。

⑤ 宝鋆等修:《筹办夷务始末》(同治朝),文海出版社 1966 年,卷 40,第 3669 页。

⑥ 宝鋆等修:《筹办夷务始末》(同治朝),文海出版社 1966 年,卷 39,第 3669 页。

朝中、地方大员征求意见。其中将派使出洋问题也在致各方官员的书信中一道提出,以询求他们的意见。与此前觐见问题一样,对于派使问题的讨论照样有不同的意见。但是中外交涉大局已经打开,外国驻京公使早已入驻,清廷对外政策也已经发生了变化,总理衙门已经设立,因此派使问题必将解决。与总理衙门设立代表着中国外交的近代化一样,向外派使也是近代外交体制确立的重要标志。派使的经过、派使的实现就是中国外交近代化的实现。

以传统藩属体制为代表的"天朝"体制的韧性是相当大的,因此派使问题同样存在着刻意规避伤害传统体制的用心。正是如此,晚清中国的第一次派使就很具特色,即聘用西方人作为清朝的使节出使西方。

蒲安臣充当清朝使臣访问欧美就是实例。聘请已经卸任的美国驻华公使蒲安臣代表中方出使西洋固然有经验、语言等方面的因素考虑,但如何在礼制上避免与传统外交体制即藩属体制发生冲突也是其考虑的主要因素。

无论如何,蒲安臣使团出使西洋,终究是以清朝官方名义第一次派出的使节,无论其在对外交涉中是为中国争得了利益,还是水平庸庸,①它都是清廷向西方派使的第一次尝试。此后,同治九年(1870),清政府因天津教案而派崇厚出使法国,为此事向法国"道歉"则是清廷第一次以官员为正使出使西方,因此而烙上了屈辱外交的烙印。

诚然,传统体制的惯性是巨大的,中国人思想观念之转变不可能全部一致;所以,即使在19世纪70年代,即使是清廷已经开始了洋务运动,但仍有不少人坚守传统的思想与体制。所以直到光绪二年(1876)清廷派郭嵩焘为出使英国大臣时,清廷才开始正式向外驻使。

自鸦片战争至清廷正式派郭嵩焘出使英国,中间相隔了25年(1842—1876);如果从西方派使驻扎清朝京师开始算起,中间也相隔了17年(1860—1876)。中国外交近代化的过程是一个缓慢的过程,其由传统体制向近代体制的转变也是一个缓慢的过程。清廷对外驻使的最终实现虽不在嘉道咸同时期,但是,嘉道咸同时期的一系列冲突、尝试为清廷最终对外驻使提供了必要的经验与心理准备。同时以派使为代表的清廷行为也表明了传统体制在近代外交体制的冲击下逐渐萎缩,并让位于近代外交体制的发展倾向,表明藩属体制的瓦解同样是不以清代统治者

①　[美]泰勒·丹涅特:《美国人在东亚》,商务印书馆1959年,第457—459页;《中国近代对外关系史资料选辑》,上卷,第247页。

的意志为转移的。

(3)利用条约体系维护中方利益的尝试及影响

近代中国对外交往新模式的确立还体现在运用近代外交规则,维护清廷自身利益等方面。其中最典型的例子就是利用条约体制来维护清廷自身的利益。对于中国近代的条约体制而言,它体现着强者对弱者的意志,因此是一个不平等的条约。不平等条约是否应该遵守,近代的认识标准与现代有所不同。不过在近代时期,在中国处于弱势的年代里,中方除了遵守由西方强加的条约外,别无选择。但是在近代特定的历史时段内,处于弱势地位的中方对于条约的遵守,即使是不平等的条约的遵守,虽蒙上了耻辱的印记,但起码可以减少西方强权的更多苛刻要求。因为对于西方而言,其迫使清廷同它们所订的且充分体现西方各国意志和利益的诸条约,西方总不能拒不遵守、自破规则。正是在此等意义上讲,近代清廷对条约的遵守起码可以为弱者即它自身有限权利的维护提供保证,并对西方强权的过分要求提供一种保护机制。因此,有学者认为:"承认和维护条约这一新的政策不仅避免了西方列强的合理抱怨,这种抱怨有可能成为西方国家采取惩罚性行动的借口。同时它使中国政府得以颠倒条约的职能,限定外国人按条约行事。在1860年前,条约代表了外国人所能希望的最小的特权———一条他们赖以进一步打开中国大门的缝隙。到了19世纪60年代,这条最小的界限变成了最大的一条界限,中国政府(中)可以据此获得安全。"①作者此论是否全都正确,姑且不论,但条约体系的确立确为清廷维护自身利益提供了一定保障。不仅如此,它是近代中国外交新模式确立的重要体现。随着条约体制确立,清廷对外交往形式发生了变化,开始走进了条约时代。这不仅体现在同西方、日本之间的条约签订上,同时也体现在同属国之间签订条约上。更为重要的是,清廷还利用条约条文来保护自身的利益。其中,利用条约批判美国助日侵台和批判日本吞并琉球等行为均为例证。

总理衙门的设立、对外派使的实行、通过对条约体制的利用来维护中方利益,这些都是近代时期,清廷对外交往新模式确立的标志。以上事实表明:在鸦片战争后,在条约体制确立、公使驻京实现以及觐见问题的最终解决之同时,中方同西方和日本等非清廷属国之间的交往方式也已发生变化,而对外交往新模式的出现则标志了中国近代外交体制开始确立。

① [美]芮玛丽著,房德邻等译:《同治中兴———中国保守主义的最后抵抗1862—1874》,中国社会科学出版社2002年,第288页。

5. 嘉道咸同时期清人思想意识的转变及影响

经过道光、咸丰、同治三代中外冲突与磨合,最终使清朝统治者不得不对西方强权势力作出让步,在中外交往上采用西方近代外交体制。这一冲突与磨合不仅影响着清廷同外国交往时的行为,而且也给清人的思想意识以较大触动,并诱导他们思想意识发生变化。

第二次鸦片战争之前,与西方各国势力相较,虽然清廷治下中国已显衰落,但是在绝大多数时人的思想意识里,"天朝"仍是世间最强大、最富有的国家,"天朝"体制仍是优越于西洋的制度,教化"四夷"最有力的思想武器。正是如此,在第一次鸦片战争中,琦善明确提出"御外夷之法"为"御外夷以智,不啻拊其背而即振其顶也。抚亿兆以仁,不特革其面而即洗其心也"。①

但是经过两次鸦片战争冲击,清廷已经败于西方"洋夷"之手,不仅签订了令"天朝"君臣深感屈辱的对外条约,而且还得屈从西方"夷人"的交往规则,"天朝"体制、"天朝"独尊在西方"洋夷"面前已被糟蹋得一文不值。因此,相应的,晚清时人对西方人的认识也发生着变化。正如刘增合所总结的:"魏源在 50 年代就认为,西方人讲礼貌,正直、有知识,根本不应该称之为'夷',黄恩彤将西方称之为'远'(遥远的国家),丁日昌称之为'外国',恭亲王、薛福成则称之为'西洋'。"②经过两次鸦片战争冲突后,时人的思想意识已经发生变化。③

鸦片战争后,时人思想意识的变化主要体现在以下几个方面。

(1)"运会论"和"变局论"

魏源在《海国图志》中较早提出了东西方的"运会论",他称:"……于是从古不通中国之地,披其山川,如阅一统志之图,览其风土,如读中国十七省之志。岂天地气运自西北而东南,将中外一家欤?"④同时,徐继畬也提出了自己的"运会论"观点。他称:"欧罗巴一土,以罗经视之,在乾戌方,独得金气。"⑤李鸿章也有此类认

---

① 中国史学会主编:《鸦片战争》第一册,上海人民出版社上海书店出版社 2000 年,第 515 页。
② 刘增合:《1840—1884 年晚清外交观念的演变》,《社会科学战线》,1988 年第 1 期,第 185 页。
③ 王尔敏先生总结这一时期时人思想观念变化时,就称:"……经过鸦片战争以后,中国官绅士庶的反应检讨,并非完全麻木停滞。事实上,国人对外之认识,当时曾有若干程度的醒觉,并有具体可见的进展,中国初期对外反应的主题,包括两种显著的态势。先是向外对现实世界的求知,也可以说是寻求应付外人的手段。最终则引起国人因中西比较而有向内之反省。然而向内反省与对域外知识的探求,实为同一行动的内外两面,两者紧紧相互关联。"王尔敏:《中国近代思想史论》,社会科学文献出版社 2003 年 8 月,第 5 页。
④ 魏源:《海国图志》,卷首岳麓书社,1998 年,第 3 页。
⑤ 徐继畬撰:《瀛环志略》,卷 4,华文书局 1969 年,第 8 页。

识,他曾称:"特其制造之巧,得于西方金行之性,又专精推算,发为新奇,遂几于不可及。"①在鸦片战争之后,时人对于西方为何能够挫败"天朝",感到不可思议,赫赫"天朝上国"何以不敌西方"蛮夷"更使他们感到惊愕。在还没有找到引发东西方这一变化的真正原因之前,他们用一种近似于迷信的观点来解释这一巨变,它同样表明时人思想意识在发生变化。

应该说"运会观"是对"变局论"进行狭义解释的一种方式,它是"变局论"最初、最原始的一种解释方式。广义的"变局论"应比"运会观"更为宽泛,而且,它对于东西方何以发生如此变局的解释也不再局限于"运会"的解释。与强调"气运""运会"之不同,这种广义的"变局论"更多的是强调东西方这一变化,即变局之本身。在这一变化不断发生的情况下,晚清士人要求清廷主动采取应变。冯桂芬就是持此论者。他称:"术业以不专而疏,心思以不用而锢,观于今日,器用苦窳,借资夷裔,而始知圣人梓匠名官,仓庾世民之法之言也……然则为治者,将旷然大变,一切复古乎? 曰不可,古今异时亦异势,论语称损益,礼称不相沿袭,又戒生今反古……"②冯桂芬强调的是时势已经变了,不必苛守旧的体制,而应该主动应变。③

与此论相对应,李鸿章于同治四年(1865)也提出了自己的"变局论"观点。他是从现实的世界变化角度以及国家政治、军事之需要的角度,而非从新旧体制的坚守与否的角度去提出这一观点的。他称:"外国猖獗至此,不亟亟焉求富强,中国将何以自立耶? 千古变局,庸妄人不知,而秉钧执政亦不知,岂甘视其沈胥耶? 鄙人一发狂言,为世诟病,所不能避。"④

光绪年之前,时人持这一变局论者很多,除李鸿章、冯桂芬外,较早的还有黄恩彤、丁日昌等。黄恩彤认为道光年间中国已面临数百年大变局。丁日昌认为同治年间中西接触之扩大是千载未有之变局。据王尔敏先生统计,自1861—1900年间,申述当前变局之意旨者不下37人。⑤ 因此,在道光、咸丰、同治这段时间内,时人的变局观意识也已较多出现。

---

① 《海防档》丙编,"机器",台湾"中央研究院"近代史研究所编1957年,第14页。
② 冯桂芬:《校邠庐抗议》,文海出版社1970年,第6—7页。
③ Ssu-yu Tong and John K. Fairbank, *China's Response to the West A Documentary Survey*, 1839-1923, Originally Prepared 1954, the President and Fellows of Harvard College, 1982, P.50.
④ 《李鸿章全集》,朋僚函稿,第六卷,同治四年七月十三日,"复朱久香学使",海南出版社1997年。
⑤ 王尔敏:《中国近代思想史论》,社会科学文献出版社2003年,第11页。

（2）"华夷观"之变化

除了"运会""变局"观点外,此时期代表时人思想意识之变化并牵涉到中国传统意识向近代意识转变的是:"华夷观"之变化。两次鸦片战争之前、之间,晚清士人较多地将西方人看作是"洋夷"①。但是两次鸦片战争后,随着中国在与西方冲突中的败北,它导致了清人对中西之间的"华夷"关系重新做出衡量。

魏源是从天下一家、四海皆兄弟的角度去认识中外关系的。他称:"圣人以天下为一家,四海皆兄弟。故怀柔远人,礼宾外国是诸之大度;旁咨风俗,广览地球,是智士之旷识。"②他虽然仍从圣人怀柔天下的角度来发议论,但是他的"圣人"之天下中的外国,不再是传统的蛮夷,而是藏有某些当今圣人、智者、王者所必须了解、学习的国家。因此就有"礼宾外国""旁咨风俗、广览地球"之必要。

晚清权臣奕䜣对此时的"洋夷"也有着自己的认识。首先,两次鸦片战争中清廷的失利使奕䜣认识到"现今夷人不可剿,只可抚"。正是如此,所以他对西洋"夷人"提出了绥远之道在于"柔远以德"。他称:"自古帝王未有不怀远以德者也。春秋时,戎狄扰攘,中原为患已久,然吾谓戎不足患,患在绥戎之不得其道耳。"③他的"绥戎之道"就是要仿效晋悼公"和戎"的"怀远之遗意"。④ 正是如此,他提出了"夷夏"好恶之分的新标准:"其恶也,恶其恶也,非恶其人也。"⑤奕䜣对"华夷"采取"其恶也,恶其恶也,非恶其人也"的观点,就是要以他们的行为,而非他们的身份来作为评价"华夷"之好恶。

嘉道咸同时期时人思想意识之变,不仅体现在如何搞好"华夷"关系上,还体现对"洋夷"的整体认识上,即他们不仅认识到西方之"洋夷"不可灭,而且认识到这些"夷人"还有值得善待与尊重之处。

冯桂芬就认为"当今"的"夷人"不可灭。他称:"今国家以夷务为第一要政,而剿贼次之,何也？贼可灭,夷不可灭。一夷灭百夷不俱灭也,一夷灭代以一夷,仍不灭也;一夷为一夷所灭,而一夷弥强,不如不灭也。盛衰倚伏之说可就一夷言,不可就百夷言。此夷衰,彼夷盛,夷务仍自若。"⑥正是如此,所以他建议公平地对待外

---

① John King Fairbank, *Trade and Diplomacy on the China Coast The opening of the Treaty Ports, 1842-1854*, Stanford University Press,1953,P.7.
② 魏源:《海国图志》,岳麓书社 1998 年,卷76,第4页。
③ 奕䜣:《乐道堂文钞》,文海出版社 1976 年,第7页。
④ 奕䜣:《乐道堂文钞》,文海出版社 1976 年,第7页。
⑤ 奕䜣:《乐道堂文钞》,文海出版社 1976 年,第40—42页。
⑥ 冯桂芬:《校邠庐抗议》,文海出版社 1970 年,第 162 页。

国人,"寻求清除 1860 年前,所有的'夷人'都是不可信用的中国人的猜忌和怀疑的普遍心理,并将这一思想意识转变为'洋夷'都是守信用且值得尊重"①方面来。与魏源、奕訢等人的观点相比,冯桂芬的认识明显地又进了一步。他已经认识到"洋夷"与传统中国内的"夷狄"之不同,而且"洋夷"并不比中国人落后。

　　经过嘉道咸同时期中西之间的冲突和磨合,清代时人的思想意识尤其是传统"华夷"观已经发生了新的变化。这一变化最终导致了时人对传统"华夷观"的否认,他们认识到中国虽为华夏,西方虽被清人称为"夷狄",但华夏并不一定比"洋夷"优越;相反,华夏倒有可能被西洋人看成是半野蛮人。持此论者的代表人物是郭嵩焘。郭嵩焘在他于光绪初年著成但却充分反映出同治时期思想意识的著作《养知书屋诗文集》中对中国传统观念中的"夷狄",重新做了界定。他称:"是所谓戎狄者,但据礼乐政教所及言之,其不服中国礼乐政教而以寇钞为事,谓之夷狄,为其倏盛倏衰,环起以立国者,宜以中国为宗也,非谓尽地球,纵横九万里皆为夷狄,独中土一隅,不问其政教风俗若何,可以陵驾而出其上也。"②他在此批判了中国人将天下非中国本身的地方都视为"夷狄"的做法。同时作者于光绪四年间的日记中再一次引用西方的"文明""半开化""野蛮"观点批判了中国人传统的"夷狄"思想。此论虽系作者光绪四年所发,但同样反映出自道光以来中国历史巨变对作者所产生的巨大影响。他称:"西洋言政教修明之国曰色维来意斯得(civilized),欧洲诸国皆名之。其余中国及土耳其及波斯曰哈甫色维来意斯得(half-civilized)……其名阿非利加诸国曰巴尔比里安(barbarian),犹中国夷狄之称也,西洋谓之无教化。三代以前,独中国有教化耳,故有要服、荒服之名,一皆远之于中国而名曰夷狄。自汉以来,中国教化日益微灭,而政教风俗,欧洲各国乃独擅其胜,其视中国,亦犹三代盛时之视夷狄也。中国士大夫知此义者尚无其人,伤哉!"③

　　运会观、变局观、新夷狄论等时人的不同观点表明了两次鸦片战争之间以及其后,清人思想意识的变化。两次鸦片战争时清廷的失败,使"天朝"独尊的依据受到削弱;不平等条约体系的确立,则不仅严重地破坏了"天朝"传统体制,而且使"天朝"独尊的法理基础在西方面前进一步丧失;公使驻京以武力方式得以实现,

---

　　①　Ssu-yu Tong and John K.Fairbank,*China's Response to the West A Documentary Survey*,*1839-1923*,Originally Prepared 1954,the President and Fellows of Harvard College,1982,P.50.

　　②　郭嵩焘:《养知书屋诗文集》,文海出版社 1967 年,第 564—565 页。

　　③　郭嵩焘著:《郭嵩焘日记》,卷 3,第 439 页,光绪四年二月初二,湖南人民出版社 1981—1983 年。

觐见问题上"天朝"对西方、日本的让步更进一步使"天朝"体制在它们面前完全被扫除。不仅如此,而且这些行为进一步影响到清廷同它仅剩的几个属国如朝鲜之间的宗属关系。在此等情况下,晚清时人多从"崇实黜虚"的务实作风出发,"反观自身所处的变局时代,唤起关注'夷人夷情'的奥秘"。① 正是如此,此时期清人的思想意识,尤其是如何看待中外关系与"天朝"传统体制方面的思想意识均有了变化。

(3)近代国家、民族意识的萌发

"运会观""新夷狄论"的出现进一步推动晚清时人近代国家、民族意识的萌发。② 这一萌发与清代中前期统治者的"中国意识""中国思维"相较,有了更多的近代内涵。

这一近代民族、国家意识的萌发较好地体现在两个方面:首先,利用万国公法来维护"国家利权"。同治二年(1862)李鸿章在写信给友人时就称:"长江通商以来,中国利权操之外夷,弊端百出,无可禁阻。"③同治七年(1867),李鸿章在上奏西人修约时,又强调了要用"万国公法"来维护"国家利权"。他称:"西人修约,无非上侵国家利权,下夺商民生计,皆可引万国公法直言斥之。盖各国均有保护其民,自理财赋之权。"而且,他进一步强调:若西人夺我之利,"使内地百姓不能自养,中国财赋不能自理,岂惟非欲图和好之议,抑实背万国公法之例。"④李鸿章的这一认识,代表着同治时期清人在公法与"国家利权"关系理解上的新变化。

同治十年,李鸿章在驳斥日本刚行订约又马上悔约时,也借用万国公法知识去批判日本这一做法,以维护清朝的"利权"。他称:"……而日本朝廷尚在,岂有所派全权大臣与邻邦定约,而廷议欲毁之耶?""夫交邻所重者,信耳!失信,为万国公法所最忌。"⑤在此,李鸿章就万国公法之立约不可轻易悔改去维护清廷"利权"。同治十三年(1874),李鸿章又因日本侵台而用万国公法去维护清廷的"利权"。他称:"惟各国兴兵之举必先有文函,知会因何起衅……日本甫经换约……

① 刘增合:《1840—1884年晚清外交观念的演变》,《社会科学战线》,1998年第1期,第185页。
② 黄兴涛教授认为,"中文里的'民族'一词最晚到1837年时,就已经出现了。1872年时,已有华人在现代意义上加以使用"。引自《"民族"一词究竟何时在中文里出现?》,《浙江学刊》,2002年第一期,第170页。
③ 《李鸿章全集》,朋僚函稿,卷3,同治二年三月初四日,"复罗椒生尚书",海南出版社1997年。
④ 宝鋆等修:《筹办夷务始末》(同治朝),文海出版社1966年,卷55,第9页。
⑤ 《李鸿章全集》,译署函稿,同治十一年四月十一日,"议驳日本改约",海南出版社1997年。

台湾生番一节，并未先行商办，岂得遽尔称兵。"①李鸿章在此所批判的是日本违反近代国际惯例的做法。李鸿章的这一批判虽对阻止日本侵台毫无实效，但是从中可以看出，清廷大员正企图利用近代外交法则去维护清廷权利。

其次，体现在对"国权"的理解上。安树彬先生曾称：第二次鸦片战争后，"随着国际法传入中国，迫于外交形势的压力，中国人开始接受并运用其核心内容——国家主权平等原则"。② 第二次鸦片战争后，中国人是否马上就"开始接受国家主权平等原则"，有待商榷，但对所谓清廷"权利"进行较为广义的理解却是事实。正如卫三畏于1868年（同治七年）致R.S.威廉斯牧师的信中所称："中国正试图理解自己在世界上所拥有的权利，并试图维护和扩大这些权利，同时给予别国它所必须给予的特权。"③正是因为第二次鸦片战争后，中国人"给予别国它所必须给予的特权"，且又得到的是"不平等"待遇，所以它更能促使清人，尤其是统治阶层和先进人士对所谓"国权"的理解。同治十三年（1874）日本发兵侵略台湾时，清廷总理衙门就日本此种侵略行为进行责问，清廷特别强调了日本这一行为"侵犯"了中国的"国权"。总理衙门称："番地是清国属地，贵国不向清国声明而径出兵，是侵犯我国权，破坏公法，干涉内政，极度无理。"④总理衙门对日本方面的这一指责，虽仍有称台湾生番为"属地"而非"国土"之言，但却从"国权""内政"等方面来指责日本的侵略行径，从中可以看出晚清时人在对国家权利即"国权"理解上的进步。

近代条约体系、公使驻京、觐见问题的最终解决，不仅瓦解了中国与西方日本之间的传统关系，而且使得中国近代外交体制开始取代传统的藩属体制而成为晚清时期用于处理中西交往以及中日交往的新体制。在这一近代外交体制的影响下，晚清政权开始较为主动地开展外交关系，因而导致了总理衙门的设立，向外派使的尝试，以及对公法知识的利用等外交活动。这些行为均表明：在西方的触动下，晚清清廷主动开展外交活动在客观上又对中国传统的藩属体制造成了一定的破坏与摒弃。

---

① 《李鸿章全集》，译署函稿，同治十三年三月十三日，"论日本派兵赴台湾"，海南出版社1997年。

② 安树彬：《从传统天下观到近代国家观》，《华夏文化》，2004年第1期，第26页。

③ ［美］卫斐列：《卫三畏生平及书信》，广西师范大学出版社2004年，第257页。

④ 转引自［日］东亚同文会编，胡锡年译：《对华回忆录》，商务印书馆1959年，第55页。而总理衙门给西乡的照会原文为"……然此中国分内应办之事，不当转烦他国。"见王元穉辑：《甲戌公牍钞存》，文海出版社1976年，第31页。

二、属国体系瓦解加剧

（一）西力东渐下属国体系开始动摇

19世纪是西方势力对中国藩部、属国积极渗透的重要时期。随着中国的属国日渐被西方殖民势力所染指，各属国渐渐从其藩属体制内走出。几乎与此同时，清朝的藩部和本土也开始遭受着西方殖民势力的侵犯，进而导致了藩部也开始从清代藩属体制内"消失"。[1] 清朝的藩部、属国的这一发展趋势均对嘉道咸同时期的藩属体制产生了巨大破坏，它导致了"天朝"独尊的法理基础在西方面前基本丧失。

自18世纪末以来，西方势力对"天朝"藩属体制最直接的冲击就是对其属国的直接侵占。如果说16世纪以后西方对东方的殖民主要还是出于追求经济利益的话，那么时至18世纪末以来，西方对东方的殖民则已由对经济利益的追求扩大到对政治、军事等方面利益的追求。而且西方对东方的抢占已经演变成为发展自身国力、制约他国的一种重要手段。不仅如此，抢占东方的殖民地还是西方以基督文明为内核的思想文化对东方传统儒家文化"入侵"的重要手段，其"入侵"的目的在于力求用西方的思想改变东方的传统思想，用西方的体制取代东方传统体制。

正是基于以上目的，19世纪初以来，西方加紧了对东方的入侵，其中对清廷属国的渗透，成为西方对东方、对中国实行争夺的重要组成部分。

1. 鸦片战前西方各国对清廷属国的冲击

嘉道咸同时期，西方对东方殖民加速。据统计，1800年至1875年期间，殖民帝国每年平均获得殖民地为八万三千平方英里。[2] 这一侵略速度相对于18世纪而言，是十分快速的。此举表明，文艺复兴后，殖民主义全球扩张愈演愈烈，同时，它也表明中国传统藩属体制所面临的威胁日益严峻。嘉道咸同年间，西方对清廷的重要属国暹罗、缅甸、朝鲜等都加紧了殖民侵略。

自西方殖民者入侵暹罗以来，暹罗对西方势力就保持高度警惕。1688年（康熙二十七年），暹罗对西方殖民势力进行驱逐，基本上迫使这一势力远离暹罗本

---

① 对于此时期的藩部而言，它们中的绝大部分因清廷统治的强化而日益成为清廷正式行政区域内的版图，而某些部分却因西方势力的染指却日益脱离中央统治。如此的发展趋势最终使得藩部也日益从清代藩属体制中消失。

② 斯塔夫里亚诺斯：《全球分裂》，上册，商务印书馆1995年，第270页。

土,并使这一状况维持了一百多年。但是自 19 世纪以来,这一势力再度以更加强劲的态势卷土重来。1826 年(道光六年),英国利用暹罗与缅甸的矛盾和竞争,邀请暹罗同英国签订《伯尼条约》,并结成同盟关系,以此来共同讨伐清廷的另一属国缅甸。英暹《伯尼条约》的签订并没有给暹罗带来多少好处,相反通过该条约,暹罗不仅给英国人以治外法权,而且给英国商人以贸易特权。更为重要的是,自此英国成了干涉缅甸、暹罗事务的主人,宗主国清廷不再对缅甸、暹罗之间的矛盾起到"天子"对属国的调解作用。

此时期,西方殖民势力还企图进入朝鲜,1832 年(道光十二年)朝鲜《李朝实录》载:"英船三帆,六月二十五日到达,船中载兵器有环刀、铳枪、大火炮等。"①英方本打算对朝鲜实行贸易渗透,但却遭到朝鲜方的拒绝。②

总之,自 19 世纪开始,西方各国经过产业革命,其殖民速度加快,他们加紧对东亚地区的殖民。在西方武力征服下,"东南亚诸国纷纷落入殖民者手中,英国以印度为基地,用武力逐渐控制了阿富汗,兼并了缅甸,征服了马来半岛大部分领土"。"法国进入了柬埔寨、老挝"③以及越南④。在如此巨变的大背景下,清廷的属国开始遭到西方更严峻的冲击。

2. 鸦片战后西方各国对清廷属国的侵犯

当 18—19 世纪西方各殖民势力对东方各国进行渗透、侵略时,清廷和它的属国对西方势力均进行了抵制。这种暂时的抵制固然可以延缓西方的入侵,但是它们保守的防御方式以及对传教士的屠杀政策却为西方对清廷及其属国发动东方式"圣战"提供了口实。因此征服东方的异端领土在西方实力一旦强大后会进一步爆发出来。

而两次鸦片战争,中方的败北恰好给西方进一步染指清廷的属国提供了最好的机会。西方殖民势力正是以两次鸦片战争为契机,对中国周边的各属国进行进一步的侵占。1852 年(咸丰二年),英国对缅甸发动了第二次战争,其结果是英国进一步占领了下缅甸,⑤使得缅甸进一步沦为英国的殖民地。1855 年(咸丰五年)

---

① ［韩］《纯祖实录》,三十二年七月乙丑条,东京:学习院东洋文化研究所昭和 41 年(1966)。

② 《清宣宗实录》,卷 221,道光十二年闰九月壬寅条,中华书局 1986 年。

③ 田禾、周方冶:《泰国》,社会科学文献出版社 2005 年,第 100 页。

④ 法国自 19 世纪以来,就加紧了对越南的侵并。1783 年,当阮福映被西山军打败后,越南为法国提供了扩张教会影响的大好机会。白多禄主教向路易十六上书,要求借此机会来加强对越南的控制,以均衡英法在东亚的对抗与争夺。中国史学会主编:《中法战争》,卷 1,"安南通史摘译",上海人民出版社、上海书店出版社 2000 年,第 363 页。

⑤ ［英］哈威(G.E.Harvey)著,姚梓良译:《缅甸史》,商务印书馆 1973 年,第 517 页。

英国人又迫使暹罗在《伯尼条约》的基础上作出更大的让步,同英国签订了《鲍林条约》。该条约使暹罗成为英国的势力范围,从此中国对暹罗的宗主权再无机会加以体现。同时,西方殖民势力还利用鸦片战争宗主国中国的败北机会加强了对越南的侵占。1858(咸丰八年)法国攻陷了嘉定、定祥、边和等省后,最终迫使越南签订了1862年条约。该条约要求:今后,"倘若安南与别的国家交涉,须告之法国政府;当欲割让土地给别国时,须征得法国的同意才能批准。"①对于清廷的藩属体制而言,该约也无异于宣告法国将从此代替中国对越南行使真实的宗主权。

两次鸦片战争期间,西方列强还对清廷的另一个重要属国朝鲜进行渗透。其中最典型的表现是西方列强向朝鲜输入基督教和要求朝鲜通商。道光二十年(1840),朝鲜的燕行使们就对西洋基督教的文化入侵表示担忧。燕行回还使报告称:"彼中邪教,浸染民间,为患渐炽。"②而道光二十五年(1845)六月英国派遣舰船到朝鲜强制勘测海洋航线,实则开始了对朝鲜的侵犯。《李朝实录》称:"已未,是日,异样船出没往来于湖南兴阳及济州海中,自称大英国船。所到岛屿上辄竖白小旗,以测水绳量海中浅深,筑后涂灰以标其方位,结三株木置镜板于其上,罗拜行祭。"③该年七月,法国人瑟必尔也来到朝鲜,对朝鲜杀害法国三位传教士行为实行兴师问罪,并对朝鲜不给法国人以"汉人、满洲人、日本人"同样待遇而加以谴责,并威胁朝鲜称"自兹以后,倘有再虐害吾国之士民等情,贵高丽必不能免大灾害也。然则灾害临时,上自贵国国王,下至大臣百官,皆不能归怨于他人,维能怨己之不仁不义而无礼也。"④1866年,英国人又来到朝鲜,并通过清人向朝鲜投递书信,要求与朝鲜通商。⑤英法等国对朝鲜的渗透虽因朝鲜方面的坚决抵抗而一时难以成功,但是西方的洋货却以无孔不入之势渗入朝鲜。同治五年(1866)《李朝实录》就称"近日洋货之殆遍一国……"。由此可见,朝鲜这一东方"隐士"至此被推上了东西交汇的历史舞台,而清廷的属国至两次鸦片战争后均被西方殖民势力染指。

3. 日本对清廷藩属体系的冲击

在此,有必要强调的一点是,嘉道咸同时期,对"天朝"藩属体制进行破坏的并不仅仅是西方殖民势力,还有东亚圈内的日本。日本的这一倾向在其早期的"征

① [越]陈重金著,戴可来译:《越南通史》,商务印书馆1992年,第366页。
② [韩]《宪宗实录》,五年二月乙卯条,学习院东洋文化研究所昭和32年[1957]。
③ [韩]《宪宗实录》,十一年六月乙未条,学习院东洋文化研究所昭和32年[1957]。
④ [韩]《宪宗实录》,十二年七月丙戌条,学习院东洋文化研究所昭和32年[1957]。
⑤ 朝鲜科学院,中国科学院编:《高宗实录》,三年二月十八日条,科学出版社1959年。

韩论"中就体现得很鲜明。1823 年(道光三年)日本有学者佐藤信渊(Sato Nobuhiro)在其所作的《宇内混同秘策》(A Confidential Plan for World Unification)秘密计划中,就较早地构思了日本今后对外扩张的范围。他认为日本是世界出现后第一块被创造出来的土地,因此,注定着日本将统治"天下"①。不过值得注意的一点是:早期日本的扩张思想更多打上的是同中国争夺东亚藩属体制里的最高统治地位的烙印,而非寻求近代时期的殖民扩张之政治、经济利益。正是如此,所以早在 19 世纪早期,日本保守主义典型人物吉田松荫(Yoshida Shoin)就要求:日本因被西方开国后所失去的东西——帝国地位,应该通过对亚洲邻近国家的占领而得到补偿。由于他考虑到朝鲜的特殊位置,因此他认为"必须训诫朝鲜,并让朝鲜如同远古时期一样,向日本宫廷进贡"。② 但是,明治维新后,日本的行为却发生了变化,日本已开始步西方殖民后尘去破坏清廷同朝鲜、琉球等属国之间的宗属关系,并力图将这些国家变成它的殖民属国。因此,此时期日本的征韩论中不仅包含有同清廷争夺亚洲内部最高威望的用心,更包含有日本要奴役中国、朝鲜等近邻国家的企图。它的一系列活动,同西方殖民活动一样,也加速了清朝藩属体制的瓦解。

不过与西方殖民势力主要从外部破坏清廷同西洋传统交往关系之不同,日本是从亚洲的内部来破坏清廷同亚洲内部其他国家之间的传统关系。日本首先借口台湾生番事件而宣称对琉球享有唯一的宗主权,并以西方殖民主义下的宗属关系代替了东方传统的宗属关系,从而排挤中国对琉球的宗主权。与此同时日本又对清廷的另一属国朝鲜倾注野心,力求将朝鲜从清朝的藩属体系内强行挤出,使之成为受日本控制的势力范围。

4. 藩篱渐毁的不良影响

嘉道咸同时期,在西力东渐下,清朝的绝大部分属国均遭染指,这一影响是巨大的。首先,构成清朝藩属体制的主体正在消失。清廷在两次鸦片战争中的败北,虽没有马上导致"天朝"藩属体制的基本瓦解,但是却对"天朝"藩属体制结构带来了巨大的破坏,其藩属体制外环层,也就是清朝的属国层遭受着破坏。苏禄早在乾隆中期就停止向清廷进贡;暹罗则于咸丰二年(1852)进贡后,不再进贡"天朝";③

---

①　Key-Hiuk Kim,*The Last Phase Of The Eastern World Order Korea*,*Japan*,*and the Chinese Empire 1860-1882*,University of California Press,1980,P.80.

②　Key-Hiuk Kim,*The Last Phase Of The Eastern World Order Korea*,*Japan*,*and the Chinese Empire 1860-1882*,University of California Press,1980,P.82.

③　赵尔巽撰:《清史稿》,列传 315,属国三,中华书局 1977 年,第 14697—14698 页。

南掌则于咸丰三年(1853)进贡清廷后也不再进贡。① 二次鸦片战争后,布鲁特、浩罕等中亚小国都不再向"天朝"进贡,它们同清廷的宗属关系也基本断绝。与此相对应,清朝藩属体制的另一构成部分——藩部也在发生变化,它们要么日益成为清朝中央政权统治下的地方行政区域,要么因西方势力的染指而趋向脱离清廷的统治。

其次,清廷的属国一个个遭受着西方殖民势力的渗透,基本丧失了相对独立的国家身份。这些国家的"国权""利权"②均遭受着西方殖民势力的侵犯,其各国的本土与边陲均遭到西方势力的强占,其经济利益均遭受着殖民势力的侵削。

再次,清廷在东亚的影响力受到严重削弱。鸦片战争前,大清国在东亚仍具有较大的影响力。但是两次鸦片战争后,清廷在属国中这种潜在的影响力却因西方的渗入而被西方所取代;不仅如此,部分属国因西方的兼并、控制而与清廷断绝了宗属往来。此举表明,两次鸦片战争后,清朝的藩属体制不仅遭到破坏,而且其在东亚的影响力也遭到严重的削弱。

最后,西力东渐给清朝藩属体制带来的最大冲击是:它导致了东方传统体制开始发生变化。西方对东方的入侵,不仅是一种单纯的经济性的掠夺,同时也是一种政治、思想、文化的渗入。其西力东渐的结果不仅导致了西方对东方市场的抢占、商品贸易利益的争夺,而且导致了对东方传统体制的冲击。虽然在 19 世纪前半期,东方世界对代表着资本主义生产方式、政治体制、思想文化观念等外来的东西还勉强能加以抵制,但随着时间的推移,封建体制与资本主义体制遭遇后的最终较量却以前者的最终失败而告终。

(二)清廷对藩属体系的被动应变

在西方积极侵犯"天朝"的鸦片战争影响下,在西方所强加的外交体制的触动下,同时也在晚清清廷开始较为主动地开展外交关系、构建自我外交体制的影响下,晚清时人的思想意识开始发生变化。他们对于世界的变局、新形势下的"华夷关系"的理解以及自身"国权""利权"的认识都有所进步。

问题是,两次鸦片战争后,"天朝"与西方的交往虽不再适用于传统的宗属体制,但是对于清廷仍存的属国如朝鲜等国而言,该体制仍适合。它们并没有因为西

---

① 赵尔巽撰:《清史稿》,列传 315,属国三,中华书局 1977 年,第 14700 页。

② 此时期所指的国家"利权"是与"国权"相对应的近代时人的一种朦胧的国家观念,前者主要强调封建统治下国家利益的不可侵犯,后者强调封建统治下国家的权利的不可侵犯。这些概念通常被李鸿章、总理衙门等使用。

方对"天朝"宗属体制的破坏而马上脱离该体系,相反,在此后的相当长的一段时间内,它们却仍处于这一传统体制之内。① 这一结果的存在,起码可以给我们两点启发:第一,在两次鸦片战争之间以及其后,在处理中外交往关系上,虽然日渐确立起来的近代外交体制成为协调、处理清廷与西方关系、日本关系的新体制,但是,清廷仍想竭力去维护传统宗属体制,并企图用它去维系清廷同它仍存的宗属关系;第二,经过两次鸦片战争的打击,清廷虽然仍在竭力地维护着传统的宗属体制,但却只能在有限的空间内去维护它,并多显被动和消极。

因此,此节所关注的问题是:道光、咸丰、同治统治期间,当条约体系因英法等国以优势的军事力量而被强制适用于晚清中国与西方的交往关系、成为处理中国与西方各国交往关系的新准则后,清廷是如何在有限的范围去维护传统"外交体制",即宗属体制的。

经两次鸦片战争打击后,清廷已不得不从现实的角度、从维护自身统治安全的立场出发,去思考、处理自己与属国之间的关系。此后清廷无论是较为积极地介入朝鲜等与西方国家的交涉事务,还是较为消极地看待自身与琉球等之间的实际关系,都搅入了从自身安全、利益出发进行考虑的深层因素。它以此为标准去考虑自身是否应该介入,以及介入的程度之深浅。即如果清廷介入某一属国的事务时,它给清廷带来的"责任"和"不利"要大于清廷在维护该体制时所能带来的"好处"(如统治安全与"天朝"的体面、威望)时,清廷则往往持消极对待的心态。正是如此,所以此时期,清廷对传统宗属体制之维护多采取被动应变的姿态。

总之,嘉道咸同时期(1842—1874),清廷在传统宗属体制上的被动应变,主要体现在两方面:其一是通过条约体制,清廷加强对属国防护;其二是在具体宗属关系的运作中,清廷对自身责任和利益的权衡。

1. 条约体系下清廷对属国的"保护"

通过两次鸦片战争及其后的条约体系力求保全朝鲜等属国免遭西方殖民势力以及明治维新后日本的染指,这是嘉道咸同时期,清廷在传统宗属体制上被动应变的重要体现。因该条约体系(即两次鸦片战争之中、其后其与西方、日本所订各条约)是在西方、日本等各国的强制"要求"下签订的,反映的是胜利者的意志,所以清廷在通过条约条文来"保护"朝鲜等属国的这一行为多被打上被动应变的烙印。

---

① 具体而言,各属国从清代宗藩体制内脱离而去的时间各不相同,朝鲜是在甲午战后才从该体制内脱离而去的。

尽管如此,清朝为了维护传统宗属体制,并使属国在清廷实力削弱后真正地起到屏藩作用,仍乐此不疲地借助条约体制去保护属国。

第一次鸦片战争后所订条约就很好地体现出清廷对朝鲜等属国的防卫功能。这种防卫主要体现在条约条文中几处关键性词语的灵活使用上。如第一次鸦片战争后清廷同英法所订立的条约中对"中国""中华""大清国""所属华英人"等的不同使用方式,看上去似乎显示清廷在词语使用上混乱不清,但实际上则包含着清廷对朝鲜等属国进行防护的用心。就第一次鸦片战争所订立的条约而言,其条文中使用"中国"时,则多表示中国本土而不包括属国的意思,而使用"中华""大清国"时,则多将属国包括进去。清廷意图通过这种词语上的细微区别来规范条约条文的具体适用范围而达到维护朝鲜、越南等属国之目的。此后,中外在属国交涉上的事实也证明了清廷的这一思路。

如道光二十二年(1842年)中英《江宁条约》第一条就称:"嗣后大清皇帝、大英国君主永存平和,所属华英人民彼此友睦,各住他国者必受该国保佑身家安全。"①其中的"皇帝"与"君主"永存平和,就暗示着清廷期望英国不要将对清朝本土的要求扩大到朝鲜等属国方面的用心。且所属"华英人",其中的"华"又是一个朦胧的范围,在清廷自身看来则实有清朝之属国人之指代。而1843年中英的《五口通商附粘善后条款》中的第六条又称:"广州等五港口英商或常川居住……均不可妄到乡间任意游行……中华地方官应与英国管事官各就地方民情地势、议定界址……以期永久彼此相安。"②此中的"中华地方官"也是一个含义不明的概念,"中华地方"是否含有朝鲜等属国之意,在于清廷的理解。不过对于清廷而言,当朝鲜等与英国有事时,它肯定会将"中华地方"理解为包括朝鲜等属国。同样光绪二十四年(1844)中法《五口贸易章程》第一条也做了类似的规定,其目的则在于对朝鲜等属国的"保护"。其后道光二十七年(1847)清廷与瑞典、挪威等国的《五口通商章程》也有类似的规定。

如果从"大清国""中华地方"这些用词,还不能较清楚地看出清廷利用条约体制防护属国的这一用心;那么清廷在条约中,当涉及西方各国针对中国所要索取的特权时,广泛地使用"中国"而非"大清国"或"中华"字样,则可以看出清廷将西方所要索取的这些特权仅限于中国本土而非朝鲜等属国的用心。此等做法固然为西

---

① 王铁崖:《中外旧约章汇编》,生活·读书·新知三联书店1957—1959年,第30页。
② 王铁崖:《中外旧约章汇编》,生活·读书·新知三联书店1957—1959年,第35页。

方各国否认朝鲜等只是清朝的朝贡国而非属国提供了口实,并从客观上加速了清朝宗属体制之瓦解;但从这些条文中却可以看出清廷为"保护"属国免遭西方殖民侵略的努力,以及主观上清廷想通过此举来维护传统宗属体制之用心。这一主客观之间的背离,也表明了清廷这一时期在维护宗属体制上是完全处于被动应变的处境。

如咸丰八年(1858)中英《天津条约》在规定领事裁判权时,条约条文强调它的适用范围是"中国"而非"中华"。第十六条规定:"英国民人有犯事者,皆由英国惩办,中国人欺凌扰害英民,皆由中国地方官自行惩办"。① 而中法《天津条约》第三十八款也规定:"凡有大法国人与中国人争闹事件,或遇有争斗中,或一、二人及多人不等,被火器及别器殴伤致毙者,系中国人由中国官严拿审明,照中国例治罪。"②此中两处条约条文在规定领事裁判权时,只用"中国"字样,而既不用"中华"字样,也不用"大清"字样,不能不说清廷在这方面有意将朝鲜等属国排除其外、进行防护的用心。同样,在规定最惠国待遇条款时,中方使用的术语也为"中国"而非如上面所强调双方和好时或强调中方权利不可侵犯时所使用的"中华地方"或"大清国"的术语。③

以上行为表明,在面对西方强加给清廷的不平等条约时,清廷还是做出过了自己的努力去保护朝鲜等属国免遭西方殖民伤害。针对西方要求从中国所勒索的诸多特权,中方条约条文多只用"中国"而不用"中华""大清"等模糊字样,则表明清廷对朝鲜等属国进行防护的一种姿态,它力图防止西方将这些不平等条款扩大到属国身上。虽然这一防卫最终并不能有效地"保护"好各属国,相反还为西方各国进一步破坏清廷同朝鲜等之间的宗属关系提供了口实;但从中仍可看出清廷为维护传统宗属体制的用心。限于近代外交经验缺乏,以及受传统体制之影响,清廷于当时只能想出在今天看来如此被动的做法;而且在此后的年代内,中方确实试图利用条约体制中的某些条款去尝试着保护自己的属国。道光二十五年(1845)九月,当朝鲜向清廷奏报"英国船只屡次移泊该国境内,量山测水,情形叵测"后,清廷谕旨称:"英国自定约以来,一切章程,均应遵守,何得复至天朝属国,别生事端。"清廷更让耆英"详询英国使臣",要求英方"嗣后总当各遵成约,彼此相安,不得复任兵船游弋该湾,致兹惊扰,以明天朝绥字藩封之意。"④另外,同治五年(1866)法国

---

① 王铁崖:《中外旧约章汇编》,生活·读书·新知三联书店1957—1959年,第98页。
② 王铁崖:《中外旧约章汇编》,生活·读书·新知三联书店1957—1959年,第111页。
③ 王铁崖:《中外旧约章汇编》,生活·读书·新知三联书店1957—1959年,第106页。
④ 《清宣宗实录》,卷421,二十五年九月丁亥条,中华书局1986年。

派舰队到朝鲜实行"开国"时,法方的口实为:已经与清廷订立和约,朝鲜为清廷的属国,理应与法国进行交往。就此事,朝鲜方面专门"别咨",向清廷询问中法所订条约是否有包括朝鲜等属国方面的内容,清廷回答称没有。同时,总理衙门上奏清廷奏折则称:"至此项条约,系于咸丰十年定议,所有法国条约全款及他国所立条约各款,亦只言中土,而未及外藩,并无丝毫牵涉朝鲜之处。"①从总理衙门的此段奏言可以看出:在涉及外国在华特权方面,清廷在条约体系上还是采取了相应的措施、规避了朝鲜等属国。

与上述条约内容相比,同治十年(1871)中日签订"修好条规"则是中方较为明确地利用条约条文来维护其宗属体制的行为。该条规第一条规定:"嗣后大清国、大日本国信敦和谊与天壤无穷,即两国所属邦土亦各以礼相待,不可稍有侵越,俾获永久安全。"②李鸿章在与日本所订条约中,第一次提出了"两国所属邦土"问题,其虽未指明包括朝鲜、琉球等属国,但与此前条约通过含糊性规定来防护属国而言,此约的规定更显得明确。按照清廷以及李鸿章等人的理解标准,"所属邦土"肯定包括朝鲜、琉球等属国范围。因此,当日本于同治十二年(1873)发动侵台、吞琉,同治十五年(1876)征韩时,李鸿章等均认为日本违背了中日1871年所订修好条规,乃违背公法行为。

总之,无论是两次鸦片战争期间还是之后清廷与西方所订条约,抑或是同治十年(1871)清廷与日本所订条约,从中都可以看出:在西方各国对"天朝"本土进行侵犯以及日本对中国周边属国准备染指时,清廷与它们所订条约条文中均有通过对条约条文的规定来达到"保护"属国以维护其宗属体制之用心。虽然这一努力是在清廷实力削弱且处于劣势的环境下一厢情愿的行为,而且是在清朝宗属体制遭受破坏前提下所被迫采取的一种被动应变的方式;但是从这一被动的应变中仍可以看出清廷对传统体制的维护。其被动而不得当的防护方式,尽管可能会帮上倒忙、可能会加速清代宗属体制的进一步瓦解,但统治阶层却乐此不疲。

2. 宗属关系中清廷对自身"责任"和"利益"的权衡

条约体系下清廷对属国的"保护"固然体现出清廷维护宗属体制的用心,而与此相对应,宗属关系中清廷对自身"责任"和"利益"的权衡却似乎体现出清廷放弃宗属体制的倾向。但就本质而言,两者仍是相通的,两者都体现出清廷在维护残存

---

① 《总署奏底汇订》,全国图书馆文献缩微复制中心 2003 年,第 107—109 页。
② 王铁崖:《中外旧约章汇编》,生活·读书·新知三联书店 1957—1959 年,第一册,第 317 页。

宗属体制时的被动应变。

嘉道咸同时期，清廷在宗属政策运作上，对于朝鲜、琉球等属国与西方各国之间的交涉问题，常常徘徊于"不问"与"问"之间。其对朝鲜等属国与西洋各国之间的交涉事件之所以"问"与"不问"，则与清廷为维护自我利益和排除可能由于过问而给清廷带来的"责任"有关。而当朝鲜等属国与西方各国交涉发展到一定程度后，即对清廷认可的"重大利益"①产生直接的破坏时，清廷又回过头来要求对这一交涉进行过问。因此，就嘉道咸同时期而言，清廷对朝鲜等属国的交涉事务的"问"与"不问"之间的徘徊，则包含着以下三个方面的用意：其一，最大限度地维持朝鲜等属国与清廷之间的传统宗属关系，使这一仅存的、所能体现"天朝"威望、保存"天朝"体面的传统体制在西方的冲击破坏后得以最大限度地保留下来。其二，最大限度地排除因介入朝鲜等属国与西方各国之间的交涉而可能给清廷带来的"责任"。因为，如果清廷以宗主国的身份积极地介入朝鲜等与西方的交涉，那么西方国家在与朝鲜等属国直接交涉而不能取得圆满结果的情况下，就有可能向清廷施加压力，以通过清廷这一中介从朝鲜等属国身上榨取类似于两次鸦片战争时期从中方身上所榨取的利益。清廷在不能有效地抵制西方殖民势力且连自身利益都无法加以保全的情况下，对于朝鲜等属国的安全与利益问题此时更无能力直接加以保全。在这样的情况下，清廷对朝鲜等属国与西方各国之交涉事务，多持"传统"的做法，即"属国内政外交"向不过问。不过这一"不问"与传统上的"不问"还是有区别的。其三，最大限度地保全清廷的利益。一方面，清廷对于朝鲜等属国事件的"不问"与"问"都是要通过这一行为来最大限度地保存传统的宗属体制，以尽可能地巩固宗主国的"合法性"、保全清廷的颜面。这一传统体制的保全虽不能让今人看出有何实在的利益可言，但是对于晚清朝廷而言，却具有很大的价值。其在有限的时空内，能使传统体制得以保全都可以为"天朝"之所以称之为"天朝"提供合乎逻辑的解释。另一方面，对朝鲜等属国的过问，则包含有对晚清清廷统治安全、国家安全的考虑。如果说晚清的宫廷注重于从传统的体制方面来维护清朝的最大利益，那么晚清清廷的部分开明官员则开始从晚清清廷统治安全与国家利益的角度来考虑是否有必要介入这一"问"与"不问"。其中，晚清时期，清廷对琉球、越南、朝鲜等属国事务从"不问"到"问"的转变就包含着这一因素的考虑，因此从"不问"到

---

① 此时期，清廷认可的重大利益不仅有清朝统治之安全、晚清中国之安全等方面内容，而且有体现天朝尊严、维护天朝体制等方面的内容。

"问"的转变也包含着当时开明官员们对清廷统治利益认识的加深。

《清史稿》在对清廷传统的属国政策进行评价时,做了如下的概括:"国家素守羁縻属国之策,不干内政,兴衰治乱袖手漠视。"①应该说,这只是清廷近代以前的属国政策;而对于近代以来,当西方对朝鲜等属国产生威胁时,清廷的行为则有了变化。此时期清廷对于朝鲜等属国的政策是从以上三大目标出发的,同时又是衡量三大目标之间的利弊而采取行动的。因此对于与中国无直接利害关系且不能马上产生直接危害的属国(如琉球)与对清廷能够产生直接利害关系的属国(如朝鲜),清廷在"问"与"不问"之间的徘徊则更多是倾向于对"责任"与"利益"的权衡。其中清廷对琉球与朝鲜政策上的差异性运作就可以很好地说明此点。

早在道光二十七年(1847)之前,英法等国就对琉球进行渗透,派传教士等强行入住琉球。对于西方的这些不速之客,琉球方面非常担忧,多次向清廷上书,请求清廷让英法等国人撤离琉球。清廷最初出于维护传统宗属体制之目的而向英法等国提出交涉,当遭到英法等国拒绝后,清廷更多地基于琉球存亡对清廷影响不大之考虑,而倾向于"不问"姿态。道光二十七年(1847),耆英就认为中方过问琉球为"鞭长莫及"。②咸丰元年(1851),当琉球方面再次上书清廷请求撤走在琉球"传教、骚扰"的英国人伯德令时,清廷大臣徐广缙又认为琉球不停地"呼吁中国"为"不晓事体"。③

同治朝,清廷对琉球的处理态度更能看出中方在"责任"与"利益"上的权衡。同治十年(1871)发生的琉球漂流人被杀事件为日本吞并琉球提供了借口,日方随后向清廷提出"责任问题"。清廷对于日方这一要求不仅"未提出相反的宗主权要求",④而且,当日本发动侵略台湾战争时,闽督的"答书"在驳斥日本侵略行为时也只强调了"台湾尺寸之地,莫非中国疆土",而对琉球的宗主权问题同样不怎么强调。清廷之所以这么做,主要是出于巩固它所圈定的统治安全范围。对于当时的清廷而言,它所认识到的统治安全范围,主要包括中国台湾,以及朝鲜、越南等周边国家,却不怎么注重琉球群岛。⑤

晚清中国的力量已经严重衰落,属国琉球即将被日本兼并,中方却没实力去与

① 赵尔巽撰:《清史稿》,卷526,属国传,中华书局1977年。
② 齐思和等整理:《筹办夷务始末》(道光朝),中华书局1964年,第六册,第3070页。
③ 贾桢等编辑:《筹办夷务始末》(咸丰朝),中华书局1979年,第一册,第136页。
④ [美]马士:《中华帝国对外关系史》,生活·读书·新知三联书店1957—1960年,第一卷,第296页。
⑤ [美]罗兹曼(Rozman,G.)主编,陶骅等译:《中国的现代化》,上海人民出版社1989年,第184页。

日本相抗衡。① 清廷连台湾都保不住,更无实力去与日本争夺琉球的宗主权。因此对于日本兼并琉球、争夺其宗主权,清廷只能消极处之。不仅如此,随着日本吞并琉球的加紧,中方同样采取不愿过多涉及的姿态。因此当光绪五年(1879),何如璋等建议清廷对日本兼并琉球行为采取强硬政策时,总理衙门认为不应该为此而冒险。② 在此等情况下,清廷的琉球属国政策与其说是只讲传统的礼仪而不讲近代的国家利益,③不如说是在历史发展大趋势下只讲求自身统治安危,而无能顾及传统的体制、角色、身份。因此,就近代中日琉球问题而言,中方之所以“不问”,并不是没有意识到日本将吞并琉球,④而是不愿意为琉球之存亡而拿清廷的“国运”去做赌注。

因此,就道光、咸丰、同治以及此后中方的琉球属国政策而言,中方是在“风险”与“利弊”之间进行着长期的权衡之后,而采取政策的。此时期,“天朝”虽仍坚守中琉之间的传统宗属关系,但对这一关系的坚守只能是消极对待。

对琉球问题做出如上分析,只是为了便于比较晚清清廷在朝鲜政策上运作的不同,以此来说明嘉道咸同时期,清廷在维护具体宗属关系上的不同,并从这一不同中阐明清廷如何被动地去权衡为维护这一关系给自身所带来的责任与利益问题,以此说明清代宗属体制解体的历程。

与琉球问题中方更多倾向于“不问”相比,涉及朝鲜问题,中方虽在 19 世纪 80 年代之前的时间段内有时也持“不问”的姿态,但两者之间是有一定差别的。

就嘉道咸同而言,清廷即使对朝鲜与西方外交也曾采取过“任其自为计”的做法,但这种不问方式与其传统的对属国内政外交不加干涉方式是有区别的。清廷“不问”的背后暗藏着被动的“过问”,以及对西方各国、日本等对朝鲜事务干涉的抵制,以此来维护其传统的宗属体制。⑤ 虽然何谓“利益”、何谓“弊端”,时人的认识还存在诸多不足,但就同治中兴这段时间而言,总理衙门对朝鲜政策已不再是单纯地追寻传统礼仪上宗主国与属国的尊卑上下,而是具体权衡中方利益与弊端后

---

① 梁中英:《清代琉球悬案始末》,《中国近代现代史论集》,第七编,自强运动、外交,台湾商务印书馆中华民国七十四年十月,第 197 页。

② 台湾“中央研究院”近代史研究所:《清季中日韩关系史料》,台北,1972 年,卷 15,第 13 页。

③ 茅海建:《近代的尺度——两次鸦片战争军事与外交》,生活·读书·新知三联书店上海分店 1998 年,第 253 页。

④ 沈予:《日本大陆政策史》(1860—1945),社会科学文献出版社 2005 年,第 67 页。

⑤ [美]芮玛丽著,房德邻等译:《同治中兴——中国保守主义的最后抵抗 1862—1874》,中国社会科学出版社 2002 年,第 296 页。

所做出的必要因应。因为就嘉道咸同时期而言,清廷在无法抗衡西方各国且无法直接拒绝它们所提出的"权利"要求的情况下,清廷对朝鲜事务间或采取"不问"的方式可能比一直采取"问"的方式会在近期内起到更为有效的效果。清廷在嘉道咸同时期,对外国与朝鲜之间的交涉事务采取"不问"方式,一方面可以逃避宗主国所谓的"责任",另一方面又可以拖延西方要求同朝鲜"交通"的请求。

中方对待朝鲜事务的这一"不问"替"问"的运作方式,早于道光二十七年(1847)就有所体现,法国公使谢西耳在即将换任回国之前,在得知朝鲜向清廷请示查禁国内天主教一事后,特向两广总督耆英写信,请求中方让朝鲜准许西方传教士在其国内传教,并请求清廷传谕朝鲜,"求一体弛禁"。耆英答复称:"朝鲜等国准传习天主教与否,中国未便过问,朝鲜国有无咨部请示,粤中亦无所闻。"①拒绝了法国方面的请求。而实际上耆英早就知道朝鲜的"原咨"内容,对朝鲜禁传天主教一事也早已耳闻。其所以谎称不知,则在于借口"不问"朝鲜事务,避免麻烦。同样同治五年(1866),当法国传教士被朝鲜所杀害时,中方所采取的"不问"姿态依然。

同样,同治十年(1871),中方不为美国公使向朝鲜递送书信、求通商一事也反映了中方的上述姿态。朝鲜方面不接美国书信,且声称已将不能通商、接书信之原由"咨复礼部",让美国公使同北京直接交涉。因此,美方公使要求中方将朝鲜"咨复礼部之文,全行抄给",并求中方代为传递朝鲜方所拒收的美方书信。中方以"不为外国递书"②为由而拒绝了美方要求。中方之所以"不问"美国与朝鲜之间的交涉事件,其原因也有两点:其一,如上所述,即借此阻止美国等西方国家与朝鲜进行"交通";其二,则为反对朝鲜对中方的"卸肩地"行为。正如总理衙门所称:"再查阅美国历次照会及朝鲜咨复礼部文件,大意皆以中国属国为词……朝鲜亦思借属国二字,请中国力制美国,以资庇护。"③对于美国与朝鲜方面的这种用心,总理衙门均表反对。中国不能忍受美国对朝鲜的"交通"行为,同时也不能忍受朝鲜将"上国文件,居然自行抄给美国,全不隐避"的行为。中方认为朝鲜对清廷并非尽出真忱,不过欲借中国为"卸肩地"。④ 因此,中方对于朝鲜与美国之间的交涉,无论是针对朝鲜而言,还是针对美国而言,此时期均采取"不问"的方式,以此来保护它认可的最大利益,即一方面维护其宗属体制,防止西方对属国朝鲜的染

① 齐思和等整理:《筹办夷务始末》(道光朝),第六册,中华书局1964年,第3112页。
② 台湾"中央研究院"近代史研究所:《清季中日韩关系史料》,台北,1972年,第224页。
③ 台湾"中央研究院"近代史研究所:《清季中日韩关系史料》,台北,1972年,第226页。
④ 《总署奏底汇订》,全国图书馆文献缩微复制中心2003年,第343—344页。

指,另一方面又推卸因介入其间而给自己带来的可能的"责任"。

以上所论述的是同治十年(1871)前,清廷对朝鲜同西方以及日本交涉时中方的"不问"情形,以及此种"不问"替"问"的实相。就此时期而言,不管中方对于朝鲜事务是假不问,还是真心想问而心有余而力不足,都体现出中方在维护残存宗属体制上的被动姿态。

但随着形势的发展,中方认识到"不问"代替"问"的方式并不能较好地处理朝鲜问题。即"不问"方式一方面虽可以推卸中方在朝鲜事务上可能承担的责任,但另一方面对于如何保护同中方有着利害关系的朝鲜安危,并进而维系岌岌可危的宗属体制等方面却存在问题。因为中方对朝鲜等属国事务的"不问"姿态,恰恰给西方各国以及日本找到了最好的借口,它们借清廷"不问"朝鲜等属国事务机会,趁机宣布朝鲜等国与中方并非真正的宗属关系而是朝贡关系,并以中方"不问"为契机迫使朝鲜等与它们签订近代意义上的"平等国家"之间的条约,以此来破坏清廷与它们的宗属关系,并瓦解清朝的宗属体制。

因此,随着朝鲜危机的加强,中方不得不开始转变这一"不问"政策,而试图站在国际舞台上去公开"过问"朝鲜问题。

所以,70年代后,当再涉及朝鲜等属国问题时,中方渐渐改变自身做法,即由过去的"不问"向"过问"转变。如以李鸿章为代表的中方官员之所以在朝鲜、越南问题上发生了变化,不只是简单受琉球事件诱发,而是他们对不同的属国利害关系之不同做出了新的思考。李鸿章等与日本结约可以看成是中方开始"过问"朝鲜等属国事务的开端。他曾称:"庚申辛酉后,苏渐糜烂,西人胁迫,日本不于此时乘机内寇……无论是否真心,立言亦似得体。"他对日本政策的用心即在于"笼络之或为我用,拒绝之则必为我仇"。正是基于此种目的,所以李鸿章对于日本则力图"设法联络牵制之",[1]其牵制日本的目的就在于防范日本对朝鲜等属国染指。

同样,同治十二年(1873),当日本有向朝鲜用兵倾向时,李鸿章同日本大使副岛的交谈也体现出他的这一"问"之倾向。他告诉副岛,"朝鲜乃圣贤之裔,礼义之邦,天之所兴,不可废也。"[2]此话虽只能空言吓唬日本而无实用,但却表达了他的"问"之动作。而同治十三年(1874)日本侵台事件后,清廷对朝鲜要求"过问"的

---

[1]　宝鋆等修:《筹办夷务始末》(同治朝),卷79,文海出版社1966年,第47—48页。
[2]　《李鸿章全集》,译署函稿,卷1,同治十二年六月十五日,"论日本与台湾朝鲜秘鲁交涉",海南出版社1997年。

倾向更进一步明确。同治十三年(1874年)六月清廷将日本出兵台湾一事告诉朝鲜,并且表达了对朝鲜事务的担心与"过问"意图。清廷将洋员日意格信息告之朝鲜称:"日本尚有五千兵长崎,台湾退兵后,将从事高丽。法、美与高丽前隙未解,必以兵船助之。高丽不足以敌三国。若中国能令高丽与法、美立约通商,则日本势孤,不敢动兵,高丽之民得保全。"①此处,清廷第一次间接向朝鲜提出了与法美通商以制约日本的建议,可谓是中方开始过问朝鲜事务的前奏。

不过,值得注意的一点是,此阶段中方对于朝鲜等属国政策的总趋势虽是向"过问"方向发展的,但它还时常徘徊于"问"与"不问"之间。其原因在于:一方面中方还没有找到合适的方式去"过问"朝鲜事务,另一方面,清廷限于传统思路以及传统体制的影响,在短期内也无法彻底地走向"过问"。

因此,当光绪元年(1875)日本"炮制"江华事件后,中方在处理这一问题时很鲜明地体现出它在这种"问"与"不问"之间徘徊的痛苦。总理衙门在与日本进行交涉时,对清廷属国政策做了如下的解释。总理衙门称:"修其贡献,奉我正朔,朝鲜之于中国应尽之分也;收其钱粮,齐其政令,朝鲜之自为也,此属邦之实也。纾其难,解其纷,期其安全,中国之于朝鲜自任之事也,此待属邦之实也。不肯强以所难,不忍漠视其急,不独今日中国如是,伊古以来所以待属国皆如是也。"②其中值得注意的有三点:其一,"朝鲜之所自为""之实也";其二,"中国之于朝鲜自任之事""之实也";其三,"不肯""强制""不忍""漠视""之古今一贯做法"。第一要点"自为"强调的是中方对朝鲜的"不问";第二要点"自任"强调的是"要问";第三要点"不肯""不忍"强调的是"不问"与"问"之间的痛苦徘徊。因此,同治十四年(1875)总理衙门与日本关于江华事件之交涉,则生动地体现了中方"要问"与"不问"之间的自我选择的痛苦心情。而奕䜣等的"日朝之事,日朝自了"③、"朝鲜虽隶中国藩服,其本处一切政教禁令,向皆由该国自行专主,中国从不与闻"④等言辞,充其量也只是清廷此时"不问"政策中的一种表达,即面对中方可能需要承担日本所强加的"责任"时,中方的一种抵制姿态,并不能由此而得出清廷对于此时期的朝鲜问题完全采取不问的政策。⑤

① 朝鲜科学院,中国科学院编:《高宗实录》,十一年六月二十四日条,科学出版社1959年,第5229页。
② 台湾"中央研究院"近代史研究所:《清季中日韩关系史料》,台北,1972年,卷5,第3页。
③ 王芸生编著:《六十年来中国与日本》第二卷,生活·读书·新知三联书店1979—1982年,第一册,第123页。
④ 杨家骆主编,故宫博物院编:《光绪朝中日交涉史料》,鼎文书局1958年,卷1,第1页。
⑤ 戚其章:《国际法视角下的甲午战争》,人民出版社2001年,第44页。

不过,经过江华事件与江华条约后,中方渐渐从初期的"不问",到70年代的中前期的"问"与"不问"之间的徘徊,最终毅然过渡到对朝鲜等属国事务采取"问"的政策。正如西方有学者称:"最后,于1876年,当日本人因相似的目的而向朝鲜进行远征之前,事先向中方交涉。这次得到清廷的声明……反对日本的这一作为,这是中国在朝鲜政策上的第一次不一致。"①也正因如此,当中方发现了它的错误,并意识到自己曾经自愿地允许外国人胡乱地"干预"朝鲜事件所带来的坏处后,它就通过鼓励各国同朝鲜签订基于"独立"意义上的条约去努力弥补它的过错,并希望用各国之间的彼此猜忌保持中方在朝鲜的优势地位。②

总之,嘉道咸同时期,与西方各国以及日本对"天朝"传统的宗属体制的破坏、瓦解行为相对应,中方对自身的宗属体制也进行着自我维护。但是两次鸦片战争后历史发展趋势表明:时至晚清,它对宗属体制的竭力维护是逆历史潮流而消极被动之行为;无论是清朝的藩部,还是原有的属国都将脱离该体制,成为新的主体。但同时值得注意的一点是:70年代后期,中方对朝鲜事务最终由"不问"到"问"的转变则又表明在清代宗属体制崩溃之前,中方在维护宗属体制上有了一些新的认识与变化。在外力的压迫下、在朝鲜等属国危机日益严峻的情况下,清廷开始采取近代的措施去维护它与朝鲜等属国的传统宗属关系,想以此来有效地保存其宗属体制。在这一动机的诱导下,光绪朝的属国政策开始发生变化。③

(三)中西两种体制的冲突及影响

有学者认为两次鸦片战争后,中方成功地保护着传统体制并尽量使属国免遭

---

① George N.Curzon, *Problems Of The Far Eeat*, London And New York:Longmans Green & CO,1894, PP.213-214.

② George N.Curzon, *Problems Of The Far Eeat*, London And New York:Longmans Green & CO,1894, P.214.

③ 正如某位学者所称:"1860—1870年间,清政府被国内的叛乱与外国的入侵所困扰,已经放松了对朝鲜的控制;当日本于1876年成功地为朝鲜的'独立'建立了一个合法的基础时,清政府不得不将它当成一个既成事实而'满意地'接受了,然而清政府的某些高级官员,尤其是李鸿章,这个最有权势与影响力的直隶总督,因日本兼并琉球王国而备受警惕。发生在前者朝贡国身上的不幸,将会发生在清朝其他的朝贡国身上。对日本关于沙俄担忧的讥讽之回应,总理衙门于1879年指出,'日本依靠诡计',企图控制东亚,就远东当前的形势来看,我们相信,在不久的将来,它(日本)将要将它的扩张目标对准朝鲜。对于此种情况,清政府决定去恢复它在朝鲜的影响。"Peter Duus, *The Abacus and the Sword The Japanese Penetration of Korea*, *1895-1910*, University Of California Press, Berkeley, Los Angeles, London,1995,P.50.

伤害,而且中国可谓成功地将西方之"新夷狄"纳入到自身的统治秩序之内。① 我们尽可承认中国传统体制所具有的巨大韧性,尽可承认"这些共同确认的制度、法规成为长期以来联系宗主国和周边各国细密如'蛛丝'般网络"②的存在,以及这些蛛丝却"可能同欧洲(用武力锻造的)铁链一样坚固有效",③但同时我们也应承认两次鸦片战争后所确立的近代外交体系对中国传统宗属体制进行替代的必然趋势。两次鸦片战争后,在清廷的对外政策中并存着两种体制:一种是处理同西方各国关系以及东方非朝贡国关系的近代外交体制,另一种是残存的用于处理清廷同朝鲜等属国关系的宗属体制。这两种体制在今后的中外交涉中无论是在理论解释上,还是在具体的实践上,它们之间都会发生冲突。

1. 中西两种体制的理论冲突

就晚清残存的宗属体制而言,它是以"天下"观为基础、以单极秩序为特征的一种封建式等级体制。宗属体制确立与存在的前提是中国天子的独尊,即世界只有一个"天",且只有一个"天下"和一个天子。但是两次鸦片战争后,这一理论上的设想被无情事实给破坏。清廷的天子不仅不再成为世间臣民的"天子",而且要与西方各国君主共"平等"。不仅如此,通过条约体制、公使驻京、觐见问题上的相互冲突,"天朝上国"已经败给西方,且不得不向西方体制屈服。至此,"传统中国的巨大结构,已如同某一流星穿过地球时过于接近而导致地壳将被破碎,被分离一样,最终使古老中国的剩余物……帝国统治的复杂体系……——不得不全都被投入到熔炉中加以改造"。④ 不过值得注意的是:两种体制的冲突、代替也并非是一个轻而易举的过程。也就是说,从两次鸦片战争至中日甲午战后,中西两体制在理论上曾经历着一个相当长的相互冲突过程。两次鸦片战争后,清廷一方面不得不对西方各国让步,承认其与西方各国之间的平等关系;另一方面,清廷在与属国交往时却强迫它们接受其宗属关系。这一状况必将导致两种体制在理论理解上的冲

---

① 芮玛丽称:"这一体制在中国处理与其他亚洲国家的关系中,仍然有着重要的价值。因此在建立一种新的制度以处理与西方的关系时,此种旧制度也被恢复起来,以处理与亚洲各国的关系。在西方与亚洲各国同时卷入的地方,例如 1866 年法国入侵朝鲜,中国就将新旧两种制度交相并用。"[美]芮玛丽著,房德邻等译:《同治中兴——中国保守主义的最后抵抗 1862—1874》,中国社会科学出版社 2002 年,第 275 页。

② 何新华:《1840—1860 年间清政府三种外交体系分析》,《安徽史学》,2003 年第 5 期,第 28 页。

③ 季南:《英国对华外交》,商务印书馆 1984 年,第 89 页。

④ Ssu-yu Tong and John K. Fairbank, *China's Response to the West A Documentary Survey, 1839-1923*, Originally Prepared 1954, the President and Fellows of Harvard College, 1982, P. 1.

突。尤其是西方国家和日本就以此种理论上的冲突为突破口,去进一步破坏这一两种体制的并存状态。当日本通过同治十年(1871)中日修好条约而获得与清廷平等的身份后,中国在对朝鲜、越南甚至暹罗强调"上国"身份时,在理论理解上已经无法得到统一。正是如此,日本就用取得与"天朝"平等身份为武器,向朝鲜威胁,要朝鲜要么同日本签订基于近代国家意义上的"平等"条约,要么让朝鲜承认自己是低于日本一等的属国。日本方面的这一行为,首先就是以两种体制在理论上相互冲突为口实的。

　　而且按照西方理解之标准,两种体制之并存也会导致西方人难以接受中方传统宗属体制。① 正如有西方学者所称:"在《江华条约》签订之前,朝鲜与中国之间的关系之本质对于西方各国而言是一个谜。我们多次被告之,'朝鲜尽管是中国的属国和进贡国,但是对于它自身统治、宗教信仰以及同外国关系而言,却是完全独立。'这一说法与我们的意识思维根本不相容,因为它要么是完全独立的,要么是附属国。"②两种体制的并存,也使西方人声称他们"无法"用西方的外交理念去理解这一现象。③

　　这种理论理解上的冲突还体现在近代的国际法与晚清宗属体制的冲突上。近代的国际法以承认"各国主权平等"为前提,因而承认各独立国的平等身份。按照近代万国公法之定义,一个国家要么是丧失主权而成为殖民属国,要么是拥有独立主权身份、独立行使国家对内和对外主权的独立主体。而对于中国传统宗属体制而言,它既承认属国内政外交上的自主,又承认其为中国属国行为,这在近代时期起码与西方各国所流行的殖民主义属国概念是不相容的。这些都会在理论、观念的理解上发生冲突。

　　2. 中西两种体制运作上的冲突

　　中西体制理论理解上的冲突必将导致其在外交实践时发生冲突,因此当中方在处理对外交涉时,常常会遭遇这一不幸。西方各国既然承认它们的标准,那么在中外交涉时它们也就不承认中方所坚持的宗属体制标准。而在具体的交涉中,西方各国也必然不认可朝鲜等的属国身份。它们坚称这些国家只是清朝的朝贡国而

　　① Mark Mancall, *China at the center:300 Years Of Foreign Policy*, New York, Free Press, London, Collier Macmillan, c1984, P.34.

　　② Willan Woodville Rockhill , *China's Intercourse With Korea From The Xvth Century To 1895*, London, Luzac & Co, Publishers To The University Of Chicago, 1905, P.1.

　　③ Owen N.Deny, *China and Korea*, shanghai:Kelly and walsh, limited, 1888, PP.257-351 金源模:《清韩论》,《东洋报》,1980。

非西方意义上的属国。

按照西方的属国标准,属国则应该为宗主国的一部分,且其内政外交都受宗主国管理。按照这一推理原则,两次鸦片战争后西方各国对清朝的胜利同样也应该是对清朝所有属国的胜利;西方各国与清朝所签订的一系列不平等条约同样也应适用于清朝的所有属国身上。正是如此,所以两次鸦片战争之后,英法美等国对朝鲜、琉球等进行"远征"之前,都要求中方事先知照朝鲜等属国,并要求满足西方的欲望;同时它们要求清廷对朝鲜等属国杀害传教士、阻止通商等行为进行干涉或承担责任。但是清廷却以中国传统宗属体制里的属国政策来抵制西方殖民体制下的属国政策。中方的"属国内政外交向不过问"的作为不仅破灭了西方希图借不平等条约施之于属国之上的梦想,而且拒绝了西方欲与朝鲜等属国"交通"、请求宗主国介入的要求。同时中方也拒绝了为朝鲜等属国的"不当"行为承担责任的要求。两种体制里的属国政策既然找不到相互契合的可能,那么在实际运作中相冲突、相替代就在所难免。

同治五年(1866),法国传教士在朝鲜被杀害,法国因此而要求清廷进行干涉或承担责任。当清廷拒不接受法国"要求"后,法国驻华公使致书中方,拒不承认清廷对朝鲜的属国权利。书称:"本大臣曾有数次于贵衙门,请发路照于传教士前赴朝鲜,均经推脱,据言虽高丽于中国纳贡,一切国事皆其自主。故天津和约亦未载入,是以本大臣于存案牢记此言而未忘。兹当本国于高丽交兵,自然中国亦不能过问,因与彼国原不相干涉也,为此照会。"①法方的书信鲜明地体现出两种体制在具体运作上的冲突。法方要求中方按照西方体制履行咸丰八年(1858)《天津条约》在属国上的适用权,中方则以传统的宗属体制于属国的内政外交"向不过问"相抵制,其结果是法方拒不承认中方对朝鲜有任何宗主权。

两种体制在运作上的冲突,不仅最终导致了法国等对越南控制的加强,而且导致了日本对琉球的兼并,并进一步导致了日本对朝鲜的侵犯。同时两种体制在运作上的冲突也导致了西方各国与日本结为伴侣,共同抵制清朝残存的藩属体制。美国、法国等早就默认日本的近代体制和运作方式,因此也默认日本对琉球的宗主权,进而支持日本去开化朝鲜。而光绪十四年(1888)美国人德尼在任朝鲜宫廷谋士时公开否认朝鲜为清朝属国的行为,②则是两种体制运作上相互冲突的典

---

① 《清季中日韩关系史料》,台湾"中央研究院"近代史研究所1972年,第2卷,第28页。

② Robert R. Swartout, Jr, *An American: Adviser in Late Yi Korea*, The University of Alabama Press, 1984, P.72.

型代表。

嘉道咸同时期,两种体制之间的冲突,不仅表现在理论理解上,而且体现在具体的运作中。其冲突的结果只能是弱势力量的让步与强势力量的胜利。

3. 中西两种体制冲突的结果

中西两种体制冲突产生了以下结果:

第一,近代外交体制日益取代封建宗属体制。中西两种体制在晚清理论理解上和具体运作中的冲突终将导致一方的败北,否则冲突将永存。当中西两种外交体制在晚清中国并存时、在中外实力相当的情况下,维持冲突的平衡状况还有可能,而一旦冲突双方实力大小发生变化,维持这一平衡状况却是不可能的。而实际情况是:自鸦片战争后,中西力量平衡状况早已遭到破坏,因此自鸦片战争后,中西两种体制的并存也只是短时段内的一种状况,而且在这一所谓平衡的时段内,传统体制被近代体制取代的趋势是非常鲜明的。随着资本主义生产关系所展示出的先进生产力与先进"文明"的出现,中国代表着封建社会等级体制、主要用于处理清廷同亚洲国家之间并放射到外部世界的宗属体制必将被代表近代资本主义社会的外交体制所代替。这一取代并非历史的悲剧,而是代表了历史的进步。

这一取代的倾向在近代中外交涉中已充分体现出来,它主要体现在两个方面:第一是外国方面,第二是中国方面。就外国方面而言,日本早就要求用近代外交体制作为标准来解决琉球和朝鲜问题。如同治十一年(1872)日本就与西方各国交涉,要求西方各国承认琉球为日本的属国。随后日本又使用近代的外交手段于1872年(同治十一年)9月"立琉球王尚泰为琉球藩王,赐敕列为华族",其结果是美国公使首先承认了琉球为日本领土,并运用近代外交手段让日本继承"琉美条约"。① 这一系列行为均表明:"自两次鸦片战争后,战争已经将中国与西方之间的关系置于一种新的模式之中,这就是要用西方的原则来将中国纳入世界秩序之中。"②

就清廷方面而言,也体现出用近代外交体制、外交手段去取代传统宗属体制的倾向。如总理衙门的设立、派使出国的尝试,以及19世纪70年代后琉球、朝鲜问题处理方式的转变等都是这方面的代表。中方不再一味坚持传统的礼仪体制,秉权者们更多从现实出发,从清朝自身的统治利益和安全出发去思考,解决这些问题。中方在琉球问题上的不问倾向与在朝鲜问题上由"不问"向"问"的转变都很

① [日]井上清:《日本的军国主义》,第二册,商务印书馆1958年,第二册,第32页。

② John King,Fairbank,*China:The People's Middle Kingdom and the U.S.A*,Cambridge,Mass:Belknap Press of Harvard university Press,1967,P.10.

鲜明地体现出中方在传统宗属体制上被迫做出的放弃。而且就朝鲜问题而言,到了19世纪70年代后其处理方法和手段也可谓是不再一味坚守传统体制,而是两种体制、两种手法的交叉互用。

第二,封建宗属体制适用范围的缩小。嘉道咸同时期,两种体制相互冲突的另一结果是中国传统宗属体制适用范围的缩小。如果说两次鸦片战争之前,中国宗属体制适用范围在理论上适用于整个"世界",在运作上适用于亚洲内部,那么两次鸦片战争后,即19世纪70年代之前,中国宗属体制的适用范围无论是在理论上还是在运作上也都收缩到亚洲内部的有限范围了。此时期暹罗、南掌、苏禄早已脱离于体制之外。而到了19世纪70年代后,该宗属体制的适用范围又进一步缩小。在日本的挑战与破坏下,琉球实际上已被置于中方的宗属体制适用范围之外。越南则因法国的殖民扩张而面临着脱离于宗属体系的危险;1874年,法越条约之签订实则从双方的相互承认中宣布了越南为法国的殖民属国。对于缅甸而言,中方宗主权因英国的殖民扩张而受到威胁;清廷虽在名义上还享有其宗主权,但在实际上,清廷的宗属体制之运作对它并不发挥作用。朝鲜可谓是清廷最重要、最典型的属国,但1876年江华条约之签订,日本以承认朝鲜为主权平等国为条件,实则通过该条约将朝鲜从中方属国体系内推向了近代世界的外交舞台。

属国且如此,对于曾经是清代藩属体系重要构成部分的藩部而言,情况也类似,它也在逐渐消失。一方面,随着清廷对藩部统一工作的加强以及中国近代多民族统一国家的日益形成,部分藩部渐渐失去藩部的原初意义,日渐成为受中央政权统治下正规的行政区域;而部分藩部却因晚清朝廷实力的削弱而将从清代藩属体系内脱离出去,成为独立的政治实体。

(四)部分属国的逐渐"离去"

1. 嘉道咸同时期的中暹关系及暹罗对宗主国的"远离"

清代暹罗最后一次向清廷进贡是咸丰三年。该年郑明派出了四位使节来到北京,咸丰帝特赏暹罗国王御书匾额"弼服海隅"四字。[①] 贡使一行于该年返回,行至商丘,遭到劫匪抢劫。而清廷例赏该国王王妃及贡使员役也不得不缓后颁发。[②]

---

① 《清文宗实录》,中华书局1986年,卷85,咸丰三年二月甲午条。
② 中国第一历史档案馆藏:《宫中朱批奏折》,《奏为奉旨补行颁给暹罗国例赏该国国王王妃及贡使员役人等各物件应请由江西资送粤省颁给事》,咸丰三年十二月二十六日,档号:04-01-30-0138-001。

咸丰三年后,暹罗方是否遂完全停止向清廷进贡? 情况并非如此。因为在此后的十几年内,暹罗仍尝试到北京进贡,且这一努力一直到同治八年仍在进行。如同治八年清廷谕军机大臣时就称:"该国自咸丰二年以后,屡次失贡,系道路阻滞,事出有因,着加恩免其补进贡物。文煜……等即知照该国王钦遵办理。至该国进贡之期,行抵虎门,并着瑞麟、李福泰遴派委员沿途护送。并知照经过各省督抚,派兵接送,用副朝廷怀柔远人至意。"①在这次谕旨中,清廷还讨论了暹罗贡使贡道问题。有官员建议由海道至天津后再进京。但清廷仍坚持旧的贡道,即由海道至广东后再沿陆路进京。从以上内容看,该年暹罗方似乎准备向清廷进贡。究竟为何未能成行,不得而知。问题是咸丰三年后暹罗为何不再进贡,则是一个更值得关注的问题,笔者认为它与多种因素有关。

首先是清廷自身因素。这一时期清廷内部正受太平天国起义的冲击,统治遭受严重危机,东南不少省份被太平军占领,暹罗至北京贡道不通。而外部,清廷正与英法进行第二次鸦片战争,双方的决战以及战后的割地赔款均给暹罗等国不良影响。过去中国曾是亚洲"天下"中心,中国皇帝威德无量,而"现在"它却同暹罗等国一样,沦为西方国家"蹂躏"对象。清廷对内战争的削弱与对外战争的失败,极大削弱了它在暹罗等属国面前的形象,支撑传统宗属体系的法理基础开始动摇,暹罗等国没有必要再朝贡清廷;其次,暹罗自身变化也影响到它与清廷的传统关系。自 1841 年中英鸦片战争后,《南京条约》对暹罗影响很大,引起暹罗对西方殖民国家的警惕。暹罗国王拉玛三世即郑福企图排挤殖民势力出暹罗,但未成功。②此后曼谷王朝的第四任国君拉玛四世即郑明完全改变了对西方的政策。据称,他在做国王前当过 27 年和尚,是一位接受西方学术思想较深的国王。③ 正是因为他接受了"朴素的民主思想,而且身体力行",不仅在国内废除了爬行跪拜旧礼节,而且宣扬君臣、子民平等。④ 这一变化使暹罗放弃了传统的等级尊卑秩序,同时也放弃了同中国之间的传统宗属关系。当暹罗开始将"欧西各国置于平等地位"之时,中国的"上国"地位同时也被抛弃。⑤ 其中尤其是 1855 年英暹《鲍林条约》的签订,开始结束暹罗同东方各国传统的外交关系,同时也开始了暹罗与近代西方各国

---

① 《清穆宗实录》,卷 266,同治八年九月壬午条,中华书局 1987 年。

② ［英］吴迪:《暹罗史》,商务印书馆 1947 年,第 363 页。

③ 赵尔巽撰:《清史稿》,中华书局 1977 年,第 14690 页。

④ 田禾、周方冶:《泰国》,社会科学文献出版社 2005 年,第 101—102 页。

⑤ 陈序经:《暹罗与中国》,文史丛书编辑部,1941 年,第 85 页。

的外交。再者,清廷自动减少与各属国的交往频度也使暹罗等国开始退出以中国为中心的宗属体系。至道光年间,清廷因受内外战争影响,同时也包含有对传统宗属体系的逐渐扬弃,开始减少与部分属国的接触频度。如道光十九年三月,清廷就谕内阁减少暹罗等国进贡次数。谕旨要求将越南旧有的"二年一贡,四年来朝一次",改为"两贡并进";琉球的间岁一贡,暹罗的三年一贡,均改为四年一贡。清廷称其目的在于"念远道驰驱,载涂雨雪,而为期较促,贡献频仍,殊不足以昭体恤"。① 但实则表明清廷开始重新衡量传统宗属关系的功能。将各国朝贡次数减少肯定会减少清廷同各属国的联系,但这一决策背后却是清廷对各国政治军事功效的重新衡量。只有当清廷认为部分属国于清廷无实质作用情况下,它才会主动减少与这些属国的联系。因此,当宗主国和属国均降低估量这一传统关系作用时,实则表明该体制已走到了尽头。

2. 嘉道咸同时期的中廓关系及廓尔喀对宗主国的"背离"

(1)嘉道朝的中廓关系:宗主国对属国采取"蛮触相争,不闻不问"

嘉庆朝中廓宗属关系在乾隆朝基础上继续发展,廓尔喀对清廷的例贡及其他表贡活动仍在进行,总体上廓尔喀仍对清廷履行了"朝贡以时"的属国义务,表达了属国忠诚。如嘉庆四年,乾隆帝逝世,嘉庆帝登基,廓尔喀方请遣使进京,并请将嘉庆二年正贡合二为一,一同呈进。清廷同意了廓尔喀方请求。② 另外,此时期除了正贡外的其他表贡活动也在进行。如嘉庆八年十二月,廓方因"欣闻内地军务大功告竣,敬备叩贺天禧表文及呈进贡物"。③ 又如嘉庆二十五年廓尔喀方又探知嘉庆帝逝世,特向驻藏大臣进呈表文,表示哀悼。④ 既然廓尔喀在履行宗属义务上没有违背基本的体制性规定,按照常规,清廷对廓尔喀也应履行宗主国的义务,即当廓尔喀内部发生战乱或遭受外来入侵、国将不保时,清廷应对之履行兴灭继绝的宗属大义。但实际上,当廓尔喀遭英方入侵时,清廷并没有那么做。为何如此,诱因主要有三:其一,受乾隆朝廓尔喀两次侵藏影响,此后清廷虽将其纳入属国体系,但防范多于庇护;其二,清廷对属国是否履行兴灭继绝之义务,亦受宗属间亲密程

---

① 《清宣宗实录》,卷320,十九年三月庚申条,中华书局1987年。

② 中国第一历史档案馆藏:《军机处录副奏折》,《奏为檄谕廓尔喀王遣使表贡事》,档号:03-2816-010,道光元年二月八日。

③ 中国第一历史档案馆藏:《军机处录副奏折》,《为廓尔喀进贡事致军机处咨呈》,档号:03-1608-032,嘉庆八年十二月十九日。

④ 中国第一历史档案馆藏:《军机处录副奏折》,《奏为代廓尔喀王呈进表文事》,档号:03-2816-004,嘉庆二十五年十二月二十日。

度、属国对宗主国安全影响之大小影响；其三，当西方各国东来后，清廷传统宗属体系受到严重影响，清廷对属国履行兴灭继绝义务时不得不开始衡量自身实力与殖民帝国间的差距，最终决定是否救助。

英方欲染指廓尔喀在乾隆中后期就有体现，第二次中尼战争期间英方虽维持了表面中立，但对东亚和南亚次大陆的扩张并未停止。随着英国海外殖民势力的扩大，英国加速了对中国、廓尔喀入侵。嘉庆六年(1801)，英廓又结条约，英国于该年特派使节驻廓尔喀都城，但遭到廓尔喀方反对。该驻使于1802年撤出，此后英属印度与廓尔喀之间纷争不断。嘉庆十九年(1814)，英属印度又以廓尔喀屡次侵扰为口实，大举进攻廓尔喀，攻占珈蓝伽城，虽遭廓方顽强抵抗，但英军最终败廓人于加里河外。嘉庆二十一年(1816)，英属印度复攻陷廓尔喀首都加德满都，与廓方订城下之盟，廓尔喀丧地无数，英方得以永远在廓尔喀都城派驻使节。①

面对英属印度不断侵犯廓尔喀，廓尔喀方不断派人向宗主国求援，要求清廷帮忙驱逐英人，实现"保藩屏周"义务。此类书信于嘉庆二十年(1815)十二月十八日被驻藏大臣喜明、珂实克等收悉，廓方来信虽强调了英廓冲突事实，以及以藩屏周大义，但廓方更想得到清廷钱粮支持。② 此点在写给驻藏大臣、达赖喇嘛、班禅额尔德尼等人之信中均作了重点强调。如写给驻藏大臣的信就特别强调了"以藩屏周"大义："披楞之人偷探唐古特路径，在尼曾达拉登十五处屯扎"，廓尔喀"若抵挡不住，必往唐古特闹事"。"倘若将廓尔喀占去，披楞仗势必来侵占唐古特……今我们现将廓尔喀地方保守得住，唐古特方才清吉。若披楞大兵前来，如无钱粮给兵，怎能与他打仗抵敌。若没了廓尔喀，唐古特也难以保守"。③

面对属国廓尔喀的不断求援，嘉庆朝清廷不愿履行宗主国对属国的兴灭继绝义务，却以天朝上国怀柔万国姿态处理这一事件，故对英人入侵廓尔喀和廓尔喀方求援活动，执行"蛮触相争，不闻不问"政策。④ 此种政策首先从驻藏大臣喜明等回

① Alastair Lamb, *Britain and Chinese Asia: the Road to Lhasa, 1767-1905*, London: Routledge Kegan Paul, 1960, P.23-30.

② 中国第一历史档案馆藏：《军机处录副奏折》，《喜明等奏再接廓尔喀与英人接仗求援来禀及驳办情形折》，嘉庆二十年正月初二日，转引目中国藏学研究中心等编：《元以来西藏地方与中央政府关系档案史料汇编》，中国藏学出版社1994年，第三册，第837—842页。

③ 中国第一历史档案馆藏：《军机处录副奏折》，《喜明等奏再接廓尔喀与英人接仗求援来禀及驳办情形折》，嘉庆二十年正月初二日，转引自中国藏学研究中心等编：《元以来西藏地方与中央政府关系档案史料汇编》，第三册，第837—842页。

④ 王锡祺辑：《小方壶斋舆地丛钞》，杭州古籍书店1985年，第三帙，第100页。

信内容得到体现,其回信内容强调了三点:其一,披楞与唐古特并无仇隙,探路之说难以相信;其二,如果披楞方面果有侵扰唐古特图谋,作为属国的廓尔喀理应发挥藩篱作用,保护西藏;其三,拒绝了廓尔喀方的钱粮支援请求:"尔王求本大臣等奏恩赏给金银各物件等语,大皇帝抚育万国,一视同仁,从未有耗费中国金银赏助外夷之理。"①

驻藏大臣等人如此答复当然是得到了嘉庆皇帝的认可,在嘉庆帝看来,披楞与廓尔喀争斗,只不过是夷狄之间的"争界"。嘉庆帝又进一步指示喜明,如廓尔喀方再次派人赍表来藏,仍当驳回,谕以"尔国与披楞此时尚未释争,所进表文,不便转奏。大皇帝抚育万国,一视同仁,从无偏助一国之事。设此时披楞造作言词来天朝赴诉,岂肯即偏助披楞,加兵尔国乎?"②此际清廷做出的唯一积极反应是在中廓边界密为防御,"如廓尔喀人等果有阑入边界之事,则当示以兵威,痛加剿杀,俾知震慑,以固边圉"。③

清廷如此做法固然体现出实力不足时的有限因应,但这一政策却又与其仍想维持传统的宗属体制相冲突,尤其与该体制所应包括的逻辑法理背离,这必将遭致廓方质问。当驻藏大臣秉承清廷旨意回复廓方后,廓方回信给清廷就称:如果中方对廓英冲突不予过问,那么廓尔喀遭挫败后,就不能继续进贡天朝,只能投诚披楞,向披楞进贡。逻辑上,廓方这一说法不无道理,但清廷却不能容忍如此做法。它在给驻藏大臣指令中明确提出了一个在今天看来似乎非常荒谬的要求,即指示驻藏大臣给廓方回信,声称廓尔喀"与披楞或和或战,即或竟投诚披楞,天朝总置不问,但届至贡期,仍当按例进贡。倘至期不来,即当奏闻大皇帝发兵进剿,彼时尔国追悔何及"。④ 如此要求,隐含的内部矛盾却真实暴露了中国传统帝制时期宗属体制内一些习常性做法,该体制过多宣传帝国对属国、朝贡国名义上的"天下一统",虽在某些场合下能对属国与中国本土(包括藩部)做出区别对待,但对属国是否遭他

① 中国第一历史档案馆藏:《军机处录副奏折》,《喜明等奏再接廓尔喀与英人接仗求援来禀及驳办情形折》,嘉庆二十年正月初二日,转引自中国藏学研究中心等编:《元以来西藏地方与中央政府关系档案史料汇编》,第三册,第837—842页。
② 中国第一历史档案馆藏:《军机处上谕档》,《字寄喜明等廓英交兵当置不问,但在边界需密为备御上谕》,嘉庆二十年四月二十一日,转引自中国藏学研究中心等编:《元以来西藏地方与中央政府关系档案史料汇编》,第三册,第842页。
③ 中国第一历史档案馆藏:《军机处上谕档》,《字寄喜明等廓英交兵当置不问,但在边界需密为备御上谕》,嘉庆二十年四月二十一日,转引自中国藏学研究中心等编:《元以来西藏地方与中央政府关系档案史料汇编》,第三册,第842页。
④ 《清仁宗实录》,卷315,嘉庆二十一年正月癸卯条,中华书局1985年。

国家兼并,当宗主国实力受限时多不关注,其过问的主要是属国是否按期向宗主国进贡,表达忠诚。此等制度设计和运作上的背离在具体交往关系中体现得非常明显。

　　清廷虽不过问廓尔喀与英属印度之间的战争,但廓方却要求清廷给它一个明确答复。不久后廓方使节又到西藏,在给驻藏大臣的信中强调了英方侵占廓尔喀土地、都城危急等事,又一次要求宗主国清廷拿出具体对策、发挥上国功能。这次廓尔喀方对清廷明确提出了三项要求:其一,要求敕书披楞头人,劝令退回所占领土;其二,派人至廓英交界地方救护;其三,如以上均不可,亦可叫廓尔喀去投诚披楞,但"须与我一个字样"。接来信后,驻藏大臣喜明等又回了信,首先,指责了廓尔喀方不是,频年侵扰邻邦;其次,拒绝了廓尔喀方要求清廷敕书英属殖民地、退回所占廓尔喀方土地要求;再次,谴责了廓尔喀威胁要投诚披楞的说法,认为那是对上国的背叛。①

　　好在廓英冲突很快结束,嘉庆二十一年三月,西藏地方官员从营官口中探知,英廓双方讲和成功。② 廓方因忌于英属殖民地侵略,仍渴望清帝能为廓尔喀提供保护。因此,虽然在这次廓英冲突中,清廷除谴责廓尔喀外没有任何援助,但廓方仍对清廷表达恭顺。战争一结束,就向驻藏大臣报告准备贡物进贡。清廷要求廓方仍照常贡年限进行(嘉庆二十二年进贡),但廓方为"具表谢罪",特于嘉庆二十一年附表进贡。

　　这次廓英战争虽结束,但英人却要求在廓尔喀都城阳布设立领事,定期居住。在传统的以中国为中心的宗属体制还未崩溃之前,此等要求均会遭到这一时期体制内各国反对,其中南亚次大陆上的廓尔喀也一样。为此,它特给驻藏大臣写信,要求清廷劝令英人不要在廓尔喀居住。驻藏大臣赛冲阿等虽答复了廓尔喀方要求,致书披楞,劝说对方退出都城阳布,但嘉庆帝却断然拒绝了廓方如此请求,朱批称廓方"实属狡诈"。③

――――――――――

　　① 中国第一历史档案馆藏:《军机处录副奏折》,《喜明等奏廓尔喀差人投禀请饬英人退还侵占土地并檄谕驳斥折》,嘉庆二十一年三月初三日,转引自中国藏学研究中心等编:《元以来西藏地方与中央政府关系档案史料汇编》,第三册,第846页。

　　② 中国第一历史档案馆藏:《宫中朱批奏折》,《奏为边界营官禀探廓尔喀与披楞构兵情形事》,档号:04-01-03-0049-004,嘉庆二十一年三月十七日。

　　③ 中国第一历史档案馆藏:《宫中朱批奏折》,《赛冲阿等奏遵旨檄饬廓尔喀照例纳贡并撤回日期折》,嘉庆二十一年八月二十五日,转引自中国藏学研究中心等编:《元以来西藏地方与中央政府关系档案史料汇编》,第三册,第867页。

纵观嘉庆朝廓英冲突,廓尔喀对清廷仍寄厚望,它期望天朝上国在两者冲突中发挥保护属国功能。但清廷限于自身实力只能对这一冲突采取"置之不问"政策。当然,嘉庆朝如此应对亦受其他因素影响:其一为乾隆时期廓尔喀两度侵藏和对周边部落的扩张;其二为嘉庆朝清廷对英国在东方殖民扩张的无知。因此当赛冲阿奏报处理廓英冲突、保护后藏完竣一事时,嘉庆帝就给驻藏大臣等如下指示:"廓尔喀贪诈刁顽,即或另起衅端,亦与天朝无涉。其来禀称有事总欲禀知,此时尽可付之不答,将来即有禀求之事,亦仍置之不问。惟当加意训练汉番兵丁,慎守边疆,是为至要。"①

至道光朝,英方对廓尔喀的侵占并未停止,导致两者连年交兵,廓方屡为披楞所败,"西面地方致被占去一半"。为此,廓尔喀方于道光十七年又向清廷呈贡表文,"有求赏银两以备防堵"事,但再次遭到清廷反对。其后于道光二十二年呈进表文时又再次申明"该国屡被披楞欺凌,求赐银两发兵堵御",清廷回文又加拒绝,仍认为那只不过是"蛮触相争"。但这次清廷多少还做了一些应对,它特命地方官员进行调查,以证实情况可如廓尔喀所言。稍后川督奏报了调查结果,声称情况基本属实,但双方已经言和,其交兵"系属从前之事,近虽复图侵占,尚属该头人悬拟之词,并非实被欺凌"。为此川督又替清廷传谕廓方,要求该国王"妥抚百姓,积睦邻番,以仰副大皇帝绥安番服之至意"。② 由此可见,道光朝仍继承了嘉庆朝政策,对廓尔喀与英属披楞之间的争端照样采取不予过问政策,实质上也默认了英属殖民地对清廷属国廓尔喀的染指行为,同样体现的是中国传统宗属体制内不同宗属关系所具有的多面性,以及体制上的术语宣传与实际运作的明显背离。

(2)咸同朝的中廓关系,属国的"犯上作乱"和清廷被迫求和

嘉道年间,廓尔喀败于英方后,积极改革。尤其是自1848年巴哈达执政后,力图更张。他曾于1850年游历英伦,尽考西欧行政法,逾年而归,大事改革,开始确立裁判制度,废除一切恶刑。③ 后来英国与印度发生冲突,巴哈达又抓住时机大力支持英方,终博得英国信任,授予洗礼爵号。此等改革,不仅使廓尔喀获得发展机

---

① 中国第一历史档案馆藏:《宫中朱批奏折》,《赛冲阿等遵旨复奏自后藏撤军回川并起程赴京陛见折》,嘉庆二十一年十月二十二日,转引自中国藏学研究中心等编:《元以来西藏地方与中央政府关系档案史料汇编》,第三册,第870页。

② 中国第一历史档案馆藏:《宫中朱批奏折》,《奏为遵旨查明廓尔喀与披楞挑衅情形事》,档号:04-01-30-0128-001,道光二十三年四月二十五日。

③ 秋桐:《论尼泊尔》,见《申报》,"论说",宣统三年闰六月十七日第一张第一版,第113册,第680页。

会,而且也使它与英国的关系越来越密切。其后廓方表面上虽仍以清廷属国身份同清廷维持交往,①但乘机"犯上",侵扰藏边的行为亦随之发生。此等事例则又体现出以中国为中心的宗属体系所具有的另一种面相:属国不只是"臣服天朝,做我屏藩",在有些场合也可能成为"犯上作乱"、欺负上国的主体。

咸丰三年,廓尔喀方利用鸦片战争、清廷战败机会,对中国西藏提出领土要求。该年三月驻藏大臣穆腾额等向清廷奏报了廓尔喀同西藏争夺纪尔巴、甲玉两处地方。该两处地方本属唐古特,后来租给廓方放牧,"每年议给租钱"。此点乾隆五十七年福康安所订章程早已申明,但廓尔喀却要占有两处地方。此际清廷驻藏大臣非常软弱,他伙同西藏僧俗官员不啻将两块土地让给了廓尔喀,即"嗣后归廓尔喀管理,以息争端"。② 清廷亦无暇顾及,同意了驻藏大臣怀柔廓尔喀做法。但如此怯懦行为却进一步刺激了廓方,后者乘太平天国起义之机侵犯西藏。

咸丰四年,正值清廷面临太平天国起义巨大压力自顾不暇之际,廓方趁机侵扰西藏。该年正月廓尔喀国王向清廷呈递表文,要求派兵随同剿贼。驻藏大臣淳龄迟至三月后才"代奏",清廷于同年五月命军机大臣传旨淳龄,要求该国王"恪遵定制,毋庸派兵助剿"。但驻藏大臣"因病延搁",未能"迅速檄谕",至给对方口实。③咸丰四年十二月,廓尔喀国王又给清廷书信,不仅要求清廷代赔廓方出兵兵费,而且又借口唐古特所属营官"不遵旧章、征收税课",欺负、抢劫、伤毙该国民人等,欲向西藏兴师问罪。

针对廓方要求的西藏代赔兵费一事,清廷称廓尔喀国王"尤属居心叵测",针对贸易纠葛问题,清廷则要求西藏地方应"照旧贸易""秉公查办"。④ 清廷让驻藏大臣传谕廓尔喀,不可过于奢求。但廓尔喀方并不理睬,它于咸丰五年授予布康松汪堆顶戴、官职,又至后藏济咙地方传集村民,让布康松汪堆接管营官职务,同时还派巴勒布旧头人热玛松达尔向藏内呈递表章,不遵从前由塘转递旧例。清廷认为廓尔喀方这些举动均"居心叵测",但限于内乱和力不从心,实在没有能力派兵保护西藏、抵制廓尔喀骚扰。为此,它只能先派噶布伦汪曲结布、粮务委员张祺先后驰往后藏定日一带,以查案为名,暗为布置。⑤

① 《清义宗实录》,卷87,88,咸丰三年三月条,中华书局1987年。
② 《西藏研究》编辑部编:《清代藏事辑要》(一),西藏人民出版社1983年,第461—462页。
③ 《清文宗实录》,卷155,咸丰四年十二月丁巳条,中华书局1987年;《清代藏事辑要》(一),第462页。
④ 《清文宗实录》,卷155,咸丰四年十二月丁巳条,中华书局1987年。
⑤ 《清文宗实录》,卷159,咸丰五年二月乙酉条,中华书局1987年。

但此时廓尔喀方却已摆好了进攻架势,咸丰五年二月初六日,驻藏大臣淳龄等接廓尔喀王书信,声称如果唐古特不以银两、土地前来说和,它将五处发兵往扎边界。同月初八日中方委员又收到该国头人热玛松达尔所递书信,"情词极为悖谬"。而达赖喇嘛又向驻藏大臣报告了噶布伦汪曲结布所探廓兵犯边信息。① 处处信息均显示,廓尔喀正蓄意发起侵犯。更糟糕的是,此际清廷藏内兵力"甚单",势难"望其抵御"。驻藏大臣只能从定日、后藏两处额役番兵一千五百名中酌拨数百名,暗地派往各处防守。除此之外,他一面拟给廓尔喀方檄谕,逐层指驳,晓以大义,期望该国王将发出之兵撤回,听候谕旨遵办;一面译咨达赖喇嘛和孔雍、察木多,乍丫、类乌齐、达木八旗、三十九族各处士兵,务于三月初间赶到边境,听候汉番委员调遣。②

鉴于藏内兵力不足、清廷又无力驱逐廓尔喀人,驻藏大臣认为要妥善完结此案,并不容易。也正是底气不足,驻藏大臣在此次奏折中明确告知清廷:廓尔喀要求赔款数目为"该国银钱六百千元",合唐古特银钱"七百千元",合"内地纹银七万两",以此试探清廷能否接受以银贿和要求。清廷虽深知廓尔喀居心不良,但在内困外忧下,也只能对廓尔喀施行"怀柔",尽量满足廓尔喀无理要求。此点被稍后的咸丰五年三月间谕旨所证实。清廷在谕旨中不仅没有对廓尔喀侵藏行为加以谴责,相反却要将廓尔喀与唐古特"一体对待",谕旨竟荒诞声称:"唐古特、廓尔喀均隶我屏藩,自来一视同仁,毫无偏袒。"③咸丰朝清廷对廓尔喀侵藏行为之所以愿意采取怀柔做法,不仅与其所遭困局有关,还与此时期清廷仍坚守天下一统身份、并以此处理边部危机的传统做法密切相关。在这一政策影响下,清廷荒谬地认为廓尔喀对西藏的侵扰侵占并不等同它背叛清廷。它虽强调了西藏地方俱系中国领土,廓尔喀如果妄动兵戈,侵占中国边界,天朝"亦断不姑容"等要点,但仍以天下共主姿态去阐释廓尔喀、西藏与清廷关系。④

继任驻藏大臣赫特贺等虽照清廷口吻传谕了廓尔喀人,但廓尔喀并不接受清

---

① 中国第一历史档案馆藏:《宫中朱批奏折》,《淳龄奏报廓尔喀王递呈表章及十一世达赖喇嘛咨报边情等事折》,咸丰五年二月十八日,转引自中国藏学研究中心等编:《元以来西藏地方与中央政府关系档案史料汇编》,第三册,第970—972页。

② 中国第一历史档案馆藏:《宫中朱批奏折》,《淳龄奏报廓尔喀王递呈表章及十一世达赖喇嘛咨报边情等事折》,咸丰五年二月十八日,转引自中国藏学研究中心等编:《元以来西藏地方与中央政府关系档案史料汇编》,第三册,第970—972页。

③ 《清文宗实录》,卷163,咸丰五年三月乙酉条,中华书局1987年。

④ 《清文宗实录》,卷163,咸丰五年三月乙酉条,中华书局1987年。

廷停兵要求。相反却于咸丰五年三月二十九日、四月初七日进一步占领了补仁、绒辖两处土地。至此,济咙、宗喀、聂拉木、补仁、绒辖五处土地均被廓方占领。驻藏大臣非常震惊,加速了与廓尔喀谈判代表的斡旋。所给断牌八款就是驻藏大臣代表西藏与廓尔喀方谈判证据:第一,因济咙营官擅自加收该国贩米商民税米(定例每米一背系税收一碗,今收两木碗),计自道光二十七年后每年约收米一百八十余石之数,每石按时价八两计算,唐古特应赔银一万零八十两,交给廓尔喀承领。第二,济咙米盐交易,废除长头余利之税,自道光二十四年至咸丰四年,所得长头米盐至二百六十余石之多,断令唐古特认赔银二千一百五十两发给廓尔喀承领,以补扣取米盐之数。另又判济咙营官头人等赔缴所扣盐斤长头余利银三百两给廓尔喀承领。第三,因协噶尔营官在孔布地方私带盐斤,摊派差役,不给脚价,特判唐古特补给廓尔喀脚价银五百两。第四,因协噶尔营官业巴夺结殴毙廓尔喀民人青叠夺卡碾,特判按照夷例赔给命价五十两,令对方承领。第五,廓尔喀人吉巫朗咱等被抢,判令唐古特赔给价银五十两。第六,宗喀廓尔喀人被杀被抢一案,命判给命价银二百两(每名五十两),牛价银一千八百零九两(时价每头三两),其他各物二百八十两,共计二千二百八十九两,命唐古特赔给廓尔喀承领。第七,廓尔喀头人被劫赔给纹银三十四两。以上合计唐古特应赔给廓尔喀银一万五千四百二十两五钱。①

　　限于兵力不足和清廷内外交困,驻藏大臣被迫让唐古特进行赔款和妥协。但廓尔喀并没有接受。清廷也认识到廓尔喀侵藏野心单靠一万多两白银很难满足。在驻藏大臣请求派兵助剿下,清廷特命四川总督黄宗汉拨川兵三千交乐斌带领,赴藏相机办理,并指示赫特贺,如廓尔喀仍要求给银让地,不知悔改,不得不慑以兵威,加以惩办。清廷似乎已经做好了惩办廓尔喀准备,但四川方面却称"进剿非时"。清廷认为四川将军等所奏"自系实在情形",进剿之议,遂终止。② 在等待川兵救援无望情况下,西藏地方只能自救,达赖喇嘛特请驻藏大臣拨借汉库贮藏之药铅火器分发各隘,以备防范。但汉库仅存火药三千六百斤,五钱重铅子一百八十余颗,与达赖要求拨给火药八千斤、铅子一万三千斤相差甚远。③

　　① 中国第一历史档案馆藏:《军机处录副奏折》,《赫特贺奏报廓尔喀复占边地拟定断牌八款饬令遵断撤兵情形折》,咸丰五年五月十六日,转引自中国藏学研究中心等编:《元以来西藏地方与中央政府关系档案史料汇编》,第三册,第975—976页。
　　② 《清文宗实录》,卷171,咸丰五年七月戊辰条,中华书局1987年。
　　③ 中国第一历史档案馆藏:《军机处录副奏折》,《满庆等奏十一世达赖喇嘛咨请拨火药铅子分发各隘防御折》,咸丰五年九月初十日,转引自中国藏学研究中心等编:《元以来西藏地方与中央政府关系档案史料汇编》,第三册,第987—988页。

而此际廓尔喀却在边境不断增兵,施加压力。如在定结地方就屯兵不下六千。廓尔喀又于咸丰五年九月二十四日发动了对帕嘉岭的进攻,清廷认为仗已开始,"兵难中止"。但因忙于镇压太平天国运动,内地无兵可调,清廷遂又决定用中央拨款、西藏地方拨兵的方案抵抗廓尔喀。为此清廷特向川督降旨:"著黄宗汉迅速筹拨银五六万两解往后藏,交该大臣作为犒赏之需,俾藏属番土各兵鼓舞奋兴,咸知用命,或可即仗本地兵力以御外寇,无烦内地征调。"①

至咸丰五年十一月二十日,赫特贺向清廷奏报了官兵已平毁帕嘉岭番营,最终收复聂拉木消息,并准备围攻宗喀。这似乎又给清廷带来了成功希望,但同年十二月十二日却传来廓尔喀侵占聂拉木信息。此时清廷正全力应对太平天国起义,最终对廓尔喀侵藏行为采取忍气吞声做法。② 至此,清廷无疑完全认可此前驻藏大臣等所奏六条怀柔廓尔喀办法,又责成喇嘛设法开导,并将生擒夷人中的绝大多数放归廓尔喀,以为怀柔。③ 在清廷主动言和下,廓尔喀也愿意与西藏言和。关于这一言和,《清史稿》曾作出如下评述:"廓番闻大兵将至,惧遣其噶箕来藏上表乞和,诏许罢兵",④此属梦话,这可从咸丰六年双方所订十条合同得到证实。⑤ 议和合同不仅要求西藏地方对廓尔喀分年赔款(第一条),而且迫使西藏接受廓尔喀保护(第二条)。贸易方面廓尔喀对西藏享有单方面的免税特权。另外,通过这一合同廓尔喀又单方面将"治外法权"加在中国西藏身上,不仅规定廓尔喀人在藏发生纠纷时,西藏地方不能单独审理(属人原则),而且要求廓尔喀人与唐古特人在藏内发生纠纷时,西藏地方也不能单独审理,必须双方会审。当发生对方之人在各自地方杀人而逃往对方时,又要求互相遣回,由各自进行审判(属地原则)。⑥ 虽然廓尔喀仍称自己为"恭顺大皇上之人",但如此苛刻的议和条件也令主和的驻藏大臣"不甚骇异"。他们称自己也欲与廓尔喀议和代表进行交涉,但对方"一味推诿,固执不遵"。在此情况下,最终只能接受这一屈辱合同。

① 《清文宗实录》,卷183,咸丰五年十一月辛未条,中华书局1987年。
② 《清文宗实录》,卷186,咸丰五年十二月辛丑条,中华书局1987年。
③ 《清文宗实录》,卷186,咸丰五年十二月辛丑条,中华书局1987年。
④ 赵尔巽撰:《清史稿》,卷525,中华书局1977年,第14552页。
⑤ 中国第一历史档案馆藏:《军机处录副奏折》,《赫特贺等奏廓尔喀与西藏地方议定合同十条和息了事情形折》,咸丰六年六月十一日,转引自中国藏学研究中心等编:《元以来西藏地方与中央政府关系档案史料汇编》,第三册,第1002—1003页。
⑥ 中国第一历史档案馆藏:《军机处录副奏折》,《赫特贺等奏廓尔喀与西藏地方议定合同十条和息了事情形折》,咸丰六年六月十一日,转引自中国藏学研究中心等编:《元以来西藏地方与中央政府关系档案史料汇编》,第三册,第996页。

　　清廷如此怀柔廓尔喀,获得巨大收益的廓尔喀似乎也没有令清廷完全失望。咸丰八年,廓尔喀王又一次向清廷进表谢恩。乘此机会,清廷又赏该国王红宝石顶戴花翎,赏总噶箕增格八哈都尔二品珊瑚顶戴花翎。① 为此,廓尔喀王又于咸丰九年特具"叩谢天恩表文",让驻藏大臣代为转进。② 咸丰十二年又是廓尔喀五年一贡的常贡之年,廓尔喀方要求照例进贡,但清廷却担心贡道是否畅通、贡使是否能顺利来京,特令地方官进行调查。驻藏帮办大臣满庆乘机向清廷建议恢复廓尔喀常贡,声称:"查该国王前于咸丰七年遵旨未经差人赴京进贡,已怀觖望,此次又值例贡届□□□,仍前阻止,致□□内情权术得伸入狄之意。况现在川省□此大道已通,若不允其循例照办,□消藉口。"③但随后川督兼驻藏大臣的崇实却以"贼氛未靖道路梗阻"为由,要求暂缓廓尔喀进贡活动。鉴于此,清廷又照上次成案,免予进贡,并吩咐将廓尔喀例贡推迟至丁卯年进行。④ 这是自咸丰二年后清廷第二次免除廓尔喀方进京朝贡,这也间接表明廓尔喀方自咸丰二年后没有获得进京朝贡机会。

　　咸丰逝世,同治登极,清廷统治又为一变。照旧例,清廷应给各属国颁发敕书,告知对方这一重大事件。清廷照例给廓尔喀颁发了敕书,但敕书内容除告知咸丰逝世、同治登极外,重点只强调该国应慎守屏藩,对廓尔喀应照定例遣贡使朝贺等只字未提。为此对方通过驻藏大臣向清廷提出了这一请求,但清廷因忙于战后恢复和政权巩固,再次免除了廓尔喀方进贡,吩咐至同治六年正贡之期一同进贡。为表示谢恩,廓尔喀方亦于同治二年再度进呈谢恩表文。至同治六年,又值廓尔喀向清廷进贡之年,清廷原本答应对方于该年朝贡,但因"陕西道路未靖",又命其"无庸来京""以示体恤"。⑤

　　在此有一点需要说明,这段时间内廓方未能至京并非说在这段时间内它未曾向清廷进贡。实际上这一进贡活动仍在进行,只不过它的活动区域主要限于廓尔喀与西藏或成都之间。每逢正贡之年,廓尔喀方均准备好进贡物品,并派使团前赴

---

　　① 《清文宗实录》,卷270,咸丰八年十一月壬辰条,中华书局1987年。
　　② 中国第一历史档案馆藏:《军机处录副奏折》,《奏为谢赏顶戴花翎并献金丝缎事》,档号:03-4143-110,咸丰九年七月。
　　③ 中国第一历史档案馆藏:《军机处录副奏折》,《奏为廓尔喀王例贡届期请觐事》,档号:03-4162-121,咸丰十一年四月二十一日。
　　④ 中国第一历史档案馆藏:《军机处录副奏折》,《奏为廓尔喀国王遵檄将来年例贡待至下界丁卯年再为呈进等事》,档号:03-4179-108,咸丰十一年十月二十九日。
　　⑤ 《清穆宗实录》,卷194,同治六年正月己未条,中华书局1987年。

中国进贡。只因遵循清廷吩咐,未能前赴京师。但他们均达到西藏,附带朝贡贸易主要也在藏内进行。当然也有例外,即当清廷允许它将贡物运至四川时,他们也有可能到过成都。如同治六年廓尔喀方贡使准备进京朝觐时,清廷就因陕西道路不靖,特免进京。这次廓方人员到达了四川境内。当他们被阻回西藏后,"颇露不逊情形","与唐古特不甚相洽,时存挟制之心"。驻藏大臣认为主要是因为"未遂其入贡之计",①而笔者以为廓方不满主要是因为未获得进京朝贡时的沿途贸易机会,丧失了清廷给予的多次赏赐机会。但此际正遇第二次鸦片战争,英法联军占领了北京、清廷败北,在此境遇下,清廷不可能让廓尔喀贡使至京。为此,清廷不得不传谕驻藏大臣"免廓尔喀来年表贡方物"。②

以上事实表明廓尔喀与清廷的宗属关系似乎没有因咸丰年间的廓尔喀侵藏和不平等合同的签订受到太大影响,对于廓尔喀,仍照例向清廷进贡;对于清廷而言,它仍认可廓尔喀的属国身份,奖励其向化归诚。这一关系在传统宗藩体制的框架内继续运行,但双方动机却有不同。获得巨大好处的廓尔喀人坚守这一关系在于获利,对于清廷,此际仍承认廓尔喀的属国身份,不仅在于继续烘托天朝权威、支撑即将崩溃的宗属体制,更在于怀柔邻国,防其捣乱生事,防范它们伙同西方各国对自己施压。

三、藩部体系危机增强

(一)蒙古各部变化与清廷政策

1. 传统保护蒙古政策的废弛

嘉道咸同后,清廷仍继承清代中前期对各蒙古的传统治藩政策,不仅联合蒙古限制汉人,又通过分享特权、享有专属牧地加以怀柔,欲达到既保护各蒙古又尽量隔离蒙汉的双重目的。此类保护政策主要体现在《大清会典》《大清律例》《理藩院则例》等典章法规规定中,并通过限制民人承种蒙古土地、出边贸易两大方面进行规范。

第一,保护蒙古牧地与此项政策的逐渐废弛。

---

① 《清穆宗实录》,卷260,同治八年六月己巳条,中华书局1987年。
② 《清穆宗实录》,卷12,咸丰十一年十二月癸亥条,中华书局1987年。

　　早在雍正八年清廷就规定:察哈尔地方蒙古人游牧之地"禁擅行招民开垦"。①至乾隆十三年《大清会典事例》又规定:民人所典蒙古地亩,应计所典年分,以次给还原主。土默特贝子旗下有地千六百四十三顷三十亩,喀喇沁贝子旗下有地四百顷八十亩,喀喇沁札萨克塔布囊旗下有地四百三十一顷八十亩,其余旗下,均无民典之地。以上地亩,皆系蒙古之地,不可令民占耕,应令札萨克等查明某人之地,典与某人,得银若干,限定几年,详造清册,送该同知、通判办理,照从前归化城土默特蒙古撤回地亩之例,价在百两以下典种五年以上者,令再种一年撤回。如未满五年者仍令民耕种,俟届五年再行撤回。二百两以下者,再令种三年,俟年满撤回,均给还业主。又议准民人在蒙古地方租种地亩,赁住房屋,务令照原议数目纳租交价,倘恃强□欠或经札萨克行追,或经业主房主举告,差往之司员及同知通判等,即为承追。欠至三年者,即将所种之地所赁之房撤回,另行招租。② 乾隆三十七年《大清会典事例》又定:口内居住旗民人等,不准出边在蒙古地方开垦地亩,违者照例治罪。③ 而《理藩院则例》则规定:蒙古地亩不得典给种地民人,违者各照违制例治罪。其定例以前已经出典之地,如蒙古备价回赎,该民人立即交出。倘有勒掯情事,将民人递籍,赎地原价交旗充公,地归蒙古。如蒙古一时无力回赎,该民人典种已过三年者,准其再种四年;已过五年者,准其再种三年;已过十年者,准其再种二年。抵销地价,地归蒙古。归地后,该民人情愿承种者,仍令按年按亩纳租。不愿承种,听该蒙古自便,永远禁止出典。又民人写立租契,影射出典蒙古地亩者,查出追价交旗充公,将该民人加枷一个月,满日递籍。其纵令民人影射出典之地主,系台吉革职三年,无过方准开复。系蒙古属下官员等径行革职,平人加枷,号一个月,鞭一百。④

　　以上规定明显涵盖以下意旨:第一,为保护蒙古经济安全,清廷并不禁止蒙部开垦土地,亦不禁止蒙部招民耕种,更不禁止民人耕种蒙古地亩,但这种土地使用权是有限的,只限于向蒙部租种,以租赁契约为依据,定有年限,不可变成典或卖。第二,保护蒙部牧地所有权是清廷保护蒙古经济安全的首要政策,在这一政策下,

---

① 中国人民大学清史所编:《清史编年》,第四卷,中国人民大学出版社 1985 年,第 457 页。
② 昆冈等纂:《钦定大清会典事例》,清会典馆,清光绪二十五年(1899)石印本,理藩院,卷 979,"理藩院一七·耕牧·耕种地亩"。
③ 昆冈等纂:《钦定大清会典事例》,清会典馆,清光绪二十五年(1899)石印本,理藩院,卷 979,"理藩院一七·耕牧·耕种地亩"。
④ 《理藩部片复度支部商民永租多伦厅旗地盖屋应由直督查明核办声明成例文》,《政治官报》,宣统元年四月初九日,咨答类,第 566 号,第 536 页。

不允许民人典卖蒙古牧地,即使是已经开垦成熟的熟地也不允许,更不允许蒙古部众将地亩典卖与民人。凡使蒙古土地所有权发生转移者,均属违法行为,清廷要加以惩罚。两大规定之目的在于通过保护蒙部牧地去保护蒙古人生计,为清廷构建起一个有效、有序的政权空间提供重要政治军事支持。因为只有在蒙部生计有着落、有保障的生存条件下,蒙部才有可能为清廷提供常规性兵源——八旗。为此,清代中前期统治者不仅为各蒙部划定了大片牧区,而且颁布禁令,禁止民人典卖蒙地,同时又为发展蒙部经济,鼓励发展耕种,以补充牧业的不足。也正如此,康雍乾各代君王,均曾劝谕或帮助过蒙部发展耕种。①

清廷虽一再禁止民人尤其是流民进入蒙古、耕种牧地,但至中清以后并未真正禁止,一方面固然与各盟旗存在大片牧地可以耕种密切相关,另一方面也与清代中前期清廷承认各盟旗对蒙地享有私有权、用益权密切相关。即为怀柔蒙古各部,清初清廷不仅作出"每十五丁给地广一里,纵二十里"②的规定,又将大片土地划给各蒙旗,承认它们对各自旗下所垦地亩的收益权。为此历来地租,俱令"蒙古地主自向民人收取,毋庸官为经理"。③ 在优厚收益权和"永远"享有各处耕地所有权的前提下,不少蒙旗王公台吉对蒙地的开垦并不反对,相反为应对上层领主的奢侈生活,不少蒙旗王公台吉不顾广大普通牧众生计,将大片牧地租给民人耕种,从而导致了中清以后东北、内蒙、热河诸处蒙旗牧地被大面积开垦出来,也导致了蒙旗等传统藩部民人数量在迅速增长。而为管理这些种地民人,清廷不得不在各蒙旗设立新的行政机构,客观上导致了乾隆以降传统藩部区域向中央政权下地方行政区域的转化。清廷虽仍强调蒙古生计不得受损,但又不得不开始默认这一潜移默化的融合过程。

此等变故通过乾隆后诸多个案得到充分体现。如内蒙古的喀喇沁三旗,自康熙年间例准每年由户部给予印票八百张由内地民人前往种地,逐年换给,但至乾隆年间竟成具文,为此清廷不得不再下禁令,虽仍承认合法前往蒙旗耕种、经商者,但对私往者加以禁止。又如东蒙古的郭尔罗斯旗,嘉庆五年旗属长春堡地方开垦的熟地已达二十六万五千六百四十八亩,居民达二千三百三十户。为管理这些垦地

---

① 章楫纂,褚家伟等校注:《康熙政要》,中共中央党校出版社1994年,第420页。
② 昆冈等纂:《钦定大清会典事例》,清会典馆,清光绪二十五年(1899)石印本,理藩院,卷979,"理藩院一七·耕牧·耕种地亩"。
③ 昆冈等纂:《钦定大清会典事例》,清会典馆,清光绪二十五年(1899)石印本,理藩院,卷978,"理藩院一六·户丁·稽查种地民人"。

民人,清廷不得不在东蒙古开垦处设立理事通判一员,巡检一员,理刑名钱债事务,又为防止蒙地被过度开垦、蒙众丧失生计,再下禁令,今后"不准多垦一亩",居民"不准增居一户"。但在"蒙古地主自向民人收取地租"等优待政策刺激下,蒙古王公不顾清廷以上禁令,私行招垦,导致流民人口日益增多。至嘉庆十一年郭尔罗斯旗流民人口已增至七千余名,昌图额尔克地方人口增至三千九百余户。清廷为此再下禁令,严禁蒙古王公私行招垦,并出台了相应惩罚标准。但这些均已流于形式,至嘉庆十三年,长春厅开垦地亩流民累至三千一十户,其中有开垦地亩者,亦有未经开垦者。吉林将军认为,若概行驱逐,未免失所,请求清廷加恩将这些新增流民入于该处民册安插,当然亦再度申禁,今后"除已垦之外,不准多垦一亩,增居一户"。① 再如外蒙的土谢图汗部伊瑓地方,自雍正年间建立庙宇,续有种地民人前往,至乾隆年间"已多垦辟,若图盟右翼左亲王等旗,沿色楞格河、鄂尔坤河、哈拉河及其各支河流域,皆有汉蒙人,农田不下数千百顷"。② 嘉庆后民人流入仍在继续,为限制民人继续流入,库伦办事大臣于嘉庆八年制订章程,造册给票,不准复增人口,但实际上未能执行,除领有执照民人继续移入外,复有流民四百余名之多相继来到库伦。③

道光后,民人大规模流入各蒙古之趋势并未得到遏制,主要原因仍属双方需要。一方面蒙古各旗仍"贪图租粮,陆续私招流民给荒开垦",另一方面民人为寻求生计前往蒙古各部向蒙部王公缴纳租银,租佃牧地,进一步导致各蒙古民人日益增多,被开垦出来的土地也越来越多。如道光二年七月,边外科尔沁达尔汗王宾图二旗界内,私招流民"二百余户",垦成熟地二千余响。④ 而长春厅所属郭尔罗斯旗,自嘉庆五年所申禁令后该旗又私自容留民人,以致新旧流民开垦田地共计二千七百余顷。虽然清廷仍申此前禁令,但此项禁令亦多成为具文,道光后民人流入蒙古开垦牧地的规模不仅未能得到控制,相反却呈现出越来越多的趋势。即如科尔沁旗,道光二年查核时,虽严禁今后不再私开,但至道光六年又查出科尔沁宾图王旗"新招流民五百七十户,续查出卓哩克图王旗界内新招流民一百九十三户"。清

---

① 昆冈等纂:《钦定大清会典事例》,清会典馆,清光绪二十五年(1899)石印本,理藩院,卷978,"理藩院一六·户丁·稽查种地民人"。

② 《库伦志》,引自中国社会科学院中国边疆史地研究中心主编:《清末蒙古史地资料荟萃》,全国图书馆文献缩微复制中心1990年,第122页。

③ 《清宣宗实录》,卷66,道光四年三月庚寅条,中华书局1986年。

④ 《清宣宗实录》,卷38,道光二年七月庚辰条,中华书局1986年。

廷无奈,只能仍照前办章程,承认事实,将此等垦户编入保甲、纳入户籍。① 至道光八年九月奕璟又奏,查出法库边门外科尔沁郡王旗界台吉私招流民开垦地亩共达一千四百余户,清廷又只能按照卓哩克图王旗宾图王旗招留民人成案办理,②免其流离失所,承认了既成事实,即民人可以垦种蒙古地亩,但得向蒙古交租。③

随着蒙古牧地大面积放垦、入住民人数量的增多,各蒙旗土地租佃、经济关系日益复杂,重复租佃、土地转让在各蒙旗较为普遍存在,各盟旗被垦土地的所有权、收益权也在发生变化,并因此导致耕地民人与各蒙旗间对所耕蒙地所有权及收益权的争夺。清廷一开始还想继续保护蒙旗利益,但随着双方融合的加强,民人移居数量的增多,嘉庆后已不得不开始接受此等事实。

这一争夺最初源于各盟旗领主为应付奢侈生活向民人地商典卖土地,如此大规模的典卖行为至乾隆初年实已发生,最初的涉及对象主要是与内地相邻的一些蒙旗。如乾隆十三年,清廷查实土默特贝子旗下典地一千六百四十三顷三十亩,喀喇沁贝子旗下典地四百顷八十亩,喀喇沁札萨克塔布囊旗下典地四百三十一顷八十亩。最初清廷还想继续对蒙旗实行保护政策,避免其牧地所有权、收益权被民人占据,曾多次下令蒙旗回赎牧地。清廷在规定回赎时并没有以缴纳典银作为基本条件,而是有条件地展限耕种地亩年限代替回赎典价。如价在百两以下,已典种五年以上者,准再耕种一年撤回;二百两以下者,共准耕种八年撤回,业归原主。清廷想当然地设置如此对策去保护蒙旗牧地,但实际上未发挥作用,仍有很多蒙古台吉官员不顾属下众多贫乏部众,将旗下公地令民人开垦,借此占据,收取地租。为此乾隆十四年清廷又对各蒙旗台吉官员等继续容留民人开垦地亩、图占地租行为做出了处罚规定,如今后再发生此类现象将对蒙古台吉官员等分等罚俸治罪,垦地民人则交地方官从重治罪,递押回籍,地归蒙古。此等保护政策至嘉庆后,仍在继续。如道光十九年又定:"喀喇沁土默特旗种地民人,不得以所种地亩,折算蒙古赊贷银钱,违者治罪。蒙古地亩,不得典给种地民人。其定例以前已经出典之地,如蒙古备价回赎,立即交出,如一时无力回赎,该民人典种已过三年者,再种四年;过五年者,再种三年;过十年者再种二年,抵销地价,地归蒙古。"④

---

① 《清宣宗实录》,卷100,道光六年七月癸未条,中华书局1986年。
② 《清宣宗实录》,卷142,道光八年九月壬寅条,中华书局1986年。
③ 《清宣宗实录》,卷65,道光四年二月丙午条,中华书局1986年。
④ 昆冈等纂:《钦定大清会典事例》,清会典馆,清光绪二十五年(1899)石印本,理藩院,卷979,"理藩院一七·牧地·耕种地亩"。

　　嘉庆后清廷表面上显得更为严厉的保护蒙古牧地政策实际上却更趋于废弛，蒙古民人之间的相互需要，往往迫使清廷不得不一再接受民人移居蒙旗、占有蒙古土地的事实。如嘉庆八年八月间，清廷降旨反对对蒙古等"游牧处所种地民人"概行驱逐做法，主要原因是"蒙古等多有负欠民债者，今若概行驱逐，则负欠之蒙古措偿拮据，而贫民亦无所归"。清廷认为"蒙古等情愿容留民人，已属显然"，为此免其驱逐，但亦强调了嗣后不准另垦地亩，添建房屋，侵占游牧处所。① 又如嘉庆十六年清廷议准"蒙古等重复租佃，及民人包揽转租，潜行隐避，俱令均匀分种，照原定押地银两租息数目，该司员会同地方官查明换给印票"。② 即嘉庆后随着蒙汉之间的融合加强、大片蒙古牧地被开垦、民人移居各蒙旗者日益增加，蒙汉间的经济、文化、生活等方面的交往也日益加强。为此清廷在严申禁例同时又不得不兼顾蒙古垦地实际流转情况。如道光元年二月，松筠向清廷奏报查明敖汉旗地分别办理办法时称，该旗仍存在私放土地，但系"从前台吉等得价私写，并非民人强占。今民人耕种年久，既出地价，又费工本，眷口众多，难以迁移"，请求清廷"停其追逐，给予印照，按亩交租"。清廷又一次同意了此等做法，实则承认了民人典种、占有蒙地的合法性。而民人已给地价、官方又给印照，至少可以断定，民人对此等土地已有合法的用益权。③

　　第二，限制民人贸易及该政策的废弛。

　　限制民人入蒙古贸易亦是清廷对各蒙古实行保护的重要体现。如早在康熙五十九年清廷议准，外蒙库伦地方，"俄罗斯与喀尔喀互相贸易，民人丛聚，难以稽查。嗣后内地民人有往喀尔喀库伦贸易者，令该管官出具印文，开明货物人数，报理藩院给予执照"。④ 雍正九年清廷又议准"唐努乌梁海三佐领乌里雅苏台北边九站民人贸易之处，永远禁止"。十年又因民人海嵩岱在蒙古讨索欠债时与蒙人发生冲突，清廷又议准今后只准"正商在彼，其无照奸民，即刻驱逐"，"以后若再有无照私往者，即行拿送将军大臣照例治罪"。⑤ 嘉庆后，清廷仍继承了清代中前期限

---

　　① 《清仁宗实录》，卷118，嘉庆八年八月丙寅条，中华书局1986年。

　　② 昆冈等纂：《钦定大清会典事例》，清会典馆，清光绪二十五年（1899）石印本，理藩院，卷979，"理藩院一七·牧地·耕种地亩"。

　　③ 《清宣宗实录》，卷13，道光元年二月癸卯条，中华书局1986年。

　　④ 昆冈等纂：《钦定大清会典事例》，清会典馆，清光绪二十五年（1899）石印本，兵部，卷628，"兵部八七·绿营处分例一五·边禁"。

　　⑤ 昆冈等纂：《钦定大清会典事例》，清会典馆，清光绪二十五年（1899）石印本，兵部，卷628，"兵部八七·绿营处分例一五·边禁"。

制民人入蒙部贸易政策,有些地方则完全禁止商民前往贸易。如与内地相邻的东西各蒙古地区,民人多可前往,对于库伦、喀尔喀、乌里雅苏台等西北两路外蒙地方,只允许领有照票的正商前往,主要贸易地点为将军大臣所辖地方。而唐努乌梁海地方因在卡伦之外,为此仍照清雍正九年例规,严加禁止,即禁止民人至唐努乌梁海三佐领贸易。至嘉庆九年,清廷又将这一严禁范围扩大到乌里雅苏台北边九站;十年又重申旧例,对蒙地无照商民进行驱逐,再度禁止民人向蒙古放债,盘剥蒙古;十一年又对外蒙四部进行清查,拿捉无照民人,抓获者加以惩罚;二十二年又对库伦等地贸易的内地商民加以限制,要求地方官所给照票上应注明贸易地点、货物和贸易人年貌。①

　　嘉庆后,清廷限制民人入蒙古贸易的保护政策也开始废弛。表面上清廷虽仍继承了此前对某些蒙古地区贸易活动加以限制政策,但总体上并未真禁,相反却以制定明文方式,鼓励民人领票前往。如道光四年所颁禁令限制之处只一处,即唐努乌梁海地方因“地界与哈萨克接壤,往往因缘为奸”,“着将乌梁海地方概行禁止贸易”,只准乌梁海蒙古来科布多城上交易,而其他如科布多所属蒙古杜尔伯特、明噶特、额鲁特、扎哈沁等旗则允许商民照四喀尔喀之例给票贸易。同时又因粮烟茶布为蒙古养命之源,清廷特准发给商民部票,鼓励合法公平贸易。② 道光三年那彦成又向清廷奏请商民与西北蒙古贸易章程,称“蒙古以游牧为业,若将羊客禁绝,诚恐生计日艰”,遂建议“嗣后勿论何州县羊客,与河北蒙古及河南蒙古番子交易”,只要在西宁办事大臣衙门领票出口,于限定期限和地界内均准贸易。③ 除对民人商家入蒙古各处贸易加以管理外,清廷也对蒙古人贸易活动作出了规定。即道光十九年,清廷命蒙古人等贸易“应禀明札萨克王公等拟一章京为首领,令十人以上合伙而行,若无首领之人,或滋生事端,各座应得之罪”。即此可见,贸易等日常交易乃蒙古地区不可缺少的日常需要,不光当地生活的蒙古牧民客观需要,移居此地的民人也需要。清廷本质上并不反对蒙汉之间的正常交易,所担心者为汉人借此剥削不懂生计的蒙古,导致蒙古生计贫困、藩篱不存。进入同治后,清廷仍继承了道光朝政策。但随着清廷统治能力的削弱、财政亏空的加剧,清廷加大征税力

---

① 昆冈等纂:《钦定大清会典事例》,清会典馆,清光绪二十五年(1899)石印本,理藩院,卷983,“理藩院二一·边务二·蒙古民人贸易”。

② 昆冈等纂:《钦定大清会典事例》,清会典馆,清光绪二十五年(1899)石印本,理藩院,卷983,“理藩院二一·边务二·蒙古民人贸易”。

③ 《清宣宗实录》,卷50,道光三年三月庚午条,中华书局1986年。

度,以度时艰,由此却导致苛征杂税日繁,商人负担增大。这一变化对蒙古地区影响颇大,入蒙地商贩者最终都将这些负担转嫁给蒙民,终导致蒙古生计贫困。

2. 各蒙古的贫困与衰微

除了民人日益移居各蒙古导致各蒙部情况发生变化外,嘉道时期蒙部的另一变化是经济上日益贫困,军事上日益衰落。如道光十一年三月间有官员向清廷奏报称"张家口驻防满洲、蒙古官兵近来户口倍增,生计日形竭蹶",要求救济。① 又如道光十七年有官员称"察哈尔旗蒙兵,近因生计日艰亟应量为调剂"。② 再如道光十六年库伦办事大臣多尔济喇布坦等奏"喀尔喀土谢图汗部落各旗游牧,迭次被灾,不能相助",其赤贫蒙古达一万八千一百七十一名,度日维艰。③ 部众日益贫困,必将导致某些蒙部不能自养、作乱地方等现象发生。如外蒙额鲁特部众自同治后散处阿勒台乌梁海、土尔扈特、扎哈沁等处已达数千人,其流寓科城附近者亦百余家。同治八年该部众迫于饥寒,肆行劫盗。恰与回民变乱相汇,导致科布多等处骚乱不堪。④

乾隆后期以来承平日久,生活安逸的生活状况导致嘉道后各蒙古战斗力大不如前。诸多蒙部不再骁勇善战,相反却染上了所谓汉人的恶习。如不少王公贵胄开始仿效汉人演剧、习戏,导致其"只知练习弓马,从不竞尚奢侈"之风,一变为"习为逸乐"。⑤ 更令清廷担忧的是,蒙人开始"起用汉名,又学习汉字文艺,殊失旧制"。⑥ 在此等变化下各蒙古难能发挥清廷所期待的"活的长城",相反却在内外战乱中变得越来越羸弱,甚至不能自保。这均可从嘉道后一系列事件中得到体现。如当两次鸦片战争爆发时,清廷曾试图利用蒙古各部抵抗英法联军的入侵,特命科尔沁亲王僧格林沁从内蒙古各部自备精兵三千参加战斗,⑦但战争中除内蒙古科尔沁僧格林沁亲王所率蒙兵还能展现蒙古骑兵风采外,⑧其他各部表现均显不佳。不久后僧王军队就在英法联军及捻军打击下丧失殆尽,前后共死伤官兵一千十五

① 《清宣宗实录》,卷186,道光十一年三月己巳条,中华书局1986年。
② 《清宣宗实录》,卷296,道光十七年四月癸丑条,中华书局1986年。
③ 《清宣宗实录》,卷283,道光十六年五月壬辰条,中华书局1986年。
④ 《清穆宗实录》,卷262,同治八年七月乙酉条,中华书局1987年。
⑤ 《清宣宗实录》,卷234,道光八年三月乙酉条,中华书局1986年。
⑥ 《清文宗实录》,卷103,咸丰三年八月辛卯条,中华书局1986年。
⑦ 《清宣宗实录》,卷373,道光二十二年五月甲子条,中华书局1986年。
⑧ 《清文宗实录》,卷105,咸丰三年九月辛亥条,中华书局1986年。

员之多,①这标志了清代重要藩部——蒙古军事雄劲时代实已终结。

其后席卷西北的回民起义、马贼再使内外蒙古遭受惨祸。其中阿拉善盟、科布多、乌里雅苏台、外喀尔喀四部均遭到回民起义的直接冲击,成为回民起义波及的主要地区。在回民起义中,无论是内蒙还是外蒙,不仅未能发挥清廷藩部本应发挥的藩篱作用,相反却沦为蹂躏的主要对象,不能自保。如同治三年十二月宝恒等就向清廷奏报蒙古土兵在救援乌科二城时不战即溃情形:"木垒河街市被贼焚烧,济木沙兵勇接仗失利,蒙兵未曾接仗,先自溃散……前因乌科二城蒙兵不能得力……关外除蒙古以外更无可调之兵。"②同治四年正月塔尔巴哈台爆发回民起义后,本应由土尔扈特等盟出兵进剿,但该盟兵"素未习战,且军械等项亦多缺乏","若令勉强出征,恐亦有名无实"。为此塔尔巴哈台参赞大臣等只能作罢。③同治四年六月间当回民陷哈密,围攻巴城时,清廷又欲调乌科二城蒙古兵三千名前往,但广凤却称"蒙古官兵未习战阵,又无应手利器,势难再行拨调",清廷承认属"实在情形"。④同治五年明谊在奏调蒙古官兵往救伊犁时,更直接声称"蒙古官丁,不知讲习军旅,与内地营伍不同"。⑤同治十三年正月当清军围攻陕西回民,蒙古兵亦参加,但"副总管蒙库吉呼噶尔所带蒙兵,闻贼即溃,不能得力",导致领兵官员不得不向清廷建议"裁撤此项蒙兵,腾出饷银,招募民勇"。⑥清廷最终同意这一请求。⑦更有甚者,在镇压回民起义时,还发生蒙部官兵不仅不能协同出征,相反却肆行抢劫地方、纷纷逃亡事件。如同治五年十一月间李云麟就奏报清廷,札萨克图汗营兵前往古城平定回民起义时,行至呼图古兰台地方,抢劫台兵牛驼,该管扎兰究问,兵众不服,聚众将犯法之兵劫去,次日二更,有百余骑闯入行营,营中大乱,一切皆被抢去,札萨克图汗之兵纷纷散回部落,赛因诺颜兵亦多有被惑逃走者。⑧清廷让外蒙古定边右副将军德勒克多尔济办理,该将军却称两盟蒙兵溃散情形事同一律,撤留两歧,恐启(起)争端。⑨有鉴如此,清廷只得指示李云麟将赛因诺颜蒙

① 《清穆宗实录》,卷142,同治四年闰五月丁丑条,中华书局1986年。
② 《清穆宗实录》,卷124,同治三年十二月乙卯条,中华书局1986年。
③ 《清穆宗实录》,卷134,同治四年三月己未条,中华书局1986年。
④ 《清穆宗实录》,卷146,同治四年六月壬戌条,中华书局1986年。
⑤ 《清穆宗实录》,卷172,同治五年三月庚午条,中华书局1986年。
⑥ 《清穆宗实录》,卷362,同治十三年正月壬子条,中华书局1987年。
⑦ 《清穆宗实录》,卷362,同治十三年正月丙寅条,中华书局1987年。
⑧ 《清穆宗实录》,卷188,同治五年十一月乙丑条,中华书局1987年。
⑨ 《清穆宗实录》,卷194,同治六年正月乙巳条,中华书局1987年。

兵遣回各守游牧。此际外蒙古四部在回民起义打击下,也显得贫弱不堪,难以帮助清廷进行会剿,以致出现"几于空国待人之入"之现象。① 如同治九年四月间张廷岳等就奏称"内地剿败余匪,由札萨克阿毕尔米特游牧窜入土谢图汗部落,到处滋扰,复在赛因诺颜部落肆行焚抢,蒙古人众,闻警逃散"。张氏称"库伦向无城廓,蒙古性情柔弱,战守均难深恃,非有得力援兵,恐一时未能奏效"。② 同治十年,清廷为蒙兵不能帮助清廷镇压西北回民起义大为感叹,谕旨称"布鲁图属之喜喇穆呼尔第五台站弁兵,闻有枪声,恐贼来扰,先后逃避,以致大同征兵半途阻滞……览奏殊深厪系。蒙兵如此懦怯,甚不足恃"。③ 由于蒙古官兵征战不力,清廷在镇压此次回民起义时,主要依靠内地官兵进行镇压,如同治十年为防范科布多、乌里雅苏台等处回民回攻库伦,清廷特让库伦办事大臣张廷岳等从宣化大同调官兵二千到库防守,又从中拨出五百名前往科布多。④

清廷为镇压回民起义,不仅调集蒙旗军队帮助平叛,更要求各盟旗为战争提供驼马台站捐输,支付各种差事,更导致蒙古各部日益贫弱。如同治四年阿拉善旗王贡桑珠尔默特称,自甘肃军兴以来,捐输垫办防堵蒙兵饷需并换运军粮火药等项共银二万余两、驼马四百匹之多,直接导致该旗"力难为继"。⑤ 至同治九年,清廷又让阿拉善亲王筹办骆驼二千只,送交宁夏以资转运,结果该亲王称"该旗屡被贼扰,驼只已属无多,且因避贼驱牧远方,日增倒毙,更形缺乏。现在各营委员到处搜括驼只,旗民极形苦累,恳请免解"。同时又称"提督金运昌委员郑瑞品在该旗采买粮石,拷打市民,纵勇抢掠粮草驼只,旗民惊慌"。⑥ 由此可见,回民起义中各蒙旗所受苛派之重。又如蒙古各部各台也因回民起义军兴,差事繁重,无法支应。为此文硕在上奏清廷时就称,"经过蒙古台站,访闻近来差役繁多,行人需索过重,情形苦累",更有甚者"驰驿官兵人等,竟至夹带行商,包驮客货,苛求规礼,多索廪羊,劳扰追呼,动加鞭笞"。⑦ 再如乌拉特三公旗游牧,据报至同治九年时"情形困

① 《库伦志》,引自中国社会科学院中国边疆史地研究中心主编:《清末蒙古史地资料荟萃》,全国图书馆文献缩微复制中心 1990 年,第 121—122 页。

② 《清穆宗实录》,卷 280,同治九年四月辛丑条,中华书局 1987 年。

③ 《清穆宗实录》,卷 312,同治十一年五月丁巳条,中华书局 1987 年。

④ 《清穆宗实录》,卷 303,同治十年正月丁未条,中华书局 1987 年。

⑤ 《清穆宗实录》,卷 156,同治四年十月癸巳条,中华书局 1987 年。

⑥ 《清穆宗实录》,卷 280,同治九年四月己亥条,中华书局 1987 年。

⑦ 《清穆宗实录》,卷 267,同治八年九月戊戌条,中华书局 1987 年。

苦"已无力支应台站。① 最后如外蒙各部,为应对西北战事,清廷曾于同治九年九月间命令喀尔喀各蒙古筹备驼三千只,但因该盟地方受灾,结果只解送到一百只。② 至闰十月清廷又命喀尔喀等部落速拨膘壮马三千匹,先期交库伦,妥为牧放,以便官兵到时应用。③ 同治十年为会剿乌里雅苏台回民起义,福济、荣全等又向清廷上奏,要求各部预筹毡房、牲畜接济大兵:喀尔喀四部落赶办大毡房八百顶,骟驼四千只,骟马八千匹,限于三月内办齐,并令预备骟牛六千头,羯羊十万只,自本年正月起,每月交牛六百头、羊一万只,以资应用。为防止蒙古官员规避差事、纷纷请假,又专门制定"严定蒙员告病章程"。④ 稍后又让理藩院、乌里雅苏台将军传谕外蒙四盟长"倘有避差取巧者,仍照向章惩办,以符定制"。⑤ 金顺等又奏清廷命"每蒙汗筹办健驼四千只,配齐鞍绳,解至归化、包头一带,接运军食"。⑥ 但不久后库伦办事大臣张廷岳却奏称"喀尔喀连岁灾荒,兼之各台转运,供应维艰,金顺所需驼只,东西盟实系无力筹备,请于四部落孳生驼只内调用"。清廷最终只得从四部落孳生驼只内调用。⑦

　　同治回民起义对蒙部的影响、清廷派兵征剿时的再度蹂躏,以及清廷对蒙旗的苛征,均导致不少蒙部生活日益艰难。如同治十年十二月奎昌就奏称"土尔扈特游牧被贼侵犯,抢掠牲畜财物,该游牧人众辗转迁徙,流离失所,情形困苦"。清廷无奈,只能命乌科两城借给生活费。⑧ 而同时期人祸之后的天灾也不时降临蒙古各部,更使不少蒙旗雪上加霜,生活艰苦。如同治十一年十月间,常顺上奏清廷就称,乌里雅苏台属四部落连年被灾较重,差使难支。⑨ 在生活日益艰难、压力不断增大情况下,不少蒙部对清廷统治渐感不满,乃至进行抵制。如当同治十一年清廷围剿哈密等处回民起义又欲向科布多所属蒙古分派差事时,杜尔伯特部就进行抗拒。而当清廷要求该部代替乌里雅苏台属四部充当科布多属屯田兵役及向导差事时,该盟长仅认充北八台之差,其余坚不允从。⑩ 同时同治年间蒙古内部也开始呈

① 《清穆宗实录》,卷284,同治九年六月丙申条,中华书局1987年。
② 《清穆宗实录》,卷291,同治九年九月壬午条,中华书局1987年。
③ 《清穆宗实录》,卷295,同同治九年闰十月丙戌条,中华书局1987年。
④ 《清穆宗实录》,卷302,同治十年正月壬寅条,中华书局1987年。
⑤ 《清穆宗实录》,卷311,同治十年五月辛丑条,中华书局1987年。
⑥ 《清穆宗实录》,卷318,同治十年七月乙酉条,中华书局1987年。
⑦ 《清穆宗实录》,卷323,同治十年十一月丁亥条,中华书局1987年。
⑧ 《清穆宗实录》,卷325,同治十年十二月丁巳条,中华书局1987年。
⑨ 《清穆宗实录》,卷358,同治十一年十月己卯条,中华书局1987年。
⑩ 《清穆宗实录》,卷358,同治十一年十月己卯条,中华书局1987年。

现出叛清痕迹,东蒙旗台吉托克托虎等就与宋英、程广学等结合,以复仇为名,杀毙民人二十八命。①

3. 清廷固边政策及蜕变

与清代中前期清廷管理各蒙部内部事务相比,嘉庆后清廷在维护藩部,实现其屏护中心功能构建上也显得更趋保守与被动。如嘉庆四年驻库伦办事大臣蕴端多尔济奏请清廷派员巡逻俄罗斯边界卡伦时却遭到嘉庆帝指责,称安设卡伦时并未派库伦要差进行巡逻,其后奏派官员往巡,也未实现,现在值"太上皇帝大事,朕躬亲政,乃于俄罗斯卡伦派委多员,纷纷巡查,不特滋其疑惧,甚至疑朕于该地方或有所利,更属不成事体"。② 直到嘉庆七年库伦办事大臣蕴端多尔济再度奏请派员巡逻俄罗斯交界卡伦后,嘉庆帝才勉强允许派员巡边,同时却叮嘱巡卡官员巡察以前,应明白晓谕,使俄罗斯明白缘由,不至生心。③ 清廷虽允许库伦大臣所请,但其习常性做法却是,除非发生了俄罗斯人侵扰活动,否则不会派员戍边;相反,一旦俄罗斯侵扰活动消退,马上就命令外蒙四部戍边之兵撤回,不再戍守。此等政策固然可以减少边防戍守成本,减轻外蒙各部负担,但却不利于巩固清廷边围和蒙部安全。

清廷于嘉庆后不仅在戍守边陲方面日趋保守,在对外蒙内政管理上显得无所作为,而且对库伦办事大臣等加强蒙部管理的一些积极性建议也大加反对。如嘉庆二十四年,库伦办事大臣蕴端多尔济奏请在外蒙汗山、肯特依汗山等处设立巡查兵丁,加强蒙部治安管理。此奏首先遭到理藩院驳议,清廷完全支持理藩院意见,认为库伦办事大臣职责在于管理俄罗斯交界事务而无统领之责,喀尔喀四部落应否设立巡查兵丁,系喀尔喀事务,与库伦办事大臣无涉。清廷因此撤其"御前侍卫"资格,不准其赴京祝遐;同时还警告称,如此后再有渎奏,必从重治罪。④

4. 外敌入侵与蒙部危机增强

晚清清廷藩部体系瓦解最大的影响因素乃外来势力入侵,它直接导致某些藩部被迫以更快的速度变为中央政权治下的地方行政区域;同时也导致某些藩部值清末革命鼎革之机,宣布脱离清廷而独立。蒙古各部在晚清时段内曾发生着以上两种变化,而沙俄等侵渗则是导致以上两变化发生的重要因素。

---

① 《清穆宗实录》,卷250,同治八年正月甲申条,中华书局1987年。
② 《清仁宗实录》,卷45,嘉庆四年五月丁亥条,中华书局1986年。
③ 《清仁宗实录》,卷102,嘉庆七年八月己酉条,中华书局1986年。
④ 《清仁宗实录》,卷358,嘉庆二十四年五月庚寅条,中华书局1986年。

　　清代中前期中方与沙俄所订《尼布楚条约》《恰克图界约市约》，均明确划分了中俄北部边界，强调各自对各方领土实行管理主权。条约虽允许双方民人在边界中间地段自由贸易或执有护照过境来往贸易，[①]但严限民人偷越边界，并且将两国交界处所的零星免税贸易主要限制在恰克图、尼布楚等地方。[②] 乾隆五十七年中俄《恰克图市约》再度强调了以上要点，并对恰克图以西十数卡伦的俄方布里亚特哈丽雅特等越境盗窃不法行为进行申禁，此后才允许双方开市。[③]

　　但盛世结束，衰世降临却使各蒙部危机日益增强，沙俄等殖民势力利用嘉道后清廷实力衰弱机会，加紧对三北蒙古地区进行渗透，并借机侵渗中国传统藩部地区。如嘉庆九年俄罗斯所属喀木呢罕等进入巴彦阿达尔罕卡伦，抢掠车臣汗部落游牧牲畜。[④] 又如嘉庆十四年又发生俄罗斯贡使进贡不履行叩拜礼仪事，结果被斥回。[⑤] 道光年间沙俄已在库伦地方建有俄罗斯公馆。[⑥] 道光二十年俄人一百二十余人又以俄方差重法严，逃出偷生为名，越入科布多卡伦，清廷特命科布多、巴里坤、哈密、古城、乌鲁木齐、库尔喀喇乌苏、伊犁等处将军大臣注意防守，不可容留，亦不可强行驱逐，以免滋事。[⑦] 道光二十一年俄人又入科布多，并不听中方派员劝告，"逃至土尔扈特所属鄂什克地方牧放牲畜"。[⑧] 道光三十年，俄方又自唐努乌梁海交界齐斯大坝地方越入四十余名，携带器械，抢夺羊只，并将佐领哈勒察克砍伤身死，夺去枪马等物逃走。当中方让库伦大臣向俄方问责时，俄方则称已将对方拿获监禁。[⑨] 咸丰朝又发生俄方巴毕尔等冲击中方蒙古卡伦，强行入卡事，当遭中方卡兵阻拦后，他们将中方蒙旗马匹抢掠。[⑩] 综上可见，嘉道后俄方对中方蒙古边部之渗透日益加强。

　　不仅如此，俄方还借第一次鸦片战争清廷挫败机会，加紧渗透清廷传统藩部蒙古地区。如1851年8月6日（咸丰元年七月初十日）《伊犁塔尔巴哈台通商章程》之签订，俄方迫使中方开放伊犁、塔尔巴哈台两处，并给予俄方诸多特权。其章程

① 王铁崖：《中外旧约章汇编》，生活·读书·新知三联书店1957年，第一册，第2页。
② 王铁崖：《中外旧约章汇编》，生活·读书·新知三联书店1957年，第一册，第8页。
③ 王铁崖：《中外旧约章汇编》，生活·读书·新知三联书店1957年，第一册，第29—30页。
④ 《清仁宗实录》，卷129，嘉庆九年五月丙午条，中华书局1986年。
⑤ 《清仁宗实录》，卷171，嘉庆十四年九月癸未条，中华书局1986年。
⑥ 《清宣宗实录》，卷242，道光十三年八月乙卯条，中华书局1986年。
⑦ 《清宣宗实录》，卷339，道光二十年九月丁未条，中华书局1986年。
⑧ 《清宣宗实录》，卷350，道光二十一年闰三月庚辰条，中华书局1986年。
⑨ 《清文宗实录》，卷16，道光三十年八月甲申条，中华书局1986年。
⑩ 《清文宗实录》，卷102，咸丰三年八月庚辰条，中华书局1986年。

第三条："通商原为两国和好，彼此两不抽税"之规定，实则给俄罗斯单方面的免税贸易权，必将刺激俄商大规模渗入该地区，剥夺蒙古生计。又如第十三条："俄罗斯商人前来贸易存货，住人必需房屋，即在伊犁塔尔巴哈台贸易亭就近由中国指定一区，令俄罗斯商人自行盖造，以便住人存货。"此条与前条一样，不仅未对俄方商人入以上两处蒙古地方做出人数时间限制，且又给予对方永久的居留权，更有利于俄方借机大规模渗入该地区，染指蒙古。它为俄方此后设立领事馆，施行领事裁判权提供了依据。除此之外，俄方又从宗教、文化层面开始破坏蒙古地区传统信仰，瓦解以黄教为主体的游牧社会内部秩序，要求允许"俄罗斯商人依俄罗斯馆之教，在自住房内礼拜天主，听其自便"，从而为天主教在蒙古地区的渗透提供了条约依据。① 紧接其后，俄方又利用第二次鸦片战争机会迫使中方先后签订了《瑷珲条约》《天津条约》《塔尔巴哈台议定赔款条约》《黑龙江通商条规》《北京续增条约》《勘分东界约记》《陆路通商章程》《勘分西界约记》，借机渗入三北地区，先后吞并中国领土一百五十多万平方公里。如在《天津条约》中俄方不仅要求在陆路边疆保持通商，又将上海、宁波、福州、厦门、台湾、琼州七处作为海上通商口岸，更要求"嗣后陆路前定通商处所、商人数目及所带货物并本银多寡，不必示以限制"。② 该规定实则等同将与俄接壤的外蒙、新疆天山南北等处地方彻底向俄开放，俄人可凭此约不受限制地向各蒙古地区渗透，对其进行经济、军事、文化等侵渗活动。而咸丰十年（1860）所订《北京续增条约》则为沙俄向东西内外蒙古地区扩张势力范围提供了重要条约依据。如该约第五条规定："俄国商人，除在恰克图贸易外，其由恰克图照旧到京，经过之库伦、张家口地方，如有零星货物，亦准行销。"库伦准设领事官一员，酌带数人，自行盖屋一所，在彼照料。其地基及房间若干，并饲养牲畜之地，应由库伦办事大臣酌核办理。③ 这一规定不仅给予俄方在库伦、张家口等地自由贸易特权，又允许俄方在这些地方设立领事馆，使俄方官商势力均渗入内外蒙古。此等设领事馆、建设贸易圈、设立教堂等特权又被推广到喀什厄尔、伊犁、塔尔巴哈台等处，至此，清代中前期尼布楚、恰克图等界约所欲将俄国势力排除在蒙古部落之外的格局已经完全瓦解，清廷旧有藩部之藩篱已向沙俄洞开，所谓的藩部藩篱功能自此之后实不存在，而存在和不断发生变化的是沙俄趁机侵吞这些地区。

与道光后通过所订条约向中方大规模侵占领土、进行商业渗透和殖民活动相

① 王铁崖:《中外旧约章汇编》,生活·读书·新知三联书店1957年,第一册,第78—79页。
② 王铁崖:《中外旧约章汇编》,生活·读书·新知三联书店1957年,第一册,第87页。
③ 王铁崖:《中外旧约章汇编》,生活·读书·新知三联书店1957年,第一册,第150—151页。

对照,此间俄方亦通过潜移默化、逐渐侵渗方式染指中国蒙边。如道光十一年,俄人就在科布多吹河北岸建盖木房六间,又在南岸盖有木房三十一间,常川居住。① 咸丰初年又在塔尔巴哈台驻扎俄兵,并在伊犁勒布什迤南开始设立卡伦木城。对此中方疆吏大臣未能"慎固封圻","任俄人侵占",置若罔闻,不仅导致蒙边布鲁特、哈萨克等"首鼠两端""暗附俄人",而且导致清廷以往所依恃的藩篱不保,边圉不靖。② 咸丰五年,俄方又借防备英法为口实,在阔吞屯地方住船、盖房,并欲将格尔必齐河起至兴安岭阳面各河止,指为中俄分界。③ 咸丰八年直隶总督谭廷襄等又奏俄人欲由陆路赴黑龙江,并进京请旨清帝是否允行。咸丰帝批谕明确指出,俄人由旱路"实欲窥伺喀尔喀,以遂其将来蚕食之谋"。④ 至咸丰八年即1858年,沙俄对塔尔巴哈台的商业渗透规模已经非常大,其设于塔城的买卖圈子不仅经营牲畜毛皮等,而且还从事大规模的茶叶贸易。⑤ 咸丰十一年,库伦办事大臣色克通额又奏,俄国通商人等不能悉遵条约,其"贸易二十余人前往库伦及京城地方,欲雇蒙古驼只贩运"。清廷称京城地方是否允该国通商,以及自雇驼只、私立驿站,均在条约之外,要求奕䜣等知照俄使。⑥ 稍后该商呢尔丕依汪带领跟役十八人、喇嘛二十四名,并驼马车辆等前往独石口,经中方阻拦后才折往张家口,但仍欲进京贸易。⑦ 同时,俄方凭借第二次鸦片战争后签订的条约,欲在库伦贸易圈内长期居住,并欲买用蒙古草柴产业,雇赁驼马。清廷一开始对此加以反对,称"库伦俄圈至为该国往来使臣公寓,今该商等欲于圈内贸易,皆非条约所载"。"俄商于库伦销售零星货物,系和约所载,至私置产业、设立行栈,意在久住,则系违背条约"。⑧ "上年与俄国续订条约内载有,该国商人经过库伦等地方,如有零星货物亦准行销,并准设领事官一员,酌带数人,自行盖屋一所,在彼照料,并无准其库伦常川通商之语"。⑨ 但稍后奕䜣等上奏清廷奏折却明确承认了俄方在库伦有常川通商之权利,文称"续定条约所载零星货物亦准行销,虽未名言常川通商,然既准其设官

---

① 《清穆宗实录》,卷67,同治二年五月己未条,中华书局1987年。
② 《清穆宗实录》,卷71,同治二年六月乙亥条,中华书局1987年。
③ 《清穆宗实录》,卷182,同治五年十一月庚申条,中华书局1987年。
④ 《清穆宗实录》,卷250,同治八年四月戊申条,中华书局1987年。
⑤ 王铁崖:《中外旧约章汇编》,生活·读书·新知三联书店1957年,第一册,第114页。
⑥ 《清文宗实录》,卷345,咸丰十一年三月甲午条,中华书局1986年。
⑦ 《清文宗实录》,卷348,咸丰十一年四月甲子条,中华书局1987年。
⑧ 《清文宗实录》,卷349,咸丰十一年四月壬申条,中华书局1987年。
⑨ 《清文宗实录》,卷353,咸丰十一年五月甲寅条,中华书局1987年。

盖屋,即与伊犁、塔尔巴哈台事同一律,自系准其设立行栈常川贸易之意"。此即承认了北京续约给予俄方在库伦开埠通商权利。①

同治后,俄方又利用清廷挫败、甘肃回民起义之机侵占中国蒙边,向西北各处蒙古地区进行商业渗透。如据同治元年库伦办事大臣色克通额所奏,自咸丰十一年二月至十二月来库伦贸易俄人达一百一十八人。② 同治后俄方遂开始利用不平等条约做保护,垄断中俄贸易,不仅导致此前非常活跃的恰克图华商大批歇业破产,而且导致张家口的中国茶叶商人也日渐减少。这可从当时一位官员写给朝廷奏折中得到证明:"伏查恰克图地方商民贸易情形,从前极盛之时众商云集,大小铺户不下百数十家,贩运茶货到恰,俄人与之交易,无不争先恐后,华商所得利息甚重,所以日久兴隆。至咸丰十一年中外通商以后,俄人自赴两湖贩运茶叶,华商之利大不如前,渐次萧条,以致歇业日多。现在领票商人赴两湖贩茶,只剩七家。"张家口"自咸丰年间华商贩茶尚有七十余家,近年只剩七八家,其余因无利可图,均行歇业"。③ 此举亦导致此前前赴俄境从事贸易的华商商号大大减少,只有小本商人携带少量货物前往,而带来的另一恶劣影响则是俄方纸币开始成为恰克图的流通货币,恰克图的各项给付结算均用此币。④ 同治二年四月塔尔巴哈台将军明绪奏"塔尔巴哈台巴克图卡伦之外,有俄兵三四百人,随带器械、跑车,在彼居住,意欲先占地方,潜立石垒"。"齐桑淖尔既有俄国派兵数千人耕地盖屋并赴各游牧收服哈萨克"。⑤ 同年五月科布多参赞大臣明谊又奏"科布多所属有俄兵私越开齐"事,即"俄兵九十余名向科布多所属哈拉塔尔巴哈台卡外一带前来,欲在吹河等处搭房住牧"。⑥ 稍后已未日,科布多地方又出现俄人四十余名骑马持械强闹中方卡伦事件,并将中方守卡官兵强行殴打,抢去马匹什物等,拘去蒙古卡兵十三人之多,

---

① 《清文宗实录》,卷354,咸丰十一年六月辛酉条,中华书局1987年。

② 台湾"中央研究院"近代史所档案馆藏:《俄商自十一年二月起至十二月止所有在库伦贸易人数货色开单咨报由》(同治元年正月六日)(1862.2.4),《总理各国事务衙门全宗》,《通商税务系列俄国通商税务宗》,馆藏号:01-20-013-01-001。

③ 台湾"中央研究院"近代史所档案馆藏:《呈报遵查华商领照赴俄国地方贸易现在情形由》(同治七年六月一日)(1867.7.20),《总理各国事务衙门全宗》,《通商税务系列俄国通商税务宗》,馆藏号:01-20-024-02-003。

④ 台湾"中央研究院"近代史所档案馆藏:《呈报遵查华商领照赴俄国地方贸易现在情形由》(同治七年六月一日)(1867.7.20),《总理各国事务衙门全宗》,《通商税务系列俄国通商税务宗》,馆藏号:01-20-024-02-003。

⑤ 《清穆宗实录》,卷65,同治二年四月乙巳条,中华书局1987年。

⑥ 《清穆宗实录》,卷66,同治二年五月乙酉条,中华书局1987年。

以致出现了所谓的"俄人来去无常,来既难于豫制,去又无处穷追,各游牧蒙古等畏其强横,未必即能与之相抗"的局面。① 同治三年七月间科布多地方官员又向清廷奏称:科布多所属之霍尼迈拉扈卡伦忽有俄人六十余人,前来驻扎。俄人声言前来照料游牧,又呈文称"阿勒坦淖尔等处均系该国游牧等处"。科布多所属之绰罗什拜地方复有俄人数名前来伐木,又声称"该处系俄国富人前来贸易,并有该国大喇嘛人前来盖庙居住"等语。②

(二)西藏变化与清廷政策

嘉道咸同时期的清廷对藏政策虽继承了乾隆朝做法,但无论是对内,还是对外,其创新处少,因袭处多。这可通过这一时期清廷涉藏交涉时的内外政策得到体现。

1. 外部危机的增强及应对

第一,1818—1819年间英侵廓尔喀及应对。

嘉庆年间,英属印度为扩大殖民利益,与清廷属国廓尔喀频繁发生冲突。在英军大举进攻、廓尔喀无力抵抗情况下,后者曾向清廷多次求援,但清廷始终没有同意对方要求。当然,清廷自身实力限制也使它无暇顾及英廓战争,此际其关注重点只在对藏实行保护。如嘉庆二十年四月二十一日清廷命军机大臣字寄驻藏大臣喜明等就作出如下指示:"至藏地一带边界,喜明等当督饬该营员加意防守,将所属弁兵时加训练,密为备御。如披楞人等果有阑入边界之事,则当示以兵威,痛加剿杀,俾知震慑,以固边围。"③不久后,清廷又命成都将军赛冲阿带兵进藏,保护西藏,其对英廓冲突仍采取不问政策。如嘉庆帝在赛冲阿奏折朱批中就做出如此指示:"命汝带兵至藏,总为严防边界,断勿协助廓尔喀。若披楞扰及藏地边界,必应痛剿驱逐,切勿贪功穷追。""即廓尔喀又来请助,总置不问,仍令喜明、珂实克二人寄信,勿令彼知汝在藏方妥。"④

因清廷对英廓冲突采取不干涉政策,所以廓尔喀终未获得清廷实际支持。在英方兵力压迫下不得不作出妥协,双方议和停战。再加上这一时期英国也没有立

---

① 《清穆宗实录》,卷67,同治二年五月己未条,中华书局1987年。

② 《清穆宗实录》,卷108,同治三年七月辛丑条,中华书局1987年。

③ 中国第一历史档案馆藏:《字寄喜明等廓英交兵当置不问但在边界需密为备御上谕》(嘉庆二十年四月二十一日),《军机处上谕档》。

④ 中国第一历史档案馆藏:《赛冲阿奏报带兵赴藏抵硕板多并闻廓英现在讲和情形折》(嘉庆二十一年三月二十八日),《宫中朱批奏折》。

即交通西藏的用心,其主要活动仍限于西藏以南南亚次大陆、重点染指西藏边外锡金、不丹、哲孟雄等部,为此亦无对西藏立即进行骚扰之举。在此背景下,西藏倒显得异常平静,驻藏大臣和进藏将军均认为,这是清廷政策恰当的结果,以至于驻藏大臣奏报西藏边情时就称"现在唐古忒情形,边界极为镇静"。① 而此际西藏地方对英廓冲突及自身安危亦无太大感受,它也认为交战主要责任在廓尔喀方。② 除了对清廷将军带兵保护西藏一事进行谢恩外,西藏内部亦称藏内平静。③

此际清廷虽不遗余力保护西藏,但这一行为仍不外乎天朝屏护藩部目的,其追求目标也只是藩部对皇帝知恩感报、服从统治。它没有从保护中国西藏领土不受侵犯角度立论,相反却过多强调的仍是传统宗藩理念:"著喜明、珂实克传旨谕知班禅额尔德尼、第穆呼图克图,告以此次廓尔喀与披楞构兵,本系徼外之事,大皇帝恐其扰及后藏,特派将军大臣带兵防守边界。该两部落震慑声威,息争悔罪,边境敉宁,此皆仰赖皇考高宗纯皇帝从前两次平定巴勒布、廓尔喀德威远播。"④不仅如此,针对英廓冲突,清廷虽体现出一定务实性,但也未能认识到这一冲突对今后中英、中廓传统关系的影响。清廷虽把西藏看成大清版图不可分割领土,但仍将西藏看成屏护内地的藩部。它只求西藏本土无忧,对英廓冲突视而不见,这为英国趁机染指廓尔喀并瓦解中廓传统宗属关系提供可乘之机。⑤ 另外,它虽对西藏实行保护,但又要求西藏僧俗对其知恩图报。清廷似乎没有意识到危机来临,或是说面对危机时缺乏有效应对措施,仍从传统宗藩理念和运作模式中寻求应对。为此,面对英国在南亚次大陆扩张行为,清廷虽已认识到英人不善,但仍将其定义为披楞部落。

与清廷对应,西藏地方在英廓冲突过程中也仍将自己定义为藩部,它对廓尔喀防范、不满,比对英属印度即披楞的不满更多。因此,它亦没有觉察到英征廓尔喀只是随后开放西藏的前奏,对廓尔喀方的求援也不允从,并对廓尔喀方所称英侵廓

① 中国第一历史档案馆藏:《赛冲阿等复奏遵旨商办廓尔喀与英交兵凌禀一案情形折》(嘉庆二十一年五月五日),《军机处录副奏折》。
② 中国第一历史档案馆藏:《喜明等奏遵旨颁赏并代七世班禅等谢恩折》(嘉庆二十一年十一月四日),《宫中朱批奏折》。
③ 中国第一历史档案馆藏:《赛冲阿奏摄政第穆呼图克图等感激中央派兵防卫卫藏边界情片》(嘉庆二十一年四月二十日),《宫中朱批奏折》。
④ 中国第一档案馆藏:《军机大臣字寄喜明等传谕七世班禅等边境敉宁档感激先朝厚恩》(嘉庆二十一年九月二十一日),《军机处录副奏折》。
⑤ 台湾"中央研究院"近代史所档案馆藏:《外务部全宗》,《西藏档系列西藏档宗》,馆藏号:02-16-013-01-001。

尔喀索路进藏一事更不相信。总之,它对于清廷保护西藏一事也只是从传统藩部角色出发,表示感激。

第二,中英关于克什米尔与后藏划界通商交涉。

晚清清廷同西藏本域及周边部落、邻邦的交涉不是导致清廷传统藩部体制发生变异的直接诱因,更没有使清廷决定改变同西藏的传统关系、管理模式。最终导致藩部体制日益瓦解并转型的直接因素却是英法俄等殖民势力,它们不仅在东亚积极扩张势力范围,而且对中国周边地区进行殖民扩张,最终迫使清廷不得不重新审视其传统藩部政策。尤其是近代西方世界认可的领土归属、实际管理原则与中国传统宗藩体制下边界归属模糊相冲突。当西方各殖民势力用这些原则去规范南亚次大陆各部落间关系时,清廷那传统藩部政策立即遭遇威胁。咸同后已无力抗击西方殖民势力的清廷要么自愿放弃传统体制迫使藩部西藏等适用这些原则以维护边疆领土完整,要么伙同西藏抵制西方殖民势力以维护其传统藩部体制和理念。但历史发展大趋势迫使它只能选择前者。

英方最早就在克什米尔与后藏划界通商问题中提出与清廷划分印藏边界并通商等要求。道光二十六年趁第一次鸦片战争结束之机,英国公使德庇时正式向两广总督耆英等提出这一要求。耆英对后藏是否与克什米尔毗连,一无所知。但他认为既有相沿旧界可循,只需各守旧界,无须另行勘定。而所谓入后藏通商一事,亦认为既有第一次鸦片战争后条约所定五口通商规定,则只能限于五口,不能允许后藏通商。①

此时已被贬任驻藏大臣的琦善也向清廷奏报了英属印度殖民势力欲与后藏划界通商一事。琦善认为英国必有阴谋,且对其改变此前贸易做法不能理解。但鉴于英方已占领拉达克、克什米尔和森巴内的部分属地,琦善更认为英国的这次划界、通商怀有野心。但琦善对英方要求束手无策。② 他的最终对策是在加强藏内军事防范基础上,将英属印度送来的划界通商书信交由前来送信的库鲁部长带回,拒不代呈清廷,并再度强调了西藏与克什米尔通商仍照旧由拉达克转卖做法。清廷也认可琦善拒不与英交涉克什米尔、西藏划界通商做法,它吩咐耆英、琦善分别对付,要求耆英以第一次鸦片战争后中英所定条约为依据,申言西藏不得通商;又另寄信叶尔羌参赞大臣等加强军事防范,以防英军侵藏。

---

① 齐思和等整理:《筹办夷务始末》(道光朝),卷77,二十六年十二月二十日,中华书局1964年。
② 齐思和等整理:《筹办夷务始末》(道光朝),卷77,道光二十六年十二月二十六日,中华书局1964年。

好在此际英方对西藏划界通商等事并无迫切要求,在中方反对下英使德庇时最终退让,即"定界一事只欲指明旧界,并非另定新界,亦无须委员往堪。其通商一节……拟仍照旧章,亦不另议新条,与来五口通商之英商无涉。"①得到此奏后,清廷亦稍缓紧张心情,特指示琦善仍应照旧例办理克什米尔与西藏划界通商事务。清廷亦指示琦善防范英人至后藏通商。但琦善对英方要求照旧界旧例划界通商一事仍表疑惑,认为它别有用心,并称英方对此势在必得。②受第一次鸦片战争中方战败情绪影响,琦善对与英划界一事持极端消极心理,对英将侵藏又持悲观失败心理。他没有准备与英方就克什米尔与后藏分界问题进行交涉,就是去指明旧界一事也体现出极不情愿的心态,原因正在于惧怕英人即将侵藏。

道光二十七年七月,两广总督耆英再度向清廷奏报:英方又请求指明西藏旧界。但同年八月琦善却向清廷奏报了一些重要情报,披楞正与"读然"打仗,各不相下,一二年内恐不能结束,而周边部落均安静如常。③言外之意,英方不会马上派人至交界处所指明边界,划界通商一事也不会马上实现。为此道光二十七年十二月二十五日清廷又指示新任驻藏大臣斌良等加强防护,"据理驳斥,折服其心"。④藉此表明,此际清廷并不反对同英国就后藏与克什米尔按旧界旧例划界通商,只反对它的"假道诡谋"或其他非分要求。此后耆英又奏报,英方来信称已派人至克什米尔地方等候中方派人前往划界通商,但驻藏大臣却称在后藏地方并未见到英方派来的官员。其实际情况为英方虽至克什米尔等候,而藏内官员却只在后藏等候,中间尚隔有拉达克,当然见不到面。此次划界通商就此结束,在清廷驻藏大臣看来,如此结果未尝不是一件幸事。

2. 内部危机加剧及应对

第一,萨玛第巴克什危机及应对。

发生于道光二十四年、同治年间的西藏摄政专权案和清廷的处理政策就鲜明体现出清廷治藏时的因应无能。它呆板地延续传统治藩政策,不仅没有解决好藏

①　中国第一历史档案馆藏:《耆英等奏据约驳斥英人请与西藏定界通商事有转圆折》(道光二十七年正月初十日),《军机处录副奏折》。

②　中国第一历史档案馆藏:《琦善奏遵查访英人欲于后藏通商实情折》(道光二十七年二月十三日),《军机处录副奏折》。

③　齐思和等整理:《筹办夷务始末》(道光朝),卷78,道光二十七年八月初五日,中华书局1964年。

④　中国第一历史档案馆藏:《字寄斌良英国委员如未至后藏,著眼同确查克什米尔与西藏旧界若别无假道诡谋,即以防范并咨耆英驳斥》(道光二十七年十二月二十五日),《军机处上谕档》。

内问题,相反却导致问题越来越复杂,清廷管理西藏能力更为削弱。

道光年间因十世达赖喇嘛年幼,西藏僧俗大权实由摄政萨玛第巴克什阿旺降白楚臣掌控。值清廷统治内外空虚之际,十世达赖喇嘛的病故更加剧了西藏僧俗之间权力的争夺。道光二十四年,班禅额尔德尼通过驻藏大臣琦善向清廷控告摄政诺们罕萨玛第巴克什阿旺降白楚臣,称其贪渎营私,私给外番路票,私放各缺。接到这一奏折后,清廷马上罢免了萨玛第巴克什掌管商上职权,命"琦善会同班禅额尔德尼""率同第穆、济咙呼图克图、呼征诺们罕等,逐款确查,据实参办"。又命班禅额尔德尼暂行兼管商上事务,"第穆、济咙、呼征三人"随同学习,"俟一二年后,由该大臣会同班禅额尔德尼酌保一人掌办商上事务"。① 在十世达赖喇嘛病故、藏内班禅和驻藏大臣均要求惩办前任摄政情况下,清廷和驻藏大臣不仅认为有惩办番僧、安定西藏的必要,甚至还怀疑十世达赖喇嘛之死与该摄政有关。在此等假设下,驻藏大臣琦善甚至认为,正是掌办商上事务的第巴克什专权、削弱了达赖喇嘛的权力,才引发了西藏的内愤与不安。要安定西藏,琦善认为唯一办法就是加强达赖喇嘛对西藏的管理权力,甚至提出西藏土地人民乃属达赖喇嘛一人管理、其他人均无权过问的荒谬论断。② 随后琦善在《酌拟裁禁商上积弊章程》中不仅极力削弱了西藏摄政权力,而且也削弱了驻藏大臣权力,以达到增强达赖喇嘛权力的目的。如"裁禁章程"第一条规定:"嗣后仍钦遵特旨,驻藏大臣与达赖喇嘛、班禅额尔德尼平等,其掌办之呼图克图,大臣照旧案仍用札行,不准联络交接,以肃政体。"如此规定表面上似乎提高了驻藏大臣对呼图克图身份,但驻藏大臣与达赖喇嘛、班禅额尔德尼三者平等的规定,实则违背了康雍乾时期清廷管理西藏模式,亦与清廷设置驻藏大臣的初衷相违。清廷设置驻藏大臣本在于管理、监督西藏事务,其中尤其包括代表清廷对达赖喇嘛、班禅等西藏僧俗权力阶层的监督管理,使其服从中央统治。但该章程简单规定三者平等,实与此旨相悖。为加强达赖喇嘛权力,该章程又极力削弱西藏其他僧俗权力。③

针对晚清以降的西藏危机,清廷本欲通过制定善后章程加以解决,但单方面强化达赖喇嘛权力做法不仅不利于西藏统治,而且又破坏了清代中前期统治西藏的

① 《清宣宗实录》,卷406,道光二十四年六月初七日条,中华书局1986年。

② 中国第一历史档案馆藏:《琦善奏量惩贪僧宽予藏众片》,道光二十四年九月二十二日,《军机处录副奏折》。

③ 中国第一历史档案馆藏:《琦善等奏酌拟裁禁商上积弊章程二十八条折》,道光二十四年九月二十六日,《军机处录副奏折》。

分权模式。在近代边疆危机即将来临之际,道咸同时期的清廷既不能立即找到应对危机方略,又未能较好地继承传统统治精神和方式,相反却单纯地强化达赖喇嘛管理西藏权力。这极易导致达赖专权,与近代中国力图统一边部地区、完成近代国家统一、集中力量抵制各殖民帝国对中国边疆地区蚕食任务相悖,且易导致其他殖民帝国利用达赖喇嘛控制西藏进行渗透。更糟糕的是:如果此后清廷在西藏地方仍只承袭照旧设驻藏大臣的监管模式,达赖等权力阶层尚可接受;一旦改变旧有模式、强化国家对西藏地方的管理职能并因此削弱达赖喇嘛等特权阶层,必遭抵制。在此境遇下,道咸同时期清廷单方面增强达赖权力而未能在藏内设置权力制衡机制的做法,必将自食其果。清末西藏危机清楚证明了此点。

总之,道光年间发生的萨玛第巴克什阿旺降白楚臣案件虽反映了西藏管理商上事务的第巴克什的腐败和清廷加强西藏内政管理的用心,但清廷处理政策并未发挥良好效果。除了罢免第巴克什职务,查抄家产,增强达赖喇嘛权力外,清廷并未找到应对西藏危机的理想政策。相反,清廷在对清代中前期统治西藏传统分权模式进行放弃的同时,又未能找到因应近代西藏变局的有效管理方式,而单方面强化达赖权力,只会导致僧侣特权阶层加紧控制西藏,客观上不利于晚清清廷有效应对边疆地区危机。

第二,热振呼图克图被逐危机及应对。

同治年间的热振呼图克图阿旺益西楚臣坚赞被逐事件因藏内僧侣阶层争权夺利而爆发,布赍绷寺二十二家班次喇嘛因堪布伊喜降巴连同五家堪布作弊、减放布施而迁怒慧能呼征呼图克图,认为他不仅不为剖断,且其手下人将请求处理此事的喇嘛诅咒,结果引起冲突发生,“各调僧侣士兵,扣留僧侣番目,势将械斗”。[①] 布赍绷寺二十二家喇嘛与慧能呼征呼图克图的纷争鲜明暴露出藏内权力变迁。二十二家喇嘛正是利用班禅和达赖喇嘛年幼、驻藏大臣满庆腐败无能机会引发了藏内骚乱;同时,驻藏大臣亦利用藏内权力空虚机会伙同二十二家班次喇嘛去打击管理商上事务的呼图克图,以便分肥。

对于满庆乱藏,清廷也力图查明。同治元年十月二十八日清廷命川督骆秉章、新任驻藏大臣景纹等进行确查,看看满庆是否有“纳贿激变”情事。稍后骆秉章在回奏清廷奏折中虽未明指满庆有纳贿嫌疑,但另一官员文志在拿获了呼征呼图克图呈递清廷的冤词后却称“该案初因布施银两起衅,满庆既不为办理,又纳汪曲结

---

① 《西藏研究》编辑部编:《清代藏事辑要》(一),西藏人民出版社 1983 年,第 497—498 页。

布之贿,以致酿成事端"。清廷对满庆是否真的纳贿,因系呼征一面之辞而难定夺,但满庆等办理不当,致使藏乱爆发却是事实。鉴于"西藏事务与川省交涉甚多,若藏中不能安谧,则川省亦难免缮征之劳",清廷特命川督再行查访,办好边疆事务。①

至同治二年正月,呼征呼图克图已来到京师,清廷特命军机大臣文祥等会同都察院会审此案,听取了呼征呼图克图的辩词。文祥等认为此案涉及满庆之处甚多,单凭呼征一面之词无法究查,但同时亦认为满庆有诸多不是。文祥等建议清廷命福济会同景纹及川督就近传集人证,秉公讯明办理。②

然而同治三年藏内诸多变局却使清廷改变此前彻查此案做法,清廷准备牺牲热振呼图克图来成全汪曲结布接管商上事务。同治四年汪曲结布也已病故,在呼征呼图克图徒众要求下,清廷同意将呼征骨灰携回西藏,但仍未对此案是非作出评判。同治四年十二月,景纹才至西藏任驻藏大臣,因两造皆亡,热振呼图克图一案不了了之。热振徒众回藏后,驻藏大臣将他们分散安插,"按日优给口粮,听其终老处所"。③ 直到光绪三年清廷才为热振呼图克图昭雪,允许查访其转世之呼毕勒罕,"仍掌该寺事务,并将名号赏还"。④ 光绪十三年清廷再度降旨,"加恩赏还印信,准其进贡,并开复管事喇嘛扎萨克喇嘛衔号"。⑤

纵观热振呼图克图一案,可总结出以下要点:其一,晚清藏内摄政权力遭到削弱,导致这一变化的主要因素除西藏地方因素外(僧俗势力),还与清廷对藏政策失误和驻藏大臣治理不善、为非作歹密切相关。热振呼图克图案件和萨玛第巴克什案件虽发生在不同时期,案件起因也不相同,但两案却呈现出相同趋势,即驻藏大臣和清廷均开始趋同于压制西藏摄政、抬高达赖喇嘛权力。如此做法实与清代前中期清廷对西藏的"分权建制"政策相违,它彻底瓦解了管理商上事务摄政与达赖之间的制衡格局,实际上使西藏事务又回归到达赖一人独掌的格局。其二,面对近代西藏出现的诸多危机,道咸同时期的清廷在因应内乱自顾不暇的情况下,对西

---

① 中国第一历史档案馆藏:《谕骆秉章等令密访哲蚌寺不是争讼满庆办理偏私情事》,同治元年十月二十八日,《军机处上谕档》。

② 中国第一历史档案馆藏:《文祥等奏会同都察院会审热振呼图克图及查核满庆奏报各节情形折》,同治二年三月二十八日,《军机处录副奏折》。

③ 中国第一历史档案馆藏:《景纹等遵旨复奏热振骨殖回藏掩葬其徒众在藏安置折》,同治四年十二月初三日,《宫中朱批奏折》。

④ 《清德宗实录》,卷48,光绪三年二月十六日,中华书局1987年。

⑤ 《清德宗实录》,卷247,光绪十三年九月十七日,中华书局1987年。

藏等边部地区事务也未找到合适对策。实际上清廷仍依赖驻藏大臣去管理西藏，因袭的仍是传统的治藩政策。清廷认可驻藏大臣压制西藏摄政而提升达赖喇嘛权威做法，就是最好例证。它的藩部政策仍停留在依赖藩部王公治理藩部层面，还未发展到将西藏等地区视为中央政权统一管辖下地方行政区域的地步。其三，西藏等边疆地区的安定乃清廷追求的最高目标，苟且偷安而不求主动，为此，清廷甚至可以不分是非，牺牲个人利益去实现这一目标。

第四章　光宣时期强化宗属之尝试与加强藩部治理之努力

一、光宣时期清廷强化宗属关系之尝试

（一）光绪朝清廷强化中越宗属关系之尝试

1. 光绪七年前清廷的越南政策——继承传统与主剿政策的终结

尽管同治末年后,清廷的越南政策有所转变,但至光绪七年前,清廷的越南政策大体上仍维持了传统的属国政策,即只要属国继续承认清廷是其上国,它对属国的"内政外交"仍采取不予过问政策。如光绪元年法国公使罗淑亚照会总理衙门,告知法越间同治十三年已订立和约,条约规定"交趾之国嗣后得保无虞侵凌,且得自主,皆资法国之职分所愿"。并要求中方"禁止中国军卒人等入边,并将已入交趾边者之人撤回"。① 总理衙门接到法方如此和约底稿后,回复了法方照会,除强调"越南,本系中国属国"和"交趾国因匪徒蜂起,迭经该国遣人至中国乞援,中国因其久列藩封,不能漠视,遴派官兵往剿,俟匪类剿平,自然凯撤"外,对于法方迫使越南签订条约、有损清廷宗主权一事,无何等抗议。② 不仅如此,当英方驻华公使威妥玛得知法越和约、试图提醒总理衙门进行注意时,总理衙门也未作出何等应变。如威妥玛致总理衙门照会就称:"本大臣现有咨会本国朝议大臣事件,应先请示之处,合即备文奉请贵亲王烦为示知,俾得聆悉。查外国如有愿与越南国定议和

---

① 台湾"中央研究院"近代史所档案馆藏:《现与交趾换约系未自主请中国住交趾兵勇撤回并于云南江面立一停泊法国船只所在并抄送和约底稿由》(光绪元年四月二十一日),《总理各国事务衙门全宗》,《越南档系列越南档宗》,馆藏号:01-24-001-02-003。

② 台湾"中央研究院"近代史所档案馆藏:《滇省通商地方照称滇省江面泊船一节,为条约所不载,应查;中国与属国有无定期交易情事,至禁止军卒人等入交趾扰乱应行文该省查禁由》(光绪元年五月十二日),《总理各国事务衙门全宗》,《越南档系列越南档宗》,馆藏号:01-24-001-02-006。

约条款之举,是否彼国君主尚可自主无禁,抑或因属中国藩服,意在仍应先将条款章程事宜,呈商中国核明,方为定议之处,究竟如何,务祈贵亲王查明示知。"①但总理衙门回复亦称:"查安南为中国属国,其与中国交际向有定例。至一切政教禁令,该国如何措置,历有年所,亦中外所共知。"②

不仅如此,至光绪后(元年—七年),清廷仍在继续剿灭入越作乱的太平军余部。如黄崇英部仍是剿灭对象,为何如此,可能与该部既不亲善越廷,也不亲善清廷,相反却亲善法国人相关。当黄崇英等于光绪元年窜入云南地方时,清廷特让岑毓英饬令地方文武加紧剿灭。光绪元年五月,清廷又打听到黄崇英部拟向法国殖民者寻求援助、抵抗清军围剿信息,更加紧了对该部的剿灭。至光绪元年九月,刘长佑向清廷奏报了"剿匪"情形,不仅将越南国内各府州县克服,且"生擒黄崇英、周建新及各要逆",进行正法。至此,黄崇英部终被清廷彻底消灭。

清廷虽暂时帮助越南剿灭了越南境内的黄崇英部,但这一状态也没维持多久。光绪四年十月,越南又发生了中方记名总兵李扬才闹事案。李扬才称越南为其祖上基业,需恢复故业,③并捏称奉清廷总督之命在越南招兵买马,先后集众万余人。④ 清廷认为"越南世守藩封,且为南服屏蔽,兹以中国武员无端生事,实属不成事体,若不早为剿平,诚恐别招窥伺,所关非细";为此,特命冯子材带兵督剿。⑤ 此后入越剿灭李扬才的军事活动虽在加紧推行,但李扬才入越南后却得到越南"土匪陆之平、覃忠娣、高十二、叶成林"等纷纷响应,清廷不得不联合越南方进行围剿。⑥ 同时该年十二月越南国王也向清廷上疏,请求派兵围剿。⑦ 但直至光绪五

---

① 台湾"中央研究院"近代史所档案馆藏:《照称与安南议和是否彼国自主,抑呈商中国由》(光绪元年六月二十日),《总理各国事务衙门全宗》,《越南档系列越南档宗》,馆藏号:01-24-001-02-013。

② 台湾"中央研究院"近代史所档案馆藏:《照复安南为中国属国其与中国交际向有定例,至切政教禁令如何措置亦中外共知由》(光绪元年六月二十三日),《总理各国事务衙门全宗》,《越南档系列越南档宗》,馆藏号:01-24-001-02-015。

③ 台湾"中央研究院"近代史所档案馆藏:《李扬才潜赴越南滋事饬沿边截击请旨究办》(光绪四年十月初六日),《总理各国事务衙门全宗》,《越南档系列越南档宗》,馆藏号:01-24-001-04-001。

④ 郭廷以等编:《中法越南交涉档》,台湾"中央研究院"近代史研究所1983年,第65页。

⑤ 《清德宗实录》,卷79,光绪四年十月壬午条,中华书局1987年。

⑥ 《清德宗实录》,卷82,光绪四年十一月癸亥条,中华书局1987年。

⑦ 台湾"中央研究院"近代史所档案馆藏:《刘坤一奏代递越南国王奏疏一折李扬才窜扰越南该国王沥情请援》(光绪五年正月二十日),《总理各国事务衙门全宗》,《越南档系列越南档宗》,馆藏号:01-24-001-05-002。

年六月,双方仍未成功剿灭李扬才部,直到光绪五年九月初三日,冯子材等终将李扬才捕获,①随后正法。②

李扬才之乱被平定后,越南境内股匪又纷起,越南国王多次致函清廷,要求代剿全部股匪,终遭清廷反对。清廷称:"该国王咨呈张树声,有请留官军尽剿诸匪之语。该国伏莽甚众,防不胜防,断无以中国兵力代为剿捕之理。仍着刘坤一等饬令各官军,迅将李、陆股匪歼除后,即行班师。越南积匪尚多,刘坤一等即传知该国王自行攻剿,肃清余孽。"③至此,清廷的越南政策更趋明了,它只负责剿除入越作乱的中方股匪,越南本地股匪,应由越南国王自身处理。但至光绪六年十月间,越南国王又一次上疏清廷,要求"讨叛靖藩",清廷再次拒绝了越南要求,并称:"越南土匪出没靡常,中国官兵势难深入剿捕。该抚惟当督饬各防军认真扼守,如贼踪窜近,即行相机援应截剿,以安边境。"④至此,清廷对越政策已完全退回到"安边境"方面。由此可见,至光绪朝清廷实力极度削弱后,它已无力也不想去履行传统宗属体系中宗主国对属国的"兴灭继绝"义务。

2.光绪七年后清廷的越南政策——利用刘团,保边圉、护藩篱,正宗属之名

直到光绪七年后,清廷的越南政策才有了变化。导致这一变化的首起诱因是总理衙门上的一份奏折,即"法人谋占越南北境,并欲通商云南,拟筹办法"。清廷认为"越南向隶藩服,为滇粤藩篱,尽为他人逼处,后患不可胜言"。⑤ 其后出使法国大臣曾纪泽于光绪八年正月又致函总理衙门,强调巩固中越宗属关系的重要性,函称:"法人觊觎越南已久,越南危非中国之福。中国不宜稍存畛域之心。越南不宜自外生成之德,必须声气相通,谋猷不紊,乃得辅车唇齿之益。"特提出如下增强中越宗属关系的建议:一、越南除例遣贡使之外,宜专派精通汉文明白事体大员,常驻京师,听候分示,转报该国。二、越南系中国属国,例不得擅遣使臣驻扎他邦,然该国如派一精通汉文明事体之员,带同法文翻译官一人,前来西洋为敝处随员,亦可常探西洋消息,报其国家。三、法越之约,中国可以不认,越南不能不认,宜劝越南慨然将红江开埠通商,而不可引法国条约为言;可明告西洋各国,言现遵中国之

① 台湾"中央研究院"近代史所档案馆藏:《具奏李扬才经提臣督军擒获由》(光绪五年十月初六日),《总理各国事务衙门全宗》,《越南档系列越南档宗》,馆藏号:01-24-001-05-027。
② 中国第一历史档案馆藏:《奏报广西提督冯子材率兵在越南就获李扬才遵旨凯旋由太原启程入关日期事》(光绪六年正月初七日),《军机处录副奏折》,档号:03-6043,缩微号:452-0102。
③ 《清德宗实录》,卷97,光绪五年六月癸亥条,中华书局1987年。
④ 《清德宗实录》,卷121,光绪六年十月戊戌条,中华书局1987年。
⑤ 《清德宗实录》,卷138,光绪七年十月甲戌条,中华书局1987年。

命,将红江开设通商埠头,允西洋各国贸易。①

曾氏的某些建议得到清廷认可,并在随后时间内加以尝试。如光绪八年李鸿章致函总理衙门就称:"昨接越南国王十月二十四日咨呈内称,上国注措,机宜何似,详祈示遵办等因。鸿章即于是二月初二日电致沅浦制军,请其传谕招商局员唐道廷庚,商同越南派明干大员一二人,于正稍来华备问。"②光绪九年二月初九日越方派出的第一批陪臣到达天津,正使越南国刑部尚书充机密院大臣范慎遹,副使内阁侍郎加参知衔阮述。③越王又致函李鸿章,"论局势并请援助自强引各国来越南通商",④并正式呈文清廷,要求保护。如越南国王呈文称:"夫以下国仰赖骈襹,犹高丽也;字小之仁,保属之义,相不忍漠视。况疆土皆其所属,岂忍听人占取,以薄藩篱。""现在下国之逼于法,犹高丽之逼于日也。窃闻高丽赖得扶持,国以绥靖,而下国独以遐远,未得例于近属,实为深望。""统祈审谅,仰体怀柔盛德,恤及藩封,毋拘成例,即为题达。"⑤

正是考虑到法国逼处越北、中国滇粤藩篱不保,清廷才决定转变过去对越的消极政策,主张积极防御法国侵入越南北圻。如光绪七年十二月,清廷向军机大臣正式下达谕旨,就强调了清廷越南政策的转变。这一谕旨包含以下三层内容:第一,法国越南用兵,居心叵测;第二,中国应在越南北部派兵驻扎,以张声势;第三,清廷同意张树声等联合刘永福共同防法建议,只是告诫他们不可过于显露行迹。总体上,清廷似乎已下定决心防范法国吞并越南。⑥至光绪八年三月间清廷进一步阐述法占越南、欲通商云南大背景下的中方政策。其给军机大臣谕旨提出了对越、对法政策:其一"论藩属之义",帮助越南驱逐法人,但因"越南孱弱已甚,如果法人意在并吞,该国万难自全"。而中国如派兵救援,则又"鞭长莫及";其二,鉴于"越南

① 台湾"中央研究院"近代史所档案馆藏:《条陈越事意见七事》(光绪八年正月初六日),《总理各国事务衙门全宗》,《越南档系列越南档宗》,馆藏号:01-24-002-04-001。

② 台湾"中央研究院"近代史所档案馆藏:《函越王派员来津备问》(光绪八年十二月二十四日),《总理各国事务衙门全宗》,《越南档系列越南档宗》,馆藏号:01-24-005-01-020。

③ 台湾"中央研究院"近代史所档案馆藏:《越陪臣范慎遹阮述等抵津》(光绪九年二月十三日),《总理各国事务衙门全宗》,《越南档系列越南档宗》,馆藏号:01-24-005-03-023。

④ 台湾"中央研究院"近代史所档案馆藏:《越王函论局势并请援助自强引各国来越南通商》(光绪九年二月十五日),《总理各国事务衙门全宗》,《越南档系列越南档宗》,馆藏号:01-24-005-03-025。

⑤ 台湾"中央研究院"近代史所档案馆藏:《越南咨请扶持》(光绪九年二月二十二日),《总理各国事务衙门全宗》,《越南档系列越南档宗》,馆藏号:01-24-005-03-034。

⑥ 《清德宗实录》,卷140,光绪七年十二月辛未条,中华书局1987年。

北圻各省,多与滇粤毗连,若法尽占北圻,则藩篱全撤,后患将无穷期",①决定采取"固我边圉"政策,即加强对北圻的设防,防止法国人占领北圻。当这一政策确定后,清廷决定派清军进驻越北,如光绪八年四月间,清廷谕军机大臣旨就称:"法人图占越南北圻,已于二月中旬攻破东京,又将城池交还南官,意殊叵测,恐复用占据南圻故智,修改新约,迫越南以必从。"我"惟有令滇粤防军守于城外,仍以剿办土匪为名,借图进步,即当乘时合力经营,毋落后著"。又称"黄桂兰一军现已节节前进,逼近越南东京,办理甚合机宜","该军所需炮械,已据张树声拨给","助固藩篱"。② 同时清廷又让两广官员开谕越南,"以释猜疑"。

但光绪八年六月,广西巡抚倪文蔚奏报清廷时却称法越和议已成,越方已传令撤防,并允许法方"通滇"。倪文蔚认为,在此环境下,中方最好暗助刘永福抗击法军。③ 光绪八年八月刘长佑又奏报法人意欲尽据北圻,清廷遂正式作出决定,设法笼络刘永福部抵抗法军,力保北圻,固我边圉。④

至光绪九年二月清廷又得知李宝协议流产,更加关注越南问题。如初二日清帝上谕就明确要求"北圻不可割,刘永福不宜逐,并着岑毓英杜瑞联倪文蔚严申警备防范法人"。⑤ 中方驻法公使曾纪泽也将维系中越传统宗属关系视为同法方进行交涉的重要筹码,如光绪九年二月,出使大臣曾纪泽致总理衙门函就称"值此事机未露之际,先将越南系吾华属国声明一番,且将同治十三年法越订约中国未与争辩之故,解说一番,异日尚有事患,即可据此以为根脚,与之说理矣"。⑥ 同时清廷又让李鸿章尽快返回北洋大臣任上,以防法国,筹备一切。

但当法军被刘永福军挫败后询问中方是否助越时,中方却不敢承认,只是继续

---

① 《清德宗实录》,卷144,光绪八年三月辛亥条,中华书局1987年。

② 《清德宗实录》,卷146,光绪八年四月己巳条,中华书局1987年。

③ 台湾"中央研究院"近代史所档案馆藏:《派法越和议已成越王传谕撤防并许通滇我宜暗助刘永福》(光绪八年六月二十八日),《总理各国事务衙门全宗》,《越南档系列越南档宗》,馆藏号:01-24-003-04-016。

④ 台湾"中央研究院"近代史所档案馆藏:《命刘长佑等相机因应所有在防将领均由唐炯调遣并设法笼络刘永福军》(光绪八年八月十二日),《总理各国事务衙门全宗》,《越南档系列越南档宗》,馆藏号:01-24-004-02-006。

⑤ 台湾"中央研究院"近代史所档案馆藏:《北圻不可割,刘永福不宜逐,并着岑毓英杜瑞联倪文蔚严申警备防范法人》(光绪九年二月初二日),《总理各国事务衙门全宗》,《越南档系列越南档宗》,馆藏号:01-24-005-03-003。

⑥ 台湾"中央研究院"近代史所档案馆藏:《与外部议论法越订约问答节略呈阅由》,《总理各国事务衙门全宗》,(光绪九年二月十九日),《越南档系列越南档宗》,馆藏号:01-24-002-02-001。

阐述越南为中国属国,中国有权在越南驻军等。正是清廷不敢公开同法国决裂,导致其早期的对越政策只能单纯依靠刘永福军抵制法军进攻,达到固边圉的目的。① 所以光绪九年至十一年间清廷对法军事政策也就变为:"如有战争,则刘团全军在前,我军不过伏于城内,兵房一切,务加秘密,谅亦无碍。"②李鸿章也认为让刘永福站在明处,中国军队站在暗处对清廷有利。如他在给左宗棠信就称:让清军"混入越军暗助,前日之战,似即如此办法,若号召大军声罪致讨,显露开衅之象,亦非朝廷本意"。③ 而曾纪泽也认为"采暗助越以兵与械论,法可敌,我乃益刚;不可敌,亦宜不认所为,似无可再柔"。④

到了光绪九年八月,清廷又探听到法越停战议和事,即赫德已函告清廷法越又订新约,法国所要各事,越南国王均已俯首听命。⑤ 这进一步增强了清廷利用刘永福抗法保越的决心,即"越南君臣庸懦不堪,口称不是真和,而人心已摇,军心已涣,黄佐炎遁往兴化,自顾家私"。⑥ 至此,清廷只能依赖刘永福的黑旗军。光绪九年九月,清廷更清楚地掌握了法国控制越南大部事实,即"越王所为逼胁,立新约十三条,将该国所有政权尽归掌握"。⑦ 但当得知黑旗军在河内挫败法军消息后,清廷又有了一线希望。在此过程中,部分入越滇军已开始投入刘永福黑旗军,导致"各防营旗帜、号衣"均被收回,兵丁则直接交给刘永福管带,听其调度局面。更有部分清军被撤退,进一步导致了"刘团解体,有回驻保胜之议。"对此,清廷又不得不进行修正,即"滇军驻扎越境,为中外所共知,以剿办土匪为名,令彼军有所顾忌,杜其前进"。⑧

3. 争"属国"——中法围绕越南问题的多次谈判

中法围绕越南问题,虽有不可避免的矛盾和冲突,但清廷实力有限,且其主要目的只在于"固边圉",而非全力保越,因此,双方之间并非无谈判可能。而且越南自清初以来对清廷的不恭顺、自大、猜忌和所谓与法国同流,也令清廷对全力保越

① 中国第一历史档案馆藏:《奉旨牵敌以战越为上策着张之洞令刘永福奋勇进剿事》(光绪十年七月初六日),《电报档》,档号:1-01-12-010-0076,缩微号:001-0089。
② 郭廷以等编:《中法越南交涉档》,台湾"中央研究院"近代史研究所1983年,第1332页。
③ 《李鸿章全集》,海南出版社1997年,第3847页。
④ 《李鸿章全集》,海南出版社1997年,第5026页。
⑤ 台湾"中央研究院"近代史所档案馆藏:《法攻破越都法越已订新约》(光绪九年八月初五日),《总理各国事务衙门全宗》,《越南档系列越南档宗》,馆藏号:01-24-007-02-010。
⑥ 郭廷以等编:《中法越南交涉档》,台湾"中央研究院"近代史研究所1983年,第1334页。
⑦ 《清德宗实录》,卷170,光绪九年九月甲申条,中华书局1987年。
⑧ 《清德宗实录》,卷170,光绪九年九月甲申条,中华书局1987年。

丧失信心。如光绪八年间提督黄桂兰在给广西巡抚倪文蔚信就称:"南人狡诈多端,侦探难得实语,纵有一二疆臣稍明大义,而又格于执政权臣,莫能补救。越南国政之非,殊甚诰叹。提督昨接东省马大使复赉由海防来函,亦谓该国甘于开门揖盗,不顾屏藩之义。马委员亲至富春与该国大臣往复笔谈十余日,莫得端绪,仍旧折回。盖南人心存疑贰,举国同辙。此次天兵四出该国,不但毫无知感,且恐我亦利其土地,乘势并吞,似此愤愤无知,良可慨也。"①正是如此,所以中法之间也曾尝试通过谈判方式解决越南问题。如光绪八年(1883)间李鸿章与法使宝海进行了谈判,②谈判内容主要三点:其一,中法对越南实行分界保护;其二,在越南北部开设通商口岸;其三,刘永福问题。对于以上三点,中方部分官员如岑毓英、杜瑞联等认为:"疆界可分,而北圻断不可割;通商可许,而厂利断不可分;土匪可驱,而刘永福断不宜逐。"清廷也认为此议"洵为扼要之论,深合机宜。"但法国方面却无法接受李宝协议,并于光绪九年正月间将宝海撤回。中法第一次议和就此结束。③

李宝协定失败后,法国又向越南添兵。④ 清廷遂派李鸿章前往广东督办越南事宜,所有两广、云南防军均归节制。但在对越政策上清廷仍不敢与法国公开决裂。因此,当光绪九年五月间法使脱利古与李鸿章会晤询问中方是否助越时,清廷不敢公开承认,并令李鸿章答复法方:"告以中国官军剿除黄崇英、李扬才、陆之平等股匪,原以越南系中国藩属,是以频年筹兵、筹饷,极力保护。至此次法兵为越所败,并非中国与法失和。"⑤

但法越新约签订后,不仅清廷难以继续在越北驻军,就是刘永福的黑旗军也难以在越南久呆下去,因为法国将强迫越南驱逐刘永福军。至此,清廷不得不改变过去单纯依靠刘永福抗法的越南政策,开始积极维护中方对越南的"宗主权",并藉此与法方进行交涉。这一政策首先由总理衙门正式向法国驻京公使提出,后又得清廷正式追认。如光绪九年九月实录称:"法人既与越南立约,必将以驱逐刘团为名,专力于北圻。滇粤门户,岂可任令侵逼?现经总理各国事务衙门照会法使,告

① 郭廷以等编:《中法越南交涉档》,台湾"中央研究院"近代史研究所1983年,第522—523页。
② 台湾"中央研究院"近代史所档案馆藏:《议保胜通商分护北圻并拟于广东会商》(光绪八年十月二十七日),《总理各国事务衙门全宗》,《越南档系列越南档宗》,馆藏号:01-24-004-04-008。
③ 台湾"中央研究院"近代史所档案馆藏:《法外部不允津议并撤宝海职越使将来津》(光绪九年二月初一日),《总理各国事务衙门全宗》,《越南档系列越南档宗》,馆藏号:01-24-005-02-006。
④ 台湾"中央研究院"近代史所档案馆藏:《法派大兵至越并向议会请增军费》(光绪九年三月二十七日),《总理各国事务衙门全宗》,《越南档系列越南档宗》,馆藏号:01-24-005-04-028。
⑤ 《清德宗实录》,卷163,光绪九年五月丙申条,中华书局1987年。

以越南久列藩封,历经中国用兵剿匪,力为保护,为天下各国所共知。今乃侵陵无已,岂能受此蔑视? 倘竟侵及我军驻扎之地,惟有开仗,不能坐视等语。如此后法人仍欲逞志于北圻,则我之用兵,固属名正言顺。"①即法越立约后,清廷已认识到局势与前不同,只有凭借中越传统的宗属关系,才可以抵抗法方对越南的任意侵占;同时只有力保北圻,才能保护中国的东南门户不受侵渗。当然,此间清廷的属国政策与传统属国政策也开始发生分离,清廷不再单纯向法方强调中方对越南的兴灭继绝义务,更强调中国自身的安全与防范目的,中方不能容忍法方对中越边境毫无忌惮地渗透。② 如光绪九年十月间清廷给军机处谕旨再度强调了如此意旨:"法人逼胁越南立约,越几无以自立。北圻屏蔽滇粤,久为中国保护,断难听其侵逼。""张树声、彭玉麟、倪文蔚及在廷臣工先后陈奏,宜先正属国之名,我之用兵乃为理直,正与朝廷之意吻合。现在业已给予照会,告以法如侵及我军驻扎之地,不能坐视。经此次明白布告,倘法人不顾名义,仍欲逞兵,则开衅即在意中。"③

清廷对法国的如此照会并不影响法国对越南的进一步侵占。法国根本不承认中国对越南拥有宗主权,因为按照近代国际法规则,中国并没有对越南实行真正的统治,它既没有参与法国与越南的一系列交涉,也没有反对法国与越南所订的一系列条约。为此,法方认为越南完全是一个单独国家,清廷同越南之间的传统宗属关系充其量只是一种朝贡贸易关系。④ 光绪九年十一月间法方又占越南山西,将进占北宁;光绪十年间李鸿章又探听到法人添兵万人围攻北宁之说。至光绪十年三月,法军又占兴化。在此境遇下,有大臣建议联合暹罗抗击法军。持此论者不仅有彭玉麟、王之春,还有郑观应。这当然属一厢情愿,因为此时中暹宗属关系早已终结。为此,当郑观应于光绪十年六月间到达暹罗后,遭到暹罗方拒绝。暹罗方劝告郑观应尽快离开,不要给暹罗招祸。⑤ 换句话说,即使这一传统关系继续存在,暹罗也不会联合中国抵抗法国。

清廷在遭受一连串挫折后,斗志低落,谈和之念又起。刚好此时任粤海关税务司的法国人德璀琳密告清廷,如清廷与法国讲和,可以让法国停止进攻。清廷不敢放弃议和希望,正式任命李鸿章与法国议和,特别强调了"既不别贻后患,仍不稍

---

① 《清德宗实录》,卷170,光绪九年九月丁未条,中华书局1987年。

② 俞越编辑:《彭刚直公奏稿》,文海出版社1966年,第121页。

③ 《清德宗实录》,卷172,光绪九年十月戊辰条,中华书局1987年。

④ 〔越〕陈重金著,戴可来译:《越南通史》,商务印书馆1992年,第378页。

⑤ 俞越编辑:《彭刚直公奏稿》,文海出版社1966年,第150页。

失国体"的议和宗旨。清廷一旦准备议和,其对越南的厌恶之情又胜过了保属之情。而越南此前的自大、不恭顺、首鼠两端和阴助法人等方面情节更成为催生这一厌恶情绪的催化剂。① 如光绪十年三月间清廷对中法准备议和一事作了如下解释:当清廷对越南派兵保护时,"越南昧于趋向,首鼠两端,致使该国教民,肆行侵逼,抗我颜行"。② 稍后四月间,清廷在谕内阁旨中对法议和一事再度作出解释。首先,清廷解释了中法越交涉中国不利因素。早在法越交涉之际,中国因忙于镇压内乱,未及顾及,已让法人据有口实,抢先一步;其次,清廷虽对越南履行宗属大义,但越南并不领情,相反却为法军作内应,致使清军在山西、北宁战争中失利。在"出师护越,越不知感,法又为仇,兵连祸结"的情况下,清廷只能与法国议和。再者,划界最难解决:"若与法画(划)界而守,似乎利其土地;若弃而不守,又有唇亡齿寒之虞。"③

清廷虽然准备与法方议和,但坚持中越宗属关系和力保北圻仍是中方谈判的重点。如光绪十年四月间清廷给军机大臣降旨令李鸿章与法方谈判时再度强调了此等要旨:其一,中国虽不能申宗属大义、代越南驱逐法人,但中越传统宗属关系万不可废除;其二,通商一节如将商埠设在越南境内则可,如设在中国云南内地,万万不可;其三,刘永福黑旗军不可驱逐,任其自我解散;其四,中国不可赔法国军费。④不久后李鸿章就与法方代表福禄诺进行谈判,并于光绪十年四月初双方达成了五条协议。这五条协议大致与清廷的期望较接近,能够为清廷接受。⑤ 如清廷在谕军机大臣谕旨中就称:"李鸿章与福禄诺所拟五条""不索兵费、不入滇境,其余各条,均与国体无伤,事可允行。"⑥而实际上《李福协定》巧妙地回避了中越传统宗属关系这一敏感话题,双方既没有明确承认中方对越南享有宗主权,也没有宣布中越宗属关系已经终结。但在法方已实际据有越南并迫其签订近代意义的殖民条约下,中方对越南的宗主权名存实亡。如协议第二条规定:越南本属中国传统属国,"法越所有已定与未定各条约中,均置不理";又如第四条,"现与越南改约,决不插

① 《翁同龢日记》册二十三,第28页,转引自中国史学会编:《中法战争》,上海书店出版社、上海人民出版社2000年,二,第1213页。
② 《清德宗实录》,卷180,光绪十年三月庚子条,中华书局1987年。
③ 《清德宗实录》,卷181,光绪十年四月庚戌条,中华书局1987年。
④ 《清德宗实录》,卷181,光绪十年四月甲寅条,中华书局1987年。
⑤ 台湾"中央研究院"近代史所档案馆藏:《已与福禄诺议立简约五款》(光绪十年四月十九日),《总理各国事务衙门全宗》,《越南档系列越南档宗》,馆藏号:01-24-011-02-016。
⑥ 《清德宗实录》,卷181,光绪十年四月己未条,中华书局1987年。

入伤碍中国威望体面字样"等语。① 协议为何如此书写,参与谈判的李鸿章特别交代了此点:"询以此条不问二字系何意思,福云不问二字与不认二字有轻重之别。中国不问法越条约,并忍允其约,犹之法国不问越南朝贡中国之事,亦非承认中国属邦也。答云何不即将此节写上条约。福云彼此议论三年正为此事,若载入属国字样,法国断不能明认,且此种简明条约,最怕有人挑剔,全在措辞得体,于中国无碍,所以须另添一条,浑融在内。"②

清廷对《李福协定》中未能将越南为中国"属藩一层,切实说明",深为不满,并令李鸿章在将来条约中将"越南册贡照旧办理"一条,务须注明。不仅如此,清廷甚至想乘谈判机会去进一步明确中国对越南的宗主权,以挽救过去的"过失"。如朝廷发给李鸿章指示就称:"越南既为属邦,一切政令与中国交涉者,朝廷均可酌办。即如越南与法人两次立约,并未预行奏闻;南官黄佐炎、张登懵心存疑贰,误我戎机,中国皆可以大义责之。现在简明条约既定,所最重者,全在随后所议详细条目。"③但此等要求,已是缘木求鱼,《李福协定》刚一签订,法国又与越南签订新约,此后越南朝廷不仅归法国保护,而且还交出了"华文印玺",④这表明越南方面已彻底放弃了中越宗属关系。⑤

稍后《李福协定》在天津画押,这似乎给中法越南争端提供了解决途径。但双方协议只笼统规定三个月后撤军,未具体言明撤军时间。⑥ 在停战换防方面,李鸿章有没有与福禄诺具体商谈,清廷称自己不知。双方在理解换防日期方面本有误会。当法军于光绪十年闰五月初一、初三等日检查清军是否按期撤出时与清军遭遇,发生了冲突。驻防清军认为法军提前接防、驱逐清军,纯属挑衅,且他们未接到清廷撤军命令;而法方却称中方不守协定,又起战争。为此,双方再次爆发冲突。李鸿章虽于事后让中方驻法巴黎使臣向法方进行解释,称照中方定例,清军驻守之地,非奉旨不敢撤退;即虽有旨,但未及时传到也不可撤退,⑦但法方终究将冲突再起的责任归咎于中国方面。法军不仅向越南北部发起进攻,而且派舰队北上。清

① 郭廷以等编:《中法越南交涉档》(三),台湾"中央研究院"近代史研究所1983年,第1694页。

② 《清光绪朝文献汇编》,鼎文书局1978年,第二十编,第11108页。

③ 《清德宗实录》,卷182,光绪十年四月癸亥条,中华书局1987年。

④ 台湾"中央研究院"近代史所档案馆藏:《法越条约已签押越廷已将华文印玺交出》(光绪十年五月),《总理各国事务衙门全宗》,《越南档系列越南档宗》,馆藏号:01-24-010-02-007。

⑤ 郭廷以等编:《中法越南交涉档》,台湾"中央研究院"近代史研究所1983年,第1749页。

⑥ 王铁崖,《中外旧约章汇编》,生活·读书·新知三联书店1957—1959年,第455页。

⑦ 《李鸿章全集》,海南出版社1997年,第5105页。

廷除谴责李鸿章所订协议不清、未能如实奏报外,对法方不守协议进行谴责。中法战端再起,预示着中法间的冲突进一步扩大。

　　尽管中国驻越北清军对法军的进攻行为进行了回击,但清廷并不想与法方真正决裂。而且李鸿章等部分朝臣也认为,中法战事再起其咎并非全归法方。如李鸿章在给其他大臣电函就称:"原约调回边界。福酋临行又请限期撤兵,鄙固未允,然不得谓非照约行事也。前旨不准退扎,上意负气,亦不料胜仗后,予以口实。"①在所谓各国均同声斥说中方不守约的情况下,清廷又不得不对法方进行妥协,不仅同意了赫德进行调解的请求,又于光绪十年闰五月间命令中方在北圻的守军按照李福天津简明条约第五款规定,于三月届期后调回边界,并于一月内全部撤退,以昭大信。②

　　法国方面却不理睬清廷所作出的让步姿态,它派巴德诺至上海向清廷讹诈,并派舰队驶入马尾军港,准备通过占领中国沿海土地,迫使清廷退出越南。清廷虽派曾国荃至上海与巴德诺谈判,但双方未能达成任何协议。不久后法军占领了台湾基隆,台湾与中国东南沿海均显紧张。在法方一意主战情况下,清廷无计可施,只得一面令东南沿海加强防备,一面令撤退出关的清军再度返回越南,配合刘永福,"规复北圻"。③ 即使如此,清廷仍不敢在越南战场上亮明身份与法方公开决战,担心万一战败,将负担战败赔款。④ 如李鸿章寄译署电报就称:"已电告劼刚,惟我认越属,或云粤兵有与交战,被其擒获,生供有据,难得不强索兵费。故前电但属我军深沟高垒以困之,切勿挑战,意正在此。乞酌。"⑤清廷此等躲避做法当然会遭到部分大臣反对。如编修王濂上奏清廷奏折就称:"中国势力视越南三省强弱众寡为何如? 刘永福僻处一隅,至今尚与争锋,堂堂中国,岂一蹶而遂难复振,则审势量力,并非孱弱不支,自法人攻越以来,并未严督滇粤诸臣与之速战,亟图进取,坐视其纵容布置,以致山西等处相继失守,非持重太多之故耶?"⑥

---

　　① 《李鸿章全集》,海南出版社 1997 年,第 5114 页。

　　② 台湾"中央研究院"近代史所档案馆藏:《已奉谕着将保胜凉山各营撤回》(光绪十年闰五月),《总理各国事务衙门全宗》《越南档系列越南档宗》,馆藏号:01-24-010-04-008。

　　③ 中国第一历史档案馆藏:《为应令刘永福复越牵制法军事》(光绪十年六月二十二日),《电报档》,档号:2-02-12-010-0320,缩微号:003-0961。

　　④ 台湾"中央研究院"近代史所档案馆藏:《法决向中国索赔二十兆镑法外长告议院凉山战事中国承认华军系奉命守护》(光绪十年闰五月二十一日),《总理各国事务衙门全宗》《越南档系列越南档宗》,馆藏号:01-24-010-02-026。

　　⑤ 《李鸿章全集》,海南出版社 1997 年,第 5032 页。

　　⑥ 《清光绪朝文献汇编》,鼎文书局 1978 年,二十,第 1113 页。

尽管此际清廷强化中越宗属关系的诸多尝试不无缺陷,且实际发挥出来的效果亦非常有效,但它清晰彰显了清廷和时人受近代外交观念影响后所欲实行的一系列努力。其表面目的在于"顾藩屏周",深层目的则在于运用近代外交法则,甚至不惜付诸战争方式,抵御外敌渗透,护我藩篱,巩固国家利权。但此等努力终因清廷实力有限,且最终受制于本土安全而不得不放弃宗主国身份、放弃对属国越南的"兴灭继绝"。

(二)光绪朝清廷强化中朝宗属关系之努力

光绪朝藩属体制之"异变",就中国传统藩属体制崩溃而言,实则是其彻底崩溃前的回光返照。其"耀眼"之处在于清廷于此时期充分地利用了近代的外交手段去为该体制苟延残喘。正是由于清廷充分运用了近代的外交措施去维护这一残存体制,因而使其相对于传统藩属体制而言发生了"异变",其"异变"之实质是洋务运动后"中体西用"之思想在巩固该体制时的一种尝试。

光绪朝清廷强化中朝宗属关系所采取的近代措施主要体现在以下方面:

(1)条约体系之确立:清廷加强中朝宗属性质

晚清时期,在特定的环境下,时人想借用近代西方的条约体制去加强中朝宗属关系。这一通过条约体系来加强中朝宗属关系的做法主要体现在两个方面:其一是引导朝鲜同西方各国立约,其二是中朝之间订立近代意义上的条约。

光绪七年(1881),朝鲜国王委员李容肃向李鸿章吐露了朝鲜方面愿意与西洋各国缔约通商之事,并请求李鸿章"一一硕画"。因此李鸿章指派马建忠与郑藻如等代拟朝鲜与各国通商章程,准备引导朝鲜开放。但如何通过引导朝鲜缔约通商来巩固、加强中朝宗属关系,却颇费李鸿章等的心机。因此,他特别要求朝鲜今后如"有报答日本及他国之书,自应仍用封号",使其"不失中国属邦之名"。① 他想以此来巩固中朝宗属关系。

李鸿章等清廷大员的原意是通过引导朝鲜与美国立约通商,以制衡日本、沙俄,并将朝鲜为中国属国这一条列入条约之中,通过条约的形式来进一步巩固中朝宗属关系。正是如此,清廷在代拟朝鲜与美国的通商条约之草约的第一条就写有"中国属邦政治仍得自主"的字样。但是该条文却遭到美方反对,薛斐尔认为该条

---

① 《李鸿章全集》,译署函稿,卷12,"论朝鲜外交",光绪七年二月初二日,海南出版社1997年。

"于两国立约平行体统有碍,他日国会绅员亦必议驳"。① 而李鸿章等也无他法,只得"俟画押后,由朝鲜另备照会美国外部,声明朝鲜久为中国藩属"来弥补这一初衷。②

清廷引导朝鲜与西方各国缔约通商之目的在于通过近代的条约体制来巩固中朝宗属关系,并使这一关系得到国际社会的认可;但是美、英等国都不接受中方的这一条款。因此,晚清清廷想通过引导朝鲜与西方立约通商的方式来赢得西方对中朝传统外交关系——宗属关系的承认,在很大程度上落了空。但是值得注意的一点是,晚清清廷引导朝鲜与西方各国立约通商在一定程度上也强化了中方在朝鲜半岛上的影响,并巩固、强化了清廷与朝鲜的宗属关系。这主要体现在以下两个方面:

第一,清廷引导朝鲜与西方各国立约通商在一定程度上加强了中朝在朝鲜事务上的影响力。朝鲜与西方各国通商条约上虽未能写下朝鲜为中国属国之字样,但是西方各国还是明显地认识到中方在朝鲜半岛的影响力。

第二,晚清清廷引导朝鲜与西方各国立约通商也在客观上加强了中朝之间的宗属关系。

光绪时期,清廷利用近代条约体制强化中朝宗属关系的第二种途径则是中朝之间订立近代意义上的条约。与前者通过引导朝鲜与西方各国立约通商以增强中朝宗属关系相比,清廷认为中朝之间订立近代条约体系,并通过此条约体系来巩固中朝传统宗属关系所起的作用将比前者更为有效。因此,当《朝美通商友好条约》签订后不久,在朝鲜方请求中朝之间在"已开口岸相互交易"并请求"派使进驻京师"的情况下,清廷决定订立中朝水陆通商章程,以进一步巩固中朝宗属关系。

晚清时期,清廷正是通过同朝鲜订立章程的形式去强化中朝宗属关系的;而条约中清廷单方面的司法审判权和中朝宗属关系术语的明确规定对于清廷而言都起到了强化中朝宗属关系的目的。虽然通过条约体制来强化中朝宗属关系从历史的长时段上看并不能起到加强中朝宗属关系的目的,相反却最终导致了传统藩属体制的崩溃;但是就晚清的 19 世纪 80—90 年代而言,该条约体系在近期内的确起到了强化中朝宗属关系之作用,尤其是强化了中方的宗主权。只不过这种强化最终

---

① 《李鸿章全集》,译署函稿,卷 13,"论美使筹议朝约",光绪八年三月三日,海南出版社 1997 年。
② 《李鸿章全集》,译署函稿,卷 13,"复朝鲜总理机务李兴寅君",光绪八年三月初五日附,海南出版社 1997 年。

遭到朝鲜开化势力、日本、美国等多方面的抵制,并导致了朝鲜对中方的反抗与清日战争的爆发。

（2）经济方面：加强对朝鲜的经济影响

经济上强化清廷在朝鲜的经济势力也是晚清时期清廷强化中朝宗属关系的重要手段。清廷对朝鲜经济影响之增强主要体现为清廷控制朝鲜的借款行为。

晚清时期,清廷控制朝鲜借款主要体现在两个方面。一方面是清廷限制朝鲜向其他国家借款,另一方面是中国积极向朝鲜贷款。就前者而言,如何限制朝鲜向其他国家借款而巩固中国在朝鲜的特权,是清廷所考虑的重要问题。因为对中国而言,成功地控制住朝鲜向其他国家借款,也就相对地控制了朝鲜经济、海关与外交。

光绪十四年（1888）六月间,李鸿章对朝鲜对外借款进行了一次彻底清查,他致电袁世凯,让他查明朝鲜借各国贷款究竟有多少,利息为多少,并要求袁世凯向他详细电复。同年六月四日,袁世凯电复称:朝鲜方隐瞒外署,向各方所借约有"百三十万,而可名指者,不及八十万"。① 中方对于朝鲜向外借款极为关注,因为朝鲜向日本、美国等各国借款最终都得以朝鲜的海关作为抵押或由海关关税收入来偿还。日本等向朝鲜贷款越多,则朝鲜海关受日本等之干涉越大,中国越有可能因此丧失对朝鲜海关的控制权。而一旦中国丧失对朝鲜海关的控制权,那么清廷要有效地控制朝鲜的外交几乎不可能,其将进一步导致中国宗主权的丧失及中朝宗属关系的瓦解。有鉴于此,中方不得不通过干涉朝鲜向外借款来控制朝鲜。因此,光绪十五年（1889）李鸿章就曾力阻"韩借法款"。李鸿章要求"照会各国,以后不准私贷,即令各国遵允"。② 而光绪十六年（1890）中方总署又专门致电各国公使,"知照各外部,阻其借款"。③

晚清中方控制朝鲜借款的另一体现是中方积极向朝鲜贷款。就晚清清廷而言,在自身瘠弱的状况下官方本没有资本向朝鲜借贷,但是出于巩固中国的朝鲜宗主权之目的,又不得不想方设法地筹集资金向朝鲜提供贷款。更为重要的是当时美国人李仙德等朝鲜宫廷谋士积极建议朝鲜向日本等其他国家借款来偿还朝鲜的中国借款,以此来削弱中国对朝鲜的影响。④ 为抵制李仙德等宫廷谋士的此种"破

① 《李鸿章全集》,电稿,卷11,光绪十五年六月初四日巳刻,海南出版社1997年。
② 《李鸿章全集》,译署函稿,卷19,光绪十五年六月二十九日,海南出版社1997年。
③ 《李鸿章全集》,电稿,卷12,光绪十六年萨月十五日巳刻,海南出版社1997年。
④ 《李鸿章全集》,电稿,卷14,光绪十八年正月二十九日酉刻,海南出版社1997年。

坏行为",早在光绪十六年(1890)李鸿章电袁世凯时就吩咐称:"如彼向中国乞贷,当视其事体之轻重、数目之多寡,临时酌办,由该海关分年扣还。"①有鉴于此,袁世凯也积极向清廷倡议由中方向朝鲜贷款,偿还朝鲜欠德商世昌欠款以固中方"驭属权体"。而至于如何由中方贷给朝鲜巨款,袁世凯也认识到并非易事,因此他建议中方由出使经费内拨给。他称:"闻出使经费沪存甚多,拟乞商总署,饬拨十万两贷韩,薄订子息,托由在韩华商会名,与韩海关妥订合同,按月由税司于征税内分划本息解沪,并由凯与闵种默等监订印押,必不至巨款虚掷,尤可坚固驭属权体。"②李鸿章同意了袁世凯的建议,并吩咐称:"韩廷借款办法既存字小之义,巨款亦不落空,自可照办。"③

随后光绪十八年(1892)九月间,韩方的郑秉夏又请求袁世凯再向清廷贷款八万两,以还日本银行及美商汤生债约十一万元。袁世凯对此很感兴趣,他认为再贷给朝鲜八万两,朝鲜的偿还能力应不成问题;不仅如此,再次贷款给朝鲜可以达到进一步巩固中国对朝鲜海关的控制并进一步巩固中朝宗属关系的目的。因此他报告李鸿章称:"查韩关每年征税约三十万,按月扣偿","贷予愈多,华权愈增。前次贷款只由仁川税司扣偿,倘再允贷,拟商由釜山税司分扣,庶关权又进一步"。④ 正是出于巩固清廷在朝鲜的宗主权之考虑,所以李鸿章对于袁世凯之建议,照样接受,清廷再次贷给朝鲜十万两。

(3)外交方面:清廷限制朝鲜派使出洋

早在光绪十三年(1887)七月间,袁世凯就向清廷报告了朝鲜向外派使情况。他在给李鸿章的电报中:"前有小人献策,须派公使分往各国,乃能全自主体面。德尼亦屡劝王,今已差朴定阳为全权大臣,往美驻扎,沈相学为全权大臣,往英、德、俄、义、法随便驻扎。然财力极绌,想一时未能行云。"⑤袁世凯所称德尼助朝鲜向外派使一事,在德尼致友人的书信中也得到了证明。他称:"实际上,当我来到朝鲜后第一次见到国王时,他就向我询问关于向海外派遣大使的可行性。我回答称这样做看上去并不怎么明智,不是因为朝鲜没有权力选派他们,而是基于权宜的考

---

① 《李鸿章全集》,电稿,卷12,光绪十六年三月十五日巳刻,海南出版社1997年。而在光绪八年壬午兵变后,清廷就借给朝鲜50万两白银,按照陕、甘借洋债之例,年息八厘。见《清季中日韩关系史料》第3卷,第967页。

② 《李鸿章全集》,电稿,卷14,光绪十八年闰六月十三日酉刻,海南出版社1997年。

③ 《李鸿章全集》,电稿,卷14,光绪十八年闰六月十五日辰刻,海南出版社1997年。

④ 《李鸿章全集》,电稿,卷14,光绪十八年九月二十二日戌刻,海南出版社1997年。

⑤ 《李鸿章全集》,电稿,卷8,光绪十三年七月初二日酉刻,海南出版社1997年。

虑。由于它不仅会惹起反对情绪,而且它将导致本应用于国内事业之发展的有限财力花费在这方面。"但是不久后德尼的思想发生了转变,他称:"在此之后的一年半时间内,目睹了袁世凯在他政府支持下犯罪、粗暴地对待朝鲜政府与国王行为和他对诸多琐碎之事的干预,我建议——作为唯一的现实可行方式可以将事实呈现出来,且其目的是敦促中国在它还不太晚之前尽可能地改变它的行为方式——选派全权大使出使美国与欧洲。如果这一行为有着设想的效果,它将是我为中国与朝鲜双方国家所能提供的最好服务。"①

同时朝鲜拟向西方派使行为也被英国驻朝鲜使节所知,英国出于巩固其在东亚之优势,尤其是控制中国、朝鲜海关,积极倡议中方对朝鲜此行为进行阻挠。光绪十三年(1887)八月,袁世凯就向清廷报告了英国方面的秘密建议。英方使节称:"此举西人均不谓然,中国宜禁其派往。如往,西人即谓非华属,在泰西以等次论,相处甚难。何中国名为属邦,毫不相关? 如中立其间,将为安南之续。"②在得到英国的支持下,袁世凯建议李鸿章给他发来如下的电报:"曰韩交涉大端,向与本大臣先商,近闻分派全权,并未预商,即将前往,且各国并无朝鲜商民,何故派往? 徒益债累。该员往办何事? 何有意见? 望即照会韩政府查报等谕。"③当袁世凯得到李鸿章这样的电报后,马上就去照会朝鲜政府,认为这样一来朝鲜谏臣就有词可措了,而"韩交涉大端之权,亦可渐入中国"。④ 而且他推测,经过如此措施后,"赴美全权本定初七日启行今必中止"。⑤ 但是同月初六日,袁世凯又从告密人那儿得知,闵游翊又在进一步鼓动国王向外派使。⑥ 在此等情况下,清廷也出面干涉朝鲜向外派驻全权大使。光绪十三年(1887)八月七日,清廷谕军机大臣时称:"电寄李鸿章,中国已允韩与各国通商,令派使亦同一律,但必须先行请示,俟允准后,再分赴各国,方合体制。现在自仍以停止派使为正办,留请示一层为转圜地步。"⑦袁世凯在接到清廷谕旨后,马上进韩宫要求朝鲜方面复示,但初八日清晨,韩方报称,赴美全权大使已于昨晚出城,"无可奈何"。袁世凯因此责以韩方三罪:"不商而派一

①　Robert R.Swartout,Jr.,*An American, Adviser in Late Yi Korea*,The University of Alabama Press,1984,PP.72-73.

②　《李鸿章全集》,电稿,卷8,光绪十三年八月初二日午刻,海南出版社1997年。

③　《李鸿章全集》,电稿,卷8,光绪十三年八月初二日午刻,海南出版社1997年。

④　《李鸿章全集》,电稿,卷8,光绪十三年八月初四日辰刻,海南出版社1997年。

⑤　《李鸿章全集》,电稿,卷8,光绪十三年八月初四日午刻,海南出版社1997年。

⑥　《李鸿章全集》,电稿,卷8,光绪十三年八月初四日午刻,海南出版社1997年。

⑦　《清德宗实录》,卷246,中华书局1987年5月,第3—4页。

罪,宪电问仍不商二罪,奉旨仍派使出城三罪。"①后袁世凯得知,韩派美使,仍停城外。在袁世凯的责问恐吓下,韩方不得不召回出城美使朴定阳。

袁世凯在阻挠韩方派使出洋取得初步胜利后,又向李鸿章献策,要求中方趁朝鲜请旨派使出洋之际,趁机在圣旨中申明"韩员赴泰西,凡一切交涉大端,仍应就近先商请于中国驻西各大臣核办"②等内容。他认为此乃"维持藩封名义,尤为周密,亦防微杜渐之一法"。③

但是中方阻止朝鲜派使行为首先遭到了美国的反对,美国公使就此照会袁世凯,对中方阻止朝鲜派使赴美行为提出抗议。同时,中方总理衙门也认为一味阻止朝鲜派使驻外已经很难做到。因为朝鲜在与各国立约时,条约中就规定"均有派使互驻"之条,而且朝鲜已经向日本派驻了公使,而美国公使也将派出,而俄国又一再致电清廷,进行催促。因此总理衙门认为:"既有条约在前,亦安能请旨罢斥?"正是基于此点考虑,总理衙门认为,中方只有设法在朝鲜驻外使节与中国驻外使节在同驻某国的具体交往活动中用属国体制去加以规范,才有可能挽回一些失去的"威仪"。其结果是清廷作出了三端规定:"一、韩使初至各国,应先赴中国使馆具报,请由中国钦差挈同赴外部,以后即不拘;一、遇有朝会公宴,酬酢交际,韩使应随中国钦差之后;一、交涉大事关系紧要者,韩使应先密商中国钦差核实。"④李鸿章同时电告袁世凯:朝鲜"如必派使各国,应派为驻扎某国公使,勿用全权字样,庶于万国公法三等公使定章相合,而与中国驻各国钦差分际无碍"。⑤ 李鸿章在此想用西方近代国际公法下的属国体制来暗合中国传统的藩属体制,使这种封建社会形态下的宗属关系得以与近代资本主义社会形态下的属国体制有相互吻合的可能。

朝鲜方面对于中方此种制约当然不满,因此中方规定之"三端"刚一到达朝鲜,朝鲜国王就让人告诉清廷,改朝鲜全权使为三等使朝鲜方面很难做到。朝鲜方面称:中方"向已允我自主,此举将见议各国"。⑥ 而且朝鲜方派人"奏告"清廷,请求清廷去"三端",以保存朝鲜国体。对于朝鲜方面要求删除"三端"中的第一端,

---

① 《李鸿章全集》,电稿,卷8,光绪十三年八月初八日戌刻,海南出版社1997年。
② 《李鸿章全集》,电稿,卷8,光绪十三年八月十一日申刻,海南出版社1997年。
③ 《李鸿章全集》,电稿,卷8,光绪十三年八月十一日申刻,海南出版社1997年。
④ 朱寿朋编:《光绪朝东华录》,中华书局1958年,第2333—2334页。
⑤ 《李鸿章全集》,电稿,卷9,光绪十三年九月初四日,戌刻,海南出版社1997年。
⑥ 《李鸿章全集》,电稿,卷9,光绪十三年九月初六日,戌刻到,海南出版社1997年。

李鸿章至袁世凯电称:"已奉旨,休得反复,忽请删第一端,向来无此政令,韩使至各国,必应先谒华钦差商办。如华使云可,无庸挈同赴外部,临时或准通融。"[①]

但是此后朝鲜派往美国使臣朴定阳到美后,并没有遵循清廷所定"三端",而是托病不拜见中方使节,而且自行拜见了美方。中方对此既成之事实也无可奈何,只得要求朝鲜政府等朴定阳归国后,再作惩办。

综观光绪朝中方对朝鲜派使行为的干涉,其目的仍然是想通过此举来维系、巩固中朝宗属关系,巩固中方之宗主权。中方对朝鲜三端之规定,就是中方宗主权的重要表现。其中改朝鲜全权使为三等使更是要表明中方高于朝鲜,为朝鲜宗主国之用心。因为在中方看来,中方所派西方各国使节均无全权,其"全权"只有清廷最高统治者才拥有,且其驻外大使实为"二等";而朝鲜作为中方属国,其派驻西方各国驻使理应低于中方一等,只能是三等使。中方想通过此等措施来巩固自身在近代国际舞台上的地位与声望,以此来维护清廷统治。

(4)军事方面:中方加强对朝鲜的"保护"

自19世纪80年代以来,清廷随着对朝鲜的政策从传统的"不问"方式向"问"的方式之转变,其对朝鲜的军事政策也发生了改变。此前清廷基于朝鲜还未受到西方以及日本势力侵占而对朝鲜不太予以直接的军事关注,但是1876年,日本在侵占台湾、吞并琉球后又对朝鲜发动了江华事件,这让清廷日益警醒到日本对朝鲜所倾注的野心。特别是日本在明治维新后实力之增强,更让清廷认识到,在不久之将来日本必将扩张之矛头直指朝鲜。正因如此,晚清清廷在70年代末就开始从军事上加强对朝鲜的"保护"。因此,其所设立的北洋舰队,不仅有着拱卫京师与中国东北的目的,同时也有着确保朝鲜半岛免遭他国侵占之目的。[②]

具体而言,光绪朝中方军事上"保护"朝鲜体现在两个方面:一是帮助朝鲜自身军事力量之发展,二是对朝鲜实行直接的军事"保护"。到了近代,尤其是19世纪70年代以后,中方在西方各国以及日本的攻击下自身难保,中朝双方在此等情况下都不得不重新思考朝鲜的安全防御问题。中方基于巩固朝鲜重要的战略地位和维护残存的"天朝"体制之目的,此时期努力督促朝鲜之"自强"。光绪初年何如璋、黄遵宪、丁日昌等都提出过朝鲜需自强的建议,特别是在丁日昌所提朝鲜政策

---

① 《李鸿章全集》,电稿,卷9,光绪十三年十二月初八日未刻,海南出版社1997年。

② "海上如练成大枝(支)水军,益以铁甲快船数艘,南略西贡、印度,东临日本、朝鲜,声威及远,自然觊觎潜消。鄙人窃有志焉,愿执事之力赞其成也。"《李鸿章全集》,朋僚函稿,光绪八年九月二十八日,"复黎召民京卿",海南出版社1997年。

各节中尤其要求朝鲜要"密修武备,慎固封守",①以牵制日本和防御俄罗斯。而朝鲜在中方的"劝谕"下,也开始从军事上寻求"自强"的努力。光绪六年(1880)九月间,朝鲜因中方之建议,特向清廷奏请"朝鲜讲求武备"之事,请求派遣朝鲜匠工学造器械于"天津厂"。李鸿章认为此举对于中方巩固中朝宗属关系、"保护"朝鲜之安全有利,可以答应朝鲜的请求。② 随后李鸿章决定通过三个方面来帮助朝鲜强化自身的军事力量:首先让朝鲜挑选"匠工来厂学习,并选聪颖子弟来津,分入水雷电报各学堂,俾研西法,本末兼营,较有实际"。其次,练兵方面,"将来选派熟悉员弁往教,或由该国派队来从我兵操练"。其三,购买军备方面,"或乘中国订购之便,宽为筹备画付,均应随时酌度情形,妥商办理。"③以上中方所提出的帮助朝鲜强大自身军事力量之三端,在以后的时间内部分地得到施行。如朝鲜方面派人入天津局学习制造、工艺,中方派人帮助朝鲜练习军队等。而光绪八年(1882)八月二十七日李鸿章又奏称:"接济朝鲜十二磅铜开花炮十尊,天津机器局开花子三千颗,木信三千六百枝,门火六千枝,炮药四千五百磅,子膛内炸药一千五百磅,英来福兵枪一千杆,天津机器局枪药一万磅。"④

光绪朝中方军事上"保护"朝鲜的第二种措施是中方对朝鲜实行直接的军事保护。光绪八年(1882)"壬午兵变"可谓是中方强化军事"保护"朝鲜的分水岭,学术界对此已有共识。⑤ 如光绪八年(1882)后,中方不少人士提出对朝鲜实行直接的军事"保护"建议。郭嵩焘就建议称:"调集天津水陆之军四五千,由海道进讨,使日本犹有顾忌以不至狡逞,即中国亦有自处。兵者,圣王所以诛暴乱,禁奸宄。是滇、粤各边无可用兵之机,而朝鲜在今日实有迫于不能不用兵之势。"⑥

在此建议下,吴长庆于光绪八年(1882)七月初七日带领头起营勇抵达朝鲜的南阳地方,从而开始了晚清时期中方军事"保护"朝鲜的开端。中方正因为受日本向朝鲜派出军队之警觉,一支四千五百人的军队在吴长庆的带领下立即被派往朝鲜。⑦

① 台湾"中央研究院"近代史研究所:《清季中日韩关系史料》,台北,1972年,第416页。

② 台湾"中央研究院"近代史研究所:《清季中日韩关系史料》,台北,1972年,第418页。

③ 台湾"中央研究院"近代史研究所:《清季中日韩关系史料》,台北,1972年,第419页。

④ 台湾"中央研究院"近代史研究所:《清季中日韩关系史料》,台北,1972年,第976页。

⑤ 林明德认为,正因为1882年10月间李鸿章向朝鲜赠送了近代新式军械,而袁世凯也因此成为朝鲜新建亲军的教练。林明德:《袁世凯与朝鲜》,台湾"中央研究院"近代史研究所1970年,第93页。

⑥ 郭嵩焘著,杨坚点校:《郭嵩焘奏稿》,岳麓书社1983年,第402页。

⑦ Cater J. Eckert, Ki-baik Lee, *Korea Old And New A History*, Published by the Korea Institute, Harvard University by Ilchokak, Seoul, Korea, 1990, PP.206-207.

中方此举之目的当然不仅是为了应付朝鲜的请求,更重要却是想通过此机会利用军事力量去恢复近年来被日本所腐蚀的朝鲜宗主国地位。①

　　中方借"壬午兵变",对朝鲜进行了军事"保护",此后在相当长的时间内中方的军事"保护"政策不但没有改变,反而有了进一步加强。光绪八年(1882)七月二十六日,"壬午兵变"已经结束,中方逮捕了大院君,将其囚禁于天津,而朝鲜与日本也以签订五十万元的偿款条约结束了此次争端。此后,中方在朝鲜的游勇却"颇多滋扰"。在此等情况下,中方是否有必要撤回一部分军队,吴长庆就此专门请示李鸿章。李鸿章的指示是"余勇散人,尽数资遣",但各营军队不可撤回。他称:"营垒既成,务督令认真操练,格外整肃,俾日人、朝人潜生敬畏。吾弟素讲治军,定不河汉斯言耳。日本兵未撤尽,贵部必不可凯旋,尚希强忍镇静,随事相机妥办为要。"②

　　1882—1884年期间,是中方对朝鲜实行军事"保护"的重要时期,尤其是1884年"甲申政变",更体现出了中方以军事"保护"朝鲜之举动。此时期,中国不仅要为"保护"属国朝鲜动用兵力,而且要为"保护"另一属国越南免遭法国的吞并而动用比朝鲜更多的兵力。但即使在如此恶劣的环境下,中方仍然动用了较为优势的军事力量压制了朝鲜的开化党人与日本公使合谋的"甲申政变"。政变平息后,李鸿章仍准备让防营"常为驻守",③但是中法为越南事之冲突日益激化。如果中方继续在朝鲜留有大军,那么日本为均衡中方在朝鲜的军事实力也将留有大量的日本军队。基于此等考虑,④中方于1885年同日本签订了《天津专条》,决定同日本一道从朝鲜撤出军队。

　　光绪十一年(1885)后中方虽然从朝鲜撤出了中国军队,但是中方并没有放弃以军事"保护"朝鲜的努力。光绪十一年(1885)六月二十七日,李鸿章在上奏清廷时就称:清廷对待朝鲜"若不欲轻改旧章与闻属邦内政,亦必预筹劲旅驻东省边

---

　　①　Cater J. Eckert, Ki-baik Lee, *Korea Old And New A History*, Published by the Korea Institute, Harvard University by Ilchokak, Seoul, Korea, 1990, PP.207-208.

　　②　《李鸿章全集》,朋僚函稿,卷20,光绪八年七月二十六日,"复吴筱轩军门",海南出版社1997年。

　　③　《李鸿章全集》,电稿,卷4,光绪十年十二月初六日巳刻,海南出版社1997年。

　　④　此时期中日在朝鲜半岛上的军事对峙将对中方产生四个不良影响。其一,中日在朝鲜的驻军所形成的军事对峙,终会导致双方直接的武装冲突,这样不利于朝鲜之稳定。其二,它不仅将影响中方在越南与法国的较量,而且影响中国东南沿海岛屿的安全。其三,它将分散中方的军事力量,不仅很难全力"保护"朝鲜、越南等某一方,而且也将削弱中方的自我保护能力。其四,它将导致清朝的财政压力越来越大。

界,以防不测而备缓急"。① 因此,"甲申政变"后,中日《天津专条》之签订虽然使中日军队同时撤出朝鲜,但是中方对朝鲜实行军事"保护"的活动仍在进行,中方仍不时派出北洋舰队巡视朝鲜各海港均是明证。而当光绪二十年(1894)朝鲜发生农民起义之时,清廷应朝鲜方之邀请仍派兵进入朝鲜以"保护""属邦之安全",这同样是中方军事"保护"朝鲜、巩固中朝宗属关系之明证。其结果虽在甲午战争中被日本军队击败,但它仍是中方在晚清时期以军事"保护"朝鲜的典型例证。因此,直到甲午战争中方被日本打败,才结束了它对朝鲜的军事"保护"。

晚清时期,中方对朝鲜的军事"保护"在术语表达上多偏重于通过"保护"朝鲜以维护残存的藩属体制,但其实质意义却在于通过保护朝鲜以避免晚清中国遭受殖民势力的蹂躏。同时我们也不得不承认,清廷对朝鲜的军事"保护",在一定程度上也阻止了日本、沙俄对朝鲜的侵略进程。这一点从当时西方时人的评论中可以得到证明。赫德就曾致信墨贤理称:"中国是朝鲜的宗主国的必要性这一点不要忘记! 只有承认这一点,朝鲜才能免于那种必然随着争夺领土而来的横暴待遇。"②而后来日本吞并朝鲜的事例也证明这一点。早在19世纪60年代,日本国内就叫嚣着"征韩",之所以这一"征韩"活动被推迟到19世纪90年代,即在日本军事实力发展方面取得了超越中方的成就以后才实现,正是因为中方对朝鲜的军事"保护"在其中起着较大的阻碍作用。

(三)光绪朝清廷强化中廓宗属关系之设想

咸同年间中廓冲突及中方内乱对光绪朝中廓宗属关系亦产生了消极影响,导致光绪初年廓尔喀方进行的正贡活动无法按照"大清会典"之规定严格执行。如光绪二年,因此前(同治十三年)同治帝逝世,廓方要求进贡并递"哀表",③但中方却以山陕两省连年遭遇严重旱灾为由拒绝进贡。④ 直到光绪五年二月,清廷才允许廓尔喀进京朝贡。这次进贡已与惯例不符,因为按照会典规定,廓尔喀方五年一贡的例贡本应于光绪四年完成。光绪四年例贡虽未进京,但已由成都将军代为呈

---

① 《李鸿章全集》,译署函稿,卷17,"筹议赦还李昰应"光绪十一年六月二十七日,海南出版社1997年。

② [美]马士:《中华帝国对外关系史》,生活·读书·新知三联书店1957—1960年,第3卷,注①赫德致墨贤理函,一八八六年十二月四日,第18页。

③ 王彦威、王亮编:《清季外交史料》,南京古籍书店1987年,卷5,第105页。

④ 中国第一历史档案馆藏:《军机处录副奏折》,《奏为本年山陕荒旱饥民较多驿路未能畅行廓尔喀及各土司例贡请暂免一次事》,档号:03-5528-075,光绪三年十月十一日。

进。如严格按照会典规定,它应等到下一个五年即光绪九年才可进呈下一次例贡,但清廷却允许它于光绪五年提前进行,原因何在? 当然与清廷为应对南亚次大陆环境变化,尤其是减轻英国对藏殖民压力作出的主动因应密切相关。光绪三年,川督丁宝桢等奏报英人吉为哩等在川藏往返游历一事时就向清廷建议,联络廓尔喀、布鲁克巴进行制衡。清廷让总理衙门讨论,讨论结果称:"布鲁克巴、廓尔喀两部,界连前后藏,若能设法羁縻,固足为我屏蔽,惟贡献久绝,不能确指为藩属,请饬四川督臣丁宝桢相机办理。"①同时总理衙门又建议清廷,让驻藏大臣参与其间,具体筹划联络廓尔喀、防范英人侵藏等事宜。清廷同意了总理衙门建议,后者于光绪四年二月间咨文驻藏大臣,告知此事,驻藏大臣于光绪四年四月回奏清廷,阐述了自己意见。首先,驻藏大臣认为三部落与西藏本有唇齿相依关系,但"自哲孟雄独结岭为英人所据以后,该处部长乞唐古忒援兵,商上不准,哲孟雄藉为口实,致生嫌怨;布鲁克巴亦因强邻附近,叠次来信与唐古忒会商借助兵力以固边圉,而商上饬词推诿,该部长尤为忿恨,故有披楞租地之事。廓尔喀前派驻藏弹压巴勒布之噶巴丹因唐古忒礼遇不隆,起程回国,该国总噶箕屡欲赴定日一带以打猎为名寻衅。"②其次,三部落均遭英人侵略,畏惧英人,"廓尔喀畏英强盛,暗中币帛相将"。再者,在此境遇下,清廷如欲联合三部落保护西藏,只能尽量施行怀柔,加以笼络,"随时遇事抚驭羁縻,藉振兴西藏之声势,使三部落自固藩篱,为效顺中朝之属。得三部落之倾心,使英人无从离间,潜消窥伺之谋"。③

以上表明,清廷同意打破惯例、让廓尔喀进京朝贡乃因应时局、进行自我变更的结果。这一变化首先因边疆大吏积极倡导而发端,总理衙门作为应对的中间环节,推动了边疆大吏之应对,而后回到清廷执行层面。在整个过程中,清廷已不再坚守旧有惯例,积极寻求最佳对策。为此,光绪五年二月间清廷特降旨成都将军恒训,准许廓尔喀方于该年进京朝贡。中方如此作为,不仅在于怀柔廓尔喀、共同防卫西藏,更在于弥补总理衙门所称的廓尔喀等"贡献久绝,不能确指为藩屏"的不良后果。光绪五年十一月廓尔喀方贡使十六人最终达到北京,在神武门外瞻觐了清帝。清廷对他们"赏赉如例"。④ 该年十二月清廷又赏该国正贡使迭咱巴哈,副贡使帕那巴哈花翎。

---

① 《清德宗实录》,卷60,光绪三年十月戊申条,中华书局1987年。
② 王彦威、王亮编:《清季外交史料》,卷13,南京古籍书店1987年,第248页。
③ 王彦威、王亮编:《清季外交史料》,卷13,南京古籍书店1987年,第249页。
④ 《清德宗实录》,卷103,光绪五年十一月乙未条,中华书局1987年。

光绪五年，廓尔喀进京朝贡活动的恢复对此后中廓宗属关系的发展发挥了良性作用，虽然廓尔喀在此后时段内并非完全按照大清会典规定年份按期进贡，但向京师朝贡活动基本呈线性连续下去。如光绪十三年，又值廓尔喀例贡之年，廓方为此向清廷进贡。清廷特命贡道沿线地方官派人沿途迎护，这次使团于八月十五日从成都出发，川督刘秉璋特向清廷汇报了此事，并称已飞咨陕西、山西、河南、直隶各处，"先期饬派委员，前赴该省交界处所接替"。① 而该贡使于该年内并未至京。直到光绪十四年二月，才到达北京。使团正使为噶箕热拉毕噶尔玛热纳，副使为的热克瞒拉，他们在东华门外瞻觐。② 同年八月清帝特赐正副贡使花翎。③ 使团在京停留时间较长，直到光绪十四年十一月才离开京师，起程回国。④

廓方光绪十三年例贡于光绪十四年完成，五年之后即光绪十九年是否为廓方进贡之年，廓尔喀方特此询问驻藏大臣，请求清廷指示。清廷又"准其呈进"。⑤ 光绪二十一年也为正贡之年，四川总督告之清廷，廓尔喀贡使已于光绪二十一年十二月十九日由成都起程，⑥稍后光绪二十二年三月陕西巡抚张汝梅又向清廷奏报护送廓尔喀贡使过境情形。⑦ 该进贡使团最终到达了京师，但副贡使萨尔达尔足达毕热卡扎噶且底热却因病逝世，清廷又依照达赖喇嘛来使堪布在京病逝例，赏给对方恤银一万两。⑧ 随后的光绪二十六年亦是廓尔喀方例贡之年，该年廓尔喀方却未进贡。具体原因在于中方，该年山陕又遭旱灾，被荒情形甚重，驿站应付差事非常艰难。为此奎俊特奏请清廷，援案免除廓尔喀朝贡，暂缓进贡。⑨ 清廷为此降

---

① 中国第一历史档案馆藏：《军机处录副奏折》，《奏报廓尔喀贡使由成都起程日期事》，档号：03-5513-029，光绪十三年九月初四日。

② 《清德宗实录》，卷252，光绪十四年二月庚寅条，中华书局1987年。

③ 《清德宗实录》，卷258，光绪十四年八月丁酉条，中华书局1987年。

④ 中国第一历史档案馆藏：《军机处录副奏折》，《奏为委派候补通判禧麟护送廓尔喀贡使随行人员事》，档号：03-5242-107，光绪十四年十二月十九日。

⑤ 中国第一历史档案馆藏：《军机处录副奏折》，《奏为廓尔喀国王请准进呈贡品事》，档号：03-5557-125，光绪十九年八月二十五日。

⑥ 中国第一历史档案馆藏：《军机处录副奏折》，《奏为廓尔喀贡使进京陛见等事》，档号：03-5561-021，光绪二十二年正月二十二日。

⑦ 中国第一历史档案馆藏：《军机处录副奏折》，《奏为廓尔喀贡使行抵西安照例派员弁照料接送事》，档号：03-5340-036，光绪二十二年三月二十五日。

⑧ 中国第一历史档案馆藏：《军机处录副奏折》，《奏为廓尔喀副使萨尔达尔足达毕热卡扎噶且底热在京病故如何恩施请旨事》，档号：03-5343-113，光绪二十二年七月二十八日；另见《清德宗实录》，中华书局1987年，卷393，光绪二十二年七月辛酉条。

⑨ 中国第一历史档案馆藏：《电报档》，《寄谕奎俊著准廓尔喀等暂缓朝贡事》，档号：1-01-12-026-0301，光绪二十六年十月十九日。

旨,"所有廓尔喀及前后藏喇嘛并各土司著准其暂缓朝贡,俟道路平靖,再行照例办理。"① 随后光绪三十三年,廓尔喀方又派使前往京师朝贡。该年十一月,护理四川总督赵尔丰致电外务部,告知廓尔喀贡使已于本年十一月十一日起程。② 随后陕西巡抚又报该使团于光绪三十三年十二月二十日抵达西安,在西安度岁,于光绪三十四年二月初二日起程,前赴河南省境。③ 使团于光绪三十四年二月初九日正式进入河南境内,河南巡抚也专门致电军机处,称此次贡使"人甚平和,随行人等亦均安靖"。④ 大约在光绪三十四年六月,廓尔喀贡使进京朝贡完毕,准备回程。使团于八月二十一日进入河南省境,河南巡抚为此又专门向军机处汇报,报告了贡使一行出入境日期。该使团于九月初八日进入陕西境内。⑤ 至宣统元年七月二十七日,使团抵达前藏,驻藏大臣赏予绸缎、布匹、茶叶、银牌、羊只、米面等物,后于宣统元年十二月十一日起程回国。⑥ 这应是清代廓尔喀方最后一次进京进贡活动,此后宣统年间,中方档案中未见到廓尔喀方有何进贡活动。

尽管廓尔喀贡使进京朝贡活动会给清廷带来很大负担,但为羁縻对方、保护西藏,光绪朝并没有因此轻视这一传统关系,相反还通过其他方式得到增强。如光绪三年,廓尔喀方通过驻藏大臣松滋向清廷上奏,⑦称曾蒙清廷赏与统领兵马果敢王衔的廓尔喀总噶箕藏格巴都尔病故,要求另赏其弟噶免札热热拉乌第巴兴王衔。⑧ 清廷同意了这一请求,赏给后者果敢王衔总噶箕称号。这是清廷除赐封廓尔喀王之外,应廓尔喀方要求对廓尔喀国内大臣进行赏赐的又一行为。虽然该行为透露

---

① 中国第一历史档案馆藏:《电报档》,《寄谕奎俊著准廓尔喀等暂缓朝贡事》,档号:1-01-12-026-0301,光绪二十六年十月十九日。

② 中国第一历史档案馆藏:《电报档》,《为廓尔喀贡使十一日起程由陕进京事》,档号:2-04-12-033-1252,光绪三十三年十一月十四日。另见《军机处录副奏折》,《奏报护送廓尔喀贡使起程进京日期及知照各省接替事》,档号:03-5577-104。

③ 中国第一历史档案馆藏:《军机处录副奏折》,《奏报廓尔喀贡使抵西安省城及出省城起程日期等事》,档号:03-5985-020,光绪三十四年二月初七日。

④ 中国第一历史档案馆藏:《电报档》,《为廓尔喀贡使入境出境日期事》,档号:2-04-12-034-0256,光绪三十四年三月十五日。

⑤ 中国第一历史档案馆藏:《电报档》,《为廓尔喀贡使入境出境日期事》,档号:2-04-12-034-0835,光绪三十四年九月初九日。

⑥ 《驻藏大臣联豫奏廓尔喀贡使抵藏及起程日期折》,《政治官报》,宣统二年三月十四日,第890号,第259页。

⑦ 中国第一历史档案馆藏:《军机处录副奏折》,《奏为代陈廓尔喀王衔总噶箕病故请将原赏名号赏伊弟事》,档号:03-5120-114,光绪三年三月二十六日。

⑧ 中国第一历史档案馆藏:《军机处录副奏折》,《禀请赏给噶免札热热拉乌第巴兴统领兵马果敢王衔各事》,档号:03-5118-054,光绪三年正月二十日。

出的是廓尔喀内部王权旁落、首相专权事实,但清廷除册封廓尔喀王之外,又赏给总噶箕果敢王衔和红顶双眼花翎活动却表明这一宗属关系也得到了廓尔喀实权者认可,后者直到民国初年仍沿用此衔。①

这一时期清廷也曾通过赏赐廓尔喀新任国王顶戴和国内大臣"秩制"活动去增强双方宗属关系。光绪八年,廓尔喀新任国王(原国王之孙)承袭王爵,特向清廷进呈表文,请求清廷承认。为奖励廓尔喀新王的恭顺行为,清廷特赏赐该国王红宝石顶戴。② 同年廓尔喀王又请求清廷赏与新任总噶箕"秩制穿戴",清廷又依照"蒙古郡王应用穿戴□□等件",由内务府制办,转交兵部由驿道转送西藏,又由驻藏大臣派人送到廓尔喀都城阳布。为此,廓尔喀方亦专门派人至边境迎接,至阳布时国王和果敢王等率领国内头目兵民人等排列队伍,施放枪炮焚香,远至郊外迎接。随后又为此进呈谢恩表文,对清帝表达忠诚。③

光绪十一年,中法战争爆发,中国海防遭遇严峻危机。侦知此事,廓尔喀方又向清廷投递禀文,请求效力海防军营。前车之鉴使清廷马上拒绝了这一要求,并传旨廓尔喀王"法人背盟肇衅,已派大兵剿办,无须该国之力"。④ 光绪二十一年值中日战争之际,廓尔喀方又称:闻中国海疆不靖,"军民咸抱不安"。清廷再度让驻藏大臣传谕廓尔喀,进行安慰嘉奖。⑤ 光绪二十二年出使英国大臣龚照瑗从英报探知廓尔喀与英失和事,马上电告清廷。⑥ 驻藏大臣又探闻廓尔喀与西藏失和、意欲决战事,并称"廓悍而附英,藏愚"而恃俄,驻藏大臣担心"廓之动兵,必系英所主使","廓若得志,全藏将不可问",为此要求清廷特派能员赴藏处理。⑦ 好在这一冲突终未发生。但随着晚清清廷统治日益削弱、中国边疆危机日益增强,时人对自强不息的廓尔喀有可能染指西藏的呼声也日益高涨。⑧

---

① 《中国西藏与廓尔喀的官方文书》,《中国藏学》,2010 年 1 期增刊,第 50 页。

② 中国第一历史档案馆藏:《军机处录副奏折》,《奏为请旨遵缮色楞额奏廓尔喀国王之孙承袭王爵呈进表文等折清字谕旨事》,光绪八年,档号:03-5671-3036;另参阅《清德宗实录》,中华书局 1987 年,卷 152,光绪八年九月丙午条。

③ 中国第一历史档案馆藏:《军机处录副奏折》,《奏为代廓尔喀额尔德尼王呈递谢恩表文事》,档号:03-5184-003,光绪九年八月十六日。

④ 《清德宗实录》,卷 203,光绪十一年二月己卯条,中华书局 1987 年。

⑤ 《清德宗实录》,卷 361,光绪二十一年二月丙午条,中华书局 1987 年。

⑥ 中国第一历史档案馆藏:《电报档》,《为英报载廓尔喀与西藏失和等事》,档号:2-02-12-022-0057,光绪二十二年二月三十日。

⑦ 中国第一历史档案馆藏:《电寄谕旨档》,光绪二十二年三月初三日,档号:1-01-12-022-0036;另参阅《清德宗实录》,中华书局 1987 年,卷 387,光绪二十二年三月戊戌条。

⑧ 明夷:"廓尔喀记",《新民丛报》,1903 年第 29 期,第 126—127 页。

在此境遇下,光绪朝清廷不仅随时防范廓尔喀扰乱西藏,更想联络廓尔喀进行卫藏。如光绪十二年二月间,川督丁宝桢向清廷上奏,建议联络廓尔喀为西藏屏护:"西藏为全蜀第一道藩篱,廓尔喀又为西藏切近屏蔽……当此英俄窥藏事机紧要,多一重门户,即多固一处疆圉。可否仰恳天恩准予该番嘉奖,令益坚其内向之心,不但边城增一障蔽,兼使异族少一内助,川藏全局均有裨益。"①清廷采纳了这一建议,积极开展同廓尔喀的宗属关系、主动加强与廓尔喀联系。这些做法客观上起到了增强清廓宗属关系目的,并使这一关系成为清代宗属体系内延续最晚的关系,它基本维持到清政权的彻底瓦解才终结。除此之外,光绪二十五年,西藏达赖喇嘛也曾通过外蒙活佛哲布尊丹巴等向清廷建议,要求对廓尔喀加强怀柔。其呈文称:"廓尔喀毗连藏地,与藏盟誓好好。现该王弟兄不睦,地方亦分,伊弟欲附英国,该王深恐关通扰害,当乘此犹豫之际,降旨施恩勉劝。"总理衙门也采纳了这一建议,并上奏清廷称"廓尔喀前有封号后未续给",该部落"毗连藏印之间,举足左右,便有轻重,鉴于哲孟雄之事,亟应联络该部长之心,以固全藏唇齿。但廓尔喀部长之弟现时已否附英""仍翼爵衔及应如何羁縻固结,应请饬下驻藏大臣查明办理"。②

二、光宣时期的藩部危机与清廷强化藩部治理之努力

(一)光宣时期蒙古危机与清廷强化蒙古各部治理之尝试

1. 甲午战前外敌侵渗之继续和清廷之应对

(1)沙俄侵渗之继续

光绪朝后,俄方对各蒙古地区的侵渗并未结束,相反却更为盘根错节。如光绪元年,清廷谕旨就称:"塔尔巴哈台僻处一隅,荣全现扎该处与伊犁旗绿各营蒙古民人等,连年被俄人勒索,穷困堪怜,亟应设法拯救。"③又如光绪五年乌里雅苏台将军等亦向清廷呈称:俄商在唐努乌梁海属内建盖行栈数处,"又自光绪五年"春季以来,有俄人或三五十人或八九十人不等,在奇木齐克河北一带中唐努山内刨挖金砂。至光绪七年五月,俄人又在萨尔鲁克地方居住,扎立木棚十处,其附近挖过

---

① 王彦威、王亮编:《清季外交史料》,卷64,南京古籍书店1987年,第1171页。

② 台湾"中央研究院"近代史所藏:《外务部全宗》,《西藏档》,馆藏号:02-16-001-04-001,光绪二十五年四月。

③ 《清德宗实录》,卷4,光绪元年二月戊寅条,中华书局1987年。

金砂大小一百余处。① 中方收归伊犁谈判后，俄方又趁机加紧对西北蒙古地区的染指。光绪八年中俄划界时科布多等处"沃壤之区，任听俄人挑割"。② 光绪九年俄方又利用改订伊犁条约、酌定新界机会，将科布多所属齐桑淖尔东南一带地方及塔尔巴哈台界内之赛里鄂拉以西各卡伦一并侵占，从而导致自同治三年以来俄方已占领科布多十分之大半。③ 光绪十一年塔尔巴哈台参赞大臣锡纶上奏清廷时又云："塔城东西两半面蒙夷旧制，赋税均无可徵。汉民亦乱后孑遗，耕田无多，仅堪度活，未便遂办升科，商贾悉皆俄人，华商十不一二"。④ 光绪十四年乌里雅苏台将军又奏俄人在中国蒙古境内偷挖金砂、开辟荒地、耕种建房事，即"乌里雅苏台所属唐努乌梁海边外自柏郭苏克西北至沙宾达巴罕中国设立界牌八处，每年夏间派员会同俄官逐牌查阅，历经办理在案……乃俄人得步进步，竟至沙宾达巴罕迤东霍呢音达巴罕迤西……等五处河岸附近地方……任意挖取金砂，共有四十五处……又在乌梁海所属乌克多伦两河岸地方，俄人明囿赖等任意开垦地亩三块，长一千三百余尺，宽八百二十余尺；又在乌梁海所属萨拉塔木……等十五处，俄人雅固尔等建造房屋，南入俄（我）境至数百里之多"。⑤

同时期俄方商人还开始掠取蒙古地区的茶叶贸易，中俄原定俄商运茶由归化取道科布多回国，但俄方却往往绕走乌里雅苏台，以便在更为广泛的蒙古地区从事此类贸易。⑥ 至此，俄人出入蒙古可谓畅通无阻，"山川阨塞，早已形若户阃，货贩往还"，已成常态。⑦ 直至甲午战前，俄方对蒙古等中国传统藩部地区的渗透仍未停止，相反却开始大力推行同化蒙藏政策。如 19 世纪 80—90 年代俄人格奥尔基耶夫斯基就曾宣称"不论俄中边界是否能保持现状，但有一点是无可怀疑的，就是如果处于两国中间的一些民族（满洲人、蒙古人、土尔克斯坦鞑靼人等民族），一方面要被俄国同化，另一方面又要为中国同化，或者至少是他们完全丧失现今文化上的半独立性，那么在这种情况下我们俄国人将会陷于同中国人对面而立的困境"。⑧

---

① 王彦威、王亮编：《清季外交史料》，卷79，南京古籍书店 1987 年，第 1422 页。
② 王彦威、王亮编：《清季外交史料》，卷30，南京古籍书店 1987 年，第 556 页。
③ 王彦威、王亮编：《清季外交史料》，卷156，南京古籍书店 1987 年，第 2528 页。
④ 《清德宗实录》，卷 203，光绪十一年正月甲戌条，中华书局 1987 年。
⑤ 王彦威、王亮编：《清季外交史料》，卷78，南京古籍书店 1987 年，第 1406 页。
⑥ 《清德宗实录》，卷 281，光绪十六年二月辛未条，中华书局 1987 年。
⑦ 王彦威、王亮编：《清季外交史料》，卷65，南京古籍书店 1987 年，第 1175 页。
⑧ 格奥尔基耶夫斯基：《研究中国的重要性》，圣彼得堡，1890 年，第 270 页，转引自内蒙古语文历史研究所主编：《中俄关系资料选编》（近代部分），内蒙古语文历史研究所 1976 年，第 13 页。

（2）清廷应对之方略

第一，新疆建省。

同治回民起义和此时期沙俄对中国西北边疆的入侵均导致了严重的边疆危机，尤其是伊犁、塔尔巴哈台、哈密、科布多等处的叛乱和沙俄乘机占领伊犁，更使清廷和时人认识到中国西北边疆危机的严重，意识到无法再用传统怀柔藩部政策达到以藩屏周之目的。相反，此次骚乱却暴露出传统藩部政策存在严重弊端，在外敌入侵下，蒙回等藩部不仅无法充当藩篱、自我保全，且有日益被侵吞的危险。即如伊犁，从前"本不与俄境相连，以哈萨克、布鲁特种人与浩瀚所部安集延及布噶尔所属为之阻阂。近年俄人先后协诱哈萨克、布鲁特种人，又攻夺浩瀚三部，据其都城，而浩瀚属安集延亦随风而靡，故我北路伊犁，南路喀什噶尔之边境皆与俄属相接，踞（距）俄境亦近也"。① 正是如此，在平定回民起义之际，左宗棠等重要官员就从实际出发，向清廷建议将新疆改设行省郡县，并在伊犁兴军屯，抵制沙俄吞并新疆。又于四年十月间向清廷上奏收回伊犁后的计划设想，欲将新疆由传统藩部变为正式行省。

光绪三年七月乙卯日清廷正式谕军机大臣，基本肯定了左宗棠的设想，称左宗棠所陈统筹新疆全局为一劳永逸之计，南路地多饶沃，将来全境肃清经理得宜，军食自可就地取资；并吩咐左氏将如何省费节劳，为新疆计久远之处与拟改行省郡县，一并通盘筹划，妥议具奏。② 光绪四年二月，新疆南路基本平定，左宗棠又上奏清廷让会议新疆应否改设行省郡县事，但清廷却认为伊犁仍为俄据，未收伊犁之前讨论此事，为时过早。③ 同时又询问左宗棠将这些地区改为郡县有多大可行性，其中如人口如何，④"有无可治之民，不设行省，此外有无良策"。⑤

左氏向清廷详细汇报了各县户数："此次战争北路迪化失陷，户口伤亡最多，但克服以来，又有所增多，颇有成效"。共计各州县约二万八千二百六十户有奇。⑥旧种地有六万亩，新报民垦地有三万六千余亩，兵垦四千余亩。他称虽然回民起义后该地区人口大大减少，但经官兵安抚已有起色，且吐鲁番粮石租赋也已恢复到原

---

① 《左宗棠全集》，上海书店 1986 年，第 8341 页。

② 《清德宗实录》，卷 53，光绪三年七月乙卯条，中华书局 1987 年。

③ 《清德宗实录》，卷 66，光绪四年正月辛未条，中华书局 1987 年。

④ 《左宗棠全集》，上海书店 1986 年，第 8343 页。

⑤ 《清德宗实录》，卷 78，光绪四年九月条，中华书局 1987 年。

⑥ 《左宗棠全集》，上海书店 1986 年，第 8344 页。

来一半,①而南部八城除英吉沙尔、乌什外均较北路吐鲁番富庶,为此经济上应具备将新疆改设行省的必要条件。而刘锦棠等又在南路各城开河引渠、清丈地亩、修筑城堡塘站、铸造钱币、征收厘税,均百废待兴,办有端绪。② 纵观南北两路,左氏认为天时地利均具备在新疆设立行省条件,建议清廷废除过去对藩部即边疆地区因俗而治未与内地一道同风之弊,举办兴革之政,兴文教,改赋税,因时制宜。③ 左氏建议先从赋税、水利、制钱、义塾、艺事等几大方面着手,加快新疆地区改革。④

清廷基本认可左氏建议,光绪六年四月又指示左宗棠,应"先实后名",即先应从水利兴修、修筑城池、广兴屯垦、清丈地亩、征收赋税厘金、广办教育工艺、发展经济等方面着落,即让新疆先具备建立行省的必要条件,然后才正式将新疆改设为行省。⑤ 左氏趁机向清廷奏报了新疆治理所取得的成绩,其南路城堡已复,屯垦也在加紧展开,清丈地亩、征收赋税也取得了较好成绩,南北两路共收粮二十六万一千九百余石,尤其是南路较过去多收了十万六千五百石,⑥厘税也收了十八万余;又在新疆各处推广教育,并取得了较好成绩,"兴建义塾已三十七处,入学回童聪颖者多,甫一年而所颁诸本已读毕矣。其父兄竟以子弟读书为荣,群相矜宠,并请建学舍,颁发诗经、论、孟,资其讲习"。⑦

刘锦棠接替新疆事务后仍执行了左氏将新疆设为行省郡县政策,加快了对新疆各处城池河渠、桥梁道路、官署仓库的建设。⑧ 光绪八年七月刘锦棠等奏变通新疆官制营制各折,建议在南路新设道厅州县等缺,又裁回部伯克等实职,仅留顶戴。⑨ 光绪十年九月清廷设巡抚司道等官,裁南北两路办事大臣等缺,添设甘肃新疆布政使各一员。⑩ 光绪十年十月,清廷正式授刘锦棠为甘肃新疆巡抚,魏光焘为甘肃新疆布政使。⑪ 光绪十一年清廷最终议准甘肃新疆改建行省,以迪化城为省会,镇迪道加按察使衔兼管全疆刑名驿传事务;升迪化直隶州为迪化府,设知府一

---

① 《左宗棠全集》,上海书店 1986 年,第 8345 页。
② 《左宗棠全集》,上海书店 1986 年,第 8346 页。
③ 《左宗棠全集》,上海书店 1986 年,第 8349 页。
④ 《左宗棠全集》,上海书店 1986 年,第 8351 页。
⑤ 《左宗棠全集》,上海书店 1986 年,第 8801 页。
⑥ 《左宗棠全集》,上海书店 1986 年,第 8804 页。
⑦ 《左宗棠全集》,上海书店 1986 年,第 8806—8807 页。
⑧ 《清德宗实录》,卷 132,光绪七年七月癸未条,中华书局 1987 年。
⑨ 《清德宗实录》,卷 149,光绪八年七月丁未条,中华书局 1987 年。
⑩ 《清德宗实录》,卷 193,光绪十年九月辛未条,中华书局 1987 年。
⑪ 《清德宗实录》,卷 195,光绪十年十月癸酉条,中华书局 1987 年。

员,增置迪化县知县一员,为附郭首县。①

第二,继续推行垦务。

除左宗棠等在新疆推行行省建设外,同治后的清廷和时人亦为应对边陲危机纷纷提出对策。如光绪七年三月库伦办事大臣奕榕等向清廷上奏,强调库伦防备的重要性:"窃思兵事变动靡常,地方情形今昔互异。近年俄人来往经商络绎不绝,内地情形极为熟悉,断不可以远塞荒边视为无足深虑……查库伦为北边之要塞,诸路之咽喉,实与张家口有唇齿相依之势……若不设兵扼要驻扎,设一旦告警,不但张家口震动,即归绥等城亦必为之戒严。"特建议清廷派人赴口外考察何处添兵驻扎,以便联络一气,收策应之功。② 为此,以收回伊犁、新疆建省为契机,放弃传统治边政策,加强对蒙古等边疆地区的安全防范,成为清廷和时人关注重点。

在具体方略方面,光绪后的清廷确实发生了一些变化。其中加强中央对蒙古等传统藩部管理、兴办垦务、开采矿产、兴办教育、编练新军、举办邮政、发展交通,并最终变传统藩部为地方郡县等,均是这方面的重要体现。当然在同治回民起义至甲午战争之间的这段时间内,蒙古等藩部地区的改革主要仍限制在兴办垦务、加强边防等方面,清廷虽欲有所作为,但内部腐败、传统惰性均严重制约其政策实施。

光绪六年清廷谕军机大臣时就称,"此次俄国与崇厚所议条约章程势难照行,已改派曾纪泽前往再议。惟该国不遂所欲,难保不滋生事端,亟应未雨绸缪,以期有备无患……边外转运维艰,刍粮不裕,应及时讲求屯垦,以足兵食。且库伦可耕之地甚多,科布多官屯尚有余地,乌里雅苏台所属推河地方亦有屯田旧迹,岂可任其荒废,并著吉和……那木济勒端多布酌度情形,认真兴办,冀臻富强"。③ 尽管清廷如此吩咐,但在甲午战前,蒙古地区土地开发主要仍限于接近内地的内蒙地区。如光绪八年八月间张之洞上奏清廷山西丰宁两厅开办押荒事宜,就要求照直隶章程办理,先由部颁发空白执照,会同蒙旗各员勘办。为取信于民并免耽延刁难,清廷让户部颁发空白执照三千张外,又命山西地方官会同管理蒙旗官员进行办理,划分耕牧地界,以便推广垦务。

---

① 昆冈等纂:《钦定大清会典事例》,清会典馆,清光绪二十五年(1899)石印本,吏部一,卷66,"吏部五·汉员遴选一一·陕甘边缺调补"。

② 王彦威、王亮编:《清季外交史料》,卷24,南京古籍书店1987年,第453—454页。

③ 《清德宗实录》,卷108,光绪六年正月乙丑条,中华书局1987年。

光绪八年十月被开垦出来的蒙旗地亩——直隶近边的张独多三厅也被清廷派员进行勘查丈量升科,照数解交口北道,抵作押荒。尽管遭到管理蒙旗官员的反对,但清廷仍坚持将蒙旗私垦地亩归公升科,并重新划分耕牧地界。① 光绪九年二月直隶总督张树声又奏,口外张家口厅属兴和城等处续垦地亩,收纳押荒,照例升科。② 至此,清廷对近边蒙古各部已垦地亩的升科活动逐渐推行,将此类地亩的收益权由蒙古王公手中改归清廷,以补国家财政收入,济战后财力之艰。如此做法实则承认了此前民人私垦蒙地的合法性,客观上对近边蒙古地区的逐渐改置郡县起到推动作用。

2. 甲午战后蒙古变局及清廷应对

(1)甲午战后蒙古危机进一步增强

1894—1895 年中日战争爆发,作为藩部的各蒙古亦未发挥清代中前期肱骨作用,其中被用上战场的主要有察哈尔马队一千五百名,派赴山海关驻扎。③ 但该马队多不得力,只能从中挑出五百名派往辽阳战场。④ 不久后中方战败,该项马队撤回察哈尔,绥远城将军、土默特骁骑校、绥远城佐领等官均被兵部处以降三级处分,这应与此次蒙兵出征不力乃至失败密切相关。⑤ 但为抵制日军的入侵,补给清廷财政不足,各蒙古再次向清廷捐输战马和银钱。其中车臣汗部报效战马一千二百匹,哲布尊丹巴呼图克图等也报效战马,终因全行疲瘦,清廷不予接收。⑥ 后该呼图克图又重新报效战马一千二百匹。⑦ 除此之外,因捐助军需受到清廷嘉奖的蒙古王公仍不少,如科尔沁部、喀尔喀部、车臣汗部、敖汉部、四子部落、赛音诺颜部、札萨克图汗部等二十九人都受到嘉奖。

甲午战败,清廷统治遭遇前所未有危机,赫赫天朝不敌东夷日本,被对方彻底战败,对当局和时人均是当头一棒,引起莫大恐慌。甲午战后,日本欲占东三省,提出割让辽东半岛要求,终遭沙俄反对而改割台湾等东南岛屿。而俄方却趁此积极向南扩张,欲将侵略触角伸向东三省,力图将长城以北地区变成其势力范围。为此1899 年俄国驻京公使就向俄方建议有利于俄方做法:"一有合适的机会,再次向大

---

① 《清德宗实录》,卷 153,光绪八年十月丁丑条,中华书局 1987 年。
② 《清德宗实录》,卷 159,光绪九年二月壬戌条,中华书局 1987 年。
③ 《清德宗实录》,卷 351,光绪二十年十月壬子条,中华书局 1987 年。
④ 《清德宗实录》,卷 355,光绪二十年十二月已酉条,中华书局 1987 年。
⑤ 《清德宗实录》,卷 356,光绪二十年十二月已未条,中华书局 1987 年。
⑥ 《清德宗实录》,卷 359,光绪二十一年正月丁亥条,中华书局 1987 年。
⑦ 《清德宗实录》,卷 376,光绪二十一年九月丁巳条,中华书局 1987 年。

臣们声明长城以北的中国无疑地属于我们利益的范围。"①随后义和团之败,恰好给俄方提供了如此机会,俄方特向清廷提出借地造路主张。虽然这一要求遭到张之洞、刘树棠乃至总理衙门反对,②并提出中国境内由中方自行修筑主张;终因无力远涉边陲,不得不接受俄方修筑此路之事实。③ 而俄方这一政策又吻合了甲午战败后李鸿章提出的联俄制日政策。1896 年 5 月李鸿章与维特达成中俄密约三要旨,其二为中国同意让与这条铁路的建筑和行车所必需的用地,在这条铁路用地内允许这家公司有自己的警察,行使充分的不受干碍的权力。④ 东清铁路于内蒙东部干线设七站,支线设五站,铁路本身及车站占去土地约二万二千七百〇三晌,⑤而东三省呼伦贝尔蒙旗境内铁路及车站又占去蒙地四万五千八百二十五晌。⑥ 东清铁路铺设权管理权让与俄方,对俄人控制蒙古提供了极大便利,"彼复改轨由呼伦贝尔穴内兴安岭而南下……盖全伦形势,西控车臣诸部,南卫昭乌达各盟,东北由吉拉林而下,则可达漠河,东南则为卜魁省治之……欧风之东渐也。其铁路所到之处,及其兵力所到之处。"⑦

　　庚子之败恰恰为俄方提供了如此机会,俄方抓紧对蒙边进行经济殖民。1860 年俄方在库伦等外蒙古地区仅有商行一家,1885 年增至十家,1903 年增至十五家。⑧ 此间俄方几乎垄断了蒙古地区的茶叶贸易,至二十世纪初,俄方从中国境内输往西伯利亚及欧俄的茶叶约计七万四千万俄磅,输到蒙古者约计九百万俄磅。1892—1901 年十年间,俄方每年由华输俄的茶叶平均约值一千零一十七万关两。⑨ 庚子后,俄方更加速了对中国传统藩部蒙古地区的殖民。如早在 1897 年,

　　① 《英俄关于瓜分中国的协议》,载苏联《红色档案》杂志,1927 年第 25 卷第 128 页,转引自内蒙古语文历史研究所主编:《中俄关系资料选编》(近代部分),内蒙古语文历史研究所 1976 年,第 3 页。

　　② 王彦威、王亮编:《清季外交史料》,南京古籍书店 1987 年,卷 118,第 1988 页;卷 125,第 2094—2095 页。

　　③ 孙科、王伯群、连声海等:《交通史路政编》,出版社不详,1931 年,第五册,第 3506 页;另可参阅谢·尤·维特:《维特回忆录》,新华出版社 1983 年,第 77—78 页;翁同龢:《翁文恭公日记》,卷 35,第 26—27 页。

　　④ [俄]谢·尤·维特:《维特回忆录》,新华出版社 1983 年,第 77—78 页。

　　⑤ [日]滨田纯一、柏原孝久:《蒙古地志》,日本富山房出版 1919 年,中卷,第六篇,第 1665—1669 页。

　　⑥ 数据据徐曦:《东三省纪略》,上海商务印书馆 1916 年,上,"铁路纪略"与《呼伦贝尔志略》"交通"部分相关内容整理而成。

　　⑦ 徐世昌撰:《东三省政略》,"边务·呼伦贝尔篇",文海出版社 1965 年,第 1 页。

　　⑧ [美]雷麦著,蒋学凯、赵康节译:《外人在华投资》,商务印书馆 1959 年,第 425 页。

　　⑨ [美]雷麦著,蒋学凯、赵康节译:《外人在华投资》,商务印书馆 1959 年,第 423—424 页。

俄国金融家就与华俄银行合作,组织银团资本五十万卢布,欲开发蒙古地区矿产。至 1900 年该银团改组,设立了一个资本达一百八十万卢布合股开矿的蒙古公司,意欲开采外蒙古图车二盟金矿。1900—1903 年间该蒙古公司花费约一百万卢布购买机器,拟开采外蒙图车二盟金矿、建设厂房及航行于鄂尔河上的小汽船;同时又花费五十万卢布在库伦等处建筑房屋。而 1901—1903 年,该蒙古公司产金总额已达九千三百六十七盎司,价值约三十七万七千卢布。① 此等殖民扩张行为对蒙古西藏等传统藩部影响甚大,如光绪二十八年连顺就奏俄方在乌梁海等处肆意推行商业殖民,导致蒙边极度空虚,"乌梁海向风沐化几二百年,直与喀尔喀蒙古无异。我国商民仍守旧规,不敢违禁潜往贸易。至俄商之在乌梁海贸易者,不计其数,建盖房屋,常年居住。每年收买鹿茸、狐、狼、水獭、猞狸狲、貂皮、灰鼠,为款甚巨,致乌梁海来乌城呈交贡皮时,竟至无货可以贸易。"② 又如光绪二十九年库伦办事大臣奏称:"库伦地方过去内地商民运茶货等项来此贸易,近因俄商日渐增多,利已外溢,间有思歇业者,否亦萧条,多无起色。"③ 更有甚者,俄方侵略者甚至嚣张地声称"在能对(远东)给予有力影响的列强中,俄国当居首位,俄国完全能决定明天在喀什噶尔里亚和蒙古就将升起我们的国旗……至于我们自己,我们将关注要求我们保护的中国长城以北的最富庶的真空地带"。④ 不仅如此,沙俄等殖民帝国还借教案中教民被杀、教堂被毁、教产被夺等,迫使蒙古承担教案赔款,又导致各蒙古终只能拿牧地进行抵押借款或将牧地直接作价赔给教堂,终将导致蒙古牧地的流转和蒙旗牧地的丧失正式合法化,即在教案理赔中无论是蒙古各旗直接将牧地划归教堂进行理赔,还是抵押给地商借债理赔,均导致蒙古各部原有牧地所有权发生转移。

(2)清廷应对方略

甲午后清廷战败赔款和战后如何振兴再度使自己财政拮据,力不从心;庚子拳乱、八国联军侵华及赔款更使它雪上加霜,至此如何求富求强已成为拯救清廷统治、挽救民族危机的主要命题。为此,甲午战败后的维新变法与 1900 年后的清末新政均将清廷藩部纳入其中,朝廷和政治精英们不仅开始思考如何保全藩部、巩固

---

① [美]雷麦著,蒋学凯、赵康节译:《外人在华投资》,商务印书馆 1959 年,第 424 页。

② 赵尔巽撰:《清史稿》,中华书局 1977 年,第 14517—14518 页。

③ 中国第一历史档案馆藏:《奏为办理外蒙地方政治暂难与内地及他处边疆相同事》(光绪二十九年五月十七日),《宫中朱批奏折》,档号:04-01-30-0109-009,缩微号:04-01-30-008-2656。

④ [俄]乌赫托姆斯基:《中国来信》,圣彼得堡,1901 年版,第 27 页,转引自内蒙古语文历史研究所主编:《中俄关系资料选编》(近代部分),内蒙古语文历史研究所 1976 年,第 4 页。

边圉问题,更开始思考如何使藩部发展富强,真正实现拱卫国家的边疆功能。传统藩部蒙古等部的开发、改革乃至推行新政渐被提上日程。

甲午战败后蒙古地区的开发主要体现在垦务方面,为何如此,既有历史原因,又有现实需要。历史上自康雍乾以后与内地较近的东北、西北等蒙古各旗已先后开垦,清廷虽仍将此等垦务视为蒙旗本身行为,但不得不顺应时势将已垦地区种地民人编入户口,设立府厅州县进行治理。至道咸同光后此等垦务继续扩大,清廷虽未直接介入,但在蒙旗王公和民人的相互需要下,一片片牧地先后开垦。蒙旗王公依赖清廷传统保护蒙旗牧地政策,出卖荒价收取地租;流入蒙旗的民人则从王公领主那里获得耕种土地的收益权。这一状况在甲午战前仍得到清廷认可,清廷虽不免也有觊觎蒙旗和民人间的此等收益情况,但终未大规模地强制升科、纳为国课。

但甲午战后清廷财政日益艰涩,无论为赔款还是力图自强,均需开源节流。这一现实迫使清廷改变传统政策,通过所谓化私为公方式,由官府开垦荒地,实现裕国课而重边陲的双重目的。

光绪二十三年国子监司业黄恩永就正式向清廷上奏"官府开垦蒙古牧地"一折:"内蒙古伊克昭、西乌兰布道二盟牧地纵横数千里,土田沃衍,河套东西尤属膏腴。山西缠金牧地如今民人多私垦,不如官为经营,请饬筹办。"①针对此奏,清廷不再反对,而是主动命令与此牧地交界的山陕地方官员进行筹划。随后胡聘之向清廷上奏了"议开晋边蒙地以兴屯利而固边防"折,拟开晋边的伊克昭、乌兰察布二盟旗地。清廷接受胡氏建议,并让胡氏从设局、筹费、定租、驻兵所拟四端办法开始办理,同时也吩咐胡氏不可有碍蒙古生计,又命令与西二盟接壤的陕甘总督加以考察是否可同时开邻近之地。② 但此等做法马上遭到蒙旗反对,不久后理藩院就上奏了伊克昭盟长等的反对意见,称开垦牧地于蒙古生计有碍,且此次所拟办法较东三盟自行收租之例有别,未免向隅。清廷虽认可胡聘之的"蒙古生计在租不在牧"观点,但无法满足蒙旗自行收租做法,无从议决,最终理藩院只得作出免开此处蒙地、以顺蒙情决定,清廷再次同意。此际清廷主要将已垦土地清丈升科,如让察哈尔左翼右翼四旗已垦成熟地亩照例升科,又让左翼四旗补交押荒银两,以重国

---

① 中国第一历史档案馆藏:《直隶总督王文韶奏为遵旨查明内蒙古伊克昭等盟牧地与直隶远不相接事》(光绪二十三年八月二十四日),《宫中朱批奏折》,档号:04-01-24-0164-065,缩微号:04-01-24-029-0291;另见《清德宗实录》,中华书局1987年,卷404,光绪二十三年四月戊辰条。
② 《清德宗实录》,卷406,光绪二十三年六月癸酉条,中华书局1987年。

课。① 再如盛京将军辖下苏鲁克生熟地亩也被放垦,并要求垦户每亩纳租四升,让他们认识到租重于赋,从而主动变私为公,踊跃承领。② 光绪二十五年十二月黑龙江将军恩泽又向清廷上奏"商妥蒙古酌放荒地期集巨款,藉实边围"折,并缮具章程十四条,欲由官府开发黑龙江蒙古牧地。③

但庚子之役后,清廷为应对窘迫统治,不得不再次将开源节流对象转向蒙古,企图通过放垦蒙古牧地、开采蒙古矿产等措施增加财政收入,补给日益窘迫的财政。光绪二十七年,借蒙古部众抵押地产、借债赔偿教案机会,张之洞、刘坤一等在《楚江三折》中将开放蒙荒作为变法自强的重要内容,其折云:"蒙古生计以游牧为主,近数十年来,蒙部日贫,藩篱疏薄,亦请敕下蒙古各部落王公暨该处将军大臣,酌拟有益牧政事宜,奏明办理。"④"蒙古荒地甚多,若招内地人前往开垦,蒙人既获收租赁耕之费,而亦有不致有损于畜牧。且蒙古贫弱,今日可谓已极,各旗中之苦于债务者不可胜计,仅科尔沁左中旗债主至五百余户,债额达数十万两。"⑤同年,山西巡抚岑春煊亦向清廷建议开垦蒙古地亩。这次清廷不再顾及蒙古王公反对,正式派人赴蒙边督办垦务,即"晋边西北乌兰察布伊克昭二盟蒙古十三旗荒地甚多,土脉膏腴,自应及时开垦,以实边储""著派贻谷驰赴晋边,督办垦务"。⑥ 清廷又命察哈尔蒙地一律招垦。除此之外,清廷还让内外蒙古查办开垦蒙古牧地问题。为此,该年十二月戊戌日,科布多参赞大臣就奏查科布多练兵、垦田事,辛亥日绥远城将军信恪亦向清廷建议扩垦绥远城八旗牧场。⑦ 其他管理蒙古各部官员亦纷纷向清廷提出拓垦各牧地、牧场,增加治下租赋收入建议。如热河都统色楞额于光绪二十七年十二月己未日向清廷上折,建议招民开垦多木图牧场荒地,收租济饷,以卫地方。⑧ 又如察哈尔垦务局亦要求将各处已垦之地堪丈,呈缴押荒、照例升科;未垦之地,永远禁止,不允私开。实则为其后化私为公、官方大规模开垦蒙古牧地做准备。⑨ 在清廷"为蒙旗开辟利源"指示下,督办垦务大臣贻谷于光绪二十八年

① 《清德宗实录》,卷415,光绪二十四年二月辛酉条,中华书局1987年。
② 《清德宗实录》,卷415,光绪二十四年二月甲戌条,中华书局1987年。
③ 《清德宗实录》,卷457,光绪二十五年十二月壬辰条,中华书局1987年。
④ 苑书义等编:《张之洞全集》,第二册,河北人民出版社1998年,第1439页。
⑤ 张锡琛:《中俄对蒙之成败》,转引自《东方杂志》,1914年1月1日版第十卷第七号,第9页。
⑥ 《清德宗实录》,卷490,光绪二十七年十一月戊子条,中华书局1987年。
⑦ 《清德宗实录》,卷492,光绪二十七年十二月辛亥条,中华书局1987年。
⑧ 《清德宗实录》,卷492,光绪二十七年十二月己未条,中华书局1987年。
⑨ 《游蒙日记》,引自中国社会科学院中国边疆史地研究中心主编:《清末蒙古史地资料荟萃》,全国图书馆文献缩微复制中心1990年,第618页。

五月先赴察哈尔右翼和归化城八旗牧场进行放垦。① 贻谷以察哈尔各旗地界毗连、交错牵混、不易辨认为由,要求将该旗王公场地一律报效开垦,得到清廷同意。② 稍后督办垦务的贻谷又向清廷奏报垦务情况,清廷下令理藩院催促晋边各蒙旗响应号召,服从开垦,并派归化城副都统文瑞协同筹办。除此之外,护理山西巡抚赵尔巽又在晋省设立垦务公司向蒙旗放贷,以便蒙旗按期抵偿教案赔款;又借此机会收购蒙旗牧地,招商开垦。在此等政策影响下,察哈尔都统于光绪二十八年十二月向清廷奏报会议察哈尔左翼垦务事宜,欲照右翼章程一律办理,清廷再度同意了此等要求。③ 此际除了晋边等处蒙旗牧地被清廷开垦外,东北的盛京蒙荒亦被进一步开垦。光绪二十八年九月乙巳日,盛京将军增祺就向清廷奏称:"札萨克图王旗蒙荒,现已派员勘办,并设立蒙荒总局一所,办理一切事宜。"清廷亦在"裕国帑而恤蒙艰"的口号下,命其认真办理。

此际近边蒙古牧地均在此等政策下纳入公家进行放垦,能够得到幸免的微乎其微,唯一一例可能是喀尔喀亲王那彦图牧地。该亲王请求清廷赏还,自行招垦佃种,清廷最终降旨同意,并说明了破例理由,即"此项牧地,系雍正年间赏给该亲王之祖策凌,用酬劳勋,与别项牧厂不同","他处不得援以为例"。④ 至光绪三十年末,督办垦务大臣贻谷向清廷奏报了晋边蒙古各处垦务成绩,即丰镇垦务局自上年详报升科地亩后,至二十九年底又得实在官荒应升科地六千二百余顷;宁远垦务局自二十九年正月至年终,又自三十年正月至六月,共收过新旧押荒银两,已垦未垦共地三千六百九十余顷。⑤

清廷大张旗鼓地开垦晋边及绥远察哈尔等处蒙地,当然会引起各蒙王公台吉的怀疑,担心会因此伤害他们切身利益。为此当清廷派贻谷前往开垦并要求各蒙旗盟长等积极响应时,却遭到他们抵制。如光绪二十八年八月,清廷谕旨就称:"近闻乌兰察布、伊克昭两盟盟长延不遵调会商,以致办理诸多棘手。"清廷命理藩院"严饬该二旗盟长,一体遵办,迅赴绥远城,与该侍郎将军等会商一切,不得故意迁延,藉端推诿"。⑥ 清廷以强硬立场处理蒙旗放垦活动,凡不服从化私为公的各

① 《清德宗实录》,卷499,光绪二十八年五月甲申条,中华书局1987年。
② 《清德宗实录》,卷501,光绪二十八年六月丁未条,中华书局1987年。
③ 《清德宗实录》,卷510,光绪二十八年十二月甲辰条,中华书局1987年。
④ 《清德宗实录》,卷510,光绪二十八年十二月戊申条,中华书局1987年。
⑤ 《清德宗实录》,卷540,光绪三十年十二月甲子条,中华书局1987年。
⑥ 《清德宗实录》,卷504,光绪二十八年八月丁未条,中华书局1987年。

部王公,多被处罚。如光绪二十九年十一月清廷就应督办垦务大臣贻谷之请,将抗不遵垦的伊克昭盟盟长开去职务。①

此际除了近边、东北、内蒙等处蒙古放垦外,外蒙如库伦、科布多、乌里雅苏台等处垦务并未得到推广,相反其治理仍维持旧状,虽不完全禁止民人前往贸易、垦种,但仍实行较为严格的限制政策。如光绪二十三年土盟盟长转奏各旗呈报称,各旗并无未领票民人种地之事,其由库伦台市章京衙门请领限票来旗贸易者,均随来随往,或搭盖土屋存货收账,牛羊并不孳生。垦荒民人建房养畜,每年交地租茶数十箱,或百箱不等。复据商民元顺明等七家呈,任种荒地,每年有地租茶,牲畜存厂,每年有草厂茶。②

3. 日俄战后蒙古变局及清廷应对——推行藩部新政

光绪二十九年(1903)西伯利亚铁路正式通车,俄方借此控制了北部中国经济命脉,蒙古受其控制最重:"自东方铁道藏工,俄又展筑支路,达我伊喀边境,轮轨辐辏,商旅疏通,而道胜银行支店亦次第分设于伊塔喀城,于是卢布羌帖盈溢阛阓,市民交易,非俄票不行,中国钱币寻废不用。""彼贵如珠玉,而我贱如粪土,易中之权渐转移于外人之手。"③光绪三十年(1904)日俄战争爆发,俄方本欲利用庚子之乱掌控东北,但却遭到日本反对,日本不仅要利用这次战争报"还辽"之仇,更要将俄方逐出南满,使之成为日本势力范围。双方战争在中国境内展开,实力虚弱的清廷无力反对,只能宣布中立,结果是积极推行西化改革的日本战胜了老大殖民帝国沙俄,阻抑了沙俄独占东北势头。但俄方并未因此歇手,却将侵略主要矛头转向了中国传统藩部蒙古地区,其中尤其是库伦等外蒙古地区。④ 俄方为控制外蒙,加快修筑恰克图至库伦铁路。光绪三十二年(1906)许多俄人又进入外蒙,并在恰克图及库伦收买了大量土地。据同时期日本驻德国大使馆属员报告,俄方除欲修筑上述铁路外,又欲取得自库伦至乌里雅苏台架设电报的特权。⑤ 而光绪三十三年(1907),日俄以牺牲中国为基础签订密约,日方"承认俄国在外蒙古之特殊利益"

---

① 《清德宗实录》,卷523,光绪二十九年十一月甲子条,中华书局1987年。

② 赵尔巽撰:《清史稿》,中华书局1977年,第14410页。

③ 袁大化修,王树相等纂:《新疆图志》,交涉五,东方学会出版1923年,第5—7页。

④ 《游蒙日记》,引自中国社会科学院中国边疆史地研究中心主编:《清末蒙古史地资料荟萃》,全国图书馆文献缩微复制中心1990年,第64页。

⑤ 《日本驻德国大使馆属员明石元次郎第五号报告》,1906年7月15日发于柏林,经济研究所藏日文档案,转引自内蒙古语文历史研究所主编:《中俄关系资料选编》(近代部分),内蒙古语文历史研究所1976年,第619—620页。

之规定,更使俄方放手对外蒙古地区实行扩张。① 如"吉黑两省商业,乃尽入俄人之囊括","西北一面则东起库伦,西迄伊犁,各城巨镇,无虑数十,而皆恃俄商转运至枢,洋货充斥市肆,时价之廉,且倍蓰于晋豫秦陇,是悉从俄境输入者也"。② 又如阿尔泰等西北各边,"自乌城以迄新疆,俄货充斥,狡不完税,折算居奇,以故财用暗消,漏卮难实"。"俄人偏袒彼族,习愤竟成","凡我边氓,常遭屈抑""种种狡赖,实难枚举"。③

至清末,为应对蒙古西藏等边疆危机,清廷和时人又提出各自对策,多仍以"营市邑、辟草莱、开矿冶、兴教育、治道路"为主。④ 这些措施主要包括以下方面:推广垦务、开采矿产、兴办学堂、修建铁路邮电交通、设立银行、兴办企业、劝工艺、设警察、练新军、编预算、整赋税、统计户口、地方自治、调查统计、设立行省等。

(1)扩垦务、固边圉

至清末后十年,出于所谓的裕国利民、移民实边、筹设行省考虑,垦务的推广较前更为积极。此际除垦务大臣贻谷继续在察哈尔、绥远等西北蒙古地区推广垦务外,东三省各蒙旗大部已被放垦,余下外蒙各部再度被纳入放垦范围,清廷要求一律办理,一度出现近来"谈防务者必以经营蒙地、开辟蒙荒为主义"的现象。⑤ 为此左绍佐、岑春煊、程德全等所上各折均强调了在蒙古各盟推行垦务的重要性。如光绪三十一年(1905)程德全奏折就称:"蒙古贫弱寡愚,外人多方诱啗,一为所动,大局危险,惟将各蒙荒地及时开放,庶收补牢之效。"⑥又如光绪三十三年(1907)岑春煊奏折亦称:"守边之本足兵足食,诸侯之实土地人民。垦务不举,则无食无人,而兵亦无由练。经始之要,重在僻地,不重收税,押荒之类,皆可缓议",建议西北等蒙边"凡能募商民垦地千亩,招民二十户以上者,给外奖;垦地万亩,招民二百户以

① 何汉文:《中俄外交史》,中华书局1935年,第257—259页,另见王芸生:《六十年来中国与日本》,上海书店1991年,第五卷,第84—87页。

② 哈笑:《论移民实边之不可缓》,《东方杂志》,光绪三十三年七月二十五日,第四卷,第七期第120—121页。

③ 中国第一历史档案馆藏:《奏为遵旨复陈阿尔泰地方情形及筹拟办法事》,(光绪三十三年九月二十日)《宫中朱批奏折》,档号:04-01-01-1085-061;缩微号:04-01-01-165-2492。

④ 《库伦志》,引自中国社会科学院中国边疆史地研究中心主编:《清末蒙古史地资料荟萃》,全国图书馆文献缩微复制中心1990年,第122页。

⑤ 《热河都统廷杰奏办理蒙垦情形折》,《政治官报》,光绪三十三年十二月二十六日第96号,第424页。

⑥ 《时局危迫亟宜开通各蒙折》,引自朱启今编《东三省蒙务公牍汇编》,文海出版社1981年,近代中国史料丛刊第34辑。

上者,给内奖。无论汉蒙官商,一律照奖"。①

　　针对此等要求各处反应不一,近边如察哈尔、绥远、热河和东三省等处较为积极,以致内蒙"六盟四十九旗"出现汉民潜往就食者不计其数、私租私垦之田奚止千万顷现象。② 如东三省,光绪三十二年四月黑龙江将军程德全又奏续放郭尔罗斯后旗沿江余荒,拟开商埠。③ 至光绪三十四年五月东督徐世昌等又奏郭尔罗斯后旗荒务清厘完竣事,共放毛荒二十九万五千一百三十七晌余,收押费银四十四万七千三百五十二两余。又如热河,光绪三十二年三月都统廷杰响应清廷号召奏报清查敖汉旗九道弯蒙荒并喀喇沁东旗熟地,改归公办。④ 光绪三十三年徐世昌在奏内蒙垦务预筹办法折中,再度强调了热河所属昭乌达、卓索图两盟十七旗袤延二三千里,建议及早开垦。这进一步推动了热河蒙旗垦务的推广。光绪三十三年十二月,热河都统廷杰又奏筹办该处蒙垦办法,其主要宗旨仍以招领为主,未垦之地妥为劝谕,皆令地方自行报效,不强索取。热河地方放荒,蒙旗可得五成荒价,放领升科后照章蒙旗可得五成课租银两。⑤ 至宣统元年四月间,都统廷杰又奏报称,巴林旗报效各项蒙荒已经一律丈清,其中荒地五千顷,山沙各荒三千二百四十余顷。其荒地分上中下三等,均价每顷五十两,共放二十五万两;山沙各荒上等二十两,中等十六两,下等十二两,均价十六两,共得五万一千八百四十两;城基地上等四两/亩,中下等三两/亩,镇荒地上等三两/亩,下等二两/亩,共放一千五百余顷。⑥ 再如绥远,光绪三十二年闰四月,绥远城将军贻谷又奏丈放伊盟各旗旱地和西盟郡王旗属香火地。⑦ 光绪三十三年绥远城将军贻谷又以土默特旗蒙地转相租典、私立约据、一地数约为由,要求设立清查地方总局,使民不失地,蒙不失租,收一地二养之公益,庶民蒙各安其居,不相纷扰。

　　与内蒙各处相比,在清廷宣布推行新政之前,管理青海、科布多、乌里雅苏台、

　　① 中国第一历史档案馆藏:《两广总督岑春煊奏为酌拟变通固边办法统筹西北全局事》(光绪三十三年四月二十八日),《军机处录副奏折》,档号 03-5619-010,缩微号:423-2738。

　　② 中国第一历史档案馆藏:《乌里雅苏台参赞大臣奎焕科布多参赞大臣连魁奏为外藩蒙地势难开办垦务事》(光绪三十二年三月十五日),《军机处录副奏折》,档号:03-6736-043,缩微号:511-2094。

　　③ 《清德宗实录》,卷558,光绪三十二年四月丙午条,中华书局1987年。

　　④ 《清德宗实录》,卷577,光绪三十二年三月戊子条,中华书局1987年。

　　⑤ 《热河都统廷杰奏审断蒙旗争界及喇嘛垦务积讼办法折》,《政治官报》,宣统元年二月二十二日第491号,第383—385页。

　　⑥ 《热河都统廷杰奏巴林旗报效各项蒙荒请酌减荒价展限升科等折》,《政治官报》,宣统元年四月十一日第568号,第214—215页。

　　⑦ 《清德宗实录》,卷559,光绪三十二年闰四月庚午条,中华书局1987年。

库伦等外蒙以及西藏地区将军、都统、大臣等却对各处垦务推广不感兴趣,甚至反对。如光绪二十九年五月间库伦办事大臣丰升阿回奏清廷命各边蒙古按东三省赵尔巽通筹本计折办理外蒙地方政治一折时,就对垦务一事表示反对,即"库伦地北山林川原,固多可垦之地,惟气候很冷,每岁只五六七三月尚见滋生。后地一带为商民垦种,仅大小二麦,往往霜旱欠收,兼以水利无常,岁见迁移,蒙人安于游牧,更不识耕获为何事,如此而欲设官垦荒,无民可治无地可久,实难与东三省之人稠产饶相提并论矣"。① 又如光绪三十二年三月二十五日乌里雅苏台参赞大臣奎焕联合科布多参赞大臣联魁上奏清廷,反对在外藩蒙地开办垦务,称外藩蒙古"食以肉乳,服以毡裘,只以游牧为生,不知耕种为何事……平沙大漠,散布辽阔,从无汉民杂居其中,既不同东省之有民可招,更不同归绥、察哈尔等处之有民可放"。即乌城"地处北徼,气候极寒,仲夏始得消通,初秋即见霜雪"。"若强令开垦,势必累及蒙人,怨□滋深,即将来侥幸收获,而两城所属纵横千里皆系蒙古部落,亦实无处销化之,徒劳无补,烦费奚为?"且从前官屯花费甚巨,其结论是"边蒙开垦一事,官屯民垦,两非所宜"。② 再如光绪三十二年闰四月科布多帮办大臣锡恒亦称:"查蒙哈均以蓄养为生,既难使若辈弃牧就耕,即难使汉民以耕占牧,强之开放,必致支(枝)节旁生。惟以劳来者勉进于屯,仍以乐利者使安于牧,妥慎办理,以靖边圉,"③至光绪三十二年十二月库伦办事大臣延祉等又奏称:"筹议库伦垦务情形,该地北境临俄,荒沙绵亘,南境水草不生,均难种植,中段稍形膏腴,又碍牧场。"言外之意,不便于推行垦务,只宜于修铁路,开金矿、煤矿,"较为利多弊少。"④

这一抵制姿态至光绪三十三年清廷宣布预备立宪后才有所改变。如光绪三十三年九月份,科布多参赞大臣锡恒在复奏阿尔泰地方情形时,对阿尔泰垦务筹办情况作了汇报:"查阿尔泰幅员千里,不乏膏腴,惟……气候高寒,冬春雪深数尺,夏日雨水入地不过三四寸……所苦者哈萨克形同化外,骤难列举四民,乌梁海种族衰微……而新疆地旷人稀……内地路远费重,招徕不易图成。""奴才现在督饬属员,设法筹办,一面推广官屯,一面多方劝募。无论蒙汉缠哈,外来土著及各营退伍之兵,如愿领地垦种,皆准贷以牛种之贷,均由官保护。其出力之员,应俟实有成效,

---

① 中国第一历史档案馆藏:《奏为办理外蒙地方政治暂难与内地及他处边疆相同事》(光绪二十九年五月十七日),《宫中朱批奏折》,档号:04-01-30-0109-009。
② 中国第一历史档案馆藏:《乌里雅苏台参赞大臣奎焕、科布多参赞大臣联魁奏为外藩蒙地势难开垦事》(光绪三十二年三月十五日),《军机处录副奏折》,档号:03-6736-043,缩微号:511-2094。
③ 《清德宗实录》,卷559,光绪三十二年闰四月癸酉条,中华书局1987年卷,。
④ 《清德宗实录》,卷568,光绪三十二年十二月乙丑条,中华书局1987年。

再当分别请奖。"①至光绪三十四年,新任科布多参赞大臣连魁奏筹拟科布多一折,又将屯垦列入新政内容,虽仍称科属垦务难办,但会议政务处在议复时却称:"科属新疆北部,虽称沙漠,沿河处所不无可耕之田,早能化导有方,则兴垦即所以实边本计所在,自当切实兴办。应俟接任大臣体察情形,请旨遵行。"为此新大臣溥铜上任后接办此项新政,称杜尔伯特两处可以屯种,其他几部待查后奏报。但蒙古只知游牧,不知农种为何事。现今时势变迁,兴屯实边势在必行,为此只能先劝说各部同意开垦,暂不施行,以免操切而覆绥远故辙。②尽管清廷一再督促科布多开办垦务,但实际并无何等进展;相反科布多参赞大臣管属下的阿尔泰地方官屯经营方式却在发生改变。阿尔泰旧有官屯五处,频年所收仅供军食,但近来商贾来迁已成市肆,粮食主要仰给新疆,路远价昂,导致种地的人工费大涨,为此不得不将旧有官屯改归民营。该处遂于宣统元年将克木齐一处拟改民屯,又于宣统二年将沙拉胡逊库克布呼两屯拨给哈民承种。③

清廷宣布预备立宪后,库伦等外蒙古地方垦务也有所进展。如库伦,至宣统元年,后地地方垦荒事务正在进行,该处小麦可一年收获一次。时人认为近水处可开作围田,农家将有依赖。④三多任库伦办事大臣后,拟对库伦等外蒙各旗已垦土地勘丈升科,遭到各旗及沙毕衙门反对,他们要驱逐垦户。后经商卓特巴巴特玛多尔济出面调停,终得以进行。⑤至宣统三年七月,三多已在库伦设立垦务总分各局,拟将图盟各旗地分上中下三等,于是年先收押荒银,发给第照,于宣统四年升科。⑥同年七月十五日,鉴于中俄在北蒙古势力之悬殊和俄方咄咄逼人气焰,三多上奏清廷,建议加速对库伦等外蒙边地移民实边进程,拟将库伦将来退伍新军留库屯戍。鉴于库伦新兵刚刚开始编练,人数有限,缓不应急,特向清廷建议是否可将内地已

① 中国第一历史档案馆藏:《奏为遵旨复陈阿尔泰地方情形及筹拟办法事》(光绪三十三年九月二十日),《宫中朱批奏折》,档号:04-01-01-1085-061,缩微号:04-01-01-165-2492。

② 《科布多参赞大臣溥铜奏筹议蒙旗垦务及缓设巡防队折》,《政治官报》,宣统元年闰二月初十日第509号,第178—179页。

③ 《科布多办事大臣锡恒奏请将沙拉胡逊库克布呼两屯拨归哈民承种片》,《政治官报》,宣统二年二月十三日第859号第224—225页。

④ 《游蒙日记》,引自中国社会科学院中国边疆史地研究中心主编:《清末蒙古史地资料荟萃》,全国图书馆文献缩微复制中心1990年,第639页。

⑤ 《游蒙日记》,引自中国社会科学院中国边疆史地研究中心主编:《清末蒙古史地资料荟萃》,全国图书馆文献缩微复制中心1990年,第414页。

⑥ 中国社会科学院中国边疆史地研究中心主编:《清末蒙古史地资料荟萃》,全国图书馆文献缩微复制中心1990年,第443页。

经退伍新兵遣送库伦屯田戍守。该建议遭到军谘大臣和内阁反对:首先经费不好解决,其次派内地兵丁屯戍边境,人数过多,易滋生事端;再者内地之人不习边方水土。最终他们建议用库伦退伍之兵先试屯种后再图推广。①

晚清,清廷对蒙旗垦务的推广,客观上虽曾起到移民殖边、巩固边圉、利国裕民作用,但这一放垦活动也存在诸多弊端。

第一,各旗垦务的推广并未真正实现裕国利民目的,相反清廷和不法官员趁机渔利,蒙民却更为贫困。如东三省郭尔罗斯后旗放垦,放荒地价约二两一钱每晌,②实则是借查地让民人分八等不同价格补交地价,以成永业。但如何具体保证蒙人地租权,以及地租未查前与查后蒙人利益,均成问题。③ 更有甚者,地被放后,蒙旗并未得到押荒、岁租等好处。④ 第二,过分强调移民实边,忽视蒙部传统游牧习惯,企图将蒙古全部农业化。⑤ 第三,清廷对各蒙旗土地的放垦升科固然试图实现移民实边之目的,以缓解边疆危机,但在政策实行中却以牺牲蒙旗经济利益为代价,过分挤压蒙部,导致蒙旗纷纷反对,乃至与清廷和地方官府发生直面冲突。⑥ 如宣统二年四月间《申报》报道绥远将军属下四子王旗蒙民抗垦聚众事,该处蒙民不仅于宣统元年八月间抢劫了客民牛畜,又于宣统二年四月间聚众抗垦,而其主要针对对象则是前任将军兼垦务大臣信恪和继任将军信怀民对蒙民的高压放垦政策。该政策"酿成种种乱事",但二位将军均掩饰这一事实,未将此上奏朝廷。⑦ 第四,虽竭力放垦,而宣统后蒙旗垦务开始呈现萎缩状况,部分蒙旗乃至出现山穷水尽、无人领种现象。⑧

(2)建学堂、兴学务、开边智

清末开边智乃是在清廷、主管边疆地区事务主要官员以及各部王公共同主导

---

① 台湾"中央研究院"近代史所档案馆藏:《北洋政府外交部全宗》,《中俄关系系列宣统三年外蒙情形宗》,馆藏号:03-32-134-01-009,宣统三年七月十五日。

② 《东三省总督徐世昌署黑龙江巡抚程德全奏郭尔罗斯后旗荒务清厘完竣随案请奖折》,《政治官报》光绪三十四年五月十六日第 226 号,第 291—292 页。

③ 《绥远城将军贻谷等奏清查土默特地亩详陈办法折》,《政治官报》光绪三十三年十二月初三日第 73 号,第 60—61 页。

④ 《清德宗实录》,卷 558,光绪三十二年九月辛亥条,中华书局 1987 年。

⑤ 《理藩部咨东三省督抚详查蒙旗要政以便第三届筹备藩属宪政文》,《政治官报》,宣统二年三月初七日第 883 号,第 523 页。

⑥ 《理藩部奏蒙古台吉抗不备台照例严议折》,《政治官报》,光绪三十四年四月初九日第 189 号,第 185 页。

⑦ 《蒙边肇衅之远因》,《申报》,宣统二年四月十八日第一张第一版[106]405。

⑧ 《热河都统廷杰奏办理蒙垦情形折》,《政治官报》,光绪三十三年十二月二十六日第 96 号,第 424—425 页。

下的一项重要新政尝试,有着共同的价值取向和价值理念,其最低目标在于开通风气,改变蒙古等传统藩部地区部众生活艰难之局面,藉此改善各部生计,抵制日俄等外部势力的侵略和渗透;其最高目标则为提高边疆地区部众文化水平、思想觉悟,化除畛域、认可"大清"为近代独立主权的国家主体,争取中华民族之自强不息。在这两大目标推动下,各界又提出了诸多开边智之建议,并在实践中加以尝试,形成了清廷上层、主管边疆地区行政官员、藩部王公各自开边智的三种不同范式。在这三种范式中,尤其以藩部王公开边智最具特色,总体上取得了不错成绩。清末时人开边智等活动,客观上虽发挥了一定积极作用、开通了边部风气、启发了边部民众智识,但因受诸多不利因素之影响,最终并未成功实现以上两大目标。

i. 晚清清廷中央开边智之尝试

首先,体现为各项章程的出台。

光绪三十三年(1907)后清廷开始着手预备立宪,欲变蒙古等传统藩部为近代国家下的地方行政区域,并在这些区域挑选合格议员,更需加速发展这些地区的教育,提升蒙古人的教育水平。① 在此等背景下,清廷亦要求学部、理藩部以及管理各藩部的将军、都统、大臣等加快此项工作,发展边部教育,开边智。光绪三十三年学部上奏清廷,在大学堂内增设满蒙文学,并添入钦定章程。② 光绪三十三年六月京师正式设立满蒙学堂,应学部之请,颁给了关防。③ 同年九月理藩部又上奏清廷称,"本部扩充蒙古学,购地建盖房屋"。④ 同年十一月外务部又奏请清廷,派遣"贵胄游学英美德三国,肄习陆军政法"。⑤ 乘此机会,张之洞等又奏请清廷,选派蒙古王公贵族出国留学,以期增广见闻开通风气。⑥ 光绪三十四年六月清廷学部又颁满蒙文高等学堂章程,以造就满蒙文通才,保国粹而裨要政,其主要招收对象为京师各衙门或已考取举、贡、生监及职官年在三十五岁以内中文清通、素娴蒙文或满文者入选。这对蒙古等传统藩部学务推广,起到示范作用。⑦

宣统元年四月间学部又奏准酌厘变通初等小学堂章程并原有小学堂简易科酌

① 《清德宗实录》,卷586,光绪三十三年正月庚戌条,中华书局1987年。
② 《清德宗实录》,卷573,光绪三十三年五月丙申条,中华书局1987年。
③ 《清德宗实录》,卷575,光绪三十三年六月辛巳条,中华书局1987年。
④ 《清德宗实录》,卷579,光绪三十三年九月癸巳条,中华书局1987年。
⑤ 《清德宗实录》,卷582,光绪三十三年十一月戊子条,中华书局1987年。
⑥ 《奏请选派蒙古王公留学》,《直隶教育杂志》,1907年第16期第114页。
⑦ 《学部咨宪政编查馆准满蒙文高等学堂咨送章程文》,《政治官报》,光绪三十四年六月初十日第250号,第481页。

拟两类办法,要求全国各地普遍实行,"嗣后办学官绅如再有因循欺饰不遵章程者,即由学部查明,严行参处"。此等上谕经军机处分发全国各地,其中蒙古等藩部各旗也得到如此指令,如阿拉善王旗就于宣统元年四月十三日收到这一上谕,要求照此精神兴办学堂。① 同年,摄政王召见理藩部尚书寿耆又特别叮嘱加强蒙古教育,即"蒙民性情颇钝,知识未开,尤以推广教育为首先之要务,应即电知内外蒙古将军都统及办事大臣,设法广立学堂,以宏造就,并设宣讲所化导蒙人,俾得开通蒙智而裨治理"。② 清廷又以筹办宪政、添设议员、维系蒙疆安全,让各地赶办蒙古学堂,"拟照驻藏大臣就地筹款赶办学堂,由部派学问淹贯之人充当教习,又以某蒙王深知大体,即拟令设法同各蒙王筹款办理学堂,务于预备立宪之期内,造就一般人才"。③

至宣统二年八月,理藩部又遵清廷旨意,上奏了"酌将旧例择要变通折",称藩部预备宪政,首在振兴蒙务,而非择要酌将旧例量为变通,则筹办蒙务亦无措手之方。为此提出开溶利源,启牖蒙智,化畛域诸要求。其办法有三:一、废禁出边开垦之禁;二、废民人聘娶蒙古妇女之禁;三、废蒙古行用汉文之禁,即旧例内外蒙古,准延用内地书吏教读公文……不得擅用汉文……盖不欲其沾染汉习,变其朴俗也。今则唯恐其智不开,俗之不变……近日通行各边臣极力振兴蒙旗学务……断无再禁其学习行用汉文汉字之理。应将以上诸例删除,蒙古人等愿延汉人教读公文、禀牍、呈词,愿用汉文命名,愿用汉字者,悉听其便,庶可渐进大同之治,蒙汉意见不化自除。④ 同年资政院蒙古议员提出蒙古教育改良议案,其具体方法如下:一、蒙文教育应以蒙文行之;二、按照初等高等小学堂科目,用蒙文编成教科书,初等全用蒙文而附浅近汉字于各课之后,高等用蒙汉文对照;三、养成初等高等蒙文教员。而其入手办法为:一、京师设立蒙文师范学堂;二、在京编定蒙文教科书;三、在内外蒙古各路酌设小学教员练成所;四、先行酌设初等小学,以为试教之地;五、逐渐增设初等小学,其教员以养成所之毕业生充之;六、酌设高等小学以后,逐渐推广,俟小学办有头绪,即行筹设中学堂。⑤ 至宣统三年随着蒙古全局渐入俄人势力范围这

　　① 中国第一历史档案馆藏:《为遵照厘变通则等小学堂章程事谕文》(宣统元年四月十三日),《阿拉善档》,档号:101-09-0006-022。

　　② 《摄政王注意蒙古教育》,《直隶教育官报》,1909 年第 6 期第 109 页。

　　③ 《筹办蒙古学堂》,《大同报》(上海)1909 年第十二卷第 22 期第 30 页。

　　④ 《理藩部奏预备宪政援案酌将旧例择要变通折》,《政治官报》,宣统二年八月五日第 1042 号,第 322—324 页。

　　⑤ 《蒙古铁路教育案之大计划》,《国风报》,1910 年第一卷第 29 期第 82 页。

一危机的增强,清廷权力机关亦极力设法应对。据报载宣统三年五月间理藩部大臣寿耆与学务大臣唐景崇会商,认为蒙古全局渐入俄人势力范围,"是虽中国积弱,鞭长莫及",但"蒙人智识不开,易受煽惑,实为速亡之总因"。"如欲保兹疆土,非从开通蒙人智识入手不可"。① 嗣经学部派定参事陈毅、法部派定七品小京官徐敬熙、理藩部派定文哲珲会同前往调查各部事件。教育方面应"由调查员先赴各将军大臣驻所并已设学堂之蒙旗,切实调查其教育方法与所用教科书及教育人员,是否宗旨纯正、不染歧趋。并应如何推广,如何良改,可以收开通民蒙之效"。②

其次,体现为各类学堂的创设

清廷上层开边智之实践主要体现为开蒙旗官智方面,不仅涉及各蒙部上层王公台吉等,更指负责管理各蒙部事务的大小行政官员。早在光绪三十年九月出使美秘古墨国大臣梁诚就首次奏请清廷,建陆军大学堂及各陆军省学堂。③ 同年十二月份他又奏请选派合格王公子弟入陆军学堂学习,此时主要对象虽为王公宗室满汉大臣子弟,但实已囊括蒙古王公贵胄等。④ 光绪三十一年九月份,奕劻又正式向清廷奏呈《陆军贵胄学堂章程》,拟就神机营旧署改建讲堂学舍先行试办。⑤ 该章程总则第一条规定了招收对象为"王公世爵即四品以上宗室、现任二品以上京外满汉文武大员之聪颖子弟",而第九条又做了补充,即"年长不合定格,与充当差使之王公世爵虽碍难入堂受学,而情殷尚武,志切从戎者自应俟开学后体察情形随时另订专章奏请入堂听讲,以示优待之意"。⑥ 这一规定为该堂随后招收蒙古王公子弟附班听讲提供了依据。光绪三十二年闰四月,陆军贵胄学堂开办在即,奕劻等又向清廷上呈《陆军贵胄学堂听讲试办章程》,⑦除设正规班外,又设听讲专

---

① 《政府筹蒙古策如是》,《申报》,宣统三年五月二十五日第一张第三版[112]883—884。

② 中国第一历史档案馆藏:《为派员实地择要调查行政司法等事致阿拉善亲王移文》(宣统三年九月二十六日),《阿拉善档》,档号:101-09-0114-009。

③ 中国第一历史档案馆藏:《奏为请建陆军大学省学整齐教法事》(光绪三十年九月二十六日),《军机处录副奏折》,档号:03-6000-073,缩微号:449-0424。

④ 中国第一历史档案馆藏:《奏为改变中国积习请饬大员合格王公子弟备选陆军学堂事》(光绪三十年十二月份),《军机处录副奏折》,档号:03-6000-074,缩微号:449-0428。

⑤ 中国第一历史档案馆藏:《奏为拟订陆军贵胄学堂章程并拟先行试办请旨事》(光绪三十一年九月二十一日),《军机处录副奏折》,档号:03-5764-045,缩微号:433-3308。

⑥ 中国第一历史档案馆藏:《呈拟订陆军贵胄学堂试办章程清单》(光绪三十一年九月二十一日),《军机处录副奏折》,档号:03-5764-046,缩微号:433-3311。

⑦ 中国第一历史档案馆藏:《总理练兵事务奕劻等奏为拟定陆军贵胄学堂听讲试办章程事》(光绪三十二年闰四月初一日),《军机处录副奏折》,档号:03-6003-047,缩微号:449-1205。

班。正规班一届拟招收一百二十人,听讲学员拟招正规学额的三分之一或四分之一。①

光绪三十二年闰四月廿四日辰初,陆军贵胄学堂正式开办,开讲时堂官率听讲各员一律到堂,又传谕蒙古王公到堂听讲。至宣统元年,陆军贵胄学堂第一期学生已经毕业,共收听讲王公世爵三十三人,听讲员及学员一百四十三人。② 其中的祺诚武、阿穆尔灵圭、贡桑诺尔布均为蒙旗贵胄。同年又拟招收第二期学生,并另建学堂和另订章程。新的招生章程明显体现出吸纳蒙旗王公贵胄子弟入学倾向,即除招收正班生一百六十名外,又特别招收蒙旗附班生八十名。③

光绪三十三年受内阁学士宝熙建议,④清廷又拟设贵胄法政学堂。宣统元年闰二月宪政编查馆王大臣正式奏请清廷设立该堂,并上呈章程,要求宗室蒙古王公等子弟曾习汉文者,"皆令入学"。⑤ 另外,章程第五章第十七条对蒙古王公子弟入学程序做了规定,即"凡应入学之""蒙古世袭及其子弟"均先由理藩部各旗查明咨报本学堂,听候定期考录。而宣统元年十一月毓朗等在《续拟贵胄法政学堂章程》总纲第三条中对学员资格又重新做了补充,在三类学员中,有两类都涉及蒙古贵胄:其中第一类包括蒙古汗王以下至四等台吉、塔布囊等;第三类又包括蒙古二品以上大员之子弟及世职等。总纲第四条再度对蒙旗贵胄子弟入学程序作了规定,即蒙古汗王以下至四等台吉塔布囊年在十八岁以上三十岁以下汉文通顺愿入学者,应由理藩部造册咨送入学。⑥ 其后该学堂在转咨各蒙旗文件中又对以上要求做了强调,要求各地方应遵照"本学堂奏定章程","造册咨送入学"。⑦

清廷开蒙古官智的以上举措,亦通过管理蒙古地方事务的各督抚、将军、都统、

① 中国第一历史档案馆藏:《总理练兵事务奕劻等呈拟定陆军贵胄学堂听讲试办章程清单》(光绪三十二年闰四月初一日),《军机处录副奏折》,档号:03-6003-048,缩微号:449-1206。

② 《陆军贵胄学堂同学录》,清宣统元年(1909)北京商务印书分馆恭制。

③ 中国第一历史档案馆藏:《管理陆军贵胄学堂事务载润等奏为变通办理贵胄正班学生学额事》(宣统二年九月二十日),《军机处录副奏折》,档号:03-7572-042,缩微号:562-2003。

④ 中国第一历史档案馆藏:《内阁学士宝熙奏请设法政贵胄学堂》(光绪三十三年八月初一日),《军机处录副奏折》,档号:03-7221-019,缩微号:538-1761。

⑤ 中国第一历史档案馆藏:《钦命宪政编查馆为设贵胄法政学堂拟订章程事给吉林巡抚咨文》(宣统元年三月初二日),《吉林教育档案》,档号:J001-35-6634,缩微号:004-2169。

⑥ 《贵胄学堂为行送学堂课程并预算清单事致内务府咨文》(宣统元年十一月十六日),《内务府档》,转引自《清末筹办贵胄法政学堂史料选载》,《历史档案》,1987年第4期第51页。

⑦ 中国第一历史档案馆藏:《吉林巡抚为陆军贵胄学堂开班通饬各处选送学生事给各处札稿》(宣统二年正月十七日),《吉林教育档案》,档号:J001-35-6634。

大臣等传递到各蒙旗。如吉林地方，宣统二年正月间因陆军贵胄学堂第二期招生，吉林巡抚遂通饬该省蒙务处等，选送年龄在十七岁以上二十五岁以下粗通蒙文汉语、体质强健、无嗜好暗疾的蒙旗王公世爵及其勋旧子弟入陆军贵胄学堂附班学习，要求在奉稿三个月限期内咨送到陆军部听候本堂考选。① 又如宁夏地方，宣统元年陕甘总督、宁夏部院也要求该处蒙旗选送王公贵胄子弟送入学堂，阿拉善亲王接到此札后于同年十一月二十日复文理藩部，呈报选送学生事宜。② 至宣统二年初，陆军贵胄学堂第一届学生毕业拟招第二届新生时，时任宁夏部院的钦差诚庆又接陕甘总督长庚咨文，要求宁夏地方各蒙旗遵照陆军部、陆军贵胄学堂于宣统二年正月十一日会奏的《酌拟陆军贵胄学堂章程》《蒙旗监学专章》所开各条，"克期选送合格学生赴部注册，听候本堂会同订期考选"。③ 宁夏部院钦差诚庆接此咨文后，遂移文阿拉善亲王旗，要求对方遵章挑选合格学生送部听考，以免再催，致碍不便。④ 宣统三年正月十五日，宁夏部院又接清廷陆军部递到理藩部转陆军贵胄学堂咨文，称"本学堂奏议蒙旗附班学额咨部选送学生去后，旋准陆续送到各生均经本堂先后考验入堂在案。惟本堂限定于宣统三年三月为蒙旗学生第一学年毕业之期，嗣后若再选送，不特学生课程参差，即教员亦难施一律之教育。应请贵部查照本堂所定毕业期限，过期勿再选送，以划期限而免纷歧"。宁夏部院因此转饬阿拉善亲王旗等，"勿再送学生到陆军贵胄学堂"。⑤ 宣统三年七月份，陕甘总督长庚再次咨宁夏部院，称理藩部咨开"准贵胄法政学堂咨称"，"查此项学员前经贵部咨送本学堂预备科肄业者，本年即应考试修业，自应咨取新班学员，以广造就。相应备文咨行贵部查照，凡有合于以上资格，愿入学者，即希汇造名册，并注明是否认识汉字，咨报本学堂，以凭核办"。理藩部转来贵胄法政学堂咨文后，经陕甘总

① 中国第一历史档案馆藏：《吉林巡抚为陆军贵胄学堂开班通饬各处选送学生事给各处札稿》（宣统二年正月十七日），《吉林教育档案》，档号：J001-35-6634。

② 中国第一历史档案馆藏：《为选送陆军贵胄学堂学生事致理藩部呈》（宣统元年十一月二十日），《阿拉善档》，档号：101-09-0007-133。

③ 中国第一历史档案馆藏：《为转行各蒙旗遵照陆军贵胄学堂章程及蒙旗监学专章各条克期选送合格学生事致阿拉善亲王旗护印协理移文》（宣统二年五月二十六日），《阿拉善档》，档号：101-09-0094-006。

④ 中国第一历史档案馆藏：《为转行各蒙旗遵照陆军贵胄学堂章程及蒙旗监学专章各条克期选送合格学生事致阿拉善亲王旗护印协理移文》（宣统二年五月二十六日），《阿拉善档》，档号：101-09-0094-006。

⑤ 中国第一历史档案馆藏：《为勿再选送学生到陆军贵胄学堂事致阿拉善亲王移文》（宣统三年正月十七日），《阿拉善档》，档号：101-09-0094-006。

督之手又转咨给宁夏部院,又经宁夏部院之手,转移阿拉善亲王旗,要求对方遵照办理。①

　　清廷开蒙旗官智活动,也得到部分蒙旗王公贵族的响应。如出国留学活动就有不少蒙古王公参与其中。新疆旧土尔扈特部郡王帕勒塔早在1904年就请求游学欧美,"拟请赏假一年,赴欧美二洲各国悉心考查诸政治并著蒙文书籍,俟游学旋华后,请旨为使游说各部落,悔改苛政,发愤自励,群力维新思图报效"。② 此等请求终得清廷许可,1905年底该亲王向理藩院呈请出洋,经外务部与美方接洽,拟于1906年2月初五日出发,取道日本前往欧美游学。③ 后清廷降旨改往东洋游历。同年该郡王又电其父巴雅尔(旧土尔扈特东部落盟长札萨克告休郡王),要求护送其妻赴女学堂林立的京师,专习妇道,"开通心智","俟毕业回府,以便教化所部妇女"。为此巴雅尔呈请迪化道,请求赏给大车二辆、传牌一张,护送儿媳赴京师女学堂学习。④ 其后该福晋又拟东赴日本留学,"实践女学校"。⑤ 该郡王遂于光绪三十三年奏请清廷派其妻赴日本留学。⑥ 不仅如此,该王及王妃平时亦热心教育,尤其是王妃为肃亲王胞妹,曾在北京及蒙古创办学堂。宣统元年(1909)该王毕业回国,报界对此亦寄予厚望,称该王东渡日本研究陆军,毕业归来,"道出沪上,戎装佩剑,具有尚武精神,固望而知为曾吸受文明教育之新空气者"。⑦

　　又如陆军部贵胄学堂,开设后喀喇沁郡王贡桑诺尔布首先做出榜样,呈请入堂听讲,并留京当差。⑧ 而科尔沁亲王阿穆尔灵圭也成为该学堂第一届毕业生,⑨另外土默特固山贝子棍布札布,喀尔喀公衔头等台吉祺诚武也曾先后报名参加。⑩该学堂设立后又逐渐向各蒙旗开放,力图培养振兴蒙部的军事人才。为此陆军贵

　　① 中国第一历史档案馆藏:《为造册咨报愿入贵胄法政学堂台吉塔布囊名单事致阿拉善亲王咨文》(宣统三年七月二十三日),《阿拉善档》,档号:101-09-0112-002。
　　② 《蒙古土尔扈特郡王呈外务部代奏因时变法请假出洋游历折》,《东方杂志》光绪二十九年(1904)第4期第40—42页。
　　③ 《土尔扈特郡王起程赴美》,《通问报:耶稣家庭新闻》,1906年第189期,第7页。
　　④ 新疆档案馆藏:《迪化道就巴雅尔送儿媳赴京求学事给吐鲁番厅的札》(1906年5月30日),《清代新疆蒙古族档案》,转引自新疆维吾尔自治区档案馆等编:《近代新疆蒙古历史档案》,新疆人民出版社2007年,第143页。
　　⑤ 《要电·十七日北京来电》,《通问报:耶稣家庭新闻》,1906年第189期,第5页。
　　⑥ 《蒙古王妃赴日本留学》,《直隶教育杂志》,1907年第21期,第1页。
　　⑦ 《蒙古亲王学成归国》,《大同报》(上海),1909年第十一卷第18期,第8—9页。
　　⑧ 赵尔巽编:《宣统政纪》,卷8,宣统元年二月辛亥条,辽海书社1934年。
　　⑨ 《陆军贵胄学堂同学录》,清宣统元年(1909)北京商务印书分馆恭制。
　　⑩ 《贵胄学堂传蒙古王公听讲》,《广益丛报》,1906年第122期,第2页。

胄学堂章程于宣统二年间先后转移各蒙旗,令遵该章程各条,克期选送合格学生。① 此后各蒙旗先后派出勋贵子弟入陆军贵胄学堂学习。如吉林属下伯都讷旗务承办处提调协领忠祥接到吉林巡抚和旗务处札文后,"当即备文移付左右两翼转饬各旗查明有无此项合格学生,赶紧呈报,以便详省",其结果是镶黄旗佐领下送来名魁禄的候选者一人。② 而吉林东北路兵备道亦承送了蒙古镶红旗佐领下名国柱和三姓满洲镶蓝旗下名诚贯者两名。③ 同年三月初七日乌拉协领又送来省城蒙古旗、蒙古镶红旗下学生四名。④ 至宣统二年九月份,据管理该堂事务载润等奏报,该堂自该年五月十二日开学以来,共收蒙旗学生十五名:第一批八名于开学前经理藩部咨送后已经入学;第二批共七名分别为喀喇沁旗三名,科尔沁左翼前旗四名,该堂又于该年九月十二日进行甄别,让他们正式入学。⑤ 虽蒙旗所送学生数离章程原定蒙旗附班生学额八十名相距甚远,但毕竟开始触及到蒙旗上层社会。⑥

再如贵胄法政学堂,亦有蒙旗呈送学生入学。宣统二年正月十五日该学堂给理藩部咨文称:热河属喀喇沁旗"卓素图盟塔布囊卓凌阿之子""呈请肄业,恳准立案等情前来。查本学堂章程第一章第四条内有'蒙古汗王以下至四等台吉塔布囊年在十八岁以上三十岁以下汉文通顺愿入学者,应由理藩部造册咨送入学'一项,为此,咨请贵部速为详查造送,以便本学堂于本月十九日一律试课"。⑦ 热河喀喇沁旗愿意入学的学生还有参领章京萨音伯颜,只因是参领章京衔,不符所定资格,该堂予以拒绝。⑧ 西蒙古阿拉善亲王旗于宣统三年闰六月二十四日和宣统三年七

---

① 中国第一历史档案馆藏:《为转行各蒙旗遵照陆军贵胄章程及蒙旗监学专章各条,克期选送合格学生事致阿拉善亲王旗护印协理移文》(宣统二年五月二十六日),《阿拉善档》,档号:101-09-0094-006。

② 中国第一历史档案馆藏:《伯都讷旗务承办处为陆军贵胄学堂开班选送学生事给吉林巡抚申文》(宣统二年二月十七日),《吉林教育档案》,档号:J001-35-6634,缩微号:005-1611。

③ 中国第一历史档案馆藏:《吉林东北兵备道为陆军贵胄学堂开班选送学生事给吉林巡抚呈文》(宣统二年二月二十七日),《吉林教育档案》,档号:J001-35-6634,缩微号:005-1638。

④ 中国第一历史档案馆藏:《吉林巡抚为乌拉协领申送进陆军贵胄学堂合格学生四名查照收考事给陆军贵胄学堂咨稿》(宣统二年三月初七日),《吉林教育档案》,档号:J001-35-6634,缩微号:005-1692。

⑤ 中国第一历史档案馆藏:《管理陆军贵胄学堂事务载润等奏为陈明学堂甄别考试情形事》(宣统二年九月二十日),《军机处录副奏折》,档号:03-7572-041,缩微号:562-2000。

⑥ 中国第一历史档案馆藏:《管理陆军贵胄学堂事务载润等奏为变通办理贵胄正班学生学额事》(宣统二年九月二十日),《军机处录副奏折》,档号:03-7572-042,缩微号:562-2003。

⑦ 中国第一历史档案馆藏:《学部教学学务档案》,卷60号。

⑧ 中国第一历史档案馆藏:《责任内阁档案目录》"奏咨行稿"第7包,"贵胄法政学堂咨行稿"。

月二十三日先后接到陕甘总督长庚①、宁夏部院②多次咨文催报愿意入贵胄法政学堂合格人员名单后,于宣统三年八月初十日向宁夏部院呈报了愿入贵胄法政学堂人员名单,并称,"敝旗夙称沨穆,拘泥蒙译,民智未开,亟宜设立汉文学堂,剃野蛮而蔚文明,庶免印度因循之辙。正在创办简易学校,虽程度之高低不论,风俗从此开通矣"。这次该旗共呈报了札萨克和硕亲王以及该旗众公台吉等略识汉文者二十三人,其他四十八人。③

在最高统治阶层的号召和带领下,管理蒙旗的地方官员和蒙旗部分王公大臣也开始推进各蒙旗开官智活动。在管理蒙古事务的地方官员中较早提出开官智和发展蒙旗教育的是归化城副都统三多。他于宣统元年十二月间上奏清廷设立归绥时政讲习所、开官智时就称:归化城土默特旗大小官员一百五十余名,向以备边武职兼司蒙旗行政,其间固不乏明白练事之员,但却乏通晓时政之选。"往往下一令则众皆瞠目,变一法则相顾惊疑,"为此提出"欲开边方之风气,当先启官场之智识"建议。具体办法为:从归化城土默特旗考选佐领以下,笔帖式以上即世爵各员四十名,又从绥远八旗官员内考选二十名,共六十名,延聘各科教员课以普通学术,兼讲政法、兵学,养成自治治人资格。一年毕业,发给文凭,遇有应升之阶,再拟照章鼓励。④ 除三多外,在京蒙古王公于宣统元年正月也向清廷上奏请求设殖边学堂,即御前大臣喀尔喀扎萨克和硕亲王那彦图、扎萨克亲王阿穆尔灵圭同科尔沁辅国公博迪苏、奈曼郡王苏珠克图巴图尔等就向清廷奏请在京设立殖边学堂,取"殖民筹边"之意。计划设蒙部、藏卫两科,课程内容除蒙藏语言、蒙藏历史地理、古今沿革、情势利害、农工商实业外,还讲法政、理财、科学等,其筹建经费拟由各省和沿边将军大臣赞助。在宣武门内辟才胡同建立校址,每年每科招一百人,两科共招二百人,三年毕业,不在学部章程之内,只为筹边而设。将来毕业可由理藩部留用,亦可由沿边将军大臣调用,以备边才不足之患。清廷同意筹办。⑤ 同年该堂又新设

---

① 中国第一历史档案馆藏:《为造册咨报愿入贵胄法政学堂台吉塔布囊名单事致阿拉善亲王咨文》(宣统三年七月二十三日),《阿拉善档》,档号:101-09-0112-002。

② 中国第一历史档案馆藏:《为本旗入贵胄法政学堂众公台等名目造册呈报事致钦差驻扎宁夏部院咨文》(宣统三年八月初十日),《阿拉善档》,档号:101-09-0032-086。

③ 中国第一历史档案馆藏:《为本旗入贵胄法政学堂众公太(台)吉等名目造册呈报事致钦差驻扎宁夏部院咨文》(宣统三年八月初十日),《阿拉善档》,档号:101-09-0113-004。

④ 《署归化城副都统三多奏创办归绥时政讲习所折》,《学部官报》,1910年第118期第9—10页。

⑤ 《理藩部代奏蒙藩王公等创建殖边学堂折》,《政治官报》,宣统元年正月二十日第460号,第247—248页,另见赵尔巽编:《宣统政纪》,卷6,宣统元年正月庚寅条,辽海书社1934年。

讲堂,续招蒙部生二百名,不论满蒙汉籍,年龄在十八岁以上三十岁以下,身体健康中学具有根底者均可报名。入考考试时考中文和算术,考取后交纳保证洋十元,即可入学;但膳宿各项均需自理,考试费为铜圆四十枚。① 此等信息经理藩部之手很快传递给了各蒙旗,如宣统元年二月间驻扎宁夏部院钦差诚庆收到陆军部之手传来的理藩部咨文关于创办殖边学堂一事,遂又移文阿拉善亲王旗,告知此事,让遵照办理。②

ii. 管理蒙古官员开边智之实践

此间除清廷中央和部分王公贵胄开蒙古官智外,管理各蒙古地方事务的各督抚、将军、都统、大臣等也在清廷号召下,对各自辖区的学务尝试改良,企图通过设立近代新式学堂等措施达到开通蒙智、融合蒙汉、巩固边圉的目的。为此,这一时期不仅东三省、热河、归化城、绥远等内蒙古地区进行尝试、实践,外蒙古乌里雅苏台、科布多、库伦等地区也在尝试。但在具体运作上,又体现出不同的区域特色。相较而言内蒙比外蒙积极,所取得的效果较好。其部分原因当然与"内蒙古壤连内地,常与汉民交接,目染耳濡,潜移默化"密切相关。即如绥远城所属之土默特各旗,早已列屋而居,日中有市起居动作,多效汉民,虽未能多识汉字,而汉语已通,教导自易。③

①东北内蒙各蒙旗开边智情况

鉴于清末时势紧迫,边疆危机日渐加深,一些地方大吏在推行藩部学务方面不遗余力。如东三省的吉林省垣较早就设有外国语学堂,设有满蒙文一班,因"名称不符",于光绪三十三年改棣中学,而又在其内附设蒙文科。为此,吉林提学司于该年六月十九日特札各府州县,让招选学生送省学习蒙文,并拟"招取蒙文学生四十名"。传知各学堂"如有汉文明顺、愿肆业蒙文者,仰即造具该生等年貌、籍贯各清册,务于七月初一日详送来辕",以便考核。④ 光绪三十四年,该堂蒙文教员伊克塔春又向提学司呈请,先在省城创设满蒙学堂一处,改变满蒙户口虽多数典而忘局

---

① 《殖边学堂续招蒙生》,《教育杂志》,1909 年第一卷第 8 期第 62 页。
② 中国第一历史档案馆藏:《为备文转移遵办喀尔喀札萨克和硕亲王那彦图等创建殖边学堂事致阿拉善亲王旗移文》(宣统元年二月二十六日),《阿拉善档》,档号:101-09-0074-004。
③ 《科布多办事大臣陈阿尔泰现在未能通设半日学堂折》(宣统元年四月十八日),《学部官报》,1909 年第 99 期,第 1—2 页。
④ 中国第一历史档案馆藏:《吉林提学司为将中学堂附设蒙文科招选学生送省以备定期考试给各处札稿》(光绪三十三年六月十九日),《吉林教育档案》第 1012 件,档号:J033-05-0046,缩微号:003-1456。

面,拟定章程,呈请开办,终得提学司同意。但校舍一时难措,他们遂借用尚有余屋的蒙古旗官房。① 光绪三十四年二月间,吉林提学司又向吉林巡抚上呈了蒙文教员伊克塔春所拟设立蒙文学堂简明章程,特别强调了吉林开设蒙文学堂的必要性:"窃惟内外蒙古地方幅员甚广,风气锢蔽,民俗强悍,吉省所属蒙地毗连……加以日俄战争以后,日人之势力日炽,俄人之积忿日深。"其办理办法为:报考曾入学堂、有普通知识学生四十名,或再饬蒙古申送十五名,组织一班,专注重蒙文语,以期速成。学制拟设为一年半,分为三个学期,每学期均开修身、蒙文、国文、经学、历史、地理、官话、算学、图画、体操,合计每周三十二点钟。堂中只设监督一人,校长一人,教员五人。等到这些学生稍熟蒙文且兼通各科后,择最优者留吉听差,可应蒙古之交涉,派其优者入境,以施教育,开蒙古风气,"使大地文明,咸输入于边陲。"总之其办学宗旨,不外乎为应边事交涉起见,为现实服务。学舍拟借寺院会馆,或衙门旗房。该提学司认为该蒙员请设蒙文学堂,"具见留心时务",所拟章程亦苟妥协。吉林巡抚批文充分肯定了该教员建议。② 同期吉林旗务处又移文提学司称,吉林旗属旧有清文、蒙文官学各一所,向归户司经理,后来户司被裁,改归旗务处管理。该两学现有学生年龄亦属合格,惟管理教授之法均不完全,功课散无秩序,教法亦欠研究,且只课清文,于汉文及各项科学均未课及。为此该旗务处认为蒙古臣服二百余年,久为国家屏蔽,近复边事日亟,更应注重蒙古教育,拟请将所管清文蒙文两官学归并一处,改为满蒙小学堂,以为中学之阶梯。又因旧有两学舍均属"湫隘",拟用裁并江省驻吉之水师营房借用。开办经费,公家补助每年经费一年一万六千余吊,再由原有两学堂经费拨充,如再不足,再由该旗务处设法筹补。③

光绪三十四年十一月东督徐世昌又奏东三省设蒙务局,吩咐各学堂兼习蒙文,并招蒙王子弟入学。④ 东督不仅在东三省设立洮昌道,又招蒙王子弟入学校,并在

① 中国第一历史档案馆藏:《吉林提学司为蒙文教员伊克塔春请借蒙古旗官房创设满蒙学堂事给蒙古旗协领等移文》(光绪三十四年二月十三日),《吉林教育档案》,档号:J033-05-0045,缩微号:003-2708。

② 中国第一历史档案馆藏:《吉林提学司为蒙文教员伊克塔春请设蒙文学堂并拟简明章程事给吉林巡抚详文》(光绪三十四年二月十九日),《吉林教育档案》,档号:J033-05-0044,缩微号:003-2729。

③ 中国第一历史档案馆藏:《吉林全省旗务处为拟将清文及蒙文两学归并为满蒙小学堂事给吉林提学司移文》(光绪三十四年九月二十一日),《吉林教育档案》,档号:J033-05-0048,缩微号:004-0965。

④ 《清德宗实录》,卷3,光绪三十四年十一月戊戌条,中华书局1987年。

法政学堂内添设蒙语一门,作为筹蒙之策。①锡良继徐世昌任总督后,派已革奉天蒙古右翼协领德荣译成蒙满汉文教科书四册,进呈御览,印刷二万部,分散哲里木盟十旗及奉吉江三省蒙边各学堂,以资传习;②又因该员学擅兼长,热心教育,以振兴蒙学为己任,特奏请开复原官。③德荣于宣统三年又将学部审定初等国文教科书附译满蒙文,名曰满蒙汉合璧国文教科书,东督拿出三千两,由蒙务局印书万部,分发给哲里木盟十旗学生,并将此书上呈清廷。肃亲王又拨款让印十万部,以便内外蒙古采用。④

属于内蒙古的归化城蒙旗学务之推广也在地方官员的倡导下得到推行。早在光绪三十二年间,归化城副都统文哲珲就因土默特旗蒙古子弟与汉民相处年久,语言文字渐忘,在该旗高等小学堂内附设满蒙文一科,以求保存国粹而养成通译人才。⑤光绪三十四年归化城副都统三多又向清廷上奏西北各边蒙民不识汉字,交通不便,请增设半日学堂,得清廷允准。⑥宣统元年十月归化城副都统三多又向清廷奏报筹设土默特蒙旗两等小学堂情形,称归化城土默特部靠近京畿,经清代二百多年统治气习风声久同内地,但文教未兴,为此前副都统文哲珲于光绪三十二年六月改归化城文庙旁满蒙官学为蒙小学堂,招生四十人,特设满蒙教习一人,汉文教习一人,后又将蒙小学堂改为高等小学堂,增设蒙小学堂一所。三多赴任后进行调查,发现土默特旗户口繁多、地域广阔,其中学龄儿童就不下二千人,仅靠此前所设高等小学堂、蒙小学堂二所完全不够;且该二所学堂又太粗略,为此将高等小学堂学额增至七十名,改监督为堂长,添聘中学教习、科学教习四人,司事一人,并厘订课程规则,购置图书机器。又将原蒙小学堂改为第一初等学堂,并在城东关帝庙内添设第二初等小学堂。又因包头镇人烟稠密,将原半日学堂改为第三初等小学堂,同时在土默特萨拉齐厅、毕齐克齐镇、察素齐镇各设半日学堂一处,共计三处。以上高等小学堂一所,初等小学堂二所,均公办。⑦

---

① 赵尔巽编:《宣统政纪》,卷10,宣统元年闰二月己酉条,辽海书社1934年,另见《退耕堂政书》。
② 赵尔巽编:《宣统政纪》,卷24,宣统元年十月壬辰条,辽海书社1934年。
③ 中国第一历史档案馆藏:《东三省总督锡良奏为已革蒙古右翼协领德荣筹办蒙文学堂实著微劳请开复》(宣统二年十一月初三日),《军机处录副奏折》,档号:03-7572-064,缩微号:562-2058。
④ 《蒙旗学务近闻》,《教育杂志》,1911年3卷第9期,第67页。
⑤ 中国第一历史档案馆藏:《归化城副都统麟寿奏为动用煤税设立蒙古满蒙语文小学堂事》(宣统三年九月初八日),《军机处录副奏折》,档号:03-7575-157,缩微号:562-2953。
⑥ 《科布多办事大臣陈阿尔泰现在未能通设半日学堂折》(宣统元年四月十八日),《学部官报》1909年第99期,第1—2页;另见《清德宗实录》,卷5,光绪三十四年十二月己卯条,中华书局1987年。
⑦ 《署归化城副都统三多奏筹设土默特两等小学堂情形折》,《政治官报》,宣统元年十月二十八日第763号,第503—504页;另见《学部官报》1910年第111期,第2—4页。

该年年底有时人游历张家口时发现万全县地方已设有武备学堂一所,小学堂二所,初级师范学堂一所,另有高等学堂一所,女学堂一所,小学堂五所,当然其主要生源为定居口上的汉民,但这对传统藩部地区的教育发展产生了较大影响。① 至宣统三年九月,清廷统治即将崩溃前,归化城副都统麟寿又提出了建立满蒙语小学堂的建议,即此前文哲珲所办土默特旗高等小学堂内附设满蒙文一科以培养蒙古人才,但因"钟点无多,且偏重别项科学","数年以来成绩不佳"。该都统欲保存国粹,准备在该旗旧有十王庙官房建立满蒙语小学堂一所,名为崇古满蒙语言小学,考取该旗十六岁以上学生三十余名入学肄业。②

②外蒙古各地开边智情况

清末阿尔泰地区的兴学活动相对内蒙古各旗而言,本属不易;加之主管官员畏难推诿,更不易举行。如光绪三十二年闰四月,科布多参赞大臣锡恒奏阿尔泰地方情形时,就称该处地处极边,蒙哈栖身毡帐,散处荒野,牧放迁徙游踪靡定,暂难设立学堂。③ 但负责管理该处事务的科布多参赞大臣最终又不得不顺应清廷新政要求,试图推广该处蒙旗学务。至光绪三十三年九月间该大臣在复陈阿尔泰情形时,在所提出的九项酌拟办法中,加上了"分设学堂"一项,即"第一时积重难返,若饬令各旗设学,不过徒有虚名,惟于驻扎处所设学,监视训迪,方有实际。奴才到任,曾于各旗调到聪颖子弟数人,发在各局处学习满蒙文字,并教以公事礼仪,迄今二年,颇具成效。拟请于驻所先设小学堂二所,毕业后再添设中学堂一所,考选及格者升之。至武备尤宜注重,并请设立武备学堂一所,学成文武各生,皆视造就程度,量才任使"。④ 即至光绪三十三年阿尔泰学务亦被提上日程。⑤ 光绪三十四年四月科布多帮办大臣锡恒再次向清廷报告了筹措阿尔泰学务情形,称学堂一项,亟宜统筹,拟建学堂数处。⑥ 清廷会议政务处议复时称:"各蒙旗子弟众多,区区数学

① 《游蒙日记》,引自中国社会科学院中国边疆史地研究中心主编:《清末蒙古史地资料荟萃》,全国图书馆文献缩微复制中心 1990 年,第 605 页。

② 《归化城将军麟寿奏设立重古满蒙语文小学折》,《内阁官报》,宣统三年九月二十四日第 83 号第 297 页;另见中国第一历史档案馆藏:《归化城副都统麟寿奏为动用煤税设立蒙古满蒙语文小学堂事》(宣统三年九月初八日),《军机处录副奏折》,档号:03-7575-137,缩微号:562 2953。

③ 中国第一历史档案馆藏:《奏报阿尔泰现难设立巡警及巡警学堂事》(光绪三十二年四月初一日),《宫中朱批奏折》,档号:04-01-01-1071-045,缩微号 04-01-01-164-0764。

④ 中国第一历史档案馆藏:《奏为遵旨复陈阿尔泰地方情形及筹拟办法事》(光绪三十三年九月二十四日),《宫中朱批奏折》,档号:04-01-01-1085-061,缩微号:04-01-01-165-2492。

⑤ 《清德宗实录》,卷 583,光绪三十三年十一月丙午条,中华书局 1987 年。

⑥ 《清德宗实录》,卷 590,光绪三十四年四月丙子条,中华书局 1987 年。

堂,犹恐未能有济,所恃他日徐图扩充。"为此光绪三十四年八月,科布多办事大臣锡恒又向清廷奏报阿尔泰开办小学堂并设教务处一事。称"阿尔泰蒙哈杂处,习俗异宜","亟宜兴修学校,启以文明,一以消其犷野之风,一以鼓其颓靡之气"。该大臣拟设普通小学堂二处,武备学堂一处,不分蒙汉,均加录入,一体教授。鉴于蒙汉哈学生学习需先从语言文字入手,暂不设中学堂。该大臣同时上奏了该小学堂办学章程,普通小学堂暂定学额五十名,六年毕业,开设课程有:修身、蒙文、汉文、算术、中国历史、地理、格致、体操、译文(暂不教授)等课,每天八学时。武备小学堂学额五十人,六年毕业,课程为:修身、马战学兼操法、炮战学兼操法、蒙文、汉文、算术、中国历史、测绘、地理等,每天八学时。①

除阿尔泰外,外蒙的科布多、乌里雅苏台、塔尔巴哈台、库伦等地区开边智活动于光绪三十四年后也纷纷展开。如科布多地方于光绪三十四年间也添设蒙养小学堂,自科布多所属杜尔特、明阿特、额鲁特、扎哈沁四部落内共选学生三十名,该小学堂于光绪三十四年闰二月二十日开学,分成甲乙两班,每年定期考试,择资性敏捷、学有心得于汉文汉语讲解精通者,暂遣回牧,转相传授。② 宣统元年正月科布多大臣溥锏又向清廷奏报科布多属办学情况,该城旧设学堂一所,学生仅二十名,学习满蒙文字;联魁任上曾在杜尔伯特四部落内各设蒙文学堂一所,先后开办,学习蒙文。但"外藩蒙古能通汉语之人实属无几",急需在旧有蒙古学堂之外,添设蒙养小学堂一所,从杜尔比特、明阿特、额鲁特、扎哈沁四部落内挑选学生数十人入学,学习满蒙汉语言文字。教员由科城各旗章京择优充任,因属初创,又属蒙地,难依学部所订功课章程办理。③ 宣统二年九月间,科布多参赞大臣溥锏又奏科布多政绩,称近年来科布多所办新政关于学务方面又增设蒙学,且又新建清汉学堂以开边智。④

光绪三十四年八月,库伦办事大臣延祉亦奏"蒙古风气未开,拟设蒙养学堂,专习满、蒙、汉语言文字",表明管理外蒙的地方官员也开始响应清廷号召——开

① 中国第一历史档案馆藏:《奏为开办阿尔泰各项小学堂遵拟简明章程并添设学务处约估常年经费事》(光绪三十四年七月二十七日),《宫中朱批奏折》,档号:03-9294-007,缩微号:667-2759;另见《政治官报》,光绪三十四年九月初一日第329号,第33—37页。

② 《科布多学生之名贵》,《教育杂志》,1909年第一卷第6期,第40页。

③ 《科布多参赞大臣溥锏奏添设蒙小学堂折》,《政治官报》,宣统元年正月二十八日第468号,第386—388页。

④ 《科布多参赞大臣溥锏奏酌保科布多军营章京各员请奖折》,《政治官报》,宣统二年九月初十日第1062号,第192页。

藩智,以便日后在藩部推行新政。① 库伦蒙养学堂拟招生四十名,沙毕衙门选送十四名,图车两盟各送十三名。至宣统元年开始筹办。宣统二年四月间新任大臣三多又奏报该处学堂办理情况,可知,该蒙养学堂仍在办理,所收学生四十名,其每月生活费每人十两,系由各旗捐助。因驻库俄领事署内设有俄学堂,故三多奏请从蒙养学堂中挑选聪颖子弟六人附入俄学堂学习俄文,毕业后充当库伦地方翻译人员,清廷同意了这一请求。② 宣统二年九月初四日,③三多又奏办库伦半日学堂及筹经费情况,称该处拟办第一第二两处半日学堂,已经咨请学部选派教员、颁给课本,等教员到后就按宪章筹备清单一律改为简易识字学塾,以符馆章。

iii. 蒙古王公贵胄在各旗内的兴学实践

除清廷上层和主管各蒙古地方官员开蒙旗边智外,此间蒙古地方王公贵胄中的精英也站出来,积极倡导开边智,期图改变蒙旗日渐羸弱、边圉不保、频遭外敌侵渗状况。其中表现最积极者为喀喇沁亲王。早在光绪二十七年(1901)喀喇沁王就在自己旗内设立学堂,设立之先,公开张贴创设蒙古学堂公示,使该盟蒙汉人知晓设立学堂原委:"喀喇沁札萨克王为晓谕事,照得本旗地方卑远,人才质朴,见闻速狭,讲求不纯。际兹时蹙患深,非学莫兴;人消才乏,非学莫成。本爵筹思至再,特创学堂,庶开风气,籍端趋向,启蒙童为起点,明中学为进步,习体操以基武备,读舆地俾明掌故。并非术尚新奇,实属根察道艺,体朝廷敬教劝学之心,为愚昧开辟文明之举。仍恐无知人等,狃于积习,不令子弟来学,暴弃自甘。为此示,仰本旗官民人等知悉。自学之后,父勉其子,兄勖其弟,相率子弟入堂肄业,来堂填册注明三代年貌。开堂之日,由尊长送入学堂,听候教诲,不得任意领回,致荒学业,务须恪守堂规,毋负本爵成就人才之至意。各教习亦须实事求是,尽心启迪,以乐育英才为己任。安见文明之运不大兴于吾土地,实深厚望,凛遵毋违,切切特示。"④随后该旗又聘请浙江陆少眉为总教习,导致该旗"未至期年而风气大开","于光绪二十八年又派人赴京采买图书","盈筐累箧,动费千金","实为从占所未有"。⑤ 光绪

① 《清德宗实录》,卷595,光绪三十四年八月乙丑条,中华书局1987年。

② 《三多库伦奏稿》,引自中国社会科学院中国边疆史地研究中心主编:《清末蒙古史地资料荟萃》,全国图书馆文献缩微复制中心1990年,引自《清末蒙古史地资料荟萃》第297页。

③ 中国第一历史档案馆藏:《库伦办事大臣三多奏为库伦筹拨银两开办卫生局学堂等各厂局并按章报部核销等情事》(宣统二年三月初九日),《宫中朱批奏折》,档号:04-01-30-0268-030,缩微号:04-01-30-016-2531。

④ 《蒙古喀喇沁王创设学堂示》,《浙江交徽报》,1903年第13期,第36页。

⑤ 《纪蒙古学堂》,《选报》,1902年第34期,无页码。

二十九年(1903)喀喇沁王年班晋京,又亲到京师大学堂听师范、仕学两馆讲。① 至光绪三十年(1904),该王又拟选女学堂中优等生若干人前往日本肄业,以受完备教育,而且该亲王王妃(福晋)亦愿前往日本考察学制。②

　　光绪三十一年(1905)值喀喇沁亲王年班晋京之机,该王又带领该旗学堂教习师生三十余人一同至京,考察学务。该福晋亦带着该旗女学堂学生十四名前来京师考察最早设立的第一所女学堂——豫教女学堂,不仅考察了豫教女学堂的规模、功课,而且将这十四名女学生留到该堂学习。该福晋在该堂演说时宣称:"如今女子,非有实在学问不可","我要劝劝诸位学生,总要用心勤学,毕业之后,你们都有了学问能力,都可以去作一番事业","女子也可有用于世"。"大家齐心努力,将来有了学问,就可以永远不被外人看轻了"。③ 光绪三十二年初(1906),该王又利用进京朝觐事毕之机,拟前往天津保定等处遍阅文武各学堂,考察功课,调查章程,以便回旗后有所取效,得到清廷允许。清廷理藩院特咨袁世凯转饬各学堂妥为接待。该亲王遂于二月初一日带领王妃(福晋),教习翻译以及男女学生二十余名赴津。初二日带领男生考察了天津大学堂、中学堂、小学堂,又考察了工厂习艺所。初三日又陪同王妃(福晋)带领女学生考察了天津女学堂、北洋医院。初四日带领男学生到医院考察,调查,非常关注卫生之学。事毕后又带领学生等前往保定。初五日,同各学生考察了保定马医学堂、军医学堂、武备速成学堂、武备小学堂。初六日考察了西关大学堂、师范学堂、军械学堂,详细阅读了各学堂章程,并与直督相商,欲借文武各学堂高等足业学生各十名,以资该旗臂助。④ 正因为该郡王兢兢业业发展该旗教育,成为各蒙旗表率。同年肃亲王善耆考察蒙古事宜,路过该旗时就大受感染,称"该郡王贡桑诺尔布开办学堂,一切规模颇形开化","现学堂尤见起色,若各旗均能如此,实不难立致富强。"虽该郡王于光绪三十一年已由学部奏请传旨嘉奖,但善耆认为仍不够,建议清廷给予奖叙。⑤ 清廷接受了善耆建议,特降旨赏给喀喇沁郡王贡桑诺尔布御书匾额一方,以示嘉奖。⑥

---

① 《藩王好学》,《新民丛报》,1903 年第 25 期,第 202 页。
② 《本国学事——蒙古》,《教育世界》,1904 年第 80 期,第 2 页。
③ 《喀喇沁王福晋在豫教女学堂的演说》,《敝帚千金》,1905 年第 9 期,第 7 页。
④ 《蒙藩阅视各学》,《四川学报》,1906 年第 2 期,第 5—6 页。
⑤ 中国第一历史档案馆藏:《奏为蒙古喀喇沁右旗郡王贡桑诺尔布开办各学堂尤见起色,请旨奖叙事》(光绪三十二年),《军机处录副奏折》,档号:03-5575-149,缩微号:420-2982。
⑥ 中国第一历史档案馆藏:《著为喀喇沁郡王贡桑诺尔布所办学堂赏给御书匾额一方以示嘉奖事谕旨》(光绪三十二年),《军机处录副奏折》,档号:03-5575-154,缩微号:420-2988。

光绪三十三年(1907)该旗又派恩和、睿昌两名学生赴日本东京振武学校留学,学习时间三年。① 同年该郡王还刊印了蒙文传单若干,内开蒙古应兴应革诸要政,分送各部蒙旗郡王,企图联合众志,保全北部危局;②其中普及教育就是主要内容之一。该王又向清廷上奏,要求在蒙旗建设师范学堂和宣解讲堂,即该郡王鉴于该旗仅设崇正小学堂一所,但"蒙旗人多愚鲁,若仅该旗设立学堂,而他旗不能扩充分设,则学问仍复不广,蒙智仍多不开。拟在该旗建设师范学堂,请饬两盟各旗拣挑粗通满蒙汉文字学生三名,每名每月自备伙食银三两,教费银一两,移送该王旗入堂肄业。卒业后照章发给文凭,俾该学生各归本旗,充当教习,以为培养人才之基础,并请札饬两盟各旗,每旗自设宣讲堂一所,勤为宣讲,以期开通蒙智。所有学堂一切课程,悉遵钦定学部章程办理,请奏咨立案"。③ 热河都统代奏了此折,清廷让学部复议,学部基本肯定了该王建议,同时又建议进行完善,要求该两盟各旗选送学生不必仅限三名,可以酌量加增;宣讲办法分地设立,并体察各旗地方情形,筹办劝学事宜,随时稽查,设法推广,庶蒙旗学务得以逐渐振兴。④

光绪三十四年喀喇沁王又派委员护送蒙古籍男女学生五人到上海各学就学,上海道将男生拨送徐家汇邮传部高等实业学堂肄业,女学生拨送西门外务本女学就学。上海学界以此为荣,特摄影纪念。⑤

同时颇具影响的还有该郡王福晋多罗格格所办毓正女子学堂,光绪二十九年(1903)该王福晋正式在该旗兴办毓正女子学堂,聘请日本人河原操子为女教习,王府中年少女子和附近各大臣之女,均入学,学生名额共二十四人。她们努力克服与日本教习间语言障碍,由该王太福晋、福晋运用各方均很熟悉的北京话进行翻译,终使该旗女学"进步颇速"。⑥ 至光绪三十三年,该堂已经年届三年,颇见成绩,招有女学生八十名,所有办学经费皆由该福晋自行捐办。该郡王为此曾专门上奏清廷,请求清廷为该学堂存案,进一步开通蒙古风气,即"本爵福晋谊属宗亲,□至

---

① 《喀喇沁旗学务》,《教育杂志》,1910年第二卷第六期,第46页。

② 《蒙古各部落反对喀喇沁亲王》,《通问报:耶稣家庭新闻》,1907年第244期,第6页。

③ 中国第一历史档案馆藏:《热河都统廷杰奏为喀喇沁蒙旗建设师范学堂宣解讲堂事》(光绪三十三年五月二十二日),《宫中朱批奏折》,档号:04-01-38-0195-024,缩微号:04-01-38-009-0366。

④ 《会同理藩部议复热河都统奏喀喇沁王旗建设师范学堂及宣解讲堂折》,《学部官报》,1907年第31期,第211页。

⑤ 《蒙古亲王派员护送蒙籍男女学生至沪求学》,引自《四川教育官报》,1908年第5期,第1—2页,原载《时报》。

⑥ 《蒙古女学》,《女子世界》(上海),"记事内国",1904年第6期,第42页。

藩部创办学校,亦属份所应为",惟"蒙地风气未开,创办学堂,既属不易,而开通女学,尤为艰难",为此特向学部上书,请求代奏朝廷,以示提倡。该郡王又称,此等做法并非邀奖,而为振兴蒙地学风起见。学部上奏清廷时则称:"内外蒙古各盟,世守藩服,武功素著。惟今昔情势迥异特欲慎固封守,必先广储知能,庶几坚众志而策自强。"该郡王创办各学堂,此前曾经学务大臣奏请降旨褒扬,并命各盟王公仿照推行。而今当学部女子师范学堂、女子小学堂各章程始经奏准通行之时,该郡王旗能及早提倡,先行一步,洵属"当□可风","自应照准立案",并因该福晋为宗亲,更应从优奖励。为此学部建议清廷赏给御书匾额,俾藩封有所观感而蒙民普资勤励。清廷再次同意了此建议。①

此期间除喀喇沁王致力于开边智外,其他蒙古王公也曾有所尝试。如哲里木盟郭尔沁扎萨克多罗宾图郡王棍楚克苏隆于光绪三十三、四年间就欲仿照喀喇沁王旗等设立学堂各案,在该旗设立小学堂一所。最终于光绪三十四年在该旗后新秋地方设立了科尔沁左翼前旗官立蒙汉文小学堂一所,按照光绪二十九年学部奏定章程办理,加添蒙文一科。至宣统二年已届二年,学生程度"颇见增进"。②

iiii. 清末开边智之评价

清末各蒙古开边智活动存在清廷上层、主管边疆地区行政官员、藩部王公三种不同模式。客观评价,三种模式各具特色,且取得了不同成绩。如将三种模式进行比较,尤其以藩部王公开边智模式最具特色,所获成效大大超越了清廷最高当局与管理藩部事务的地方当局所取得的成绩,真实展现了晚清地方自治模式的积极效果和巨大优势。清末开边智活动再度提醒后人,推动边疆地区改革的最大动力仍在当地民众,只有充分调动他们的积极性,发挥其潜能,才有可能获得真正成功。

尽管如此,清末三种不同的开边智活动亦具有不可忽略的积极意义。清末以蒙古为代表的开边智活动属藩部新政重要内容,其最终目的不仅在于开通风气、化除畛域、增强融合,更在于抵制殖民势力之渗透,增强各民族对统一中国之认同。这些积极意义主要体现如下:

首先,通过设立各类学堂,开设蒙汉各种学科,开通了蒙古风气,促进了蒙古各旗教育发展,提升了部众的文化水平,这对改变晚清以降蒙古各旗日益羸弱状况、

---

① 中国第一历史档案馆藏:《奏为喀喇沁多罗郡王福晋多罗格格捐办毓正女学堂请奖事》(光绪三十三年五月十六日),《军机处录副奏折》,档号:03-7220-073,缩微号:538-1614。
② 《理藩部代奏蒙旗创设学堂请立案折》,《政治官报》,宣统二年十二月初二日第1144号,第38—39页。

改善部众生计有一定帮助。① 其次,让蒙民学习汉语、使用汉名、相互通婚,改变了清代中前期各民族间隔离状况,消除了相互间的隔膜,一定程度上推动各蒙旗由传统藩部向近代主权国家下民族区域自治的转变,有利于最终实现五族共和,建设民主共和新中国。再者,清末开边智活动亦促进了蒙古各藩部教育制度的近代化。

尽管清末蒙旗的三种开边智方式客观上获得了一定收获,但其不足之处也很明显,主要体现如下:

第一,总体效果不佳。晚清尤其是清末蒙古各旗兴学务、开边智的总体效果确实不佳。不仅各蒙旗所设学堂有效,而且学生也非常有限,实未达到预期设想的开边智、固边围之目的。②

第二,经费严重不足。清末开边智总体效果不佳,这当然与此项活动的推行时间较为短促密切相关,即当清廷要求各蒙旗推行教育改良活动后不久,就遭遇到鼎革之乱。短短几年时间内,边陲地区实难取得多大成绩。除此之外,清末开边智总体效果不佳更与经费不足密切相关,它严重影响到边疆地区学务的推广。晚清尤其是清末时分,经费不足成为影响开边智的重要障碍,不仅导致部分筹设中的学堂难以开办,甚至还导致部分已经开设的学堂,不得不削减学额,减少经费开支。更有甚者,当清廷和地方衙门均无力为此提供经费时,他们又将这一负担转移给蒙旗部众,通过增添税负、广行捐助等措施罗列财源。这不仅不足以支撑蒙旗学务的长期发展,而且变相增添了蒙古部众负担。③

第三,效率不高、人浮于事。清末兴边学、开边智本属清廷新政改革重要内容,企图借此改变清代中前期形成的效率不高、人浮于事状况,并使蒙旗学务得到长足发展。但实践表明,清末改良并未改变这一状况,相反这一现象仍体现得非常明显,不但没有减弱,乃有日益恶化之趋势。④

（3）练新军、固边围、御外辱

晚清外敌频繁入侵、清廷频频受挫导致蒙古等传统藩部大受侵削。为抵制俄、

① 《各省报界汇志》,《东方杂志》1907年第四卷第9期,第229页。

② 台湾"中央研究院"近代史所档案馆藏:《额勒浑拟具塔城边务办法事奉批著该大臣筹办》(宣统三年七月十三日),《北洋政府外交部全宗》,馆藏号:03-32-01-007。

③ 中国第一历史档案馆藏:《科布多参赞大臣溥铜奏为科布多蒙养小学堂奏准经费一半无着拟裁减学额就款办事各情形事》(宣统三年七月十二日),《军机处录副奏折》,档号:03-7575-113,缩微号:562-2859。

④ 《科布多办事参赞大臣溥铜奏科布多养正学堂经费无著(着)拟变通办法折》,《内阁官报》,宣统三年八月十五日第44号,第307—308页。

日、英等国不断侵吞,最有效的途径当然是军事抵抗。但同治后清廷无法依靠旧有八旗、绿营维持统治,蒙古等藩部在抵制外辱中也不再发挥旧有藩篱作用。更糟糕的是,晚清以降尤其是清末时分,蒙藏等藩部却开始遭受外敌频频侵扰,几有朝不保夕之势。尤其是此际蒙边各处"要塞虽在,边备不修;将校虽存,韬略不讲"。如屏护京师外捍蒙古的张家口,至宣统元年前后其上下堡营房半归倾塌,上堡之营城营房亦等虚设;蒙古营之名目虽存,"更无论已","绿营以及警兵全数不满二百人,可藉弹压,难资战守"。"外不足以控蒙疆,内不足以卫神京"。为此时人认为"倘不添练新军,以资扼守,恐俄以失意于东之故,必至喘息稍定规取蒙藩"。① 又如外蒙古等沿边一带,自科布多起东至贝加尔湖,袤长数千里,均与俄连界,旧虽设卡伦四十七处抵御俄人,但到光绪末年延祉为库伦办事大臣时各处"有卡无兵,俄人随在皆能侵入"。库伦只驻有宣化马队一营,难资控制。延祉曾拨调三十名赴恰克图保护商旅,亦属"破晓疏星"。② 三多任库伦大臣后中俄双方兵力差距更大,如他在上奏清廷时就称:"库伦所属东西各卡伦,兵则老弱,器则穷败。而俄边各卡伦,种植畜牧,均已蔚成村落,甚至邮政银行学堂无不附丽其中;虽每一卡伦驻兵不过四五百人,而一旦有事,此等负锄戴笠之居氓,即执戟荷戈之劲敌。优胜劣汰,无可讳言。"③又如塔尔巴哈台,旧有卡伦二十余处,皆与俄卡对峙,至清末却因饷项支绌,陆续裁撤。各处驻守官兵仅剩数人,极度单薄,不足以扼要塞。④

但同期各处信息却显示俄方不仅在蒙古地区大搞军事入侵,又极力吸引蒙民加入俄籍,成为俄方雇佣军,进行扩军备战。如宣统二年四月间据《申报》报道就称:据相关人士调查,俄方在库伦驻兵人数较多,有旅团步兵四千五百名,骑兵三千名,工炮兵一千五百名,运粮兵一千名,医药兵一队,兵营八处。在葛顺驻兵五千名,乌里雅苏台驻兵达六千余名。⑤ 又如宣统二年十一月间《民立报》报道称,自宣

① 《游蒙日记》,引自中国社会科学院中国边疆史地研究中心主编:《清末蒙古史地资料荟萃》,全国图书馆文献缩微复制中心1990年,第603页。

② 《游蒙日记》,引自中国社会科学院中国边疆史地研究中心主编:《清末蒙古史地资料荟萃》,全国图书馆文献缩微复制中心1990年,第637页。

③ 台湾"中央研究院"近代史所档案馆藏:《议复库伦办事大臣奏调查卡伦密陈边情录旨印奏咨行钦遵》(宣统三年七月十五日),《北洋政府外交部全宗》,《中俄关系系列宣统三年外蒙情形宗》,馆藏号:03-32-134-01-009。

④ 台湾"中央研究院"近代史所档案馆藏:《额勒浑拟具塔城边务办法奉批著该大臣筹办》(宣统三年七月十三日),《北洋政府外交部全宗》,馆藏号:03-32-134-01-007。

⑤ 《蒙边之千钧一发》,《申报》,宣统二年四月二十五日第一张第一版[106]521。

统二年六月至十月,俄方由西伯利亚运往库恰的军队就达四五万人;①至宣统三年初又借口马贼日多,向伊犁、库伦、绥远及各蒙边要地大量增运军队。② 俄方又在东北各蒙旗引诱蒙民,导致各旗蒙官商民人入彼籍者,"实繁有徒",直接导致"沿边蒙人私入俄籍者日多"。③

为应对此等危机,清廷和时人均认为,只有在蒙藏地区编练新军,才有可能抵抗外来侵略,保护边圉。为此,同治后,编练蒙古军队、保护蒙部的提议不乏其人,最早者有光绪初年曾任库伦办事大臣的喜昌等,他们本欲取失之东隅收之桑榆之法,但终因清廷应对无力,未能认真采取此类建议而未果。至日俄战争后,沙俄染指西北蒙古地区益炽,中国边疆危机更为时人警醒。在此背景下,清廷地方大员和时人又一再提出练军经武建议,企图通过编练新军去改变外蒙等蒙边极度空虚状况。如早在光绪三十三年四月间曾春煊在《统筹西北全局酌拟变通办法以兴本利而固边卫》各折中就建议热河、察哈尔、绥远城、滇、蜀、西藏皆先练陆军一混成协;库、乌、科、阿尔泰皆先练马步各一标,款如暂时不敷,不妨酌减,或别练巡防队以缉盗贼、通邮传、卫商民。④

在此等背景下,清廷最终亦不得不尝试在各蒙边编练新军,期图抵御,终导致此际内外蒙古各处均有练兵之举。其中热河、察哈尔、绥远等涉及内蒙各旗等处表现积极。如热河,新军陆军第一标于光绪三十一年十一月成军,有步队两营,马队一营。⑤ 至宣统元年清廷命该处再练一标,以成一镇之数。热河为此制定了计划,拟最终练成一镇新军。察哈尔也拟于光绪三十四年将旧式旗军仿照新章改编为巡防马步两队。绥远也拟添练陆军部队一营,马队一队,炮队二队。阿尔泰、塔尔巴哈台、库伦等外蒙地区最终也不得不响应清廷号召,尝试编练新军。其中尤其是库伦,其编练新军活动对此际影响最大,亦鲜明体现出晚清尤其是清末各蒙古编练新军的一些共同特征。

库伦,早在延祉为办事大臣时就开始编练巡防各队,但人数有限,效果甚微。三多任大臣后,于宣统二年三月间又设巡防步队,人数一百名,以助宣化营兵力之

---

　　① 《蒙古之俄兵日多》,《民立报》,1910 年 12 月 7 日,"新闻一",第 0371 页。

　　② 《俄人野心之传闻》,《民立报》,1911 年 2 月 9 日,"新闻一",第 0779 页。

　　③ 《理藩部预防蒙古交涉》,《申报》,宣统二年七月初七日第一张第三版[107]678。

　　④ 中国第一历史档案馆藏:《两广总督岑春煊奏为酌拟变通固边办法统筹西北全局事》(光绪三十三年四月二十八日),《军机处录副奏折》,档号:03-5619-010;缩微号:423-2738。

　　⑤ 《热河都统廷杰奏校阅热河常备军第一标情形并恳恩奖励折》,《政治官报》,宣统元年十月十五日第 750 号,第 296 页。

不足;又练巡警兵四十四名,弹压地面,维护地方治安;①又设营务处,以总其成。三多欲以以上巡防兵弁作为将来编练新军的基础。② 宣统二年十月十八日有报道称:驻库伦大臣三多曾电枢府,谓库伦危极;近日某国专事笼络喇嘛,串同四出骚扰,喇嘛等心悦诚服,甘为役使。请朝廷厚加兵力,藉杜隐患。军谘处大臣涛贝勒遂向枢府建议,在该处设一练兵大臣,就地招练蒙兵,以资防御,得到清廷允许。涛贝勒派出曾任近畿督练公所教育股提调钱桐为调查长,前往库伦调查;又拟派唐在礼为库伦练兵大臣,拟就地招蒙人练兵。③ 在此之前,库伦已办有巡警一百二十二名,因库伦将练新兵,清廷于宣统二年十二月间特允许将交部部分的外蒙金厂金砂矿税全部留给库伦,作为编练新军经费。如按宣统二年计算,该经费为金砂六千一百八十六点九九五两,折算成银两为一十九万三千零三十四两,其不足之处,再由清廷另拨。而驻库伦办事大臣三多于宣统二年十二月二十七日又向清廷上奏,强调了库伦编练新军的重要性和练兵计划:"库伦为边疆重镇,固国防而安,反则断非原有宣化防军一营、巡防队百名足以备缓急之用。"三多拟添练新军一标,以库伦练兵无专门人才,奏请军谘处遴选人员,派往库伦作为兵备处总办。军谘处遂派日本士官学校炮工毕业、前曾充近畿教练处总办副参领的唐在礼赴库,任总办。唐氏、钱桐与随员眷属共四十八人于十二月十二日到达库伦。④ 三多于唐在礼还未到库的宣统二年十二月十七日就任命其为军备处总办,发给木质关防"库伦兵备处总办"一颗,兵备处下设各科员亦由唐在礼随带各员充任,三多再进行札委。库伦旧设营务处遂被裁去,所有宣化防军、巡防步队及图车两盟关于军界之事及台站卡伦各官兵,一并归该处节制。三多又加派车图两盟副将军各一员为会办,并同唐在礼就新军应如何组织、何日成立诸事做了通盘筹划。⑤

至宣统二年十二月,清廷和库伦办事大臣虽已在库伦设兵备处,但新军能否练成,确如报界所称令人担忧,即"蒙古地旷人稀,若招蒙兵,言语不通,且皆懒惰成

① 《三多库伦奏稿》,引自中国社会科学院中国边疆史地研究中心主编:《清末蒙古史地资料荟萃》,全国图书馆文献缩微复制中心 1990 年,第 268 页。
② 《三多库伦奏稿》,引自中国社会科学院中国边疆史地研究中心主编:《清末蒙古史地资料荟萃》,全国图书馆文献缩微复制中心 1990 年,第 309 页。
③ 《库伦练兵大臣带营出发》,《申报》,宣统二年十月十八日第一张第三版[109]230。
④ 《库伦通信》,《申报》,宣统三年二月初五日第一张第五版[111]69—70。
⑤ 《三多库伦奏稿》,引自中国社会科学院中国边疆史地研究中心主编:《清末蒙古史地资料荟萃》,全国图书馆文献缩微复制中心 1990 年,第 375—376 页。

性,而汉人旅库者又皆有正业,由此招募,恐一时难达目的"。① 为此库伦兵备处自宣统二年十二月份设立后,至宣统三年三月份并无什么进展。相反因兵备处的设立却给当地治安带来不少问题,如宣统三年三月初七日《申报》在报道时就称:"库伦地面向属平静,去春虽有马匪扰境,然距库尚有一千余里。惟自去冬库伦添设兵备处以来,四外游民均欲应募,纷纷来库,数月之间兵备毫无布置,以致闲散无事之人甚多",劫案时有发生。② 宣统三年三月二十三日,该报又报道称,库伦兵备处拟按清廷军谘处计划,在库伦编练马队一标、机关炮队一营。今春唐在礼又电请清廷让调留学生五人、陆军学生四人前来。库伦兵备处军需军装也已派留德学生张一爵赴德采办,闻已购定机关炮十六门,用去约十三万马克,又购买它项军用品,花费约九万余金。③ 但参之宣统三年五月已丑日三多致清廷电文可知,库伦编练新军一事仍处计划筹备阶段,如三多电文称"库伦新军分期成立,除马队二队在本两盟征募外,其他机关炮营二队,一队招库地客民,一队招绥远旗兵,委员赴绥挑选,请饬绥远城将军遵照办理。"④ 而实际上编练新军直到宣统三年十月间才真正开始。⑤ 尽管如此,库伦练兵一事却闹得沸沸扬扬,报界对此亦频频报道,甚至夸大其词。如1911年7月7日《民立报》报道时就称:"库伦创练新军,本为军谘府所发起,日前廕大臣以蒙古人极强悍且富于忍耐性,与军人资格极为合宜,拟就该处仿征兵办法,招练马队二镇,以资捍卫,闻已商承寿邸转咨三大臣妥拟办法。"又称"库伦练兵事,政府颇为注意,又恐其不能立时编练成队,以资防御,已商由禁卫军借用机关炮若干运往库伦应用,以为移缓就急之道。"⑥ 但实际上库伦练兵成果非常有限,可谓雷声大、雨点小。动辄招摇,带来的消极影响非常恶劣。如宣统三年六月初八日《申报》报道此事时就指出了此点:"库伦开练新军,自军谘府陆军部奏派唐在礼充该处兵备处总办后,其实所定兵额不过马队一标,附机关枪(炮)队一营而已。现驻库三大臣因经费不足,又与军谘府陆军部往复电商多次,减去马队一

---

① 《库伦通信》,《申报》,宣统三年二月初五日第一张第五版[111]69。
② 《库伦通信》,《申报》,宣统三年三月初七日第一张后幅第一版[111]565。
③ 《库伦通信》,《申报》,宣统三年三月二十三日第一张后幅第三版[111]821。
④ 《三多库伦奏稿》,引自中国社会科学院中国边疆史地研究中心主编:《清末蒙古史地资料荟萃》,全国图书馆文献缩微复制中心1990年,第442—443页。
⑤ 《三多库伦奏稿》,引自中国社会科学院中国边疆史地研究中心主编:《清末蒙古史地资料荟萃》,全国图书馆文献缩微复制中心1990年,第368页。
⑥ 《蒙边近讯》,《民立报》,1911年8月25日,第2052页。

队。似此少数新军,岂足以备御边陲而为满蒙之保障耶?"①

藉此可知,此际库伦编练新军成果非常有限。不仅如此,察哈尔、绥远、塔尔巴哈台等处编练新军亦多成表面文章,实为各官员借机营私提供了机会。如察哈尔,光绪三十四年改编巡防马步各队,具体改编办法就是将原设之精壮、精锐等营切实淘汰,去弱留强,就原有兵数酌量改编,合成马队一营,步队二营。但用费较前增加四千两。原经费本从茶税、牲捐支出,改编后不敷之数又拟从蒙盐加价内支出。而改编此项巡防队所需开办费就达十万余两,用来备置营房、服装、器械等;又借口增设衙门卫队,增添四十人,每月需四百余两。② 但直至宣统三年察哈尔新军并未练成。不仅新军未练成,旧设巡防队却大大缩水,导致其"西北要卫、畿辅项背"之功能无存。这可从宣统三年察哈尔都统溥良奏折找到证据:"窃查察哈尔居西北要卫,张家口当内外孔道……循至今日,旧设额兵固不为少,苦于经济困难,致失简练,转形单弱。统计全防,仅有巡防马队一营、步队一营、弁兵七百余名而已,所存枪支大都为旧式毛瑟,不适于用。兵单地要,环顾忧心。"③该都统电商军谘府、陆军部,要求抽练察哈尔八旗兵队,由部协款,遭到陆军部反对,称无闲款可拨,应由地方自行筹办。为此该都统打算自筹款项,从察哈尔八旗兵中挑选精壮,添练马队一千名,不足则从土著中挑用。但清廷统治即将崩溃,该处练军终成画饼。

又如绥远,绥远旧有陆军步队一营、巡防马队一营,其总数虽敷一协,但军械不充,财力告匮,有兵无械,一遇警扰,不足资震慑。为此将军拟就已有新式步枪六百杆、马枪二百杆、过山炮六尊、陆路炮四尊,添练陆军步队一营、马队一队、炮队二队。从旧有营队中挑出五百六十三名组成步队,二百七十名组成马队,一百三十一人组成炮队,实质上仍是"以原兵原饷,略加津贴",改照新章训练,变变花样而已。但此等练军的开办费却高达八九千两,常年经费达二万两。不足之处,借用旧有库存银两。④

再如塔尔巴哈台,旧有练兵一千六百余名,至宣统三年七月额勒浑任参赞大臣时则称,该处"既无利器以适用,又无军衣以壮观,腐败形势,已到极点"。清廷要

---

① 《库伦通信》,《申报》,宣统三年六月初八日第一张第一版[113]39。

② 《察哈尔都统诚勋等奏旗军改编巡防队办理完竣情形折》,《政治官报》,宣统元年四月十七日第 574 号,第 319—321 页。

③ 《察哈尔都统溥良等奏拟请抽练蒙兵兼筹饷项折》,《内阁官报》,宣统三年九月初六日第 65 号,第 251 页。

④ 《绥远城将军堃岫等奏拟就绥远现有新式枪炮添练陆军营队折》,《内阁官报》,宣统三年七月初六日第 6 号,第 233—234 页。

求该大臣认真整顿,改练新军。但该处另行招募,既无饷可筹,又无兵可选,该大臣只能就原有之兵、原有之饷,加以改编。将蒙古之兵加以挑选,其年轻力壮者改为巡防数营,又将各绿营加以裁汰,利用其饷作为巡防之饷,离所谓新军,差之甚远。①

腐败固然是导致清末各蒙边练军未能成功的重要因素,但它不是唯一的原因。客观评价,此际经费严重不足也成为制约各处练兵的致命因素。如热河编练新军一镇,原拟开办经费为二十万两,常年经费为二十八万两;清廷议决经费时,拟开办费二十万、常年费八万由度支部拨给;另外常年费二十万由直隶协拨。但实际上直隶无钱协拨,热河要求度支部补拨。② 但至宣统二年五月间度支部仍未补拨,其理由为:因禁烟,原烟税无着,部支见绌,仍要求直隶设法拨给。③ 但直隶回文却称,该省旧亦为协饷省份,近因他省协饷未拨,该省又认海军经费,无钱可拨。最终导致热河原拟四年内练成新军一镇计划成为泡影。④ 又如阿尔泰,接光绪三十三年清廷命令筹备西北各边务后,奏报该处练兵情况就称,阿尔泰冰天雪地,沙漠无垠,据岑春煊原奏,编练步队不能得力,应添练马队,但"目下募兵为难,款尤拮据"。该处多方努力,至光绪三十三年底才成汉民马队一营,蒙民马队二营。但当募炮队时却遇阻力,即"新疆距阿较近,汉户无多,合格尤少;附近各蒙丁壮,业于开垦,马队悉数挑用,募自远部,仓猝难齐。至哈萨克、缠回,断不宜使入营伍,引虎自卫,后患堪虞。此招兵之难也"。⑤ 尤其是经费更成问题,即"至议增练一标,尤须先有的饷,此款绌之难也"。"拟请饬部欲筹的款,为一二年后练马队一标之用"。⑥

再如库伦,经费也成问题,库伦此前编练的巡防步队应需饷项,是暂由印务处

① 台湾"中央研究院"近代史所档案馆藏:《额勒浑拟具塔城边防办法奉批著该大臣筹办》(宣统三年七月十三日),《北洋政府外交部全宗》,馆藏号:03-32-134-01-007。

② 《热河都统廷杰奏添练新军常年协款无著(着)恳饬部筹拨折》,《政治官报》,宣统元年十月初四日第739号,第99页。

③ 《热河都统诚勋奏热河新军协饷无著(着)就部款先行添练并请饬部续筹的款折》,《政治官报》,宣统二年五月二十一日第955号,第351页。

④ 《热河都统诚勋奏热河新军协饷无著(着)就部款先行添练并请饬部续筹的款折》,《政治官报》,宣统二年五月二十一日第955号,第351页。

⑤ 中国第一历史档案馆藏:《科布多办事大臣锡恒奏为遵旨复陈阿尔泰地方情形及筹拟办法事》(光绪三十三年九月二十日),《宫中朱批奏折》,档号:04-01-01-1085-061,缩微号:04-01-01-165-2492。

⑥ 中国第一历史档案馆藏:《科布多办事大臣锡恒奏为遵旨复陈阿尔泰地方情形及筹拟办法事》(光绪三十三年九月二十日),《宫中朱批奏折》,档号:04-01-01-1085-061,缩微号:04-01-01-165-2492。

外销存款项下挪借的,①其不够之处,又通过敛取捐银等手段加以弥补。为此,宣统二年七月间库伦印务处蒙古六品官员二等台吉布鲁瓦齐尔就捐银千两,作为添练库属巡防步队军械之用。② 同年九月帮办商务委员顾保恒等会同甲首经理荀香等又捐银万两,作为巡防步队工资。③ 仅编练一百零五人的巡防步队即有如此扰攘之举,而要编练一标新军,罗置更多经费,更成问题。至宣统二年库伦拟练新军后,清廷虽答应将库伦金矿金砂归部税收部分拨留库伦编练新军,但此费毕竟有限,不够部分应由清廷再拨,清廷能否办到,当然成大问题。而参之他处练兵,不足之费,清廷多命他省协款,但别省多未兑现,最终清廷只能让练兵当地设法筹办。如库伦练兵经费最终也只能如此解决,那等同画饼充饥。而实际上库伦编练新军三多等在计划经费时也不对清廷抱太大指望,主要仍期望依靠库伦金矿矿税收入进行弥补。即照宣统二年库伦金矿税收达四十八万两良好势头计,宣统三年编练一协之军,问题不大。但宣统三年后,从一月份至七月份,该金矿税收却突然大大缩减,仅有十万余两。三多无法,致电度支部、军谘府,要求拨款求助,遭到拒绝。终因经费无着,库伦本拟编练一协之军未能实现。至宣统三年七月,该处仍处于一兵未练状况。④

这一经费不足严重影响藩部编练新军的现象不仅仅限于内外蒙古等藩部地区,此际整个清廷均为编练新军和军事开支焦头烂额。据清廷度支部宣统三年预算,全国仅军费一项就达八千三百四十九万八千一百一十一两余,占全年总岁出九千九百二十万七千八百五十二两余的百分之九十。但该年全国岁入仅七千七百三十三万八千五百七十两余,军费开支与该年度全国岁入预算相较,不敷银达六百一十六万余两。⑤

库伦为代表蒙边练军,不仅给当地带来了严重的经济负担,而且也滋生出诸多不安因素,甚至引发当地王公部众的反对、外帝的干预,终导致骚乱发生。如库伦

① 中国第一历史档案馆藏:《库伦办事大臣三多绷楚克车林奏为委令直隶候补知县顾保恒兼管新募巡防步队所需官兵薪饷暂由印务处存项挪借事》(宣统二年三月初九日),《军机处录副奏折》,档号:04-01-30-0230-042,缩微号:04-01-30-014-2474;另参阅《三多库伦奏稿》,引自中国社会科学院中国边疆史地研究中心主编:《清末蒙古史地资料荟萃》,全国图书馆文献缩微复制中心1990年,第269页。
② 参阅《三多库伦奏稿》,引自中国社会科学院中国边疆史地研究中心主编:《清末蒙古史地资料荟萃》,全国图书馆文献缩微复制中心1990年,第306页。
③ 参阅《三多库伦奏稿》,引自中国社会科学院中国边疆史地研究中心主编:《清末蒙古史地资料荟萃》,全国图书馆文献缩微复制中心1990年,第308页。
④ 《库伦添练新军之为难》,《申报》,宣统三年七月二十四日第一张第一版[114]273。
⑤ 《度支部宣统三年预算案撮要》,《申报》,宣统二年十二月二十四日第一张第一版[110]369。

等处编练新军就遭到蒙古王公贵族的反对,他们于宣统三年夏间举行丹书克,汇聚库伦,与活佛密议,反对在库伦编练新军,又派杭达多尔济亲王和二达喇嘛执持佛印公文赴俄方"通款",同谋者十三人。① 杭达多尔济亲王等随后赴俄求援。② 七月十八日,各盟旗又会衔给三多呈递印文,反对练兵。十月间,外蒙图车二盟与库伦喇嘛等三处又呈文清廷称:"兵备处无关新政之列,该处枉费巨款,妄生议论,以致骇动人心,并未办出有益事件,若将该处大小官员仍留库伦,与地方颇滋窒碍,蒙众实深疑惧。且库伦地方向有驻防蒙汉兵丁,额设管带束缚,若能将唐在礼以下各员即行调回,并将该处留用金砂税仍留库伦公用,于贫苦蒙众甚为有益。"③外蒙王公等此等立场给俄方提供了口实,俄方驻京公使遂于该年七月初五日、二十四日④先后照会清廷,进行诘责。初五日照会称:中国"近在蒙古办理移民练兵整顿吏治等事,蒙人深滋疑虑,喀尔喀一带王公并库伦喇嘛均屡次专员赴俄外部诉苦"。"俄蒙连界,休戚相关,俄断不能漠视,势必至在交界等处,筹对付方法,深恐蒙民因之骚扰,从此多事"。⑤ 七月二十五日节略又称"奉政府训条称,现库伦大臣以兵力截止呼图克图交通,致蒙古王多半他去;其未去者,系迫于库伦大臣势力不敢声言反对新政,此等举动,将来结果,中政府应独负责任,本政府因鉴于喀尔喀现状,已决意援照前案,在库伦钦署增设卫队"。⑥ 同年七八月间驻京俄使又迭次来文称:中国布置常备军于蒙古,既以破坏边境之均势,且于两国交谊,生极大之恶感。新政既已酌量缓办,编练新军及他军事是否亦在此列?⑦ 公开干预中方练兵。虽

　　① 台湾"中央研究院"近代史所档案馆藏:《三多呈报俄人笼络活佛情形》(宣统三年月日不详),《北洋政府外交部全宗》,《中俄关系系列宣统三年外蒙情形宗》,馆藏号:03-32-134-01-028。
　　② 台湾"中央研究院"近代史所档案馆藏:《亲王杭达多尔济蛊惑活佛力主联俄》(宣统三年七月十四日),《北洋政府外交部全宗》,《中俄关系系列宣统三年外蒙情形宗》,馆藏号:03-32-134-01-005。
　　③ 台湾"中央研究院"近代史所档案馆藏:《库伦办事大臣三多等电告请裁撤兵备处调回官员并请另简贤能以维边局》(宣统三年十月初四日),《北洋政府外交部全宗》,《中俄关系系列宣统三年外蒙情形宗》,馆藏号:03-32-134-01-036。
　　④ 台湾"中央研究院"近代史所档案馆藏:《外务部抄送库伦练兵与俄使往来节略》(宣统三年八月二十二日),《北洋政府外交部全宗》,《中俄关系系列宣统三年外蒙情形宗》,馆藏号:03-32-134-01-032。
　　⑤ 台湾"中央研究院"近代史所档案馆藏:《北洋政府外交部全宗》,《中俄关系系列宣统三年外蒙情形宗》,宣统三年七月十一日电,馆藏号:03-32-134-01-001。
　　⑥ 台湾"中央研究院"近代史所档案馆藏:《外务部驳复俄使节略希注意蒙情随时电部》(宣统三年七月二十五日),《北洋政府外交部全宗》,《中俄关系系列宣统三年外蒙情形宗》,馆藏号:03-32-134-01-021。
　　⑦ 台湾"中央研究院"近代史所档案馆藏:《关于外蒙练兵行政与俄使交涉情形》(宣统三年十月),《北洋政府外交部全宗》,《中俄关系系列宣统三年外蒙情形宗》,馆藏号:03-32-134-01-038。

然清廷外务部多次回复驻京俄使,强调中国蒙古新政在于振兴商务实业、保存治安,乃属内政,仍愿与俄解释,而俄方在库伦增置卫队,无前案可稽,又不利安定人心。但在蒙部王公和俄方一内一外夹击下,清廷及库伦办事大臣三多终不得不屈从形势,放弃编练新军。为此,三多于宣统三年十月初四日电告清廷外务部时就称:"多等上年议练新军,曾宣布宗旨,蒙人均无异言。忽至今秋,顿生障碍,时事所迫。练兵一事,只能暂作缄图。"几乎同时,库伦兵备处总办唐在礼又告知三多,已奉袁宫保电招回京,拟于十月初五日酌带官弁兵丁离开库伦,所留一缺让蒲鑑代理。三多又告知清廷,蒲鑑业已出差,请另派员代理处务;"钧府"此前"派来各员"虽"颇多可造",但因库伦"无用武地",要求他们一同离去。并称"现在时移世易,应先注重外交,拟即将兵备处裁撤,以释群疑"。[①]清廷无法,只得允许撤去兵备处。库伦练兵最终以失败告终。

(4)设行省

清承明制、参汉酌金,中原内地仍沿袭传统十八行省建制,而蒙古、西藏等沿边地区却被纳为藩部,由清政权专门设立的中央机构理藩院(清末改为理藩部)实行管理。原初本意乃不过因俗而治、不易其宜,但至晚清却因危机四伏,各藩部已如厝火积薪、千钧一发。内部部众生计艰难、债台高筑、生存不易、战斗力大为下降,几无力自保,更难做清廷"藩篱";外部沙俄等又大肆染指,施行渗透、侵略、教唆之能事,导致以蒙古为代表的各藩部渐有远离清廷之势。为避免清廷传统藩部地区遭受俄英日等殖民势力之吞并,至清末十余年,清廷和时人起而应对,拟将蒙古等传统藩部改设为行省,由清中央政权施行直接管理,以固边圉、抗外辱。清廷采纳时人建议,并较为务实地采取"先实后名"的办法,试图将蒙古等传统藩部地区变为近代主权国家下的地方行政区域。

至清末最后十年,随着各项新政的推行,尤其是预备立宪等活动的推进,时人及清廷的危机感增强,变藩部为行省几成为清末官绅学界的共识,亦成为负责管理蒙藏各地主管官员推行新政的终极目标。

A.清廷改设行省之活动

早在光绪二十八年有报道称,清廷拟奏定外蒙古官制,设外蒙古总督驻库伦,兼管一切军务;总督之下设政务、军务、参谋各一,于蒙古各要隘设置提督及厅州县

<hr/>

① 台湾"中央研究院"近代史所档案馆藏:《库伦办事大臣三多等电外务部请裁撤兵备处调回官员并请另简贤能以维边局》(宣统三年十月初四日),《北洋政府外交部全宗》,《中俄关系系列宣统三年外蒙情形宗》,馆藏号:03-32-134-01-036。

各官,招练警卫队,驻屯队,防备队各军。① 光绪二十九年清廷又特降谕旨,向管理内外蒙古各处将军大臣咨询改藩部为行省的可能性。但初期多处多不赞同。如乌里雅苏台将军连顺回复称:"蒙古部落,碍难改设行省";②库伦办事大臣丰升阿亦称,"外蒙地方与内地边疆情形不同,一例办理,多有窒碍难行之处";"蒙人安于游牧更不识耕获为何事,如此而欲设官垦荒,无民可治,无地可久"。③ "合无仰恳天恩,于外蒙地方暂缓改设行省、增设民官,更未便急于推广垦务。"④科布多参赞大臣瑞洵亦称:"北路蒙古游牧地方,改设行省有害无利:一曰隔阂,二曰蛊扰,三曰疑惧,四曰苦累",应毋庸议。⑤ 光绪三十四年三月间甘肃、新疆巡抚联魁奏复清廷时更称:"原奏请将热河、察哈尔、绥远城、乌里雅苏台、库伦、科布多、阿尔泰、西宁、西藏均改设巡抚,巡抚下改设左右参赞、旗务、民政司,所莅地方概设州县一节,查西北各边,考之于古,验之于今,惟归化城至海溜徒河以北千余里,宜稼穑,饶水草……外此惟阿尔泰山泉脉河渠地尚沃美。若乌里雅苏台、库伦、科布多及前后藏,不但与绥远城、新疆南北路不同,而与热河等处,内蒙亦大相悬殊。蒙番以游牧弋猎为生,迁徙无常,无钱粮厘税可征,无民事刑事可理,欲设民政司刑府县各官于风沙冰雪不毛之域,无民可治,徒多劳费,恐贻后悔。""况内蒙辖地虽在荒服""其所以能得捍卫之力者,以彼各盟旗联络一气,故能同心协力,保障边陲耳。今若划分行省,形势已不免隔阂。""原奏区划疆域一节,均各就附近之地划分,如果大议建置,自不能不概事纷更。但就北边而论,只有库伦一处商民聚集甚盛……余则多不能聚落。如外蒙、乌里雅苏台、阿尔泰山所属之乌梁海,虽开有可耕之地,皆零畸穷远,亦难遽设州县。"⑥即此可见,庚子拳乱后当内蒙与东北各蒙旗地区虽已先后实现由传统藩部渐变为行省辖下地方行政地区,而库伦等外蒙古地区却因远处边陲、户口不足、移民不易,建设行省之议,遭到各处主管官员的反对。他们仍想维持传统藩部角色,等到机会成熟后再

---

　　① 《奏定蒙古官制》,《新民丛报》,1902 年第 18 期,第 122 页。

　　② 《清德宗实录》,中华书局 1987 年,卷 514,光绪二十九年四月丁未条。

　　③ 中国第一历史档案馆藏:《奏为办理外蒙地方政治暂难与内地及他处边疆相同事》(光绪二十九年五月十七日),《宫中朱批奏折》,档号:04-01-30-0109-009。

　　④ 《清德宗实录》,卷 517,光绪二十九年闰五月乙酉条,中华书局 1987 年。

　　⑤ 《清德宗实录》,卷 518,光绪二十九年六月庚辰条,中华书局 1987 年。

　　⑥ 中国第一历史档案馆藏:《甘肃新疆巡抚联魁奏为遵旨□议岑春煊奏统筹西北全局酌拟变通办法及拟预备立宪各折□复陈事》(光绪三十四年三月十七日),《宫中朱批奏折》,档号:04-01-01-1091-031,缩微号:04-01-01-167-020。

改建行省。

在各处官员的反对下,清廷也不得不从现实出发,对各边部改设行省之可能进行衡量,认为马上将各藩部改设为行省的条件还不具备,应先从移民实边、添设官缺入手。如会议政务处在复议岑氏、左氏等速建行省之议时就称:"建置行省,必先度州县之多寡,财力之盈虚。晋边归绥道属原有新设各厅,仅十一处,热河所属承德、朝阳二府仅有厅州县八处,察哈尔都统附近仅有张独多三厅。光绪二十九年都统奎顺奏请分设厅治,迄未举办。西盟垦务初兴,应收渠租尚无的数,热河整顿新增各款,亦属有限;察哈尔地方尤为瘠苦。从前新疆巡抚刘锦棠于新疆议改郡县之始,尚谓州县过少,不能自成一省,今绥远城、热河、察哈尔附近厅县过少,款项过绌。臣等公同商酌,建置行省,尚非一时所能猝办。"政务处要求各处努力准备建制行省的必要条件,即"经营边备,实难视为缓图",各将军大臣都统等应认真体察各该处"现在情形,通盘筹划,或先于要害处所添设地方各官,责令调和蒙汉,绥靖地方,并请嗣后该将军都统等缺,不分满汉,慎选边才,徐图布置。将来归化就绪,应如何改建之处,再行奏明办理"。①

但日俄战争后西北边陲危机剧增,再次促使清廷及时人做出反应,他们不得不再去讨论沿边改制、建立行省问题。同时,清末新政亦于光绪三十三年拉开序幕,以立宪为核心的政治体制改革亦包含变更旧体制、重塑近代主权国家等重要内容。而如何改传统藩部为近代主权国家下的边疆行政区域,更成为其中不可缺少的内容。为此宪政编查馆九年预备立宪清单所定各年度事宜亦包括蒙古、西藏等藩部地区,它们自光绪三十四年起至宣统二年止应完成设立谘议局、地方自治、统计人户总数、岁入岁出总数、编制预算决算、设立审判厅、建简易识字学塾、筹办巡警等任务。② 以上计划不仅是将来在各藩部实行立宪新政的重要前提,亦属改藩部为行省不可缺少的必备条件。清廷政务处议复后,又饬各督抚将军都统体察情形,奏明办理。

宣统二年四月《申报》又报道了清廷拟在蒙藏各要地添设官缺事:政府近议东三省边要各处添设官缺,业已著有成效,亟宜推行蒙藏各处,以立改建行省之基础。兹闻拟即电催绥远、西宁、伊犁三处将军及四川总督、驻藏大臣等,依照前颁东三省

① 中国第一历史档案馆藏:《政务处大臣奕劻等奏为遵旨议奏兵科给事中左绍佐奏拟设西北行省以固边防事》(光绪三十二年正月二十七日),《军机处录副奏折》,档号:03-5618-028,缩微号:423-2538。

② 故宫博物院明清档案部编:《清末筹备预备立宪史料》,中华书局1979年,第一册,第61页。

民官章程,在绥伊青海及川藏交接各紧要处所,实行设治。如果有窒碍之处,可按原章酌量变通。① 宣统三年三月该报又进一步报道了理藩部尚书寿耆拟改藩部为行省事,即寿耆在会议政务处上对清廷传统藩部政策进行批判:"中国对于蒙藏,徒以宗教不同、习惯不同而屏之为外藩,视之为瓯越。虽监督以官吏,镇抚以大臣,而内政、财政仍操之王公台吉达赖各酋长,则是酋长俨然有自主之权。有自主之权则对于政府有可以服从、可以分离之势力。有此势力则后患堪尤。"为此他建议仍从前议,将这些地方设为行省。② 至宣统三年七月该报又称,清廷正筹议将蒙古改为行省,设立一督两巡,即旧有将军改为总督,旧有都统处改为行省。③

B.各蒙古地方改设行省之尝试

除清廷着手改藩部为行省之尝试外,此际各地方、各要员亦开始尝试变藩部为行省,并先从移民、设官、建署开始。

首先是内蒙古、东北等地区。随着各处牧地放垦规模的扩大、垦种民人的增多,对这些新垦种的藩部地区设立新的地方行政机构已成为必然趋势。为此光绪二十九年八月间察哈尔都统奎顺就奏,由于察哈尔左翼垦地日广,请将未设的张家口、独石口两厅移驻于口外适中之地,以便治理。④ 至光绪三十年十二月口外已设立张、独、多、丰、宁、兴、陶七厅。⑤ 奉天所属科尔沁札萨克图王旗大面积荒地被放垦,其右翼因招民垦荒由原来的一千二百六十余户增加到数千户,⑥遂于光绪二十八年增设辽源州于苏家屯。⑦ 光绪三十年又于洮尔河南北设洮南府,下设靖安、开通二县,以便治理。⑧ 光绪三十一年又在右翼后镇国公旗置丰泉等县。⑨ 同年盛京将军赵尔巽又奏札萨克镇国公旗荒地被丈荒,民荒垦户聚成村落,拟于适中地段建为县治,名曰安广县,归洮南府管辖。⑩ 黑龙江扎赉特旗放垦后,于光绪三十一年置大赉厅;⑪光绪三十二年郭尔罗斯后旗、杜尔伯特两旗等处荒地因已放垦,黑

---

① 《蒙藏要地亦将添设官缺》,《申报》,宣统二年四月二十七日第一张第三版[106]550—551。
② 《蒙藏改设行省之议复活》,《申报》,宣统三年三月是七日第一张第五版[111]723。
③ 《蒙古改省近闻》,《申报》,宣统三年七月二十日第一张第三版[114]196。
④ 《清德宗实录》,卷520,光绪二十九年八月丁丑条,中华书局1987年。
⑤ 《清德宗实录》,卷540,光绪三十年十二月己巳条,中华书局1987年。
⑥ 赵尔巽撰:《清史稿》,中华书局1977年,第14325—14326页。
⑦ 赵尔巽撰:《清史稿》,中华书局1977年,第14325页。
⑧ 《清德宗实录》,卷536,光绪三十年十月乙巳条,中华书局1987年。
⑨ 赵尔巽撰:《清史稿》,中华书局1977年,第14327页。
⑩ 《清德宗实录》,卷548,光绪三十一年八月甲子条,中华书局1987年。
⑪ 赵尔巽撰:《清史稿》,中华书局1977年,第14327—14328页。

龙江地方官员请求添设厅县正佐各官,进行管理。① 不久后喜峰口外的杜尔伯特部置安达厅,归黑龙江管理。② 至光绪三十三年初,东北各设行省时机已经成熟,总督徐世昌遵议东三省官制,拟各建行省公署,下设七司,其中关涉传统藩部蒙古改革的为蒙务司,以司使领之。至此,东北分设行省之策终于确定。③

早在 1905 年上海的《大陆》报就报道绥远城将军贻谷筹建蒙古为行省事,报称贻谷"近有奏折,略谓现在蒙旗各地垦务已著成效。蒙地辽阔,年来户口蕃庶内□□居多迁入,……在昔年荒落之地,今已日见繁兴。况近日外人觊觎,居留该地者颇多,若不及早□□□军镇,恐难控制。拟请改设行省,以库伦为省会,添设巡抚、藩皋各一缺,(共)原设都统副都统,仍请酌留,专理旗务。至左右两翼,即各旗地方,酌设四府二厅,管理地方财政缉捕等事,以固边疆而维大局等语。已奉批交政务处妥议具奏矣。"④此处所指为库伦,随后该将军又筹拟了绥远建省办法,具体如下:一、变通官制,以绥远城将军改名巡抚,兼行将军事,合一事权。巡抚之下暂可不设布政提学两司,于巡抚公署内分曹治事,以科代司,将原设地方各项局所酌量裁并去留。如虑科务繁重、不可无监督指挥,例以归化副都统改为参赞,总理各科事务,秉承军抚办理。不另设厅,以免牵掣。分科名目应照官制新章,分别设立交涉科、吏科、民政科、度支科、礼科、学科、军政科、法科、农工商科、邮传科、旗务科、蒙务科。旗务科管理绥远土默特原有各司所上及应行各司之事,蒙务科管理所属盟旗之事。二、区划疆域。三、推广垦务。四、振兴武备。五、整理边治。六、计划经费。贻谷称,"绥远本处岁入款项约四十万两,以之抵设治经费,在常年可及十之四五。"开办经费,需费较多,须由部添拨银五六十万两,"始敷开办之用。"常年经费,除地方自有之款外,每年应"由部拨银三四十万两"。⑤

宣统二年二月间,热河都统诚勋又向清廷上奏,要求改热河为行省。首先他认为热河气象凋敝、旗民坐困是因为"权限不明,名实不正之故":"考热河旧制,析封建为郡县,由旗缺改汉官,事则满汉交乘,地则民蒙杂处;都统一官,以军府之制兼

① 《清德宗实录》,卷554,光绪三十二年正月丙子条,中华书局1987年。
② 赵尔巽撰:《清史稿》,中华书局1977年,第14410页。
③ 哈笑:《筹边刍议》,《东方杂志》,"社说",四卷第三期,光绪三十三年三月二十五日,第35页。
④ 《议建行省于库伦》,《大陆》(上海),1905年第3卷第1期,第5页。
⑤ 中国第一历史档案馆藏:《绥远城将军贻谷呈筹拟绥远建省大概办法清单》(光绪三十三年八月初六日)、《军机处录副奏折》,档号:03-5488-031,缩微号:414-3432。

行省之规,与直隶督臣分疆握治权;设治之初,事简官少,不能无所隶以为名。洎乎近世,拓地愈广,设治日增,朝廷凡有所设施,莫不与直省相等量,地方之事多,旗务之事简,隐成一兼辖之局,而具独立之规。然终以名实不符,遂觉情形之特异,亦且以事权不晰,益形办事之为难……地方行政,不能析民蒙为两歧,既受成于都统矣,乃有时民事又直接于直隶,有时蒙事且直接于部臣;自治之规同于内地,而谘议一局,遥制于天津;盟旗新政责成州县,而调查事项仍听命于札萨克……地虽放垦而受厘者少,矿章虽布而禀勘者稀,观望之因,由于牵制敷衍之习,流于因循。"不仅如此,"蒙人宗教素信喇嘛,今之藏众或潜结外人,蒙志亦稍携矣",各蒙旗渐有厝火积薪之势,"其狡而悍者,张胆为匪,抗敌官军,而各国之使,托名游历……一旦有事,不必其外衅也,即一二跳梁……已足为肘腋患"。诚勋认为,整顿入手之策,"改军府之制,正行省之名":"请以承德府为省会,设巡抚一员,管都统事,如东省例,仍兼辖于直隶,增首县一缺,以助道府。朝阜一带,酌添数县,以镇盗贼,拨旧有之围场厅还隶焉,以便民。边墙以外如口北之三厅,酌量划拨,以联络一气,设劝业道一员,或兼兵备,驻赤峰或多伦,提倡实业,以保蒙人利权。省城各官暂弗求备,以热河道兼提法使衔,治事如常,审判成立,撤理刑司,以符法制,仿内地例,设警务、学务等处,以代新官制。"但清廷批复却为"所请著毋庸议"。① 尽管清廷没有同意诚勋建议,立即改热河为行省,但此后热河所有新政均是遵照行省规模进行的,如宣统二年四月份,热河奏报清廷设立宪政筹备处,以热河道为总办,分设度支、民政、学务、司法四科,分任一切应办事宜,实则按照行省规制筹备。② 又如廷杰任热河都统时也要求热河司法改革应按照各行省规模,设立高等审判检查厅和地方初级审判各厅;又如地方自治,该处自宣统二年后就开始划分区域,承德、朝阳两府并赤峰直隶州,即平泉、乐平、建昌、绥东、丰宁等州县先后成立了议董两会,建平、阜新两县亦分设自治会、自治公所,并于宣统三年一律开办。③ 至宣统三年新都统溥颋在筹备热河宪政事务时,亦从将来设省出发,筹备一切。如该处向清廷奏报筹备城镇乡自治及厅州县自治、调查人口总数、预算岁出入总数、筹备各级审判厅等问题时就称"以上各节均应由臣溥颋参酌成案,量度缓急,接续筹办,庶组成

① 中国第一历史档案馆藏:《奏为考察边疆政治建设热河行省敬呈管见事》(宣统二年二月三十日),《宫中朱批奏折》,档号:04-01-01-1106-026,缩微号:04-01-01-170-0284。
② 《热河都统诚勋奏遵设宪政筹备处并恭悬上谕折》,《政治官报》,宣统二年四月十九日第924号,第337页。
③ 中国第一历史档案馆藏:《奏为胪陈热河第五届筹备宪政成绩事》(宣统三年三月十六日),《宫中朱批奏折》,档号:04-01-01-1111-011,缩微号:04-01-01-171-0088。

完全行政之机关,而为他日改设行省之基础"。①

其次,外蒙古各地区。与之对应,外蒙古的阿尔泰地区也试图筹建行省郡县,因受自身条件制约,亦只能采取"舍名取实"政策,即先从移民实边、建官设署开始。如光绪三十三年九月科布多参赞大臣锡恒在复阿尔泰地方情形及筹拟办法事折中就持此主张:"拟于凡有实业可兴之处,酌派委员设局经理,俟将来地利渐辟、户口渐增、蒙智渐开、物产渐旺,再设郡县。"②阿尔泰拟设局处六所,一切政治分隶经理。鉴于经费不足,该处暂缓改设司使与分科分股,等将来建省时再添设。同时该处暂不设理刑专员,也不准备马上设立郡县,为何如此,因为锡恒仍坚持蒙边改制应先从移民实边、设官建署开始,力图循名责实,绝不可有名无实,即"治阿之道,宜先将开垦、练兵、兴学、化俗、招商惠工,振蒙辑哈诸大端竭力经营,迨夫工贾集而市厘成,农民聚而阡陌辟,然后分设郡县,举行巡警等政,循序设施,收效乃易"。"伊塔等处"虽"已设厅县,然疆界被侵,利权日移,曾有所闻,可为龟鉴,故奴才以为求治当实图进步,不宜徒务虚名"。③ 他赞成改大臣为巡抚加部衔做法,但不赞同添设参赞和遽设道厅做法;他拟在该处设候选道府三四员、州县五六员,以为将来建省设官地步。同期阿尔泰建治工作也在尝试进行,鉴于阿尔泰,旧属"一片荒凉,四民鲜至,内集犷哈,外逼强邻,论平昔经营,尚恐蹈百密一疏之弊,故定方建治,尤贵□据险扼要之图"。为此锡恒任大臣时曾于光绪三十一年冬间奏请清廷,拟在哈喇通古建置堡署,得清廷允许。至宣统三年继任大臣忠瑞于该年五月间又奏请将设治处所改为承化寺,以应对招工不易、工役不支、物料艰难、米粮难运之弊。该大臣拟就原来驻所,略为式廓,加以改建,成为治所。④ 阿尔泰此等设官建署行为虽至清廷最终灭亡前,未能真正施行,但已开始变传统藩部为行省郡县的尝试。

此际库伦等外蒙古变藩部为行省做法与阿尔泰相似,亦先从移民实边、设官建

① 中国第一历史档案馆藏:《奏为会奏热河宪政筹备情形事》(宣统三年五月初一日),《宫中朱批奏折》,档号:04-01-01-1111-008,缩微号:04-01-01-171-0049。

② 中国第一历史档案馆藏:《科布多办事大臣锡恒奏为遵旨复陈阿尔泰地方情形及筹拟办法事》(光绪三十三年九月二十日),《宫中朱批奏折》,档号:04-01-01-1085-061,缩微号:04-01-01-165-2492。

③ 中国第一历史档案馆藏:《科布多办事大臣锡恒奏为遵旨复陈阿尔泰地方情形及筹拟办法事》(光绪三十三年九月二十日),《宫中朱批奏折》,档号:04-01-01-1085-061,缩微号:04-01-01-165-2492。

④ 中国第一历史档案馆藏:《科布多办事大臣忠瑞奏为阿尔泰原勘建治地方未尽妥协陈明改移事》(宣统三年五月二十二日),《军机处录副奏折》,档号:03-7492-051,缩微号:557-0263。

署开始。如宣统三年,三多出示了允许内地汉民携眷赴库伦等外蒙古地方定居告示,告示称:"照得内地商民,前赴库恰贸易,不准携带家眷,虽非载在例章,而相沿已久,竟成习惯……时去时来,商务益形凋敝。况库恰虽属外蒙,而近日举办宪政,尤须于地方宪政一事竭力组织。本署大臣查阅地方自治章程,凡居民之有应选资格者,须居住本地接续在三年以上。倘该商民等行踪无定,则地方自治终无成立之一日。年来蒙旗户口日渐凋零,更须筹移民实边之策,以免人稀地广之尤(忧)。我朝廷与时变通,业已将成例所载禁止出边开垦、禁止聘取蒙古妇女、禁止蒙古行用汉文各条,由理藩部奏明删除……嗣后凡内地商民,准携眷前来,毋庸再事拘牵。该蒙古官兵人等,须知地方空虚,苟使内地商民携眷久住,便可变为土著,于该蒙众等实有相助之益。万不准执持成见,藉端阻挠,庶几近悦远来,不但昭天下之一家之盛。而自治之基础、边地之富庶,亦可拭目以俟矣。"①至宣统三年三月间,库伦办事大臣三多又拟在库伦组织承宣、评议两厅,奏请清廷调员襄办要政。清廷允准,特派法部曾韫转饬任承沆、包发鸾,由驿驰赴库伦,让三多差遣委事。②

　　晚清以降,内外危机丛生,蒙古等传统藩部承受着多重压力。危机的到来迫使清廷起而应对,企图通过放垦蒙地、移民实边、变传统藩部为行省,以固边围、抗外辱、弥内隙。但如此变革却直接影响到藩部王公贵族的传统利益与特权,而清廷管理无能、主管官员操之过切、苛征暴敛、贪赃腐败等弊端又直接加重了各藩部负担,进一步恶化了各藩部生存环境,终导致他们起而反抗,要求恢复到旧有状况。但清廷在内部要求加速立宪、外部侵渗边陲蒙藏不保的双重压力下,实难顾及各藩部王公领主的感受,变藩部为行省等新政仍被加速推行,随之而来的是各藩部反抗亦不时爆发,沙俄等殖民势力之干预也日渐增强。如俄方《中外日报》关注清廷变蒙古体制时就称:"清国军机所之立法委员会改蒙古行政法,变其施于清国各省行政组织,计划而成。……行政法改革之后,全化为清国之一省……彼等甘为改革乎?……俄国与蒙古人无忠直之交际,于该地方及今至数百年之久,认为自己之利害范围,决非不当。"③尤其当革命党人在全国范围内发起推翻清廷统治的革命运动后,内地不少省份先后宣布脱离清廷而独立,要求重建民族共和新中国,蒙藏等各藩部亦因之震动。虽多数藩部亦能顺应历史演进大趋势、赞同五族共和共律新

---

① 《库伦大臣招徕记》,《民立报》,1911 年 6 月 20 日第七册第 1596 页。
② 中国第一历史档案馆藏:《奉旨库伦组织承宣评议厅著调任承沆等差委事》(宣统三年三月初十日),《电寄谕旨档》,档号 1-01-13-003-0102,缩微号:003-0799。
③ 《蒙古野心》,《选报》,"国际编",1902 年第 38 期,第 25 页。

中国的设想,但亦有部分藩部在外来势力支配下宣布自主,脱离中国而独立。清廷统治最终被革命风暴摧毁,终导致其变藩部为行省计划未能彻底实现。所幸之事为革命鼎革之际各藩部大体上成功完成由传统藩部向五族共和下的边疆行政区域之转型,并为此后边部改省提供了经验和积累;不幸之事乃外蒙等却趁此机会,在沙俄等外力唆使支配下,宣布脱离中国而独立。

纵观晚清近70年,光绪前清廷虽仍坚守传统治藩政策,消极应对藩部内部和外来的诸多变故,但至光绪后实已开始变更旧制、制定新章、推行藩部新政。其间虽不乏弊端,但功不可没,因为清廷大体上把握住时代脉搏,顺应了中国由传统帝制向近代主权国家的过渡。与之对应,其变藩部为行省等新政也顺应了这一趋势,终成功保证了绝大多数蒙藏盟旗等传统藩部向近代主权国家下的边疆政区的转变,并为民国乃至解放后边疆省份的设置提供了宝贵经验。

(二)光宣时期西藏危机与清廷强化西藏治理之努力

1. 外部危机增强与清廷应对方略的渐变

光绪二十一年后,西藏局势又生巨变,在内外压力下,掌办商上事务的第穆呼图克图称病辞职,所有政教事务均归达赖喇嘛一人掌管。如此变局实已改变了清代中前期尤其是康乾盛世以来的藏内僧俗二权分治的治藏格局,自此达赖喇嘛独掌藏内僧俗事务,形成了一人专权局面,它标志着藏内僧俗分治事务的二元格局至此结束。驻藏大臣作为清廷代表,原则上虽享有督促指导权力,但这一权力也开始遭到抵制。为此,光绪二十一年奎焕希望清廷简派大员带营赴藏进行镇慑。但清廷拒绝这一要求,称:"简派大员带营来藏镇慑一节,断不可行,藏番不知大体,若遽慑以兵威,转恐大众惊疑阻挠更甚,殊非朝廷绥辑岩疆之意。"①

光绪二十二年正月,刚刚掌管全藏事务的达赖喇嘛就带头反对会勘藏哲边界,其理由为前任驻藏大臣升泰给藏众所看奏折称中英分界地址与乾隆五十九年鄂博相同,但新订条约却以分水岭一带山顶为界,两相歧义,为此坚决反对,要求以旧有鄂博为界。奎焕建议商上派人查明新约定界与旧有鄂博有何不同,然后再请旨办理,但达赖喇嘛等拒不接受这一建议。驻藏大臣又向清廷建议由汉官直接与英方勘界,然后再与商上周旋,但清廷也不同意,坚持让驻藏大臣设法开导藏众,并查明

---

① 中国第一历史档案馆藏:《谕军机大臣第穆呼图克图准辞退,政教即归达赖喇嘛掌管,著奎焕传谕切实开导三大寺僧众,仍遵前旨照约办理》,光绪二十一年八月二十九日,《军机处上谕档》。

藏官为何有恃无恐,是否有引外人为奥援之处。①

光绪二十四年五月,新任驻藏大臣文海正式通知亚东关税务司好博逊,称中方已派李毓森带同藏官前往勘界。② 随后中方查界官员李毓森也致函好博逊,他将先率领藏官自行查勘,再与英方会勘边界。③ 中方官员与藏官勘查结果如何,档案中未有记录,但据相关史料推断,条约所订界线肯定与旧有鄂博不同,这一不同当然并不一定等同英属印度多占了藏内领土,但至少在具体位置上有所差别。正是如此,所以驻藏大臣文海于光绪二十四年十月照会英属印度执政大臣额尔钦时,仍建议照旧有鄂博划界;作为交换条件,中方可以将通商口岸由亚东移到仁进冈,但必须先划界,后改关,并称照旧有鄂博划界,中方并未侵占英属哲孟雄境。

光绪二十五年初,驻藏大臣文海与英方划界官员惠德就划界、改关一事基本达成一致意见,即划界仍以藏人所指旧有鄂博为界,通商则改为仁进冈。但驻印总督额尔钦的去职和查松的接替却又打断了双方协议,查松要求英属印度商民得至帕克哩贸易,文海认为藏人不会同意。④

光绪二十六年六月,清廷内外政局又为一变,在义和团运动冲击下,清廷与西方各国又起冲突,导致八国联军侵华,京师失守,皇帝和西太后出逃。此际,清廷为抵制洋人又让理藩院向达赖喇嘛传旨,要求他"保守藏卫,严密防维。如敌人有意开衅,即著相机应敌,饷项枪弹等,亦著自行筹备"。⑤ 当驻藏大臣裕钢将清廷旨意传给达赖后,达赖回复称:"至筹备之策,西藏先曾雇募工匠,在藏河南岸制造枪炮,业已数年,原为预防英国有事起见。惟藏地瘠苦,人不知兵,万一驱临大敌,深恐力弱难支,应如何邀恳大皇帝恩施,饬令川省助兵之处,应俟外洋真有构衅之举,筹出妥善办法,再行详咨,恳请代奏。"⑥

八国联军侵华之际西藏方面在清廷影响下在藏界沿线布置兵力,防范英人入

① 《清德宗实录》,卷387,光绪二十二年三月初五日,中华书局1987年。
② 中国第二历史档案馆藏:《海关档案》,转引自《元以来西藏地方与中央政府关系档案史料汇编》,第1364页。
③ 中国第二历史档案馆藏:《海关档案》,转引自《元以来西藏地方与中央政府关系档案史料汇编》,第1365页。
④ 中国第二历史档案馆藏:《海关档案》,转引自《元以来西藏地方与中央政府关系档案史料汇编》,第1367—1368页。
⑤ 中国第一历史档案馆藏:《军机处上谕档》,《字寄庆善等八国联军入侵传谕达赖喇嘛保守卫藏,严密防维》,光绪二十六年六月十六日。
⑥ 中国第一历史档案馆藏:《裕钢奏宣谕示达赖喇嘛防备英人入侵上谕情形折》,光绪二十七年二月二十八日,《军机处录副奏折》。

侵。英方怀疑西藏亲俄,并谣传中俄已签订密约,且将西藏置于俄人控制之下。虽然清廷断然否定此事,但英属印度却悍然向西藏发起入侵。① 光绪二十八年五月十九日,靖西关同知罗香豫奏报清廷称,接亚东税务司巴尔信函,英方惠德已带兵至藏界甲冈(即干坝,纳金)等处,欲将守界藏兵驱逐,夺攻边界。直到该年八月二十五日,清廷才得知这一报告,作出指示。② 同年五月二十七日亚东关税务司巴尔又致函驻藏大臣裕钢等称,英方因此前条约藏人不能遵守,清廷又置之不问,因此不再以清廷为谈判对象,将直接带兵入藏与西藏地方进行谈判。③ 接巴尔此函后,裕钢亦无所作为,他没有亲赴边界阻止英军入藏,而是派委员赴边阻止。他在上奏时奏报了英军已至藏边,将纳金隘卡撤除,插帐为营,即将入界交战,同时又抱怨近年来达赖喇嘛日益骄傲、驻藏大臣无权,仍寄期望于清廷的外交交涉。④

光绪二十九年闰五月十三日,惠德不听中方委员劝阻,带兵来到干坝,稍后二十四日荣赫鹏亦至干坝。⑤ 光绪二十九年十月二十三日英方正式带兵进关,中方官员劝令他们住在亚东,以便商议交涉事宜,但英方却住进仁进冈。在此紧急情况下清廷电谕裕钢迅速到边界与英人交涉,并开导达赖,但裕钢除了批评达赖喇嘛刚愎自用、夜郎自大、不听驻藏大臣规劝外,无所作为。⑥ 他没有听从清廷命令立即赴边,而是尽量拖延,让下任有泰处理这些难题。⑦ 清廷方面对裕钢的拖延、不赴边无可奈何,只能交部议处;另一方面又令有泰迅速赴藏。这一事实清楚反映出清末清廷在驻藏大臣换届过程中政策的失败。当前任知道即将卸任后,消极对待藏内一切政务,将所有难题推给后任。

此际藏局极为混乱,有泰虽奉命进藏担任驻藏大臣,但亦消极对待这一任职。如此环境导致清廷驻藏官员多消极对待西藏事务,甚至提出放弃西藏的荒唐建议。⑧

---

① [瑞士]米歇尔·泰勒著,耿升译:《发现西藏》,中国藏学出版社2005年,第18页。

② 中国第一历史档案馆藏:《外务部档》,《裕钢等奏英员带兵到边意将守军驱逐折》,光绪二十八年五月十九日。

③ 中国第二历史档案馆藏:《海关档案》,转引自《元以来西藏地方与中央政府关系档案史料汇编》,第1390—1391页。

④ 吴丰培编:《清季筹藏奏牍》,国立北平研究院史学研究会发行,1938年,第一辑,《安成奏牍》,第13—14页。

⑤ 中国第一历史档案馆藏:《裕钢奏英人带兵越界至干坝汛地,藏人怀疑不肯会议折》,光绪二十九年六月十二日,《军机处录副奏折》。

⑥ 王彦威、王亮编:《清季外交史料》,南京古籍书店1987年,卷179,第1页。

⑦ 王彦威、王亮编:《清季外交史料》,南京古籍书店1987年,卷182,第6—7页。

⑧ 中国第一历史档案馆藏:《奏为西藏祸机已稔巨衅将开再筹变计以去后患事》,光绪二十九年十一月十五日,档号:03-6038-056,《军机处录副奏折》。

光绪三十年正月至二月,亚东关税务司巴尔又多次致函新任驻藏大臣有泰,要求他迅速赴亚东与荣赫鹏会晤,但有泰并没有给对方复信。为此在英属印度方面催促下,外务部专门致电有泰询问其为何仍未至边与英员交涉。有泰至光绪三十年二月二十四日才给外务部回电,称其仍在藏内开导藏众和达赖喇嘛,但他们并不领情,且处处怀疑汉官。为此,有泰荒谬地向清廷提出建议,声称此事只能缓图办理。另外,当有泰从达赖喇嘛处得知英藏古鲁(骨鲁)交战藏方失败、伤亡数百名藏兵仍要与英交战一事后,居然提出"今欲折服其心,非任其战,任其败,终不能了局"的荒谬建议。他甚至称:"倘番众果再大败,则此事即有转机,譬之釜底抽薪,不能不从吾号令也。"[1]有泰想借英军之手教训教训不听话的达赖喇嘛和藏众,但他却没有预料到藏方战败后留给清廷的致命结果:英方将借此迫使西藏与之订约,排斥清廷参加,与西藏采取所谓的直接主义,借此否定中央政府对藏主权。

　　光绪三十年三月二十六日,英军攻占江孜,该年六月二十二日又至前昭。达赖喇嘛于此前仓皇逃离西藏,藏众虽进行了抵抗,但惨遭失败、伤亡惨重。[2]有泰至此才同荣赫鹏见面,他虽向英军送上牛羊米面等表示友好,但英军送给他的却是草约八条。有泰对此八条草约似乎没什么反对,只等清廷授权是否画押。光绪三十年七月二十九日,有泰致电外务部,称英人逼令他于二十八日在布达拉山画押,因未奉朝旨,未敢画押。但参加本次入侵西藏的《泰晤士报》记者沃德尔在其随后报道中却称有泰等驻藏官员参与了会议,其报道称"9 月 7 日驻藏大臣及其亲信们着深蓝色服装"进入会场,英藏方面签订了 3 项条款。[3] 以上资料进行印证,得出如下结论应没问题:第一,有泰等确实参加了布达拉会议;第二,因惧怕清廷责备,未敢在苛刻条款中签字。八月初四日,外务部两度致电有泰,嘱其千万不可画押,其理由为"英员开送十条,有伤中国主权"。[4] 同日又另申称:"西藏为我属地,光绪十六、十九年两次订约,系中英两国派员议定,此次自应仍由中国与英国立约,督饬番众随同画押,不应由英国与番众径行立约,致失主权。开议之始,当以力争主权

　　① 吴丰培编:《清季筹藏奏牍》,国立北平研究院史学研究会发行,1938 年,第一辑,《有泰奏牍》,卷1,第 9—10 页。
　　② 中国第一历史档案馆藏:《为西藏接仗事》,光绪三十年二月十七日,《电报档》,档号:3-13-12-030-0230。
　　③ [瑞士]米歇尔·泰勒著;耿升译:《发现西藏》,中国藏学出版社 2005 年,第 204 页。
　　④ 吴丰培编:《清季筹藏奏牍》,国立北平研究院史学研究会发行,1938 年,第一辑,《有泰奏牍》,卷1,第 21 页。

为紧要关键。"①可惜外务部此电并不能改变已经发生的事实,英方已与藏众签订了条约十条,这十条条约除承认光绪十六、十九年中英所订条约继续有效外,又强迫西藏开放江孜、噶大克,要求西藏对英赔款50万英镑,分75年还清。另外除承认光绪十六年所定藏哲边界外,又另订非经英政府允许今后不得筹办之事的五项条款:1.西藏土地无论何外国皆不准有让卖、租典或前样出脱情事;2.西藏一切事宜,无论何外国皆不准干涉;3.无论何外国,皆不准派员或派代理人进入藏境;4.无论何项铁路、道路、电线、矿产或别项利权均不许各外国或隶各外国籍之民人享受,若允此项权利,则应将相抵之利权或相同之利权一律给予英国政府享受;5.西藏各进款,或货物,或金银钱币等类,皆不许给予各外国或籍隶外国之民抵押、拨兑。②以上条款除英方在藏增开通商口岸外,似乎并没有借战胜之机向西藏索要独享特权(如开矿游历,占有领土等),相反却规定了各外国均不准染指西藏;但实际上英方却借此约将西藏置于其保护之下,而中国对藏主权一无体现。外务部让驻藏大臣同英方继续开议,英方却称已结束了会议,剩下的就是让驻藏大臣画押。光绪三十年八月七日荣赫鹏又照会有泰,要求画押。③当有泰将此告之外务部后,外务部于八月二十一日再度电令有泰"切勿画押",应另由"中国督同藏番与英立约",挽回主权。④

光绪三十年九月二十七日,外务部正式奏请以唐绍仪为全权大臣赴印度与英方谈判,改订条约。后者于三十一年正月十三日达到印度戛尔古达,十七、十八日会见了英方议约公使费利夏,二十五日拜访了印度总督寇仁,定于二十七日开议。⑤但唐绍仪此行并不顺利,中方要求改订印藏条约,英方却要求中方先承认印藏新约(光绪三十年八月英方与藏众所订)才可另订续约。当中方要求明确自己为西藏"主国"时(实乃对西藏享有全权),英方不肯,只承认中国为西藏"上国",即"按英文主国一字,为梭付伦地 Sovereignty,译意君主之意,至尊无上,对于该属地可行使其统治权也;上国一字,为苏索伦地 Suzerainty,不过为藩属之长,而该属

① 吴丰培编:《清季筹藏奏牍》,国立北平研究院史学研究会发行,1938年,第一辑,《有泰奏牍》,卷1,第22页。

② 王彦威、王亮编:《清季外交史料》,卷196,南京古籍书店1987年,第8—15页。

③ 吴丰培编:《清季筹藏奏牍》,国立北平研究院史学研究会发行,1938年,第一辑,《有泰奏牍》,卷1,第23页。

④ 吴丰培编:《清季筹藏奏牍》,国立北平研究院史学研究会发行,1938年,第一辑,《有泰奏牍》,卷1,第26页。

⑤ 王彦威、王亮编:《清季外交史料》,卷188,南京古籍书店1987年,第4页。

国仍有自治之权者也"。此等争议实则中英之间为西藏到底是中国的藩部还是属国进行的争论。① 直至光绪三十一年,继任谈判者张荫棠仍为改订藏约与英印代表进行交涉,但英方谈判代表却单方面终止了谈判。张氏因无谈判对象特电知外务部,他担心英方将直接同藏众交涉,其中尤其是九世班禅被英兵胁裹赴印,更令他深感不安。为此外务部让他明确告诉英方,凡"班禅擅行商定事件,中政府概不承认"。② 张氏认为外务部此举乃杜渐防微,从中亦可看出清末总理衙门改外务部后国人的外交意识、主权意识有了明显提升。外务部对驻藏大臣的一系列指令,以及派出全权大臣至英印进行谈判交涉诸活动,均体现了国家主权意识的增强。即此际西藏虽遭到英兵侵占,但在外务部和诸位外交谈判大臣看来,它已不再是传统藩部,而是中国内土,中国对此享有完全主权。

直到光绪三十二年三月间,由于英国政府改组,其宗旨有所转变,对藏政策趋于保守和平,英印方面才有所松动,同意由英驻华大使萨道义与外务部重开谈判,改订藏约(即印藏新约)。为此外务部建议中方谈判代表当趁此机会"早图结束,以保主权"。中方又派全权大臣唐绍仪与萨道义续订了藏印条约,其办法为:在承认此前藏英新约前提下,增订六款正约,将藏英条约作为附约放置其后,此为正约第一款主要内容;正约第二款为"英国国家允不占并藏境及不干涉西藏一切政治,中国国家亦应允不准他外国干涉藏境及其一切内治"。第三款称:"光绪三十年七月二十八日英藏所订之约第九款内之第四节所声明各项权力除中国独能享受外,不许他国国家及他国人民享受。惟经与中国商定,在该约第二款指明之各商埠,英国应得设电线通报印度境内之利益。"③以上中英续订藏印条约各条规定明确了中国治藏主权,弥补了光绪三十年印藏条约的不足,但具体的通商章程仍需双方改订。

2. 内部危机的加剧与清廷治藏政策的增强

晚清至清末的藩部体制转型是清代传统藩属体制转型的重要构成部分,这一内部转型是在传统藩部体制日益瓦解基础上进行的,它与属国体制的外部转型相辅相成、一内一外,标志了中国近代主权国家日益形成。即当清代传统藩部体系遭受解体之时,各藩部亦在发生转型,由羁縻藩部转变为受中央政权有效治理的边疆

① 陆兴祺:《西藏交涉纪要》,上编,引自《边疆史地文献初编》,《西南边疆》第二辑,十九部分,北京:中央编译出版社2011年。

② 吴丰培编:《清季筹藏奏牍》,国立北平研究院史学研究会发行,1938年,第一辑,《张荫棠奏牍》,卷1,第9—10页。

③ 王彦威、王亮编:《清季外交史料》,卷196,南京古籍书店1987年,第8—15页。

行政区域。在这一转型过程中,藩部王公、僧侣阶层亦经历着一个相对艰难的转型过程。对旧有特权的眷恋、对传统藩部体制的坚守,以及受各殖民势力的诱惑,均使它们对清末清廷的边政改革不太配合。而当清廷最终瓦解、民国建立后,绝大部分藩部又能迎合历史发展大趋势,演变成边疆民族区域、赞同统一的中华民国、最终形成了多民族统一国家。

(1)达赖第一次"逃亡"与班禅"访印"

光绪三十年的英方侵藏,客观上给藏局带来了诸多变化。在英军胁迫下,达赖喇嘛从西藏出逃,前往中国北部,藏中除驻藏大臣外已没有领率全藏僧俗大众的首脑人物。英方趁机胁迫西藏与之签订藏英新约,而英军入侵西藏客观上亦促使以下事实发生:

第一,达赖喇嘛的出逃及其活动。在英军即将进入拉萨之时,达赖喇嘛于光绪三十年六月十五日夜离开拉萨,驻藏大臣有泰就此询问僧俗番官,均称不知去向。有泰非常恼火,认为达赖喇嘛此前不听劝告一意主战,败后又不顾大局私下潜逃,实乃惹起战火燃烧的罪魁祸首。有泰请求清廷暂行革去达赖喇嘛名号,让班禅额尔德尼前来前藏主持黄教。① 清廷听从了有泰建议,于光绪三十年七月十六日暂革达赖喇嘛名号,命令班禅暂时管理西藏黄教事务。②

达赖最终去了外喀尔喀部库伦地方,本欲引俄制英,但被地方官员阻截,因此特向清廷求救。清廷马上派人前往库伦迎护,③允许他暂住库伦过冬,等到第二年春天前往西宁。

达赖喇嘛离开西藏后,驻藏大臣有泰欲让班禅前往前藏暂摄黄教,班禅未能听从,仍要求留在后藏。有泰无奈,只得以后藏亦需班禅照顾为词,答应了这一要求。至光绪三十一年初,英军对西藏的入侵已经结束,英藏条约也已签订,清廷正式派唐绍仪前往印度改订此约,西藏地方又趋平和。但达赖却一直呆在库伦,没有离开的意思。为此,清廷深感不安,要求达赖早日回藏。"切勿游移不定,自外生成",并多次催促他前往西宁,从那里回藏。④ 在清廷一再催促下,达赖答应于四月十四

---

① 吴丰培编:《清季筹藏奏牍》,国立北平研究院史学研究会发行,1938年,第一辑,《有泰奏牍》,卷1,第14页。

② 《清德宗实录》,卷533,光绪三十年七月十六日,中华书局1987年。另见西藏馆藏:《有泰为遵旨革除十三世达赖喇嘛名号,暂由九世班禅代理事给甘丹池巴札》,光绪三十年七月二十五日,原件藏文。

③ 《清德宗实录》,卷535,光绪三十年九月二十六日,中华书局1987年。

④ 中国第一历史档案馆藏:《延祉等奏达赖喇嘛咨称想察看时势再行归藏折》,光绪三十一年二月初八日,《宫中朱批奏折》。

日起程回藏,但至四月十四日仍未出发,清廷又命令他于四月二十四日起程,但得到的却是达赖生病不能前行消息,清廷又不得不降旨令他先养好病,病好后回藏。

四月二十八日清廷从驻藏大臣有泰折中得知达赖欲进京朝觐一事。有泰亦认识到达赖喇嘛对西藏政局的重要性,以及他终究要返回西藏、主持黄教这一事实。他于光绪三十一年五月间又向清廷上奏,要求开复达赖喇嘛名号,并将藏内此前不听从清廷旨意而战败的全部罪责由达赖身上转移到藏内护法身上。清廷答复暂不恢复达赖名号,等他由库伦起程后再降谕旨。① 但至光绪三十一年九月,达赖仍未前往西宁,要求在代臣王旗小住。此后中方谈判官员张荫棠又从英属印度方面探得达赖欲通俄信息,这更引起清廷警惕,专派御前大臣内阁学士前往慰问,让其尽速离开外喀尔喀地区。而此际俄方确实有乘机接近达赖意图,并以派佛教人士护送达赖返藏为名,接近达赖。清廷命驻俄公使胡惟德加以拒绝。② 光绪三十一年九月间达赖才离开库伦,到达甘肃,并准备于三天后前往西宁。但此时处理西藏通商事务大臣的张荫棠又致电外务部,要求暂缓达赖返藏,其理由有二:其一,班禅与达赖不和,以英印为庇护,开始亲善英国。张氏担心达赖此时回归,导致藏局更加不稳;其二,他正在同英方谈判开埠事项,担心达赖回归后从中生乱,不利谈判。同时他又建议等时机成熟时筹备北洋练军五千,在军队的保护下护送达赖回藏,以消除边患,巩固国家主权。③

在达赖喇嘛欲朝觐清帝同时,班禅也欲觐见。张荫棠建议应让他们同时觐见,"获聆圣训,猜嫌互释",以防止英方利用班禅、达赖不和,坐收渔人之利。④ 但清廷在回电中却要求达赖暂缓来京,应等藏务大定后再进京陛见。至于其是否应与班禅一道来京,由张荫棠负责体察。⑤ 光绪三十三年正月,张荫棠在致军机处电文中仍建议让班禅和达赖一同尽早进京陛见,其理由为:"臣查达赖、班禅自乾隆后久未入觐,致启强邻觊觎得所藉口。今天诱其衷,先后吁请陛见,则万国观瞻所系,主

① 中国第一历史档案馆藏:《有泰奏请开复达赖喇嘛名号折》,光绪三十一年五月二十九日,《宫中朱批奏折》。
② 工彦威、工亮编:《清季外交史料》,卷196,南京古籍书店1987年,第21页。
③ 吴丰培编:《清季筹藏奏牍》,国立北平研究院史学研究会发行,1938年,第一辑,《张荫棠奏牍》,卷2,第11页。
④ 吴丰培编:《清季筹藏奏牍》,国立北平研究院史学研究会发行,1938年,第一辑,《张荫棠奏牍》,卷2,第27页。
⑤ 吴丰培编:《清季筹藏奏牍》,国立北平研究院史学研究会发行,1938年,第一辑,《张荫棠奏牍》,卷2,第28—29页。

国名义愈见巩固。"①但清廷在光绪三十三年二月初二日的回电中仍坚持暂缓陛见。光绪三十三年四月间陕甘总督升允又向清廷上奏,称达赖在甘肃"久住思归",请旨是否让其回藏,清廷旨意仍为"暂缓回藏,俟藏务大定,再候谕旨"。②

到了光绪三十三年九月十五日,清廷才降旨,允许达赖喇嘛前往五台山修养,达赖才于十一月二十七日到达西宁,又于三十日前赴兰州。③

光绪三十四年正月十七日,筹办西藏通商事务大臣张荫棠电告清廷,英兵已撤出西藏,达赖可以回藏,"维我主权而慰藏情",但清廷的指示仍为不应立即回藏,应等赵尔丰到藏后(新任驻藏大臣兼川滇边务大臣)再令回藏。④

至光绪三十四年六月,清廷才正式决定让达赖喇嘛来京陛见,并为此安排了接待事宜。光绪三十四年六月二十一日,内阁又让山西巡抚传谕达赖喇嘛进京陛见。九月初达赖到达京师,清廷特赏马四匹、银一万两和其他物品。⑤ 九月二十日西太后、光绪帝正式陛见达赖喇嘛。十月初十日受慈禧太后懿旨,清廷特加封达赖喇嘛为"诚顺赞化西天大善自在佛"(旧制封为西天大善自在佛),并按年赏给廪饩银一万两,由四川藩库分季支发。清廷要求"达赖喇嘛受封后,即著仍回西藏","到藏后务当恪遵主国之典章,奉扬中朝之信义,并化导番众、谨守法度,可为善良"。⑥

但同年十月二十一、二十二日光绪帝和慈禧太后相继死去,溥仪于光绪三十四年十一月初七日登极,帝号宣统,清廷内外局势又一大变,此亦影响到达赖喇嘛及藏内局势。达赖喇嘛于光绪三十四年十一月二十八日离开京师,准备返回西藏。清廷理藩部于光绪三十四年十二月间在西宁塔尔寺正式册封了达赖。⑦

光绪、慈禧死亡给清廷统治带来了消极影响,清廷权威也随着这两位权力者的

---

① 吴丰培编:《清季筹藏奏牍》,国立北平研究院史学研究会发行,1938年,第一辑,《张荫棠奏牍》,卷2,第34—35页。

② 《清德宗实录》,卷572,光绪三十三年四月二十日,中华书局1987年。

③ 中国第一历史档案馆藏:《庆恕奏达赖喇嘛由塔尔寺起程前往五台山日期折》,光绪三十三年十一月三十日,《军机处录副奏折》。

④ 吴丰培编:《清季筹藏奏牍》,国立北平研究院史学研究会发行,1938年,第一辑,《张荫棠奏牍》,卷4,第29页。

⑤ 中国第一历史档案馆藏:《理藩部档》,《寿耆等奏代达赖喇嘛受赏谢恩折》,光绪三十四年九月初五日。

⑥ 中国第一历史档案馆藏:《宫中杂档》,《谕内阁达赖喇嘛封为诚顺赞化西天大善自在佛》,光绪三十四年十月初十日。

⑦ 中国第一历史档案馆藏:《内阁敕谕》,《孙家鼐等奏内阁遵旨撰拟加封达赖喇嘛封号敕谕文底进呈请旨折》,光绪三十四年十二月十三日。

逝世大为削减。当新的统治权威还未建立之前,达赖返藏只会导致其趁此机会巩固在藏特权,而且这一权威又因达赖力图排除异己势力,弥补其离藏后权威的削弱而变得变本加厉,即他欲以西方大善自在佛身份主持全部黄教乃至非西藏地区的一切宗教世俗事务。如达赖在西宁时就要求参革塔尔寺阿嘉呼图克图,其借口为后者不守清规,如果清廷不同意,他将永不回藏。清廷无奈,只得将该呼图克图革职。①

宣统元年闰二月间,清廷又得知达赖返藏途中聘请了练兵教习十余人,虽托名蒙古人,实则俄国人。他又在西宁购买了不少军火,清廷让陕甘总督升允严行查禁。② 同月英印方面又从报纸得知俄皇接见了达赖赴俄专使宁万及随员一行,并将此事告之驻藏大臣联豫。③ 而川督赵尔巽为此又专门致电清廷,要求西宁、青海、新疆各地方官员严查达赖聘请俄教习、购买俄军火一事,勿使"得入藏手",并诘问俄使"干涉西藏内政""破坏世界平和"之图谋。④ 清廷总体上接受了川督建议,让甘督等严查军火、让驻藏大臣等设法筹维。⑤ 至宣统元年十一月初九日达赖才返回拉萨。⑥

第二,班禅"访印"。英军侵藏、达赖的出逃,确实给西藏政局带来了巨大影响。达赖北上库伦再至京师,后又返回西藏,前后达五年半之久(1904.07—1909.11),在这五年半时间内,清廷对出走的达赖进行羁縻,一方面防其北上亲俄,另一方面又对其重新册封。同时也在这五年半时间内同英方签订了条约,开放了藏内商埠,并开始对西藏内政进行整顿。因此从治藏步骤上讲,清廷颇有作为。但达赖喇嘛的出走也给藏局带来了消极影响,其中之一就是英印胁迫班禅离藏赴印事件。

光绪三十一年十月间,张荫棠电告外务部,称英印政府借迎英储为名,诱执班禅访印,实谋废除达赖图藏,为此要求驻藏大臣有泰设法阻拦。⑦ 十月初八日,张

---

① 中国第一历史档案馆藏:《会议政务处档》,《庆恕奏达赖喇嘛请参革塔尔寺阿嘉呼图克图并云若不办,则伊回藏无期片》,宣统元年二月十一日。

② 王彦威、王亮编:《清宣统朝外交史料》,卷2,南京古籍书店1987年,第48—49页。

③ 王彦威、王亮编:《清宣统朝外交史料》,卷3,南京古籍书店1987年,第2—3页。

④ 王彦威、王亮编:《清宣统朝外交史料》,卷3,南京古籍书店1987年,第1—2页。

⑤ 中国第一历史档案馆藏:《为西藏情形日迫著仍遵前旨电商赵尔巽等妥办事》,宣统元年十一月初二日,《电报档》,档号:1-01-13-001-0183。

⑥ 赵尔巽等编:《宣统政纪》,辽海书社1934年,卷26,宣统元年十一月十八日。

⑦ 吴丰培编:《清季筹藏奏牍》,国立北平研究院史学研究会发行,1938年,第一辑,《张荫棠奏牍》,卷1,第3页。

氏又电外务部,闻英员卧克纳带兵强迫班禅赴印。① 随后外务部就电告有泰设法调查阻拦。有泰于十月十日电告外务部,称他曾力阻班禅赴印,但在英方兵力压迫下,"究非釜底抽薪之计"。同月十五日有泰又电告外务部,在英员强逼下,班禅已于该月十二日起程赴印。② 班禅赴印后,先后传来了诸多不利信息。如光绪三十一年十月二十六日张荫棠电外务部就称:"印报谓请班禅来印,非专迎英储,别有关系,又谓英政府不应请中国及西藏承认拉萨约。"③光绪三十一年十二月五日又电称:"顷韩税司闻陆军总统述印政府言:'藏事与中国交涉十余年,订有约章,中国遇事诿藏,未能尽主国义务,徒讬空言。我英自应实行政策与藏直接,决不收中国代付赔款。'""韩探闻印政府拟令班禅请英扶藏自主,归英保护,俟回藏,将中国不能治藏,今藏不能不图自治情形宣示全藏以成独立。"④十三日致电外务部时又称:"彼已实行直接政策绝无疑义,英深知班禅与达赖不睦,怂令班禅回藏滋生事端,英藉保护进兵,则全藏危矣。若待变相见,即百计补救亦属无济。"⑤

好在班禅于光绪三十一年十二月十七日由印度返回了后藏,并主动请驻藏大臣有泰转奏了不得已离藏苦衷,以及在印并无与英员私商事件,恳求清廷圈免其罪。⑥ 至此,班禅离藏的不良影响才得以消失。

(2)光绪朝整顿藏务与西藏新政

荣赫鹏带兵侵藏给清廷和时人巨大震惊,这一震惊完全覆盖了驻藏大臣有泰借英人之手教训不听话的西藏僧俗大众的恶劣影响。更为严重的是,荣赫鹏迫使西藏僧俗上层代表与英方签订的单边条约加剧了西藏危机,意欲将西藏置于英国保护的同时,又暗藏剥夺中国对藏主权野心。在英军入侵西藏同时,达赖喇嘛被迫

---

① 吴丰培编:《清季筹藏奏牍》,国立北平研究院史学研究会发行,1938年,第一辑,《张荫棠奏牍》,卷1,第5—6页。

② 吴丰培编:《清季筹藏奏牍》,国立北平研究院史学研究会发行,1938年,第一辑,《有泰奏牍》,卷2,第17—18页。

③ 吴丰培编:《清季筹藏奏牍》,国立北平研究院史学研究会发行,1938年,第一辑,《张荫棠奏牍》,卷1,第8页。

④ 台湾"中央研究院"近代史所档案馆藏:《外务部全宗》,《西藏档系列西藏档宗》,光绪三十二年三月,馆藏号:02-16-002-01-010;另可参阅吴丰培编:《清季筹藏奏牍》,国立北平研究院史学研究会发行,1938年,第一辑,《张荫棠奏牍》,卷1,第10页。

⑤ 台湾"中央研究院"近代史所档案馆藏:《外务部全宗》,《西藏档系列西藏档宗》,光绪三十二年三月,馆藏号:02-16-002-01-010。

⑥ 吴丰培编:《清季筹藏奏牍》,国立北平研究院史学研究会发行,1938年,第一辑,《张荫棠奏牍》,卷1,第12页。

出逃,这一出逃又使藏内人心不稳,内部危机亦在增长。在此背景下,该事件给时人尤其是那些忧时忧世的时代精英们以强烈冲击。他们认为英军侵藏是英法日俄等国吞并中国周边属国的继续,为此发起了保护边疆的呼声,建议将传统边疆藩部改为行省就是其中之一。如光绪三十一年(1905)有人就建议将四川以西与西藏相邻处设为川西省,与四川分开,相互联络。① 1906年又有人在《新闻报》上载文,建议在西藏建立行省,设立总督,以卫中国之权。②

以上时人从感性上认识到西藏危机,建议将其改设行省是可取的,但认为其设立过程乃水到渠成则过于天真。此际清廷地方大吏中亦有不少人从较为务实的角度出发,建议抓紧时机,强化清廷对西藏统治。如光绪三十一年张荫棠就向清廷建议,强化治藏:"我国整顿藏事迟早皆应举办,今事机迫切,尤为刻不容缓。拟请奏简贵胄总制全藏,一面遴派知兵大员,统精兵二万,迅速由川入藏,分驻要隘。所有一切内政外交,均由我国家派员经理,并次第举行现办新政、收回治权。其达赖班禅使为藏中主教,不令干预政治。"③光绪三十二年三月间,担任"接议藏约参赞"的张氏再度向清廷提出抓紧治藏的全面政策,其政策基本囊括了清末治藏的主要思路。在光绪三十一年底至三十二年初间致外务部一系列信函中,他首先指出西人治理属国的不同。其次强调西藏内部情况岌岌可危。再者,强调西藏边陲的重要性。最后强调治藏的主要方略,"惟整顿西藏非收政权不可,欲收政权非用兵不可"。④

光绪三十三年四月另一大臣岑春煊也上奏清廷,建议抓紧时机,将西藏设为行省。⑤ 而赵尔丰亦建议西藏设立行省。⑥ 针对上述建议,清廷特让驻藏大臣发表意见,新任驻藏大臣联豫对西藏立即设立行省一事明确提出了反对意见,反对理由为:在英俄对西藏实行渗透的背景下,西藏近来越来越不服从清廷统治,如立即设立行省只会使西藏局势更糟。为此联豫的建议是"为今之计,自非改设行省不可,万无疑义。然政贵实行以收效,不尚虚声。事以积久而渐非,难期骤革。藏中之

　　① 《筹藏论》,《南方报》,乙巳年(1905)八月二十日。
　　② 《拟改设西藏行省策》,《新闻报》,丙午年(1906)正月初七日。
　　③ 吴丰培编:《清季筹藏奏牍》,国立北平研究院史学研究会发行,1938年,第一辑,卷1,第11—12页。
　　④ 台湾"中央研究院"近代史所档案馆藏:《外务部全宗》,《西藏档系列西藏档宗》,光绪三十二年三月,馆藏号:02-16-002-01-010。
　　⑤ 《清季川滇边务档案史料》,中华书局1989年,第925页。
　　⑥ 《清季川滇边务档案史料》,中华书局1989年,第921页。

事,惟有徐徐布置。设官驻兵,藉防俄防英为名而渐收起权力。布置既已周密,三四年后,只须一道纶音,则诸事均可就绪"。① 同时联豫又建议清廷,另简大员,前往西藏,但清廷终以"别无可简之人",加以拒绝。②

以上大背景均给清廷巨大冲击,无论是基于加强同英国外交交涉,防其吞藏之目的,还是强化对藏治理主权以维护国家领土完整,都需要派出重要官员对藏务进行整顿。为此,清廷派唐绍仪等与英方的外交谈判以及中英西藏条约的续订为整顿藏务第一波,其后又派张荫棠为办理通商全权大臣赴藏具体交涉英方与西藏地方通商事务则为整顿藏务第二波。由于具体涉及藏地地方事务(如通商、开埠、税务、治安、司法等),实则开始了清末整顿藏务的重要一步。

光绪三十二年四月二十二日清廷正式下旨,命张荫棠为查办藏务大臣,强调了整顿藏务必要性。③ 在清廷授权下张荫棠于光绪三十二年十月十二日到达拉萨,此时达赖喇嘛已前往内地,中英西藏条约续约已签订,赴印访问的班禅也已归藏,接下来的重要任务就是中英协议西藏通商开埠事宜。英方仍要求通商事项须取得"藏番"同意,并要求后者参与画押。对此张荫棠坚决反对,但终亦不得不接受这一事实。鉴于清廷过去治理西藏措施失当、效率低下、职权不明、主权受削,他决定遵照谕旨对藏务进行整顿。

首先,参革现任驻藏大臣有泰。其理由有:1. 有泰有意延误交涉时间,不赴边与英人议约和主动交涉;2. 有泰失信于英,称中国治藏无权;3. 以英胁藩,坐视甚至允许英藏私自立约。④

其次,重点整顿藏内吏治,尤其是驻藏大臣及官员贪污腐败问题。如光绪三十二年十月张荫棠电奏清廷时就称"驻藏两大臣徒有办事之名,几成守府,已为藏人所轻视,政权多出藏僧之手,遇事掣肘,莫能过问"。"藏中吏治、兵制腐败已极,非通盘筹划,一切删除而廓清之,亦无从措手"。⑤ 张荫棠奏请对刘文通、松寿、李梦

---

① 中国第一历史档案馆藏:《奏为遵旨议奏治理西藏事》,光绪三十三年十一月初三日,档号:04-01-30-0085-008,《宫中朱批奏折》。

② 中国第一历史档案馆藏:《著为赵尔丰奏联豫拟请简员前往西藏经营别无可简之人请收回成命无庸议事谕旨》,光绪三十四年,档号:03-5506-042,《军机处录副奏折》。

③ 中国第一历史档案馆藏:《谕张荫棠查办西藏事件》,光绪三十二年四月二十二日,《军机处录副奏折》。

④ 吴丰培编:《清季筹藏奏牍》,国立北平研究院史学研究会发行,1938年,第一辑,《张荫棠奏牍》,卷2,第17—20页。

⑤ 台湾"中央研究院"近代史所档案馆藏:《外务部全宗》,《西藏档系列西藏档宗》,光绪三十二年十月,馆藏号:02-16-002-01-071。

弼等七位腐败失职官员加以革职,①又奏请处罚藏官噶布伦彭销汪垫、阳买等,其理由仍是贪劣。

再次,建议西藏进行改革。稍后张荫棠同商上及三大寺上层僧侣进行面谈,要求推行新政,改变西藏旧有面貌。张荫棠针对以下诸条征询藏内意见,建议藏众听从改革:1. 强调查办大臣主要目的在于启发民智、寻求西藏富强。2. 强调查办大臣有执法如山、军法执行权,但绝不不教而诛。3. 强调西藏为中国属地,无与他国私订条约之权,因此光绪三十年拉萨私约只能作为光绪三十二年北京条约附件,但通商开埠已列诸条约,应如何讲求商战富国、维护主权乃当务之急。4. 西藏本中国属地,他国不敢吞并,劝诫藏民不可亲英亲俄,如有,皆可杀。5. 藏众也应讲求万国公法,不可轻开边衅。6. 如何练新兵、筹饷粮,西藏应加以注意。7. 如何振兴农工商业,开发西藏五金矿产,亦应讲求。8. 廓尔喀近年富强之法,藏应借鉴,且宜结成亲善关系。9. 废除苛政,建议设立乌拉公司。10. 改良旧有司法制度,采用近代三级裁判制度。11. 如何广兴教育,以开民智。12. 如何设立巡警,兴修道路,保护行旅。13. 建议设立银行,以护商利。14. 改善藏地妇女地位,改良婚俗与卫生等。15. 建议喇嘛亦可娶妻生子。② 西藏僧侣阶层在同意张荫棠部分建议同时,也拒绝了一些建议。例如废除乌拉徭役、设立乌拉公司、废除旧有司法制度、改行三级审判制度、设立银行与医院、喇嘛娶妻等就遭到反对,这表明欲将传统藩部转变成近代国家主权下地方行政区域也会面临类似于内地推行新政时所面临的阻力,而且针对西藏等传统藩部地区,其阻力更大。

光绪三十三年三月二十五日,张荫棠又向清廷奏报了整顿藏务总体方针和具体计划及进展情况。其总体方针有两点:其一,治藏示之以威,力求加强中央治藏主权。③ 其二,强调天演、中央无贪藏利之心,只欲藏地富强起来。关于新政具体计划与进展,张氏也对清廷做了汇报:第一,建议设立农工商、路矿、财政、学务、督练、盐茶、交涉、巡警九局,由张荫棠和驻藏大臣点派九局总会办及各委员。但鉴于藏中汉官无人可派,又忌派而不得人、不如不派,他建议以上九局总会办及各委员

---

① 中国第一历史档案馆藏:《为沥陈西藏颁奖要员积弊并请将刘文通等革职事》,光绪三十二年十一月二十四日,《电报档》,档号:2-04-12-032-1567。

② 中国第一历史档案馆藏:《军机处来文》,《张荫棠为抄送查办西藏事件及与商上噶伦三大寺僧俗问答词致军机处咨呈》,光绪三十三年正月十八日。

③ 吴丰培编:《清季筹藏奏牍》,国立北平研究院史学研究会发行,1938 年,第一辑,《张荫棠奏牍》,卷 3,第 30 页。

皆由藏官担任,等到将来有廉能之汉员时,每局再派汉提调及教习。第二,编练新军,设立银行。打算募练洋操队四万,让藏官先筹设银行,招股二百三十万,以新筹兵饷二十三万担保股息。第三,修路与开矿,现已派员查勘修理工布至巴塘间道路,先修牛车道,以利商运,再将拉萨至江孜后藏之路修垫平直,一律可行牛车。开矿,商上已允除灵圣大雪山外,均可开采,官收什一之税。第四,商务拟让藏民在藏内种茶,抵制印茶,并设炉茶官运局,以平市价。①

清末新政乃一项巨业,它将受到思想滞后和现实中诸多不利因素影响。在全国新政均不够理想的大环境下,清末西藏新政亦因其特殊的边疆地理位置更显艰难。如光绪三十三年五月张荫棠即将离藏前致藏官书信就指出这一问题:"本大臣前因西藏地方内政外交急需整顿,而现象贫弱尤应急谋挽救,是以谕令大众会议创设交涉、督练、财政、盐茶、路矿、工商、学务、农务、巡警九局,并颁发章程,分派职事,以冀共相讲求,力图振作,俾尔西藏蒸蒸日上,蔚成富强。乃数月以来各局虽据报成立,而详加考核,于一切局务多未实力奉行。倘竟长此因循,诚恐向之所谓整顿挽救者徒托空言,观成无日。"②藉此可知,虽然整顿藏务大臣张荫棠做出了诸多努力,对藏人思想也产生了一定影响,但光绪末年的西藏新政并不理想。

光绪三十三年十二月,当张荫棠返回京师后,又向清廷具体奏报了西藏地方善后办法:其一,西藏内属已二百余年,不同于越南高丽。但清廷以往治藏,素采取不干涉政教做法,如今时移世易,内部汉番自分畛域,互相仇视。外部英俄虎视眈眈,虽于光绪三十三年签订了协议,承认中国对藏享有主权,但这只是表面上的和平,中国保护西藏必须以实力为后盾。其二,西藏对中国具有非同一般的重要性,可谓牵一发而动全身。其三,为今之计,应收回政权。兴学、练兵为入手办法,破除汉番畛域,固结人心为第一要义。具体办法为"握其政权"而"不宜占其利权",为此,可派练军三千入藏弹压,番官等厚给薪俸,以高薪养廉方式一改藏民生活困境,以潜移默化方式收回治藏大权。③

张荫棠离藏后,驻藏大臣联豫全盘负责西藏新政。他也迎合清末全国新政大潮,对西藏提出施行新政主张。

---

① 吴丰培编:《清季筹藏奏牍》,国立北平研究院史学研究会发行,1938 年,第一辑,《张荫棠奏牍》,卷3,第27—30 页。

② 吴丰培编:《清季筹藏奏牍》,国立北平研究院史学研究会发行,1938 年,第一辑,《张荫棠奏牍》,卷3,第42—43 页。

③ 中国第一历史档案馆藏:《张荫棠奏陈西藏内外情形并善后事宜折》,光绪三十三年十二月初十日,《军机处录副奏折》。

尽管西藏各项新政计划付之实践非常困难,但毕竟在艰难进行。自光绪三十三年后驻藏大臣联豫先后向清廷奏报了藏内推行新政情况:首先,白话报局馆一所已经开设:"参仿四川旬报及各省官报办理,以爱国、尚武、开通民智为宗旨,通篇全译唐古忒文字,取其便于番民览阅。"其目的乃"用笔代舌,开化迷信"。①

其次,学务改革亦在进行。鉴于此前所设九局多具形式,所选总办不堪职守,联豫决定添派候补县丞齐东源充当汉员总办,参加学务局。光绪三十三年六月二十一日,他为此专门致札总办学务局噶伦,文称:"惟是事关创始,局务繁冗,尤宜添派汉员总办,会同该噶布伦遇事筹商、悉心经理,以期渐收实效。"②光绪三十三年四月间,藏文传习所和汉文传习所各一区已设立,选派汉人子弟十余名专学藏文,又选藏人子弟二十名专学汉文,以期藏汉之间"无虞扞格"。初等小学堂也已修盖完竣,只等四川教员来到就可开学。③ 光绪三十三年六月至七月,联豫又向清廷奏报了西藏兴办学务情况:"藏中汉人约有三四千人,当不乏聪颖子弟,从前设有义学四堂,学生约七八十人,教授管理诸法无一合者。现拟并为初级小学堂两所,分学生为两班,以三年为学期;其经费即以从前义学之存款斟酌办理,如仍不敷,再当设法筹备;教习管理诸员,已咨行川督提学使咨调数人来藏,俟学期将满,再调高等小学堂师范生来藏教授。共计六年学期毕业后如合程度,拟即咨送川省中学堂以资造就。一面劝令番民选送子弟入学,与汉民一律教授,不征学费,以期逐渐开通,为将来番民自立学堂之基础。"④

光绪三十四年五月间,西藏除设立有汉藏文传习所外,又添设印书局一所,印刷《圣谕广训》广为散发,并拟印实学、实业等书,以开风气。除此之外,还拟开办陆军小学堂一所,调四川武备将弁两堂毕业生十四人到藏任教,又从藏中"制营及工队兵弁"中选年少识字而聪敏者二十余人、汉属三十九族十人、藏番十人、廓尔喀四人"入堂肄业"。此小学堂乃速成班,一年毕业,其目的"使各人略明战术,于边境不无裨益"。⑤ 联

---

① 中国第一历史档案馆藏:《民政部档》,《联豫为抄呈在藏开办白话报馆及汉文藏文传习所片稿事致民政部咨》,光绪三十三年四月初五日。

② 西藏馆藏:《联豫为委齐东源为学务局总办委员事给总办学务局噶伦札》,光绪三十三年六月二十一日。

③ 中国第一历史档案馆藏:《民政部档》,《联豫为抄呈在藏开办白话报馆及汉文藏文传习所片稿事致民政部咨》,光绪三十三年四月初五日。

④ 中国第一历史档案馆藏:《学部议复联豫奏陈在藏兴学折》,光绪三十三年七月初十日,《军机处录副奏折》。

⑤ 中国第一历史档案馆藏:《联豫奏开设书局及开办陆军小学堂等事片》,光绪三十四年五月初一日,《宫中朱批奏折》。

豫命徐方诏为陆军学堂总办,徐方诏于光绪三十四年七月十六日任事,正式在藏内启用陆军学堂关防,并为此移文噶厦公所。① 与之对应,藏边学务也在进行,其效果似乎比藏内稍强。光绪三十三年赵尔丰在关外筹设学务局,度支部主事吴嘉谟任总办。开办之初巴塘、里塘番民以为应差,不愿入学。筹办者不得不先从汉人、塘兵、商民及蛮头人子弟中挑选,并且不收学费,供给衣食,以优待条件进行吸引。该办法效果良好,仅光绪三十四年关外就设男女学堂三十余所,至宣统元年请求设立者更多。②

再者,邮电、警政事业也拟推行。光绪三十四年三月间,外务部、邮传部为速筹藏境电线、邮政进行协商,欲收回利权。因为中英条约中英方曾承诺:西藏所有邮政俟中国自设后,英局将撤离;英人所设印度边界至江孜电线,也等中国电线接修至江孜后酌量移售,交中方经营管理。为此外务部专门致电西藏海关税务司,督其筹办。邮政局亦咨呈外务部,专意加速架设四川至拉萨、拉萨至江孜电线,"以固主权"。③ 新任章京张荫棠也呼吁清廷速筹西藏邮电事业,他建议"慎选熟悉邮电之员先往西藏,与驻藏大臣妥筹,先设总局于拉萨,次设分局于江孜、亚东及后藏十卡子、噶大克、湿基等处,分两路以达印边,俟布置既定,然后添设分局于拉里、察木多、江卡等处,以达四川"。与邮政相应的是电线,两者必须相辅相成,但实际情况是:"中国电线,现仅修至巴塘",为此他建议"由巴塘至拉萨以达江孜、亚东及后藏十卡子展至噶大克、湿基,亟宜勘明接修电线与邮政相辅而成"。警政亦是此前张荫棠力主施行的一项重要内容,为此他再度提出了与邮电相呼应的建议,即将推行邮电新政沿途的"塘讯尽行裁撤,改办巡警,以保商旅,不独于商务有益,而于西藏内政大有关系,且用款无多","为边务计,万不能惜此小费"。④

最后,其他改革亦在川藏沿边推行。光绪三十四年赵尔丰奏在四川成都设立驻川边藏饷械所,具体负责边藏饷械购储、运送等事,应对边藏地区形势演变需要。⑤ 制革工厂也已设立,地点在巴塘,边务大臣兼驻藏大臣的赵尔丰派人到四川学习技术,且已学成返回。该厂于光绪三十四年十月开办,赵氏想藉此改变此前边

① 西藏馆藏:《徐方诏为启用关防事致噶厦移》,光绪三十四年七月十六日。
② 《督办川滇边务大臣赵尔丰奏推广学务添拨经费折》,《政治官报》,奏折类,宣统元年八月二十四日,第 699 号,第 384 页。
③ 《外务部档》,光绪三十四年三月二十三日,四月初二日。
④ 中国第一历史档案馆藏:《邮传部档》,《张荫棠拟议西藏邮电办法禀呈》,光绪三十四年。
⑤ 《驻藏办事大臣兼川滇边务大臣赵尔丰奏筹设驻川边藏饷械所折》,《政治官报》,奏折类,光绪三十四年十二月十三日,第 430 号,第 264 页。

地缺乏皮革、不重视生牛皮利用局面,为即将推行练兵移民活动提供便利。医院等设施也在开办,光绪三十三年四月间藏内就拟设医馆一所,以济疾苦。① 随后该项工作已在川藏沿边巴塘、里塘、盐井、乡城、稻霸等地推广,赵氏称效果颇好,"半年以来,全活无算"。② 宣统元年二月间驻藏办事大臣赵尔丰又奏创设关外制革工厂和医药局。

虽然清末藏内新政非常艰难,但光绪末年的西藏毕竟打开了一个新局面。以西藏为中心,川藏沿边各土司也受到影响,达木和三十九族亦在发生变化。光绪三十三年九月间驻藏大臣联豫就向清廷奏报了达木蒙古部落改衣冠、建学堂、习汉语一事:"即于今年正月间"达木蒙古"均已制就穿着,自总固山达以及平民,全行更换,无复往日之蛮服矣"。"又以原系大皇帝臣民,而习用番人之语言文字,亦属非是,因禀请派选教习,前往达木地方教以中文中语,以期渐明事理。奴才当即选派三人,携带中国浅近书籍,赴达木开小学两处,教以中文中语及浅近论说、算学等事,俟将来果有成效,然后再为推广、开通文化"。又拟在三十九族地方派汉官一员,带同勇丁一排,前往扼要驻扎,(如遇洋人游历者,于未入境之先,即可善言劝阻,以免入境生事。)平时遇三十九族彼此忿争案件,即随时为之和平了结,一面查其土地之肥瘠、出产之多寡,教以种植贸易一切谋生之事,渐期开化。③

（3）宣统朝西藏新政的继续

清末之际清廷本欲通过西藏地方新政去维护西藏安全、促进经济发展,但内忧外患的增强,以及新政实施极为有限等不利因素均促使清廷不得不采取其他措施拱卫西藏,既防其分离,又防他国染指。在这一大背景下,清廷专门设立川滇边务大臣驻扎巴塘,又让知府钟颖统帅川军入藏,并将察木多划给川省,这些措施均是清末清廷因应权宜时采取的断然举措。但如此剧烈改革又让清廷非常不安,既害怕外国干预,又担心藏内反对。为此清廷特命驻藏大臣联豫、四川总督赵尔巽、川滇边务大臣赵尔丰等妥为筹办。其中尤其是关涉西藏开埠、添练新兵、察台驻兵、川兵入藏路线、兴办学堂、筹垦荒地、开采矿山等,清廷吩咐驻藏大臣联豫得一一奏明回复。宣统元年三月间联豫针对以上各项一一向清廷作了汇报。1.开办商埠,

① 中国第一历史档案馆藏:《民政部档》,《联豫为抄呈在藏开办白话报馆及汉文藏文传习所片稿事致民政部咨》,光绪三十三年四月初五日。
② 《驻藏办事大臣赵尔丰奏创设关外制革工厂折》,《政治官报》,奏折类,宣统元年二月初二日,第471号,第54页。
③ 中国第一历史档案馆藏:《联豫奏达木八旗改换衣冠设立学校,三十九族地方拟设汉员驻扎片》,光绪三十三年九月二十七日,《宫中朱批奏折》。

除开辟江孜亚东商埠外,又拟开辟噶大克商埠。2. 添练新兵,因经费严重不足,只能先练达木一营,后练三十九族。3. 赵尔丰驻察台,可先驻,但因该地还未改土归流,"不必汲汲",只能潜移默化,收效于无形。4. 进兵路线,应大路进兵。5. 兴办学堂,已先后设立十六所。6. 垦荒事宜,因经费移民困难,只能徐图进行。7. 开矿事宜,拟引进南海富商之力,设立公司,进行开采。更为重要的是,藏内与清廷间的对抗情绪日益激化,非和平所能了结。①

稍后,清廷又命令西藏、蒙古各藩部亦按筹办立宪年限,推行宪政。联豫于宣统元年七月间又向清廷反馈了意见,认为西藏不宜于马上推行宪政。联豫认为,在西藏推行宪政会面临以下难题:其一,谘议局难以设立;其二,地方自治难以筹办;其三,调查户口难以推行;第四,选举、被选举难以实行。为此联豫建议徐图为之。②

尽管如此,此际各省均在推行的各项新政还是波及西藏。清查户口一项就是一例,宣统元年十一月间民政部咨行各省清查户口,以便推行地方自治,西藏也在其中。为此驻藏大臣联豫特札罗桑坚赞,要求其清查西藏户口,以便呈报。③

达赖出逃后,藏内新政仍在进行。对于如何开展新政,驻藏大臣于宣统二年二月初四日致电清廷作了汇报,称"内境既安,自应注重交涉,凡一切兴革事宜,均当妥慎筹划,次第奏咨办理"。④ 宣统二年三月间清廷致函川督时亦指出,整顿藏务的核心:"现在治藏之策,自以统握政权,不使旁落为要义。藏内尚未立有达赖喇嘛,凡挑选番缺,无庸会商,挑取兵丁,不限门第,均系变通办法,应俟联大臣体察情形,妥为筹议。""既已隐杜其干预之渐,即不能骤施其更变之方。"⑤清廷也坚持藏内政教分权,但不赞同骤然改革。⑥ 而各项新政亦在继续推进,主要体现如下:

1. 驻兵及编练新军。宣统二年二月间川军正式进入西藏,人数一千余人。如

---

① 中国第一历史档案馆藏:《联豫等为筹办西藏一切事宜密陈详情折》,宣统元年三月十四日,《宫中朱批奏折》。

② 中国第一历史档案馆藏:《奏为西藏情形与内地不同宪政骤难筹办据实密陈事》,宣统元年七月初八日,《军机处录副奏折》,档号:03-9296-006。

③ 西藏馆藏:《联豫为清查户口事致罗桑坚赞札》,宣统元年十一月初三日。

④ 台湾"中央研究院"近代史所档案馆藏:《外务部全宗》,《西藏档系列西藏档宗》,宣统二年二月,馆藏号:02-16-009-04-077。

⑤ 台湾"中央研究院"近代史所档案馆藏:《外务部全宗》,《西藏档系列西藏档宗》,宣统二年三月,馆藏号:02-16-009-04-119。

⑥ 《西藏政教权划分之时机》,《申报》,宣统二年四月四日,第一张第五版,[106]179。

何驻扎非常重要,清廷让联豫进行妥善安排。联豫将这一千余名川军分别驻扎于东西北各路,又在三十九族地方补足步兵一队。① 五月间,又对入藏川军进行编制,计步兵三营、马兵一营、炮队一营,另加上原练土兵一营,分别认真操练,坚明约束。② 同时边军的编练也被提上日程,有消息称,达赖出逃后,清廷拟在西藏编练陆军两镇,即行举办,三年内可办妥。③

　　2. 人事制度及官制改革。与驻兵相对应,人事制度改革亦在进行。宣统二年二月间联豫拟在西藏地方择要酌设委员,加强治理西藏。计划设驻曲水委员一名,扼西路要冲;设驻哈拉乌苏委员一名,通西宁扼北路;设驻江达、山南委员各一名,控制工布;设驻硕板多委员一名,扼东路,招抚波密;拟设驻三十九族委员一名,以期逐渐开化。以上委员"均令常川驻扎,管理刑名词讼;其赋税亦令查清数目,暂不征收。至于振兴学务工艺、招徕商贾、经营屯垦、调查矿山盐场,皆责成该委员等各就地方情形切实筹办"。④ 与内地新政对应,官制改革也在西藏推行。它开始改变清代一百多年来的驻藏帮办大臣制度,改设左右参赞。宣统二年十一月十一日,驻藏大臣联豫向清廷建议裁撤驻藏帮办大臣,改设左右参赞。⑤ 除裁帮办大臣外,为添练新军、节约经费,宣统三年正月间联豫又将藏内粮员加以裁撤,改为地方理事官;裁去驻藏制军,将绿营官弁与步兵兵丁一千余名拟一律裁撤;游击以下各员均予开缺,分别留藏或回川,酌加录用。⑥ 联豫的以上建议得到清廷认可。宣统三年二月十七日,政务处复议联豫所奏裁撤驻藏帮办大臣改设左右参赞事。⑦ 此间报界又称,西藏拟仿照东三省官制添设民政、度支、提法、提学、外交、军政、劝业、理藩八司。⑧ 这一消息被驻藏大臣随后奏折基本证实。至宣统三年六月间联豫奏报

---

　　① 中国第一历史档案馆藏:《宫中朱批奏折》,《联豫奏西藏编练军队及布置情形折》,宣统二年二月二十二日。

　　② 台湾"中央研究院"近代史所档案馆藏:《外务部全宗》,《西藏档系列西藏档宗》,宣统二年五月,馆藏号:02-16-010-01-013。

　　③ 《蒙藏练军谈》,《民立报》,"译电",1910年10月20号,第0059页。

　　④ 中国第一历史档案馆藏:《联豫奏西藏择要添设委员折》,宣统二年二月二十二日,《宫中朱批奏折》。

　　⑤ 中国第一历史档案馆藏:《联豫奏请裁驻藏帮办大臣改设左右参赞折》,宣统二年十一月十一日,《军机处录副奏折》。

　　⑥ 中国第一历史档案馆藏:《联豫奏裁驻藏制兵改设员缺,添练新军折》,宣统三年正月十九日,《军机处录副奏折》。

　　⑦ 中国第一历史档案馆藏:《政务处议复联豫奏裁撤驻藏帮办大臣改设左右参赞折》,宣统三年二月二十七日,《军机处录副奏折》。

　　⑧ 《西藏官制问题》,《民立报》,1911年2月11日,第0793页,"新闻一"。

清廷在藏内仿照各省督抚衙门章程"设立幕职分科办事"一事。藏内新设了治事厅、议事厅各一,设秘书、协理各一员,吏科兼礼科,度支科兼营缮科,军政科兼巡警科,交涉科兼邮电科,学务科兼农工商科,番务科兼夷情藩属科。以上各科设参事一员。联豫称,此时藏内几与边小省治无异。① 总之,在清末特殊环境下,西藏新政实已改变了清代中前期治藏模式,②增强驻藏大臣权力、削弱以西藏达赖喇嘛为首的上层僧侣权力,日益将治理西藏权力收归中央,以缓和边疆危机、增强国家治藏主权。

3. 设立巡警、兴办学务。曾经遭番官阻挠未能设立的巡警一项,此际也在藏内进行。至宣统二年五月间,拉萨警兵业已站岗,并革除一切酷刑,省释无辜缧绁,因此导致番民之争讼者多不赴浪仔辖而赴警察公所。江孜、亚东开埠地方巡警也欲开办,但限于人手不够,因此特设警兵学堂,教练番兵毕业。毕业后欲先在拉萨城内实地实验,计宣统二年秋冬之交,可以拨往各商埠。③ 兴学亦在继续进行。宣统二年三月驻藏办事大臣联豫向清廷奏报了西藏兴学情况,称已由前藏次第推及于后藏、靖西、达木、山南等处。④ 至宣统二年五月,入学"人数较多,渐有成效。今年约可添设数堂"。⑤ 宣统三年西藏学务局向清廷学部报送了西藏教育新政材料,至该年年度止,西藏有蒙养院九所,学生二百七十四人;汉藏文传习所二所,学生三十四人;初等小学堂四所,学生五十多人;汉藏文小学堂四所,学生一百一十九人;汉文蒙养学堂三所,学生人数不详。该地又拟另设武备学堂(陆军小学堂)。⑥ 这一兴学活动在关外藏边巴塘、里塘等地亦在展开,宣统二年十一月《民立报》的一段报道可以为证:"巴塘北乡七村冀古工地方夷妇阿贞,向来最迷信佛说,近因村内办有学堂,该妇时往听讲,遂变其平日方针,改崇儒教。现特将自建新房一院,捐作校舍,赵大臣特奖给女界尊儒匾额一方,用昭激励。噫蛮荒竟有此奇女子!"⑦又据宣统二年底报界又称,整个关外地区的学务日有起色:"关外学务经吴主政提倡,日有进步。最近调查除官话学堂,已有毕业者二十六,校外现有男女初等小学十七

① 《联豫驻藏奏稿》,拉萨:西藏人民出版社1979年,第168页。

② 张永江:《论清代西藏行政体制的演变及其特点》,《清史研究》,2000年第3期,第41页。

③ 台湾"中央研究院"近代史所档案馆藏:《外务部全宗》,《西藏档系列西藏档宗》,宣统二年五月,馆藏号:02-16-010-01-013。

④ 《驻藏大臣联豫请拨学务经费片》,《政治官报》,奏折类,宣统二年三月十三日,第889号,第235页。

⑤ 台湾"中央研究院"近代史所档案馆藏:《外务部全宗》,《西藏档系列西藏档宗》,宣统二年五月,馆藏号:02-16-010-01-013。

⑥ 朱光华:《清末西藏新设机构及其活动概述》,《中国藏学》,1988年第2期。

⑦ 《巴塘通讯》,《民立报》,"新闻一",1910年12月20号,第0462页。

校,与官话学堂四十八校,又实业通译学堂共五校。闻明年春间尚拟在巴筹设高等小学一校,以为升学之预备。"①

4. 移垦、邮电、电报。川藏沿边移民垦务也在开展。《民立报》称:"关外铲里、德格一带,地势高寒,终年积雪。自赵大臣实行殖民政策,军民迁往者日多,地气亦渐转移。""巴塘一带经赵大臣派员垦僻,年来成绩日佳,巴塘之西乍地方,气候温暖、土质膏腴,实属于殖民善地,特复招农前往开垦。闻汉番之襁负而至者,颇不乏人。"②兴修电报却不理想,宣统二年正月间外交部咨询邮传部称,刻值藏中多事,电报络绎,均关紧要,自宜从速修至拉萨,方足以便交通。由川入藏电线业已兴修,不知修至何处?③ 邮传部答复称:该电线已于光绪三十四年由川督派员前往勘估,该年七月经外务部、邮传部会奏议复声明,川藏线路所需经费由开办经费统筹。川督称已于宣统元年派领班吴传绪往勘,至于现在修至何处,该部也不清楚,只能咨询川督后再做答复。④ 但实际情况非常糟糕,虽然光绪三十三年至三十四年间清廷已经议准西藏建设电线经费由边务大臣统筹开办经费拨给(约十万万两),清廷也先后拨给该大臣各项开办经费约二百万两,但至宣统三年,西藏电线仍未成功铺设。为此驻藏大臣联豫特催促清廷赶紧办理,以应对越来越严重的边疆危机。但当清廷为此催促具体负责此项经费的边务大臣时,代理大臣傅嵩炑却称边务经费非常支绌,无款可拨,拒绝履行前议,并要求驻藏大臣用清廷拨给西藏的地方经费铺设该电线。⑤ 清廷虽驳斥了该大臣意见、要求仍拨给十万两,终未兑现。⑥ 此导致藏内电线在清政权彻底崩溃之前仍未成功铺设。

纵观清末西藏新政,虽然各项新政均被提上日程,且开始试办,但总体上效果不佳。究其原因,受多种因素制约,主要如下:

首先,经费问题是藏内新政最大问题。藏中所有新政能否取得成绩,最终均落到钱的问题上,即经费严重不足。如编练新军就遭遇经费不足限制。客观上西藏

---

① 《巴塘通讯》,《民立报》,"新闻一",1910 年 12 月 20 号,第 0462 页。

② 《巴塘通讯》,《民立报》,"新闻一",1910 年 12 月 20 号,第 0462 页。

③ 台湾"中央研究院"近代史所档案馆藏:《外务部全宗》,《西藏档系列西藏档宗》,宣统二年一月,馆藏号:02-16-009-04-047。

④ 台湾"中央研究院"近代史所档案馆藏:《外务部全宗》,《西藏档系列西藏档宗》,宣统二年一月,馆藏号:02-16-009-01-017。

⑤ 《代理川滇边务大臣傅嵩炑奏边防经费支绌西藏安设电线无款划拨折》,《政治官报》,奏折类,宣统三年六月十七日,第 1328 号,第 279 页。

⑥ 《度支部会奏遵议川滇边务大臣奏经费支绌西藏安设电线无款划拨折》,《内阁官报》,奏折类,宣统三年七月初三日,第 3 号,第 413 页。

需编练新军,以资震慑。但练兵无钱,驻藏大臣不得不设法进行通融:通过裁撤旧日武员、粮员等职,节省经费十余万两;又将此前西藏商界报官陋规商价三四千两划归公家。但拟练新军六千人用费非常巨大,每年远远超过已经筹备到的十余万两之数。为此驻藏大臣联豫特奏请清廷每年另拨数十万两。但度支部在审核联豫奏折时却进行驳斥,认为每年"数十万两"数目不详,且该部也非常紧张,最终答应先给二十万两,另拨铸造银钱机器一部,抵二十万两,再加上藏内自筹十余万两,合计五十万两。如果还不足,应由该大臣"就地筹补,以期共体时艰"。①

其次,人才不足也是影响西藏新政效果的一个重要难题。由于西藏离内地遥远,生活环境艰苦,许多官员不愿前往,导致驻藏大臣"时有乏才之叹"。② 为鼓励更多人员进藏服务,宣统二年三月间驻藏大臣联豫又向清廷奏请改善调用道府人员待遇,要求调用到藏的道员应由此前的每月三百两增为四百两,知府由此前的二百两增为三百两。清廷最终也同意了这一建议。③ 但总体上,各项人才仍然不足,无法满足西藏新政需要。

再次,新政改革遭受内外抵制。一方面西藏地方对清末西藏新政持怀疑态度,不予配合。尤其是清廷乘新政之机欲收回治理西藏主权做法,遭到西藏达赖喇嘛等特权阶层抵制。④ 另一方面,中央和地方严重的财力不足又使西藏新政雪上加霜。中央无力为西藏新政提供雄厚的财力支持,西藏新政却加重了普通老百姓负担,最终导致汉藏人民均反对新政。外部英俄等对清廷的西藏新政更持敌视态度,英国方面为此多次照会清廷,明确反对清廷在西藏施行新政,并借端向西藏派驻军队。

3. 川军入藏与达赖出逃

清末清廷正是明显感受到上述危机才断然派遣川军入藏,弥补整顿藏务之不足,加强清廷对西藏局势的控制。尤其是光绪三十四年六月间,新任驻藏办事大臣赵尔丰(终未到任)又向清廷转奏了驻藏大臣联豫的告急信息:"接联大臣来函,嘱尔丰非带兵入藏不可,盖藏番之骄横跋扈,非情理所能喻,辄声言兵围钦署,该大臣

---

① 台湾"中央研究院"近代史所档案馆藏:《外务部全宗》,《西藏档系列西藏档宗》,光绪三十三年五月,馆藏号:02-16-004-02-012。

② 台湾"中央研究院"近代史所档案馆藏:《外务部全宗》,《西藏档系列西藏档宗》,光绪三十三年五月,馆藏号:02-16-004-02-012。

③ 《驻藏大臣联豫奏调用道府人员请优定薪资片》,《政治官报》,奏折类,宣统二年三月十三日第889号,第234页。

④ 台湾"中央研究院"近代史所档案馆藏:《外务部全宗》,《西藏档系列西藏档宗》,宣统二年五月,馆藏号:02-16-010-01-013。

以无兵无威,受其窘迫。"①为此,清廷最终同意了张荫棠、联豫、赵尔丰等人的建议,决定派遣川军入藏。

宣统元年闰二月二十五日,清廷正式接受让知府钟颖统帅川军一千余人进藏建议,又将察木多划归川滇边务大臣赵尔丰管辖,并命令他带兵驻扎巴塘,以为进藏后援。② 宣统元年六月十五日,清廷又电旨川督赵尔巽进行指示,要求川军可以入藏,但只可示之兵威,不可操之过切,更不可中途而废。③ 宣统元年六月二十六日,头起川军起程赴藏,为免藏众怀疑并阻挠,清廷称其派兵入藏为"按照藏印通商条约办理商埠道中巡警,以为撤退英兵,保安清净藏地之意"。④ 同时驻藏大臣联豫也为川军入藏事专门发布了告示,尽力减少藏众怀疑。他称清代二百多年时间内,西藏均归清廷治理,大小寺庙所有百姓僧侣均受清廷保护,各地亦设有官兵防卫,官兵亦曾充当过达赖班禅贴身护卫。此次派兵乃系按光绪三十四年藏印章程开埠后中方办理巡警、英方撤出卫队条款规定,其目的为收回主权,因此清廷派川军千人入藏,藏众不要恐慌,更不要散布谣言。⑤ 尽管联豫已向藏众告示了川军入藏原因,但川军即将入藏却使藏内局势变得更加紧张。宣统元年八月间清廷接赵尔丰电称"藏番窥伺川边,暗串察台一带僧俗练兵阻截川兵进路"。⑥

宣统元年九月十四日,联豫奏报清廷时又称:"奴才鉴于往事,知达赖喇嘛阴蓄异谋,久思自立,曾于光绪三十二年、三十三年不避忌讳具折详陈","近悉番官之所为,实皆达赖之所使"。联豫认为现在能否稳住西藏局势,得依赖于川军是否能够顺利入藏,而钟颖仅带千人入藏,显得势孤,因此建议让赵尔巽、赵尔丰等就近速拨边军三四营作为川军后援,以壮声势。同时他又建议杜绝英俄等外人向藏内私运军火,加强稽查,以杜乱源。⑦

① 台湾"中央研究院"近代史所档案馆藏:《外务部全宗》,《西藏档系列西藏档宗》,光绪三十四年六月,馆藏号:02-16-007-01-012。

② 赵尔巽等编:《宣统政纪》,卷9,宣统元年闰二月十五日。

③ 台湾"中央研究院"近代史所档案馆藏:《外务部全宗》,《西藏档系列西藏档宗》,宣统元年六月,馆藏号:02-16-005-04-005。

④ 四川省民族研究所《清末川滇边务档案史料》编辑组编:《清末川滇边务档案史料》,中华书局1989年,第386—387页。

⑤ 西藏馆藏:《联豫为川军入藏事所颁告示》,宣统元年八月。

⑥ 台湾"中央研究院"近代史所档案馆藏:《外务部全宗》,《西藏档系列西藏档宗》,宣统元年九月,馆藏号:02-16-005-04-009。

⑦ 中国第一历史档案馆藏:《联豫等奏陈西藏形势紧迫应予设法筹维情形折》,宣统元年九月十四日,《宫中朱批奏折》。

川兵入藏最终还是导致双方冲突发生,宣统二年正月间川督转联豫致军机处电证明了此点,"据各员弁哨探报,均称十八夜工布番兵焚略江达存粮,劫杀汉兵民三人,二十一日我军前队管带陈庆驰抵江达,是夜拿获番侦探一名,次日仍敢抵要抗拒,不遵开导。卯刻开仗……夺获枪四十余枝,马十余匹,我兵伤两人,至酉刻始收"。"闻番官又派兵于墨竹工一带截险,已飞饬严防,勿稍大意矣"。① 接此电文后,清廷指示:"川军入藏原为抚辑地方,乃藏番愚顽不解朝廷德意,竟意敢聚众抗拒,不得不示以兵威。江达一战已足丧胆,著赵尔巽传谕各将领相机因应,剿抚兼施,勿得遇事诛戮,仍将办事情形随时电奏。"②

但达赖与驻藏大臣在藏内的相持局面没能维持多久,达赖喇嘛于宣统元年十一月初九日回到拉萨,联豫等曾亲往迎接,见过一次面,此后联豫等虽多次要求约见达赖,均辞以故。至宣统二年正月初三日,因闻川兵将至,于"夜内逃往西行",③"边觉夺吉等同去"。④ 联豫于正月初七日首次向清廷报告了这一信息,⑤但清廷接到这一信息时却已是正月十二日。⑥ 稍后旅印职商陆兴祺关于达赖已逃往印度的信息也于正月十四日到达清廷。⑦ 英国伦敦《字林报》亦于十五日报道了达赖逃印消息,《申报》又于十七日第一张第一版再次对此作了报道。⑧

达赖逃去后,清廷也命驻藏大臣尝试追回,印度商会中国代表陆兴祺于宣统二年正月十三日却电告清廷,达赖已经逃抵印度。⑨ 清廷知道达赖已难追回,达赖返藏一事只能从缓。

---

① 台湾"中央研究院"近代史所档案馆藏:《外务部全宗》,《西藏档系列西藏档宗》,宣统二年一月,馆藏号:02-16-009-04-002。

② 台湾"中央研究院"近代史所档案馆藏:《外务部全宗》,《西藏档系列西藏档宗》,宣统二年一月,馆藏号:02-16-009-01-001,02-16-009-04-003。

③ 台湾"中央研究院"近代史所档案馆藏:《外务部全宗》,《西藏档系列西藏档宗》,宣统二年一月,馆藏号:02-16-009-01-004。

④ 台湾"中央研究院"近代史所档案馆藏:《外务部全宗》,《西藏档系列西藏档宗》,宣统二年一月,馆藏号:02-16-009-04-006。

⑤ 台湾"中央研究院"近代史所档案馆藏:《外务部全宗》,《西藏档系列西藏档宗》,宣统二年一月,馆藏号:02-16-009-04-006。

⑥ 台湾"中央研究院"近代史所档案馆藏:《外务部全宗》,《西藏档系列西藏档宗》,宣统二年一月,馆藏号:02-16-009-01-004。

⑦ 台湾"中央研究院"近代史所档案馆藏:《外务部全宗》,《西藏档系列西藏档宗》,宣统二年一月,馆藏号:02-16-009-04-015。

⑧ 《达赖逃赴印度之近状》,《申报》,宣统二年正月十七日第一张第三版,[104]876—877。

⑨ 台湾"中央研究院"近代史所档案馆藏:《外务部全宗》,《西藏档系列西藏档宗》,宣统二年三月,馆藏号:02-16-009-04-015;02-16-009-02-009。

(三)新政之滥及藩部反应

清末变蒙古西藏等藩部为中央治下地方行政区划的改革,固以抵制外辱、消除内部积弊为出发点,做出了重大尝试;但在具体运作中,却因管理不善、政治腐败、经济困难等不利因素带来更多弊病,终导致各部纷纷反对新政与清廷统治。尤其至清末最后几年,清廷中央已无力为边疆地区提供财力支持,内地省份也无力为藩部地区变革提供例常协款,这更进一步恶化了清末藩部环境。

以清末各藩部为例,其各项新政均需巨额经费作后盾,但清廷中央和各相关地区却极度贫困、无法应付,中央与地方的各年度财政预算也多呈现出入不敷出现象,这对藩部、土司等地方各项新政的开展带来巨大窒碍。即以宣统三年关涉各藩部、土司的地方预算为例,广西不敷达二百一十七万余两,云南不敷达七十万余两,贵州不敷达九十万余两,热河不敷达二十四万余两,察哈尔不敷达七万零九百二十一余两,库伦不敷万三零二百九十六余两,川滇边务不敷达三十八万九千八百三十余两。① 再纵观全国,宣统三年总预算中,岁入为七千七百三十三万八千五百七十余两,岁出为九千九百二十万七千八百五十二余两,不敷达二千一百八十六万九千二百八十二余两,缺口相差过甚。② 而各处所谓入项又主要以正杂税为最巨,部款、协款及杂收入次之,田赋、盐课、盐捐、杂捐又次之。言外之意,清末关涉各藩部的各项新政主要依靠各类税收作依托,但新增赋税必将增加各部、各地方负担。

以上所示,宣统三年察哈尔、乌里雅苏台、科布多、阿尔泰、西藏等处岁入表面上仍依靠拨款或协款,但实际上部拨与协款均无依赖,它们与热河、归化城、库伦等处一样,只能通过征收各种赋税去满足岁收。而各地方又以举办各项新政为由,将这些收入作为岁出的主要内容,花费一空;不足之处,又变换花样,广肆征募。即如热河,该处自光绪三十一年十二月起开始征收四税,后又办酒、盐、罂粟各捐,至光绪三十三年十二月底,共收七万一千二百二十八两。光绪三十四年,该处又征收金银煤矿各税六万一千五百二十一两。③ 而热河所属承德府,原定五行杂税每年征银五千六百两;但开垦后,仅光绪三十四年至宣统元年一年间就征收一万一千八百

---

① 《度支部试办宣统三年各省各衙门预算总说明书》,《申报》,宣统二年十一月二十五日第一张第一版[109]881-898,913-914,929-930。

② 《度支部宣统三年预算案撮要》,《申报》,宣统二年十二月二十四日第一张第一版[110]369。

③ 《热河都统廷杰奏征收矿课并煤窑抽分各数目折》,《政治官报》,宣统元年十月二十五日第760号,第462—463页。

九十两,用所谓溢出税收部分去编练新军。① 即使如此暴敛,但该处仍称无法应付新政各项所需。如宣统二年七月热河都统奏报宣统三年预算案时就称:庚子前热河岁入才一二万,庚子后大力整顿各项五行杂税、抽征烟酒及金银煤矿各税,税收较前增加了数倍。为应付新政,热河已走到山穷水尽地步,即如热河建平县地方自光绪三十二年间设征税分局、分卡八处之多,但至宣统二年一年所收税赋却不足供各卡局花费,延至宣统二年九月,不得不将其裁撤。热河都统称:用此有限之金,办无限之事,早已力不从心,而宣统三年该处预算缺口又达二十六万之多。热河都统坦然承认,该处已经竭泽而渔,民众不堪忍受。② 即使如此,该都统并未与民休息。至宣统二年九月间,热河又将盐务升课,去增加收入,同日又征收五行斗税。③

科布多、阿尔泰为应付新政,征收各项杂税也非常惊人。如科布多,光绪三十三年借报效清廷之口,科布多大臣联魁就劝说蒙古王公及各官兵商民报捐国民捐五千六百六十五两,④至宣统二年又借新政日渐繁兴、财力日绌,通过裁撤驿站台兵、变卖屯田工具、裁减学堂人数去增加收入、压缩开支。与科布多相比,管理阿尔泰地区事务的塔尔巴哈台参赞大臣扎拉丰阿有过之而无不及。在他任大臣期间,派章京管理哈萨克事务,增加无数差使,其中征收房租一项就达一万一千八百二十六两,又要求哈萨克每年二十只羊交羊毛一普通,作价银一两二钱五分,抵作宣统元年房顶子钱;其中哈萨克房租一项自光绪三十三年下半年起至宣统元年止,共达六万九千八百九十一两。⑤

而库伦等外蒙古地区因新政而导致的苛政杂税更为惊人。在德麟任库伦办事大臣前,库恰地方自与俄通商以来,华商出张家口外即无税项;德麟任库伦办事大臣后创办捐局,委员勒索蒙汉商人,首开统捐之例,此做法导致该处蒙汉商民均生怨恨。继任者延祉继续征收统捐,至光绪三十四年止,四年间共征收捐税十八万二

① 《热河都统廷杰奏征收矿课并煤窑抽分各数目折》,《政治官报》,宣统元年是月二十五日第760号,第462—463页。

② 《热河都统诚勋奏试办明年预算表册情形折》,《政治官报》,宣统二年七月二十四日第1017号,第388—389页。

③ 《热河都统诚勋奏奈曼旗盐务升课按年呈交等片》,《政治官报》,宣统二年九月初十日第1062号第185—186页;《热河都统诚勋奏征收五行斗税银两报销折》,《政治官报》,宣统二年九月十四日第1066号,第254—255页。

④ 《科布多参赞大臣连魁奏蒙古各旗官兵报效国民捐折》,《政治官报》,光绪三十三年十月二十三日第34号,第342—343页。

⑤ 《科布多办事大臣忠瑞奏查明扎拉丰阿参款折》,《政治官报》,宣统三年二月初二日第1196号,第38—48页。

千余两,每年约四万五千五百余两。① 他又以办警察为名,统捐不足,复创铺捐,收得十数万。② 三多任大臣后,加快库伦新政步伐,其税收也较前大为增长,不仅征收金矿税、矿工人头税,又征收鸦片烟税、车驼税、木植薪碳捐税、出口林木山价税、土地升课税。当这些税收仍不能满足后,又在外蒙库伦地方大搞捐纳,鼓动王公台吉等捐银,多者几万,少者几千几百。③

清末清廷对蒙古西藏等藩部地区新政改革也进一步催生了政治上的腐败,各地官员借口新政,拼命勒索、中饱私囊。即他们乘举办新政之机,大肆铺张、罗网人员、借机分肥。如科布多光绪三十四年设立调查局一处,该局设总办二人、帮办一人、委员二人、司书三人、护兵四人,月开支达一千七百八十八两;又设调查局公所一处,需银二千两以上,所用之人均为已革人员。借此机会,该大臣又藉安置人员、开复官职之便,敛取巨额的捐复银两直到导致该处新政越改越滥。④ 又如塔尔巴哈台,扎拉丰阿任塔尔巴哈台参赞大臣时,也借施行新政机会,鱼肉边民、多方焚索,诬告恐吓哈萨克头人,索要赃银;强买强卖,与文丰泰店铺钱庄勾结,将办理军服用的非上等毛毯和块茶发给各游牧,要求用羊、牲口或银抵价;而羊或牲畜又压价收购,如羊只抵交房租一项至期不交要翻加50%的利息。该大臣手下曾三次向玛木尔伯克需索财物俄贴一万张、马四十匹;又如哈萨克房租一项,自光绪三十三年下半年起至宣统元年止,共达六万九千八百九十一两,公家动用了三万五千五百六十六两,扎拉丰阿私用了三万四千三百二十四两余,确实存在种种鱼肉边民行为。⑤

不仅分管各藩部地方官员如此,直接管理各藩部的中央机构理藩部也遭到时人批判。如宣统三年五月初一日《申报》有文章称:理藩部"向以勒索蒙古王公为一大出息,去年蒙旗某王以蒙古实业公司事入京于十一月出京,行至张家口即被扣留,延至今年二月尚未能动身。因向例蒙古王公出京,必得该部之勘合(护照之

---

① 《库伦办事大臣延祉奏创办统捐各员请奖折》,《政治官报》,光绪三十四年二月初九日第131号,第132页。

② 《详述库伦现状》,《通问报:耶稣教家庭新闻》,1906年第191期,第7页。

③ 《三多库伦奏稿》,引自中国社会科学院中国边疆史地研究中心主编:《清末蒙古史地资料荟萃》,全国图书馆文献缩微复制中心1990年,第414—415页。

④ 《科布多参赞大臣锡恒又奏设调查局员役开支工费片》,《政治官报》,光绪三十四年九月初一日第329号,第47—48页。

⑤ 《科布多办事大臣忠瑞奏查明扎拉丰阿参款折》,《政治官报》,宣统三年二月初二日第1196号,第38—48页。

类)始能沿途通行,否则量被留难。后某王特出巨款,向该部司员运动此一纸勘合,始得动身云"。① 此等议论虽非全属真实,但亦非空穴来风,从中可以窥探清末理藩部等机关之腐败,亦属事实。②

清廷新政所导致的苛政和管理各藩部事务的中央机构、地方官员之腐败,又进一步恶化了以蒙古为代表的各藩部生存环境,导致各蒙旗负债累累、生活艰难。早在光绪二十四年间伊犁将军长庚就向清廷奏报蒙古负债累累之事实。长庚称,蒙人负债之原因乃奸恶商民重利盘剥结果,即奸商贷给货物,子母兼权,年增月累,导致蒙旗债务日益增长,精河土尔扈特部负债累累,几酿巨变,他部也有欠负。其中和硕特贝子三旗共欠商民银达三万七千余两,只能分年还清。如不严为禁绝,商民之渔利弥止,蒙部之贫弱弥甚。人心涣散,浸失藩篱,非细故也。为此建议清廷强化旧有理藩院则例,限制民人向蒙古放债。今后如有商民仍向蒙古地方放债,并照内地民人与土司交往借债例,一律治罪。③ 但长庚等建议并没有达到改善各蒙古处境之目的,至清末,随着各项新政的推行,也随着中国整个统治环境的恶化,各蒙古生存环境更为恶化,各处负债比比皆是。如东蒙古的札萨克图郡王乌泰,庚子前曾向万庆、永盛等商号借银数万两,庚子后又向俄商借银四十万两,④最终不得不拿全旗路矿牲畜作抵。⑤ 又如东蒙古的哲里木盟郭尔罗斯后旗,至宣统元年十一月间该旗也因练兵及举办各项新政累欠达十五万余两,无力偿还,要求官为代借,以地租作抵,按年归还。⑥ 而外蒙古的土车两盟至宣统二年间更是债台高筑、资不抵债,即"土车两盟沙毕等三处,屡报灾祲,历年息借华俄债款,迭经报官索欠者,约计不下百万余两,询之各旗户口牲畜产业,竟有以一旗之牲畜估计价值,不足抵其债数者"。⑦ 至外蒙库伦宣布独立之时,据《外蒙独立始末记》称,库伦此前曾借大清银行八十万两、汉商六百余万两、商业取引积欠又达二百三十万两。负欠如此

---

① 《理藩部只知有钱》,《申报》,宣统三年五月初一日第一张第五版[112]475。

② 《理藩部不顾大局》,《民立报》,1910 年 12 月 24 日第 0491 页,"新闻一"。

③ 中国第一历史档案馆藏:《奏为汉人重利放债盘剥蒙古请从严治罪事》(光绪二十四年十二月二十八日),《军机处录副奏折》,档号:03-9535-013,缩微号:680-2065。

④ 《札萨克图郡王乌泰》,《申报》,宣统元年十一月二十六日第一张第一版[104]113。

⑤ 《理藩部不允为商人保债权》,《申报》,宣统二年七月二十日第一张第三版[107]950。

⑥ 《东三省总督锡良奉天巡抚程德全奏蒙旗债累困苦请由官银号借款接济折》,《政治官报》,宣统元年十一月十一日第 776 号,第 213—214 页。

⑦ 《三多库伦奏稿》,引自中国社会科学院中国边疆史地研究中心主编:《清末蒙古史地资料荟萃》,全国图书馆文献缩微复制中心 1990 年,第 285 页。

巨数,实已不堪支撑。① 1913 年 11 月份俄方驻库伦代表发回俄方紧急报告则称:"蒙古政府仅欠大清银行库伦分行一家的本息约达 150 万卢布。"②其中最大的债主则是"至圣的呼图克图及其两名重臣杭达亲王及三音诺彦汗",其次则为其他大臣及多数蒙古旗王公。③ "此外,北京一些商号也要向蒙古王公、官吏和平民收讨数十万卢布的债务。"④

　　清廷统治即将崩溃,无力救助各蒙旗;相反,自光绪三十年间兴起的新政活动却进一步增重了各蒙旗负担,直接导致各藩部起来反抗清廷统治,两者之间发生一系列直面冲突。⑤ 这一反抗逐渐由反对升课、开矿、筑路等新政发展到较为剧烈的骚乱,其中清末时期内外蒙古匪乱或马贼的兴起,即为反抗清廷统治的一种直接形式。至宣统三年随着清廷统治即将崩溃,也随着各藩部对清廷统治抵制增强,蒙古西藏等传统藩部地区反对清廷、抢劫华商等活动时有发生。如宣统三年七月间报界报道又称"乌梁海蒙人聚众抢劫华商,并枪毙商人四名",乌里雅苏台将军不得不派兵弹压。⑥

　　清末清廷对蒙古西藏等藩部实行新政本为缓解边疆危机,但清廷统治衰微和政治腐败却导致边疆危机在新政过程中变得越来越严重:新政之前,边疆危机一直体现为外国的侵渗染指,各藩部生存状况虽有江河日下之势,但未发展到与清廷分庭抗礼地步;新政实施后,随着各项新政的推行,各藩部遭受到的经济负担在增强,王公贵族等旧有权力、利益亦受到限制与削弱,各藩部生存环境更为恶化,这为外国势力借机染指蒙古西藏等传统藩部提供了契机,一些殖民势力趁此机会教唆各蒙古西藏起来反对清廷,乃至宣布脱离中国而"独立"。而随着辛亥革命后清廷统治的土崩瓦解,清廷虽试图挽回部分藩部"独立"之趋势,但在内外危机双重压力下,已无回天之力。为此外蒙西藏等遂在沙俄英方支持下掀起不承认清廷统治、脱离中国而"独立"等活动。

---

　　①　《外蒙古独立始末记》,《申报》,民国元年三月六日第六版[116]550。

　　②　陈春华编译:《俄国外交文书选译——关于蒙古问题》,黑龙江教育出版社 2013 年版,第444 页。

　　③　陈春华编译:《俄国外交文书选译——关于蒙古问题》,黑龙江教育出版社 2013 年版,第446 页。

　　④　陈春华编译:《俄国外交文书选译——关于蒙古问题》,黑龙江教育出版社 2013 年版,第444 页。

　　⑤　《理藩部札哲里木盟长遵照前札迅速查明绰克达赍搅乱鱼税各情文》,《政治官报》,宣元年三月初六日第 534 号,第 582—583 页。

　　⑥　《蒙人抢掠华商》,《申报》宣统三年七月二十四日,第一张第一版[114]273。

第五章　光宣时期传统藩属体系的
终结与转型

一、光宣时期清代属国体系的彻底终结

晚清中国自 19 世纪 80 年代起就日益强化中朝、中越、中廓等宗属关系。它试图通过强化中国在属国的宗主权去巩固这一关系，并通过对这一关系的巩固去保存已经残缺不全的属国体系。但是近代世界形势的发展已经超出清廷自身的控制能力，诸多合力所导致的破坏力量足以迫使该体系走向终结。而 1884—1885 年中法战争、1894 年中日甲午战争的爆发与中方的战败，和清末清廷统治彻底崩溃，最终导致中法、中朝、中缅、中廓等宗属关系彻底终结。

（一）中法战争与中越宗属关系之终结

1. 护边圉、保藩篱与中法宣战、短暂交锋

光绪十年七月初二日，法国海军进攻马尾军港，导致福建海军全军覆没。① 在此情况下，清廷被迫对法宣战。清廷不仅否认法越条约的合法性，而且正式收编刘永福军共同抗击法军。② 同时，总理各国事务衙门又奉旨令刘永福部来归，即"着岑毓英传知刘永福，伊既与法结仇，越南亦无恩谊，前已屡受中国接济之恩，此时自可率部来归，以定趋向"。③

自对法宣战后半年时间内，清军在越北战场上表现不错，东南沿海的法军也未占到多大便宜，但清军、法军越北对峙状况很快就因法方大规模增兵而改变。光绪

① 《李鸿章全集》，海南出版社 1997 年，第 5178 页。
② 《清德宗实录》，卷 189，光绪十年七月戊申条，中华书局 1987 年。
③ 《李鸿章全集》，海南出版社 1997 年，第 5093 页。

十年十一月曾纪泽向清廷电告了法国将向越南增兵情报："新报法新兵部省派六千兵赴粤,另六千续往,欲乘雨潦前逼我军出越。"①此后法方调大军展开攻势,至十一年正月占领谅山,随后又向中越边境推进,攻打镇南关。该关亦于光绪十一年正月间失守,至此,法军仅用两三个月时间就将中国据守越北的清军彻底挫败。镇南关的失守对清廷是一个沉重打击,实际情况表明,清军不仅未能保住北圻、守我藩篱,甚至连中越边境也难以保全。镇南关失守后,清廷迅速组织军队进行反攻,一为保中越边境,二为缓解法方进攻台湾压力。清军的反攻又取得了重大胜利,这不仅鼓舞了士气,也给清廷带来了信心。仍留越北的清军和刘永福部也展开了反攻,清军于该年二月十五日攻克了文渊,占领了谅山。②

2. 中法新约之签订与中越宗属关系之终结

尽管中方在越北又取得了胜利,但这一状况却因中法谈判而终结。早在中法相互宣战期间中国与法方的谈判仍在尝试进行。清廷不仅让曾纪泽在法国巴黎与法方交涉,又委托赫德和英国外交部与法方交涉。③清廷的要求是"李福天津草约"可以部分接受,但不能全部接受,其中尤其强调了"界务、朝贡两层,不能迁就"。④恰当清军越北反攻取得阶段性胜利时,中法外交谈判有了结果,清廷授权赫德和金登干在法国巴黎与法国达成了协议。⑤ 1885年4月4日,金登干正式致电赫德,称:"草约及解释说明书"已由他与毕乐"于今日下午4时签字"。⑥清廷接受了天津草约,同意停战。虽然中方不少大臣对这一时期放弃越南非常惋惜,⑦但清廷还是决定与法方言和。

清廷为何在反攻取得胜利的重要时期同意停战议和,此点于光绪十一年二月

① 《清德宗实录》,卷198,光绪十年十一月甲子条,中华书局1987年。

② 台湾"中央研究院"近代史所档案馆藏:《法议院因谅山之败势将主战款议一时难就更长倭人觊觎》(光绪十一年二月二十日),《总理各国事务衙门全宗》,《越南档系列越南档宗》,馆藏号:01-25-017-02-006。

③ 台湾"中央研究院"近代史所档案馆藏:《法国仍以旧拟四条为议和根本》(光绪十年九月十七日),《总理各国事务衙门全宗》,《越南档系列越南档宗》,馆藏号:01-24-010-014-051。

④ 《清德宗实录》,卷196,光绪十年十月辛卯条,中华书局1987年。

⑤ 台湾"中央研究院"近代史所档案馆藏:《中法和议已在法都画押奉旨允准咨行查照办理》(光绪十一年二月二十四日),《总理各国事务衙门全宗》,《越南档系列越南档宗》,馆藏号:01-24-019-01-019。

⑥ 中国近代经济史资料丛刊编辑委员会编:《中国海关与中法战争》,中华书局1986年,第99页。

⑦ 黄遵宪撰,吴振清、徐勇、王家祥编校整理:《黄遵宪集》,天津:天津人民出版社2003年,上卷,第172页。

间命军机大臣电寄张之洞谕旨作了较为清楚的说明。其理由主要有四点:其一,遵循近代国际法规则,即条约一旦形成,双方均应遵守。其二,清军虽收复了谅山,但法国却占领了中国的澎湖,①得失相互抵消。其三,清军如再进攻,深入越地,能否继续取得胜利实无把握。其四,即使清军能继续深入越地,但"越地终非我有",而台湾和澎湖则不同,它们都是中国版图。失掉本国国土去维持宗属大义,在晚清清廷看来得不偿失。② 从清廷同意与法国言和的几条理由可以看出,清廷实则开始放弃传统的天下理念,选择维护近代主权国家利益。即至晚清,在国际格局已经大变的情况下,中国传统宗属体制的核心价值已经让位于近代国家利益,东亚以中国为中心的宗属体系开始瓦解。这一瓦解虽有外来压力的影响,但也包含有中国方面的自我取舍。③ 而实际上清廷在授权赫德、金登干与法国的具体谈判中,就已经开始放弃传统宗属关系了。如1885年2月2日赫德给金登干的电报就称:"总理衙门答应178电内调和办法的一部分,不再争朝贡,但要在中国边境外划一条界线,线内仍由越南当局治理,法国人则不得进入此线。换言之,中国不希望扩张边境或吞并越南土地,但是要划定一条法国人停进的线。"④

光绪十一年四月间,清廷又令李鸿章在金登干所订草约基础上与法使重订条约。至此中法战争结束,越南也由清廷属国变成受法国统治的殖民地,清代的属国体系在暹罗、琉球先后从中退出后又减少了一个。剩下能够证明这一宗属关系仍然存在的就是中缅、中朝、中廓关系,但仅存的这几组关系又遭到他国纷纷染指,此实则表明清代属国体系已经瓦解。

(二)甲午战争与中朝宗属关系之终结

1.甲午战争与中国之败

光绪十九年(1893)朝鲜爆发了农民起义,朝鲜朝廷在农民起义军的打击下势将不支;为了镇压农民起义、巩固朝鲜的封建统治,朝鲜宫廷拟向中方请求援助。中方出于对属国"兴灭继绝"之"大义"和进一步强化其朝鲜宗主国形象之目的,决定进行干预。因此,中方于该年(1893)二月间派出"靖远"与"来远"两舰赴仁川

---

① 台湾"中央研究院"近代史所档案馆藏:《电陈澎湖失守情形》(光绪十一年三月十四日),《总理各国事务衙门全宗》,《越南档系列越南档宗》,馆藏号:01-24-020-02-038。

② 《清德宗实录》,卷204,光绪十年二月乙未条,中华书局1987年。

③ 郭嵩焘著、杨坚点校:《郭嵩焘奏稿》,岳麓书社1983年,第405—406页。

④ 中国近代经济史资料丛刊编辑委员会编:《中国海关与中法战争》,中华书局1986年,第76页。

"相机巡防弹压"。① 但是农民起义军之势力日益发展,软弱之朝鲜宫廷已无力镇压。在此情况下,朝鲜又向袁世凯请求中方派兵帮助镇压。

光绪二十年(1894)五月初一日,中方派出一千五百人军队首赴朝鲜。日本得知后,马上将已经准备就绪的日本军队派赴朝鲜。日本首次派出的军队多达三千余人,远远超过中方。直到该年五月初四日,日本方面驻津公使才告知李鸿章日本已经派兵朝鲜。而此前,无论是中方的驻日公使汪凤藻,还是驻朝鲜的袁世凯对于日本派兵一事都茫然不知。时至五月初九日,据报日本已派驻韩军队达八千多人;时至该年五月二十六日,日本派往朝鲜的军队已达二万多人。

时至光绪二十年(1894)六月十五日,中方才决定正式派兵赴朝鲜去与日本决一胜负。同年六月二十三日,日本首次向牙山口中方兵船开火,中日战争正式开始。而七月间,中方聂士成军在日本优势兵力的压迫下,不得不从成欢撤至平壤,至此日本在汉城军队已有二万余人。八月间大东沟海战中,中日互有伤亡,而九月间黄海海战中中方实已"严重失利"。② 此后李鸿章为保住北洋,采取退避方法,致使日本海军占有中国东南沿海的制海权,并最终导致了北洋海军遭受全军覆没之命运。

同时,光绪二十年(1894)八月至十月间的陆路战况对中方也不利。其陆军一败再败,无论是淮军还是湘军最终都溃不成军。时至光绪二十年(1894)十月二十七日,日军已经占领旅顺,中日在朝鲜的争夺最终以中方失败而告终。中方不仅未能保住属国朝鲜,未能维护住已经残缺不全的宗属体制,反而使本土遭到日本的蹂躏。

2. 中朝宗属关系之终结

甲午中日战争的爆发给了一向追求朝鲜自主身份的朝鲜国王以期望,他希冀能利用中日战争为契机,摆脱宗主国清廷之控制而使朝鲜成为东亚内的独立自主国家。因此,中日战争正式爆发的八月,朝鲜国王就下令让人拆毁了地处汉城西郊、象征着中朝宗属关系的迎恩门。不仅如此,朝鲜国王还拟在原址上建造"独立门""独立馆",③以此来表明朝鲜已下决心痛绝中朝宗属关系,追求自身的独立自主。

---

① 《李鸿章全集》,电稿,卷14,光绪十九年二月二十日辰刻,海南出版社1997年。
② 潘向明:《黄海海战研究——关于北洋舰队的失利原因及阵形问题》,《清史研究》,1994年,第4期,第88页。
③ 台湾"中央研究院"近代史研究所:《清季中日韩关系史料》,台北,1972年,第4869页。

因此,当光绪二十年(1894)十一月中方已经败给日本后,朝鲜国王马上就在《保护清商规则》中明确亮出了"朕"的称谓。① 朝鲜国王以此来表明他不愿再充当中方传统宗属体制内"属国之王"的身份,而是要当"独立"国家的"皇帝"。而光绪二十年(1894)十二月十二日朝鲜国王的"独立宣言"则从朝鲜方面正式宣布朝鲜将脱离中朝宗属关系,正式成为独立自主国家。②

此上所列举几例并非说朝鲜不应该追求独立自主的国家事业,也并非批判朝鲜"忘却"宗主国清廷的所谓"大义";而是在于说明在中日战争这一契机下、在中方失败的影响下,朝鲜方面力图借助此机会破除传统宗属体制之束缚,寻求自身的近代平等国家身份。同时它也表明,时至光绪二十年(1894),东方以中国为中心的传统宗属体制随着朝鲜从该体制内走出已经基本崩溃,朝鲜方面最终对该体制的摒弃使得该体制更为空洞。

同时,中方在战败后也被迫承认、接受中朝宗属关系终结的命运,这一点可从中方行为中得到印证。如早在光绪二十年(1894)十二月二十五日,中方就正式宣布承认朝鲜为"独立自主"国。③ 随后,1895 年 4 月 17 日中日《马关条约》第一款也载明:"中国认明朝鲜国确为完全无缺之独立自主。"④至此,中国对朝鲜独立自主之承认以国际条约的形式加以确定,中朝宗属关系也因此条约而宣告瓦解。

(三)清末中英交涉及中廓宗属关系之终结

宣统朝,清廷继承了光绪朝做法,进一步加强中廓宗属关系,企图再造宗属。但中方这些行为却引起英国关注,英方担心因此会影响自己南亚次大陆的利益,更担心中方强化中廓传统宗属关系将改变中廓现状。在这一冲突中,廓尔喀徘徊其间,既没有放弃结交英国,也没有放弃同中方的传统宗属关系,企图藉此获得最佳发展空间。为此,直到宣统年间,廓尔喀王仍向清廷进贡、上呈表文表达恭顺。如宣统二年驻藏大臣联豫就替廓尔喀王向清廷递呈了表文,清廷亦遵照光绪二年成案撰拟敕书,赏予该国王物件。⑤

但此阶段中廓关系的实质并不在中廓宗属关系如何开展,而在中英双方围绕

① 《高宗时代史》,探求堂翻刻本,第 674 页。
② 朝鲜科学院,中国科学院编:《高宗实录》,高宗三十一年十二月十二日条,科学出版社 1959 年。
③ [日]东亚同文会编,胡锡年译:《对华回忆录》,商务印书馆 1959 年,第 147 页。
④ 王铁崖:《中外旧约章汇编》,生活·读书·新知三联书店 1957—1959 年,第 614 页。
⑤ 《军机处奏撰拟廓尔喀王敕书等片》,《政治官报》,宣统二年二月初二日,第 848 号,第 45 页。

廓尔喀是否为清廷属国,以及英方为防范清廷藩部改革波及廓尔喀而展开交涉。宣统二年正月十七日,清廷收到英国公使朱尔典照会,文称:"昨日面告贵部以目下西藏所历情形,英政府恐于我五印度边境各邻邦有所关系。西藏内政,英国不愿干预,惟确系邻邦并与边境各邻邦相交亲密,而邻邦内尤亲者为廓尔喀,凡应行施各法保其利权之处,英政府无可拦阻。"① 接英方照会后,清廷外务部致电川督、驻藏大臣进行指示,不仅强调了涉藏问题如何应对,而且还提及廓尔喀问题,但却未作为重点。② 随后外务部回复了英方照会,其主要也只是回答了西藏问题,而对清廷与廓尔喀的宗属关系,清廷未做正面答复。③

宣统二年三月二日,新任英国驻华公使麻穆乐再度照会清廷外务部,要求中国改革西藏内政,不得妨碍廓尔喀、布坦(不丹)、哲孟雄等国国体。④ 这一照会表明英国已不承认中国对廓尔喀有近代意义上的宗主权,更不会容忍清廷用近代外交手法去强化中廓宗属关系。面对英方如此照会,清廷除再度强调西藏问题应遵循此前中英所订条约、英国应尊重中国主权外,对廓尔喀问题终于做出了正面回复。即"廓部本中国藩属,布哲二邦,亦均辑睦。将来西藏内政如有整顿之处,亦无非为藏地益臻安谧起见,当不至与各该国有所牵涉"。⑤ 言外之意,廓尔喀为中国属国乃事实,清廷不会因西藏改革影响到中廓传统关系,更不会影响到廓尔喀内政。清廷想以此给英方一颗定心丸,但英方对清廷的如此答复并不满意。

英方紧紧相逼,亦引起驻藏大臣注意。一下子割断中廓传统关系尤其是廓藏关系更让驻藏大臣难以接受。而且驻藏大臣担心英国吞并廓尔喀、不丹不利于西藏稳定,更不利于西藏安全。为此,他在给清廷电文中明确要求清廷做出应对,即"英人于无可干预之中仍以邻邦藉口哲孟雄,谓为邻邦,尚无不可。廓尔喀为我属国,至今朝贡不绝,已不在邻邦之列。至布鲁克巴木我属地,不得为邦,安得谓邻。

① 台湾"中央研究院"近代史所藏:《外务部全宗》,《西藏档》,馆藏号:02-16-009-04-034,宣统二年一月。

② 台湾"中央研究院"近代史所藏:《外务部全宗》,《西藏档》,馆藏号:02-16-009-04-037,宣统二年一月。

③ 台湾"中央研究院"近代史所藏:《外务部全宗》,《西藏档》,馆藏号:02-16-009-04-038,宣统二年一月。

④ 台湾"中央研究院"近代史所藏:《外务部全宗》,《西藏档》,馆藏号:02-16-009-02-105,宣统二年三月;《清宣统朝外交史料》,卷13,第3687—3688页。

⑤ 台湾"中央研究院"近代史所藏:《外务部全宗》,《西藏档》,馆藏号:02-16-009-04-111,宣统二年三月。

英人竟与哲孟雄相提并论,其用心可谓深且险矣".①

不久后,驻藏大臣联豫致信不丹国王和中方拟对廓尔喀首相实行封爵等又遭到英方反对。英国公使于宣统二年九月十五日致清廷外务部照会就称:驻藏大臣致不丹国王信,称:"中国于布坦有上国之权,或亦可有主权。""本国政府又闻拉萨消息,谓拟速派中国专使将中国皇帝御信并封爵之书,递与廓尔喀首相及布坦国君,矧廓尔喀驻拉萨使臣于关系廓尔喀首相之语,证实其言,似此情形,本署大臣接奉本国政府咨饬以甚望此等消息即为无根之谈,嘱即声明前来。"②为表示其反对有理,英国公使将该国与不丹于宣统元年十一月二十七日所订条约一同附上。清廷外务部于同月二十六日照会英方,对英方提法进行驳复,强调了中廓传统宗属关系,即中方驻藏大臣"行文该部长均用檄谕"和合法性。并对英方与"布坦所订条约"不予承认,认为它不能"因此改变中国与布坦历来之办法"。尤其特别强调了中方欲强化中廓宗属关系的正当性:"来照以不允有碍廓尔喀并布坦、哲孟雄之国体一节,查廓尔喀历年来京进贡,久已服属中国,布丹亦系中国属邦,均不能与哲孟雄之照约归英保护者视同一律。中国对于不丹事件,仍照成例办理,并非与其国体有所更变,特此声明。"③

接中方照会后,英方又于宣统二年十二月十八日再度照会中方不能承认中廓间宗属关系:"本国政府于廓尔喀向与中国礼貌交谊,并无停歇之处,然亦未能视为中国之属国,且亦毫不依赖中国。就条约同心而论,与英国政府之交际甚觉亲近,又须劝导廓尔喀政府照此而行。其布坦文牍之事,总应按照本年九月十五日麻署大臣文内之办法,否则无人承受。"不仅如此,英方还拿西藏问题威胁清廷,要求清廷接受英方要求,否则绝不承认清廷的西藏统治。④ 宣统三年四月十二日英方再度照会清廷外务部,拒不承认中国同廓尔喀的宗属关系。⑤

清廷于宣统三年三月初二日再度照会英方,声称不能放弃同廓尔喀、不丹等宗

---

① 台湾"中央研究院"近代史所藏:《外务部全宗》,《西藏档》,馆藏号:02-16-010-01-050,宣统二年七月。

② 台湾"中央研究院"近代史所藏:《外务部全宗》,《西藏档》,馆藏号:02-16-010-01-078,宣统二年九月。

③ 台湾"中央研究院"近代史所藏:《外务部全宗》,《西藏档》,馆藏号:02-16-010-01-083,宣统二年九月。

④ 台湾"中央研究院"近代史所藏:《外务部全宗》,《西藏档》,馆藏号:02-16-010-01-091,宣统二年十二月。

⑤ 台湾"中央研究院"近代史所藏:《外务部全宗》,《西藏档》,馆藏号:02-16-010-02-020,宣统三年四月。

属关系。① 但此时清廷政局非常不稳,尤其是川乱爆发直接导致边藏局势又为一变。在此状况下,清廷几无能力维系自身统治,更无实力抵制英国对廓尔喀殖民,亦无力改造中廓传统宗属关系。为此,其对英方多次照会、坚持中国为廓尔喀宗主国等做法,恰如清末时人批判那样,"不过冥顽之政府,偶感于民间之权利收回论,欲一现此无果之花以谢国民"。② 这一现状实则表明这一传统关系至清末已无法存续下去,其最终瓦解乃必然之势。

二、光宣时期传统藩部体系的瓦解及转型

(一)清末蒙古各部的转型

至 1911 年(宣统三年),随着驻库伦办事大臣三多在外蒙地区加紧推行新政,外蒙各部对清廷统治之抵制亦在加剧,且发展到借助外来殖民势力进行对抗的地步。③

宣统三年十月初八日,清廷连收三多四份来电,四份电文均表明库伦局势正在发生激变。致内阁的第一份电文就称:"蒙人识浅,闻谣易惊,请饬在京蒙王发电宣慰,保安众心,多叩,庚。"④第二封电文则称:"密探杭达隐佛处,歌乞退未允。蒙调兵、俄助械,拟效自立,恐口舌无功,即设法密陈阁,立罢斥,派蒙大臣兼署,或可挽救,至急。庚,多。"第三份又称:"庚电谅转陈,事机急迫,非外交难挽回,已与俄领密商保治安,伊允向蒙古阻调兵,明日再邀各王公面谈,如何,续电代禀,多。"第四份电文却称:"庚青两电谅转陈,国是如此,谋益狡,革党到、俄蒙合,外交难恃,留益招忌,请速简绷大臣掌印,可纾眉急,迟恐官电不通,印房诸员已纷请假,以后文件寄印房勿附函。蒸,多。"⑤以上二、三、四份电文均经驻京库伦文报局转呈清

---

① 台湾"中央研究院"近代史所藏:《外务部全宗》,《西藏档》,馆藏号:02-16-010-02-012,宣统三年三月。

② 秋桐:《论尼泊尔》,《申报》,宣统三年闰八月十九日第一张第一版,第 113 册第 712 页。

③ 陈春华编译:《俄国外交文书选译——关于蒙古问题》,黑龙江教育出版社 2013 年版,第 29—30 页。

④ 中国第一历史档案馆藏:《为请饬在京蒙古王公发电宣慰本地蒙人事》(宣统三年十月初八日),《电报档》,档号:2-02-13-003-0112,缩微号:007-2332。

⑤ 中国第一历史档案馆藏:《为蒙古调兵俄国助械等事》(宣统三年十月初八日),《电报档》,档号:2-02-13-003-0211,缩微号:007-2422。

廷,由电文一可知,库伦局势更趋不稳,所谓谋"自立"的言论纷传,活动频频,鉴于此,三多一改此前要求清廷派蒙古王公赴库伦宣布德意作法,而是要求由在京蒙古王公发电宣慰,以安人心。而电文二表明库伦局势又有了更多变化,杭达王已经回到库伦,俄蒙联合一事已经达成,为此,才有库伦地方"蒙调兵,俄助械,拟效自立"事。三多已认识到库伦事态非口舌所可转移,鉴于事机危急,要求清廷将自己立即罢免,改用蒙古大臣绷楚克多尔济兼署,或可挽救,以免库伦宣布独立。电文三表明库伦局势已经混乱,治安难以维持,三多无奈,只得求助俄领,密商保治安办法,阻止蒙古调兵。电文四表明三多求俄援助计划失败,库伦局势更不可收拾。而"革党到"则表明辛亥革命亦对库伦产生了重要影响,但当时谁为革党,革党中谁到了库伦,是否指此后出现的"库伦共和会"①,不得而知。俄蒙合则表明库伦活佛等自立活动得到俄方支持,俄方不会帮助三多维持库伦局势。更糟糕的是驻库伦钦署已成空巢,印房人员纷纷请假逃亡。

三多去职后,诸多情报只能由库伦电报局委员顾保恒向清廷进行报告。如宣统三年十月十二日,库伦电报局致电邮传部称:"库伦活佛定于十三日独立,掌印大臣带印进口,金厂闲人数逾两万,市面大慌,电局界官商之间。蒙人尚未过问,且到处抢劫,脚力大昂,欲归亦苦……"②十月十六日库伦电局委员顾保恒又电称:"三大臣于十四日被逼,起程,由恰入都。现在市面时有抢劫,有俄兵万余名,昼夜巡查,不致大乱。"

活佛宣布独立后出示了独立告示,其文如下:"喀尔喀库伦齐集之汗王贝子公扎萨克及康布山卓特巴,达啦嘛等,为出示晓谕事:近来迭闻内地各省满汉,彼此反乱,致灭大清之名。查蒙古原系独立之国,是以现在议定,仍照旧制,自行立国,将一切事权,不令他人干预,业已行文撤销满汉文武大小官员之权,并令即日回籍。此举无非撤销官权,令其回籍而已,并非无故损害良民之意尔。商民人等自当照常贸易,安心居住,万不可妄造谣言,摇动人心。至本(图)车两盟调传蒙兵一节,原因时势危险,调在库伦近处训练,上则保护佛爷以及黄教,下则守备郡民以及地方。尔等勿得疑惧,惟将有竟敢侵犯者,立即处治,倘有无知人等,违碍自行立国之事或任意滋事,抢窃为非者,即从严惩处,合丞出示晓谕。……辛亥十月十二日。"③以

---

① 中国第一历史档案馆藏:《为外蒙四部此次义举初衷等事》(宣统三年十一月二十九日),《电报档》,档号:2-02-13-003-0791,缩微号:008-0292。
② 《库伦亦脱离满清羁绊矣》,《申报》,宣统三年十月二十一日第一张第一版[115]583。
③ 《库伦独立之详情》,《申报》,宣统三年十一月十一日第一张第一版[115]839。

上告示特别强调库伦之独立并非单纯脱离清廷之统治,也非仿照内部各省之宣告脱离清廷统治而独立,而是要成立一个独立的国家,即外蒙古国。

不仅如此,库伦宣布独立后,还派人向内外各盟旗传递伪公文,要求各处随同独立,并颁布了《致内蒙古王公八项优待条件》,即:"一、凡内蒙古王公归顺者,仍袭现职,年俸皆加倍赐给,由库伦政府支取;二、凡王公以下皆晋升一级,其年俸由库伦政府支给;三、各旗政费及军费,若有不足,库伦政府予以适当补助;四、各旗若有改革之处,库伦政府竭力援助;五、内蒙古人民也可充库伦政府官吏,得(与)外蒙古人享有同等权利;六、一切租税均与外蒙古一律,不加偏重;七、库伦政府有维持内蒙治安之责,若民国加压迫,政府必派军队保护;八、以上各条由呈归顺库伦政府之日起生效。"①

在外蒙活佛及王公诱惑下,内外蒙古亦起反应,内蒙古六盟四十九旗中,先后有三十五旗支持或响应库伦独立。② 其代表者有"锡林郭勒盟的所有十个旗、哲里木盟十个旗中的七个旗、昭乌达盟十一个旗中的六个旗、乌兰察布盟六个旗中的五个旗、卓索图盟五个旗中的两个旗、伊克昭盟七旗中的五个旗"。③ 其中东蒙古呼伦贝尔道辖各蒙,于二十六日晚聚众千人,购有枪五百杆,派人到营,声言二十七日晨五钟攻城,要求城内军队商民各挂白旗,否则全行攻杀。道厅虽迭日劝谕,迄未解散,其势益炽。④ 至二十七日,呼伦厅属蒙旗果于该日八点钟攻城,驱逐了道厅官员,宣布独立。⑤ 同期乌里雅苏台也因受库伦影响,于宣统三年十一月二十五日左右宣告独立,并组织临时政府,不仅召集各部落王公订定权限,又遣使赴俄,请俄政府代向中国政府关说承认其为独立国。⑥

而此际国内各处的"独立"活动客观上更加剧了库伦危机的恶化。据报载,宣统三年十月二十五日山西民军已由大同东下,自张家口到绥远城均归入民军之手。绥远城将军堃岫不知下落,归化城等处亦闻风响应,张绥铁路司员已逃至天津。⑦

---

① [日]滨田纯一、柏原孝久:《蒙古地志》,日本富山房出版1919年,上卷。

② 苏联科学院,蒙古人民共和国科学委员会编:《蒙古人民共和国通史》,科学出版社1958年,第2卷。

③ [蒙古]Sh·桑达克《蒙古的政治与外交》第一卷,乌兰巴托,1971年。

④ 中国第一历史档案馆藏:《为库伦劝告蒙旗随同独立已有蒙兵聚集事》(宣统三年十一月二十七日),《电报档》,档号:2-02-13-003-0772,缩微号:008-0272。

⑤ 中国第一历史档案馆藏:《为蒙兵持枪驱逐华商等情事》(宣统三年十一月二十八日),《电报档》,档号:2-02-13-003-0782,缩微号:008-0280。

⑥ 《乌里雅苏台宣告独立》,《申报》,宣统三年十一月二十五日第一张后第一版[116]165。

⑦ 《民军占领张家口记略》,《申报》,宣统三年十月二十五日第一张第五版[115]637。

关内外局势已非清廷所能控制,这给孤悬塞外的库伦提供了极好机会。为此库伦方面乘机发出了第一道"檄文",劝导内外蒙古一同独立,文称:"喀尔喀库伦齐集各王贝子公札萨克堪布、商卓特巴达喇嘛等为咨行事,本盟长副将军何贝等……彼此相商,共同一致,于本年十月初八日呈递曼达尔,请示活佛,呈称现今时势艰难,甚为可惧。本蒙古前以清皇仁德,推崇黄教,是以倾心归服,近年以来有名无实,本蒙古所受一切困苦逐日增加,情事昭然,人所共见。现值南方大乱,各省独立,清皇权势日就凌夷,国体变更,指日可待。""我蒙古亦宜联合各盟自立为国,以便保我黄教,而免受人权力压制之苦。"[1]第二次檄文又称:"窃查清国遣派大臣驻库以来,欺压蒙众、骚扰地方,业将该大臣等逐出境外,建立蒙国……总以汉官执掌国权,办事多不平允,需索蒙众,败坏宗教一切旧规,并不体恤,因而各自失望。现在汉人互相仇视,所在军兴,一时断难平静,显然共见。今藉与活佛呈递曼达尔之便,业将时势危迫,本同族、同宗谅必允从。"[2]

尤为糟糕的是,清末风靡一时的"民族"革命术语之宣传更激化了汉族与蒙满藏等族之间的矛盾,客观上亦加剧了库伦等蒙古地区危机。如此际革命阵营所宣传的革命主张虽不乏五族共和等正面内容,但亦包含有传统的"华夷大防"思想和狭隘的民族主义、民族仇视情节,人为地将"大汉"与"满蒙"对立起来。如此期间代表革命阵营的报刊《民报》撰文就鼓吹"大汉族主义"。[3] 而章太炎等在《排满平议》一文中甚至提出了这样的治国设想:"若满洲政府自知不直,退守旧封,以复鞅鞨金源之迹,凡我汉族,当与满洲何怨,以神州之奥博地,邑民居殷繁至矣,益之东三省,愈泯莽不可理。若以汉人治汉,满人治满,地稍迫削,则政治易以精严,于是解仇修好,交相拥护,非独汉家之福,抑亦满人之利。"[4]以此为论,革命阵营将一切反对清廷的力量均视为盟友。为此,当库伦独立、活佛要自立建国时,《民立报》却把库伦独立视为革命,[5]称建立库伦革命政府,视杭达多尔济为革命派,举活佛为"大都督",满怀激情地欢呼库伦等外蒙地区的独立分裂行径。[6] 而《申报》发表《砭蒙篇》一文又称:蒙人受清廷专制之苦,受喇嘛教经典之害为理由,以此去动员

---

① 《民国经世文编》,上海经世文社印行,1914 年新编,正编内政三,第十八册第 2 页。

② 《民国经世文编》,上海经世文社印行,1914 年新编,正编内政三,第十八册第 3 页。

③ 《宁杭两城之旗人看》,《民立报》1911 年 10 月 29 日,第 2505 页。

④ 章太炎:《排满平(评)议》,《民报》(四)第二一至二六号合订本,科学出版社影印,1957 年,第11 页。

⑤ 《西北非虏廷有矣》,《民立报》1911 年 12 月 11 日,第 2804 页。

⑥ 《库伦独立记》,《民立报》1911 年 12 月 13 日,第 2822 页。

蒙古人起来反清,顺从革命,建立共和。为此,该文将蒙古人为何不愿共和,视之为不解之谜。①

面对内地各省纷纷独立而边陲库伦等处又"援俄独立"活动,此际清廷实无回天之力,《申报》一则报道较为真实地反映了清廷所处困境:"蒙古自今年夏间杭达联合各蒙王具盖印公文,持往俄都求俄保护,值俄总理大臣被刺,其事暂戢,遂由库伦掌印大臣三多嘱各王具呈不承认杭达所为,并咨请外务部、理藩部早为筹备。乃咨方达京,而武昌事起,政府无暇及此,杭达遂与俄结联,脱离满清羁绊。"②而该年十月间,外务部的一份说帖不仅进一步揭示了清廷的尴尬处境,更罗列了清廷那可怜的因应方略。说帖认为清廷统治外蒙不利因素有两大方面:外部,蒙古万里与俄接壤,行政、练兵等新政,尤关交涉,加之蒙人过信宗教,哲布尊丹巴亲近俄人,俄人利用之;内部,自办新政以来,惜库伦办事大臣三多甚亟,而不察蒙情,不与哲布尊丹巴融洽恩信,办事出以操切,遂致群情携贰,怨语繁兴。又因各省援攘之际,库伦亦宣告独立矣。而其因应方略为:当务之急,遣派蒙古王公及明干大员驰往库伦,宣布朝廷德意,取消独立。蒙古地方宪政事宜,因地处边陲,风气未开,习惯与内地异,过去办理失当,今后应会同各王公堪酌办理。练兵事宜建议归蒙古王公自练,俄人自无异言。③

但库伦活佛宣布独立称帝,已经影响到各蒙旗。为防止各蒙古蜂拥而动,清廷最终又不得不设法应对。宣统三年十月间清廷特派阿穆尔灵圭赴车盟各旗会同东三省总督赵尔巽安抚部众,十一月初二日,东三省总督赵尔巽又会同办理各蒙旗事务的阿穆尔灵圭共同致电清廷,汇报安抚方略。其对策主旨为"联络各内蒙各旗,宣布朝廷德意为入手要策";其活动方略为,鉴于地方辽阔,"即日先派科尔沁辅国公那逊阿拉毕台呼星夜驰赴西二盟,躬赍文件,广为晓谕。其东四盟拟由阿穆尔灵圭于哲里木 盟择定适中之地,咨行木盟各王公定期会集,面为告诫。其余三盟即由各该王公分头颁布文谕,以取便捷"。④ 初七日,阿王遵清廷旨意,刊刻了办理蒙旗事宜关防并正式开用。同日又派科尔沁辅国公那逊阿拉毕台呼躬赍文谕,赴西

---

① 《砭蒙篇》,《申报》,宣统三年十二月初三日第一张第三版⌊116⌋236。
② 《库伦亦脱离满清羁绊矣》,《申报》,宣统三年十月二十一日第一张第一版[115]583。
③ 台湾"中央研究院"近代史所档案馆藏:《抄录本部与俄使关于蒙事交涉节略并附陆使译报以备酌核》(宣统三年十月二十日),《北洋政府外交部全宗》,《中俄关系列宣统三年外蒙情形宗》,馆藏号 03-32-134-01-037。
④ 中国第一历史档案馆藏:《为拟办各蒙旗事宜办法事》(宣统三年十一月初二日),《电报档》,档号:2-02-13-003-0514,缩微号:008-0024。

二盟,东四盟将由阿王于初九日赴昌图,定期会集哲里木盟各王公面为告诫。①

除派阿王赴内蒙安抚各蒙旗外,此际清廷也试图派人赴外蒙劝告活佛取消独立。理藩部拟派多尔济帕拉穆与现任科布多办事大臣桂芳同往,前者曾任库伦盟长十数年,与活佛感情甚好,后者此前曾任海参崴领事,亦与俄人交涉有年,情形较熟,为此清廷内阁拟派二人前往,一面联络活佛,一面对待俄国。②

清廷这些活动却遭到外蒙王公贵族反对,宣统三年十一月二十九日,所谓库伦蒙古共和会呈外务部转那亲王、多郡王等电就称:"来电已悉,外蒙四部此次义举,本为保种、保教、保全领土起见,并非谋位苟禄者可得而喻。现在众志成城,大局已定。休言人群败类,即有善于品箫者腾空而来,亦难解散,且与多、桂二使,不惟无事可议,并不容其来库,特此。库伦蒙古共和会电复。"③

此际内蒙古部分王公为维护国家统一,却做出了巨大贡献。十一月初九日阿穆尔灵圭赴旗,即日到辽源,与各王公会。十三日阿王致电内阁,在外蒙宣布独立环境下公开宣布"内蒙古与中国一体"。这一立场对清廷乃至清末中国无疑是件好事,同时也表明在清廷传统天下一统秩序即将彻底崩溃之际、中国传统藩部体系转型之时,虽有外蒙等在外来势力唆使下力图独立,但内蒙等王公却认同中国一体,同意变藩部为近代主权国家下不可分割的行政区域。也正如此,当阿穆尔灵圭得知选举法已经订定后,特要求内阁"电示",以举员入国会与议国事,赞同立宪政体。④ 十一月二十八日,阿穆尔灵圭又致电清廷内阁,报告安抚内蒙各旗情况:闻库伦活佛喇嘛僭号,内蒙摇动堪虞,除派员宣慰,复译发蒙文示谕,多方晓谕。现查车盟蒙情尚称安靖。前经定于十二月初一日会集车盟各王公面宣德意,并谓保国之策,俟莅会再行电闻。同时对于清帝退位、政权如何鼎革、国家将向何处发展,也深为关注:"南北协议是否有成,国会何时可开","惟钧阁政策所在,即现势如何,务请电示,俾便遵依酌办。""窃谓乾坤鼎沸,仰赖转旋,无论和战,似宜厚集兵力,以壮声威。"⑤而

① 中国第一历史档案馆藏:《为遵刊关防请开用查照立案等事》(宣统三年十一月初七日),《电报档》,档号:2-02-13-003-0569,缩微号:008-0085。
② 《库伦独立之详情》,《申报》,宣统三年十一月十一日第一张第一版[115]839。
③ 中国第一历史档案馆藏:《外蒙四部此次义举初衷等事》(宣统三年十一月二十九日),《电报档》,档号:2-02-13-003-0791,缩微号:008-0292。
④ 中国第一历史档案馆藏:《为赴蒙旗后即到辽源与各王公会见等事》(宣统三年十一月十三日),《电报档》,档号:2-02-13-003-0642,缩微号:008-0158。
⑤ 中国第一历史档案馆藏:《为车盟蒙情现尚安靖及东三省总督电请备战事》(宣统三年十一月二十八日),《电报档》,档号:2-02-13-003-0783,缩微号:008-0282。

在京蒙古王公亦在为库伦独立事寻求对策,他们从维护国家统一、民族共和立场出发,坚决反对外蒙独立。他们在蒙古实业公司召开大会,以蒙地毗连英俄,一经独立,恐招干涉,拟公电哲布尊丹巴活佛,恳其取消独立。清廷理藩部尚书达寿亦通电外蒙古王公贝勒及乌里雅苏台、科布多、青海、塔尔巴哈台、伊犁各将军大臣等,竭力劝慰蒙民,各安生业,以维大局。① 宣统三年十一月十三日,内外蒙古及新疆回部各王公又共同上书袁世凯,条陈藩部事宜。认为此次库伦独立并非反对朝廷,实乃因种种弊端所致,内则理藩部、外则各处办事大臣压制虐待,无所不至,故起反抗。若此类弊政不除,恐内外蒙古及各回部皆将蹈库伦覆辙,并提出了除弊办法数则。此次与会署名者外蒙十二人,由冈达多尔济领衔;内蒙十一人,由阿穆尔灵圭领衔,回部王公若干人。该条陈经清廷内阁转理藩部。②

鉴于俄方鼓动支持外蒙独立,至宣统三年十一月后革命阵营亦逐渐抛弃原有狭隘民族情绪,开始鼓吹五族共和、共建民主共和国方案。宣统三年十一月二十四日,革命派人士温宗尧答《申报》记者问时就称:"民军革命之宗旨,系欲推倒专制政体,俾华人得享特别权利及良政府之幸福。""蒙人对于革命,必当满意,盖如革命成功,则可与中国本部之人享同一之权利。"③其后革命党人代表伍廷芳又公开致电内外蒙古王公,宣讲共和政府宗旨。④ 稍后孙中山又公开致电蒙古各王公,劝他们以国事为重,共同维护国家利益,防范俄国侵略。⑤ 袁世凯为首的北京政府于民国元年六月三十日也通过库伦电局委员致电哲布尊丹巴,劝其取消独立。⑥

南方革命党人对民主共和的详细阐释,北方袁世凯政权对满蒙回藏等王公贵族的优待承诺,以及五族共和共建近代主权国家的宏伟蓝图,终对大部分蒙、藏、回族王公产生吸引。宣统三年十一月间那彦图、贡桑诺尔布、博迪苏等数十人组成了蒙古同乡联合会,该会表面虽以保存黄教为名,实则为联络内蒙古数旗之机关,为联络各蒙旗建设共和伟业而努力。⑦

为此,接伍廷芳、孙中山电文后,在京蒙古王公以蒙古联合会名义复电对方称:

① 《库伦独立后之现状》,《申报》,宣统三年十月二十六日第一张第一版[115]653。
② 《蒙回将北清有矣》,《申报》,宣统二年十 月十四日第一张第一版[116]21。
③ 《纪温宗尧君之谈话》,《申报》,宣统三年十一月二十四日第一张第三版[116]149。
④ 《伍廷芳复蒙古各王电》,引自《申报》,宣统三年十一月三十日第一张第三版[116]213。
⑤ 《孙中山全集》,第2卷,中华书局1982年,第47—48页。
⑥ 引自李毓澍:《外蒙古撤治问题》,《台湾"中央研究院"近代史所专刊》(一),1976年,第13—14页。
⑦ 《蒙古王公之卓识》,《申报》,宣统三年十二月初十日第一张第六版[116]296。

"上海伍代表鉴,前奉鉴电即南京孙中山君来电,均已诵悉,合五大民族组织共和政体,使全国人民得享自由幸福,规划之宏,震烁今古。此本无所用其反对,惟以蒙古制度风俗语言文字向与内地不同,又以地居全国大半,民风强悍,逼处强邻,一有变动,危险实多。而自民军起事以来,南北阻绝,谣诼繁兴,传闻各异,处此惊疑之地,自难免误会之端。今幸承谆察,不惮详悉指陈……现由吾蒙古王公组成旅京蒙古联合会,以为议事之地,并立蒙古公部以为执行之机关,公部干事人员内蒙则有办理各盟蒙旗事宜阿亲王,外蒙则有三音诺颜部落那亲王。尊处如有应商事件,尽可直接通电,无须另举代表南行,以免稽延时日。"①从蒙古联合会回伍廷芳、孙中山电文可以看出,他们始终坚持蒙古为中国领土,亦认同合汉、满、蒙、回、藏五族为一家共建民主共和国家方案,但同时又强调了蒙古各部旧有制度风俗、语言文字与内地不同,要求在近代新型国家构建过程中兼顾蒙古等由传统藩部向近代主权国家治下行政区域转型的过渡性,反对与内地一刀切做法。也正因如此,再加上同袁世凯继承下来的北京政府有更深情感、更多接触,且双方在国家构建上有更多共识,蒙古王公对于南行参加会议一事同袁世凯等北方政府保持一致,即不同意南下。

蒙古王公不仅为蒙汉联合、共襄共和出谋划策,民国成立后,鉴于南北不和、内忧外患频仍不息,又以蒙古联合会名义致电南北各方,劝告双方以国事为重共负艰难。② 即此可见,从整清长时段历史看,至晚清尤其是清政权最终崩溃之际,以蒙古为代表的传统藩部大体上也完成了自身转型。其间虽有外蒙库伦、乌里雅苏台等宣布脱离中国而自主立国,但广大东北、西北蒙古地区却始终认同为中国之一部,最终较为成功地实现了向近代主权国家下边疆行政区域身份的转型。它们在将自身纳入中国不可分割之一部的前提下,也实现了自己由传统藩部向近代民族地区的转化。在这一转化过程中,各蒙古上层王公贵族虽对帝制下所享特权心怀眷意并提出一些要求,但在国家大局面前,仍以大局为重,认同蒙古为中国之一部,赞同共建五族共和新中国方案。为此,当袁世凯当上大总统后,蒙古王公等鉴于外蒙古无独立可能,将来必受外人操纵,深为担忧,其中如"帕王"等尤醉心共和,急欲联五族共和振兴中华。为此,他们曾多次邀集各王公,陈请袁世凯从速筹办方略,让外蒙取消独立。③

① 《蒙人亦渐倾向共和矣》,引自《申报》,宣统三年十二月十八日第一张第三版[116]357。
② 《蒙古联合会电》,《申报》,民国元年三月二十九日第一版[116]739—740。
③ 《将派蒙古宣慰使》,引自《申报》,民国元年三月一日第三版[116]502。

（二）清末西藏等处的转型

尽管晚清清廷为藏务整顿做出了诸多努力,但在自身政策不善、各国殖民势力挤压和革命高潮日益疯涨的刺激下,终导致藏内新政遭到流产,局势日益恶化。至宣统三年六月间,藏内出现百货昂贵局面,火纸每束值银八钱,酱油每斤值银八九钱,大麦酒每斤值银一两二钱,其他如绸缎布匹针线以及制成之衣服、鞋袜、靴帽等常用之物,均较内地价高数倍。而出口却大受削弱、洋货充斥藏内。① 尤其是英人将铁路修至亚东后,运道更为便捷,英人向西藏大肆倾销商品,甚至一次运来洋灯数量竟达十万箱。② 而当革命大潮即将来临之际,时人对清廷治藏亦进行严厉批判,如宣统三年八月《申报》载文公开批判驻藏大臣联豫时就称:"西藏来函,现在驻藏联大臣办理西藏事务,颇主严厉,已将番官粘冬等正法者九人,利乌厦等解往四川者五人。惟查抄商上银库、造币局及番官四大噶布伦之家款不入公,收为己有,则人言藉藉,未免不自爱惜云。"③诸如此等言论,④更进一步激化了川乱爆发,对藏边局势亦带来不良影响。宣统三年八月间代理边务大臣傅嵩炑报告清廷时就称:"边地谣传,川路让与外人蛮民惊恐,已有蠢动之势。""川一时不靖,边地立即危险,设使数年戡定之藏,一旦失败,炑身不足惜,如大局何?"⑤果然川乱后,藏内川军亦发生政变,"番民乘隙蠢动,铲关以外,扰攘不可终日。钟颖所带全军,同时溃乱掳掠,联豫强拥钟为首领,自己逃至喇嘛寺,被军人拿获,拘禁巴安寺等处。讹言沸腾,各界纷纷迁徙。里塘黄土岗、火烧坡一带夷人,出全力扰害汉人。西军情涣势散,无御之者。于是聚众数千,分驻各隘,抢掠劫杀,日甚一日。"⑥稍后,联豫的拘禁虽被解除,但传来的却是驻藏大臣联豫要求解除职务电文。⑦ 即使是曾经一度在川藏边界从事垦务的农民,此时也因成绩不佳、藏边寒冷、形势恶化,纷纷逃去。⑧ 驻藏大臣联豫被逐、新军推举钟颖为统帅后,逃印达赖开始利用清末清廷统治即将崩溃机会返回西藏。回到西藏的达赖认为此次出逃得益于英人保护,日益

---

① 《西藏紧要通信》《民立报》,"新闻一",1911 年 6 月 5 日,第 7 册,第 1491 页。

② 《西藏紧要通信》《民立报》,"新闻一",1911 年 7 月 13 日,第 8 册,第 1828 页。

③ 《联豫治藏政策》,《申报》,"要闻二",宣统三年八月初七日,[114]486。

④ 《京师近事》,《申报》,宣统二年七月十七日第一张第五版,[107]839。

⑤ 台湾"中央研究院"近代史所档案馆藏:《外务部全宗》,《西藏档系列西藏档宗》,宣统三年八月,馆藏号:02-16-010-02-044。

⑥ 《川藏番乱之隐忧》,《申报》,民国元年三月五日第六版,[116]540。

⑦ 中国第一历史档案馆藏:《为现在驻藏大臣在拉萨拘禁全藏情形极为危险事》,宣统三年十月初十日,档号:2-02-13-003-0581,《电报档》。

⑧ 《西藏紧要通信》,《民立报》,"新闻一",1911 年 7 月 13 日,第 8 册,第 1828 页。

走上亲英道路。不久后,他利用川乱爆发、外蒙事实上独立、内地各处革命蜂起机会,驱逐了钟颖,撤除了驻藏大臣行辕,囚禁清廷官吏,①宣布西藏脱离清廷统治。② 这又导致西藏与中央关系更为复杂,且使此后中英双方围绕西藏问题的交涉更显纷繁。

　　清末西藏地方最终宣布"独立",表明西藏也不再认可传统藩部体系,否定了自己的成员身份。无论这一"独立"具备的是单纯脱离清廷统治而非真正脱离中国的因素多一些,还是反向的因素多一些,清末西藏最终"独立"表明了中国传统藩部体系彻底瓦解。与外蒙古一样,清末清廷统治的崩溃客观上又成为导致藩部体制全面瓦解的重要因素,并成为导致它们纷纷独立的催化剂。

① 《宜昌电报》,《民立报》,1911 年 12 月 28 日,第 13 册,第 2958 页。
② 赵尔巽撰:《清史稿》,卷 525,中华书局 1977 年,第 14568 页。

结　语

一、清代的藩部体系

　　清代蒙古、西藏等传统边疆地区是清代藩部重要构成部分,与朝鲜、安南等属国共同构成了清廷藩属体系。藩部、属国体系虽均被清廷视为拱卫"中心"之藩篱,但在天朝上国的版图构成上却又明确地作出了"一内一外"的截然划分。毫无疑义,有清一代藩部体系已成为帝国不可分割的版图,而属国却在不同场合下被阐释为或外或内的领域。即当清廷在强调帝王天下一统、涵盖宇内的帝国声威,与反对其他国家(尤其是近代殖民帝国)侵染各属国时,属国无疑也被纳入皇帝一统天下版图;但当区划"上国"与属国领土归属与各自民众管辖权时,属国却又被置于帝国疆界之外,成为相对独立的主体。对待藩部则完全不同,有清一代,它们都是清廷版图内的必要组成,凡已被收服的藩部,均被纳入中国疆界之内,清廷派出朝廷官员对之实行管理,只是基于藩部地区特殊风俗习惯、风土人情而不得不采取因俗而治做法,分情况地派驻将军、都统、大臣、侍卫、章京等。因此有清一代,清廷对藩部与内地行省的分别管理并不成为划分内外之标志,更不成为将这些地区视为非中国领有、不受清中央政权管理的依据。

　　整个清代,各藩部均经历了自身变化,但却又体现出类似的演化轨迹,即同中央政权关系上经历了一个从松散至较为紧凑,又由紧再松的过程。例如蒙古,清初满族入关建立政权前后,各蒙旗开始从明政权藩部体系内瓦解出来,在清政权还未建立起强有力的中央统治之前,它们曾经有过一段相对松散、相对自治的生活:各自为王,并非幻相;相互攻伐,亦为常情。直到清廷"入主中国"统一中原后,各蒙古同清廷关系才得以加强。最早归属的科尔沁蒙古成为清廷重要股肱,帮助清廷统一中原立下过汗马功劳,又成为清廷联系各盟旗的重要依靠。清廷采取"清承明制、参汉酌金"政策,联合蒙古统治汉人;又通过同蒙族联姻、给予蒙族参政机会等做法,最终使内蒙各部先后归顺,成为清廷藩部体系内的重要内容。为此,至康熙统治之际,此前较为分散离析的蒙古状况首次得到改变,内蒙古绝大多数旗先后纳入清廷藩部体系,清廷实现了对藩部统治的由松到紧的第一次过渡。其后外蒙各部也在康熙王朝的努力下接受王朝最高统治,成功纳入藩部体系。这一过程到乾隆中期最终完成,其标志性事件为准噶尔部的最终"臣服"。至此所有蒙古地区均被纳入清廷藩部体系之内,成为藩部体系的重要内容。不仅如此,康熙到乾隆统治时期(即康乾盛世时期)亦造就了藩部蒙古同中央政权最为紧密时期,清廷虽仍以帝王家天下治理模式去管理各藩部,但将军、大臣、都统、章京等的派驻较好地发挥了中央政权管理边疆地区的功能。中央权威在各蒙边多得到认可,各蒙旗亦服从代表中央的各将军、都统、大臣统治。与之对应,此阶段各蒙古也经历了鼎盛时期,不仅在军事、政治上成为清廷重要依托,而且分享到清廷赋予的各项政治、经济、军事特权,享受着清廷特殊优惠政策:封王赐爵、划分牧地、政治联姻、分旗建制,均是蒙古作为特殊藩部对待的重要体现。蒙古各部在衣食无忧且有广袤牧地可资生活前提下,充当清廷八旗军队、服兵役,确实发挥着藩部屏护中心的藩篱功能。

嘉庆后随着王朝统治的衰落,也随着各蒙旗等作为藩部的相安过久、苟且因循,蒙古作为清廷藩部开始发生变化。王公贵族等渐慕虚华,生活奢侈,渐失传统蒙部驰战攻伐本性,相反却利用职权私放牧地,欺压盘剥牧民,不再重视普通部民的供养与生计,导致蒙古内部贫富分化日渐加剧,蒙民生计日渐艰难。同时蒙古作为清廷重要军事依托的战斗力也开始大幅度下滑,传统骑射本领未曾认真操练,因循守旧的作战方式与武器阵法无法与 19 世纪后日渐东来的西方殖民势力之坚船利炮抗衡。嘉庆后,随着清廷统治四面楚歌的到来,蒙古作为清帝国重要藩篱的保护功能并未发挥出来,其中两次鸦片战争中蒙古八旗的不敌和太平天国起义期间蒙古部队的失利,均标志着蒙古开始衰落,其作为清廷重要政治同盟和军事支柱的时代已经结束,清廷开始冷落蒙古上层王公贵族,传统优待蒙古的各项制度也在各种侵蚀下流为形式。相反蒙古各盟旗所遭受的内外危机却日渐加深。内部危机一方面体现为蒙古衰落后自卫能力大幅度下降,既不能帮助清廷镇压地方骚乱(如回民起义、马贼抢劫),又不能自卫身家、抗击侵扰(如同治光绪初年,回民起义对蒙古的冲击),最终导致其在同治、光绪初年的回民起义中遭受到前所未有的打击;另一方面体现为蒙古各旗的日渐贫困,不仅土地被大面积开垦,其土地收益权、所有权也被大范围地流转,由各蒙旗转向汉民或教堂手中。而各蒙旗贵族为满足奢侈生活、应付清廷差役、养活部众,终不得不靠举债度日。与之对应,外部危机也随之而来,当西方各殖民帝国先后渗透中国周边各属国和沿海沿江各城市后,它们开始将"开化""通商""传教"的对象推进到中国边陲,而这些地区正是清代传统藩部地区,清廷本想依赖蒙古等藩部作为活的长城、实现传统的"以藩屏周"的保卫功能,但此等蓝图终成画饼。随着两次鸦片战争的到来,中国西北边陲开始遭到沙俄等侵吞,而蒙藏地区至庚子后,更遭到沙俄、英、日等染指,终导致沙俄于日俄战争后大肆渗透蒙疆,英方于庚子之乱后大肆染指西藏的不幸事件相继发生。

危机的到来导致清廷传统治藩政策开始发生转变,而晚清边疆新政可谓开启了中国传统藩部向近代边疆地区转型之门。清廷企图通过放垦蒙地、移民实边、整顿吏治、编练新军、改良司法等措施,变各传统藩部为郡县,又通过变藩部为行省,借此应对晚清尤其是清末严峻的边疆危机。但是如此变革却直接影响到藩部王公贵族的传统利益与特权,而清廷管理无能、主管官员操之过切、苛征暴敛、贪赃腐败等弊端又直接加重了各藩部负担,进一步恶化了各藩部生存环境,最终导致他们起而反抗,要求恢复到旧有状况。但清廷在内部要求加速立宪、外部侵渗边陲蒙藏不保的双重压力下,实难顾及各藩部王公领主的感受,各项新政仍被加速推行,随之而来,各藩部反抗亦不时爆发。尤其当革命党人在全国范围内发起推翻清廷统治的革命运动后,内地不少省份先后宣布脱离清廷而独立,重建民族共和新中国,蒙藏等各藩部亦因之震动。虽多数藩部亦能顺应历史演进大趋势、赞同五族共和共建新中国的设想,但亦有部分藩部在外来势力支配下宣布自主独立。清廷统治最终被革命风暴摧毁,终导致清代藩部体系彻底瓦解。所幸之事为革命鼎革之际各藩部大体上成功完成由传统藩部向五族共和下的边疆行政区域之转型;不幸之事乃外蒙西藏等却趁此机会,在沙俄英国等外力唆使支配下宣布"独立"。

纵观晚清近70年,光绪前清廷虽仍坚守传统治藩政策,消极应对藩部内部和外来的诸多变故,但至光绪后实已开始变更旧制、制定新章、推行藩部新政。其间虽不乏弊端,但功不可没,因为清廷大体上把握住时代脉搏,顺应了中国由传统帝国向近代主权国家的过渡。与之对应,其藩部改良也顺应了这一趋势,终成功保证了绝大多数蒙藏盟旗等传统藩部向近代主权国家下的边疆政区的转变。在这一鼎革过程中,绝大多数藩部未出现像外蒙西藏地区般的巨大变故,正是清廷乃至清王室谆谆诱导、大力推行行政体制改革的结果。

二、清代的属国体系

站在今天的立场上去评价过去的历史,其本身就存在问题。今天的文明、进步、发达往往使人们对过去的历史持一种批判的态度。因此站在今天的位置上,以今天的政治、思想、文化为参照去看待过去的历史,过去的一切都仿佛显得是那么的幼稚与落后。这似乎是普通大众心理的一个普遍倾向。

但是人类历史是一点点地积累起来的,人类社会的文明、进步也是以过去的文明发展为基础而层层沉积下来的。因此,我们在批判历史的同时,又不得不承认历史的作用。

如何看待清代的属国体制以及清廷同属国关系,就涉及如何对传统进行认识、评价的问题。唐德刚先生曾称:"吾人读史治史,不可以为时不过百年的'现时'价值观念去强奸古人,遥想当年势能九合诸侯的齐桓、晋文(现代的罗、邱、史),不但不以'大周属国'为耻,还以'大周属国'为荣。韩王自称为'天子'属国,已逾两千年。日本一度以不能为天子属国为耻,而痛恨韩人之横加阻挠呢!"①同时,日本的滨下武志先生也发出了如此的呼吁。他称:"传统本来就不应当同近代进行比较,而应该从它是产生近代的土壤这个角度来把握。还应从它是规定着近代自身的性质这个角度来把握其相互间的关系。"②

因此,我们在评价清代属国体制时,一方面要从明清以后该体制所暴露出来的缺陷与滞后性去批判它的不足和落后,另一方面又要从传统的角度出发去肯定该体制所曾起到的历史作用。

1. 清代属国体系的缺陷

汤恩比在《历史研究》中批判"大一统"时称:"我们应该记住,大一统国家基本上是消极的组织。首先,它们是在文明崩溃之后,而不是在文明崩溃之前兴起的,然后才带给这种文明一种政治上的统一。它们不是夏天,而是小阳春,掩盖着秋天,但已预示着寒冬。"③汤恩比对"大一统"制度的批判也暗含着对清代属国体制

---

① 唐德刚:《晚清七十年》,岳麓书社 1999 年,第 52—53 页。
② [日]滨下武志著,朱荫贵、欧阳菲译:《近代中国的国际契机——朝贡贸易体系与近代亚洲经济圈》,中国社会科学出版社 1999 年,第 20 页。
③ [英]汤恩比:《历史研究》,台北远流出版社 1987 年,第 236 页。

的否定,因为清代属国体制既是大一统的产物,又是追求大一统目的的重要体现。

　　无论是赞扬还是批判,清代属国体制自身以及由体制所诱导的其他因素共同构成了体制上的缺陷,这些缺陷大致可以划分为以下几类:

　　第一,宗法制所带来的缺陷。宗法制是古代社会用来处理有着血缘关系的氏族、部落、国家内部宗族之间事务的一种制度。而属国体制则是用来处理中央王朝同邻邦之间关系的一种制度。中国古代的藩属体制将中国传统的宗法制度移为己用,本身就注定着它要走向失败。因为以强调人为主体的伦理文化的宗法制更多是以血缘、亲族为纽带,而藩属体制更多以地缘为基础。中国封建君主以及传统的"儒圣"的宗法制中的"以小事大"中的"小""大"关系与中国古代宗属制度中的"小""大"关系完全是两回事。前者的"小"与"大"是建立在血缘关系之上的远近"亲属",这种联系即使用暴力的手段也无法解除。而后者却是独立的地域、政治实体,这决定着它们在政治、经济等方面有着自己的独立性。后者不同于宗法血缘关系,它们的存在完全是地缘政治的结果,远交近攻的相互制约是导致该体制得以建立的真正原因。正是因为宗属体系不像宗法关系那样具有不可分性,所以宗属体系的宗、属国之间的关系也不具有稳固性。

　　第二,理论表达与实践之间的背离。中国古代宗属体系中理论表达与实践之间是背离的。术语表达上的中国历代皇帝都可以称自己为"真命天子""怀柔远人""德化四夷",但在实际上,每个中国皇帝对"夷夏""内外"还是有区别的。中国历史上所谓的"华夷"之辨就是"内外"区别的一种标志。即中国的统治者一方面在宗属关系里对外宣扬着自己"天下共生""泽被四海";但另一方面又在实践上做出远近亲疏、华夷大防的区别对待。这种表达与实践上的背离表明:在"宗属体系"里,在很大程度上是"名实不符"。正如罗兹曼所批判的那样:"理想和现实是大有差别的,而为了自身的安全和利益,历代王朝往往牺牲其理论。"①

　　中国古代宗属体制内理论与实践的脱离在明清时代体现得特别明显,尤其是清代更为明显。清廷作为中国传统的封建社会里的最后一个王朝,其宗属体制的意识形态、体系结构都发展得最为完善;同时其表达与实践之间的差异也最为明显。清廷一边对属国表达着"天下一家"的理念,另一方面又在疆界、贸易、逃人问题上一再强调中国与属国的不同。另外,清代这种表达与实践的差异,更由于近世

－－－－－－－－－－

　　①　[美]罗兹曼(Rozman,G.)主编,陶骅等译:《中国的现代化》,上海人民出版社1989年,第19页。

以来中国近代国家意识的萌发而彰显得更为明显。

第三，以"德"为标准的体制构建，本身就是对该体系的瓦解。清代属国体系的构建在理论上是以"德"为标准的，其目的是完成"天下一统"。但如上所述，中国的"天子"或"皇帝"即使在本国都很难在实践上完成"德"的要求，对于"化外"之地和"属国"更没有能力真正地实行"德化"。但是体系的构建是以"德"为标准的，宗属关系的开展也是以"德"为准绳。既然中国皇帝自身达不到"德"的标准，完成不了"德化"的功能，那么皇帝向"天子"身份的转化也开始受到属国的怀疑与否认。正是如此，所以处于中国周围的邻邦就利用"德"为"天子"的标准，开始了各自的"天下"体系建设。其过程就是对"天下一统"的宗属体系的瓦解。

这一瓦解作用主要体现在各邻邦"中华意识"的产生上。亨廷顿就曾称："虽然儒教是中国文明的重要组成部分，但中国文明却不仅是儒教，而且它也超脱了作为一个政治实体的中国。许多学者使用的'中华'（Sinic）一词，恰当地描述了中国和中国以外的东南亚以及其他地方华人群体的共同文化，以及越南和朝鲜的相关文化。"①亨廷顿的"中国文明""中华"其实就是"中华意识"的代名词。而对"中华意识"的出现、发展作出明确分析的是滨下武志，他认为明代以后东亚各国的"中华意识"得到了迅速的发展。他称："中华理念并非只有中国独有，无论是潜在的还是外在的，都是朝贡体制内部共有的东西。"②也就是说，所谓的"中华理念""中华意识"在亚洲国家内早就产生了，并非是明代灭亡之后才产生的；明代的灭亡充其量只是进一步推动了这一"意识"的发展，借此来抵制清廷非正统的色彩。

而就日本而言，它争夺"中国"的"天下"行为在唐代后期就已经开始了。其标志是日本的统治者称"天皇"，日本统治的范围称"天下"。明代后期，从丰臣秀吉到德川家康时期，日本的这一"天下"意识进一步彰显。丰臣秀吉、德川家康就被称为"掌握天下政权的人"，并形成了日本的"天下"意识。③ 而到了近代，日本的"天下观"更为明显，松平庆永在担任幕府的政事总裁期间（1862—1863）所写的《虎豹变革备考》中就称："为议天下公共之论而用之，不可无巴力门。高力士即上院，下院之举……另，朝廷将天下之政委任于幕府，奉朝命而不改古来之制度，则幕

---

① ［美］塞缪尔·亨廷顿：《文明的冲突与世界秩序的重建》，新华出版社 1999 年，第 29 页。

② ［日］滨下武志著，朱荫贵、欧阳菲译：《近代中国的国际契机——朝贡贸易体系与近代亚洲经济圈》，中国社会科学出版社 1999 年，第 40 页。

③ ［日］依田憙家：《近代日本与中国日本的近代化——与中国的比较》，上海远东出版社 2004 年，第 361 页。

府之罪甚重。"①日本"天下观"的产生,"中华理念"的发展都是以"德"为标准来分割中国"天子"所独享的"天下"的。日本"天皇""将军"认为,如果他们有德,中国皇帝"无德",则"天下"就不再在中国"皇帝"的手中,而在日本"将军""天皇"的身上。

以"德"为标准对中国体系的破坏,对中国"天下"的瓦解还体现在朝鲜、越南、缅甸等国身上。尤其是清代时期,这些国家都认为自己是"中华"的继承人,纷纷建立了自己的宗属体系去抵制清朝的"天朝"体制。缅甸、安南的统治者在国内是称为皇帝的,他们与清帝共享着"天子"这一称号。在这一称号下的各自宗属体系的建立,本身就是对天朝的宗属体系的破坏,对中国"天下"的瓦解。其根据都在于"德",他们认为自己拥有"德",也可以"化夷""化天下"。

第四,"天下观"导致了近代国家身份的不明。清代属国体系是以亚洲为主要活动范围的,其体制所指的"天下"也主要指亚洲内部。宗属体系活动范围限于亚洲内部的主要原因,一方面在于中国古代交往范围的有限性,所交往的、接触的主要是亚洲内的主要国家;另一方面也是以农业经济为主体的国家实力的有限性。在冷兵器时代,在主要以帆船、马匹为主要动力的时代,中国还无法走出亚洲这一范围。再者以农耕经济为主的重农思想、以家族为主的宗法血缘思想也使人们不太愿意远涉重洋,走出亚洲。所以古代中国人的足迹主要在东南亚一带活动,很少有走出东南亚的。这样一来,古代中国的宗属体系的空间活动范围在术语表述上虽为"天下",但实则仅在"亚内"。这一点,费正清在《清代朝贡体制研究》一文中也进行了必要的强调,他称:"不难明白,为什么是这样,如同中国作为一个陆上整体一样,朝贡体制是在陆上发展起来的,而无海上经验,中国(中央王朝)虽在地理位置上称为东亚文明的中心,但它发挥作用却显得消极。因为有蛮夷自动朝奉中国,中国人就没有必要走出国外了。在中国历史的头两千年内,朝贡体制主要是以陆上边境建立起来的,即使是中央政府相对强大时,跨过边境的贸易也是被限制的。"②

清代属国体系限于亚洲的结果是:它无力去解决近世以来亚洲所出现的新变化。近世的亚洲已经成为世界的一部分,西方各国在文艺复兴、地理大发现、宗教

① 〔日〕依田憙家:《近代日本与中国日本的近代化——与中国的比较》,上海远东出版社 2004 年,第 372—373 页。

② John K.Fairbank And S.Y.Teng,"On The Ch'ing Tributary System",*Harvard Journal of Asiatic Studies 6*,no.2.1941,P.204.

革命后纷纷东来。他们是不同于亚洲传统,且实力与"亚内"国家完全不同的国家。当这种情况出现后,中国还用原有的处理亚洲内部国家的传统方法去处理近代东西方关系,很难行得通。因此,有学者批判称:"在过去的一个个世纪里,他们解决了一个又一个的稳定问题,但一直是在东亚的框架内,当西方从外部破门而入而带来了新问题时,老的解决方法又被试图着再次运用,但却不起作用。"清代针对东亚范围内的宗属体制的亚洲性、内陆性的特点,导致它在近代很难适应亚洲内部的新变化,更不容易适应世界的变化。而对传统的恪守以及很难立即找到替换体制,又导致了这一政策在近代运作时对何谓"内"、何谓"外",很难区分。① 因此有人认为中国近代的悲剧在于:用对付游牧民的手段来对付西方。②

无论是批判近代中国人对宗属体制的滥用,还是批判藩属体制对待近世西方的不适用,都是针对近世以来中西关系而言的。这一结果是历史形成的,既是历史的结果,又是传统制度的后滞性的必然影响。因此,对于清代属国体制而言,它的消极影响即在于:它给中国近代的国家身份的认可也带来了困惑。

中国传统宗属体系是以"天下"为依托建立起来的,因此它在理论上、在思想意识上是超脱国家的,也是超脱中国的。虽然中国皇帝更多时候在实践的运作上与其称它为"天下"的"天子",不如称他为中国的皇帝;但在理论上他仍然是"天下"的"天子",代表"天"来统治天下。正是如此,所以"天下"与"中国"、"天子"与"皇帝"在近代的国家认可上往往陷入尴尬的境地。而对于清代而言,清代是中国近代国家身份萌发的重要时期,但是在理念上,清代的皇帝仍然是"天子",这种双重身份上的模糊性也不利于近代以来中国作为近代国家身份的认同。

2. 清代属国体系的优点

清代属国体系的优点主要体现在以下几点:

第一,强调"和"的精神,有利于中国与邻邦友好关系的开展。中国历史是一个讲究"和"的历史。天与地要和,天地和则万物生长;阴与阳要和,阴阳和则气机顺;人与自然要和,只有当人与自然达到一种和谐关系时,才会顺着自然之"天道",才有助于人的生存。因此中国古代属国体系也强调中国同周边的部落、邻邦要和,和才能使双边的子民得福,生活安康。何芳川教授认为中国历史上华夷秩序

---

① Mark,Mancall *China at the center:300 Years Of Foreign Policy*, New York, Free Press;London: Collier Macmillan,1984,P.xiii.

② John K.Fairbank And S.Y.Teng, "On The Ch'ing Tributary System", *Harvard Journal of Asiatic Studies 6*,no.2.1941,P.206.

下的"和"的内容有三:"中国不干涉各国内部事务,中国对各国交往上实行'厚往薄来'原则,中国负责维护各国的国家安全。"①由此,他认为中国古代的华夷秩序(藩属体制)之主流为"和平""友好""积极"。② 中国古代属国体系对"和"的追求,不仅调和了周边的环境,而且有利于建立同周边国家之间的友好关系,为双边关系的展开提供了前提条件。

第二,清代属国体系为中国周边的稳定提供了一定保证,成为减缓周边紧张关系的减震器。"在帝制时代后期,中国关于世界秩序的构想,是把安全和权力的实际现状与理论和观念上的中华中心论结合起来"。③ 因此,古代中国之所以建构藩属体系,其主要目的在于调和周边关系,减少周边部落、邻邦对中心——中国的压力。宗藩之中的"藩"取"藩篱""屏障"之意,就是要使周边地区成为中央王权的屏护。但是在绝大多数情况下,屏护之建设意义要弱于协调中央与周边的冲突意义。从此意义上讲,藩属体系更主要功能在于缓和中央王权与周边部落、邻邦之间的矛盾冲突,成为缓和这一冲突的减震器。

以华夏为中心的周边民族同中央的关系是很复杂的,当中央政权强大时,周边部落成为中央的郡县治理下的行政区域,受中央政权统治,体现得较为温顺;反之,当中央王权力量弱小时,周边部落则有可能反击中央地区,形成对中央地区的威胁。而藩属体系在于让周边地区与中央结成一种相当稳定的关系,让周边地区承认中央王权的象征性统治,并且在中央地区相对削弱时,通过怀柔、羁縻的手段来达到这一关系的缓和。而减震器功能突出体现在朝贡贸易和互市等方面。中央王权对周边地区,往往将允许或拒绝贸易作为调整双边关系的"松紧带"。如果周边部落对中央顺从,则可以得到中央地区的贸易机会,并获得中央王权经济上的"厚赍";反之,则通过断绝贸易关系来影响周边地区。这一"松紧带"的作用当然更需要以一定的实力为依据,但是却是古代历史上经常运用的手段。因为当双方实力相当,或差距不大时,这一贸易"松紧带"作用的确可以达到减震的作用。其中最具代表性的例子就是康乾盛世下清廷与准噶尔部的关系。④

将中国与周边部落之间这种关系进一步放大则扩展到周边的邻国关系上,中

①　何芳川:《华夷秩序论》,《北京大学学报》,1998年,第6期,第41页。
②　何芳川:《华夷秩序论》,《北京大学学报》,1998年,第6期,第30页。
③　[美]罗兹曼(Rozman,G.)主编,陶骅等译:《中国的现代化》,上海人民出版社1989年,第23页。
④　柳岳武:《康乾盛世下清准贸易与清准关系研究》,《人文杂志》,2005年,第4期。

国同这些国家结成宗属关系是同周边地区少数民族结成宗藩关系的继续。同样对周边少数民族地区所实行的经济贸易政策和政治册封等手段所形成的"松紧带"功能,对周边的邻国也适用。这种地域扩大后的关系在原理上与周边部落的关系相似,"松紧带"也会起到缓震作用。

第三,清代属国体系对亚洲"世界"的稳定作用。清代属国体系对东亚世界的稳定是有帮助的。中国单极秩序的形成吸引了亚洲其他国家,这一单极秩序以今天的标准看是不平等的,但在历史上却有利于形成有序的秩序。中国周边的朝鲜、日本、琉球、安南、缅甸、暹罗、廓尔喀等广大的东亚、东南亚国家以及中亚地区的某些国家都同中国建立了这种关系。这种关系的形成为中国同这些国家关系的开展提供了方便,在宗属朝贡关系下,所进行的经济、文化交流以及由宗属关系所带动的、所遮掩的民间交流都有利于亚洲内部的稳定。

第四,清代属国体系有利于亚洲内部经济、文化的交流。东亚以中国为中心的宗属体系的构建有利于本区域的经济文化交流。在宗属关系下,尤其是自唐以后,东亚地区"亚宗藩体系"出现后所形成的网状结构,更进一步推动了东亚地区经济文化的发展。正如滨下武志所称:"特别是15、16世纪以来,随着对中国的朝贡贸易后互市贸易等官营贸易的经营发展,民间的贸易也在扩大。以华侨、印侨为中心的帆船贸易和官营一起,形成了亚洲区域内的多边贸易网。"①同时牟复礼也强调了这一点,他称:"到了1644年时,中国已是世界历史的一个组成部分。世界贸易中的白银的流动,势必改变中国农业的农作物及食品的传播,武器和战争,还有在中国人日常生活中发生的瘟疫和制品等等,这一切都曾深深给中国带来影响。"②牟复礼强调了世界的一体性,滨下武志强调了东亚朝贡贸易下所结成的网络,他们强调的共同点都是东亚以中国为中心的经济、贸易之交流与发展。

以中国为中心的朝贡贸易所形成的网状结构为东亚某些地区的经济发展提供了前提。通过朝鲜的朝贡贸易,可以将中国的产品通过对马岛运销到日本;通过琉球朝贡贸易则直接将中国的货物通过萨摩藩运向江户;通过安南、缅甸、暹罗的朝贡贸易则可以将中国的货物远售东南亚,再通过马六甲远售欧洲;通过西北回、蒙地区的朝贡贸易,则可以让中国的产品销往中亚细亚和北方的沙俄。而且朝贡贸

① 〔日〕滨下武志著,朱荫贵、欧阳菲译:《近代中国的国际契机——朝贡贸易体系与近代亚洲经济圈》,中国社会科学出版社1999年,第10页。
② 〔美〕罗兹曼(Rozman,G.)主编,陶骅等译:《中国的现代化》,上海人民出版社1989年,第23页。

易还可以在东南亚形成内部的网络。安南从中国朝贡贸易所得物品,可能销往日本、朝鲜;反之朝鲜所得货物,通过日本也会运往暹罗等东南亚各国。总之,这一体系促进了东亚内部交易网络的形成。

参 考 文 献

一、档案、资料汇编类

1. 中国第一历史档案馆藏:《军机处录副奏折》。

2. 中国第一历史档案馆藏:《阿拉善档》。

3. 中国第一历史档案馆藏:《兵部—陆军部档案》。

4. 中国第一历史档案馆藏:《电报档》。

5. 中国第一历史档案馆藏:《宫中朱批奏折》。

6. 中国第一历史档案馆藏:《吉林教育档案》。

7. 中国第一历史档案馆藏:《理藩部档》。

8. 中国第一历史档案馆藏:《民政部档》。

9. 中国第一历史档案馆藏:《内阁敕谕》。

10. 中国第一历史档案馆藏:《内阁起居注》。

11. 中国第一历史档案馆藏:《宁夏档案》。

12. 中国第一历史档案馆藏:《学部教学学务档案》。

13. 中国第一历史档案馆藏:《邮传部档》。

14. 中国第一历史档案馆藏:《责任内阁档案目录》"奏咨行稿"第7包。

15. 中国第一历史档案馆藏:《海防档》。

16. 台湾"中央研究院"近代史所藏:《外务部全宗》,《西藏档》。

17. 台湾"中央研究院"近代史所档案馆藏:《北洋政府外交部全宗》,《中俄关系系列宣统三年外蒙情形宗》。

18. 台湾"中央研究院"近代史所档案馆藏:《外务部全宗》,《邮电系列邮电杂件宗》。

19. 台湾"中央研究院"近代史所档案馆藏:《外务部全宗》,《邮电系列电汽车宗》。

20. 台湾"中央研究院"近代史所档案馆藏:《总理各国事务衙门全宗》,《通商税务系列俄国通商税务宗》。

21. 台湾"中央研究院"近代史所档案馆藏:《总理各国事务衙全宗》,《矿务系列蒙古矿务宗》。

22. 台湾"中央研究院"近代史所档案馆藏:《总理各国事务衙门全宗》,《越南档系列越南档宗》。

23. 台湾"中央研究院"近代史研究所:《清季中日韩关系史料》,台北,1972年。

24. 台湾"中央研究院"近代史所档案馆藏:《外务部全宗》,《出使设领系列汪大燮李经方使英宗》。

25. 台湾"中央研究院"近代史所档案馆藏:《外务部全宗》,《禁令缉捕系列》。

26. 台湾"中央研究院"历史语言研究所编:《明清史料》,维新书局 1972 年。

27. [日]滨田纯一、柏原孝久:《蒙古地志》,日本富山房出版 1919 年。

28. [越]张登桂纂修:《大南实录》,东京:庆应义塾大学言语文化研究所,1980 年。

29. [韩]《备边司膳录》,韩国国史馆编撰委员会影印,1982 年影印本。

30. [韩]《纯祖实录》,东京:学习院东洋文化研究所昭和 41 年(1966)。

31. [韩]《仁祖大王实录》,东京:学习院东洋文化研究所,昭和 32 年(1957)。

32. [韩]《肃宗实录》,东京:学习院东洋文化研究所,昭和 32 年(1957)。

33. [韩]《显宗改修实录》,东京:学习院东洋文化研究所,昭和 32 年(1957)。

34. [韩]《宪宗实录》,东京:学习院东洋文化研究所,昭和 32 年(1957)。

35. [韩]《英宗实录》,东京:学习院东洋文化研究所,昭和 32 年(1957)。

36. [韩]《正宗实录》,东京:学习院东洋文化研究所,昭和 32 年(1957)。

37. [美]雷麦著,蒋学凯、赵康节译:《外人在华投资》,商务印书馆,1959 年。

38. [美]卫斐列:《卫三畏生平及书信》,广西师范大学出版社 2004 年。

39. [日]东亚同文会编,胡锡年译:《对华回忆录》,商务印书馆 1959 年。

40. [日]陆奥宗光:《甲午战争》,(原名《蹇蹇录》),陈鹏江译,开今文化出版 1994 年。

41. 《边疆史地文献初编》,《西南边疆》第二辑,十九部分,中央编译出版社,2011 年。

42. 《大南一统志》,东京:印度支那研究会出版,昭和 16 年[1941]。

43. 《俄国外交文书选译》,陈春华等译,中华书局,1988 年。

44. 《皇朝政典类纂》,台北:文海出版社有限公司,1969 年。

45. 《旧韩国外交文书》,高丽大学亚细亚问题研究所,卷 9(清案 2)。

46. 《康熙圣训》,台北:文海出版社(出版日期不详)。

47. 《李鸿章全集》,海口:海南出版社,1997 年。

48. 《联豫驻藏奏稿》,拉萨:西藏人民出版社,1979 年。

49. 《陆放翁全集》,中国书店 1986 年。

50. 《陆军贵胄学堂同学录》,清宣统元年(1909)北京商务印书分馆。

51. 《民国经世文编》,上海经世文社印行,1914 年新编。

52. 《钦定廓尔喀纪略》,缩微胶片,中国国家图书馆文献缩微中心。

53. 《清朝文献通考》,上海:商务印书馆,1936 年。

54. 《清代琉球纪录集辑》,台北:台湾大通书局,1984 年。

55. 《清代琉球纪录续辑》,台北:台湾大通书局,1984 年。

56. 《清德宗实录》,中华书局 1987 年。

57. 《清高亲实录》,中华书局,1985 年。

58. 《清高宗乾隆御制诗文全集》,中国人民大学出版社,1993 年。

59. 《清光绪朝文献汇编》,鼎文书局,1978 年。

60. 《清光绪朝中日交涉史料》,卷 1,故宫博物院,1932 年。

61.《清会典事例》,中华书局,1991 年。

62.《清季川滇边务档案史料》,中华书局,1989 年。

63.《清季中日韩关系史料》,台湾"中央研究院"近代史研究所,1972 年。

64.《清穆宗实录》,中华书局 1987 年。

65.《清仁宗实录》,中华书局 1986 年。

66.《清圣祖实录》,中华书局 1985 年。

67.《清世宗实录》,中华书局 1985 年。

68.《清太宗实录》,中华书局 1986 年。

69.《清文宗实录》,中华书局 1986 年。

70.《清宣宗实录》,中华书局 1986 年。

71.《孙中山全集》,中华书局 1982 年。

72.《铜版四书五经》,国学整理社 1936 年。

73.《西藏志·卫藏通志》,西藏人民出版社 1982 年。

74.《越史通鉴纲目》,国立中央图书馆 1969 年。

75.《止贡法嗣》,木版藏文。

76.《中法越南交涉档》,台北:台湾"中央研究院"近代史研究所,1962 年。

77.《总署奏底汇订》,全国图书馆文献缩微复制中心,2003 年。

78.《左宗棠全集》,上海书店 1986 年。

79. 班固撰,颜师古注:《汉书》,中华书局 1962 年。

80. 包文汉整理:《清朝藩部要略稿本》,黑龙江教育出版社 1997 年。

81. 宝鋆等修:《筹办夷务始末》(同治朝),文海出版社 1966 年。

82. 朝鲜科学院,中国科学院编:《高宗实录》,科学出版社 1959 年。

83. 朝鲜科学院、中国科学院编:《朝鲜显宗改修实录》,科学出版社 1959 年。

84. 朝鲜科学院、中国科学院编:《正宗实录》,科学出版社 1959 年。

85. 陈帼培主编:《中外旧约章大全》,中国海关出版社 2004 年。

86. 邓之诚:《骨董琐记全编》,生活·读书·新知三联书店 1955 年。

87. 丁文江、赵丰田:《梁启超年谱长编》,上海人民出版社 2009 年。

88. 丁振铎:《项城袁氏家集》,文海出版社 1966 年。

89. 冯桂芬:《校邠庐抗议》,文海出版社 1970 年。

90. 福格:《听雨丛谈》,文海出版社 1966 年。

91. 故宫博物院明清档案部编:《清末筹备预备立宪史料》,中华书局 1979 年。

92. 广东省文史研究馆译:《鸦片战争史料选译》,中华书局 1983 年。

93. 郭嵩焘:《养知书屋诗文集》,文海出版社 1967 年。

94. 郭嵩焘著、杨坚点校:《郭嵩焘奏稿》,岳麓书社 1983 年。

95. 郭嵩焘著:《郭嵩焘日记》,湖南人民出版社 1981—1983 年。

96. 郭廷以等编:《中法越南交涉档》,台湾"中央研究院"近代史研究所,1983 年。

97. 海忠等:《承德府志》,全国图书馆文献缩微中心 2003 年。

98. 和坤等修:《热河志》,文海出版社 1966 年。

99. 和琳纂:《卫藏通志》,清光绪二十一年。

100. 洪汝冲修:《昌图府志》,全国图书馆文献缩微中心 1997 年。

101. 黄鸿寿编:《清史纪事本末》,北京图书馆出版社 2003 年。

102. 黄遵宪撰,吴振清、徐勇、王家祥编校整理:《黄遵宪集》,天津人民出版社 2003 年。

103. 贾桢等编辑:《筹办夷务始末》(咸丰朝),中华书局,1979 年。

104. 蒋良骐撰,林树惠、傅贵九校点:《东华录》,中华书局,1980 年。

105. 昆冈等纂:《钦定大清会典事例》,清会典馆,清光绪二十五年(1899)石印本。

106. 李元度:《清朝先正事略》,明文书局 1985 年。

107. 梁廷枏:《粤海关志》,文海出版社 1968 年。

108. 刘长佑:《刘武慎公遗书》,成文出版社 1968 年。

109. 马建忠:《适可斋纪言纪行》,文海出版社 1968 年。

110. 马克思、恩格斯:《共产党宣言》,人民出版社 1949 年。

111. 蒙藏院档案:《原靖西理事官马师周藏事条呈》,民国二年一月。

112. 内蒙古语文历史研究所主编:《中俄关系资料选编》(近代部分),内蒙古语文历史研究所,1976 年。

113. 潘相:《琉球入学闻见录》,文海出版社 1973 年。

114. 朴趾源著,朱瑞平校点:《热河日记》,上海书店出版社 1997 年。

115. 七十一著:《西域总志》,文海出版社 1966 年。

116. 齐木德道尔吉,巴根那编:《清朝太祖太宗世祖朝实录蒙古史史料抄》,内蒙古大学出版社 2001 年。

117. 齐思和等整理:《筹办夷务始末》(道光朝),中华书局 1964 年。

118. 祁韵士:《皇朝藩部要略》,河南大学图书馆库藏,浙江书局光绪十年刻本。

119. 清方略馆编撰:《安南纪略》,书目文献出版社 1986 年。

120. 日本外交史料馆藏:《成田安辉西藏探检关系一件》,S1.6.1.11。

121. 日本外务省编:《日本外交文书》,第 34 卷(明治朝),日本国际联合协会,1936 年—1963 年版。

122. 日本外务省档案:《关于西藏的英清交涉一件》,第 1 卷,S1.4.1.29。

123. 商务印书馆编辑部编:《辞源》,商务印书馆 1988 年。

124. 商务印书馆编译所编:《国际条约大全》,商务印书馆 1925 年。

125. 沈鸿诗等:《朝阳县志》,铅印本,1930 年。

126. 司马迁:《史记》,岳麓书社 1988 年。

127. 四川省民族研究所《清末川滇边务档案史料》编辑组编:《清末川滇边务档案史料》,中华书局 1989 年。

128. 孙科、王伯群、连声海等:《交通史路政编》,出版社不详 1931 年。

129. 台北故宫博物院编:《廓尔喀档》,2006 年。

130. 台湾"国立"故宫博物院故宫文献编辑委员会编:《宫中档雍正朝奏折》,台北:国立故宫博物院,1978—1980 年。

131. 托津纂:《大清会典事例》,台湾:文海出版社有限公司,1990 年

132. 王韬著：《弢园文录外编》，中华书局1959年。

133. 王铁崖：《中外旧约章汇编》，生活·读书·新知三联书店，1957—1959年。

134. 王锡祺辑：《小方壶斋舆地丛钞》，杭州古籍书店，1985年。

135. 王彦威、王亮编：《清季外交史料》，南京古籍书店1987年。

136. 王之春撰，赵春晨点校：《清朝柔远记》，中华书局1989年。

137. 韦昭注：《国语》，中华书局1985年。

138. 魏源：《海国图志》，岳麓书社1998年。

139. 魏源：《圣武记》，中华书局1984年。

140. 温达、张玉书等：《御制亲征平定朔漠方略》，成文出版社1968年。

141. 温廷敬辑：《茶阳三家文钞》，文海出版社1966年。

142. 吴承洛编：《今世中国实业通志》，商务印书馆1929年。

143. 吴丰培：《川藏游踪汇编》，中央民族学院图书馆油印本，1981年。

144. 吴丰培编：《清季筹藏奏牍》，国立北平研究院史学研究会发行，1938年。

145. 吴晗辑：《李朝实录中的中国史料》，中华书局1980年。

146. 西藏地方档案馆藏：清代西藏档案。

147. 西藏自治区档案馆：《西藏历史档案荟萃》，文物出版社1995年。

148. 夏征农主编：《辞海》，上海辞书出版社1989年。

149. [俄]谢·尤·维特：《维特回忆录》，新华出版社1983年。

150. 新疆维吾尔自治区档案馆等编：《近代新疆蒙古历史档案》，新疆人民出版社2007年。

151. 徐继畬撰：《瀛环志略》，华文书局1969年。

152. 徐世昌撰：《东三省政略》，文海出版社1965年。

153. 徐曦：《东三省纪略》，上海商务印书馆1916年。

154. 徐艺圃主编：《清代中琉关系档案选编》，中华书局1993年。

155. 许国慎：《国父任临时大总统实录》，上海中国文化服务社出版1948年。

156. 薛福成：《庸庵海外文编》，上海：醉六堂，清光绪二十三年(1897)。

157. 杨家骆主编，故宫博物院编：《光绪朝中日交涉史料》，鼎文书局1958年。

158. 杨亮功等主编：《琉球历代宝案选录》上，台湾开明书店1975年。

159. 姚贤镐：《中国近代对外贸易史资料》，中华书局1962年。

160. 伊桑阿纂修：《大清会典》(康熙朝)，台北：文海出版社有限公司，1990年。

161. 奕䜣：《乐道堂文钞》，文海出版社有限公司1976年。

162. 殷梦霞编：《国家图书馆藏琉球资料续编》，北京图书馆出版社2002年。

163. 印鸾章著：《清鉴纲目》，岳麓书社1987年。

164. 雍正著，史原朋主编：《御选语录》，上，中国社会科学出版社2004年。

165. 俞越编辑：《彭刚直公奏稿》，文海出版社1966年。

166. 元穋辑：《甲戌公牍钞存》，文海出版社有限公司1976年。

167. 袁大化修，王树相等纂：《新疆图志》，东方学会出版1923年。

168. 袁世凯：《养寿园电稿》沈祖宪辑录，文海出版社1966年。

169. 苑书义等编：《张之洞全集》，河北人民出版社1998年。

170. 允祿等监修:《大清会典》(雍正朝),《近代中国史料丛刊》三编,第79辑,台北:文海出版社,1994—1995年。

171. 张登桂纂修:《大南实录》,东京:庆应义塾大学言语文化研究所,1980年。

172. 张穆撰:《蒙古游牧记》,商务印书馆1938年。

173. 张廷玉:《明史》,中华书局1974年。

174. 张维屏:《张南山全集》(一),广东高等教育出版社1994年。

175. 张文修编著:《礼记·郊特牲》,燕山出版社1995年。

176. 张馨编:《尚书》,中国文史出版社2003年。

177. 张学礼:《使琉球记》,中华书局1985年。

178. 章楯纂,褚家伟等校注:《康熙政要》,中共中央党校出版社1994年。

179. 昭梿:《啸亭杂录》,中华书局1980年。

180. 赵尔巽等编:《宣统政纪》,辽海书社,1934年。

181. 赵尔巽撰:《清史稿》,中华书局1977年。

182. 赵兴元等选编:《同文汇考》,吉林文史出版社2003年。

183. 中国藏学研究中心等:《元以来西藏地方与中央政府关系档案史料汇编》,中国藏学出版社1994年。

184. 中国第一历史档案馆,中国社会科学院历史研究所:《满文老档》,中华书局1990年。

185. 中国第一历史档案馆编:《清代中俄关系档案史料选编》,中华书局1981年。

186. 中国近代经济史资料丛刊编辑委员会编:《中国海关与中法战争》,中华书局1986年。

187. 中国科学院近代史研究所史料编辑室编:《洋务运动》,上海人民出版社1961年。

188. 中国人民大学清史所编:《清史编年》,第二卷,中国人民大学出版社2000年。

189. 中国人民大学清史所编:《清史编年》,第六卷,中国人民大学出版社2000年。

190. 中国人民大学清史所编:《清史编年》,第四卷,中国人民大学出版社1985年。

191. 中国人民大学清史所编:《清史编年》,第五卷,乾隆朝上,中国人民大学出版社1985年。

192. 中国社会科学院民族研究所历史室编:《廓尔喀纪略辑补》,中国社会科学院民族研究所历史室1977年。

193. 中国社会科学院民族研究所民族史研究室,中国第一历史档案馆满文部译编:《满文土尔扈特档案译编》,民族出版社1988年。

194. 中国社会科学院中国边疆史地研究中心主编:《清末蒙古史地资料荟萃》,全国图书馆文献缩微复制中心1990年。

195. 中国史学会编辑:《中日战争》,上海人民出版社1957年。

196. 中国史学会主编:《鸦片战争》,上海人民出版社、上海书店出版社2000年。

197. 中国史学会主编:《中法战争》,上海人民出版社、上海书店出版社2000年。

198. 中仁主编:《雍正御批》,中国华侨出版社1999年。

199. 周煌:《琉球国志略》,台湾大通书局1984年。

200. 朱启今编:《东三省蒙务公牍汇编》,文海出版社1981年,近代中国史料丛刊第34辑。

201. 朱寿朋编:《光绪朝东华录》,中华书局1958年。

二、著作类

1. [埃及]萨米尔·阿明：《不平等的发展——论外国资本主义的社会形态》，商务印书馆1990年。

2. [丹麦]亨宁·哈土纶著：《蒙古的人和神》，新疆人民出版社1999年。

3. [法]布尔努瓦著，耿昇译：《西藏的黄金和银币——历史、传说与演变》，中国藏学出版社1999年。

4. [法]葛斯顿·加恩：《早期中俄关系史》附录，商务印书馆1965年。

5. [法]石泰安：《西藏的文明》，中国藏学出版社1999年。

6. [美]保罗·肯尼迪：《大国的兴衰》，中国经济出版社1989年。

7. [美]丁韪良：《花甲记忆——一位美国传教士眼中的晚清帝国》，广西师范大学出版社2004年。

8. [美]拉铁摩尔著，陈芳芝、林幼琪译：《中国简明史》，商务印书馆1962年。

9. [美]刘广京、朱昌峻编，陈绛译：《李鸿章评传》，上海古籍出版社1995年。

10. [美]罗兹曼主编，陶骅等译：《中国的现代化》，上海人民出版社1989年。

11. [美]马士：《中华帝国对外关系史》，生活·读书·新知三联书店，1957—1960年。

12. [美]芮玛丽著，房德邻等译：《同治中兴——中国保守主义的最后抵抗1862—1874》，中国社会科学出版社2002年。

13. [美]塞缪尔·亨廷顿：《文明的冲突与世界秩序的重建》，新华出版社1999年。

14. [美]泰勒·丹涅特：《美国人在东亚》，商务印书馆1959年。

15. [美]约翰·凯克斯：《为保守主义辩护》，南京人民出版社2003年。

16. [蒙]Sh·桑达克：《蒙古的政治与外交》第一卷，乌兰巴托，1971年。

17. [尼泊尔]达木拉·乌克雅布：《尼泊尔本土民族和中国少数民族——两者的相似之处》，《中国西藏文化加德满都论坛论文集》，中国藏学研究中心2007年。

18. [日]稻叶君山著，但焘译：《清朝全史》，中华书局1985年。

19. [日]滨下武志著，朱荫贵、欧阳菲译：《近代中国的国际契机：朝贡贸易体系与近代亚洲经济圈》，中国社会科学出版社1999年。

20. [日]和田清著：《明代蒙古史论集》，商务印书馆1984年。

21. [日]井上清：《日本的军国主义》，第二册，商务印书馆1958年。

22. [日]内田吟风等著：《北方民族史与蒙古史译文集》，云南人民出版社2003年。

23. [日]若松宽：《清代蒙古的历史与宗教》，黑龙江出版社1994年。

24. [日]山本达郎主编：《越南中国关系史》，东京，1975年。

25. [日]寺本婉雅著，横地祥原编：《满蒙旅日记》，东京：芙蓉书房，1974年。

26. [日]依田意家：《近代日本与中国：日本的近代化与中国的比较》，上海远东出版社2004年。

27. [瑞士]米歇尔·泰勒著，耿昇译：《发现西藏》，中国藏学出版社2005年。

28. [苏联]伊·亚·兹拉特金：《准噶尔汗国史》（马曼丽译），商务印书馆1980年。

29. [意]毕达克著，沈卫荣译：《西藏的贵族和政府1728—1959》，中国藏学出版社1990年。

30. [意]图齐、[西德]海西希：《西藏和蒙古的宗教》，天津古籍出版社1989年。

31.［意］艾儒略原著,谢方校释:《〈职方外纪〉校释》,中华书局 2000 年。

32.［印度］克列门·R.麦克罕编:《乔治·波格尔使团赴藏和托托玛斯·曼宁拉萨之行纪事》,新德里出版,1971 年。

33.［英］费尔南·布罗代尔:《文明史纲》,广西师范大学出版社 2003 年。

34.［英］柏尔:《西藏之过去与现在》,北平商务印书馆 1930 年。

35.［英］哈威著,姚梓良译:《缅甸史》,商务印书馆 1973 年。

36.［英］汤恩比:《历史研究》,台北远流出版社 1987 年。

37.［英］汤恩比:《文明经受着考验》,浙江人民出版社 1988 年。

38.［英］吴迪:《暹罗史》,商务印书馆 1947 年。

39.［越］陈重金:《越南通史》(戴可来译),商务印书馆 1992 年。

40.《高宗时代史》,探求堂翻刻本。

41.《日本学者研究中国史论著选译》第二册,中华书局 1972 年。

42.《韦伯文集》,三联书店上海分店 1988 年。

43.《五世达赖喇嘛自传——云裳》(第 1 册),西藏人民出版社 1989 年。

44.《西藏研究》编辑部编:《清代藏事辑要》,西藏人民出版社 1983 年。

45.土观·洛桑却吉尼玛著,陈庆英等译:《章嘉国师若必所吉传》,中国藏学出版社 2007 年。

46.《准噶尔史略》编写组编:《准噶尔史略》,人民出版社 1985 年。

47.［英］约翰·弗雷德里克·巴德利著,吴持哲、吴有刚译:《俄国·蒙古·中国》,商务印书馆 1981 年。

48.宝音德力根主编:《明清档案与蒙古史研究》,第一辑,内蒙古人民出版社 2000 年。

49.陈梦家:《殷墟卜辞综述》,中华书局 1988 年。

50.陈序经:《暹罗与中国》,文史丛书编辑部 1941 年。

51.成崇德、张世明:《清代西藏开发研究》,北京燕山出版社 1996 年。

52.达力扎布著:《明清蒙古史论稿》,民族出版社 2003 年。

53.丹津·班珠尔著,汤池安译,郑堆校:《多仁班智达传》,中国藏学出版社 1965 年。

54.［法］费尔南·布罗代尔著,顾良、施康强译:《15 至 18 世纪的物质文明、经济和资本主义》,生活·读书·新知三联书店 1992 年。

55.尕藏加:《西藏宗教》,五洲传播出版社 2002 年。

56.葛剑雄:《统一与分裂:中国历史的启示》,生活·读书·新知三联书店 1994 年。

57.何汉文:《中俄外交史》,中华书局 1935 年。

58.季南:《英国对华外交》,商务印书馆 1984 年。

59.李扬帆:《走出晚清:涉外人物及中国的世界观念之研究》,北京大学出版社 2005 年。

60.李治亭:《清康乾盛世》,河南人民出版社 1998 年。

61.林明德:《袁世凯与朝鲜》,台湾"中央研究院"近代史研究所 1970 年。

62.卢明辉:《清代蒙古史》,天津古籍出版社 1990 年。

63.马大正等:《漂泊异域的民族——17 至 18 世纪的土尔扈特蒙古》,中国社会科学出版社 1991 年。

64. 茅海建:《近代的尺度:两次鸦片战争军事与外交》,上海生活·读书·新知三联书店上海分店,1998 年。

65. 茅海建:《天朝的崩溃:鸦片战争再研究》,生活·读书·新知三联书店 1995 年。

66. [法]阿兰·佩雷菲特著,王国卿译:《停滞的帝国——两个世界的撞击》,生活·读书·新知三联书店 1995 年。

67. 戚其章:《国际法视角下的甲午战争》,人民出版社 2001 年。

68. 恰当·次旦平措:《西藏简明通史》,藏文,西藏古籍出版社 1991 年。

69. 钱穆:《中国文化史导论》,商务印书馆,1994 年修订。

70. 森山茂德:《近代日韩关系史研究》,东京大学出版社 1987 年。

71. 沈予:《日本大陆政策史》(1860—1945),社会科学文献出版社 2005 年。

72. 石硕:《西藏文明东向发展史》,四川人民出版社 1994 年。

73. [美]斯塔夫亚诺斯著,迟越等译:《全球分裂》,上册,商务印书馆 1995 年。

74. 苏联科学院,蒙古人民共和国科学委员会编:《蒙古人民共和国通史》,科学出版社 1958 年。

75. 唐德刚:《晚清七十年》,岳麓书社 1999 年。

76. 田禾、周方冶:《泰国》,社会科学文献出版社 2005 年。

77. 万明:《中国融入世界的步履——明与清前期海外政策比较研究》,社会科学出版社 2000 年。

78. 王尔敏:《中国近代思想史论》,社会科学文献出版社 2003 年。

79. 王辅仁等:《蒙藏民族关系史略》,中国社会科学出版社 1985 年。

80. 王宏纬、鲁正华:《尼泊尔民族志》,中国藏学出版社 1989 年。

81. 王森:《西藏佛教发展史略》,中国社会科学出版社 1987 年。

82. 王芸生编著:《六十年来中国与日本》第二卷,生活·读书·新知三联书店,1979—1982 年。

83. 吴稼祥:《果壳里的帝国》,上海三联书店 2005 年。

84. 五世达赖喇嘛:《西藏王臣记》(郭和卿译),民族出版社 1983 年。

85. 西藏社会科学院等编著:《西藏地方是中国不可分割的一部分》,西藏人民出版社 1986 年。

86. [蒙]希·散布格:《蒙古政治外交》,乌兰巴托版 1971 年。

87. 忻剑飞:《世界的中国观近二千年来世界对中国的认识史纲》,学林出版社 1991 年。

88. 牙含章:《达赖喇嘛传》,三联书店资料室 1963 年。

89. 杨昭全:《中朝关系简史》,辽宁民族出版社 1992 年。

90. 杨仲揆:《中国·琉球·钓鱼台》,香港:友联研究所 1972 年。

91. 张存武:《清韩宗藩贸易》,台湾"中央研究院"近代史研究所出版 1978 年。

92. 张晋藩总主编,蒲坚主编:《中国法制通史》,法律出版社 1999 年。

93. 张中绂:《英日同盟》,新月书店 1931 年。

94. 智贡巴·贡去乎丹巴绕布杰:《安多政教史》,甘肃人民出版社 1982 年。

95. 周伟洲:《英国、俄国与中国西藏》,中国藏学出版社 2000 年。

96. 朱绣:《西藏六十年大事记》,铅印本。

97. 准噶尔史略编写组编:《准噶尔史略》,人民出版社 1985 年。

三、报刊类

1.《北洋官报》,1911 年。

2.《敝帚千金》,1905 年。

3.《萃报》,1897 年。

4.《大同报(上海)》,1909 年。

5.《东方杂志》,1903 年,1907 年,1908 年,1910 年,1914 年。

6.《福建农工商官报》,1910 年。

7.《广益丛报》,1906 年,1907 年,1909 年。

8.《国风报》,1910 年。

9.《河南白话科学报》,1908 年,1909 年。

10.《华商联合报》,1909 年。

11.《交通官报》,1909 年。

12.《教育世界》,1904 年。

13.《教育杂志》,1909 年,1910 年,1911 年。

14.《丽泽随笔》,1910 年。

15.《民报》,1957 年第二一至二六号合订本。

16.《民立报》,1910 年,1911 年。

17.《南方报》,1905 年。

18.《南洋兵事杂志》,1907 年。

19.《南洋商务报》,1908 年。

20.《内阁官报》,1911 年。

21.《内蒙古近代史译丛》,1986 年。

22.《农工商报》,1908 年。

23.《女子世界》(上海),1904 年。

24.《商务官报》,1906 年,1908 年。

25.《申报》,1907 年,1908 年,1909 年,1910 年,1911 年,1912 年。

26.《时报》,1905 年,1908 年。

27.《时务汇报》,1902 年。

28.《四川官报》,1907 年。

29.《四川教育官报》,1908 年。

30.《通问报:耶稣家庭新闻》,1906 年,1907 年。

31.《外交报》,1904 年,1905 年,1907 年。

32.《新民丛报》,1902 年,1903 年。

33.《新闻报》,1906 年。

34.《选报》,1902 年。

35.《学部官报》,1907 年,1909 年,1910 年。

36.《游学译编》,1910 年。

37.《浙江交徽报》,1903 年。

38.《振华五日大事记》,1907 年。

39.《政治官报》,1907 年,1908 年,1909 年,1910 年,1911 年。

40.《直隶教育官报》,1909 年。

41.《重庆商务公报》,1909 年。

四、论文、文章类

1.[以色列]尤锐:《历史的进步与退步:以大一统观念为例》,《史学集刊》,2006 年第 1 期。

2.陈廷湘:《论奕䜣的外交思想》,《四川大学学报》,2003 年第 2 期。

3.成崇文:《清初治藏政策及其特点》,《西北民族研究》,1997 年第 1 期。

4.戴可来:《略论古代中国与越南之间的宗藩关系》,《中国边疆史地研究》,2004 年第 2 期。

5.冯智:《七世达赖的认定与对清初治藏的影响》,《青海社会科学》,1998 年第 4 期。

6.郭成康:《清朝皇帝的中国观》,《清史研究》,2005 年第 4 期。

7.何芳川:《华夷秩序论》,《北京大学学报》,1998 年第 6 期。

8.何新华:《1840—1860 年间清政府三种外交体系分析》,《安徽史学》,2003 年第 5 期。

9.何新华:《夷夏之间,对 1842—1856 年清政府西方外交的研究》,2004 年暨南大学博士学位论文。

10.黄兴涛:《'民族'一词究竟何时在中文里出现?》,《浙江学刊》,2002 年第 1 期。

11.金在善:《袁世凯与十九世纪末的朝鲜》,《社会科学研究》,1997 年第 6 期。

12.李大龙:《不同藩属体系的重组与王朝疆域的形成——以西汉时期为中心》,《中国边疆史地研究》,2006 年第 3 期。

13.李文海:《晚清历史的屈辱记录——〈中国近代不平等条约书系〉前言》,《清史研究》,1992 年第 2 期。

14.李宪堂:《大一统秩序下的华夷之辨、天朝想象与海禁政策》,《齐鲁学刊》,2005 年第 4 期。

15.李云泉:《夏夷文野之分与华夏中心意识》,《山东师范大学学报(人文社会科学版)》,2002 年第 3 期。

16.刘蘭青:《论清代中琉封贡禹贸易关序》,《第三回琉球、中国交涉史研讨会论文集》,冲绳县教育委员会,1996 年。

17.刘增合:《1840—1884 年晚清外交观念的演变》,《社会科学战线》,1988 年第 1 期。

18.柳岳武:《道咸同时期清廷的属国政策研究》,《杭州师范大学学报》(哲学社会科学版),2008 年第 3 期。

19.柳岳武:《近世西方视角下的大清王朝》,《东南学术》,2006 年第 6 期。

20.柳岳武:《康乾年间中琉宗藩贸易研究》,《南京社会科学》,2006 年第 5 期。

21.柳岳武:《康乾盛世下清准贸易与清准关系研究》,《人文杂志》,2005 年第 4 期。

22. 柳岳武:《康乾盛世下中国、日本、琉球三国关系研究》,《人文杂志》,2007 年第 3 期。

23. 柳岳武:《清代中前期清廷的蒙古政策》,《西南大学学报(社会科学版)》,2007 年第 2 期。

24. 潘向明:《黄海海战研究——关于北洋舰队的失利原因及阵形问题》,《清史研究》,1994 年第 4 期。

25. 孙宏年:《清代的中越边境事件及其影响略论》,《南洋问题研究》,2004 年第 1 期。

26. 王曾才:《中国对西方外交制度的反应》《中国近代现代史论集》,第七编,台湾:商务印书馆,1985 年。

27. 王尔敏:《十九世纪中国国际观念之转变》,《中国近代现代史论集》,第十编,台湾商务印书馆,1985 年。

28. 王开玺:《第二次鸦片战争结束后中交涉四题》,《历史教学》,2003 年第 7 期。

29. 王明星:《朝鲜近代外交政策研究》,1997 年复旦大学博士学位论文。

30. 谢俊美:《宗藩政治的瓦解及其对远东国际关系的影响》,《华东师范大学学报》,1999 年第 5 期。

31. 杨东梁:《略论甲午战争中的主战与主和》,《清史研究》,1994 年第 1 期。

32. 扎奇斯钦:《贡桑诺尔布王——内蒙古现代化的先驱》,见《中亚研究》1978 年第 12 期。

33. 张步先:《从总理衙门到外务部——兼论晚清外交近代化》,《山西师范大学学报》,1998 年第 3 期。

34. 张世明:《清代宗藩关系的历史法学多维透视分析》,《清史研究》,2004 年第 1 期。

35. 张永江:《论清代西藏行政体制的演变及其特点》,《清史研究》,2000 年第 3 期。

36. 张永汀:《试论晚清驻外使节制度的近代化》,《社会科学论坛》,2006 年第 8 期。

37. 朱光华:《清末西藏新设机构及其活动概述》,《中国藏学》,1988 年第 2 期。

38. 梁中英:《清代琉球悬案始末》,《中国近代现代史论集》,第七编,自强运动、外交,台湾商务印书馆,中华民国七十四年十月。

39. 胡成:《略论晚清民族主义思潮对边疆事务的构思》,《近代史研究》,1995 年第 6 期。

40. 何瑜:《清代海疆政策的思想探源》,《清史研究》,1998 年第 2 期。

41. 安树彬:《从传统天下观到近代国家观》,《华夏文化》,2004 年第 1 期。

42. 王剑智:《中国西藏与廓尔喀的官方文书》,《中国藏学》,2010 年第 1 期增刊。

五、外文类

1. Bean, Richard, "war and the birth of states", *Journal of economic history*, 33, March 1973.

2. Cammann, S., *Trade through the Himalayas, the early British Attempts to open Tibet*, Green wood press, 1951.

3. Curzon, George N., *Problems Of The Far Eeat*, London And New York: Longmans Green & Co, 1894.

4. Regm, D.R., *Modern Nepal*, Calcutta, 1975.

5. Deny, Owen.N., *China and Korea*, Shanghai: Kelly and walsh, limited, 1888.

6. Duus, Peter, *The Abacus and the Sword The Japanese Penetration of Korea*, 1895 – 1910, Uni-

versity Of California Press, London, 1995.

7. Eckert, Cater J., Lee, Ki - baik, *Korea Old and New, A History*, Published by the Korea Institute, Harvard University by Ilchokak, Seoul, Korea, 1990.

8. Fairbank, John K. And Teng, S.Y., "On The Ch'ing Tributary System", *Harvard Journal of Asiatic Studies* 6, no.2.1941.

9. Fairbank, John K., Goldman, Meerle, *China: A new History* (enlarged edition), The Belknap Press of Harvard university, 1998.

10. Fairbank, John K., *Chinese Thought & Institutions*, Edited, The University Of Chicago Press, 1957.

11. Fairbank, John K., *China: The People's Middle Kingdom and the U.S.A*, Cambridge, Mass, Belknap Press of Harvard university Press, 1967.

12. Hart, Robert, *These from the land of Sinim*, London, *1901*.

13. Kim, Key - Hiuk, *The Last Phase Of The Eastern World Order Korea, Japan, and the Chinese Empire* 1860-1882, University of California Press, 1980.

14. King, John Fairbank, *Trade and Diplomacy on the China Coast The opening of the Treaty Ports*, 1842-1854, Stanford University Press, 1953.

15. Kirkpatrick, Colonel, *An Account of the kingdom of Nepaul*, London, 1811;

16. Lamb, Alastair, *Britain and Chinese Asia, the Road to Lhasa*, 1767-1905, London: Routledge Kegan Paul, 1960.

17. Mancall, Mark, *China at the center: 300 Years Of Foreign Policy*, New York, Free Press, London: Collier Macmillan, 1984.

18. Markham, Clements R., *Narratives of the mission of George Bogele to Tibet and of the Journey of Thomas Manning to Lhasa*, Manjusri Publishing House, New Delhi 1971.

19. Rockhill, Willan Woodville, *China's Intercourse With Korea From The Xvth Century To* 1895, London: Luzac & Co. Publishers To The University Of Chicago, 1905.

20. Shakya, Min Bahadur, *Princess Bhrikuti Devi, Book Faith India*, Deihi, 1997.

21. Stiller, L.F., *the Rise of the house of Gorkha*, Cathmandu, 1975.

22. Swartout, Jr., Robert R.., *An American Adviser in Late Yi Korea*, The University of Alabama Press, 1984.

23. Tong, Ssu - yu, Fairbank, John K., *China's Response to the West A Documentary Survey*, 1839-1923, Originally Prepared 1954, the President and Fellows of Harvard College, 1982.

24. William, Wells, *The Middle Kingdom, A Survey Of The Geography, Government, Literature, Social Life, Arts, And History Of The Chinese Empire And Its Inhabitants*, New York: Charles Scribner's Sons, 1882.

后　记

　　本书是我 2010 年申报的国家社科基金项目"清代藩属体系研究"的最终成果,不过其最初发轫却于十二年前。2004 年硕士研究生一毕业,我有幸被中国人民大学清史研究所的何瑜教授收入门下,成为先生的首位博士研究生,跟随先生及清史所的诸位老师研读清史,开始涉猎清代的藩部、属国方面的内容。伏案三年,最终完成了博士论文《清代宗藩体制解体研究——以中朝关系为主要视角》一文。细水流年,九年后再回过头来看当年的博士毕业论文,发现当年参加答辩的诸位先生提出的诸多批评意见都很正确。而且毕业九年后自己对宗藩、宗属、藩属等不同概念及其内涵亦有了更多认识。正是由于宗藩概念主要只能囊括中央政权与藩部关系,不能全面概括宗主国与诸属国关系,九年来一直到今天我一直在不断地修正自己原来那些不很成熟甚至错误的观点。加之清廷不仅对藩部、属国两者间的政策截然不同,而且对藩部体系内的各藩部以及属国体系内的各属国,各自政策也不相同,这些均促使我不得不重新思考这些问题,并去构建新的体系,比较两者之间的不同以及这两大体系对清代国家的重大影响。为此,2010 年学院鼓励大家申报国家社科基金项目时,当年分管科研工作于今却已英年早逝的马玉臣副院长建议我将这一课题做大。我遂在原博士论文的基础上重新整合,申报了青年项目"清代藩属体系研究"这一课题,最终获批。经过四年的艰苦努力,于 2014 年秋结项,并形成本书。其中难免仍有错谬,但更期望把它摆出来,得到他人雅正。

　　世事恍如云,宛如隔山岳。即将步入不惑之年的我永远都不会忘记自己的出身与家境。与此前某些博士论文后记不同,同样来自皖西南的我,童年给我最大的感受不在于邻里的欺压与暗斗,而是艰苦艰难的生活。唯一的感觉就是除了穷还是很穷,除了艰苦还是艰苦。每年暑假回去的必要工作不是在水田里薅草,就是在地里锄草,或在茶山上挖地,给茶树翻土。另外,自从记事时起,家里养的牛差不多换了好几茬,而放牛、割牛草的记忆也一直从幼童延续到攻读博士研究生的第二年,最后因受外出打工潮流的影响,村里其他人家都不养牛了,家里才将那头牛卖给了别人,这样也就结束了我的放牛生活。

进入不惑之年的我也感受到体力、身体方面的压力。伴随本书稿的是近年来胃病的折磨和生活方面的种种艰辛。而书稿最终能够付梓,多得益于诸位师长的关爱、支持与鼓励,也得益于那些从未谋面甚至至今还不知道对方姓名但却无私地帮助过我、支持过的那些专家学者。虽难以当面道谢,但感恩之心,永不会忘。

首先感谢我攻读博士研究生阶段的中国人民大学清史所的诸位师长,尤其是我的导师何瑜教授,将我收入门下,悉心引导我研究清史。同样感谢清史所的郭成康教授、成崇德教授、陈桦教授、刘凤云教授、黄爱平教授、黄兴涛教授、祁美琴教授、夏明方教授、杨念群教授、张永江教授、朱浒教授、孙喆教授、刘文鹏教授等,他们在我当年的博士研究生阶段和后来的工作过程中给予了无微不至的关爱。

其次感谢我当年攻读硕士研究生与现在的工作单位河南大学的诸位师长,博士后合作导师翁有为教授、硕士研究生导师马小泉教授在我的日常工作和生活中给予我无微不至的关照。《史学月刊》编辑部的郭常英教授、河南大学副校长张宝明教授也曾在我工作生活方面给予了诸多帮助,至今不曾言谢。感谢学校及历史文化学院的诸位领导,该书能够在人民出版社出版,得益于"河南大学2011协同创新中心""2017年河南省高等学校哲学社会科学创新团队·中国近现代史(2017-CXTD-02)""河南大学中国古代史研究中心"的资助。感谢李振宏、闫照祥、程民生、李玉洁、贾玉英、龚留柱、涂白奎、牛建强、程遂营等诸位"老教授",他们那一丝不苟、安于平凡的治学态度给我们这些后来人树立了榜样。感谢我所在的近代中国研究所的诸位师长,正是在他们的关心与鼓励下,本书稿才能顺利出版。

再者,感谢我曾经学习生活过的本科学校安庆师范学院,于今它已成长为安庆师范大学,正是在那里我接受了最基本的历史学专业训练,那里的每一位老师至今记忆犹新。

同时,还得说明的是,本书写作中曾得到众多学界前辈、专家、学者及师友的帮助,在此致以真诚感谢。感谢中国社会科学院的吴建雍研究员、赵云田研究员、高士华研究员、徐建青研究员,中国社会科学院边疆所李大龙研究员、于逢春研究员、孙宏年研究员、刘清涛副研究员、吕文利副研究员、宋培军副研究员,感谢南京大学的陈谦平教授、山东师范大学的李云泉教授,本人要么聆听过他们的教诲,要么得到过他们的帮助。感谢人民出版社的杨美艳老师,她为本书的校对、编辑等付出了辛苦劳动，做了很多工作。感谢攻读博士和硕士期间的诸位同门，于今虽天各一方，心仍挂念。

最后让我念念不忘的仍是我的家人，借此书祝福八十高龄的父母亲健康长寿，他们至今仍能独立生活，没有让我过于牵挂。感谢我的哥兄姐弟，在我感觉无助时，能够给予了心理上的慰藉。感谢我的爱人和孩子，与他们朝夕相伴，享受着完全不同于学术的另一种生活的细碎。

书山有道，学无止境。书中有欢乐亦有苦忧，其中滋味只有自己能够体会。虽然历经十二载，写成今日一书，但限于水平，其中仍难免荒唐错谬，敬请识者赐教。

作者柳岳武

2016 年 7 月 18 日夜于汴梁

责任编辑:刘　畅

封面设计:徐　晖

图书在版编目(CIP)数据

清代藩属体系研究/柳岳武 著. —北京:人民出版社,2016.8
ISBN 978－7－01－016265－2

Ⅰ.①清…　Ⅱ.①柳…　Ⅲ.①行政管理-政治制度-研究-中国-清代
　Ⅳ.①D691.2

中国版本图书馆 CIP 数据核字(2016)第 121028 号

清代藩属体系研究

QINGDAI FANSHU TIXI YANJIU

柳岳武　著

人民出版社 出版发行
(100706　北京市东城区隆福寺街 99 号)

北京市文林印务有限公司印刷　新华书店经销

2016 年 8 月第 1 版　2016 年 8 月北京第 1 次印刷
开本:710 毫米×1000 毫米 1/16　印张:24.25
字数:430 千字

ISBN 978－7－01－016265－2　定价:59.00 元

邮购地址 100706　北京市东城区隆福寺街 99 号
人民东方图书销售中心　电话 (010)65250042　65289539